TRAITÉ GÉNÉRAL

DE

PHOTOGRAPHIE

Gand, imp. F. Meyer-Van Loo.

TRAITÉ GÉNÉRAL

DE

PHOTOGRAPHIE

SUIVI D'UN CHAPITRE SPÉCIAL

SUR LE

GÉLATINO-BROMURE D'ARGENT

PAR

D. v. MONCKHOVEN

AVEC PLANCHES ET FIGURES INTERCALÉES DANS LE TEXTE

SEPTIEME ÉDITION

PARIS
G. MASSON, ÉDITEUR
LIBRAIRIE DE L'ACADÉMIE DE MÉDECINE
120, Boulevard St-Germain, en face de l'École de Médecine

MDCCCLXXXIV

A MON EMINENT AMI

LÉON VIDAL

EN SOUVENIR D'UNE AMITIÉ DE VINGT ANS,

CE LIVRE EST DÉDIÉ PAR

D. v. MONCKHOVEN.

AVANT-PROPOS.

Depuis la dernière édition de cet ouvrage les progrès accomplis en photographie sont en nombre assez restreint, et j'ai pu conserver le cadre que j'avais adopté en 1872. Je n'ai dû faire des chapitres entièrement nouveaux que sur la fabrication industrielle du collodion, le procédé au charbon, et surtout sur le procédé au gélatino-bromure d'argent, qui révolutionne en ce moment le monde photographique.

J'ai été beaucoup aidé par mes anciens amis Léon Vidal et Gustave De Vylder. Le premier a bien voulu se charger du chapitre concernant les impressions mécaniques; le second m'a puissamment aidé en revoyant tout le volume avec une intelligence dont je me plais à faire ici l'éloge.

Qu'ils reçoivent ici, tous deux, l'expression de ma reconnaissance!

D. v. MONCKHOVEN.

Gand, le 30 Mai 1880.

HISTORIQUE.

§ 1. **Observations des anciens.** — Nous connaissons peu d'observations des anciens relatives à l'action chimique de la lumière. Les Égyptiens, qui possédaient des connaissances en sciences naturelles, doivent cependant avoir remarqué l'action de la lumière sur certains corps, sur les plantes, par exemple ; mais les historiens ne nous ont transmis aucun renseignement à cet égard. Les Grecs ont été les premiers à observer le singulier phénomène de l'opale et de l'améthyste perdant leur éclat par un séjour prolongé au soleil. Enfin, nous savons encore que Vitruve, célèbre architecte romain, prenait soin de disposer les tableaux dans des salles exposées au Nord, afin de les préserver de l'effet du soleil d'Italie, qui en altérait les couleurs.

§ 2. **Observations modernes**(1). — **Chlorure d'argent.** — Bien des siècles s'écoulèrent sans qu'aucun phénomène chimique produit par la lumière ne fût signalé, et ce n'est que dans l'époque moderne que l'on trouve les premières observations de ce genre. Ainsi, c'est aux alchimistes que l'on doit la découverte du changement de couleur du chlorure d'argent blanc exposé à la lumière ; d'après Arago, ce serait Fabricius qui, le premier, aurait signalé ce phénomène en 1566. Scheele, en 1777, découvrit que le chlorure

---

(1) Le lecteur que l'histoire de la photographie intéresse, se procurera l'ouvrage de M. Blanquart-Evrard, *la Photographie, ses origines, ses progrès, ses transformations*, in-4°, de 61 pages, chez Danel, à Lille (1869).

d'argent blanc est plus sensible aux rayons bleus et violets qu'aux rayons verts et rouges, et Senebier, en répétant l'expérience de Scheele, s'assura que dans le violet le chlorure d'argent noircit autant en quinze secondes que dans le rouge en vingt minutes. En 1801, Riter signala l'existence en dehors du spectre solaire, de rayons invisibles qui noircissent rapidement le chlorure d'argent. Bérard observa (en 1812) que le maximum de l'action chimique de ce spectre se trouve dans le violet extrême et décroît graduellement jusqu'au rouge. Il concentra, au moyen de deux lentilles, les deux parties du spectre qui s'étendent du violet au vert et du vert au rouge. Cette dernière, quoique formant au foyer un point extrêmement brillant, n'amena, en deux heures, aucun changement visible sur un papier revêtu de chlorure d'argent, tandis que l'autre partie noircit ce papier en moins de dix minutes.

§ **3. Nitrate d'argent.** — En 1802, le célèbre Wedgwood publia un travail remarquable sur la reproduction des images par la lumière. Voici quelques lignes de ce curieux mémoire : « Si l'on mouille un papier au moyen d'une dissolution de nitrate d'argent, il ne se manifeste aucun changement dans l'obscurité ; mais à la lumière du jour, ce papier change rapidement de couleur, et devient noir après une action prolongée. La rapidité de l'impression est proportionnelle à l'intensité de la lumière ; ainsi, au soleil, il ne faut que deux ou trois minutes, tandis qu'il faut plusieurs heures à la lumière diffuse. La lumière, transmise à travers un verre rouge, a une action infiniment moins active que celle qui a traversé un verre bleu ou violet. » Partant de ce principe, Wedgwood copiait au soleil le profil d'une personne dont l'ombre était projetée sur son papier sensible. Il ne réussit pas à copier les objets dans la chambre noire, son papier n'étant pas assez sensible pour cela ; mais Davy parvint à copier de cette manière les images amplifiées du microscope solaire. Le nitrate d'argent non impressionné était enlevé par un lavage à l'eau. Nous verrons cependant plus tard que ce fixage était fort imparfait.

§ **4. Recherches de Niépce, de Châlons.** — Niépce parvint, le premier, à copier et à fixer les images qui se forment au foyer de la chambre noire. C'était au moyen du bitume de Judée dissous dans l'essence de lavande, puis appliqué à l'aide d'un tampon sur une plaque de cuivre argenté, que Niépce préparait sa couche sensible. Il exposait ensuite cette plaque pendant huit heures au foyer de la chambre noire, et faisait apparaître l'image en la soumettant à l'action d'un dissolvant composé d'huile de pétrole et d'essence de lavande, lequel enlevait la couche de vernis partout où la lumière n'avait pas agi. La plaque était alors lavée à l'eau et séchée.

Examinée par réflexion, la mince couche blanche de bitume oxidé représentait les grands clairs du modèle, tandis que les parties enlevées par le dissolvant, laissant à nu l'argent poli correspondant aux noirs, formaient les ombres. Comme le contraste entre les noirs et les blancs était peu prononcé, Niépce songea à les renforcer, et employa, à cet effet, le sulfure de potassium et l'iode. Seulement, il ne connut point la sensibilité exquise de l'iodure d'argent, principe sur lequel reposent les procédés actuels.

§ 5. **Association de Niépce et de Daguerre. — Daguerréotype.** — Niépce et Daguerre s'associèrent en 1829, dans le but de poursuivre ensemble leurs recherches sur la lumière, et ce fut le 19 août 1839 que l'admirable découverte de la production des images sur plaque d'argent fut livrée au monde savant et artistique. Mais leur procédé était complet bien avant cette époque. Il a reçu le nom de *Daguerréotype* et voici en quoi il consiste. Une plaque d'argent poli est soumise, dans l'obscurité, aux vapeurs de l'iode, qui forme à sa surface de l'iodure d'argent, puis exposée à la lumière dans une chambre noire à lentille. Les vapeurs du mercure font alors ressortir l'action (invisible) de la lumière. La plaque est ensuite immergée dans un fixateur de l'iodure d'argent qui, dit-on, était primitivement le chlorure de sodium. La grande différence entre le daguerréotype et le procédé de Niépce consiste dans l'emploi du mercure qui *développe* l'image (invisible au sortir de la chambre noire). Les images de Niépce et de Daguerre étaient primitivement mal fixées, et ce n'est qu'après que sir John Herschel eut indiqué l'emploi de l'hyposulfite de soude (14 mars 1839) pour fixer les images sur papier au chlorure d'argent, que ces deux inventeurs parvinrent à rendre les épreuves complètement inaltérables à la lumière.

§ 6. **Procédé de M. Talbot.** — Surpris par l'annonce de Daguerre, M. Talbot, illustre savant anglais mort en 1877, publia immédiatement (mars 1839) et avant que le procédé de Daguerre ne fut publié par Arago, la description de son premier procédé sur papier, qui avait uniquement pour but de copier par application les objets opaques. Son papier était successivement immergé (et à plusieurs reprises) d'abord dans une solution de chlorure de sodium, puis de nitrate d'argent, et enfin séché. C'était donc un papier au chlorure d'argent et au nitrate du même métal. Il est beaucoup plus sensible à la lumière que celui de Wedgwood et de Davy. Le papier, recouvert de l'objet à copier, par exemple d'une feuille d'arbre, et exposé aux rayons solaires, noircissant là où il n'est pas préservé par l'opacité de la feuille, présentait une image *inverse* ou *négative* (fig. 1), c'est-à-dire où l'effet des clairs et des ombres était renversé,

M. Talbot fixait, paraît-il [1], ses images en les immergeant dans une solution très-concentrée de sel marin. Plus tard, ce sel fut remplacé par l'hyposulfite de soude. En se servant de l'image négative (fig. 1) comme objet à copier et d'une nouvelle feuille de papier préparé, une image *positive* est obtenue (fig. 2), puisqu'elle correspond, comme ombres et clairs, à l'objet primitivement copié.

En 1841, deux ans donc après la découverte de Daguerre, le savant anglais découvrit un papier fort sensible à la lumière. Il enduisait le papier de nitrate d'argent, puis d'iodure de potassium, et enfin, de *gallo-nitrate d'argent,* c'est-à-dire, d'une dissolution acqueuse de nitrate d'argent additionnée d'acide gallique et d'acide acétique.

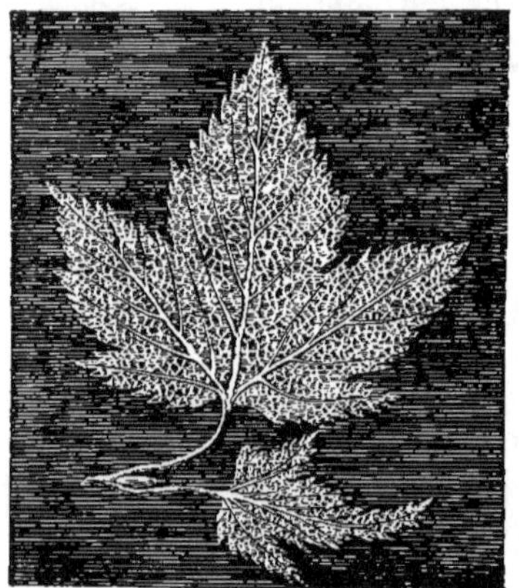

Fig. 1. — Épreuve négative.

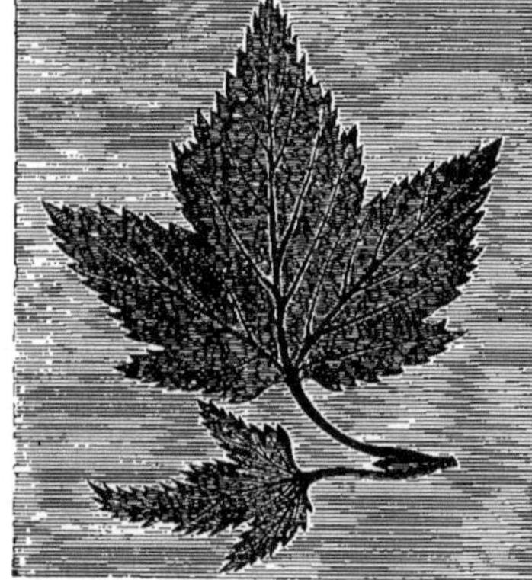

Fig. 2. — Épreuve positive.

Il l'exposait alors à la lumière dans une chambre noire, développait l'image latente dans la solution précédente et la fixait au bromure de potassium. Après avoir obtenu ainsi une épreuve *négative,* c'est-à-dire, où les parties blanches du modèle étaient rendues en noir, il en tirait des épreuves *positives,* au moyen de son papier au chlorure d'argent. Ainsi donc comme Daguerre, Talbot se sert de l'iodure d'argent et d'un fixateur. Mais son *développateur* (c'est-à-dire la substance qui fait sortir l'image) n'est plus le mercure, mais l'*acide gallique.* A la vérité le mercure en vapeurs développe aussi les images sur papier, mais très-difficilement. Le procédé de M. Talbot, qui a reçu le nom de *calotype,* est donc fort intéressant. Il a d'ailleurs servi de type à tous les procédés négatifs découverts depuis (albumine, collodion, etc.).

---

(1) Robert Hunt, *Researches on Light,* 1844, p. 54.

Niépce de Châlons, *Daguerre*, *Talbot*, *sir John Herschel* sont donc les inventeurs des méthodes photographiques que nous pratiquons aujourd'hui.

§ **7. Perfectionnement des procédés de Daguerre et de Talbot.** — Divers perfectionnements furent successivement apportés aux procédés dont nous venons de tracer l'histoire; ainsi en ce qui regarde le daguerréotype, M. Fizeau découvrit l'effet préservateur de l'hyposulfite d'or et de soude sur l'image daguerrienne, que jusqu'alors le moindre frottement enlevait, et MM. Godard et Claudet, en 1841, celui non moins étonnant des substances accélératrices, à l'aide desquelles le temps de pose est réduit à quelques secondes. Le *calotype* fut perfectionné par M. Blanquart-Evrard qui, croyons-nous, remplaça les pinceaux dont M. Talbot se servait pour étendre les solutions sur le papier, par des cuvettes dans lesquelles ces solutions étaient versées et sur lesquelles le papier était étendu ou immergé, ce qui évitait les taches. De plus, il remplaça le gallo-nitrate d'argent par le nitrate d'argent seul, et développa à l'acide gallique. Legray substitua au papier ordinaire de M. Talbot un papier préalablement ciré, ce qui permit de l'employer à sec.

§ **8. Procédés sur albumine et sur collodion.** — La texture inégale du papier fit chercher à le remplacer par le verre. En 1847, M. Niépce de St Victor (neveu de Niépce, de Châlons), parvint à enduire le verre d'une couche d'albumine, et à produire ainsi des images incomparablement plus fines que celles obtenues sur papier. Il dissolvait un iodure alcalin dans l'albumine et sensibilisait sa couche dans le nitrate d'argent pour poursuivre le reste des opérations comme M. Talbot. Les impuretés que contient l'albumine des œufs rendent ce procédé fort délicat, la couche étant toujours criblée de trous et de points qu'on attribue, mais à tort, à la poussière atmosphérique. Plusieurs années après, sous le nom de collodion sec, M. Taupenot a décrit une méthode (exemple de ces taches) qui consiste à enduire d'abord les glaces de collodion sensibilisé avant de les revêtir d'albumine. Dans ce cas, les impuretés mécaniques de l'albumine qui produisent les taches pénètrent dans la couche sousjacente de collodion, mais cette couche participe de la texture du papier, et les images sont moins fines qu'avec l'albumine seule.

En 1815, Legray indiqua le collodion (solution de coton-poudre dans l'éther alcolisé) comme pouvant remplacer l'albumine, mais il était réservé à Fry et à Archer de publier une méthode précise pour se servir de cette substance. Le collodion, tenant en dissolution un iodure alcalin, est versé sur une glace bien propre. Celle-ci est plongée dans une solution de nitrate d'argent, de sorte que par double décomposition il se forme dans la texture de la couche de collodion un iodure d'argent sensible à la lumière. Exposée à la lumière dans la chambre noire à lentille, la couche ne présente encore aucune apparence d'image, mais celle-ci se développe, soit par l'acide gallique, soit par l'acide pyrogallique indiqué par M. Regnault, soit par le sulfate de fer. L'image est fixée comme à l'ordinaire, par l'hyposulfite de soude. Il restait à découvrir pour ce procédé, ce que Legray découvrit pour le procédé Talbot, une méthode pour l'employer à sec; car sec, l'iodure d'argent emprisonné dans les fibres de la couche de coton-poudre perd sa sensibilité à la lumière. Taupenot indiqua bien la méthode dont nous avons parlé plus haut, mais c'était plutôt un nouveau procédé sur albumine qu'un vrai collodion sec. On essaya, mais en vain, de revêtir la couche de substances déliquescentes, incristallisables, dans le but de conserver à la couche sa sensibilité. C'est au major Russell que revient l'honneur d'avoir découvert un vrai collodion sec. M. Russell, après avoir enlevé de la couche sensibilisée le nitrate d'argent (qui en se concentrant par l'évaporation, la crible de cristaux d'iodo-nitrate d'argent), la plonge quelques instants dans une solution de tannin pour la laisser ensuite sécher. Elle conserve alors sa sensibilité et se développe comme à l'ordinaire.

Un progrès important et surtout très-intéressant au point de vue théorique a été introduit dans les procédés secs au collodion. C'est d'abord, l'emploi exclusif des bromures dans le collodion, ensuite le développement de l'image latente par les vapeurs ammoniacales ou l'acide pyrogallique alcalin.

Un second progrès considérable a été introduit ces dernières années dans les procédés négatifs. C'est l'emploi du bromure d'argent tenu en suspension dans la gélatine. On ne saurait dire quel en est l'inventeur, mais nous pensons que M. Kennett, de Londres, a le premier rendu ce procédé applicable aux usages de la photographie usuelle.

§ 9. Procédés photographiques sans sels d'argent. — Dès le commencement de ce siècle, les progrès de la chimie amenèrent de nombreuses observations de substances qui changent de couleur ou qui s'altèrent sous l'influence des rayons solaires. Parmi ces substances se trouvent en première ligne les sels d'argent, d'or, de platine, de mercure, de fer, de chrôme. Nous verrons dans le cours de cet ouvrage, les principales applications de ces observations à la photographie proprement dite. Signalons seulement ici le procédé au platine de M. Willis, qui consiste dans la réduction du platine, par l'intervention de la lumière et de l'oxalate ferreux. L'image est constituée par du platine pur.

§ **10. Gravure héliographique. — Lithophotographie.** — Deux ans après la découverte de Niépce et de Daguerre, M. Fizeau eut l'heureuse idée de recouvrir l'image daguerrienne d'une couche de cuivre au moyen de la galvanoplastie. Il obtint ainsi une planche susceptible d'être imprimée, et qui reproduisait grossièrement l'original. Ce procédé fut perfectionné par M. Fizeau lui-même. Un mélange d'acide nitrique(chargé d'acide nitreux)et d'acide chlorhydrique, versé sur la plaque daguerrienne, attaque les noirs en formant un sous-chlorure d'argent violet. L'ammoniaque est employée pour enlever ce chlorure, afin de permettre une nouvelle attaque par les acides. En opérant ainsi plusieurs fois de suite, l'épreuve devient plus profonde et susceptible d'être imprimée. M. Beuvière, en 1850, décrivit un procédé de gravure héliographique basé sur une propriété très-curieuse de l'iodure et du bromure d'argent. En effet, si, au lieu de laver la plaque daguerrienne avec l'hyposulfite pour fixer l'image, on la place dans un bain de sulfate de cuivre en la mettant en communication avec la pile, les parties modifiées par la lumière se recouvrent seules de cuivre. Après avoir oxidé ce dernier et amalgamé la plaque, on la soumet à l'action d'un acide qui dissout le cuivre sans attaquer l'amalgame d'argent. Voilà les procédés primitifs de gravure héliographique. Mais ces procédés, très-imparfaits, ne sont pas susceptibles d'être appliqués industriellement avec avantage.

Dès 1852, MM. Bareswill, Lemercier, Lerebours et Davanne, reprennent les travaux de Niépce en versant sur une pierre lithographique une solution éthérique de bitume de Judée. La couche sèche reçoit l'impression lumineuse sous un négatif, et est lavée avec l'éther. — On l'acidule alors, la gomme et l'encre. L'encre prend partout où le bitume, devenu insoluble sous l'action de la lumière, forme *réserve* et empêche l'action de l'acide. — Tels sont les premiers essais de *photolithographie.*

En 1853, MM. Niépce de St Victor et Lemaître emploient aussi la méthode de Niépce (au bitume de Judée). La plaque d'argent de Niépce de Châlons est remplacée par une planche d'acier et l'image produite, creusée par un acide dans les parties où le métal est à nu. Le bitume enlevé laisse donc une planche susceptible d'être imprimée.

En 1854, ce procédé est perfectionné par M. Charles Nègre, qui dore la plaque d'acier après le lavage qui suit l'impression lumineuse, après quoi le bitume insolubilisé par la lumière est enlevé par l'essence. L'or forme les blancs, les parties d'acier mises à nu restent seules exposées à l'action de l'acide, puis la planche est encrée et imprimée.

Un second procédé de gravure héliographique repose sur l'observation suivante faite par M. Mungo Ponton : l'acide chromique du bichromate de potasse est plus facilement réduit par la lumière en présence des matières organiques, et principalement de la gélatine, que s'il est seul. M. Talbot, dès 1853, se sert de gélatine bichromatée étendue sur une plaque d'acier qu'il expose à la lumière en y appliquant l'objet à copier. Après l'action de la lumière, il couvre sa plaque d'une couche mince de résine en poudre, qu'il fond à la lampe à alcool, puis la soumet à l'action du perchlorure de fer qui mord le métal partout où la lumière n'a pas agi. La couche de gélatine enlevée laisse une plaque identique à une plaque gravée. Les épreuves de M. Talbot étaient très-belles, mais ne reproduisaient pas les demi-teintes.

Le 1er juin 1855(1), M. Paul Pretsch prend en France un brevet pour des planches d'impression en cuivre galvanique, obtenues sur une couche de gélatine bichromatée exposée sous un négatif à la lumière. Cette couche est lavée à l'eau tiède qui enlève la gélatine non insolubilisée ; de là, production de reliefs et possibilité de produire, par moulage ou galvanoplastie, des planches susceptibles d'être imprimées.

Le 27 août 1855(2), M. Poitevin prend à son tour un brevet sur l'emploi de la gélatine bichromatée. En déposant sur une pierre convenablement grenée un mélange de gélatine et de bichromate alcalin, il suffit d'exposer la couche sèche à la lumière sous un négatif, pour obtenir un dessin qui retient l'encre grasse dans les parties attaquées par la lumière, à la façon des pierres lithographiques.

Mais ce qu'il y a de plus important, c'est que M. Poitevin indique un moyen d'obtenir à volonté des moulages métalliques en creux ou en relief : en creux, pour la gravure, en relief, pour les impressions typographiques. Pour cela, la couche bichromatée, après l'insolation sous le négatif, est mise dans l'eau, qui gonfle la gélatine non altérée par la lumière. Sur cette gélatine ainsi gonflée inégalement, on peut obtenir des planches que la galvanoplastie transforme à volonté en planches creuses ou en relief(3).

Le 6 décembre 1855(4), M. Paul Pretsch prend une addition à

(1) *Bull. Soc. franç. phot.*, tome II, p. 190.

(2) *Bull. Soc. franç. phot* , tome I, p. 362.

(3) Voir l'ouvrage extrêmement curieux de M. Poitevin, *Impression photographique sans sels d'argent*, Paris, 1862.

(4) *Bull. Soc. franç. phot.*, tome II, p. 190.

son brevet du 1er juin, ayant également pour objet le relief produit par l'eau sur la gélatine non altérée par la lumière.

Disons encore que MM. Mousson et Rousseau, eux aussi, ont fait usage de gélatine bichromatée, mais leur procédé, basé sur l'emploi successif de l'acide gallique et du nitrate de cuivre(1) n'a pas reçu de perfectionnements subséquents.

En somme donc, l'honneur principal d'avoir introduit la gélatine bichromatée en photographie appartient à M. Fox Talbot, ce qui n'enlève rien au caractère original des procédés de M. Poitevin et de M. Paul Pretsch.

Cette même année 1855 a vu éclore un procédé fort original de gravure par MM. Garnier et Salmon. Une planche de laiton est exposée, dans l'obscurité, aux vapeurs de l'iode, soumise à l'action lumineuse derrière un négatif et frottée avec un tampon de coton imbibé de mercure qui n'attaque que les parties non altérées par la lumière.

Cette lame, soumise au rouleau d'encre grasse, repousse l'encre par ses parties amalgamées, mais y adhère par ses parties libres. Celles-ci forment alors réserve, et la couche, traitée par le nitrate d'argent, donne une planche en taille-douce après qu'on a enlevé l'encre grasse.

Mais si l'on n'enlève point l'encre grasse, et qu'après la première morsure au nitrate d'argent, on fait sur la lame un dépôt de fer galvanique, celui-ci se dépose sur les parties amalgamées, et l'encre enlevée laisse à nu le laiton iodé.

On attaque de nouveau la planche par le mercure qui n'adhère pas au fer. Soumise au rouleau d'encre grasse, celle-ci de nouveau ne prend pas sur le mercure, mais sur le fer.

Si l'on veut une planche typographique, au lieu d'opérer un dépôt de fer, on dépose de l'or, puis on creuse les parties non dorées par un acide, jusqu'à relief suffisant.

Ce procédé est original, mais très-compliqué, aussi n'a-t-il plus aujourd'hui qu'une valeur historique.

De toutes ces méthodes de photolithographie, bitume de Judée, épreuves daguerriennes, laiton iodé, gélatine bichromatée, c'est la dernière qui présente le plus d'avenir, ainsi que nous le verrons dans le cours de cet ouvrage.

§ 11. Épreuves au charbon. — C'est encore à M. Poitevin que l'on doit ce procédé. Un mélange de gélatine bichromatée est

(1) *Bull. Soc. franç. phot.*, 1867, p. 96.

étendu sur une feuille de papier, bien entendu dans l'obscurité. On expose cette feuille sèche derrière un négatif à la lumière, puis on la recouvre d'une couche uniforme d'encre grasse typographique qui noircit la feuille entière. Celle-ci plongée dans l'eau, laisse apparaître une image positive, car toutes les parties qui ont subi l'action lumineuse retiennent le noir, les autres l'abandonnent.

Ou mieux encore, le noir est mélangé à l'état de poudre avec la gélatine bichromatée mise sur le papier, et après l'insolation, le papier lavé à l'eau chaude laisse une épreuve positive.

Ce procédé a subi des perfectionnements nombreux dus principalement à MM. Fargier, Swan et Johnson. Il porte le nom de *procédé au charbon* et sera décrit avec soin dans cet ouvrage.

§ **12. Épreuves vitrifiées, émaux.** — En substituant des poudres vitrifiables aux poudres noires mélangées de bichromate alcalin, M. Poitevin a obtenu des *émaux*. Ce procédé, modifié par MM. Tessié du Mothay et Maréchal, a fait une grande sensation en 1867 à l'exposition universelle de Paris, ces chimistes ayant exposé des vitraux photographiques d'un très-brillant effet.

§ **13. Épreuves héliochromiques.** — Wollaston, Seebeck et Davy sont les premiers auteurs qui aient noté qu'une même substance pouvait prendre dans les diverses parties du spectre solaire, des couleurs diverses. Wollaston cite le papier au gaïac, et Davy l'oxyde puce de plomb; mais les teintes obtenues ne correspondent pas aux couleurs du spectre. Seebeck (1810) cite le chlorure d'argent noirci qui devient brun dans le violet du spectre, bleuâtre dans le bleu, rouge dans le rouge et reste blanc dans le jaune. C'est donc à Seebeck que remontent les premières observations sur l'*héliochromie*. Sir John Herschel, en 1840, nota également qu'un papier préparé au chlorure d'argent et noirci à la lumière solaire, prenait, sous l'influence du spectre, des couleurs identiques, mais peu vives. Ces expériences n'eurent néanmoins aucun retentissement, tout le monde étant convaincu de l'impossibilité du problème, et d'un simple hasard dans les faits signalés par Seebeck et sir John Herschel. M. Biot était surtout l'un des savants qui niait cette possibilité avec le plus d'autorité. M. Edmond Becquerel[1] (1847-1848) réussit mieux et prépara sa couche sensible en immergeant une plaque d'argent polie dans un bichlorure métallique, ou dans de l'eau chlorée. Il se produit une couche violette de sous-chlorure qui, sous l'influence de verres colorés ou du spectre, prend et conserve l'impression qu'elle a reçue,

---

(1) *Annales de chimie et de physique*, 3e série.

pour autant cependant qu'on la préserve de l'action subséquente de la lumière. M. Niépce de St Victor a fait beaucoup d'essais, soit pour perfectionner la méthode de M. Becquerel, soit pour fixer ces couleurs d'une manière permanente. Ce dernier point est encore à trouver.

M. de St Florent a publié dans ces dernières années(1) une méthode très-curieuse d'héliochromie à l'aide d'un papier imprégné de nitrate d'urane, de chlorure d'argent et de nitrate de mercure.

L'héliochromie, ou, si l'on veut, la reproduction des couleurs, est trouvée. Le fixage paraît être d'une grande difficulté, mais *rien n'en prouve* l'impossibilité.

§ 14. Instruments optiques. — En 1839, lors de la découverte du daguerréotype, l'on ne connaissait que l'objectif ordinaire de la lunette. Les premiers efforts des opticiens se bornèrent à corriger le foyer chimique de cet objectif, et à le munir d'un diaphragme de manière à en étendre le champ.

En 1841, M. Petzval, de Vienne, publia à l'Académie des sciences de cette ville(2) un mémoire mathématique célèbre et inventa l'*objectif double* qui, avec une couverture considérable était complètement *aplanétique* et avait un champ de 30 degrés.

Les premiers objectifs construits d'après les données de M. Petzval par M. Voigtländer, à Vienne, eurent une grande vogue et rendirent l'application du daguerréotype au portrait possible avec un temps de pose relativement très-court.

L'*objectif simple* primitif fût bientôt perfectionné à son tour. Déjà en 1845, on le construisait exempt de foyer chimique et, en plaçant convenablement le diaphragme, on obtient un champ assez plat, pour que cet objectif embrasse un angle de 30°, avec un diaphragme d'un trentième de la distance focale.

Cependant cet objectif est très-lent et peu propre aux reproductions d'architecture. Ce fut encore M. Petzval(3) qui le perfectionna, en 1858, en plaçant à la suite de l'objectif simple une lentille négative. Le nouvel objectif reçut le nom d'*orthoscope*.

L'objectif orthoscopique est aplanétique, trois fois plus rapide que l'ancien objectif simple, embrasse un angle de 40° au moins, mais n'est pas exempt de *distorsion*. Ce fut M. Dallmeyer(4) qui construisit le premier un objectif aplanétique sous le nom de *triplet*, lequel conserve les lignes droites du modèle.

---

(1) *Bull. Soc. franç. phot.*, 1874.
(2) *Abh. Akad. Wissen.*, Wien, 1841.
(3) *Akad. d. Wissenschaften* XXXI Band, n° 18, 1858. Wien.
(4) *Journ. of the Phot. Society*, août, 1860.

Enfin un dernier objectif, encore supérieur au *triplet*, fut introduit[1] par M. Adolphe Steinheil, à Munich, et a reçu le nom d'*aplanat symétrique*, parce qu'il est formé de deux lentilles identiques dont l'ensemble est aplanétique.

Tels sont très-brièvement les faits principaux concernant l'histoire de l'optique photographique, faits, il est inutile de le dire, sur lesquels nous reviendrons amplement dans le chapitre concernant les objectifs destinés à la photographie.

§ 15. Applications de la photographie. — Si nous sortons maintenant de l'histoire des procédés photographiques proprement dits, pour examiner celles des applications de la photographie, nous consignerons, en première ligne, la transformation des observatoires météorologiques. On comprend combien il est facile d'enregistrer sur une feuille sensible à la lumière, le mouvement oscillatoire du mercure dans un tube de verre; aussi, des appareils réalisant cet effet ont-ils été installés dans plusieurs observatoires d'Angleterre.

Les sciences naturelles aussi ont emprunté à la photographie son extrême fidélité : toutes les expéditions scientifiques seront désormais accompagnées par un photographe. Les remarquables publications des voyages de circumnavigation de la frégate autrichienne *la Novara*, celles des frères Schlagintweit, prouvent, en effet, de quelle utilité peut être la photographie au point de vue de l'archéologie, de l'ethnographie, etc. La microscopie aussi est redevable à cet art de reproductions nombreuses. Bien d'autres applications de la photographie ont été faites, particulièrement à l'astronomie. Grâce aux travaux de Bond, Delarue, Secchi, Rutherford, Janssen, la photographie astronomique a fait des progrès considérables, et a été, notamment, largement utilisée en 1874 pour l'observation du passage de Vénus sur le soleil.

§ 16. Mesure de l'action chimique de la lumière. — Des mémoires importants ont été publiés dans ces dernières années sur ce sujet par MM. Bunsen et Roscoe[2] et Marchand[3]. Ces savants se servaient, comme moyen de mesure, d'un mélange de chlore et d'hydrogène. Il sont arrivés à des résultats très-nets sur l'intensité chimique de la lumière pendant les diverses périodes de l'année et du jour. Nous reviendrons, du reste, sur ce sujet dans le chapitre de cet ouvrage concernant l'optique photographique.

---

(1) *Photog Correspondenz*, Wien, pp. 234 et suiv.
(2) *Annales de Poggendorf*, tomes 96, 100, 101, 108, 117, 124.
(3) *Bull. Soc. franç. phot.*, 1877, p. 311.

§ 17. Emmagasinement de la lumière[1]. — Une gravure est exposée à la lumière solaire, rentrée dans l'obscurité où on la tient 24 heures, et plusieurs jours même, puis appliquée sur un papier photographique très-sensible, elle laisse une impression.

Le bois, l'ivoire, la baudruche, le parchemin agissent de la même manière.

Un tube de fer blanc fermé à l'une de ses extrémités et tapissé à l'intérieur de papier blanc, exposé au soleil l'ouverture en avant, fermé, gardé 24 heures dans l'obscurité, laisse lorsqu'on l'ouvre et le place par son ouverture insolée sur un papier sensible, sa circonférence imprimée.

Tels sont les faits observés par M. Niépce de St Victor, faits singuliers qui font croire que la lumière est susceptible d'être emmagasinée et qui ont eu un si grand retentissement en 1857 et 1858.

---

(1) *Comptes rendus de l'Acad. des sciences.*

LIVRE I.

GÉNÉRALITÉS.

CHAPITRE I.

ACTION CHIMIQUE ET ACTION PHYSIQUE DE LA LUMIÈRE.

Nous avons signalé, dans l'historique, deux espèces de procédés bien distincts, les uns dans lesquels la lumière opère un changement (le plus souvent visible) dans la constitution chimique des substances employées, le chlorure d'argent, par exemple, les autres, dans lesquels la substance n'a, au contraire, subi aucun changement visible, mais qu'on fait ressortir par l'emploi du *développateur*. Le daguerréotype et la plupart des procédés négatifs sont dans ce cas. Nous allons démontrer que dans ces deux espèces de procédés la lumière agit différemment et ceci nous aidera à diviser méthodiquement les procédés photographiques.

SECTION I. — ACTION CHIMIQUE DE LA LUMIÈRE.

§ 18. **Action chimique de la lumière sur les plantes, les sels d'or, etc.** — Une plante encore très-jeune étant placée dans une cave, on remarque, à mesure qu'elle se développe, que toutes ses tiges se dirigent, non vers les ouvertures par où entre l'air, mais bien vers celles d'où vient la lumière. Il y a plus : les feuilles de cette plante, au lieu d'être vertes comme celles de nos jardins, sont blanches ou légèrement jaunâtres. Mais si l'on vient à la porter au jour, au bout de quelques heures ses feuilles auront verdi sous l'influence de la lumière.

Le *chlorure d'or* dissous dans l'éther et exposé aux rayons solaires, se décompose lentement et dépose de l'or métallique.

Le *chlorure d'argent* blanc noircit à la lumière en perdant du chlore.

Voilà donc des exemples de l'action chimique de la lumière. L'action n'est pas due à une élévation de température, car plaçant le chlorure d'argent, par exemple, dans un liquide dans lequel on plonge un thermomètre, on n'observe pas de changement de température; d'ailleurs, ce chlorure reste blanc quand on le chauffe dans l'obscurité. La lumière a donc provoqué une véritable action chimique. La liste des substances sensibles à la lumière est extrêmement longue, et il est même à supposer, avec quelque apparence de vérité, qu'il n'existe peut-être pas une seule substance dans la nature qui ne soit pas affectée par la lumière. Ce changement n'est pas toujours apparent, mais souvent les propriétés chimiques sont changées. C'est ainsi que le *nitrate mercurique* soumis à la lumière, ne semble pas, à la simple vue, changer de propriétés. Cependant l'action de la lumière se décèle par les réactifs chimiques des proto-sels de mercure, qui forment une image là où la lumière a agi. La même chose peut se dire du bitume de Judée qui change à la lumière de manière a perdre sa solubilité dans ses dissolvants ordinaires.

Parmi les corps qui sont décomposés rapidement quand on les expose aux rayons solaires, nous citerons : les sels d'or, d'argent, de mercure, de chrôme, d'urane, et une très-grande quantité de substances organiques. Les *sels d'argent* sont presque tous décomposés plus ou moins rapidement quand on les expose aux rayons solaires. Presque tous ces sels sont blancs, mais il en existe aussi de rouges, de jaunes, de verts, et cette couleur exceptionnelle ne les préserve pas de la décomposition.

Ce qu'il y a de plus curieux, c'est que ce n'est pas la *partie éclairante* de la lumière qui agit chimiquement dans les exemples que nous venons de citer, car, un verre jaune clair, qui laisse fort bien passer la *lumière éclairante*, arrête au contraire la *lumière chimique*, c'est-à-dire celle qui décompose le chlorure d'or et le chlorure d'argent. Au contraire, un verre violet très-foncé n'intercepte presque pas les rayons chimiques, de sorte que le chlorure d'argent noircit presque aussi vite sous un verre blanc que sous un verre violet, mais point du tout derrière un verre jaune.

§ 19. Décomposition de la lumière en sept couleurs principales. — Le lecteur sait, sans doute, que la lumière blanche est composée de la réunion de plusieurs couleurs. Un rayon blanc doit donc pouvoir se décomposer en rayons colorés, dans certaines circonstances. La meilleure méthode pour isoler les différentes couleurs dont se compose la lumière blanche, consiste à faire tomber un rayon solaire sur une des faces d'un prisme triangulaire de verre convenablement placé. Le rayon primitif est dévié de sa position, et de plus, décomposé en une série de couleurs qui forment, en arrière du prisme, une image colorée, appelée *spectre* solaire. Ce *spectre* est composé des couleurs suivantes : rouge, orangé, jaune, vert, bleu, indigo, violet. Le rouge étant moins dévié que le violet est dit *moins réfrangible*.

Si l'expérience est un peu modifiée, un grand nombre de raies noires sillonnent le spectre dans toute son étendue et perpendiculairement à sa longueur. L'étude de ces raies constitue une nouvelle branche de la physique moderne : la *spectroscopie*. Bornons-nous ici, pour la clarté de ce qui va suivre, à donner une figure élémentaire du spectre solaire, avec ses raies principales, désignées par les lettres A, B, C, etc., qui s'appliquent à certaines raies toujours identiques à elles-mêmes, c'est-à-dire toujours de la même réfrangibilité.

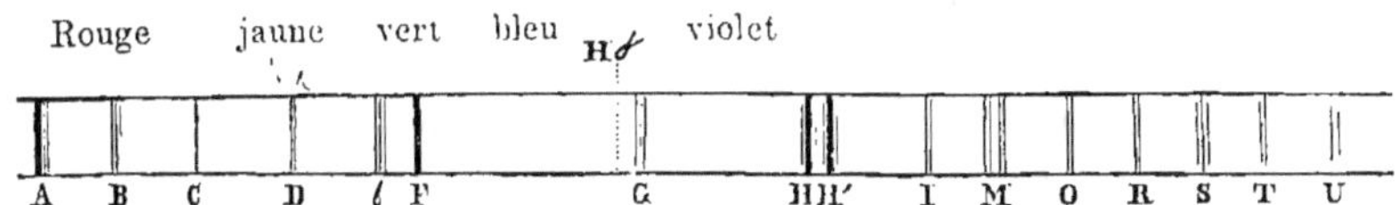

Fig. 3. — Raies principales du spectre solaire.

§ 20. Action chimique du spectre solaire. — Il est à remarquer que les substances sensibles à la lumière, exposées au spectre solaire, ne se colorent pas dans toute l'étendue de ce spectre : elles restent le plus souvent inaltérées dans le rouge, l'orangé, le jaune et le vert, tandis qu'elles changent rapidement de couleur dans le bleu, l'indigo et le violet. Ce qui est encore plus curieux, c'est que ces substances, exposées dans l'ultra violet, là où l'œil ne perçoit aucune lumière, s'y impressionnent, et presqu'aussi rapidement qu'en aucun autre endroit du spectre.

§ 21. Action du spectre sur l'iodure d'argent. — Si l'on soumet pendant un temps extrêmement court à l'action du spectre solaire l'iodure d'argent *préparé dans une profonde obscurité*, l'effet se limite à une bande très-étroite située très-exactement entre $H\gamma$ (la 3e raie du gaz hydrogène) et le group G de Frauenhofer. Il est bien entendu que par iodure d'argent, nous entendons ici l'iodure formé par double décomposition entre un excès de nitrate d'argent et un iodure alcalin au sein d'une couche de pyroxiline ou de papier.

Il est encore entendu que nous ne parlons pas ici du noircissement direct de l'iodure d'argent par la lumière, mais de la réduction opérée par l'intervention du révélateur au fer ou à l'acide pyrogallique.

Si le temps d'exposition est plus long, l'action s'étend d'un côté jusqu'à F et de l'autre jusqu'à R (dans la partie ultra-violette du spectre) mais le maximum reste toujours en Hγ. Si enfin le temps d'exposition est encore prolongé, l'action s'étend jusqu'à D (raies du sodium) et de l'autre côté du spectre jusqu'à U et même au delà.

La limite de l'action du spectre dans l'ultra-violet est d'autant plus éloignée des raies HH′ qui constituent l'extrémité visible du spectre que l'atmosphère est plus transparente. Elle dépend aussi de la nature du prisme. Le quartz et le spath d'Islande sont les substances qui absorbent le moins les rayons ultra-violet. L'absorption en est encore moindre si l'on se sert, comme instrument de dispersion de la lumière, d'un réseau tracé sur argent poli.

Dans l'expérience que nous avons signalée en dernier lieu, à savoir exposition prolongée de la couche d'iodure d'argent au spectre solaire, une modification profonde s'observe dans l'image. La bande de l'action maximum qui était située de Hγ à HH′ (raies du calcium) dans les expériences précédentes (courte exposition) est déplacée de Hγ à F[1]. Le maximum reste toujours à Hγ, et c'est fort heureux, sinon la correction du foyer chimique dans les objectifs photographiques serait impossible. Mais ces expériences éclaircissent l'observation que l'on peut faire tous les jours, à savoir que les couches photographiques exposées dans la chambre noire un temps très-court donnent des images plus nettes que celles qui ont été exposées un temps plus long. C'est que le foyer chimique se déplace, au moins partiellement.

M. Janssen, astronome français, attribue ce défaut de netteté dans les images surexposées à l'irradiation (et nous verrons tout à l'heure en quoi consiste ce phénomène). Il a raison certainement. Mais le déplacement partiel du maximum de l'action chimique de Hγ à HH′ vers Hγ à F en est une seconde cause.

Tous ce que nous venons de dire n'est exact qu'à la condition de préparer les couches à l'iodure d'argent dans une profonde obscurité ou tout au moins dans un cabinet éclairé par la lumière tamisée à

(1) A vrai dire le phénomène est un peu plus compliqué. En surexposant l'action de Hγ à F augmente, mais de Hγ à HH′ dès qu'elle a atteint son maximum elle diminue ensuite d'intensité. A l'alinéa *Solarisation* nous reviendrons sur cet ordre de faits.

travers des verres jaunes. Car si ces derniers laissent passer du bleu, et c'est le cas le plus fréquent, l'action du spectre n'est plus du tout la même. Léon Foucault, d'illustre mémoire, affirmait que l'iodure d'argent était alors ébranlé dans son arrangement moléculaire de manière à se trouver dans un état tout à fait particulier, déjà étudié, il y a bien des années auparavant, par M. Edmond Becquerel.

En effet, nos couches photographiques à l'iodure d'argent exposées pendant un temps *très-court* à la lumière diffuse du jour, puis soumises à l'action du spectre, peuvent s'impressionner dans l'ultra-rouge en même temps que dans le bleu et les parties plus réfrangibles du spectre. Souvent même, l'action s'étend au spectre tout entier.

Seulement, ces expériences sont fréquemment contradictoires, parce que les facteurs qui concourrent à changer les résultats ne sont point suffisamment étudiés. Aussi n'est-ce point ici le lieu de nous étendre davantage sur ce sujet.

§ 22. Action du spectre sur le bromure d'argent. — Le bromure d'argent affecte plusieurs états physiques différents que nous décrirons avec plus de soin dans la suite de cet ouvrage. Disons seulement qu'il existe un bromure blanc, à molécules très-fines, que l'on obtient par double décomposition entre un excès de nitrate d'argent et un bromure alcalin au sein d'une couche de collodion ou de papier. Il existe aussi un bromure vert (ou jaune verdâtre), dont les particules sont beaucoup plus apparentes, plus fortes, et qui se produit surtout dans le procédé aux émulsions. (Voir *Émulsions* dans l'index.) Enfin le capitaine Abney a découvert une autre variété de bromure d'argent(1) à particules également très-fortes, donnant des couches bleues par transparence.

---

(1) *Bull. Association belge de photographie*, 5e année, 1878, pp. 118 et 119.

Pour préparer l'autre forme de bromure d'argent en émulsion, on opère d'une manière un peu différente : on prend du collodion normal, renfermant le double de pyroxyline que d'habitude, et l'on dissout dans 31 c. c. de ce collodion, 0,13 gr. de bromure de zinc. On y ajoute ensuite, sans aucun soin particulier, d'abord, 2,15 gr. d'azotate d'argent, préalablement dissous dans de l'eau additionnée d'un peu d'alcool, et puis 4 gouttes d'acide azotique concentré ; on secoue le tout dans le flacon. Dans cet état, le bromure est grossier et lourd, et il a une tendance à se déposer au fond du flacon ; étendu en couche sur une lame de verre, il transmet de la lumière blanche à cause de sa grosseur.

L'émulsion est alors introduite dans un ballon ; on distille les dissolvants jusqu'à ce que le bromure d'argent et la pyroxyline se déposent au fond d'une solution aqueuse d'alcool et d'éther, et que la masse ait pris une apparence visqueuse. On la verse ensuite dans une cuvette, on décante le liquide, et on lave à l'eau pendant 5 à 6 heures, jusqu'à ce que tout excès d'azotate d'argent ait disparu. On exprime autant que possible l'eau, on lave avec de l'alcool, on exprime de nouveau, et l'on

L'action de la portion la plus réfrangible du spectre (de G à U) sur les diverses variétés de bromure d'argent est la même que celle qui s'exerce sur l'iodure d'argent. Mais il n'en est point de même de la partie la moins réfrangible du spectre. Cette action ne dépasse pas DD' avec le bromure blanc, elle ne dépasse pas A avec le bromure vert, mais avec le bromure Abney elle s'étend bien au delà de A, dans l'ultra-rouge.

Les spectres photographiques du capitaine Abney sont tout à fait extraordinaires. L'auteur de cet ouvrage a eu l'occasion de les voir, et ils s'étendent au delà de la raie A à une distance égale à AG du spectre ordinaire.

Le maximum de l'action chimique du spectre solaire pour les couches au bromure vert et au bromure blanc *est identique* avec celui de l'iodure d'argent : de $H\gamma$ (3e raie du gaz hydrogène) à G. Mais il y a une différence profonde avec l'iodure d'argent si l'action du spectre est prolongée, c'est-à-dire dans les cas de surexposition. Il n'y a point de déplacement vers le vert. En un mot il n'y a point de *solarisation*, tout au moins dans les limites de la pratique ordinaire et nous verrons bientôt en quoi consiste ce phénomène de la solarisation.

Notre éminent ami le Dr Vogel, de Berlin, a découvert(1) ce fait important que l'addition au bromure d'argent sec d'une substance absorbant certains rayons colorés rend le bromure sensible à ces mêmes rayons. Ainsi l'addition de *coralline* (aniline jaune) rend la couche sensible aux rayons jaunes du spectre. Le vert d'aniline qui absorbe le rouge, rend la couche sensible au rouge.

Il suffit de l'addition d'une très-petite quantité de cette matière colorante pour produire l'effet, et il arrive même que, si on l'ajoute en quantité trop grande, l'effet produit est moindre.

Les faits découverts par Vogel ont été contestés par le capitaine Abney et par nous-même. La vérité est que beaucoup de substances colorées n'exercent aucun effet. Il y a certainement quelque chose de vrai dans les faits très-exactement observés par le Dr Vogel, mais il a eu le tort, croyons-nous, d'en faire une loi, alors que les exceptions à cette loi sont très-nombreuses.

---

redissout la masse dans de l'éther et de l'alcool en employant le double de la quantité de dissolvant primitivement employée pour le collodion normal. Une émulsion ainsi traitée, donne une couche, qui transmet de la lumière bleue (comme celle que j'ai projetée sur l'écran). Il ne s'ensuit pas nécessairement qu'une pareille émulsion soit sensible aux rayons rouges, au moins si l'on n'a pas pris certaines précautions, que nous n'avons découvertes que récemment, mais il est très-probable qu'elle aura cette sensibilité. Les négatifs que voici ont été obtenus avec une émulsion ainsi préparée.

(1) *Bull. Soc. franç. phot.*, 1874, p. 42, et 1876, p. 23.

§ **23. Action du spectre sur le chlorure d'argent et les autres substances sensibles à la lumière.** — L'action de la lumière sur le chlorure d'argent s'étend de F à l'extrême violet, et il en est de même de la plupart des substances sensibles à la lumière. Mais cette étude est jusqu'ici très-incomplète et voilà pourquoi nous ne nous y arrêtons pas davantage.

§ **24. Pourquoi les objets rouges, jaunes et verts se reproduisent photographiquement.** — Nous venons de voir que la plupart des substances sont surtout impressionnées dans la partie du spectre qui s'étend du vert à l'extrême violet et même au delà. Ceci a, pour la photographie, une très-grande importance. On conçoit, en effet, qu'une plaque préparée aux sels d'argent soumise à la lumière derrière un verre rouge, orangé, jaune ou vert, ne sera aucunement impressionnée. De même, tous les objets de la nature qui offrent ces couleurs, doivent se reproduire comme s'ils étaient noirs. C'est bien, en effet, ce qui arriverait si ces couleurs étaient *très-pures;* mais, fort heureusement, ce sont aussi ces couleurs qui réfléchissent le plus de lumière blanche diffuse, et c'est grâce à cette lumière réfléchie que les objets rouges, verts, etc. se reproduisent en photographie.

SECTION II. — ACTION PHYSIQUE DE LA LUMIÈRE.

§ **25. Action physique de la lumière sur les plantes et sur le soufre.** — Il existe une famille de plantes que l'on appelle *Légumineuses*. Beaucoup de ces plantes ont des feuilles composées dont les folioles sont articulés sur le pétiole (fig. 4). La nuit toutes ces petites feuilles pendent vers le sol, le matin elles se redressent (D) et sont horizontales. A midi elles se hérissent jusqu'à se joindre (B), pour redevenir horizontales l'après-midi, et retomber le soir (C). Les *sensitives,* plantes de serre chaude, et même beaucoup de plantes de nos jardins, présentent ce phénomène d'une manière frappante.

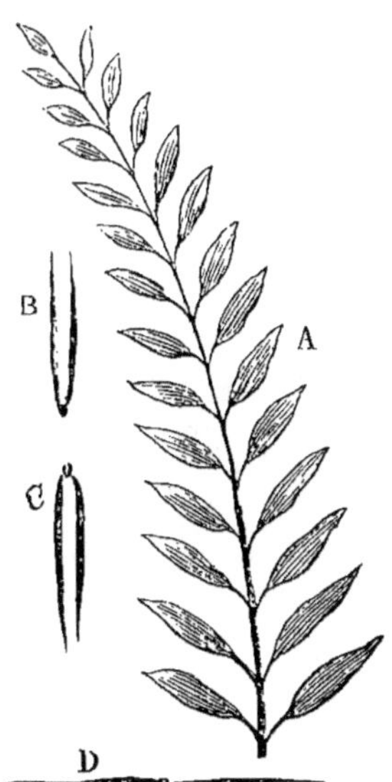

Fig. 4. — Feuille de sensitive.

Le soufre, soumis à l'action des rayons solaires sous un écran en papier noir découpé, ne subit à la simple vue aucun changement. Cependant l'action de la lumière se décèle par les vapeurs du mercure qui forment un sulfure d'un brun jaunâtre là où la lumière a agi(1).

Les deux exemples précédents sont des preuves frappantes que la lumière peut modifier les propriétés du corps sans cependant déterminer une action chimique. Le dernier surtout est concluant.

§ **26. Ce que l'on entend par « image latente » et « développateur. »** — Prenons une plaque d'argent poli et soumettons-la dans l'obscurité aux vapeurs du brôme et à celles de l'iode. Elle se recouvre d'une pellicule de bromo-iodure d'argent. Exposons cette plaque à la lumière dans une chambre noire un instant si court que, reportée dans l'obscurité et examinée à la lueur d'une bougie, elle ne laisse voir aucune trace d'impression. Nous pouvons dire qu'il n'y a pas eu action chimique de la lumière, puisque l'effet de cette dernière est de noircir le composé d'argent et que nous n'observons aucun changement. Néanmoins l'image existe, mais elle est *latente*. On la fait ressortir en plaçant la couche à quelques millimètres d'un bain de mercure chauffé à 50°. Les vapeurs se condensent là où la lumière a agi, le mercure est donc un *développateur* de l'image.

§ **27. Développement par les rayons rouges.** — Non-seulement le mercure est un développateur, mais la lumière elle-même peut développer l'image invisible au sortir de la chambre noire. Il suffit, pour cela, d'exposer la plaque aux rayons du jour derrière un verre rouge. Partout où la lumière a agi, il se produit une décomposition de l'iodure d'argent sous l'influence des rayons rouges qui traversent le verre et l'image apparaît en entier. (Cette expérience ne réussit pas avec l'iodure d'argent préparé par double décomposition.) Cette découverte est due à M. Edmond Becquerel.

§ **28. Solarisation.** — C'est en vertu de la solarisation que le développateur fait ressortir une image d'un maximum d'intensité, pour un temps donné de l'action de la lumière sur les plaques préparées à l'iodure d'argent (et, à un moindre degré, pour le bromure). Elle a été découverte par Moser, de Königsberg. Il en résulte qu'une lame de daguerréotype ou une feuille de papier à l'iodure d'argent étant exposée à la chambre noire tout juste le temps nécessaire pour produire (par développement) une image très-vigoureuse, on en produirait une plus faible, par une exposition aussi bien moindre que plus grande. Il est utile d'ajouter que déjà la surface sensible est sola-

---

(1) Garnier et Salmon, *Bull. Soc. franç. de phot.*, 1858.

risée, c'est-à-dire exposée trop longtemps, bien avant que toute image apparaisse par le seul effet de la lumière non aidée d'un développateur. C'est donc une preuve évidente que la cause qui produit l'image latente n'est pas chimique mais purement physique, car si c'était une action chimique, plus l'image serait visible par le seul effet de la lumière et mieux le développateur devrait agir pour la rendre intense. Or, telle n'est pas la vérité.

Le capitaine Abney affirme que le phénomène de la solarisation n'est autre qu'une *oxydation* par la lumière. Mais après avoir lu tout ce que l'éminent physicien anglais a publié à ce sujet, et répété plusieurs de ses expériences, nous maintenons plus que jamais notre opinion, à savoir : que la solarisation n'est qu'un pur phénomène physique.

§ 29. Influence de la solarisation sur la reproduction photographique des objets colorés. — Les objets bleus et violets, ou ceux d'une teinte neutre très-claire (mais point rouge ou jaune) se reproduisent aisément par la photographie, puisque ces couleurs agissent très-activement sur les surfaces photographiques ; mais dépasse-t-on le temps de pose, une partie de l'effet qu'elles ont produit est détruit. Au contraire, les objets rouges et jaunes n'agissent que par la faible lumière blanche qu'ils réfléchissent; il faut donc un temps très-long pour qu'ils se solarisent. En reproduisant photographiquement un objet offrant des couleurs actives (bleu, violet) à côté de couleurs inactives (rouge, vert) et en dépassant fortement le temps de pose, l'action du rouge et du vert sera augmentée et celle du bleu et du violet diminuée par la solarisation. C'est grâce à cet artifice que l'on reproduit les fleurs, bouquets, arbres, etc. Jamais l'effet obtenu ne répond exactement à celui que l'on aurait si l'iodure et le bromure d'argent étaient également sensibles à tous les rayons colorés, mais au moins cet effet est-il de beaucoup supérieur à celui que produirait une exposition à la chambre noire seulement suffisante pour les couleurs actives.

SECTION III. — THÉORIE DES PROCÉDÉS PHOTOGRAPHIQUES AUX SELS D'ARGENT.

§ 30. Leur division en procédés négatifs et positifs. — Nous savons déjà que les procédés photographiques aux sels d'argent se divisent en deux catégories : 1° suivant que l'exposition à la lumière de la surface photographique est très-courte et qu'on *développe* l'image *latente* par l'acide gallique ou tout autre réducteur ; 2° suivant que cette exposition est suffisante pour amener un noircissement intense. Dans les deux cas, la lumière agit en raison de son intensité et produit des images *inverses* à celles que notre œil perçoit, c'est-à-dire, dans lesquelles les parties blanches sont rendues en noir (voyez figures 1 et 2). Mais comme il faut un temps *très-court* d'exposition à la lumière pour produire les premières, on s'en sert dans la chambre noire à objectif, et l'on obtient alors un *négatif*, aussi nommé : *cliché, type* (fig. 1). Quant aux secondes, comme il faut au contraire un temps considérable d'exposition à la lumière, on ne les produit que par le contact avec un *négatif* à travers lequel les rayons solaires impriment alors un *positif* (fig. 2) c'est-à-dire une image dans laquelle les blancs correspondent aux parties les plus lumineuses de l'objet primitivement reproduit.

Les procédés aux sels d'argent se divisant ainsi expérimentalement en deux catégories bien distinctes (et nous allons voir que la lumière agit du reste différemment dans les deux), nous adopterons cette division, en appelant les premiers « *procédés négatifs* » et les seconds « *procédés positifs.* »

§ 31. Théorie des procédés négatifs. — Formation de l'image. — Il n'est pas indifférent d'employer un sel d'argent quelconque dans ces procédés. Si la plupart des composés d'argent noircissent à la lumière, il en est peu qui, exposés un temps très-court, peuvent alors déceler l'image sous l'influence de l'acide gallique ou d'un autre réducteur. Ceux qui possèdent cette propriété à un très-haut degré sont : l'*iodure* et le *bromure*. On les produit par l'action directe de l'iode en vapeur sur une lame d'argent (*daguerréotype*); ou bien par double décomposition dans la pâte du papier (*Talbotype*), la texture d'une couche d'*albumine* (procédé sur albumine, de *coton-poudre* (procédé sur collodion). (Voyez *Historique*, pages 7 et suiv.)

Il y a ici un point sur lequel nous devons insister. Pour former l'iodure d'argent par double décomposition, on introduit un iodure alcalin dans une surface poreuse, puis celle-ci est immergée dans une dissolution de nitrate d'argent. Or, il se peut que la matière qui constitue la surface poreuse se combine chimiquement avec le nitrate d'argent, et qu'alors nous ayons deux composés d'argent en présence, et même trois, si nous y comprenons le nitrate d'argent en excès qui imbibe ladite surface poreuse. C'est précisément le cas des procédés sur albumine et gélatine, mais non le cas du coton-poudre (collodion) et du papier *pur*(1).

(1) C'est-à-dire non encollé à la *gélatine*, l'*albumine*, la *résine*, toutes substances qui se combinent avec le nitrate d'argent.

Remarquons en outre que le composé argentico-organique des deux premiers (albumine et gélatine) peut recevoir une image indépendamment de l'iodure d'argent, à la condition d'une exposition suffisante à la lumière. L'expérience prouve que dans ces deux procédés tels qu'on les pratique aujourd'hui, l'addition de l'iodure d'argent exerce peu d'effet, que le temps de pose à la chambre noire à objectif est toujours fort long, et que *l'image est légèrement visible avant le développement* à l'acide gallique. La même chose a lieu avec le coton-poudre ou le papier qui contient des corps organiques capables de se combiner avec le nitrate d'argent, surtout si ces corps sont l'albumine (procédé Taupenot) ou la gélatine (papier encollé, papier ciré). Pour examiner de quelle manière la lumière agit dans les procédés négatifs, nous ne pouvons considérer que l'iodure d'argent parfaitement pur (daguerréotype), ou bien imbibé d'un excès de nitrate d'argent (papier pur, collodion).

Deux théories sont ici en présence pour expliquer pourquoi l'iodure d'argent, exposé un temps extrêmement court à la lumière, condense les vapeurs de mercure, ou réunit les molécules d'argent mises en liberté par l'action de l'acide gallique sur le nitrate d'argent en excès:

1° C'est une action chimique;

2° C'est une action physique.

La première est adoptée par MM. Bareswill et Davanne qui l'ont présentée dans leur ouvrage *Chimie photographique* avec la clarté et la netteté d'exposition qui les distingue. Voici les arguments sur lesquels ces auteurs se reposent particulièrement :

1° Les sels d'argent en général, l'iodure en particulier, noircissent par une exposition suffisante à la lumière en laissant pour résidu de l'argent métallique. Donc, en un temps fort court ils noirciront encore, mais d'une façon invisible. Cependant, dans ce dernier cas, la quantité infiniment petite d'argent sert alors d'élément attractif sur les molécules d'argent mises en liberté par l'acide gallique ou les autres développateurs.

2° Si cette théorie est vraie, dans certains procédés où l'exposition à la lumière est très-longue, l'image sera visible avant le développement. L'expérience prouve qu'il en est ainsi de l'albumine, du papier encollé à la gélatine, du papier ciré.

3° Enfin leur argument principal réside dans la célèbre expérience de M. Young qui avait exposé une glace albuminée à la chambre noire et l'avait fixée à l'hyposulfite de soude (qui dissout l'iodure d'argent comme on sait) avant de procéder au développement, et qui, malgré cela, avait obtenu une image. Donc, disent MM. Bareswill et Davanne, la lumière a décomposé une petite fraction d'iodure d'argent en iode et argent, l'hyposulfite de soude a respecté l'argent, qui sert alors, pendant le développement, de point attractif aux molécules de même métal mises en liberté par l'acide gallique.

Examinons la valeur de ces trois arguments :

1° Une glace collodionnée exposée au soleil 1/2000e de seconde noircit sous l'influence de l'acide pyrogallique, tandis qu'elle subit à peine un changement appréciable à l'œil en une minute d'exposition directe, soit 120,000 fois le temps où l'image apparaît par un réducteur, et cependant, pour MM. Bareswill et Davanne, de l'argent existerait et donnerait lieu au développement subséquent!

2° Oui, dans certains procédés l'image est visible au sortir de la chambre noire, mais remarquons-le bien, précisément dans les procédés sur lesquels nous avons appelé l'attention, parce que, outre l'iodure d'argent, il y avait aussi présence d'une matière argentico-organique. Cette image secondaire n'est pas due à l'iodure d'argent, mais à la matière argentico-organique du papier ciré, de l'albumine, etc.

3° Enfin, le troisième argument, qui fait toute la force de la théorie de MM. Bareswill et Davanne, n'est pas, ce nous semble, plus concluant. Comment se peut-il, en effet, qu'une glace collodionnée, infiniment plus sensible à la lumière qu'une glace albuminée, et exposée *le même temps* à la chambre noire, ne donne pas de traces d'image si l'on enlève avant le développement l'iodure d'argent par l'hyposulfite de soude? Cela est fort simple. MM. Bareswill et Davanne attribuent la formation de l'image, dans l'expérience d'Young, à la décomposition de l'iodure d'argent. Il n'en est rien, attendu que la glace albuminée donne une image très-vigoureuse sans iodure d'argent, et il en est ainsi dans tous les procédés photographiques où une image est visible au sortir de la chambre noire. Voici ce qui se passe : la glace d'Young est formée d'iodure d'argent et d'*albuminate d'argent;* le premier reçoit l'effet de la lumière *sans noircir;* le second, au contraire, se décompose en un sous-sel brun, soluble dans l'acide azotique et la potasse caustique. L'hyposulfite enlève l'iodure d'argent, soit; seulement il laisse, non pas l'argent métallique, mais l'albuminate noirci qui donne lieu alors au développement.

On le voit, d'après nous, il n'y aurait pas élimination d'argent métallique, ni même, ajoutons-le dès maintenant, pas *d'action chimique*, bien entendu dans les cas où l'iodure d'argent n'est pas mêlé de composé argentico-organique. S'il restait un doute dans l'esprit du lecteur sur la théorie présentée par MM. Bareswill et Davanne, les faits suivants, pensons-nous, l'éclairciraient complètement.

1° Si la lumière agit chimiquement sur l'iodure d'argent d'une glace au collodion et qu'il se forme, soit de l'argent métallique, soit, si l'on veut, un sous-sel, il est évident que l'acide azotique mélangé de son volume d'eau (qui, comme on sait, dissout instantanément l'argent, surtout s'il est divisé) appliqué après l'action de la lumière, doit le dissoudre. Or, une glace ainsi traitée, lavée pour enlever l'excès d'acide, et recouverte d'un mélange d'acide pyrogallique et de nitrate d'argent laisse développer une image, faible il est vrai, mais cependant très-distincte.

2° Si l'action de la lumière sur l'iodure d'argent est véritablement chimique, elle doit être proportionnelle à sa durée. En termes plus facilement compréhensibles pour les photographes : s'il faut une seconde pour produire par développement une image vigoureuse, cette image le sera doublement et triplement en deux et trois secondes. Or, nous savons déjà le contraire. (Voyez *Solarisation*, p. 26.)

3° Une glace, dont l'image vient d'être développée, est traitée par le pernitrate de mercure qui enlève l'argent. Il reste donc la couche d'iodure d'argent, et cependant on peut développer une deuxième et même une troisième image, ce qui prouve que la lumière communique à l'iodure d'argent une propriété particulière(1).

4° Ajoutons enfin que M. Carey-Lea(2) a appuyé une règle sur une couche d'iodure d'argent, et en a développé la trace. On réussit aussi avec un tube de verre que l'on appuie sur la couche.

La simple pression communique donc à l'iodure d'argent la même faculté de développement que la lumière, et c'est bien là, nous l'espérons, une cause physique.

Pour M. Davanne donc, il n'y a, à proprement parler, point de développement, mais un simple renforçage. Pour MM. Carey-Lea, Vogel, Hardwich et pour nous, il y a un vrai développement, une vraie image latente, qui *provoque* la décomposition *immédiate* du nitrate d'argent et du réducteur imbibant la couche.

Ces arguments nous paraissent décisifs. Rapprochons-les de quelques faits fort curieux, découverts par Moser et que nous avons eu l'occasion d'observer plusieurs fois.

a) Une lame de verre est exposée derrière un papier découpé à l'action des rayons solaires; l'haleine projetée sur cette glace rend l'action visible.

b) Une lame d'argent poli donne le même résultat, mais si, aux vapeurs acqueuses de l'haleine, on substitue celles de mer-

---

(1) Carey-Lea, *Bull. Soc. franç. phot.*, 1865.
(2) *Philadelphia photographer*, mars 1866.

cure, l'exposition aux rayons solaires peut être considérablement diminuée.

c) Une médaille de cuivre légèrement chauffée est placée sur une lame d'argent poli : l'haleine et les vapeurs mercurielles rendent l'image visible, même si l'expérience est faite dans l'obscurité.

d) Si cette médaille est abandonnée un temps très-long sur la lame d'argent poli, l'image formée par l'haleine et le mercure *se solarise* et peut même être inverse à celle de l'expérience *c*. Ce fait offre une analogie frappante avec l'action de la lumière sur l'iodure d'argent, action qui *tend* à se renverser si l'exposition est poussée suffisamment loin, et qui se renverse effectivement si, pendant que l'on développe l'image, on laisse entrer le jour dans le cabinet noir où ce développement se fait.

L'action de la lumière sur l'iodure d'argent des procédés négatifs est donc purement physique, et si, dans quelques-uns, une image se produit par une action chimique, elle est due, non à l'iodure d'argent, mais à la matière argentico-organique.

Mais quelle est la nature de cette action physique?

Le Dr Hill Norris et d'autres auteurs pensent que les molécules d'iodure d'argent ont pris des pôles électriques, et que dès lors les vapeurs mercurielles et l'argent se déposent, comme une balle de sureau est attirée par un corps électrisé. Mais, il faut le dire, cette hypothèse est bien hasardée et ne repose pas sur une seule expérience précise. Il y a plus, M. Grove a démontré qu'une glace étant électrisée en certaines parties et exposée aux vapeurs de l'acide chlorhydrique, c'est précisément sur les parties non électrisées que se dépose la vapeur. Quant une glace est d'abord électrisée, couverte d'iodure d'argent et exposée à la chambre noire, le développateur ne fait ressortir aucune image. M. Grove pense donc que l'électricité et la lumière agissent d'une manière opposée sur les surfaces photographiques.

Moser a été plus explicite lorsqu'il a émis ce principe général, basé au moins sur des expériences nettes et claires, que *lorsqu'un corps a été touché par un autre, les vapeurs peuvent rendre le point de contact visible.* On conçoit, d'après ce principe, que la lumière en un temps déterminé, puisse donner de nouvelles propriétés physiques à l'iodure d'argent; mais comment conçoit-on que ce temps ne peut être dépassé sans détruire une partie de l'action primitive? Cet effet négatif est d'ailleurs obtenu avant que l'action chimique ne commence, au moins ne constate-t-on rien qui puisse la faire supposer, alors que déjà la lumière a agi trop longtemps!

Un fait non moins singulier, c'est que certains réducteurs, plus énergiques cependant que l'acide pyrogallique et le sulfate de fer, ne développent aucune image, quoiqu'ils libèrent l'argent du nitrate de ce métal. Tels sont, par exemples, les acides hypophosphoreux et phosphoreux(1).

Avouons-le sans détour, nous ne connaissons pas la nature du changement physique qui se produit dans l'action de la lumière sur l'iodure d'argent. Il est plus que probable que la lumière communique à l'iodure (ou au bromure) d'argent un certain état moléculaire qui modifie ses propriétés, mais jusqu'ici l'exacte définition de cet état nous échappe.

Si, dans les procédés où l'iodure d'argent est pur ou seulement mélangé de nitrate de même métal, la formation de l'image doit être uniquement attribuée à une action physique, il n'en est pas ainsi dans les procédés où un corps argentico-organique est en présence de cet iodure et alors l'action chimique du noircissement du sel d'argent a lieu en même temps que l'action physique. Ce qui en est la preuve, c'est que ces corps argentico-organiques employés seuls donnent des images, et d'autant plus vigoureuses que l'exposition à la lumière est poussée plus loin, sans offrir la propriété de la solarisation, au moins ne l'avons-nous pu constater dans nos expériences.

§ 32. Développement de l'image latente. — Les endroits de la surface photographique frappés par la lumière condensent les vapeurs de mercure (daguerréotype), ou se recouvrent d'argent précipité par l'action du développateur sur le nitrate d'argent en excès qui mouille la couche (procédés humides). Il ne faut pas croire que les molécules d'argent sont mises en liberté par l'influence du réducteur sur le nitrate d'argent et qu'elles vont se grouper sur les parties frappées par la lumière. Les parties de la surface photographique frappées par la lumière *déterminent*, au contraire, la réaction, sinon il suffirait de poudre métallique en suspension dans l'eau pour développer l'image.

C'est du reste ici la première période du développement de l'image latente. Une fois développée, on peut, à l'aide d'un nouveau mélange de réducteur et de nitrate d'argent, la *renforcer*, aussi bien après que l'iodure d'argent a été enlevé par un fixateur, que s'il reste dans sa surface. Dans le cas du *renforçage*, c'est l'argent déposé dans la première période du développement qui détermine de nouveau la réaction, précisément comme un petit cristal déposé dans une solution saturée du sel marin, sert de noyau à la formation de toute une

(1) D. van Monckhoven, *Recherches sur de nouveaux développateurs*, 1860.

croûte de cristaux. En tous cas, ce renforçage ne peut pas s'opérer sur la lame d'argent du daguerréotype, mais seulement sur les surfaces photographiques constituées par l'iodure d'argent préparé par double décomposition.

§ **33. Nature chimique de l'image développée et causes de l'intensité de cette image.** — Sur les lames daguerriennes, l'image est probablement constituée par l'amalgame d'argent, mais on ne peut pas s'en assurer parce que les quantités de matière sont trop faibles pour les soumettre à l'analyse.

D'après la théorie du développement que nous venons d'exposer, on pourrait croire que le réducteur libérant de l'argent *métallique*, l'image doit de même être formée d'argent métallique, cependant il n'en est pas toujours ainsi.

Nous l'avons dit, généralement l'iodure d'argent des surfaces photographiques n'est pas pur, il est souvent mélangé de matières argentico-organiques. Dans ce cas l'image examinée par transparence offre des noirs très-puissants, c'est ce que l'on appelle des négatifs *intenses*. Or, plus l'iodure d'argent est mêlé de cette matière organique et plus cette intensité de l'image développée est grande, mais moins l'image est formée d'argent métallique, ce dont on s'assure en versant à sa surface du mercure qui s'amalgame avec l'argent, ou mieux, de l'acide azotique qui dissout ce métal.

§ **34. Différences entre le bromure et l'iodure d'argent. Développement alcalin.** — Jusqu'ici nous avons toujours parlé exclusivement des couches d'iodure ou de bromure d'argent développées en présence d'un excès de nitrate d'argent. Le développateur est communément le sulfate de fer, l'acide pyrogallique ou l'acide gallique.

Mais les couches lavées d'iodure d'argent présentent avec les couches lavées de bromure d'argent, après dessication, une différence remarquable. Les premières ne laissent développer aucune image avec les réducteurs employés seuls, les secondes, au contraire, en présentent une, surtout si le réducteur est alcalin, par exemple l'acide pyrogallique additionné d'ammoniaque. Il s'opère ici une véritable décomposition du bromure en argent métallique et brôme qui semble se combiner avec le révélateur.

§ **35. De l'irradiation photographique.** — Si l'on reproduit par la photographie un objet blanc très-éclatant sur un fond noir, l'image de l'objet blanc n'est pas limitée à son contour géométrique, mais elle est entourée d'une auréole qui l'étend d'autant plus loin que l'action de la lumière s'est prolongée davantage.

Mais il y a plus, c'est que l'image de l'objet blanc est dilatée, elle est plus grande qu'elle ne doit être, et d'autant plus, que la durée de l'exposition a été plus grande.

L'irradiation photographique provient : 1° du déplacement du foyer chimique au foyer des objectifs (voir p. 22); 2° de l'illumination de la couche qui diffuse et propage la lumière; 3° de la diffraction au foyer des objectifs.

M. Angot (1) attribue la cause de l'irradiation uniquement à la diffraction qui a pour effet, comme le savent les astronomes, d'étendre les images des étoiles en disques d'un diamètre sensible. Mais si la diffraction était l'unique cause de ce phénomène, il faudrait que les objectifs à large ouverture, c'est-à-dire les objectifs d'un grand diamètre par rapport à leur distance focale, donnassent moins d'irradiation que les objectifs à long foyer, et dans la proportion du carré des ouvertures. Or, tel n'est pas le cas. Voilà pourquoi nous ne pouvons pas admettre avec M. Angot, que la diffraction est l'unique cause de l'irradiation.

§ 36. Le fixage. — Le *fixage* consiste dans l'élimination de l'iodure d'argent (et de la substance argentico-organique s'il y en a). On se sert à cet effet d'hyposulfite de soude ou de cyanure de potassium. Le dernier attaque l'image, car non-seulement il dissout la combinaison argentico-organique, cause de l'intensité de l'image, mais encore *sous l'influence de l'air*, il oxyde l'argent métallique lui-même, de sorte que les légers détails de l'image disparaissent sous son influence.

Quand le fixateur est enlevé par l'eau, l'image photographique est complètement achevée.

§ 37. Théorie des procédés positifs. — Nature de l'image. — L'on n'emploie, dans ces procédés, que le noircissement direct du chlorure d'argent; quant à l'iodure et au bromure d'argent, ils donnent des épreuves positives grises, ayant la couleur de l'argent précipité. Au reste, ces deux substances ne prennent pas un ton aussi foncé, quoiqu'elles noircissent *plus vite*, surtout le bromure.

Nous savons déjà que le chlorure d'argent se forme dans la texture du papier par double décomposition entre le chlorure de soudium et le nitrate d'argent, mais qu'on laisse toujours un excès de nitrate, parce que le noircissement est alors plus rapide et plus intense. On associe même une troisième substance à ces deux, l'albumine; de sorte que

(1) *Bull. Soc. franç. phot.*, 1876, p. 272.

chacune d'elles, prise isolément, peut donner une image. Nous avons donc à examiner l'action de la lumière :

1° sur le chlorure d'argent ;

2° sur le papier au nitrate d'argent;

3° sur l'albuminate d'argent.

Chlorure d'argent. Le fait que le chlorure d'argent noircit dans l'acide azotique, doit indiquer clairement que cette substance subit autre chose qu'une simple élimination de chlore avec dépôt d'argent, puisque l'argent est soluble dans l'acide azotique. D'un autre côté, il est hors de doute que le chlorure d'argent noirci à la lumière se dissout en grande partie dans l'acide azotique, en laissant un chlorure violet trop riche en chlore pour correspondre à la formule $Ag_2 Cl$ (1). De ce dernier fait nous concluons, avec MM. Barcswill, Davanne et Crookes, qu'il se forme principalement de l'argent métallique; mais du premier, qu'il s'y trouve aussi un sous-sel en petite quantité.

Papier au nitrate d'argent. Ce papier, en noircissant à la lumière, élimine l'argent métallique du nitrate.

Albuminate d'argent. M. Hardwich a fait avec cette substance des expériences fort curieuses. Il la préparait en versant du blanc d'œuf dans une solution de nitrate d'argent. Le produit blanc noirci à la lumière est soluble dans l'acide azotique *et la potasse caustique* (qu'il colore en rouge). L'action de la lumière sur ce composé n'est donc pas une réduction d'argent métallique, mais donne lieu à un sous-sel qui reste combiné avec la matière organique. La gélatine produit des effets analogues.

De l'ensemble de ces divers faits, on peut conclure : que la lumière forme sur le papier au chlorure d'argent une image dont l'argent métallique constitue la principale base; sur papier chloruré et albuminé, outre ce produit, une combinaison organique dans laquelle l'argent n'existe pas à l'état métallique.

§ 38. Théorie du virage et du fixage. — M. Talbot (voyez *Historique*, p. 7) fixait par l'hyposulfite de soude l'image sur son papier au chlorure d'argent, mais aujourd'hui on la dore préalablement, parce que dans ce cas elle est moins sujette à s'altérer sous l'influence des agents oxydants et sulfurants de l'atmosphère. Les bains de dorure (ou de virage comme on les appelle) sont analogues

---

(1) Le chloro-valérate d'argent étant dissous dans l'acide azotique abandonne, sous l'influence de la lumière, un chlorure d'argent *violet* (M. Stas).

Le monochloracétate d'argent dissous dans l'ammoniaque, abandonne, dans les mêmes circonstances, des cristaux violets de chlorure d'argent, dont la composition est variable, mais que l'acide azotique ne blanchit pas (D. V. M.).

aux bains découverts par Elkington, c'est-à-dire des aurates alcalins. Une épreuve au chlorure d'argent noirci à la lumière (formée donc en grande partie d'argent métallique) s'y dore sans que l'on sache la réaction qui a lieu, et l'or divisé étant pourpre, l'image prend cette couleur. Si les épreuves albuminées se dorent plus difficilement que les épreuves chlorurées simples, cela provient de ce que l'albuminate noirci par la lumière n'est pas de l'argent métallique.

Quant au fixage, sa théorie est de la plus grande simplicité. Fixer une épreuve consiste uniquement à enlever tout le chlorure d'argent blanc non altéré et le sous-chlorure s'il en existe. Or, l'hyposulfite de soude transforme le premier en sel double (hyposulfite de soude et d'argent) qui se dissout dans un excès de ce sel, de même que le second qu'il dédouble en argent métallique et en chlorure ordinaire. C'est à cette dernière action qu'est dû le changement de couleur d'une épreuve immergée dans ce sel; en effet, le chlorure violet se transformant en argent métallique, de plus, le liquide enlevant le chlorure blanc interposé entre les molécules de l'argent réduit, un changement de couleur en est l'effet naturel.

§ **39. Altération des épreuves positives.** — L'expérience a démontré :

1° Qu'un bain d'hyposulfite de soude qui a servi à fixer un grand nombre d'épreuves, peut virer une épreuve (c'est-à-dire lui donner une couleur agréable à l'œil) sans que l'on ait besoin de recourir au virage préalable à l'or. Dans ce cas, les images sont sujettes à s'ffacer par le temps, ou tout au moins à se transformer lentement en épreuves d'un aspect jaune, aspect malheureusement connu de tout le monde. Ce fait s'explique par la décomposition de l'hyposulfite d'argent (formé par les sels d'argent contenus dans la texture du papier au contact du fixateur) en sulfure de ce métal. Il se produit d'autant plus facilement qu'on immerge un plus grand nombre d'épreuves en même temps dans le fixateur, ces épreuves se sulfurant localement faute d'un contact suffisant avec le liquide.

2° Qu'un acide faible, ajouté à l'hyposulfite, lui communiquait exactement les mêmes propriétés. Les acides, en effet, libèrent de l'hyposulfite de soude une certaine quantité de soufre qui se combine avec l'argent métallique constituant l'image.

3° Qu'une épreuve abandonnée longtemps dans l'hyposulfite de soude jaunissait, et que le produit formé sur le papier consistait en sulfure d'argent. Ce fait est constaté, mais son explication nous est inconnue.

Un grand nombre d'épreuves passées ont été analysées, et dans toutes, on a constaté la présence du soufre, qui paraît donc être la cause de l'altération des épreuves positives sur papier. Cela paraîtra hors de doute lorsqu'on saura que MM. Davanne et Girard ont prouvé par l'expérience ce fait curieux : qu'une épreuve formée d'argent pur, et sulfurée par l'hydrogène sulfuré humide ou tout autre sulfurant, *devenait jaune* comme les épreuves sortant des vieux hyposulfites ou séjournant trop longtemps dans l'hyposulfite neuf. Ce fait est fort extraordinaire, car le sulfure d'argent est le composé le plus stable d'argent que l'on connaisse ; il constitue dans le sein de la terre de grandes masses minérales qui, cristallisées ou amorphes, ne paraissent pas subir d'altération à l'air.

La grande division de l'argent dans les épreuves positives doit être cause de leur sulfuration à l'air ; le sulfure d'argent est noir, il est vrai, et non jaune, mais ce sulfure noir jaunit en subissant une modification moléculaire. Les épreuves virées à l'or (dorées en d'autres termes) sont certainement plus fixes que celles formées par l'argent pur, mais l'expérience a prouvé qu'elles n'étaient pas réellement inaltérables.

Ce qui prouve bien que ce n'est pas seulement l'emploi de l'hyposulfite de soude qui est la cause de l'altération des épreuves positives aux sels d'argent sont les faits suivants :

1° Certaines épreuves mal lavées résistent très bien à l'action du temps, d'autres admirablement lavées s'altèrent.

2° Des épreuves fixées à l'ammoniaque ou au cyanure de potassium s'altèrent tout aussi vite que celles fixées à l'hyposulfite.

3° Les épreuves au collodion chlorure d'argent quoique fixées à l'hyposulfite ne s'altèrent point du tout. L'auteur de cet ouvrage possède un grand nombre de ces épreuves faites il y a douze ans, et pas une seule ne s'est altérée.

De ces épreuves figurent dans les collections des journaux photographiques allemands les *Mittheilungen* de Berlin et la *Correspondenz* de Vienne. Elles sont aussi fraîches que si elles étaient faites d'hier.

La théorie *acceptée* qui consiste à attribuer l'altération des épreuves aux hyposulfites ou à l'insuffisance des lavages n'est donc point admissible.

SECTION IV. — THÉORIE DES PROCÉDÉS PHOTOGRAPHIQUES SANS SELS D'ARGENT.

§ 40. Action réductive de la lumière. — Le plus souvent l'action de la lumière consiste dans la *réduction* des corps soumis à son influence. C'est ainsi que les sels métalliques au maximum sont réduits au minimum, et ce cas est fréquent dans les sels des dernières sections, à partir du manganèse et du fer. Si ces sels sont colorés, comme le chlorure de chrôme, l'iodure de mercure, l'action est visible ; mais si ces sels sont incolores ou faiblement colorés, comme le bichlorure de mercure, le nitrate d'urane, l'action est invisible et n'est décélée que par des réactifs qui agissent sur les sels au minimum sans exercer d'effet sur les sels au maximum.

Si le sel au minimum formé contient un métal de la dernière section, ce dernier est réduit ; c'est ainsi que le perchlorure d'or est réduit d'abord à l'état de protochlorure, puis à l'état d'or métallique. Les corps avides d'oxygène accélèrent dans ce cas la réduction, et, pour le chlorure d'or, par exemple, l'action est bien plus rapide en présence de l'acide oxalique, d'un formiate alcalin, etc. Ces corps réducteurs peuvent même, sous l'influence de la lumière, mettre le métal en liberté dans certains sels qui ne sont pas réduits à l'état métallique sans leur présence, tel est le cas pour les sels de mercure.

Il en est encore de même de l'action de la lumière sur les bichromates. L'acide chromique est réduit à l'état d'un sel d'un ordre d'oxydation moins élevé. Dans le cas des épreuves au charbon, ce sel de chrôme au minimum rend la gélatine insoluble, et la matière colorante mêlée à cette gélatine est retenue dans la couche. L'eau chaude dissolvant la gélatine non altérée, une image fixée en est la conséquence.

§ 41. Action oxydante de la lumière. — La lumière produit parfois une *oxydation*, par exemple des essences, des bitumes, des résines. C'est ainsi que sont produites les images sur acier enduit de bitume de Judée, images qui ne se forment pas dans le vide ou dans un gaz tel que l'azote ou l'hydrogène.

CHAPITRE II.

CHIMIE PHOTOGRAPHIQUE.

Nous n'examinons, dans ce chapitre, que les propriétés *photographiques* des substances qui intéressent le lecteur, ou celles de leurs propriétés chimiques qu'il doit connaître pour la pratique de son art.

Nous faisons précéder l'étude de la chimie photographique proprement dite d'un chapitre consacré à la description des ustensiles de laboratoire et des opérations chimiques les plus habituelles.

SECTION I. — LE LABORATOIRE ET LES OPÉRATIONS QUI S'Y EXÉCUTENT.

§ **42. Le laboratoire.** — Le laboratoire est destiné aux préparations chimiques proprement dites, et au fixage des positives, nettoyage des glaces, etc. Nous supposerons, d'ailleurs, que le lecteur achète les produits principaux que nécessite son industrie, par exemple : le coton-poudre, l'hyposulfite de soude, l'acide pyrogallique, l'éther, l'alcool, le cyanure de potassium, etc. Au contraire, nous l'engagerons à préparer lui-même le nitrate d'argent et le chlorure d'or. Outre ces préparations, le lecteur s'exercera encore à faire des filtres à plis, à courber des tubes, à fondre des métaux précieux, etc., etc. Le but de ce chapitre est de lui indiquer *brièvement* quels sont les ustensiles qu'il doit se procurer à cette fin et comment il en fera usage. Nous suivons l'ordre alphabétique, pour plus de facilité. Voici d'ailleurs une liste préalable des objets les plus indispensables. Trois mesures graduées; quelques ballons; trois cornues tubulées; un kilogr. tubes; des flacons bouchés à l'émeri et non bouchés; des bouchons; des perce-bouchons; des entonnoirs; une ou deux lampes à gaz ou à alcool; quelques creusets; un ou deux fourneaux en terre; quelques capsules en porcelaine; quelques liasses de filtres; un moule-filtre Carré; deux balances avec poids; quelques éprouvettes; un ou deux mortiers en porcelaine; un vase à lavages; et quelques autres objets dont le détail suivra.

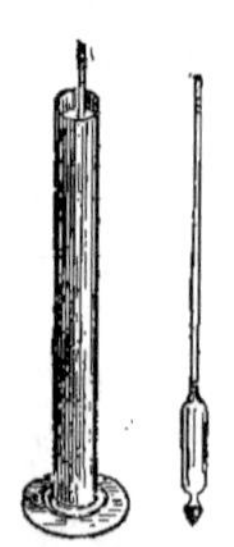

Fig. 5. 6. Aréomètre.

§ **43. Aréomètre.** — L'aréomètre (fig. 6) se compose d'un tube en verre, dans l'intérieur duquel un papier enroulé porte les divisions. A ce tube, est soudé un renflement terminé par une boule contenant du mercure, qui sert à maintenir le tube vertical.

On plonge l'aréomètre dans le liquide dont on veut connaître la densité comme l'indique la fig. 5, et au niveau du liquide on lit la division marquée sur le papier du tube. Deux aréomètres sont très employés : celui de Cartier et celui de Baumé. Mais il existe des aréomètres plus commodes encore, appelés *densimètres,* et qui indiquent immédiatement la densité du liquide.

Voici deux tableaux qui indiquent les rapports entre la densité des liquides et les degrés de l'aréomètre de Baumé.

Pour les liquides plus denses que l'eau.

DEGRÉS.	DENSITÉ.	DEGRÉS.	DENSITÉ.	DEGRÉS.	DENSITÉ.	DEGRÉS.	DENSITÉ.	DEGRÉS.	DENSITÉ.	DEGRÉS.	DENSITÉ.
0	1,000	12	1,091	24	1,199	36	1,335	48	1,501	60	1,715
1	1,007	13	1,100	25	1,210	37	1,346	49	1,516	61	1,736
2	1,014	14	1,108	26	1,221	38	1,359	50	1,532	62	1,758
3	1,022	15	1,116	27	1,231	39	1,372	51	1,549	63	1,779
4	1,029	16	1,125	28	1,242	40	1,384	52	1,566	64	1,801
5	1,036	17	1,134	29	1,252	41	1,398	53	1,583	65	1,823
6	1,044	18	1,143	30	1,261	42	1,412	54	1,601	66	1,847
7	1,052	19	1,152	31	1,275	43	1,426	55	1,618	67	1,872
8	1,060	20	1,161	32	1,286	44	1,440	56	1,637	68	1,897
9	1,067	21	1,171	33	1,298	45	1,454	57	1,656	69	1,921
10	1,075	22	1,180	34	1,309	46	1,470	58	1,676	70	1,946
11	1,083	23	1,190	35	1,321	47	1,485	59	1,695	71	1,974

Pour les liquides moins denses que l'eau.

BAUMÉ.	DENSITÉ.	BAUMÉ	DENSITÉ.	BAUMÉ.	DENSITÉ.	BAUMÉ.	DENSITÉ.
10	1,000	25	0,905	39	0,832	53	0,768
11	0,993	26	0,900	40	0,827	54	0,764
12	0,987	27	0,894	41	0,823	55	0,760
13	0,979	28	0,888	42	0,818	56	0,755
14	0,973	29	0,833	43	0,813	57	0,751
15	0 966	30	0,878	44	0,809	58	0.747
16	0,960	31	0,872	45	0,804	59	0,742
17	0,953	32	0,867	46	0,800	60	0,738
18	0,947	33	0,862	47	0,795	61	0,734
19	0,941	34	0,857	48	0,791	62	0,730
20	0,935	35	0,852	49	0,786	63	0,726
21	0,929	36	0,847	50	0,782	64	0,722
22	0,923	37	0,842	51	0,777	65	0,718
23	0,917	38	0,837	52	0,773	66	0,714
24	0,911						

§ **44. Balances.** — Le laboratoire doit contenir deux balances, l'une à grands plateaux, système Roberval (fig. 7), sur laquelle se pèsent les corps lourds ; et l'autre, petite balance à main (fig. 8), qui sert au pesage de petites quantités de substances. Pour opérer

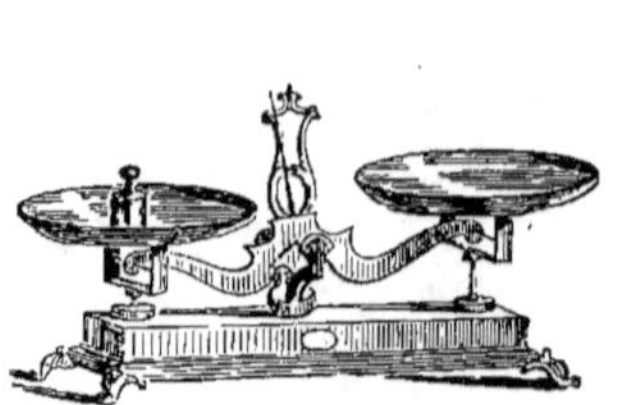

Fig. 7. — Balance Roberval.

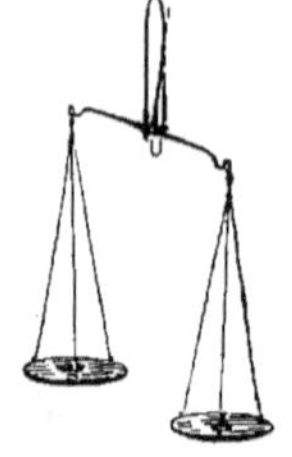

Fig. 8. — Balance à main.

proprement et exactement les pesées, il est bon de recouvrir chaque plateau de la balance d'un carré de papier d'un poids égal ; on ne salit point ainsi les plateaux, et les substances s'introduisent facilement dans les vases en pliant le papier en deux.

§ **45. Bouchons.** — Les bouchons doivent être choisis avec le plus grand soin. On les coupe avec un couteau très finement aiguisé,

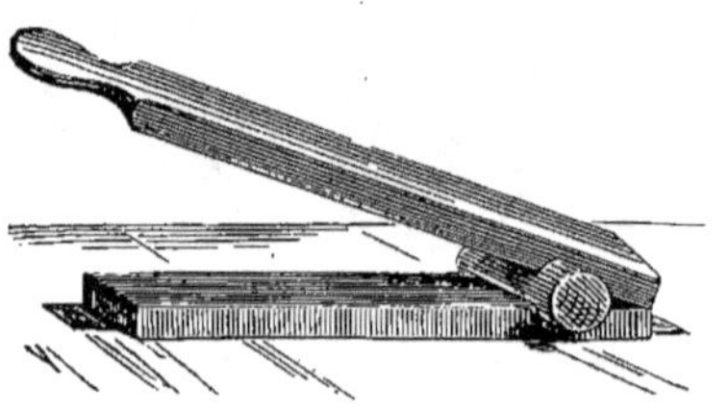

Fig. 9. — Appareil pour ramollir les bouchons de liège.

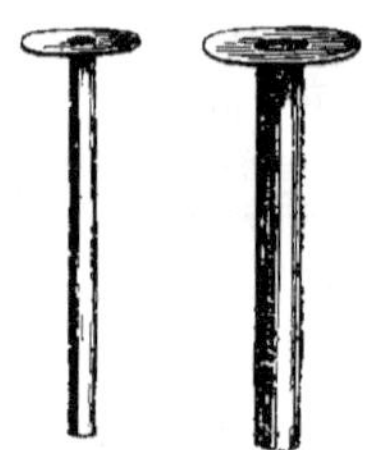

Fig. 10. — Perche-bouchons.

en glissant toujours la lame dans le sens de la longueur tout en la faisant avancer. On leur laissera une forme légèrement conique.

Pour enlever aux bouchons leur dureté, on les comprime entre deux lames de bois à échancrure (fig. 9), en tournant le bouchon sur son axe.

Pour percer les bouchons, on se sert de tubes en cuivre mince (fig. 10), tranchants à l'une extrémité et aplatis à l'autre. Le bouchon étant placé verticalement sur une table, se perce aisément en tournant le perce-bouchons sur son axe tout en appuyant fortement. Une goutte d'huile favorise l'opération. On possédera une série de ces perce-bouchons de divers diamètres ; ils se vendent d'ailleurs ainsi. Le trou fait dans le bouchon peut être, au besoin, agrandi avec une lime ronde.

Les tubes s'introduisent alors facilement dans les bouchons, mais il faut qu'ils entrent avec facilité; en employant la force, on pourrait les casser et se blesser dangereusement.

§ **46. Chauffage.** — Il existe plusieurs moyens de chauffer les appareils en verre et en porcelaine :

1° Le chauffage au charbon de bois dans de petits fourneaux en terre, dont la figure 26 représente des exemplaires.

2° Le chauffage sur des lampes à alcool et à double courant d'air.

3° Enfin le chauffage au gaz qui est adopté dans tous les laboratoires. On n'emploie pas le gaz à l'éclairage ordinaire, parce qu'il salit tous les objets à chauffer, à cause du carbone qu'il dépose, mais on le mêle avec de l'air dans la lampe elle-même. Pour plier des tubes, par exemple, et bien d'autre opérations, la lampe à gaz de M. Bunsen (dite *bec de Bunsen* — fig. 11), est d'un emploi très commode; aussi allons-nous en donner une explication détaillée. Le gaz arrive en B par un tuyau de caoutchouc; l'ouverture B communique avec le bec triangulaire *f*. Le gaz allumé en *f* brûlerait donc avec sa flamme ordinaire. Le bec *f* est entouré d'un cube de cuivre *d* percé latéralement de trous qui livrent passage à l'air, et le tuyau GN se visse sur ce cube, de manière à ne pas fermer ces trous *d*. Au-dessous de la pièce de cuivre se trouvent deux trous *cc* pour fixer l'appareil sur le support de la lampe; enfin, il est terminé inférieurement par un pied de fonte pour le cas où il se place sur une table. Voici maintenant le jeu de l'appareil. Le gaz arrivant en *f* se mélange à l'air qui entre par les trous *d*, de sorte que ce mélange enflammé en N, brûle avec une flamme bleuâtre. Si le tube C est vissé trop loin sur le cube de cuivre, s'il ferme les ouvertures *d*, le gaz brûle avec sa flamme blanche ordinaire. Ce bec, outre l'économie considérable qui résulte de la substitution du gaz à l'alcool, donne une chaleur beaucoup plus grande. La lampe de Bunsen ne coûte que fr. 3,75 et ne consomme que 10 centimes de gaz à l'heure, tout en donnant trois fois autant de chaleur qu'une forte lampe à alcool.

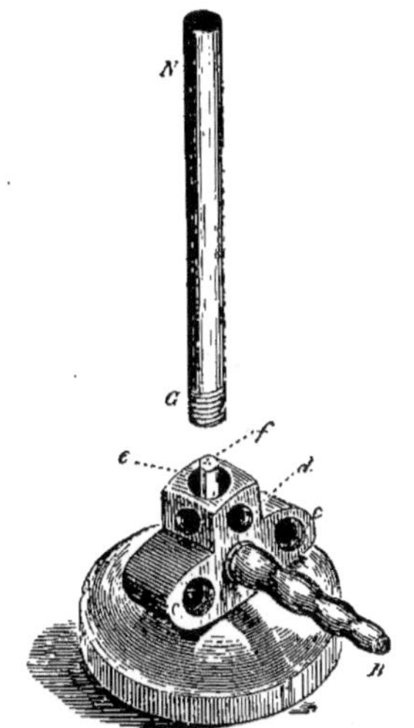

Fig. 11. — Bec de Bunsen.

Quand il s'agit de chauffer des capsules en porcelaine on se sert alors d'un bec à plusieurs ouvertures (fig. 13). On trouve dans le commerce des lampes circulaires de la dernière forme munies d'un cylindre de tôle (fig. 12). Ces lampes sont extrêmement commodes pour le chauffage des capsules en porcelaine, parce qu'elles répartissent la chaleur sur une grande surface. Chauffées par une flamme isolée, les capsules sont exposées à ce casser.

Le chauffage des creusets se fait dans des fourneaux en maçonnerie, mais un fourneau ordinaire en terre cuite est parfaitement propre à cet usage pour les petites opérations.

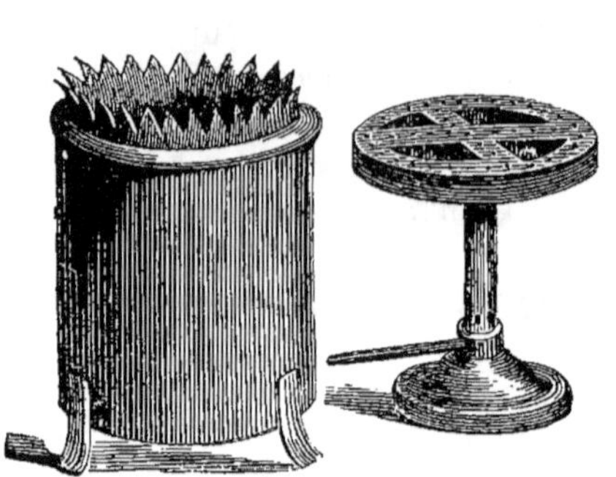

Fig. 12. — Fourneau à gaz. Fig. 13. — Lampe à gaz.

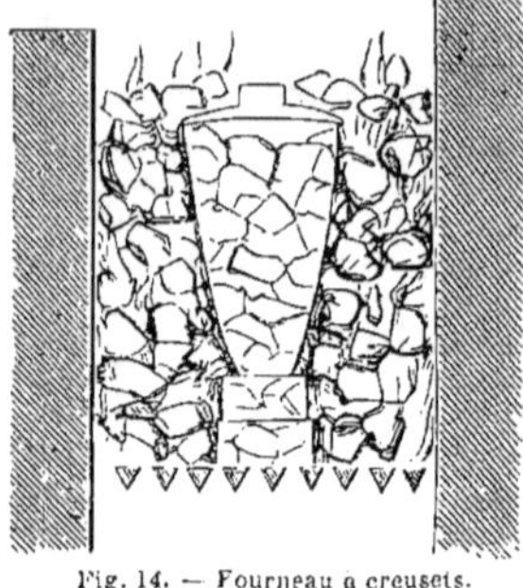

Fig. 14. — Fourneau à creusets.

Pour chauffer un creuset, on commence par placer sur la grille une ou deux petites briques qui le supportent (fig. 14) et on l'entoure alors de charbon de bois allumé et de fragments de houille. Le feu étant bien en train, on y verse quelques pelles de coke en morceaux gros comme le poing que l'on arrange symétriquement autour du creuset jusqu'au-dessus du couvercle. Au bout d'une demi-heure, si le fourneau tire bien, le creuset est porté à une température d'un rouge vif. Le creuset peut être enlevé à l'aide d'une pince (fig. 15), ou bien refroidi en laissant éteindre complètement le feu. Dans le premier cas, à l'aide d'un tison on écarte les charbons qui le recouvrent et qui l'entourent, et on le saisit vers le milieu avec la pince, en recouvrant celle-ci et les mains d'un essuie-mains *bien sec* pour se préserver de l'action rayonnante du feu. Quelques essais d'ailleurs valent mieux que tous les préceptes que nous pourrions donner.

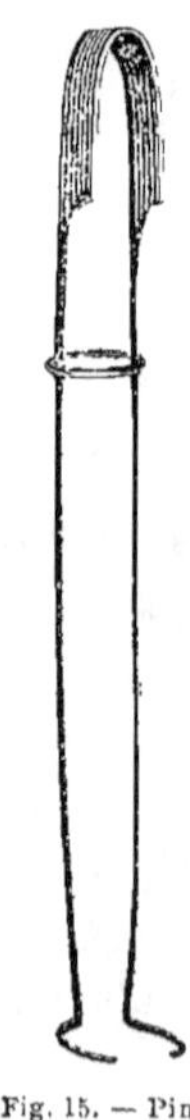

Fig. 15. — Pince à creusets.

§ **47. Creusets.** — Les creusets triangulaires ou rond, dit de *Hesse*, se trouvent facilement dans le commerce. Les creusets en terre de Paris, munis d'un couvercle, conviennent encore. Il est bon de recouvrir le creuset d'un couvercle en terre, mais non d'un creuset plus petit, ce qui expose toujours le creuset inférieur à se crevasser quand la température est élevée. Les creusets en plombagine coûtent un peu plus cher que les creusets ordinaires, mais il durent plus longtemps. Il est bon de les chauffer graduellement et avec ménagement, car ils se fendent assez facilement.

§ **48. Entonnoirs. Éprouvettes. Étiquettes.** — L'entonnoir est si connu que nous pouvons le passser sous silence. Il sert surtout à filtrer et à transvaser les liquides d'un vase dans un autre.

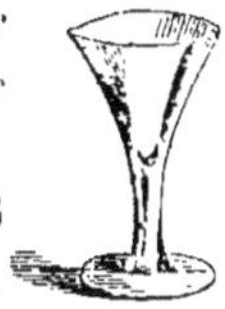

La figure 25 montre une éprouvette droite, la fig. 16 une éprouvette conique, et la fig. 17 un tube à essai. Ce dernier modèle sert aux anlayses quand il s'agit d'opérer à chaud.

Fig. 16. — Éprouvettes à pied.

Les étiquettes des flacons doivent être écrites à l'encre de

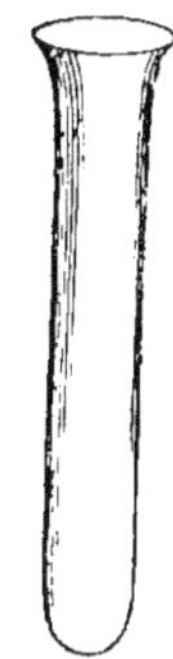

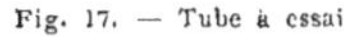

Fig. 17. — Tube à essai.

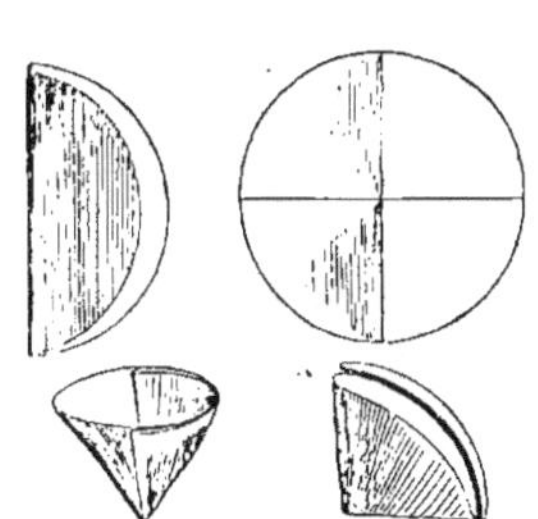

Fig. 18. — Comment se font les filtres.

Chine et non à l'encre ordinaire qui s'efface trop facilement sous l'influence des vapeurs acides.

§ **49. Filtres.** — Les filtres se font en papier non collé. On se sert souvent de papier blanc, dit *de Suède,* mais en France, on fait pour cet usage des filtres ronds portant le nom de filtres de Prat et Dumas. Les dimensions les plus commodes sont de 15, 25 et 33 centimètres de diamètre.

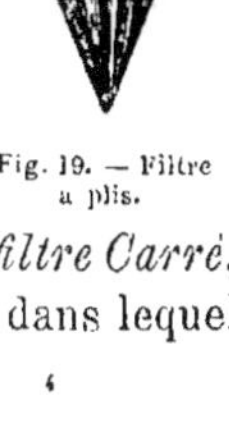

Le filtre ordinaire (fig. 18) se fait en pliant d'abord le papier en deux, puis en quatre, et finalement en l'ouvrant pour le placer dans l'entonnoir.

Fig. 19. — Filtre à plis.

Les filtres à plis (fig. 19) se font aisément avec le *moule-filtre Carré*, composé de pièces de carton rentoilées (fig. 20 et 21), dans lequel on enferme le papier à filtre. Le papier a pris une série de plis que l'on ouvre pour en faire encore deux autres extrémités. Il se place

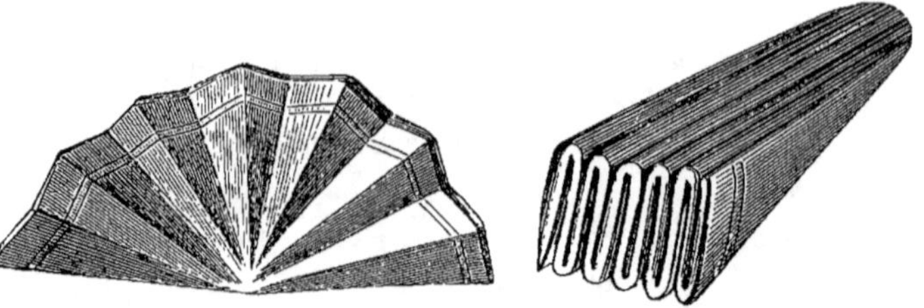

Fig. 20. — Moule-filtres. Fig. 21. — Moule-filtres plié.

alors aisément dans l'entonnoir, sans se déchirer. Les figures 22 et 23 montrent comment on mène l'opération de la filtration : tantôt on se

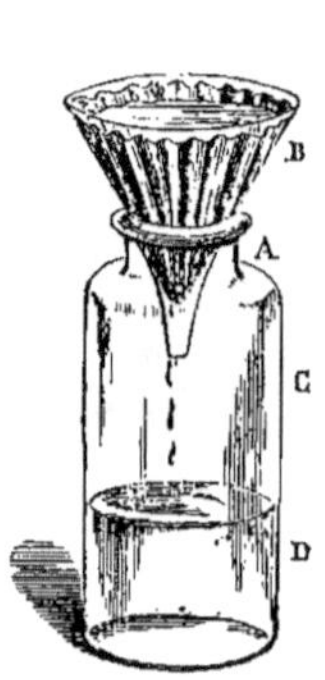

Fig. 22. — Filtration.

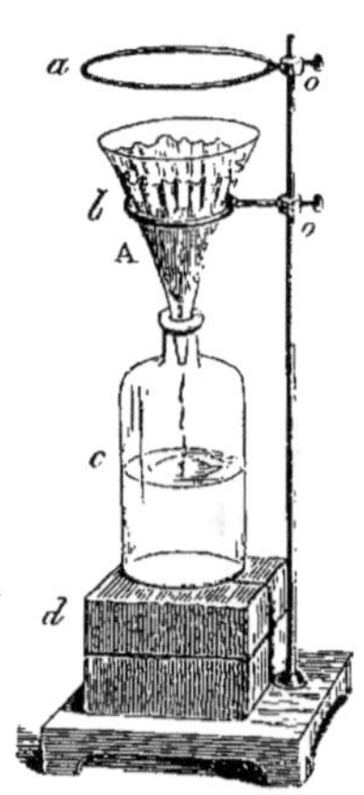

Fig. 23. — Appareil à filtrer.

sert d'un support, tantôt le flacon lui-même en tient lieu. Le filtre ne doit pas dépasser l'entonnoir.

§ **50. Flacons.** — Les flacons munis de bons bouchons de liège sont suffisants pour la plupart des cas. La forme carrée est excellente pour le voyage, la forme demi-ronde pour le laboratoire.

Quant aux flacons bouchés à l'émeri, les flacons français sont recherchés partout, parce qu'ils ferment hermétiquement.

Quand on ne sait pas ouvrir un flacon bouché à l'émeri, on en chauffe le goulot en le tournant d'abord lentement dans la flamme d'une lampe à alcool, puis en frappant avec une tige de bois quelques petits coups secs latéralement sur le bouchon, il s'enlève alors facilement. Cette opération ne réussit pas toujours, surtout si le flacon contient des substances qui incrustent le goulot, qu'il faut alors casser.

§ **51. Mesures graduées.** — Tout photographe doit posséder les mesures graduées suivantes :

1° Une éprouvette cylindrique (fig. 25), graduée de centimètre en centimètre, jusqu'à 30.

2° Une éprouvette de même forme, divisée de 10 en 10 centimètres et mesurant 200 cent. cubes.

3° Enfin une grande mesure conique (fig. 24) divisée de 50 en 50 cent. cubes, de la contenance d'un litre.

On se procure très aisément dans le commerce des éprouvettes en verre de la forme indiquée dans la fig. 25. Il est facile de les graduer soi-même, si l'on possède un *diamant à écrire* sur verre, que l'on se procure chez tous les opticiens à un prix très minime. Sur l'un des plateaux d'une balance, on place l'éprouvette en verre; sur l'autre, un poids qui l'équilibre. Nous la supposerons toute petite et devant être divisée de 5 en 5 centimètres cubes jusqu'à 50. On place successivement d'un côté des poids 5, 10, 15, 20, 25, 30, 35, 40, 45 et enfin 50 grammes, et, chaque fois l'on introduit de l'eau goutte à goutte dans l'éprouvette jusqu'à parfait équilibre des poids susmentionnés en marquant un trait au diamant sur la surface extérieure de l'éprouvette et au niveau de l'eau. On procède de la même façon pour de grandes éprouvettes. Le principe de cette opération est bien facile à saisir : chaque gramme d'eau est un centimètre cube; or, un litre d'eau, pesant 1 kilogramme, contiendra donc 1000 cent. cubes ou un décimètre cube.

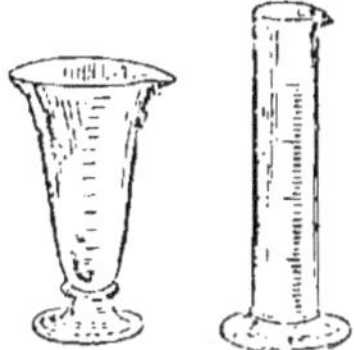

Fig. 24. Fig. 25.
Mesures divisées.

Veut-on *peser* un liquide en le mesurant, il faudra connaître sa densité, c'est-à-dire son poids comparé à celui de l'eau à égalité de volume. L'acide nitrique, par exemple, d'une densité de 1,4 pèsera, par litre, 1000 fois 1,4 grammes ou 1400 gr. L'alcool dont la densité est de 0,8 pèsera mille fois 0,8 ou 800 grammes.

§ **52. Mortiers et pilons.** — Il est bon de posséder deux mortiers, l'un en bronze, l'autre en porcelaine. Leur usage est d'ailleurs si connu que toute description en est inutile.

§ **53. Nettoyage des verreries.** — Ce nettoyage s'opère, soit à l'acide nitrique pour la plupart des cas, soit à la potasse caustique si les verreries sont salies par des corps gras. En tous cas, elles sont rincées trois ou quatre fois à l'eau, puis renversées sur des supports en bois afin que l'eau sécoule et s'évapore. Si les verreries sont munies de bouchons à l'émeri, l'on aura toujours soin de déposer le bouchon à côté de la pièce à laquelle il appartient.

Quand on est très pressé de nettoyer un flacon, le dernier rinçage peut se faire à l'alcool, puis à l'éther. Dirigeant alors un courant d'air dans le flacon, à l'aide d'un petit soufflet muni d'un tube de verre, on le dessèche en quelques instants.

§ **54. Thermomètres.** — Pour la chimie, il est bon de posséder des thermomètres à mercure divisés sur la tige. La division centigrade est généralement adoptée.

SECTION II. — LES SELS D'ARGENT.

§ **55. L'iodure d'argent** (AgI). — On le prépare en faisant agir les vapeurs de l'iode sur l'argent métallique, ou bien par double décomposition entre un iodure alcalin et un sel soluble d'argent. Nous ne considérerons ici que l'iodure préparé de la dernière manière.

Une solution de nitrate d'argent étant versée dans une solution d'*iodure de potassium en excès,* produit un précipité légèrement jaunâtre d'iodure d'argent, presque *complètement insensible à la lumière,* quand même l'excès d'iodure de potassium est enlevé par plusieurs lavages à l'eau. En présence d'une solution de *tannin* cet iodure prend à la lumière une teinte grise.

Mais quand on verse une solution d'iodure de potassium dans un *excès de nitrate d'argent,* le précipité est d'un *jaune paille* et noircit très rapidement à la lumière en prenant une teinte grise. En présence d'un oxidant tel que l'acide azotique, cet iodure d'argent n'est pas altéré par la lumière, d'où l'on peut conclure que l'action de la lumière sur ce corps consiste simplement dans la séparation des éléments *iode* et *argent.* L'iodure d'argent jaune paille n'est presque pas sensible à la lumière quand il est parfaitement lavé à l'eau, de manière à éliminer les dernières traces du nitrate d'argent qui a servi à le préparer. Cependant il change un peu de couleur par une exposition prolongée pendant plusieurs jours aux rayons solaires ; mais reporté dans l'obscurité, il reprend sa couleur primitive. L'iodure d'argent jaune paille, lavé, prend à la lumière (en présence du tannin) une couleur violette.

Certaines matières organiques, telles que l'albumine, la gélatine, quelques résines, susceptibles de se combiner avec le nitrate d'argent, forment également avec l'iodure d'argent une combinaison blanche légèrement bleuâtre.

L'iodure d'argent se dissout dans le cyanure de potassium et l'hyposulfite de soude, *mais pas dans l'ammoniaque*, ce qui le distingue du bromure et du chlorure d'argent.

Une solution concentrée de nitrate d'argent dissout l'iodure du même métal en abandonnant par l'évaporation des cristaux d'*iodo-nitrate d'argent* très sensibles à la lumière. L'iodo-nitrate d'argent se décompose au contact de l'eau en iodure d'argent et nitrate de même métal. L'acide citrique précipite l'iodo-nitrate de sa solution dans le nitrate d'argent.

L'iodure d'argent est plus soluble à froid qu'à chaud dans le nitrate d'argent. Ainsi, une solution de ce dernier corps saturée d'iodure d'argent à froid et filtrée se trouble quand on la chauffe. Toutefois la liqueur s'éclaircit en se refroidissant.

L'iodure d'argent est très soluble dans l'iodure de potassium avec lequel il forme une combinaison. Étendue d'eau, la solution est décomposée, et l'iodure d'argent se dépose.

§ 56. Bromure d'argent. — Le bromure d'argent s'obtient par double décomposition entre un bromure alcalin et le nitrate d'argent. Si l'on opère avec des liquides très dilués (au millième) le bromure d'argent est jaune verdâtre quand le bromure alcalin est en excès, et blanc pur si le nitrate d'argent est en excès. Dans les deux cas, le bromure d'argent est de la même composition chimique.

Le bromure d'argent est soluble dans le cyanure de potassium, l'hyposulfite de soude et l'ammoniaque. Mais il est bien moins soluble dans l'ammoniaque que le chlorure d'argent.

Le bromure d'argent noircit rapidement à la lumière.

M. Stas (1) a observé que le bromure d'argent affecte plusieurs états physiques différents. Voici ceux qui nous intéressent le plus au point de vue de la photographie.

1° L'état floconneux blanc ou jaune, si on le produit à froid par double décomposition entre le nitrate d'argent et le bromure de potassium en solutions diluées de 1/2 à 1 pour cent. Il est blanc lorsque le sel d'argent est en excès, jaune si le bromure alcalin est en excès.

2° A l'état de bromure pulvérulent blanc ou jaune.

Le bromure floconneux se transforme en bromure pulvérulent sous l'influence de l'agitation avec l'eau, très rapidement lorsque les flocons ont été produits dans un liquide neutre, et très lentement pour le bromure qui a pris naissance dans un liquide acide.

(1) *Annales de chimie et de physique*, 1874.

3° A l'état de bromure grenu.

Lorsqu'on verse du bromure floconneux dans de l'eau en ébullition, à l'instant même ce bromure se transforme en une poussière d'une ténuité extrême qui est du bromure grenu.

Les bromures d'argent floconneux ou pulvérulents sont insolubles dans l'eau pure à une température comprise entre zéro et 33 degrés centigrades. Mais à une température supérieure, ils sont sensiblement solubles.

Le bromure d'argent floconneux est légèrement soluble dans les dissolutions des acétates alcalins.

Pour plus de détails, le lecteur consultera le mémoire original de M. Stas.

L'auteur de cet ouvrage (1) a découvert qu'au point de vue de la photographie, il existe deux bromures d'argent :

1° Le bromure d'argent blanc qui est très divisé, en particules très fines, et qui devient, lorsqu'il est mouillé, violet à la lumière en un temps très court. En revanche, il est peu sensible à la chambre noire, l'action de la lumière étant révélée par le développement.

2° Le bromure d'argent jaune verdâtre, qui est un peu grenu, dont les particules sont fortes, et qui, exposé au jour direct, est beaucoup moins altéré par la lumière que le bromure blanc. En revanche il est bien plus sensible à la lumière, l'action étant révélée par le développateur.

Nous reviendrons tout au long sur ce sujet dans le chapitre de cet ouvrage concernant le procédé aux émulsions.

§ **57. Chlorure d'argent.** (AgCl). — Préparé par l'action du chlore en dissolution sur l'argent métallique en excès, le chlorure d'argent est violet. Nous étudierons cette modification du chlorure d'argent à l'article *héliochromie* (voyez ce mot dans l'index). Préparé par double décomposition entre un chlorure alcalin et le nitrate d'argent, il est blanc, caillebotté, et fort sensible à la lumière, même en présence d'un excès de chlorure alcalin, beaucoup moins cependant qu'en présence d'un excès de nitrate d'argent. Il noircit d'ailleurs à la lumière, même dans un mélange d'eau et d'acide nitrique à 40° de température; or, si cette décomposition consistait dans la séparation de ses éléments constitutifs, chlore et argent, l'argent devrait être dissous au moment même de sa formation et le chlorure rester blanc. D'où l'on peut conclure que l'action de la lumière sur ce corps consiste dans l'élimination d'un demi-atome de chlore et que le résidu est un

(1) *Bull. soc. franç. phot.*, 1879. Mémoire sur le gélatino bromure d'argent.

sous-chlorure d'argent violet (Ag_2Cl?). Néanmoins il est problable que ce dernier étant à son tour réduit par la lumière, de chlorure noirci est toujours un mélange d'argent métallique et de sous-chlorure violet, surtout si l'action de la lumière a été longtemps prolongée.

Soumis à l'action de la chaleur, le chlorure d'argent fond en une masse blanche qui devient violette lorsqu'on l'expose à la lumière.

Le chlorure d'argent absorbe le gaz ammoniac en très grande quantité et forme avec ce corps une combinaison définie, de même qu'avec les chlorures alcalins.

Le chlorure d'argent forme avec l'albumine une combinaison translucide qui ne laisse pas apercevoir la texture grenue du chlorure. Ainsi, une solution aqueuse très étendue de chlorure de sodium dans l'albumine, versée dans une solution aqueuse (également très étendue) de nitrate d'argent ne produit pas de précipité.

Au contraire, dans les solutions aqueuses, le chlorure d'argent est complètement insoluble, et se rassemble facilement, surtout par l'agitation du liquide, en un précipité lourd, qui se dépose rapidement au fond du vase dans lequel on opère.

Le chlorure d'argent est très soluble dans les dissolvants de l'iodure d'argent et dans l'ammoniaque. Il ne forme pas de combinaison avec le nitrate d'argent.

Le chlorure d'argent est réduit à l'état métallique lorsqu'on le met en contact avec du fer et du zinc, surtout lorsqu'il est humide.

§ **58. Nitrate ou Azotate d'argent** (AgO, AzO^5). — C'est le sel d'argent le plus important et le mieux connu en chimie. Il cristallise en lames carrées, incolores, inaltérables à l'air. Il est soluble dans l'eau et l'alcool. 100 parties d'eau a 15° de température dissolvent 100 parties de nitrate d'argent et plus du double à 100°. — 100 parties d'alcool à 36 degrés Baumé et à 15 degrés de température dissolvent 10 parties de nitrate d'argent et 25 parties à l'ébullition. L'éther précipite en partie les dissolutions alcooliques saturées de nitrate d'argent.

La lumière n'agit pas sensiblement sur le nitrate d'argent cristallisé ou fondu. *Mais si la fusion du nitrate d'argent a eu lieu à la plus basse température nécessaire à cet effet, le nitrate d'argent blanc devient très vite bleu à la lumière.*

Une solution de nitrate d'argent cristallisée dans l'eau distillée rougit lentement le papier bleu de tournesol : elle a donc une réaction légèrement acide. Mais la solution de nitrate fondu est neutre au papier de tournesol.

Le nitrate d'argent est très soluble dans l'ammoniaque, le cyanure de potassium en excès, l'hyposulfite de soude. — Les solutions de nitrate d'argent donnent des précipités avec les iodures, bromures et chlorures alcalins.

Si l'on immerge une lame de cuivre, de zinc ou de fer dans une solution de nitrate d'argent, il se dépose rapidement de l'argent métallique en poudre grise. Au bout de quelques heures tout l'argent de la solution est précipité. Il en est de même lorsqu'on verse dans une solution de nitrate d'argent un excès de sulfate de fer ou d'acide pyrogallique.

Le nitrate d'argent se décompose très facilement au contact des matières organiques, telles que le papier, la peau, etc. Il faut donc toujours conserver cette substance dans des flacons à l'émeri, et non dans des flacons bouchés avec du liège, du papier, ou du caoutchouc.

Le nitrate d'argent noircit le linge et la peau en très peu de temps; aussi les photographes ont-ils presque toujours les doigts noirs. Pour enlever ces signes caractéristiques du métier, on se sert généralement d'un morceau de cyanure de potassium que l'on frotte sur la tache légèrement mouillée. Si cette dernière est ancienne, il faut d'abord la couvrir d'une paillette d'iode, puis la frotter avec le cyanure; mais, si elle est récente, elle s'enlève très bien par le cyanure seul. Ce dernier corps étant fort dangereux, surtout si l'on a, aux mains, des coupures fraîches, on peut le remplacer par une solution très concentrée d'iodure de potassium. Quand on a manié des liquides argentifères et qu'on redoute des taches aux mains, il suffit, pour les prévenir, de les laver à l'hyposulfite de soude qui est parfaitement inoffensif.

Le nitrate d'argent que l'on trouve dans le commerce est généralement très pur, mais cela ne suffit point, comme nous le verrons plus loin, pour les usages photographiques. Il se présente, tantôt en cristaux, tantôt en plaques fondues ou petits cylindres, auquel cas il porte le nom de *pierre infernale*. On le trouve encore à l'état *fondu gris*, mais alors c'est qu'il a été fondu à une haute température et qu'il contient de l'argent réduit qui le colore en gris.

Il arrive que le nitrate d'argent, dans un but de fraude, est fondu avec du salpêtre. Il a alors une cassure à petits grains, au lieu de la cassure lamelleuse qu'il possède à l'état pur. Pour connaître le titre de la falsification, on le dissout dans l'eau pure, le précipite par l'acide chlorhydrique pur, filtre et évapore la solution. — Le résidu constitue la falsification.

Nous allons maintenant indiquer comment se prépare le nitrate d'argent, puis nous l'examinerons au point de vue des qualités qu'il doit posséder pour la photographie.

§ **59. Préparation du nitrate d'argent.** — On commence par acheter à la Monnaie de l'argent pur laminé, ou, à défaut, de l'argent allié au cuivre, et même des pièces monnayées neuves. On peut encore se servir de l'argent provenant des résidus photographiques (1), à la condition que ce métal ait été préalablement fondu et coulé en grenailles. Mais jamais l'argent non fondu, par exemple l'argent à l'état de poudre métallique réduit du chlorure ou du nitrate par le zinc ou le cuivre, ne donne de bon nitrate d'argent pour la photographie.

Il faut ensuite se procurer de l'acide nitrique pur (ne se servir jamais d'acide nitrique ordinaire du commerce qui contient de l'acide iodique), et le *mélanger de deux fois son volume d'eau*.

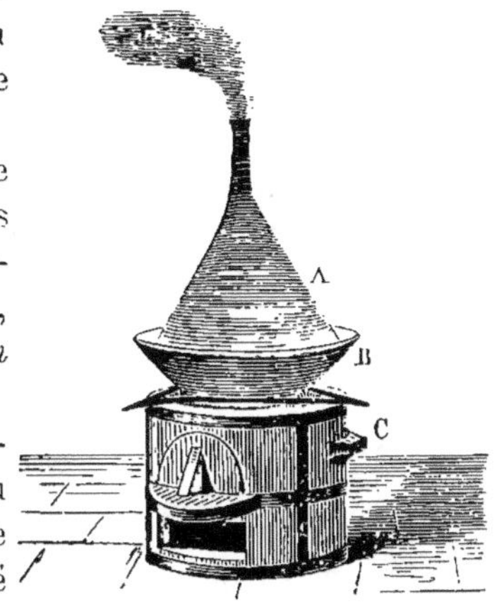

Fig 26 — Préparation du nitrate d'argent.

L'on dispose (fig. 26) sur un fourneau à charbon, ou mieux sur un feu à gaz, une capsule en porcelaine d'une dimension proportionnée à la quantité de nitrate d'argent que l'on veut préparer, l'on y met l'argent en grenailles ou en pièces monnayées, puis 4 fois le poids de l'argent en acide nitrique mélangé d'eau, comme nous l'avons indiqué plus haut. L'on recouvre la capsule d'un entonnoir dont la partie inférieure entre dans la capsule, afin que les gouttes d'acide qui distilleront plus tard retombent dans la capsule; puis on chauffe très-doucement.

Cette opération doit d'ailleurs se faire sous le manteau d'une cheminée qui entraîne les vapeurs nitreuses délétères se produisant dans cette préparation.

Dès que le liquide s'échauffe, il bleuit (2); bientôt d'abondantes vapeurs rouges se forment sous l'entonnoir et tout le liquide entre en ébullition. Insensiblement les vapeurs rouges disparaissent et l'on aperçoit le liquide clair à travers l'entonnoir. Si l'on remarque

(1) Il est très-rare que l'argent extrait des résidus photographiques soit pur. Il contient presque toujours du zinc, du fer et surtout du soufre, qui passe à l'état de sulfate par l'action de l'acide nitrique. Dans ce cas, il vaut toujours mieux dissoudre l'argent brut dans l'acide nitrique ordinaire (souvent on a un résidu noir insoluble qui est en majeure partie formé d'or) et l'on précipite l'argent par l'acide chlorhydrique à l'état de *chlorure*, qu'on réduit à l'état métallique comme nous l'indiquerons à l'article *résidus*.

(2) Bien entendu s'il contient du cuivre.

encore de l'argent non attaqué, on ajoute un peu d'acide par le bec de la capsule, et sans soulever l'entonnoir. De nouvelles vapeurs rouges se manifestent et disparaissent de nouveau au bout de quelques minutes. Enfin, tout l'argent étant dissous, on alimente un peu plus fortement le fourneau à l'aide de nouveau charbon (1). Le feu étant bien en train, le liquide bout en répandant des vapeurs blanches acides qu'il faut éviter de respirer. Au bout d'une demi-heure plus ou moins, suivant la manière dont on conduit le feu, le liquide est complètement évaporé, et une substance d'un vert sale est abandonnée comme résidu. On continue toujours à chauffer, la substance verte se boursouffle et fond en un liquide noir. A ce moment, on enlève l'entonnoir, et, saisissant la capsule par les bords, on l'agite et on l'incline pour que le liquide noir entraîne toute la substance verte au fond. On doit, pour bien réussir, chauffer fortement. Le liquide noir entre en ébullition, dégage quelques vapeurs rouges en faisant entendre un certain bruissement. Peu à peu ce bruissement disparaît, et toute la matière est d'un noir de jais. On enlève alors la capsule du feu, puis, la plaçant sur un morceau de bois sec pour ne pas la casser par un refroidissement brusque, on lui imprime un mouvement rotatoire qui fait couler le nitrate fondu sur les bords, où il se solidifie. On abandonne alors le tout au refroidissement. Le nitrate fondu subissant un retrait considérable, fait entendre des craquements qui pourraient faire croire que c'est la capsule qui se fend. Il s'enlève facilement avec un couteau que l'on introduit entre la croûte de nitrate et la capsule. La substance noire, consistant en nitrate d'argent et oxyde de cuivre, est mise en flacons. Dans cet état, elle constitue le nitrate d'argent brut qu'il faut purifier.

§ **60. Purification du nitrate d'argent.** — Le nitrate d'argent *noir* obtenu dans l'opération précédente est dissous dans son poids d'eau tiède et filtrée. La solution doit être incolore. Si elle est bleue, c'est que tout le cuivre allié à l'argent n'a pas été enlevé par la fusion, et dans ce cas, il faut ajouter au liquide de l'oxyde d'argent récemment précipité et humide, jusqu'à complète décoloration du liquide, puis le filtrer.

---

(1) Il faut éviter que des fragments de charbon ne tombent dans la capsule, car il se formerait alors une substance qui détruirait une partie des propriétés photographiques du nitrate d'argent obtenu Un bain d'argent préparé avec un tel nitrate est sujet à donner des épreuves voilées ; de plus, il fait que les images développées manquent d'intensité Il est préférable de se servir, au lieu d'un fourneau à charbon, d'un fourneau à gaz.

Mais si l'on a un peu l'habitude de la préparation du nitrate d'argent, cet accident n'arrive point, la liqueur est incolore, et on peut l'évaporer jusqu'à moitié de son volume. Ajoutant alors 3 ou 4 gouttes d'acide nitrique au liquide, on le laisse refroidir une nuit entière, et le lendemain, de grands cristaux tubulaires tapissent le fond de la capsule. C'est du *nitrate d'argent cristallisé* que l'on doit réserver à la préparation ultérieure du nitrate d'argent fondu, destinés aux négatifs sur collodion.

Pour recueillir les cristaux, on les place sur un entonnoir pour les laisser bien égoutter, puis après plusieurs jours d'égouttement, on les sèche sur une assiette en porcelaine dans un séchoir disposé à cet effet.

L'eau-mère est réunie au liquide provenant de l'égouttement des cristaux, évaporée, additionnée de quelques gouttes d'acide nitrique, qui oxyde les poussières dont l'eau-mère s'est chargée, et la masse est fondue.

Par le retrait qui s'opère dans la masse fondue lorsqu'elle se refroidit, il est toujours facile de la détacher de la capsule. D'ailleurs on peut la couler préalablement dans une autre capsule, ou dans une lingotière.

Jamais ce nitrate fondu n'est d'un bon usage pour les négatifs au collodion, et il faut le réserver, soit aux bains pour positifs sur papier, soit aux bains de renforçage.

Pour obtenir du nitrate d'argent absolument propre aux bains négatifs pour collodion, mettez dans une petite capsule en porcelaine de 11 centimètres de diamètre, 100 grammes de nitrate d'argent cristallisé. Disposez la capsule au-dessus d'un bec de gaz ou d'une lampe à l'alcool, en ayant soin de bien modérer la flamme, d'opérer très-lentement et de chauffer jusqu'à fusion, en remuant constamment le nitrate avec une baguette de verre.

Il est une importance capitale de ne pas dépasser la limite de la température strictement nécessaire à la fusion du nitrate. Pour cela, il faut, dès que l'on voit que la masse cristallisée se boursouffle, diminuer l'intensité de la flamme et procéder avec lenteur à la fusion.

Quand toute la masse est fondue, éteignez la lampe et inclinez constamment votre capsule pendant qu'elle se refroidit, afin que la masse se solidifie sur les bords.

Quand le nitrate fondu est totalement froid, fondez-le *une seconde fois* dans la même capsule, et toujours lentement. Mais il est maintenant inutile de le remuer avec le tube de verre, et on peut le couler sur un fragment de grande capsule ou dans une soucoupe de porcelaine mince.

Le nitrate d'argent ainsi obtenu est blanc, *il bleuit très-facilement à la lumière. Renfermé dans un flacon à l'émeri pendant des mois entiers, il ne sent pas les vapeurs nitreuses lorsqu'on ouvre le flacon,* et il est éminemment propre au bain négatif pour collodion.

On peut, du reste, abréger fortement toute cette opération, en achetant dans le commerce du nitrate d'argent cristallisé, et en le fondant soi-même par 50 ou 100 grammes à la fois. Fondu une fois, il est bon pour tous les usages photographiques; fondu deux fois, il est meilleur et indispensable pour le procédé au collodion humide.

§ 61. **Défauts du nitrate d'argent du commerce.** — L'analyse chimique du nitrate d'argent fondu blanc que l'on trouve dans les bonnes pharmacies, prouve que ce produit est pur. Cependant il ne bleuit pas à la lumière, et, renfermé longtemps dans un flacon bien bouché à l'émeri, il sent *le chlore* (odeur des vapeurs nitreuses).

Ce nitrate d'argent est excellent pour les usages de la médecine et de la chimie; il peut même très-bien servir pour les bains positifs destinés à sensibiliser les papiers albuminés, mais il ne vaut rien pour les négatifs au collodion. Car voici les accidents qu'il produit fréquemment :

1° Un bain d'argent nouvellement préparé donne des images ternes, sans vigueur;

2° Ou bien, les épreuves obtenues sont *dures;*

3° Il semble *gras* et coule comme de l'huile à la surface des couches de collodion;

4° Les glaces manquent de sensibilité.

Beaucoup de nos lecteurs croiront peut-être à une exagération de notre part. Mais c'est une expérience que nous avons acquise à nos dépens après une longue pratique journalière du procédé au collodion.

En Allemagne, à Vienne surtout, cette double fusion du nitrate d'argent cristallisé est un secret bien gardé par les préparateurs des grandes maisons de produits chimiques spéciaux à la photographie.

En France, l'auteur de cet ouvrage a prié M. Carette, 12, rue du Château d'Eau, à Paris, de bien vouloir insister auprès des bonnes maisons de cette ville, telles que MM. Puech, Whittman et Poulenc, Rousseau, Fontaine, etc., pour qu'elles fournissent un produit aussi bon qu'en Allemagne.

L'essai du nitrate d'argent fondu blanc est simple : il doit bleuir en peu de secondes au soleil, et le flacon qui le contient ouvert, ne doit dégager aucune odeur nitreuse.

Nous reviendrons du reste, vu son importance, sur le même sujet, en traitant du collodion humide.

§ 62. **Analyse des bains d'argent** [1]. — Il est très-souvent nécessaire de connaître la richesse des bains en nitrate d'argent. La plupart des photographes se servent pour cela d'un aréomètre qui indique presque toujours des titres beaucoup plus faibles qu'en réalité les liqueurs ne devraient marquer, parce qu'il s'introduit dans les bains des liquides légers, tel que l'éther et l'alcool. D'autres fois, au contraire, l'aréomètre indique un titre trop élevé; c'est le cas des bains qui servent au tirage des positifs sur papier dans lesquels il s'introduit, par double décomposition, des sels, que l'aréomètre traduit faussement en nitrate d'argent. Voici donc la méthode que nous croyons la meilleure.

Prenez un tube en verre d'un centimètre de diamètre intérieur, fermez-le dans la flamme d'une lampe à gaz à l'une de ses extrémités, et coupez-le à l'autre au moyen d'une lime, de manière à lui laisser une longueur de 50 centimètres. Pesez successivement 30, 60, 90, 120, 150, 180, 210, 240, 270, 300 et 330 grammes de mercure que vous introduirez après chaque pesée dans le tube; à l'extérieur marquez un trait au niveau du liquide au moyen d'un diamant à écrire ou d'une pointe d'acier, puis renversez le mercure sur la balance pour procéder à la pesée suivante. On peut d'ailleurs prendre des quantités quelconques de mercure; pourvu que le tube soit divisé des onze parties égales et qu'il n'excède pas 30 à 40 centimètres de longueur. Enfin, après la dernière pesée et le onzième trait, coupez le tube à la lime un peu au-dessus de ce dernier trait. Maintenant, écrivez 0 au premier trait, et successivement 2, 4, 6, 8, 10, 12, 14, 16, 18, 20 aux traits suivants. Enfin subdivisez au compas les divisions et marquez aussi les chiffres impairs compris entre 1 et 19.

D'autre part, prenez du sel de cuisine bien blanc, enfermez-le dans un vase de fer muni d'un couvercle que vous placerez dans une étuve fortement chauffée ou même directement sur le feu, et ne vous effrayez pas du bruit causé par la décrépitation du sel. (Ou mieux achetez du chlorure de sodium pur). Quand il est bien sec, pesez en 6 grammes 9 décigrammes; pesez aussi un gramme de bichromate de potasse et dissolvez le sel et le chromate dans un kilogramme d'eau *pesé avec exactitude* (et non mesuré dans une éprouvette graduée). L'eau distillée est nécessaire pour cet objet.

---

(1) M. Vogel a donné une méthode très-ingénieuse et très-précise pour analyser les bains d'argent que l'on trouve dans son bel ouvrage sur la photographie, et *Bull. de la Soc. franç. de phot.*, 1865, page 138 ; *Bull. belge.* 1865, pages 147 et 213. Mais sa méthode exige plus de précision que celle que nous décrivons, et est, pour ce motif, moins bonne pour les photographes.

Conservez ce liquide après l'avoir filtré dans un flacon bouché, pour vous en servir au besoin.

Pour faire maintenant l'analyse d'un bain d'argent quelconque employé en photographie, versez-en dans le tube *jusqu'au niveau du premier trait marqué* 0. (Il est bon de se servir pour cet objet d'un tout petit entonnoir en verre dont l'extrémité a été étirée à la lampe, car il est nécessaire d'opérer ici très-exactement). Ajoutez alors le liquide salé par petites portions, fermez chaque fois le tube avec le pouce et agitez-le. Il arrivera un moment *où le précipité couleur de chair d'abord formé deviendra blanc.* Lisez sur l'extérieur du tube le chiffre qui correspond à la hauteur du liquide, *c'est le titre exact* de la solution à analyser. Une deuxième expérience faite en procédant par de très-petites quantités de liquide salé quand on approche du titre marqué par l'expérience précédente, peut donner plus d'exactitude à l'analyse.

§ **63. Récolte des résidus d'argent et d'or.** — L'analyse chimique prouve que sur un kilogramme de nitrate d'argent employé dans un atelier de photographie, près de 900 grammes se retrouvent dans les résidus. On comprend donc combien il importe de recueillir le plus possible de ces résidus d'argent, et surtout, de les recueillir de façon à rendre facile leur transformation en argent métallique. L'or, aujourd'hui universellement employé pour le *virage* des épreuves positives sur papier, se retrouve plus difficilement dans les résidus, et son extraction est beaucoup moins facile que celle de l'argent ; cependant, en opérant convenablement, on peut évaluer *au tiers* de l'or primitivement employé la quantité qui se retrouve dans les vieux bains de virage.

Les *résidus argentifères* se retrouvent :

1° Dans les filtres ayant servi aux bains d'argent; les papiers buvards servant au nettoyage des châssis de chambre noire; les mauvaises épreuves non fixées, etc. Conservez tous ces papiers dans une grande caisse en bois, et, *quand ils sont parfaitement secs,* brûlez-les pour en recueillir les cendres. Le meilleur moyen consiste à se servir d'un bac à charbon en fer parfaitement nettoyé, à côté duquel on place une bougie allumée. Les papiers étant ouverts, on les enflamme à la bougie, et on les laisse brûler dans le bac, *jusqu'à ce qu'il soient passés à l'état de centre blanche,* et non *noire,* comme cela aurait lieu si on les entassait en masse. Ces cendres doivent se conserver dans un flacon spécial.

2° Les *vieux hyposulfites.* Versez-les dans une tonne en bois, que vous placez dans une cour ou un lieu ouvert quelconque. Cette tonne doit être plus large au fond qu'à la partie supérieure, afin que les précipités ne s'attachent pas aux parois. A dix centimètres au-dessus du fond, percez un trou dans lequel vous fixerez un robinet en cuivre. Quand elle sera remplie, versez-y une solution de *sulfure de potassium*. Seulement, il faut avoir soin de conserver le sulfure de potassium (*foie de soufre*) dans des flacons bien bouchés (à l'émeri), sans cela il se transformerait lentement en hyposulfite de potasse, qui ne précipite plus les sels d'argent. On fera bien de n'opérer sur les vieux hyposulfites que lorsqu'on en possèdera une très-grande quantité.

Il faut prendre garde de ne pas ajouter un excès de sulfure de potassium. Pour éviter ce danger, on peut employer le mode d'essai suivant : lorsque le dépôt se sera séparé dans la tonne où le sulfure aura été ajouté, prenez une portion de la liqueur surnageante, introduisez-la dans une éprouvette, et en la traitant par quelques gouttes de la solution de sulfure, il vous sera facile de reconnaître si tout l'argent a été précipité. Si l'addition de ces quelques gouttes ne produit aucun trouble, faites l'essai inverse ; prenez un autre échantillon de la liqueur, et versez-y de même quelques gouttes de solution d'argent ; s'il se produit alors un précipité, c'est que vous avez employé un excès de sulfure ; il faut alors ajouter au liquide une nouvelle quantité de vieil hyposulfite, et laisser déposer. Ces essais sont nécessaires, car si l'on n'a pas ajouté assez de sulfure, une partie de l'argent échappe à la précipitation, et, si l'on en a ajouté trop, une portion du précipité se redissout dans l'excès de sulfure, ce qui cause une perte. Toutefois, il vaut mieux tomber dans le dernier défaut que dans le premier.

Il se forme ainsi au fond de la tonne un précipité boueux, qui s'entasse de lui-même au bout de quelques jours. Ouvrez le robinet placé au-dessus du fond de la tonne et laissez écouler le liquide clair. Recevez de nouveau les vieux hyposulfites dans la tonne et, après quelques opérations, rincez la tonne en jetant le précipité boueux sur un *filtre en feutre* dans lequel vous le laissez égoutter plusieurs semaines. Retournez le filtre en feutre et étalez le précipité noir dans des cuvettes en porcelaine ou sur des feuilles de verre, et *laissez-le sécher complètement* dans un grenier, ou, si l'on est pressé, dans une étuve.

3° Possédez une cuve, dite *à argent*, analogue à la précédente, mais d'une contenance de deux ou trois cents litres, et versez-y :

a) Les vieux bains d'argent ;

b) Les solutions ayant servi à dégorger le papier avec le virage ;

c) Les eaux provenant du rinçage des cuvettes ayant contenu des bains d'argent ;

d) Et, en un mot, toutes les eaux contenant de l'argent, excepté celles qui contiennent de l'hyposulfite ou du cyanure.

Quand la cuve est presque pleine, mettez-y pendant un jour une lame de cuivre de 50 centimètres de largeur sur un mètre de hauteur et 2 millimètres d'épaisseur, et laissez reposer l'abondant précipité gris qui s'est formé. Prenez ensuite dans un verre un peu du liquide clair surnageant, et ajoutez-y de l'acide chlorhydrique. S'il se forme un précipité, c'est que vous n'avez pas laissé assez longtemps la lame de cuivre dans le bain, laissez l'y donc encore un jour, et cela jusqu'à ce que, après agitation avec un bâton, et dépôt, une nouvelle quantité d'acide ajoutée au liquide clair ne produise plus de précipité. Laissez le tout tranquille pendant une nuit, et le lendemain, ouvrez le robinet pour laisser écouler tout le liquide éclairci. Le dépôt d'argent se trouve au fond. Vous pouvez alors de nouveau recueillir les liquides argentifères dans la tonne, et, quand elle est pleine, en précipiter l'argent par le chlorure.

Lorsque vous jugez convenable d'extraire l'argent de vos résidus, jetez tout ce qui se trouve au fond de votre cuve sur un filtre en feutre. Laissez la matière s'égoutter plusieurs jours, puis *desséchez-la complètement*, en la plaçant dans un endroit chaud, soit dans des cuvettes plates en porcelaine, soit dans des assiettes.

Il est absolument nécessaire de dessécher complètement tous les résidus avant d'en extraire l'argent.

§ **64. Résidus d'or.** — L'or s'extrait des bains de virage, de la manière suivante :

Versez dans le bain, le plus souvent trouble à cause de la poudre noire d'or qui s'est lentement précipitée, de l'acide chlorhydrique brut du commerce (dit *acide muriatique*), jusqu'à ce que la couleur du bain soit d'un jaune bien décidé. (Il faut ordinairement 15 centimètres cubes d'acide par litre de bain; on peut d'ailleurs en verser davantage sans compromettre l'opération). Prenez une solution filtrée, formée de 1 partie de sulfate de fer dissous dans 10 d'eau, et versez-en 100 centimètres cubes par litre de bain d'or dans le bain à réduire. Immédiatement l'or se précipitera. Laisser déposer, décantez la plus grande partie du liquide (que vous pouvez jeter), et recueillez le précipité sur un filtre en papier placé dans un entonnoir, en agitant la cuvette et en versant le liquide avec le précipité sur le filtre. Laissez sécher le filtre, fermez-le bien et conservez-le pour le réduire à l'état d'or fondu, avec le produit d'autres opérations de même nature.

§ **65. Traitement des résidus d'argent et d'or :** 1° *Cendres de papiers brûlés et or précipité des bains de virage.*

Pesez :

Cendres.	10	parties.
Carbonate de soude desséché	5	»
Sable.	2	»

Placez ce mélange dans un creuset, ajoutez l'or des vieux bains de virage traités comme nous l'avons dit à l'alinéa précédent, et fondez le tout dans un bon fourneau.

L'addition du sable au mélange nous paraît nécessaire. On obtient ainsi une gangue vitreuse très-fluide avec une température relativement peu élevée ; les grenailles d'argent se rassemblent facilement, et le culot très-net que l'on obtient ainsi se dissout parfaitement dans l'acide nitrique étendu de son volume d'eau. L'or allié à l'argent reste sous forme de poudre noire dans la capsule où se fait l'attaque.

2° *Du sulfure d'argent.* Mêlez-le à la main (et non dans un mortier, car vous pourriez faire détonner le mélange) avec trois fois son poids de *nitre* (salpêtre) en poudre. Projetez ce mélange dans un creuset chauffé au rouge vif, *par petites fractions* de 15 à 20 grammes à la fois, et attendez chaque fois une minute ou deux. Quand tout le mélange est ainsi réduit, donnez un bon coup de feu afin de rassembler tout le métal en un seul culot. Laissez refroidir le creuset dans le feu, et, quand il est froid, cassez-le pour en retirer le culot que vous dissoudrez pour en faire du nitrate. S'il y a de l'or, il reste sous forme de poudre noire après la solution dans l'acide.

M. Davanne conseille de griller d'abord le sulfure d'argent en le chauffant longtemps au rouge dans une terrine plate en terre réfractaire : cette opération est bonne quoique très-longue.

3° *Du chlorure d'argent* (1). — 1re *Méthode.* Le chlorure brut est réduit en bouillie avec un peu d'acide chlorhydrique et l'on y trempe une forte lame de zinc. Le chlorure d'argent change insensiblement de couleur : il était primitivement blanc ou teinté en violet, il devient d'un gris sale, qui est la couleur de l'argent métallique. Il ne faut pas agiter le liquide, mais laisser la réduction du chlorure par le zinc s'opérer tranquillement. Il suffit de quelques heures pour cela. La lame de zinc doit naturellement être suffisante pour la quantité de chlorure à réduire, sinon, elle se dissoudrait elle-même en entier. Quand tout le chlorure est ainsi réduit, la lame de zinc est frottée à l'aide du doigt, et agitée dans le liquide pour en détacher l'argent. Puis on laisse le dépôt se rassembler, ce qui se fait en quelques

(1) Le chlorure d'argent s'obtient en précipitant les solutions de nitrate d'argent impur par l'acide chlorhydrique en excès, recueillant le précipité sur un filtre, et séchant le tout dans un four, ou à l'air.

minutes. Le liquide est décanté, autant que possible, et remplacé par de l'acide chlorhydrique, en quantité suffisante pour dissoudre le zinc qui s'est mécaniquement précipité. Une centaine de grammes suffit par kilogramme de chlorure d'argent primitivement employé. Au bout d'une heure de contact, le vase est rempli d'eau, abandonné au repos et décanté de nouveau. Tout l'argent est alors réuni sur un filtre et séché avec le filtre.

Quand l'argent et le filtre sont secs, on les *comprime* ensemble dans un petit creuset qu'on chauffe ensuite au rouge vif, avec un peu de soude ou de potasse caustique, ou mieux, avec du borax préalablement fondu et concassé. L'argent fondu se réunit en un culot au fond du creuset. Quand ce dernier est froid, on le casse, et l'on en extrait le métal. L'argent ainsi obtenu n'est jamais très-pur, aussi n'emploie-t-on cette méthode que pour le chlorure d'argent de la pureté duquel on doute.

2° *Méthode*. On mélange intimement :

Chlorure d'argent sec.	100	parties.
Carbonate de chaux (craie)	70	»
Charbon	4	»

Ce mélange est chauffé une heure au moins au rouge vif dans un creuset. On laisse refroidir, et, en brisant le creuset, on trouve un culot d'argent pur.

Le métal ainsi obtenu est très-pur.

SECTION III. — SUBSTANCES DIVERSES EMPLOYÉES EN PHOTOGRAPHIE.

§ **66. Acétique (acide).** — L'*acide acétique* est un liquide incolore ayant l'odeur du vinaigre, qui n'est que de l'acide acétique dilué. L'acide acétique cristallisable que l'on emploie en photographie n'est pas de l'acide dont le degré de concentration est constant. Ordinairement, il ne se solidifie que vers 4°, tandis que l'acide tout à fait exempt d'eau se solidifie déjà à 15°. Conservé dans un flacon fermé, le liquide ne se congèle pas toujours à cette température, ni même au-dessous de 0, mais il suffit d'ouvrir le flacon et de l'agiter, pour qu'il se prenne instantanément en cristaux.

L'acide acétique très-concentré mélangé à une faible quantité d'eau augmente de densité, de sorte qu'on ne peut pas se servir de l'aréomètre pour déterminer sa richesse en acide pur. Ajoutons qu'en photographie, l'acide acétique ordinaire est d'un emploi aussi avantageux que l'acide concentré, et comme on le trouve facilement dans le commerce, il ne reste qu'à déterminer son état de concentration pour l'employer aux dosages prescrits.

Voici de quelle manière on détermine la richesse de deux solutions d'acide acétique. Dans une éprouvette graduée, on verse 5 centimètres cubes d'acide cristallisable, puis d'autre part on y verse goutte à goutte une solution de

Eau.	100
Potasse caustique	10
Teinture bleue de tournesol	quelques gouttes.

Supposons, qu'en versant dans l'acide concentré 50 centimètres cubes de potasse, *la liqueur d'abord rouge devienne bleue;* on opère alors de la même manière avec l'acide ordinaire; s'il ne faut que 25 centimètres cubes de potasse pour le bleuir, c'est une preuve que le premier est deux fois aussi concentré que le second. S'il faut une quantité plus ou moins grande de la liqueur alcaline, on trouve aisément le rapport de la concentration des deux acides par la méthode des proportions arithmétiques.

L'acide acétique se prépare en distillant dans une cornue en verre un mélange de cinq parties d'acétate de soude fondu et de dix parties d'acide sulfurique. On recueille dans le récipient un liquide incolore qui est l'acide acétique.

§ **67. Acétate de soude.** — Il se présente tantôt à l'état fondu, tantôt à l'état cristallisé. Dans le premier cas, sa solution aqueuse a une réaction alcaline, dans le second une réaction légèrement acide.

Les bains de virage à l'or se font généralement à l'acétate de soude cristallisé, et, pour cet objet, il faut de l'acétate exempt de matières empyreumatiques, sinon les bains laissent déposer l'or qu'ils contiennent à l'état métallique.

L'acétate de soude est très-soluble dans l'eau froide, beaucoup plus soluble dans l'eau bouillante, d'où il se dépose très-facilement à l'état cristallisé.

§ **68. Albumine.** — L'albumine constitue essentiellement le blanc d'œuf. Versée dans le nitrate d'argent, elle se précipite à l'état d'*albuminate d'argent* blanc, très-sensible à la lumière. Noirci aux rayons solaires, l'albuminate d'argent semble une combinaison de sous-oxyde d'argent avec l'albumine, car, l'acide nitrique à 50° de température ne le dissout ni ne le décolore. La potasse caustique, au contraire, dissout en entier cet albuminate noirci.

L'albumine, pour servir en photographie, doit être *complètement* battue en neige d'une consistance solide, et abandonnée 12 heures à elle-même; elle se résout à peu près en entier en liquide. Il est bon de passer cette albumine à travers un linge à grosses mailles avant de s'en servir.

L'albumine se conserve assez bien en hiver, mais, en été, elle est sujette à fermenter et sent l'hydrogène sulfuré; aussi ne faut-il la préparer que peu de jours à l'avance.

L'albumine est coagulée par l'alcool, le nitrate d'argent, le bichlorure de mercure, les acides, etc.; mais elle n'est pas coagulée par la chaleur à l'état sec, comme on l'a cru longtemps; à l'état humide ou à l'état liquide, la chaleur la coagule à la température de 80°.

Additionnée d'une petite quantité d'ammoniaque, l'albumine devient très-fluide et passe aisément à travers les filtres en papier.

L'albumine évaporée à siccité se présente en écailles blanches, solubles dans l'eau, et se conserve fort bien en cet état dans des flacons bien fermés. Pour la redissoudre, il faut se servir d'eau rendue légèrement alcaline par l'ammoniaque.

§ **69. Alcool.** — L'alcool (ou esprit de vin) est un liquide incolore, d'une odeur vineuse caractéristique, d'une densité de 0,804. Il en résulte qu'un litre d'alcool pèse à peu près 800 grammes, et qu'un kilogramme d'alcool mesure environ 1 1/4 litre.

L'alcool ne se congèle point par le froid, et communique partiellement cette propriété aux solutions aqueuses avec lesquelles on le mélange.

L'alcool s'obtient par la fermentation du sucre, des grains, des pommes de terre, la distillation du vin, etc. Celui que l'on rencontre le plus souvent dans le commerce est extrait des grains ou des pommes de terre. Dans le premier cas, il a une odeur agréable, une saveur brûlante, mais franche. Dans le second cas, il contient fréquemment des produits empyreumatiques, son odeur et sa saveur sont mauvaises, et son emploi en photographie est absolument à rejeter.

Pour la fabrication du collodion, il faut surtout un alcool d'excellente qualité, sinon le collodion manquera de sensibilité.

L'alcool mélangé à l'eau diminue de densité, et, comme l'alcool est très-employé, des aréomètres ont été construits exprès pour en constater le titre. On les appele *alcoomètres* ou *pèse-alcools*. Deux de ces aréomètres sont surtout employés, celui de Gay-Lussac et celui de Cartier. — L'alcoomètre de Gay-Lussac a l'avantage d'indiquer immédiatement le titre réel de l'alcool aqueux en alcool pur, ainsi, quand il indique 81, cela veut dire que l'alcool contient 81 parties d'alcool pur et 19 d'eau.

En général, pour les usages de la photographie, l'alcool doit marquer 90° à 94°.

L'alcool méthylique s'obtient par la distillation du bois, possède une odeur aromatique très-agréable, dissout le pyroxile, les résines, etc., et se trouve très-difficilement pur dans le commerce; le produit qu'on rencontre sous le nom d'alcool méthylique est l'acétate de méthyle.

Alcool méthylé. — Mélange d'alcool ordinaire et d'une petite quantité d'alcool méthylique ordinaire, qui le rend impropre à être transformé en liqueur propre à la boisson, à cause de l'odeur toute particulière que l'alcool possède alors.

En Angleterre, le législateur a frappé l'alcool de droits excessifs pour rendre l'ivrognerie plus rare. Mais il n'a pas voulu atteindre l'industrie, et, dans ce but, l'alcool méthylé, tout à fait impropre à la fabrication des liqueurs, ne paie presque pas de droits d'accise.

§ **70. Ammoniaque.** — Liquide saturé de gaz ammoniac : possède une odeur caractéristique. L'ammoniaque du commerce est généralement préparée à l'aide des résidus du gaz à l'éclairage, et contient en dissolution des corps solides organiques.

§ **71. Azotate d'urane.** — Substance verte, déliquescente, soluble dans l'éther, l'alcool et l'eau.

§ **72. Acide azotique (ou nitrique).** — Cet acide se rencontre pur dans le commerce. Il contient souvent de l'acide chlorhydrique, et parfois de l'acide iodique et de l'acide nitreux. On le purifie suffisamment en lui ajoutant d'abord un peu de nitrate d'argent qui précipite le chlore, puis en le décantant dans une cornue après qu'il s'est déposé et en le distillant.

Dans le petit tableau suivant, extrait du *Traité de chimie générale* de Pelouse et Fremy, on peut voir les quantités réelles d'acide que renferment les acides du commerce, dont on connaît, soit la densité, soit le degré aréométrique.

Densité.	Acide réel pour 100.
1,513	85,7
1,498	84,2
1,470	72,9
1,434	62,9
1,422	61,9
1,376	51,9
1,333	45,4

§ **73. Bichlorure de mercure.** — Substance blanche, cristallisée, très-dense. 100 parties d'eau à 15° dissolvent 7 1/2 parties de bichlorure de mercure et 54 parties à 100°. Dans l'éther, cette substance est encore plus soluble, et encore davantage dans l'acide chlorhydrique.

Le bichlorure de mercure, comme la plupart des sels au maximum de mercure, est réduit par la lumière à l'état de proto-sel.

Cette substance est très-vénéneuse, et porte vulgairement le nom de *sublimé corrosif*.

§ **74. Bichromates.** (Voyez *Chromates.*)

§ **75. Bitume de Judée.** — C'est un corps noir à aspect brillant et de propriétés très-variables. On l'emploie en dissolution dans la benzine comme vernis pour les épreuves positives sur verre, et dans les procédés de gravure héliographique.

Mais pour ce dernier usage, il est extrêmement difficile de se procurer un produit convenable. Le meilleur bitume de Judée vient de la Syrie, de Damas et de la Mer Morte.

Le bitume de Judée est soluble dans l'essence de térébenthine, l'éther, la benzine, les naphtes; mais en couches minces, ce bitume s'oxyde à la lumière et devient insoluble dans l'éther. C'est sur cette propriété que sont basés les procédés de gravure héliographique.

§ **76. Brome** (Br). — Corps liquide, d'une odeur suffocante, d'une couleur rouge foncée; s'emploie dans la préparation des bromures. Le brome du commerce contient du chlore, du bromoforme, du cyanogène et diverses autres impuretés dont il est très-difficile de le séparer.

La densité du brome est 2,966, et il bout à 63°.

Le brome est très-volatil, attaque fortement la peau et les organes respiratoires, et il faut le manier avec la plus grande prudence.

Il est fort peu soluble dans l'eau, assez soluble dans l'alcool, mais très-soluble dans l'éther.

§ **77. Bromhydrique (Acide)** (HBr). — S'obtient en décolorant de l'eau bromée par le phosphore rouge, redissolvant du brome dans le liquide, le décolorant de nouveau par le phosphore rouge, et répétant ainsi l'opération jusqu'à ce que le liquide dégage de fortes vapeurs à l'air. Puis on distille, et on ne recueille que les parties qui passent à 126°. La densité de l'acide aqueux est alors de 1,486 et sa composition HBr, 10HO.

§ **78. Bromure de chaux.** — Cette substance est rouge et répand de la vapeur de brome qu'il faut éviter de respirer. Voici son mode de préparation: on verse sur de la chaux vive une quantité d'eau suffisante pour l'éteindre complétement, puis on la passe à travers un tamis et l'introduit dans un flacon à large ouverture bouché à l'émeri. Si le flacon contient un kilogramme de chaux éteinte, on y versera rapidement 100 grammes de brome, en évitant de respirer les vapeurs délétères qu'il répand et qui sont extrêmement désagréables. Fermant aussitôt le flacon, on l'agite fortement pendant quelques minutes, et on abandonne le mélange à lui-même dans un lieu frais, pendant 24 heures. Au bout de ce temps, on rouvre le flacon, et, à l'aide d'un pilon de porcelaine ou de verre, on écrase les grumeaux de chaux, de manière à obtenir un mélange bien homogène. Versant de nouveau 75 grammes de brome dans le flacon, on renouvelle l'opération que nous venons de décrire, et l'on obtient finalement la substance rougeâtre connue sous le nom de bromure de chaux. Dans cette préparation, le plus important est de bien écraser les grumeaux de façon à obtenir un mélange pulvérulent. Le bromure de chaux ainsi préparé se conserve dans les flacons bouchés à l'émeri, que l'on débouche seulement au moment de s'en servir.

§ **79. Bromure de potassium** (KBr). — Le bromure de potassium est insoluble dans l'alcool, cristallise en cubes, dissout l'iodure, le bromure et le chlorure d'argent. Cette substance se trouve très-pure dans le commerce. 100 parties d'eau à 15° dissolvent 63,4 parties de bromure de potassium, et 120 parties à 100°.

On la prépare en grand par l'action du brome sur la potasse caustique en solution concentrée, évaporant le liquide à siccité, calcinant la masse au rouge sombre pour détruire le *bromate* formé en même temps que le bromure, puis faisant cristalliser plusieurs fois.

§ **80. Bromure de cadmium** (CdBr et CdBr, 4HO). — C'est une substance blanche, soluble dans l'eau, l'alcool et l'éther, et très-employée en photographie. Elle cristallise facilement de ses solutions aqueuses saturées, et a alors pour formule CdBr, 4HO. — Le produit cristallisé chauffé au rouge, dégage son eau, et devient CdBr; il cristallise alors par sublimation comme le sel ammoniac.

La préparation du bromure de cadmium n'est pas aussi facile qu'on le croit généralement. On met dans un flacon du cadmium en grenailles avec 10 fois son poids d'eau, puis on y ajoute *peu à peu* 1 partie de brome. Mais il faut éviter l'action de la lumière solaire et l'échauffement du liquide, sinon il se formerait une assez forte proportion *d'oxy-bromure de cadmium* qui rendrait le bromure de cadmium alcalin.

En opérant avec de petites quantités de brome et beaucoup d'eau, on évite la formation de cet oxy-bromure. — Dans tous les cas, la réaction est terminée lorsque tout le brome a disparu et que la liqueur est incolore. Il suffit de l'évaporer à cristallisation.

§ **81. Bromure d'ammonium** (AzH^4Br). — Substance blanche, cristalline, soluble dans l'eau, très-peu soluble dans l'alcool et surtout dans l'éther. — Elle se prépare en ajoutant du brome par petites portions à de l'ammoniaque pure. A chaque addition de brome, il y a production de chaleur intense qui volatilise une partie de l'ammoniaque. — La liqueur incolore est évaporée à cristallisation.

§ **82. Bromure de baryum** (BaBr, 2HO). — Substance blanche, difficilement cristallisable, soluble dans l'eau et l'alcool, qui s'obtient à l'aide d'une solution concentrée d'hydrate de baryte cristallisé dans laquelle on verse par petites fractions du brome, jusqu'à décoloration du liquide. — Évaporée à siccité et calcinée une demi-heure au rouge pour détruire le bromate formé en même temps que le bromure, la masse est reprise par l'eau, filtrée et évaporée à cristallisation.

Le bromure de baryum n'est pas employé en photographie. Il sert surtout à préparer les autres bromures, par double décomposition avec les sulfates.

§ **83. Bromure de cadmium et d'ammonium** (1). (AzH⁴Br, CdBr). — Cette substance cristallise admirablement, avec la plus grande facilité, se conserve très-bien à l'air, sans en attirer l'humidité. Mais sa qualité la plus précieuse est de se dissoudre très-facilement dans l'alcool et l'éther.

Cette substance se prépare en dissolvant dans l'eau bouillante : 172 gr. de bromure de cadmium cristallisé et 98 grammes de bromure d'ammonium sec. Par évaporation et refroidissement du liquide le bromure double cristallise.

§ **84. Bromure de cadmium et de potassium** (KBr, CdBr). — Il s'obtient facilement en très-beaux cristaux inaltérables à l'air, très-solubles dans l'eau. Mais si on essaie de le dissoudre dans l'alcool ou l'éther, le bromure de potassium ne tarde pas à se séparer de la liqueur qui ne contient plus que du bromure de cadmium.

Ce sel est donc en cela très-différent des bromures doubles de cadmium-ammonium et cadmium-sodium.

Il se prépare d'ailleurs comme les sels précédents.

§ **85. Bromure de fer.** — On l'obtient comme l'iodure de fer.

§ **86. Cadmium.** — Métal blanc, très-fusible et oxydable, servant à la préparation des iodures et bromures de cadmium.

Très-souvent le cadmium contient du zinc dont il n'est pas facile de le débarrasser. La distillation au rouge sombre dans une cornue à mercure le purifie assez bien. Le résidu, alliage de zinc et de cadmium, est dissous dans l'acide chlorhydrique. Le zinc précipite le cadmium de cette solution.

---

(1) Ces bromures doubles ont été décrits par nous à la Société photographique de Vienne, le 3 mai 1870. La description de ces sels, traduite de la *Phot. Correspondenz*, se trouve *Bull. belge*, 1870, p. 125, et *Bull. Soc. franç. de phot.*, 1870, p. 255.

§ **87. Caoutchouc.** — En photographie on se sert de cette substance à l'état de dissolution dans la benzine. Pour cela, il faut se procurer chez un droguiste du caoutchouc brut, en poires, tel qu'il vient de l'Inde, et non le caoutchouc que l'on trouve en feuilles et en tubes, car ce dernier ne se dissout pas.

Il faut aussi se procurer de la vraie benzine (D. 0,860), car ce qu'on vend aujourd'hui dans le commerce sous le nom de benzine, n'est rien autre que du pétrole léger, qui ne dissout pas le caoutchouc.

Du reste, à défaut de benzine, l'essence de térébenthine peut servir à dissoudre le caoutchouc; mais la benzine vaut infiniment mieux.

Le caoutchouc brut est coupé au moyen d'un couteau mouillé en feuilles minces que l'on sèche et qu'on met dans la benzine qui les dissout très-facilement. La solution est trouble. Pour la clarifier, il suffit d'y ajouter quelques fragments de chlorure de calcium fondu, avec lequel on l'agite. Ce chlorure s'empare de l'eau qui est la cause du trouble de la solution, et comme il est totalement insoluble dans la benzine, on peut sans inconvénient l'y laisser.

§ **88. Chlorure de fer.** — Cette substance, à l'état de perchlorure sublimé, s'emploie en photographie. Nous la recommandons surtout pour diminuer l'intensité des clichés, mais, pour cela, il faut le perchlorure obtenu par sublimation (fer et chlore en excès) et non par cristallisation (fer et eau régale).

§ **89. Chlorure de sodium (sel marin).** — Substance blanche, qui constitue le sel de cuisine. Le sel raffiné ordinaire est d'une pureté plus que suffisante pour les besoins de la photographie.

§ **90. Chlorure d'or** (Au^2Cl^4H). — Le chlorure d'or est une substance d'un jaune brun, déliquescente, *d'une réaction fortement acide*, tachant le papier et les mains en violet, se réduisant facilement en or métallique sous l'influence de la chaleur et de la lumière, très-soluble dans l'eau, l'alcool et l'éther.

Une solution de sulfate de fer précipite l'or des solutions de chlorure d'or à l'état métallique, sous forme de poudre brune.

Le chlorure d'or forme avec les chlorures de potassium et de sodium des sels doubles, appelés *chlorures d'or et de potassium* (Au^2Cl^4K), *chlorure d'or et de sodium* (Au^2Cl^4Na), qui cristallisent parfaitement et dont l'usage en photographie est beaucoup plus à conseiller que celui du chlorure d'or ordinaire, qui contient toujours un excès d'acide.

C'est pour ce motif que nous ne parlerons pas de la préparation de ce dernier produit, et que nous décrirons uniquement dans les lignes qui vont suivre la préparation du chlorure d'or et de potassium (ou de sodium).

L'or brut est placé dans un petit ballon de verre, avec dix fois son poids en *eau régale* (voyez *eau régale*) et chauffé sur un bain de sable chaud. Le liquide entre bientôt en ébullition, il se dégage du chlore et des vapeurs rouges, et l'or se dissout. Si les vapeurs rouges disparaissent et qu'il reste de l'or non dissous, on ajoute de nouvelle eau régale, et ainsi de suite jusqu'à complète dissolution de l'or.

Toutefois, comme l'or est fréquemment allié à l'argent, c'est souvent ce dernier métal, à l'état de chlorure, qui ne disparaît pas, mais il suffit d'un peu d'habitude pour le reconnaître à sa couleur blanche.

On laisse bien déposer le ballon après l'avoir rempli entièrement d'eau, puis on décante le liquide clair dans un grand bocal de verre. Le ballon est rempli une seconde fois d'eau, que l'on décante et filtre sur un tampon de papier buvard comprimé au fond d'un entonnoir.

On se procure d'autre part une solution saturée et filtrée de *sulfate de fer ordinaire de commerce* (couperose verte) que l'on verse peu à peu dans la solution aurifère. — Il se produit d'abord un précipité qui se redissout, puis le précipité devient permanent. On reconnaît que tout l'or est précipité, en prenant une petite quantité du liquide dans une éprouvette, à laquelle on ajoute quelques gouttes de la solution de fer, qui ne doit plus produire de précipité.

L'or ainsi précipité se présente sous forme de poudre brune très-lourde qui se dépose en moins d'un quart d'heure. On décante le liquide avec précaution, on lave bien le précipité d'or avec de l'eau, et on le rassemble dans une petite capsule de porcelaine préalablement pesée, puis on le sèche dans un four sans l'ôter de la capsule. Le poids de cette dernière *avec l'or*, donne, après défalcation du poids de la capsule, le poids de l'or.

Cette première opération, qui ne paraît compliquée que lorsqu'on ne l'a pas encore faite, peut être évitée dans la pratique, parce que l'on trouve toujours de l'or pur à acheter chez les joailliers et les changeurs.

Supposons donc que l'on ait de l'or pur, soit précipité, soit à l'état fondu, laminé, etc., — on le place dans un petit ballon de verre, et pour *chaque gramme d'or l'on met également dans le ballon* $0^{gr}3$ *de chlorure de sodium ou* $0^{gr}38$ *de chlorure de potassium,* puis on le dissous dans l'eau régale comme nous l'avons indiqué tout à l'heure. Quand l'or est dissous, on transvase la solution dans une petite capsule de porcelaine et l'on chauffe doucement jusqu'à siccité. Le produit obtenu est le chlorure double.

En grand, on fait cristalliser le produit. Mais en petit, il vaut mieux évaporer à sec, quand bien même ce serait dans une assiette plate en porcelaine placée dans un four de cuisine.

Solutions titrées d'or. — Pour éviter les pesées de l'or pour le bain de virage, il est préférable de faire des solutions concentrées telles que 50 centimètres cubes contiennent 1 gramme d'or. En voici les titres pour un litre d'eau distillée :

Chlorure d'or ordinaire du commerce.	34 grammes.
Chlorure d'or et de potassium	38 1/2 »
Chlorure d'or et de sodium	37 »

Alors chaque gramme *d'or pur* métallique est contenu dans 50 centimètres cubes de la solution.

§ 91. Chromates. — Bichromates. — Alun de chrome. — L'étude des chromates est d'une importance capitale depuis que les procédés au charbon et à la gélatine deviennent de plus en plus usuels. M. Eder, de la Société photographique de Vienne, a publié en 1878 dans la *Photographische Correspondenz* de Vienne un mémoire concernant les chromates, qui est extrêmement complet et dont nous recommandons vivement la lecture à nos lecteurs.

Acide chromique (CrO^3). Substance cristallisée en longues aiguilles rouges très-solubles dans l'eau. C'est un oxydant énergique, teignant la peau en jaune, et vénéneux comme tous les sels de chrome.

La solution aqueuse d'acide chromique est rouge, elle se décompose lentement à la lumière solaire, dégage de l'oxygène et laisse déposer du chromate de sesquioxyde de chrome.

L'acide chromique réagit vivement sur l'alcool, en formant de l'aldéhyde, de l'acétate d'éthyle, et du sesquioxyde de chrome.

Bichromate de potasse ($KO, 2CrO^3$). Sel cristallisé en tables rectangulaires d'un rouge foncé, inaltérable à l'air, fondant à une température peu élevée. Ce sel se trouve facilement dans le commerce à l'état pur.

100 parties d'eau à 19 degrés centigrades dissolvent 10 parties de bichromate de potasse, et 90 parties à l'ébullition. — La solution est rouge.

Si l'on ajoute de la potasse au bichromate de potasse, on obtient une solution jaune de *chromate neutre de potasse* (KO, CrC^3). Ce sel, cristallisé, est d'un jaune citrin, beaucoup plus soluble dans l'eau que le bichromate, puisque 100 parties d'eau à 15 degrés centigrades en dissolvent 48 parties; à l'ébullition, l'eau en prend plusieurs fois son poids.

Si l'on ajoute de la soude ou de l'ammoniaque à une solution de bichromate de potasse, l'on obtient le *chromate de potasse et de soude,* ou le chromate de potasse et d'ammoniaque, susceptibles de cristalliser, et formant des solutions d'un jaune citron. Le *bichromate d'ammoniaque* s'obtient en divisant une solution d'acide chromique en deux parties égales, en saturant exactement l'une par l'ammoniaque, puis y ajoutant l'autre. L'évaporation jusqu'à cristallisation donne le *bichromate d'ammoniaque*. Les cristaux sont assez longtemps à se former; ils sont d'une couleur rouge-grenat, inaltérables à l'air.

Si l'on sature une solution d'acide chromique entièrement d'ammoniaque, l'évaporation donne le *chromate neutre d'ammoniaque* qui cristallise en aiguilles d'un jaune citron, à réaction alcaline et très-solubles.

Le *trichromate de potasse* (KO, $3CrO^3$) s'obtient en traitant le bichromate de potasse par un excès d'acide azotique. Il se dépose en cristaux anhydres d'un rouge foncé, solubles dans l'eau. Les solutions concentrées de ce sel se décomposent facilement à l'air.

Tous les bichromates que nous venons de citer ont la propriété de rendre la gélatine (gomme ou substances analogues) insoluble sous l'influence de la lumière. Les solutions d'hypochlorite de chaux rendent à la gélatine ainsi insolubilisée sa solubilité dans l'eau tiède.

L'*alun de chrome* (KO, SO^3), (Cr^2O^3, $3SO^3$), (24HO), est un sel cristallisé en beaux octaèdres réguliers, d'un rouge rubis vus par transmission. La solution aqueuse est d'un bleu violet sale. A 70° ou 80° les deux sulfates qui constituent cet alun se séparent, et la solution devient verte.

On le prépare en dissolvant à une douce chaleur 150 grammes de bichromate de potasse dans 900 grammes d'eau et 250 grammes d'acide sulfurique; on laisse refroidir, puis on ajoute peu à peu au mélange 60 grammes d'alcool. Après 24 heures, on trouve au fond du vase 150 grammes d'alun de chrome cristallisé.

§ **92. Citrique (acide).** — Substance cristaline, très-soluble dans l'eau, se rencontre pure dans le commerce des produits chimiques. Elle contient cependant parfois de l'acide tartrique, qui jouit à peu près des mêmes propriétés, mais qui est d'un prix beaucoup moins élevé.

§ **93. Cire.** — Cette substance très-connue, au moins quant à l'aspect, est insoluble dans l'eau, mais soluble dans la benzine et l'essence de térébenthine.

§ **94. Collodion.** — Solution de coton-poudre dans l'éther alcoolisé, dont nous parlerons longuement au chapitre *collodion*.

§ **95. Coton-poudre.** — Quand on trempe quelques minutes du coton dans un mélange, en proportions convenables, d'acides sulfurique et azotique monohydratés, qu'on l'en retire pour le laver à grande eau et qu'on le sèche, on remarque qu'il a augmenté de poids. En soumettant le produit à l'analyse, on trouve que le coton a perdu plusieurs atomes d'hydrogène et gagné autant d'acide hypo-azotique. Le coton a acquis alors de nouvelles propriétés : il est devenu plus ou moins soluble dans l'éther alcoolisé, l'aniline, l'acétate d'éthyle, l'alcool méthylique, l'acide acétique cristallisable, etc. De plus, au contact d'un corps en ignition, il brûle vivement.

La composition élémentaire du pyroxile varie avec sa méthode de préparation. M. Hadow, qui en a fait une étude approfondie, décrit quatre variétés, qui contiennent 9, 8, 7 et 6 atomes d'acide hypo-azotique. La première est extrêmement explosible et se prépare avec des acides à un haut degré de concentration, elle est presqu'*insoluble* dans l'éther alcoolisé. La seconde et la troisième sont solubles dans l'éther alcoolisé, mais la troisième est, de plus, soluble dans l'acide acétique cristallisable et l'alcool *absolu*. Enfin, la dernière est la *xyloïdine* de M. Braconnot et Pelouse ; sa solution éthérique laisse une couche opaque. Nous n'avons ici à nous occuper que des variétés 2 et 3 (celles avec 8 et 7 équivalents de AzO^4), les traités de chimie donnant tout au long les propriétés des deux autres, et ne parlant pas ou presque pas, de celles qui nous intéressent.

Il existe deux espèces bien distinctes de coton-poudre photographique : la première est jaune, à fibres courtes, poudreuses, beaucoup plus lourde que la seconde. Sa propriété essentielle est de fournir un collodion mince. Ainsi, un litre d'éther alcoolisé, additionné de 16 à 20 grammes de cette variété de coton-poudre, donne un excellent collodion, pas trop épais. En général, ce coton-poudre donne des images très-intenses.

La deuxième variété est blanche, ressemble tout à fait au coton original, résistante, à longues fibres, et d'un très-bel aspect. Elle est beaucoup plus légère que la première. Sa propriété essentielle est de fournir un collodion épais. Ainsi, un litre de collodion au titre de 8 à 10 grammes de ce coton est déja épais. Ce coton-poudre produit des images peu intenses.

Voici comment se prépare le coton-poudre.

Formule pour la préparation du coton-poudre.

Acide sulfurique (D. 1,845)	510 cent. cubes.
» nitrique (D. 1,457)	190 »
Eau	150 »
Coton	20 grammes.

Température 55 à 60 degrés centigrades, immersion 9 minutes.

Remarquons, a propos de cette formule, que le résultat dépend de la qualité du coton brut employé. Il arrive que certains cotons se dissolvent dans le mélange, il faut alors diminuer la proportion de l'eau.

Procurez-vous un vase en porcelaine avec couvercle parfaitement nettoyé et versez-y d'abord l'eau, puis l'acide nitrique, et enfin, en agitant constamment le mélange avec une baguette de verre, l'acide sulfurique.

Un thermomètre étant plongé dans les deux acides, au moment où ils sont mélangés, monte jusque 70° ou 80°. Agitant alors le mélange avec une baguette en verre, on laisse le liquide se refroidir jusqu'à ce que le thermomètre marque 55 degrés. On y plonge alors le coton par petites portions de 2 à 3 grammes à la fois. Chaque fois que l'on a plongé une touffe de coton dans le liquide, il faut la presser avec la baguette, afin de bien chasser l'air et de favoriser son imbibition. Quand le tout y est plongé, la baguette est retirée, le vase couvert de son couvercle et le coton-poudre couvert d'une rondelle en verre pour le préserver du contact de l'air. On attend alors le temps nécessaire, puis l'acide est transvasé dans une éprouvette en verre, et, appuyant avec la baguette sur le coton, on exprime l'excès de liquide, qui ne peut pas servir une seconde fois.

Le coton-poudre est jeté dans une cuve en bois remplie d'eau et exprimé plusieurs fois dans cette eau, comme on exprime une éponge. (Mettez une paire de gants en caoutchouc.) L'eau de la cuve est renouvelée plusieurs fois et chaque fois le coton bien exprimé. Bref, on le lave si bien qu'un papier bleu de tournesol, pressé fortement contre le coton-poudre, ne rougisse pas. On sèche le produit en le divisant en petites touffes qu'on laisse sécher à l'air sur une toile à larges mailles.

On peut aussi préparer le coton-poudre au salpêtre. C'est même de beaucoup la meilleure méthode de préparation de cette substance, et nous la décrirons dans tous ses détails au chapitre concernant la fabrication du collodion photographique.

Le pyroxyle doit être conservé dans des boîtes en carton et point dans les flacons en verre, surtout ceux bouchés à l'émeri. Cette substance, en effet, est sujette à se décomposer, et l'expérience prouve que cette décomposition est plus rapide dans les flacons bouchés qu'à l'air libre.

Le moyen le meilleur de préserver le coton-poudre de cette décompositon, consiste à le conserver dans des paquets de papier bien ficelés.

L'auteur de cet ouvrage a trouvé (1) que du collodion versé dans

(1) Mémoire lu à la Société photographique de Vienne, le 17 octobre 1871, par D. v. Monckhoven, *Phot. Correspondenz*, 1871, p. 199, et *Bull. Soc. franç. de phot.* 1872, p. 22.

l'eau abandonne le coton-poudre qu'il contient à l'état de grumeaux. Il a cru, et un grand nombre d'auteurs ont répandu cette erreur après lui, que du coton-poudre ainsi précipité jouissait de certaines propriétés spéciales que ne possédait pas le coton original contenu dans le collodion. Des expériences ultérieures faites avec le plus grand soin nous ont démontré que le pyroxyle précipité ne différait en rien du pyroxyle ordinaire.

§ **96. Cyanure de potassium** (KCy). — Il se rencontre à l'état fondu et à l'état cristallisé. C'est une substance extrêmement vénéneuse, très-soluble dans l'eau, d'une préparation assez délicate et qu'il vaut mieux acheter toute faite que préparer soi-même.

§ **97. Eau.** — L'eau servant aux usages photographiques doit être *pure* (distillée) pour les solutions de nitrate d'argent, d'acide pyrogallique, de chlorure d'or et les bains de dégorgement qui suivent l'impression du papier positif. L'eau distillée est souvent impure et contient des matières organiques qui *réduisent* partiellement le nitrate d'argent et le chlorure d'or à l'état métallique, surtout si les solutions sont exposées aux rayons solaires.

L'eau de pluie est bonne pour les autres usages photographiques, à moins qu'on ne la récolte pendant les pluies d'orage, alors elle contient de l'ammoniaque. Elle peut au besoin remplacer l'eau distillée.

L'eau de rivière contient toujours des matières organiques. Elle est moins propre aux usages photographiques que l'eau distillée ou l'eau de pluie.

L'eau de citerne ne peut s'employer pour les solutions argentifères, à cause des carbonates et des chlorures qu'elle contient, mais bien pour les autres solutions, quoique l'eau de pluie doive lui être préférée.

§ **98. Eau régale.** — Mélange de 1 partie d'acide nitrique et 4 parties d'acide chlorhydrique (en volume).

§ **99. Éther sulfurique.** — L'éther est un liquide incolore, d'une odeur suave. Versé dans l'eau, il s'y dissout à peine et surnage comme l'huile. Sa densité est de 0,723 à 12°5 et de 0,715 à 20°. Il pèse donc beaucoup moins que l'eau, puisqu'un kilogramme d'éther occupe un volume d'environ 1350 centimètres cubes, et que 1 litre d'éther ne pèse que 720 grammes environ. On essaie l'éther soit au densimètre, soit au *pèse-éther* exactement de la même manière que l'alcool. L'éther doit marquer de 60° à 62° Baumé pour être d'un bon usage en photographie. Le plus souvent, il faut le rectifier comme nous l'indiquerons tout à l'heure.

Le point d'ébullition de l'éther est à 35°6. C'est donc un liquide si volatil qu'en été il peut très-bien entrer spontanément en ébullition et faire sauter les bouchons des flacons qui le contiennent; aussi est-il bon de le conserver dans un endroit frais.

Nous devons insister tout particulièrement sur le danger que présente le maniement de l'éther dans des places où il y a du feu ou de la lumière. Si l'on versait un flacon d'éther dans une place fermée, puis, si l'on y portait une bougie allumée, une détonation terrible serait le résultat de cette imprudence, qui s'est déjà reproduite bien des fois. L'éther est, en effet, un liquide qui se vaporise avec une extrême facilité, et ses vapeurs se mélangeant avec l'air environnant, constituent alors un mélange détonnant fort dangereux. Il résulte de ce qui précède qu'il ne faut jamais transvaser l'éther le soir, à moins de se trouver loin des lumières; il en est de même du collodion qui est cependant un peu moins dangereux parce qu'il contient une assez forte proportion d'alcool.

Il est fort difficile de trouver dans le commerce de l'éther pur, mais cependant on peut se le procurer dans de bonnes pharmacies.

Impuretés de l'éther. — 1° L'*huile de vin.* Elle donne à l'éther une odeur désagréable. Versé sur la main, l'éther après s'être évaporé, doit laisser une odeur franche; sinon, il contient de l'huile de vin. On enlève ce produit en distillant l'éther sur la potasse caustique. L'huile de vin fait perdre au collodion sa sensibilité.

2° L'eau, qui est décelée par le chlorure de calcium, maintenu quelques jours en contact avec lui.

3° L'alcool dont la présence n'exerce aucun effet fâcheux et que l'on décèle en agitant l'éther avec une solution saturée de chlorure de calcium dans l'eau. Le volume de l'éther ne doit presque pas diminuer.

4° Les acides (sulfurique, entraîné par la distillation, — acétique, produit de l'oxydation de l'acool, etc.) qu'on décèle par le papier de tournesol. On en débarrasse l'éther par la distillation sur le carbonate de potasse ou la potasse caustique.

5° Des corps particuliers non définis jusqu'à présent que l'on décèle en versant dans l'éther une solution alcoolique d'iodure de potassium. La solution, conservée 24 heures, doit rester d'un jaune citron sans brunir. Dans le cas contraire, l'éther amènera la rapide altération du collodion.

Le moyen le meilleur pour rectifier l'éther consiste à le distiller sur de *l'eau de chaux* en ne recueillant que les deux tiers de l'éther primitivement employé. L'éther ainsi préparé contient bien un peu d'eau, mais loin de nuire à la préparation du collodion, cette petite quantité d'eau est, au contraire, indispensable.

§ **100. Gallique (acide).** — L'acide gallique est un corps solide, léger, d'un blanc jaunâtre, difficilement soluble dans l'eau froide, soluble en entier dans l'alcool. L'acide gallique du commerce est souvent mêlé de sulfate de chaux (insoluble dans l'alcool). Les dissolutions d'acide gallique servent surtout à développer les épreuves sur papier et sur albumine.

§ **101. Gaïac (Résine).** — C'est une résine soluble dans l'alcool dont nous avons déjà parlé dans l'historique de cet ouvrage. Sa solution alcoolique laisse sur le papier une couche sensible à la lumière.

L'image produite par la lumière est verte, dans le chlorure d'or elle devient bleue. Jusqu'ici ces images ne sont pas stables, faute d'avoir trouvé un fixateur convenable.

§ **102. Gélatine.** — La gélatine, qui porte aussi le nom de *colle forte,* colle de poisson, est incolore et transparante, inodore, insipide, neutre aux réactifs colorés. Elle ne se dissout pas dans l'eau froide, elle ne fait que s'y ramollir, s'hydrate, et peut prendre plusieurs fois son poids d'eau. Cette gélatine hydratée chauffée se liquéfie, et se prend en gelée par le refroidissement.

La gélatine humide se putréfie au contact de l'air.

Les solutions de gélatine dissolvent plus facilement la chaux que l'eau ordinaire, et se combinent facilement avec le phosphate de chaux. Aussi, jamais la gélatine du commerce n'est-elle exempte de ces deux produits.

Le bichlorure de mercure s'allie avec la gélatine, ainsi que le sulfate de fer. L'alun ordinaire et surtout l'alun de chrome rendent la gélatine insoluble.

Le tannin précipite complètement la gélatine et la rend insoluble.

Quant à l'action des chromates sur la gélatine, nous avons déjà fait mention de cette action aux pages 12 et suivantes.

La gélatine a des origines diverses que nous allons énumérer rapidement.

1° Elle s'extrait d'abord des rognures de peau, de certaines parties molles des animaux, des cornes, des sabots et des os. Ces substances sont employées fraîches et sèches; le plus souvent elles sont d'abord conservées dans l'eau de chaux, dont on les débarrasse plus tard, puis bouillies dans l'eau qui en extrait la gélatine. Ces solutions sont clarifiées par l'alun, évaporées et séchées sur des filets. C'est la *colle forte* ordinaire qui est toujours très-colorée.

2° On retire aussi la gélatine des os, et spécialement des os de bœuf que l'on dégraisse d'abord, que l'on prive ensuite des sels calcaires par l'acide chlorhydrique et qu'on lave bien à l'eau de chaux. On en extrait ensuite la gélatine purifiée par l'eau bouillante.

3° La gélatine retirée de la peau de jeunes animaux et des cartilages de veau, porte en France le nom de *Grenétine* du nom de son fabricant, M. Grenet, de Rouen, qui la livre au commerce en feuilles extrêmement minces et transparentes. Cette gélatine préparée avec beaucoup de soin, est très-recherchée pour les préparations culinaires.

4° La gélatine se retire aussi de la vésicule aérienne de l'esturgeon dont on a enlevé la peau extérieure. Elle porte le nom de *colle de poisson* ou *ichtyocolle*. Quand on la trouve non falsifiée, elle est d'un excellent usage en photographie. *Il faut la faire venir non préparée directement d'Astrakhan, et ordonner qu'on n'enlève pas la peau extérieure de la vésicule, car, sans cela, l'on n'a plus aucune garantie de la pureté du produit que l'on reçoit.*

M. Nelson, et aussi M. Swinborne, tous deux fabricants de gélatine à Londres, préparent de la colle de poisson, purifiée en fils minces qui sont beaucoup plus facilement solubles que la colle de poisson ordinaire.

La colle de poisson ordinaire se vend en plaques minces, sèches, difficiles à diviser. Les acides la coagulent et elle entraîne alors toutes substances tenues en suspension dans le liquide. De là ses propriétés clarifiantes. Pour la dissoudre dans l'eau, il faut d'abord la battre fortement au marteau afin de la diviser, puis la mettre 24 heures dans l'eau, puis la dissoudre dans de la bière chaude, et enfin la filtrer.

La gélatine du commerce contient de nombreuses impuretés, la chaux, le phosphate de chaux, l'alun, des sels de fer, toutes substances provenant de son mode de préparation. C'est surtout la gélatine de provenance française, malgré sa belle apparence et ses excellentes qualités au point de vue culinaire, qui donne lieu au plus grand nombre d'insuccès parce qu'elle contient de fortes quantités d'alun.

M. Nelson fabrique une gélatine d'une couleur ambrée, connue sous le nom de *Ambra gélatine* qui, quoique moins pure que la gélatine opaque du même fabricant, est très-vantée par M. Woodbury.

Seulement il est recommandé de lui ajouter de prime abord la quantité d'eau froide dans laquelle on veut la dissoudre, de la laisser des heures entières se gonfler, et alors de chauffer doucement le liquide, qu'il ne faut pas filtrer, mais seulement débarrasser de son écume superficielle.

Il faut avec cette gélatine, comme du reste avec toutes les autres qualités, ne pas préparer les solutions longtemps à l'avance; mais s'en servir, au contraire, aussi vite que possible, sinon une insolubilité partielle sera le résultat inévitable du manque d'observation de cette règle. — La gélatine sèche se conserve très-bien.

On fera toujours attention, lorsqu'on ajoute le sel de chrome à la solution de gélatine de ne pas chauffer la solution au delà du point nécessaire pour dissoudre la gélatine, sinon, nouveaux insuccès.

La belle apparence de la gélatine n'a aucun rapport avec ses qualités, car cette apparence s'obtient par des moyens chimiques. Les espèces un peu opaques contiennent du phosphate de chaux tribasique, du plâtre, du chlorure de calcium, du carbonate de chaux, de l'alumine, du sel marin, du fer et de l'alun. (Les qualités très-transparentes sont surtout riches en alun.)

Les sels de chaux se reconnaissent facilement par la réaction de l'oxalate d'ammoniaque sur l'eau dans laquelle la gélatine à essayer a séjourné quelques heures (à froid). L'alun se retrouve dans les cendres de la gélatine brûlée. Cet alun, aussi bien que le phosphate de chaux, sont l'origine des flocons coagulés qu'on observe dans la gélatine bichromatée en solution, même chaude.

L'alun rend la solution de gélatine épaisse, excellente qualité au point de vue culinaire, mais défaut capital pour la photographie, puisqu'alors on ne peut pas filtrer les solutions gélatineuses. Dans la pratique, on est obligé, pour ces filtrations, de se servir de coton, de linge ou de flanelle, mais la partie filtrée n'est point claire, et le microscope y décèle une infinité de substances hétérogènes. Or, qu'on le remarque bien, une solution chaude de gélatine pure, passe très-bien à travers un filtre ordinaire en papier.

Voici la méthode que nous employons pour purifier la gélatine en feuilles.

On la lave préalablement pendant 24 heures dans un courant d'eau pure. Ce lavage la débarrasse d'une grande quantité de ses sels calcaires. Puis on ajoute aux feuilles ramollies par l'eau une certaine quantité d'eau chaude, afin de les dissoudre. On y ajoute alors de l'albumine (blanc d'œuf) et l'on mêle bien. Puis on fait passer pendant 5 minutes un fort courant de vapeur, dans la masse qui est ainsi fortement agitée. L'albumine se coagule et s'empare des impuretés de la gélatine.

Le liquide filtré est transparent. On l'évapore alors dans des cuvettes plates, dont le fond est chauffé par la vapeur. On obtient ainsi des feuilles transparentes, très-pures, dont la solution n'offre plus de taches grasses lorsqu'on l'étend sur papier ou qu'on la verse sur glace, et qui est excellente pour la préparation des émulsions ou du papier au charbon.

La gélatine plongée dans l'eau froide absorbe lentement l'eau. Les qualités ordinaires absorbent 2 ou 3 fois leur poids. Les très-bonnes qualités jusque 7 à 8 fois, suivant sa température. Mais si l'eau est légèrement acide, la gélatine peut prendre jusqu'à 20 fois son poids d'eau, bien entendu certaines qualités.

M. Eder, dans le mémoire qu'il a publié l'année dernière (1878) à la Société photographique de Vienne, a indiqué comme moyen de reconnaître la bonté des gélatines la dureté de la consistance de leur solution refroidie, c'est-à-dire, la consistance plus ou moins grande de leur gelée. C'est une erreur profonde et c'est bien souvent le contraire.

Au point de vue chimique proprement dit, on ne sait presque rien de la gélatine, et la pratique seule peut indiquer la supériorité d'une gélatine sur une autre pour un usage déterminé.

§ 103. **Glycérine.** — Corps liquide, d'une saveur sucrée; il possède la propriété de ne pas sécher tout en se conservant inaltéré à l'air. La glycérine s'obtient en quantités énormes dans la fabrication des bougies stéariques.

§ 104. **Hyposulfite de soude.** — C'est le dissolvant par excellence du chlorure d'argent des épreuves positives sur papier. Il dissout aussi la plupart des autres sels d'argent avec lesquels il forme de l'hyposulfite double de soude et d'argent très-soluble dans un excès d'hyposulfite de soude. L'eau, à 15° de température, dissout les 80 centièmes de son poids d'hyposulfite de soude. Ce sel se prépare en saturant de soufre une solution de sulfite de soude. Il cristallise en gros prismes hexagones et se trouve très-pur dans le commerce.

§ 105. **Hyposulfite d'or et de soude (sel d'or de Fordos et de Gélis).** — Substance blanche, cristallisée et soluble dans l'eau : elle est d'une préparation délicate et difficile, et prend naissance en versant du chlorure d'or bien neutre dans l'hyposulfite de soude.

§ 106. **Iode.** — Cette substance, d'un aspect métallique, se trouve dans le commerce sous le nom d'*iode précipité* (par le chlore), et d'*iode sublimé*. Elle se prépare par l'iodure de potassium, le peroxyde de manganèse et l'acide sulfurique. L'iode précipité est en masses violettes amorphes, l'iode sublimé en paillettes éclatantes. Ce dernier est le plus pur.

L'iode est soluble dans l'alcool et l'éther, mais presque insoluble dans l'eau. L'iode libre colore le papier amidonné en bleu foncé, excepté dans les dissolutions alcooliques où cette coloration est faiblement prononcée. L'iode tache les mains en brun, mais cette coloration disparaît d'elle-même. L'iode étant volatil, doit se conserver dans des flacons bouchés à l'émeri.

§ **107. Iodure d'ammonium.** — Un procédé qui donne d'excellent iodure d'ammonium, consiste à précipiter exactement une solution d'iodure de fer par une solution de carbonate d'ammoniaque ; filtrée et évaporée, la solution donne de l'iodure d'ammonium.

Cette substance est cristallisée, soluble dans l'eau, l'alcool et l'éther. Elle est peu stable, et se colore facilement en jaune, par suite de l'iode mis en liberté.

A l'état de gros cristaux, elle se conserve mieux.

§ **108. Iodure de cadmium** (CdI). — Se prépare exactement comme le bromure du même métal, avec les mêmes précautions à observer pour éviter la production d'oxy-iodure de cadmium.

Cette iodure cristallise en tables nacrées d'un très-bel aspect. Il est soluble dans l'eau, l'alcool et l'éther.

§ **108bis. Iodure de cadmium-potassium** (KI, CdI) (1). Équivalent = 347. — L'on obtient cet iodure en pesant exactement 182 grammes d'iodure de cadmium bien sec et 165 grammes d'iodure de potassium, et en introduisant ce mélange dans 300 grammes d'eau chaude, filtrant le liquide et le laissant cristalliser.

Il est plus soluble dans l'eau que l'iodure de cadmium ou de potassium, puisque 1 gramme d'eau dissout 3 grammes de l'iodure double ; beaucoup plus soluble dans l'acool absolu, même additionné de son volume d'éther absolu, que l'iodure de cadmium seul. — Suivant la loi de Berthollet, on pourrait croire que l'iodure de potassium, qui est presque complètement insoluble dans l'alcool, se précipite de ce liquide ; mais il n'en est rien, et c'est ce qui rend cet iodure précieux pour la photographie.

Il agit, pour jaunir l'éther, exactement comme l'iodure de potassium.

Introduit dans le collodion, il s'y dissout immédiatement, et lui communique une teinte jaune d'or. Il n'épaissit pas le collodion comme l'iodure de cadmium, ni ne le rougit pas au bout de peu de jours comme l'iodure de potassium.

Ni l'iodure de potassium, ni l'iodure de cadmium n'attirent l'humidité de l'air, et cependant la combinaison de deux iodures se résout en liquide dans l'air humide, mais point dans un air moyennement sec. Il faut donc tenir cet iodure double en flacons bouchés.

L'iodure double de potassium et de cadmium se conserve parfaite-

---

(1) Les iodures doubles de cadmium, ainsi que les bromures doubles de ce métal, ont été introduit dans l'usage photographique par M. D. v. Monckhoven, mémoire lu à la Société photographique de Vienne : *Phot. Correspondenz*, 1870, *p.* 111; *Bull. Soc. franç.*, 1870, p. 255; *Bulletin Belge*, 1870, p. 125.

ment, sans jaunir comme l'iodure d'ammonium. On peut le chauffer sans le décomposer, et il fond en masse blanche à la température de fusion de l'étain.

§ **109. Iodure de potassium** (KI). — Ce composé est blanc, cristallisé en cubes, extrêmement soluble dans l'eau, mais presque insoluble dans l'alcool absolu et l'éther. Il dissout énergiquement l'iode et l'iodure d'argent, surtout en solution concentrée.

Pour le préparer, on dissout l'iode dans une solution concentrée de potasse caustique, jusqu'à ce que le liquide prenne une teinte jaune permanente. Puis on évapore la liqueur à siccité et on calcine la masse au rouge sombre pour décomposer l'iodate qui s'est formé en même temps que l'iodure. — Le produit, repris par l'eau chaude, laisse déposer après refroidissement l'iodure de potassium cristallisé.

Mais cette opération, que l'on fait dans l'industrie sur une grande échelle, ne produit pas un bon iodure de potassium pour la photographie. Il vaut infiniment mieux dissoudre le carbonate de potasse pur dans l'acide iodhydrique bien purifié par deux distillations successives. Alors l'iodure de potassium est moins blanc, les cristaux sont moins volumineux, mais l'iodure est plus pur. Seulement, le produit ainsi obtenu est plus cher.

En France, l'on suit généralement le premier procédé à l'aide de l'iode brut, et l'on purifie le produit par des cristallisations successives. Cependant jamais l'iodure de potassium ainsi obtenu n'est pur. En Allemagne, on le prépare de la seconde manière, bien entendu lorsqu'il est destiné aux usages de la photographie.

Pour purifier l'iodure de potassium du commerce, dissolvez-le dans l'eau bouillante additionnée d'un peu d'acide iodhydrique. Laissez-le cristalliser et rejetez l'eau-mère.

§ **110. Nitroglucose.** — Substance que l'on prépare en mettant 5 minutes en contact une partie de sucre blanc pulvérisé, 2 d'acide sulfurique et 1 d'acide nitrique très-concentré. Le produit lavé à l'eau chaude est gommeux et colle aux mains. Dissous dans l'alcool et ajouté au collodion, il n'exerce sur lui aucun effet. Mais si la solution alcoolique est faite depuis plusieurs jours, le collodion perdra de sa sensibilité et gagnera en *intensité*. Cela provient de ce que le nitroglucose s'est décomposé en un corps susceptible de se combiner avec le nitrate d'argent; ainsi une solution récemment préparée ne trouble pas le nitrate d'argent, tandis qu'une solution faite de plusieurs jours y produit un abondant précipité blanc, très-sensible à la lumière.

Le nitroglucose est employé par l'auteur de cet ouvrage pour la préparation des papiers destinés aux agrandissements.

Le nitroglucose est préparé très-pur par M. Tromsdorff, fabricant de produits chimiques, à Erfurt.

§ 111. **Oxalate de fer, oxalate de potasse.** — Nous décrirons ces substances en parlant du procédé au gélatino-bromure d'argent.

§ 112. **Pyrogallique (acide).** — Substance blanche, cristallisée, noircissant rapidement sous l'influence de l'oxygène de l'air. L'acide pyrogallique sert à développer les épreuves sur collodion; il réduit l'argent de ses solutions avec une grande énergie. Il est souvent mélangé d'un produit brun : l'acide métagallique. On l'obtient par la distallation de l'acide gallique.

§ 113. **Sulfate de fer.** — Sel employé pour développer les négatifs au collodion. Pour le préparer on mélange dans une capsule en porcelaine 10 parties d'eau et une d'acide sulfurique et l'on y jette des *pointes de Paris* ou du fil de fer ordinaire. Au bout de quelques heures, le liquide est filtré et abandonné à la cristallisation après une évaporation suffisante.

Le sulfate ordinaire du commerce (*Couperose verte*) bouilli dans un vase de fonte avec la limaille de fer et filtré, abandonne par le refroidissement des cristaux verts de sulfate de fer presque pur. — Le sulfate de fer ordinaire est même déjà d'une pureté suffisante pour les besoins de la photographie.

§ 114. **Sulfate de fer et d'ammoniaque.** — Substance d'un vert clair qu'on obtient en faisant cristalliser ensemble du sulfate d'ammoniaque et du sulfate de fer. Elle se conserve mieux à l'air que le sulfate de fer ordinaire et peut remplacer ce dernier pour développer les négatifs au collodion. L'usage de ce sel a été introduit par M. Meynier, de Marseille.

§ 115. **Tannin.** — Le tannin, ou acide tannique, s'extrait des écorces de chêne; on le trouve à très-bas prix dans le commerce. Il précipite les alcooloïdes et la gélatine. Le tannin est employé dans le procédé du major Russel (au collodion sec).

§ 116. **Tournesol.** — On trouve le tournesol chez les marchands de couleurs. Pour préparer le papier de tournesol, on le fait bouillir avec deux fois son poids d'eau et on passe, à travers un linge, le liquide d'un bleu foncé qui en résulte, pour en enduire du papier blancs des deux côtés.

On additionne ensuite ce liquide bleu de quelques gouttes d'acide acétique, qui le rougit sur le champ. On en enduit de nouvelles feuilles de papier.

Le papier bleu rougit dans les solutions acides, le papier rouge bleuit dans les solutions alcalines.

§ **117. Vernis.** — Les vernis photographiques servent surtout à protéger la couche de pyroxyle (procédé au collodion) des éraillements auxquels elle est sujette par suite de sa grande fragilité. Parmi les divers corps, résines et liquides, employés à cette fabrication, nous citerons : le copal, le copal tendre (soluble dans l'alcool et la benzine), la sandaraque, le mastic, la gomme-laque jaune ou blanche, le succin fondu, l'essence de térébenthine, la benzine, l'alcool, l'éther et le chloroforme. Toutes ces substances, mélangées en proportions plus ou moins diverses donnent des vernis photographiques. Le meilleur vernis est celui à la gomme-laque.

Ce vernis s'étend à chaud. Pour le préparer on place dans un ballon :

1000 centimètres cubes d'alcool à 95°.
80 grammes de gomme laque blanche, récemment préparée.

On élève un peu la température en plongeant le ballon dans l'eau chaude ; au bout de quelques minutes la dissolution s'est faite, sauf de longs et légers filaments blancs de gomme insoluble qui se produisent surtout lorsque la gomme-laque est vieille. La liqueur filtrée est alors légèrement jaunâtre et prête pour l'usage. Elle dépose parfois plusieurs mois après sa préparation une matière cireuse blanche. On prévient ce dépôt en ajoutant au liquide 50 grammes d'*acétate de méthyle* par litre. L'acétate de méthyle est le produit vendu par les fabricants d'acide acétique sous le nom d'alcool méthylique ou esprit de bois.

Un autre vernis, qui se laisse facilement retoucher par le crayon s'obtient ainsi :

Benjoïn concassé	50 grammes,
Sandaraque	100 »
Alcool	1 litre,
Huile de ricin	1 cent. cube.

Mettez le flacon contenant ce mélange pendant plusieurs jours dans un endroit chaud et agitez-le fréquemment, puis filtrez le liquide.

Ce vernis est très-clair, et s'étend à chaud comme le vernis à la gomme-laque.

Vernis noir. Enfin, le vernis qui sert à revêtir les épreuves positives sur verre d'une couche noire, est composé comme suit :

Benzine.	1 litre,
Bitume de Judée	80 grammes,
Caoutchouc	1 »

Le caoutchouc doit être coupé en tranches minces. Il sert à rendre la couche de vernis un peu élastique, sans caoutchouc cette couche est sujette à se fendiller.

CHAPITRE IV.

MATÉRIEL.

Nous ne décrirons, dans ce chapitre, que les appareils communs à tous les procédés photographiques négatifs, et non les appareils propres à un procédé spécial comme la boîte à mercure, le pied à chlorurer, qui appartiennent au daguerréotype. Nous nous bornerons, du reste, à la description des appareils reconnus les meilleurs et le plus en usage.

SECTION I. — LES CHAMBRES NOIRES.

§ 118. Chambre noire ordinaire. — La chambre noire est une boîte A (fig. 27) complètement fermée sur laquelle se fixe, par devant, l'objectif B, et par derrière, le verre dépoli D sur lequel on reçoit l'image. L'objectif doit être fixé sur une *planchette mobile* dans le sens vertical, de sorte que son axe puisse se placer dans l'axe de la boîte ou plus haut ou plus bas, *condition indispensable dans les chambres noires pour vues*. La partie A est le *corps* de la chambre noire. C est le *tirage :* c'est une boîte qui entre tout juste dans le corps A dans lequel elle glisse à frottement doux. L'image des objets

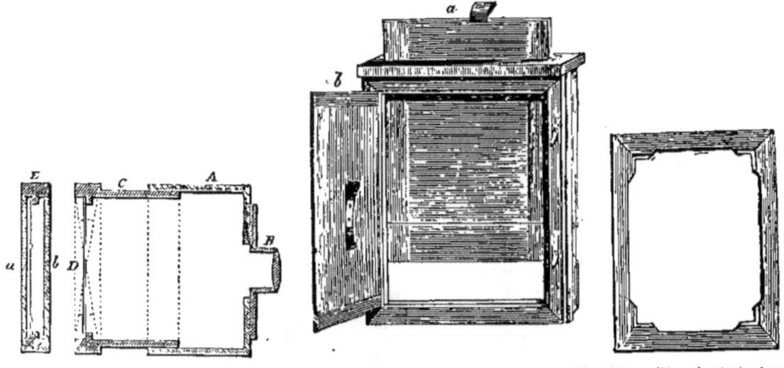

Fig. 27. Fig. 28. — Châssis à glace. Fig. 29. — Planchette à glace.

extérieurs formée au foyer de l'objectif B est reçue sur le verre dépoli, et comme la distance focale de l'objectif varie avec la distance des objets, le tirage C est mobile. Le verre dépoli D doit pouvoir s'incliner sur l'axe optique de l'objectif, *condition indispensable dans les chambres noires à portraits* (non dans celles à vues).

Le châssis à glace E peut remplacer le châssis à verre dépoli. La fig. 28 montre le châssis à glace tel qu'on le construit ordinairement. Il est fait de telle façon qu'en ouvrant la porte *b* on peut y introduire la surface sensible à la lumière, et que, lorsque ce châssis remplace le verre dépoli, la planchette pliante peut s'ouvrir de l'extérieur.

La surface sensible doit se trouver exactement à la place du verre dépoli, sinon l'image nette sur le verre dépoli ne le serait plus sur l'épreuve photographique. Si la glace est plus petite que l'ouverture intérieure du châssis, on la place dans un *diminutif*, espèce de petit cadre en bois mince (fig. 29). Comme l'objet à reproduire est tantôt plus haut que large, tantôt plus large que haut, la chambre noire doit pouvoir se mettre sur le côté; aussi rend-on généralement la chambre noire carrée ainsi que le châssis et le diminutif. Alors les glaces, quoique de forme rectangulaire, se placent dans le châssis de manière que le plus grand côté de la glace soit horizontal ou vertical. On conserve ainsi, dans le même sens, le mouvement de bascule du verre dépoli.

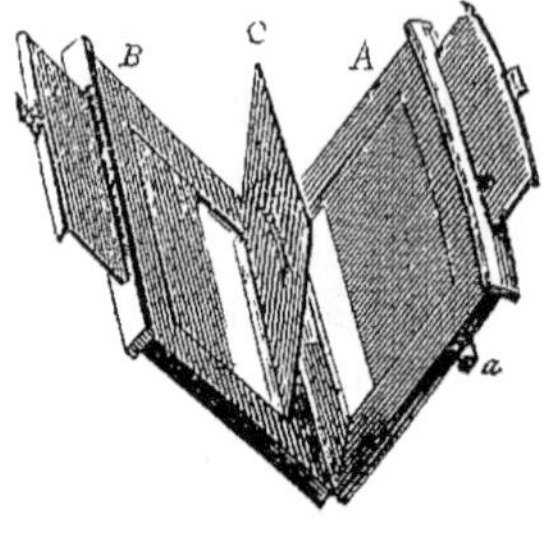

Fig. 30. — Châssis à double glace.

Souvent, à des chambres noires à vues, on joint des châssis en bois fort légers qui peuvent contenir deux glaces préparées à l'albumine ou au collodion sec. C'est un double châssis, A et B, s'ouvrant à charnière, avec une planchette C qui sert à maintenir les glaces en position pendant que l'on ouvre le châssis. On expose successivement les deux glaces en retournant le châssis.

§ **119. Chambre noire à soufflet.** — Voici une description sommaire du modèle que nous possédons (fig. 31). La base AB est

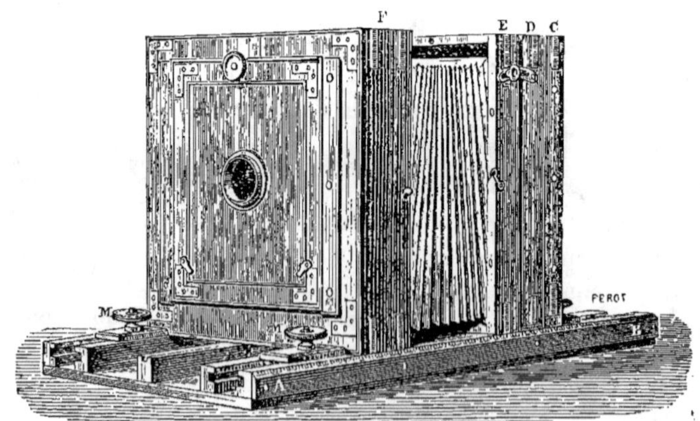

Fig. 31. — Chambre noire carrée pour portraits, vues et reproductions, de 1 mètre de long, pour glaces de 35 centimètres de côté.

très-solide et divisée. La partie antérieure est mobile et se fixe par les boutons M. La planchette qui porte l'objectif peut monter et descendre, se remplacer par d'autres planchettes à cône extérieur ou

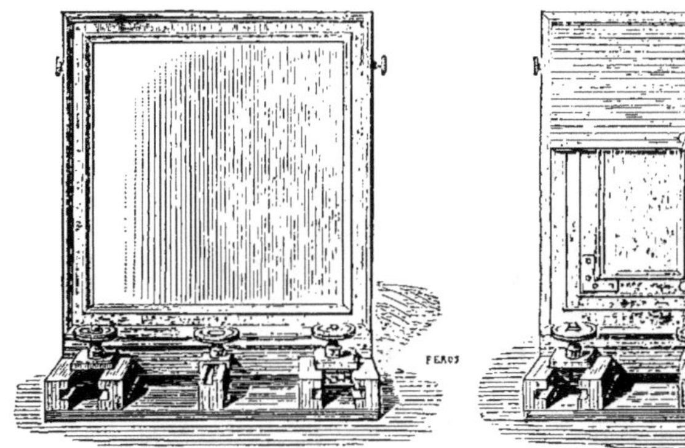

Fig. 32. — Châssis à verre dépoli.

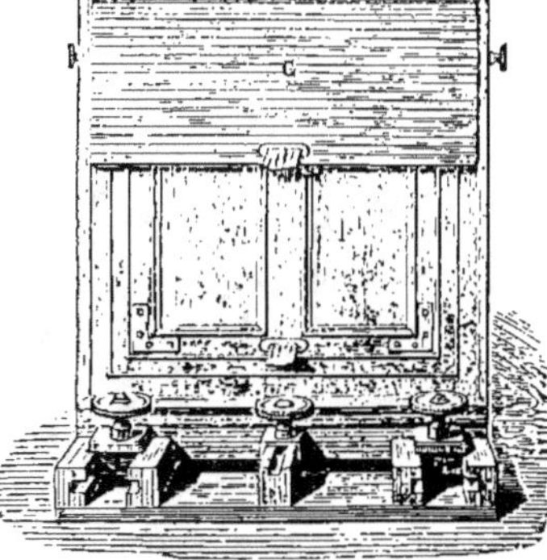

Fig. 33. — Châssis à rideau.

intérieur pour les objectifs à très-long foyer ou à foyer extrêmement court.

La partie antérieure est mobile par une crémaillière fixée sur toute la longueur de la base. Elle se fixe aussi par des boutons à vis de pression. Le cadre D à verre dépoli C est mobile sur la partie verticale E, de manière à pouvoir être légèrement incliné. Un repère indique la verticalité du verre dépoli représenté séparément, fig. 32.

La fig. 33 représente le châssis à glace qui est *à rideau* G, ce qui est d'une grande commodité et empêche le jour d'entrer. Il renferme les diminutifs pour glaces 21 × 27 c., 18 × 24, etc.

La chambre que nous avons décrite est en noyer poli et verni, coins en cuivre. Le poli du bois le préserve de l'humidité, et les coins en cuivre de la déformation par la chaleur.

§ **120. Chambres noires stéréoscopiques.** — Il existe plusieurs modèles de chambres noires stéréoscopiques, suivant que l'on veut faire les deux épreuves *en même temps*, ou *l'une après l'autre*. Pour le premier objet, la chambre noire stéréoscopique de M. Dallmeyer est le meilleur modèle que nous connaissions. La fig. 34 en fait comprendre la construction.

La partie antérieure F, portant les deux objectifs, est mise en mouvement à l'aide d'un pignon, travaillant sur deux crémaillières, fixées à une planchette E. La mise au point est donc très-facile. Pendant que l'on examine l'image sur le verre dépoli, on fait tourner le pignon C à l'aide de la main.

Toute la chambre noire est en acajou poli. Elle peut s'étendre de 9 centimètres jusqu'à 18.

Les objectifs sont doubles, de 32 et 38 millimètres de diamètre, 9 centimètres de distance focale.

Obturateur instantané. — Les objectifs de la chambre noire de

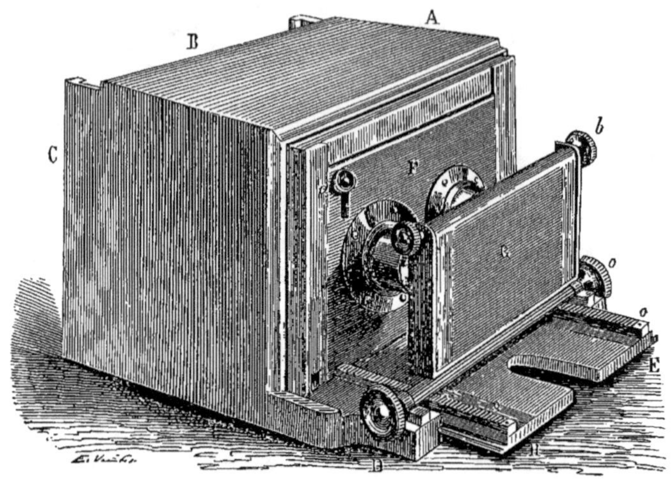

Fig. 34. — Chambre noire binoculaire avec obturateur instantané.

M. Dallmeyer portent sur leur anneau extérieur, l'obturateur instantané, appareil destiné à produire une ouverture rapide des objectifs.

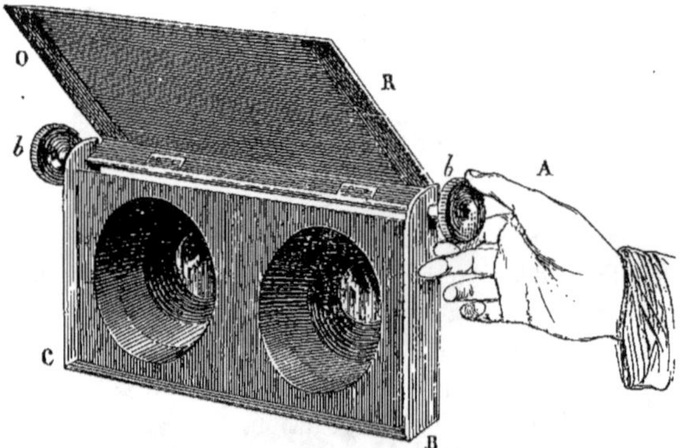

Fig. 35. — Obturateur instantané.

C'est une simple planchette que l'on voit abaissée dans la fig. 34 et ouverte dans la fig. 35. La partie CB se fixe sur les objectifs. Elle est d'acajou poli. Une tige munie de deux têtes en cuivre *bb* porte la planchette OR. Un grand avantage de ce couvercle, c'est que le ciel est moins de temps exposé à la lumière que le dessous de l'image. Aussi obtient-on aisément une vue instantanée où les nuages se trouvent représentés. On croirait que dans l'acte d'ouvrir et de fermer l'objectif un mouvement peut se communiquer à l'épreuve, il n'en est rien, *si la planchette* OR *est très-légère*. Mais il faut une certaine adresse pour manier convenablement cet obturateur.

§ 121. Chambre noire stéréoscopique à multiplicateur. — La fig. 38 fait voir que sur une chambre noire ordinaire, munie d'un

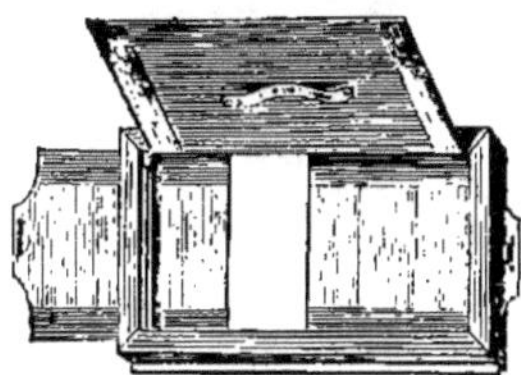

Fig. 36. — Châssis à épreuve.

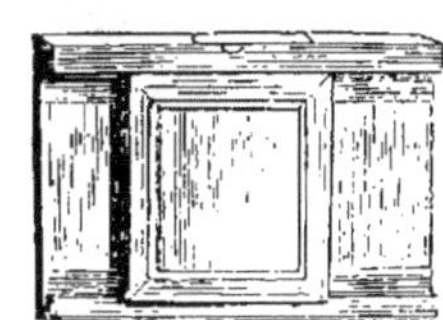

Fig. 37. — Glace dépolie mobile.

seul objectif, il y a une pièce en bois additionnelle (fig. 37) dans laquelle peut glisser, soit le châssis à glace dépolie, soit le châssis à épreuves (fig. 36). Dans la partie supérieure de cette pièce existe un ressort, et quand, après y avoir glissé le châssis à épreuve d'une moitié, on a fait l'épreuve de droite, en appuyant sur le ressort, on peut glisser le châssis de la seconde moitié pour faire la deuxième épreuve. Ce châssis s'appelle *multiplicateur*. Il permet de reproduire, avec un seul objectif, deux épreuves d'un même objet sur une seul glace.

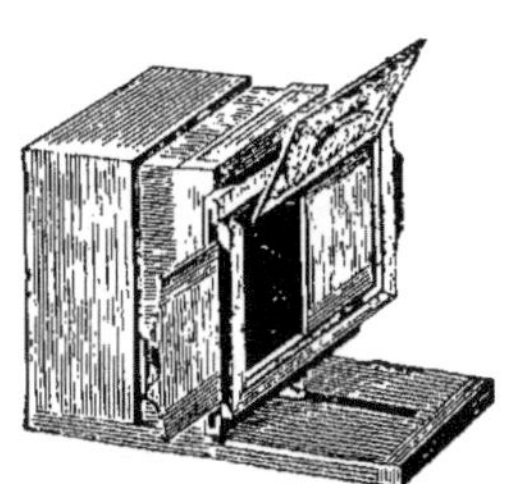

Fig. 38 — Chambre stéréoscopique pour deux épreuves.

§ 122. Chambre noire pour cartes de visite à un seul objectif. — La fig. 39 représente le meilleur modèle que nous connaissions. On en comprend le jeu à la seule inspection de la figure.

C'est une chambre noire M dont le tirage L se porte en avant par le bouton I. La partie P reste donc fixe, ce qui est très-commode pour la mise au point.

Cette partie P porte le verre dépoli N, glissant de gauche à droite. Le châssis à glace O, permet de faire 2 ou 3 poses successives.

Sur le devant de l'appareil s'adapte un cône dont le but est d'éviter l'introduction de la lumière diffuse dans la chambre noire.

Un obturateur très-léger, analogue à celui représenté fig. 35 et dont on voit le bouton en H, permet d'ouvrir l'appareil sans que la personne qui pose s'en doute. L'intérieur de ce cône est garni de velours noir.

Le cône est muni à sa partie supérieure d'une porte G qui sert à introduire les diaphragmes dans l'objectif (qui est le N°2B Dallmeyer). Une porte latérale permet de toucher à la crémaillière de l'objectif, mais n'est pas indispensable.

La pièce P peut s'enlever, se remplacer par un cadre recevant un

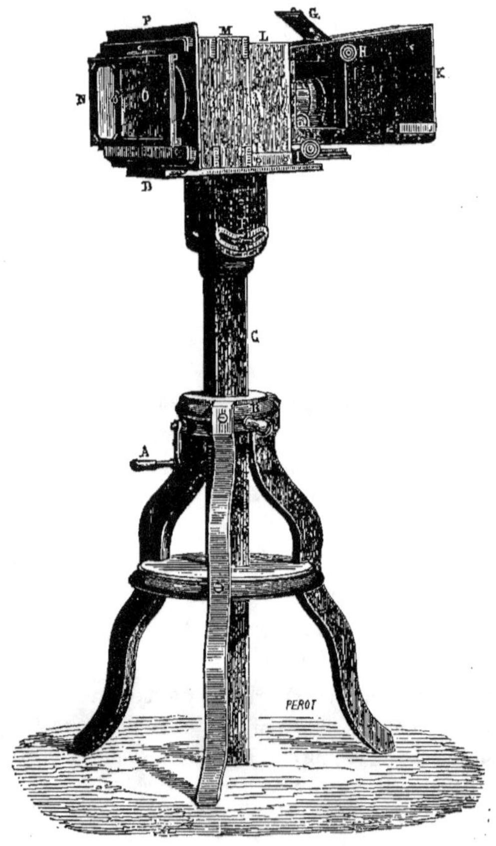

Fig. 39. — Appareil à cartes de visites, à un seul objectif.

châssis assez grand pour le portrait-album, que d'ailleurs l'objectif N° 2 B Dallmeyer muni du diaphragme N° 3 couvre encore très-bien.

Tout l'appareil porte sur un pied léger, dont la figure 39 fait parfaitement comprendre la construction.

§ **123. Chambre noire panoramique.** — L'appareil de MM. Johnson et Harrison, de Londres, est le plus employé.

Le principe de cet appareil repose sur la rotation automatique d'un objectif projetant l'image sur une glace plane, montée verticalement, laquelle glace, tout en suivant le mouvement de rotation de l'objectif, est animée d'un mouvement de translation calculé de manière qu'elle présente constamment une surface nouvelle pour recevoir l'image au fur et à mesure de sa projection par l'objectif.

L'appareil panoramique se compose : 1° d'un socle monté sur un trépied et sur lequel l'appareil opère sa rotation ; 2° d'un objectif avec chambre noire pivotant sur le socle ; 3° d'un châssis avec glace monté sur un chemin de fer dépendant de la chambre noire, et 4° d'un mouvement d'horlogerie transmettant le mouvement de rotation à la chambre noire et au châssis, ce mouvement de rotation servant aussi, indirectement, à produire le mouvement de translation du châssis. La chambre noire est munie d'une diaphragme placé entre la glace et l'objectif et composé de deux joues en matière mince, pouvant être rapprochées ou écartées l'une de l'autre et déterminant ainsi l'ouverture de la fente verticale livrant passage aux rayons lumineux. Pour reproduire les nuages, il suffit de rapprocher ces joues à la partie inférieure, et en ce cas la fente présente une ouverture triangulaire. Indépendamment du diaphragme, qui sert à régler la somme de lumière produisant l'image, le mouvement d'horlogerie est construit de manière à pouvoir marcher à des vitesses variant de 1 à 8 ; ainsi, dans un appareil destiné au procédé humide, la pose peut varier entre 1 et 8 minutes, et pour le procédé sec, entre 10 minutes et 1 heure 20 minutes, suivant l'intensité de la lumière ou la sensibilité du collodion employé.

Avec ces appareils il n'y a pas de limite à l'étendue des vues, qu'on peut prendre depuis un nombre quelconque de degrés jusqu'à un tour complet. En pratique, on a préféré limiter l'étendue des vues à 120 degrés ; l'appareil présenté, ayant environ 15 degrés centigrades de foyer avec 120 degrés d'ouverture, donne des vues d'une longueur de 30 centimètres sur une hauteur moyenne de 12 centimètres.

SECTION II. — APPAREILS DIVERS.

§ **124. Boite à escamoter.** — La boîte à escamoter représentée fig. 40 et 41 est employée pour changer en pleine lumière les glaces préparées à l'albumine ou au collodion sec. En voici la description.

La boîte à glaces (fig. 40), se compose d'une boîte ABCDQ, de grandeur à contenir 24 à 25 glaces.

GF est un couvercle mobile glissant dans les rainures KL, AB, à frottement doux.

La partie IJMN est la plus intéressante de l'appareil. Elle se compose d'une planchette MN fixée sur le couvercle, et glissant avec lui entre les coulisses. Cette planchette porte une ouverture O de la largeur des glaces. Un tiroir intérieur poussé par un ressort la

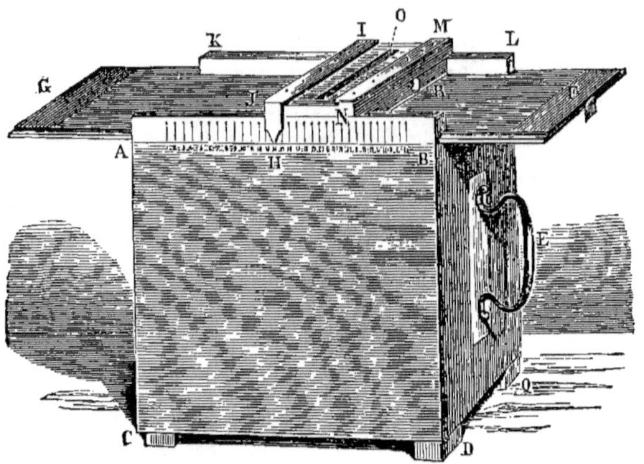

Fig. 40. — Boîte à glaces.

ferme constamment; mais en tirant sur le bouton R, on ramène le tiroir auquel il est attaché, il ouvre alors l'ouverture O, et retombe en vertu du ressort aussitôt qu'on le lâche.

AB est une bande de cuivre percée de trous espacés juste comme les glaces à l'intérieur, H est une aiguille pointue portant un trou correspondant à ceux de la bande AB sur laquelle elle glisse en même temps que le couvercle entier. Au-dessous de chaque trou sont des numéros de 1 à 25.

Si, amenant l'aiguille H vis-à-vis d'un des trous, nous l'y arrêtons par une goupille attachée à la boîte au moyen d'une petite ficelle, nous serons sûr qu'en ouvrant le ressort R, la glace placée en face du numéro sur lequel l'aiguille est fixée, passera par l'ouverture O. Lorsque la lumière a agi, on fait rentrer la glace au même endroit, on avance l'aiguille d'un numéro, et par conséquent le châssis GF auquel elle tient, et l'on sait toujours à un moment donné combien de glaces sont impressionnées, et combien il en reste de disponibles.

Il s'agit maintenant de changer la glace en pleine lumière sans danger pour la couche sensible. On y parvient aisément au moyen du châssis à escamoter (fig. 41). Ce châssis se compose d'un bâtis analogue à ceux des châssis ordinaires, présentant du côté de l'intérieur de la chambre noire deux trappes verticales V, V', dont l'une dans la figure est ouverte et l'autre fermée. On les maintient dans cette dernière position au moyen de petits taquets de cuivre placés sur ABIM.

Sur la partie extérieure de ce châssis, est un cadre BCMN, qui permet au volet P de s'élever ou de s'abaisser dans son intérieur parallèlement à la surface AIJ. Ce mouvement est facilité par deux petits ressorts placés dans l'épaisseur du cadre, et qui repoussent le volet P vers le dehors. T est une bascule tournant autour d'un axe fixé sur le volet P. Elle a une épaisseur calculée de manière qu'en appuyant sur le volet P pour l'enfoncer, et faisant tourner la bascule parallèlement aux côtés MN et BC, cette bascule entre sous l'épaulement du cadre BCMN, et maintient le volet P immobile.

Dans la figure 41 on voit la bascule détournée, le volet P repoussé par les ressorts, et l'on aperçoit une fente au milieu de la face IJMN. C'est par cette fente qu'on introduit la glace préparée. Il faut pour cela que le volet P soit desserré comme dans la figure.

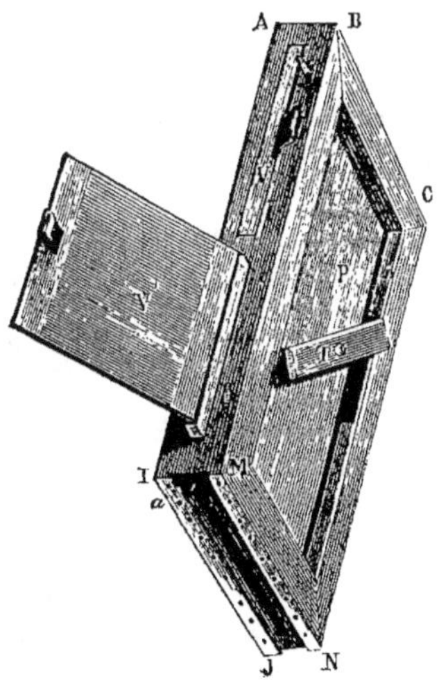

Fig. 41. — Châssis à escamoter.

La glace étant introduite dans le châssis, si nous tournons la traverse T en l'appuyant sur le volet P, l'ouverture de IJMN se trouvera fermée par un rebord intérieur que porte le volet P. Voyons maintenant l'usage simultané des deux appareils.

Les volets V et V' du châssis (fig. 41) étant fermés et maintenus par leurs taquets, et la boîte à glace étant dans la position indiquée par la fig. 40, on détourne la bascule T pour desserrer le volet P. On place la partie JN du châssis dans la partie JN du couvercle de la boîte, on fait glisser dans cette coulisse la partie IJMN du châssis qui est garnie de deux petits coulisseaux de cuivre, jusqu'à ce que l'arrêt *a* vienne butter contre JN (fig. 41). Dans cette position, les deux fentes coïncident, et si, plaçant verticalement la boîte au-dessus du châssis, pendant que ces appareils se tiennent, on ouvre le ressort R, une glace, par son propre poids, tombera de la boîte dans le châssis. Vous laissez repartir le ressort R qui ferme la fente du couvercle, vous tournez la bascule T sous le cadre, elle appuye sur la glace intérieure le volet P, et en même temps, elle ferme la fente

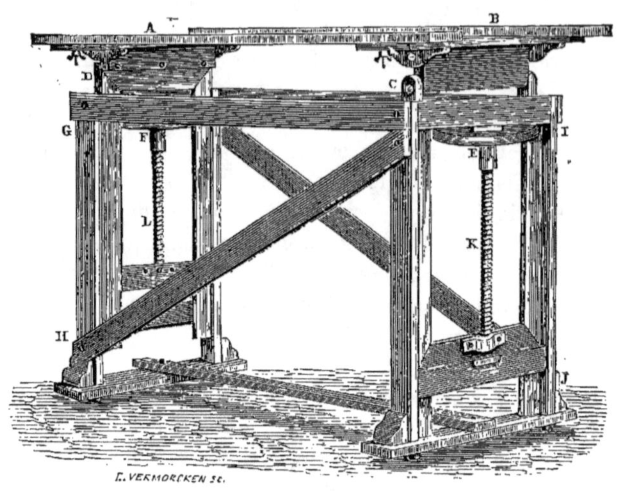

Fig 42. — AB table pour supporter la chambre noire; K. L. vis en bois à volants E et F pour hausser la table AB; DC articulations pour le cas où la table AB s'incline; GAIJ châssis de bois qui supporte le tout.

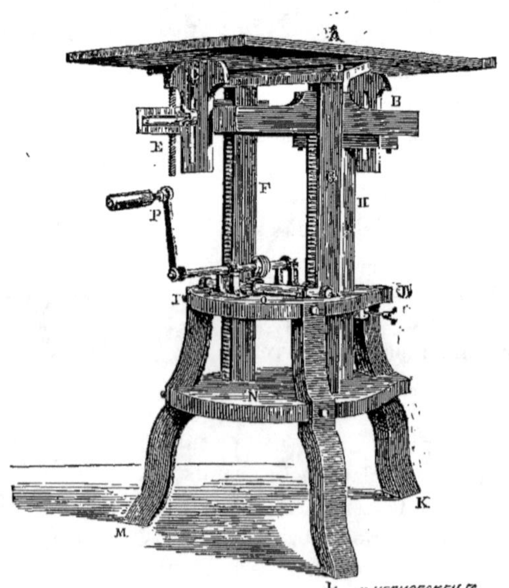

Fig. 43. — A, table pour supporter la chambre noire; E, vis pour l'incliner; C, B. pièces à coulisses pour fixer fortement cette table lorsque la vis E a joué; F. H. pièces de bois à crémaillière pour hausser ou baisser la table, à l'aide de la vis sans fin et du pignon PO; IJKLN, trépied qui porte le tout.

de IJMN. Vous séparez alors le châssis de la boîte au moyen des coulisses en cuivre IJ et en MN, dont il est parlé plus haut et le châssis est emporté à la chambre noire, et la glace est prête à être impressionnée.

Cette opération terminée, pour rentrer la glace impressionnée dans la boîte, il faut agir inversement, réunir les deux appareils ensemble, détourner la bascule, pour rendre la glace libre, tourner le châssis verticalement au-dessus de la boîte, ouvrir le ressort R; la glace retombe à sa place, où elle est reçue sans choc par un caoutchouc disposé au fond de la boîte. On fait avancer l'aiguille H et le couvercle GF d'un numéro, on retourne sens dessus dessous la boîte et son châssis, et on recommence la même série d'opérations.

§ 125. Pieds de chambre noire. — Les chambres noires sont ordinairement supportées par un trépied, appareil trop connu pour en faire une description.

Les figures 42 et 43 représentent deux pieds d'ateliers; le premier pour les chambres noires à très-long tirage et très-lourdes, le second pour les chambres grandes, mais courtes. La légende explicative placée au-dessous nous dispense de les décrire.

§ 126. Glaces, verres et boîtes à glaces. — On se sert généralement de glaces pour le procédé à l'albumine, et de verres ordinaires pour le procédé au collodion, sauf les dimensions au-dessus de 30^c sur 40.

Les glaces se conservent dans des boîtes à rainures en bois.

§ 127. Support à glace, crochets. — Pour supporter les glaces, on emploie quelquefois des ventouses de caoutchouc ou des cadres à manche. La ventouse, ou boule creuse à rebords en caoutchouc épais, s'applique sur la glace en la comprimant pour en chasser l'air. Il est bon de mouiller les points de contact. En desserrant la boule, la glace y adhère (fig. 44).

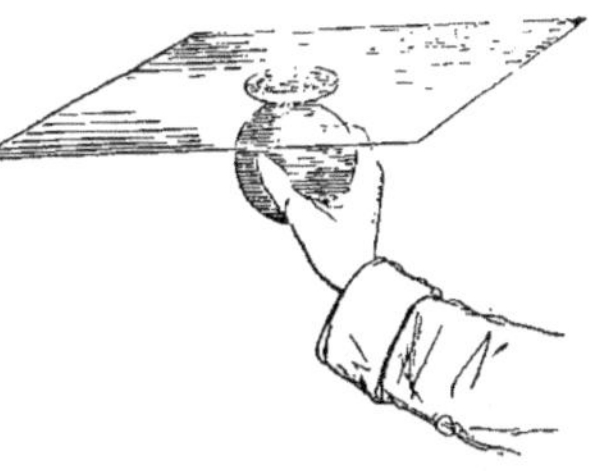

Fig. 44. — Ventouse de caoutchouc de M. Davanne.

Le cadre à manche (fig. 45) s'emploie beaucoup pour le développement des glaces au collodion sec, et il est très-commode. Un coup-d'œil sur la figure suffit pour en faire comprendre la construction. Il est bon que les arrêts des coins soient moins élevés que la glace. Ces cadres peuvent se faire en bois verni, et les lames qui retiennent les glaces, en argent ou en ivoire.

Quant aux crochets, les meilleurs sont en baleine ou en argent.

On les fait tantôt simples, tantôt bifurqués. On sait qu'il est facile de ployer la baleine dans la flamme d'une bougie; après le refroidissement, elle conserve la forme qu'on lui a donnée.

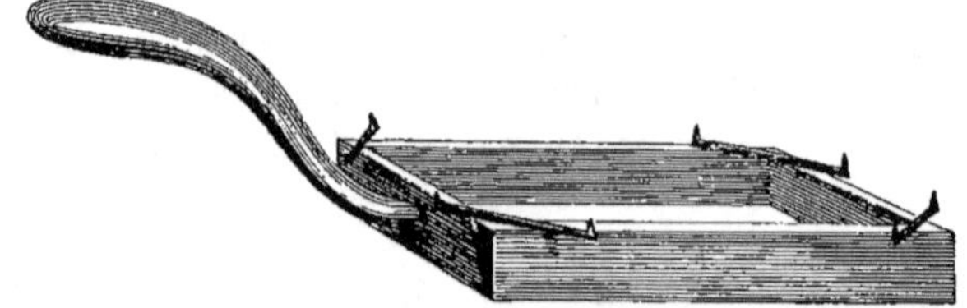

Fig. 45. — Cadre à manche, avec coins d'ivoire.

§ **128. Cuvettes.** — Les cuvettes en gutta-percha sont les plus employées; elles sont plates, ou à recouvrement (fig. 46). Ces dernières sont surtout commodes pour la sensibilisation de la glace dans le bain d'argent. La cuvette en porcelaine est meilleure, parce qu'elle n'est pas attaquée par les solutions argentifères. On emploie en Angleterre des cuvettes en verre moulé encore préférables aux précédentes.

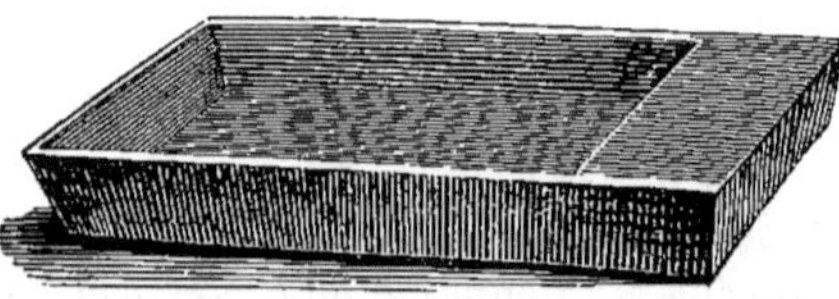

Fig. 46. — Cuvette en gutta-percha.

La cuvette à fond de verre se fait en enchâssant une lame de verre dans du bois de chêne verni à la gomme-laque, et en coulant de la cire à cacheter fondue sur

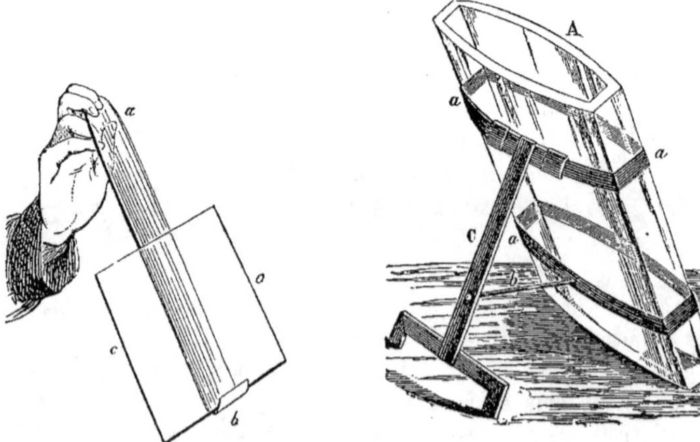

Fig. 47. — Crochet à glace. Fig. 48. — Cuvette en verre moulé.

les joints. On en fait dont les bords intérieurs sont également garnis de verre, qu'on colle sur les parois à l'aide de glu marine fondue.

Ces cuvettes ne durent pas aussi longtemps que les autres, mais elles sont recherchées à cause de leur bas prix, surtout pour les grandes dimensions.

Les *cuvettes verticales* méritent d'être mentionnées.

Le meilleur modèle, que nous ayons vu jusqu'ici, est fabriqué par M. Forrest, à Liverpool. Il consiste (fig. 48) en une cuvette en verre moulé, à section elliptique, afin de ne pas érailler la couche de collodion de la glace qui y est introduite. Deux bandes de caoutchouc *aa*, reliées à un T en zinc, composent le support. Ces cuvettes sont excellentes à cause de leur solidité, du peu de liquide qu'elles tiennent, de la facilité avec laquelle elles se nettoient, et surtout, à cause de leur transparence qui permet de voir la glace. Pour les bains d'argent, les mêmes cuvettes sont construites en verre jaune, ce qui préserve la glace sensibilisée de l'action de la lumière. Pour le voyage, la cuvette D (fig. 49) s'enferme dans une enveloppe en gutta, *cc*B, qui sert de support; le couvercle E, en bois et caoutchouc,

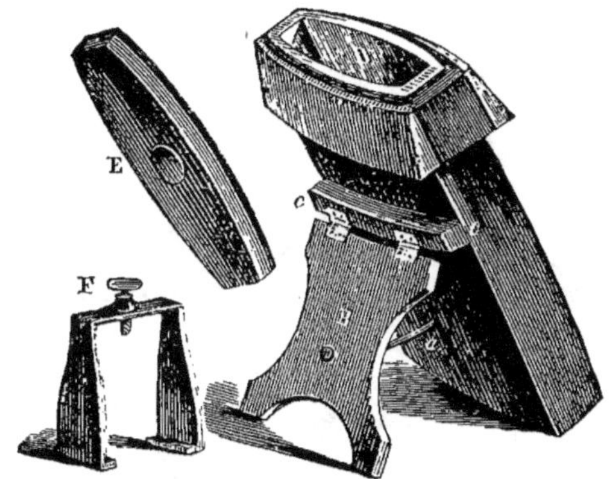

Fig. 49. — Cuvette en verre moulé et son couvercle.

s'adapte sur la cuvette avec la vis F. Ces cuvettes sont beaucoup plus solides que celles en gutta, et se ferment hermétiquement. On peut ainsi, en voyage, se passer de flacon pour le bain d'argent, le cyanure ou tout autre bain, puisque ces solutions se transportent dans les cuvettes mêmes.

On se sert, pour plonger la glace dans ces cuvettes, de crochets en verre cannelé et recuit (fig. 47). Une lame plate ferait adhérer la glace à son support.

Tout est donc verre dans cet excellent système, de sorte que les bains, surtout le bain d'argent, sont affranchis de tout contact étranger et dangereux.

§ **129. Supports à glaces.** — Le support à glaces est représenté

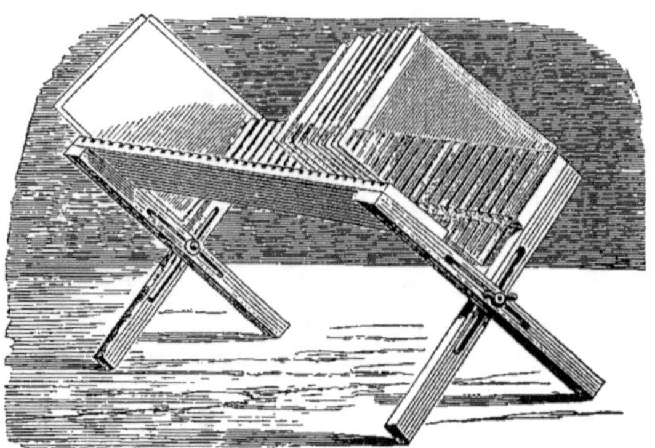

Fig. 50. — Support à glaces de M. Schiertz.

fig. 50. Il se comprend à la simple inspection de la figure. Un modèle très-commode est représenté fig. 51.

§ **130. Planchettes à nettoyer, etc.** — La planchette à nettoyer les glaces est représentée fig. 52.

Elle se compose d'un châssis B mobile à l'aide d'une vis DA. La

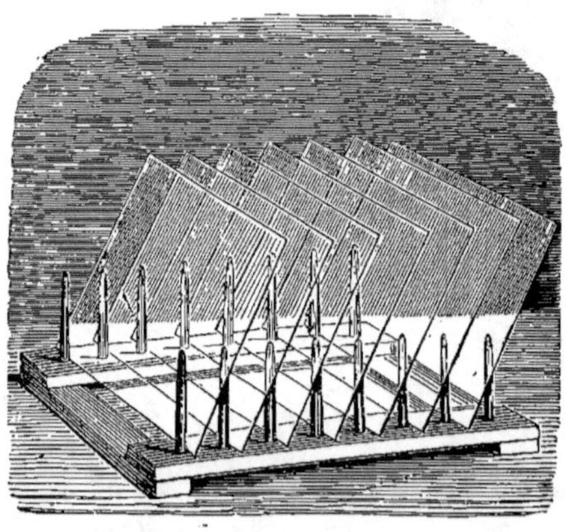

Fig. 51. — Support à glaces de M. Hornby.

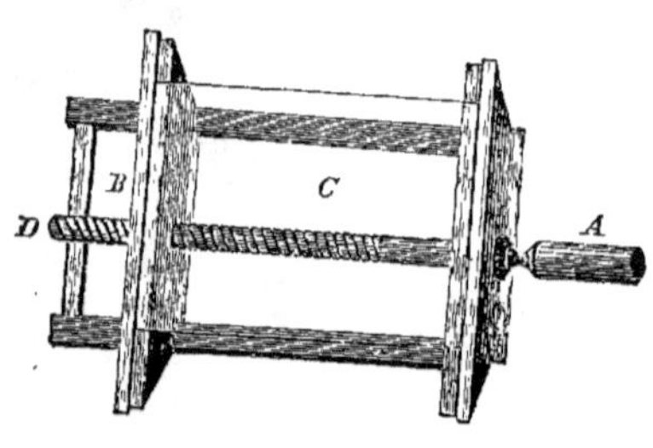

Fig. 52.

glace à nettoyer C se serre entre les deux rebords, l'un fixe, l'autre mobile, du châssis.

CHAPITRE V.

LE CABINET OBSCUR ET L'ATELIER VITRÉ.

SECTION I. — DU CABINET OBSCUR DESTINÉ AUX OPÉRATIONS PHOTOGRAPHIQUES.

Les opérations qui doivent être faites dans l'obscurité sont celles de la sensibilisation de la surface destinée à reproduire l'image, et le développement de cette image.

§ 131. Choix de l'emplacement du cabinet obscur. — Le cabinet obscur se trouvera à côté de l'atelier vitré. Les fenêtres qui l'éclairent seront *exposées au nord* et jamais au midi, afin d'éviter l'action échauffante des rayons solaires. Le cabinet ne sera pas couvert de tuiles ou de zinc (à moins de faire un double toit), sinon en été, il s'échaufferait d'une manière insupportable. Pour la même raison ce cabinet n'aura, en aucun cas, moins de 2 mètres sur 3, soit 6 mètres carrés de surface.

Les murs intérieurs seront soigneusement peints à l'huile et le plancher couvert de toile cirée, afin d'éviter la poussière qui est une cause permanente d'insuccès.

Le cabinet obscur doit être largement aéré. Pour cela, on établira au niveau du plancher et au sommet le plus élevé du plafond, de larges cylindres en fer blanc d'au moins un demi-pied de diamètre, peints en noir à l'intérieur, à chapeau extérieur pour empêcher l'entrée de l'eau lorsqu'il pleut.

La ventilation doit y être permanente, et non intermittente comme celle que produit une fenêtre momentanément ouverte. Les ventilateurs fonctionneront même la nuit. De cette façon toutes les odeurs désagréables seront emportées au dehors.

Des écrans noirs, convenablement placés à l'intérieur des ventilateurs, empêchent d'ailleurs très-bien l'introduction de la lumière extérieure.

§ 132. Éclairage aux verres jaunes. — Quand nous disons cabinet *obscur*, on ne doit pas prendre le mot *obscur* à la lettre. Nous entendons par là une lumière tamisée par des verres jaunes.

Voici comment on les dispose : deux verres de même dimension, colorés en jaune foncé, sont placés dans le volet de la chambre obscure. Leur grandeur doit être telle que, même par les temps pluvieux, toutes les parties de la chambre soient éclairées. Seulement, on dispose devant les verres colorés un rideau qui s'élève ou s'abaisse au moyen d'une corde, de manière à diminuer à volonté l'intensité de la lumière (fig. 53). Si le soleil donnait sur le volet, on placerait une feuille de papier blanc devant les verres colorés.

Nous verrons au chapitre des émulsions au gélatino-bromure d'argent que ces verres jaunes sont insuffisants pour ce procédé.

§ **133. Disposition intérieure.** — Quant à la disposition intérieure du cabinet noir, elle varie suivant les besoins de l'opérateur.

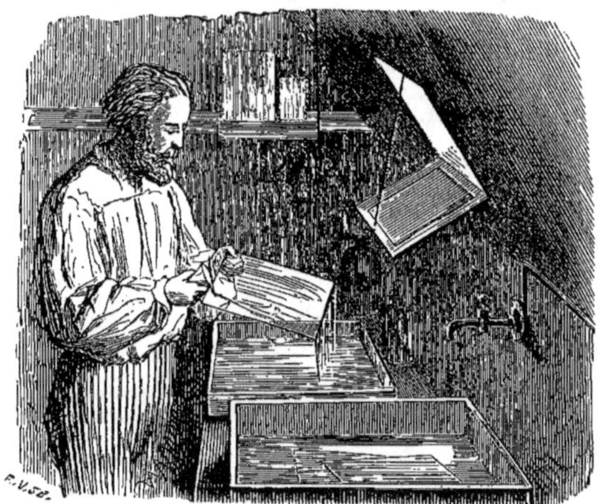

Fig. 53. — Disposition du cabinet noir, éclairé par un verre jaune.

Nous dirons seulement que les bains d'argent doivent être contenus dans des flacons étiquetés; que les tables à filtrer, supports, etc., doivent être établis au-dessus de ces flacons, etc., etc.

Les cuvettes qui renferment l'hyposulfite de soude seront reléguées à une place spéciale du cabinet noir, car la moindre trace d'hyposulfite qui entre dans le bain d'argent suffit pour le rendre impropre aux usages photographiques.

On évitera de même dans le cabinet obscur l'emploi trop fréquent de cyanure de potassium, dont la vapeur peut produire des maux de tête violents. C'est pour cela, d'ailleurs, qu'un ventilateur est indispensable dans le cabinet obscur.

§ **134. Réflecteur pour juger de l'intensité des clichés.** — A la hauteur du plancher du cabinet obscur, percez le mur vers le nord et faites-y un trou de 1 pied carré. Placez-y un miroir *horizontal* qui réfléchisse la lumière du nord vers le plafond du cabinet; puis, au-dessus de l'ouverture, mettez un verre dépoli incliné à 45°. Fermez latéralement l'ouverture avec des planches (1).

Vous jugerez de l'intensité de vos clichés, non pas en les examinant sur le ciel, comme on le fait d'ordinaire, mais sur le verre dépoli. Et vous les renforcerez, après le fixage, au-dessus de ce verre dépoli (c'est pour cela qu'il faut le placer très-bas).

De cette manière vous obtiendrez dans l'intensité de vos clichés une égalité qu'il est impossible d'atteindre autrement. Car tout le cabinet étant obscur et le verre dépoli produisant une lumière très-douce, et à peu près constante, vous vous trouvez dans la meilleure condition possible pour juger de votre cliché.

§ 135. Pince à lavages. — Il est bon d'avoir dans le cabinet obscur un tube en caoutchouc qui pend à la droite de l'opérateur et qui est en communication avec le réservoir d'eau. Ce tube B (fig. 54)

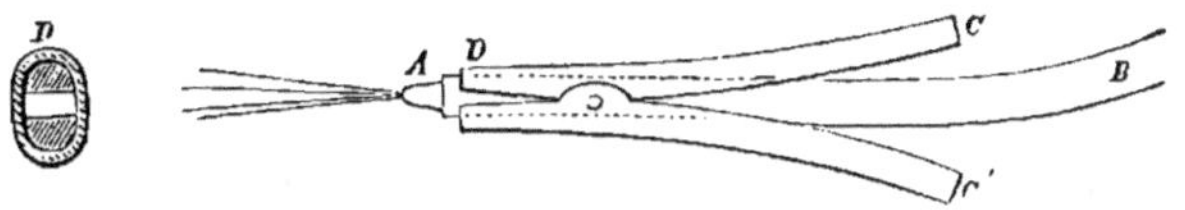

Fig. 54. — Pissette à lavages.

est terminé par une petite pomme d'arrosoir A. Il s'engage dans une pince creuse en métal articulée dont les extrémités D, terminées par deux demi-cercles en cuivre, sont maintenues fermées par un bout de tube de caoutchouc que l'on passe au-dessus. On voit bien cette disposition en D'. Prend-on la pissette dans la main en pressant sur les branches longues CC', la pince s'ouvre et l'eau jaillit. Abandonne-t-on la pince, le tube de caoutchouc se ferme.

Ce petit appareil est indispensable pour laver les clichés. Il doit pendre un peu plus haut que les cuvettes au-dessus desquelles se fait le développement, et à la droite de l'opérateur, car le cliché se tient généralement de la main gauche.

Cette pince à lavages est également très-commode pour rincer les flacons, les cuvettes, etc.

On fait de ces pinces articulées à l'aide de leviers en métal et plus ou moins compliquées. Nous préférons le système représenté fig. 54 à cause de sa simplicité et en même temps de son efficacité.

---

(1) Consultez à l'article *retouche des clichés* la figure des tables à retoucher. Adoptez la même disposition.

SECTION II. — ATELIER VITRÉ.

§ 136. **Choix de l'emplacement.** — Un atelier A (fig. 55), qui reçoit la lumière du zénith, à cause du voisinage de deux maisons élevées *b*, *b'*, produit toujours des effets déplorables à cause des ombres portées. Au contraire, un atelier A (fig. 56), placé à la partie supérieure d'une maison dans le voisinage de laquelle aucun toit n'intercepte la lumière horizontale, permet toujours une pose

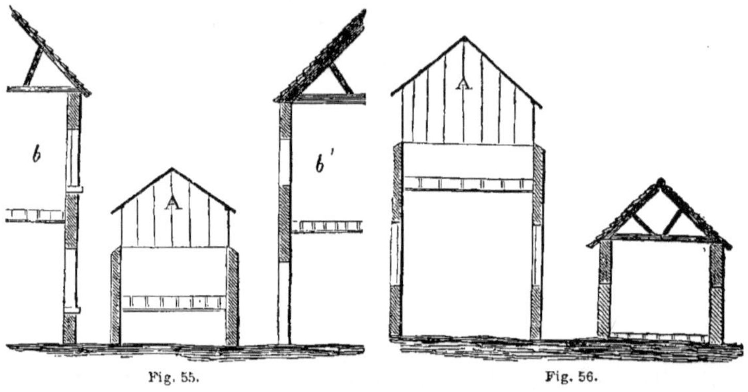

Fig. 55. Fig. 56.

beaucoup plus courte et un éclairage bien plus facile. Dans les villes, ce n'est donc pas au rez-de-chaussée qu'il est bon d'établir les ateliers vitrés, à moins que les maisons n'y soient fort basses, mais plutôt à l'étage le plus élevé.

§ 137. **Côté de l'atelier à tenir fermé.** — Un second point à observer, non moins important que le premier, consiste dans le choix du côté que l'on tiendra fermé et de celui que l'on garnira de verres à vitre. De très-bons photographes osent placer leur atelier en plein midi, et modifient habilement l'intensité de l'éclairage par des rideaux et des écrans. Mais ce système exige qu'une personne très-entendue manœuvre constamment les rideaux : car au midi la lumière est essentiellement variable. Donc, un tel atelier n'est pas pratique pour un travail régulier.

La lumière du midi étant mauvaise (à cause de l'action perturbatrice des rayons solaires), celles de l'est et de l'ouest le sont au même titre, et il ne reste que l'exposition en plein nord. L'expérience a confirmé, d'ailleurs, que ce genre d'ateliers est le meilleur.

§ 188. **Modèle de l'atelier vitré.** — Les figures 57 et 58 représentent les meilleures formes que l'on puisse donner aux ateliers vitrés pour l'usage de la photographie.

On voit dans la figure 57 que le toit de la maison est enlevé, et

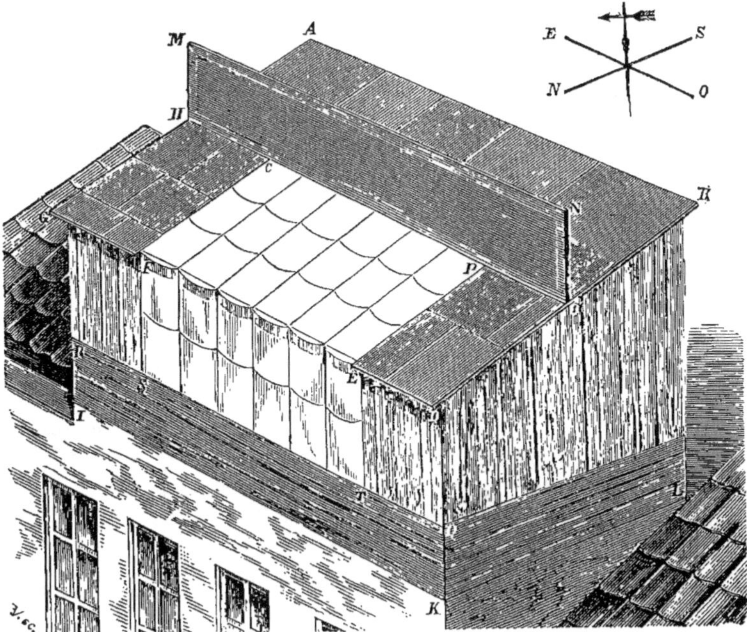

Fig. 57 — Atelier vitré placé a la partie supérieure d'une maison dont on a enlevé le toit. La longueur totale IK est de 12 mètres, celle ST du vitrage 6 mètres. La hauteur IG est de 2 mètres 20 centimètres, celle BL du fond de 4 mètres 50 centimètres. La hauteur SF du vitrage est de 180 centimètres. RI est de 60 centimètres. La longueur PE du vitrage est de 3 mètres. Le para-soleil MN, de 1 mètre 50 centimètres de haut, divise le toit ABDG en deux. La largeur KL de l'atelier est de 6 mètres. Le vitrage de l'atelier regarde le nord. Les fonds et accessoires se placent sous la partie couverte

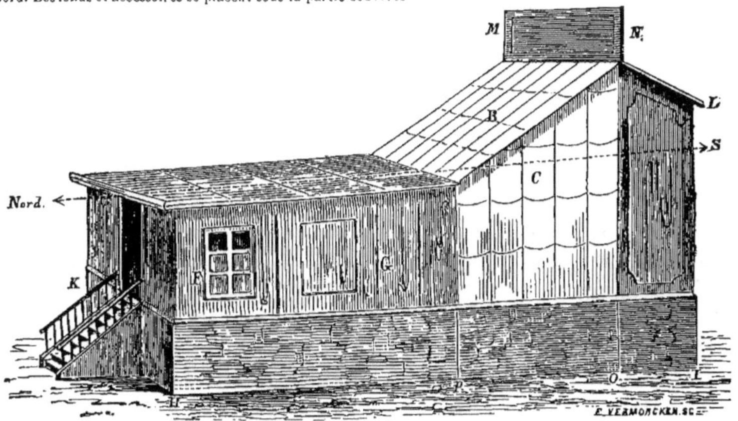

Fig. 58. — Atelier de forme américaine. Le vitrage incliné B regarde le nord, la partie vitrée C l'ouest, la partie vitrée opposée l'est. La largeur est de 8 mètres. La longueur totale HI, 14 mètres, y compris le cabinet obscur F. La hauteur NO est de 7 mètres. Le plancher est à 180 centimètres au-dessus du niveau du sol. Ces dimensions peuvent, du reste, être modifiées suivant l'espace dont on dispose.

remplacé par l'atelier vitré dont nous avons indiqué les dimensions sous la figure même.

La fig. 58 représente la forme de l'atelier fréquemment adoptée en Amérique. Le toit vitré incliné regarde en plein le nord. Mais les parties verticales reçoivent le soleil, celle de gauche le matin, celle de droite l'après-midi. Cette forme d'atelier est beaucoup moins bonne pour le portrait que celle représentée dans les figures précédentes, *mais meilleure pour les reproductions de gravures et de tableaux, les groupes*, etc.

Maintenant, posons l'importante question : Quelles dimensions doit-on donner aux ateliers vitrés? Les lignes suivantes permettront de résoudre cette question.

Plus l'atelier est étroit et plus le verre du toit est rapproché du modèle, et plus beaux seront les effets obtenus. Il y a quelques années, la plupart des photographes transformaient un bout de grenier en atelier vitré, rien qu'en enlevant 2 ou 3 mètres carrés de tuiles qu'ils remplaçaient par du verre. L'atelier avait à peine 4 mètres carrés et les murs en étaient badigeonnés de blanc. On ne pouvait point y faire de groupes, tout au plus pouvait-on y poser deux personnes l'une à côté de l'autre. Cependant c'était dans ces « *trous* » comme on les a dédaigneusement appelés depuis, que l'on réalisait les plus beaux éclairages. Plus tard, l'ambition venant avec le succès et la fortune, on construisit des ateliers immenses, splendides, et l'on n'y fit plus rien de bon. Voilà en deux lignes l'histoire de tous les anciens photographes en renom.

Aujourd'hui, l'on renonce aux grands ateliers pour ne bâtir que des chambres vitrées de 3 à 5 mètres de largeur. Quant à la longueur totale, elle doit être considérable, pour le recul des objectifs. Mais la partie vitrée ne doit pas avoir, sur cette longueur, plus de 4 à 5 mètres.

L'atelier (fig. 57) qui n'aurait qu'une longueur de vitrage ST ou CP de 4 mètres, une longueur PE de 3 mètres, une hauteur DK de 2 mètres, une longueur totale AB de 10 mètres, réaliserait les meilleurs éclairages sans l'intervention du moindre rideau. A condition, toutefois, qu'aucune construction avoisinante n'intercepte la lumière. Qu'on remarque bien que si l'on veut éclairer le modèle de droite ou de gauche, on le fait poser sous la partie couverte HF ou sous la partie OE.

L'atelier lui-même, d'ailleurs, doit être plus large que le vitrage, comme le montre notre figure ; mais un rideau gris-clair doit prendre au milieu de l'atelier, sur le prolongement du para-soleil. En tous cas, et ceci est l'essentiel, le vitrage doit être en plein nord, de manière à éviter que les rayons solaires n'entrent dans l'atelier pendant l'été.

Comme l'inclinaison du toit est faible (de 40 degrés environ), un *para-soleil* de 2 mètres d'élévation, protège en été ce vitrage de l'action des rayons solaires. Ce *para-soleil* est indispensable. On le fait en métal, ou en lamelles de bois imbriquées comme celles des *jalousies*, afin qu'il prenne moins le vent.

§ **139. Couleur du verre de l'atelier vitré.** — La *couleur du verre* influe très-fortement sur le temps de pose. En Angleterre, où ces détails s'observent à cause d'un climat sombre, on choisit un verre bleu pâle coloré par les sels de cobalt qui laisse passer presque toute la partie active de la lumière. Ce verre bleu adoucit fortement la lumière, ce qui permet une pose du modèle beaucoup plus favorable. Le verre blanc peut servir pour le même objet; mais on le choisira bien blanc, un peu épais, et surtout exempt de la moindre apparence jaunâtre, qu'on reconnaît aisément en superposant plusieurs de ces verres sur un papier blanc. A défaut de verre blanc, le verre verdâtre ordinaire est celui qui convient le mieux. Dans aucun cas on ne peindra des carreaux avec du blanc de céruse pour atténuer l'action des rayons solaires; on proscrira également les verres dépolis, *attendu que ces verres, tout en laissant passer une grande quantité de lumière éclairante, absorbent une grande partie des rayons chimiques, précisément ceux dont le photographe a besoin.*

Avant de construire l'atelier, il faut se procurer plusieurs espèces de verres et les enchâsser, l'un à côté de l'autre, dans un cadre que l'on place devant une fenêtre ouverte, de manière que les verres à essayer ne soient éclairés que par la lumière du ciel *qui les traverse.* On reproduit le châssis par le procédé au collodion, *en prenant une pose extrêmement courte.* Au développement, il est alors aisé de juger quel est le verre parmi tous ceux que l'on essaie, qui laisse passer le plus de lumière active. Cette expérience préliminaire doit être répétée plusieurs fois. Les petits carrés de verre à analyser seront, tout au plus, grands comme une carte à jouer, afin que le châssis n'atteigne qu'une faible dimension, ce qui facilite l'expérience. Ce qui surprend souvent l'opérateur dans une pareille expérience, c'est que le verre le plus blanc est parfois beaucoup moins transparent pour les rayons chimiques que tel autre verre plus coloré en bleu ou en violet.

§ **140. Altération du verre.** — Le verre, longtemps exposé à la lumière, ralentit l'action de la lumière comme si une action chimique l'avait modifié à l'intérieur. M. Gaffield a fait à ce sujet des expériences qui ne laissent aucun doute, et le verre qui semble le mieux résister à cette altération est le verre ordinaire à vitre (verdâtre).

Il est de fait que le verre s'altère par une longue exposition à l'air et à la lumière, et que sa surface se dépolit. Mais pour produire un pareil effet, il faut un temps fort long.

D'ordinaire, le ralentissement dans l'action chimique que l'on observe dans les ateliers est dû à de la matière organique *qui se dépose* sur la surface extérieure du verre. Il est donc fort important de nettoyer de temps à autre, par exemple, tous les mois, le vitrage extérieur de l'atelier. On se sert, à cet effet, de substances acides ou alcalines; le cyanure de potassium semble répondre parfaitement au but. Malheureusement, comme c'est à l'extérieur que ce nettoyage doit se faire, il est bien souvent impraticable. On y parvient cependant en ménageant dans les châssis de fer des carreaux mobiles assez grands pour laisser passer tout le corps. En attachant alors une grande éponge à un long bâton, on en frotte vivement tous les carreaux de verre. C'est surtout à l'approche de la pluie qu'il est bon de procéder à cette opération, l'eau entraîne alors le cyanure : les matières organiques qui formaient un enduit à la surface du verre sont ainsi enlevées.

§ 141. Atelier pour faire le portrait en plein air. — On est souvent appelé à faire des portraits en plein air. On se servira alors avec grand avantage du châssis à parois mobiles représenté fig. 59. Le fond A a une largeur de 2 mètres sur une hauteur de 2^m20. Les parois mobiles ont la même hauteur, mais une largeur de 1^m20 seulement. L'écran supérieur E, mobile à l'aide de tiges F, sert à couper la lumière verticale. Il a une longueur de 2 mètres sur une profondeur de 1^m20.

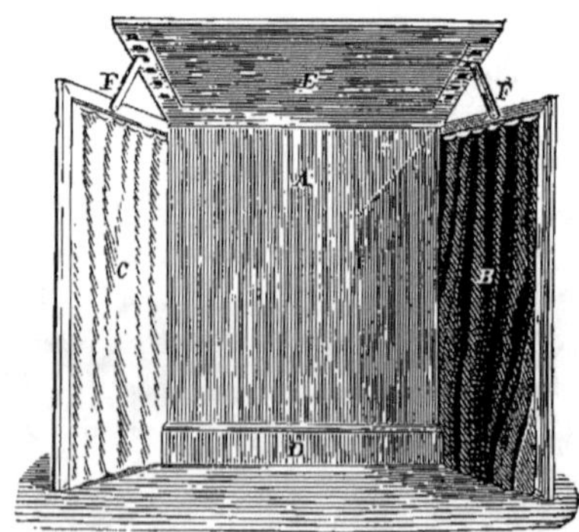

Fig. 59. — Atelier en plein air.

Le modèle pose sous la paroi E et regarde la paroi noire B, que l'on peut à volonté transporter en C, en changeant les rideaux qui les couvrent.

Sous cet atelier improvisé, on réalise de forts beaux éclairages, et naturellement, la durée du temps de pose est réduite à la moitié ou au tiers de celle qui est exigée dans l'atelier vitré. Aussi, ce système d'atelier en plein air est-il excellent pour des portraits d'enfants, vues d'animaux, etc.

§ **142. Rideaux.** — Les rideaux dont on fait généralement usage sont en coton blanc ordinaire. Ce sont les meilleurs. Les rideaux en

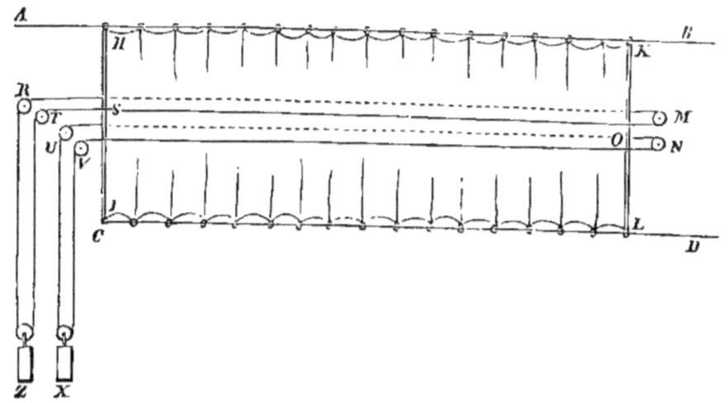

Fig. 60. — Rideau horizontal de l'atelier vitré, se manœuvrant dans les deux sens.

coton bleu sont trop opaques, et les rideaux en mousseline trop transparents.

La plupart des photographes placent les rideaux dans le sens PET (fig. 57). C'est une erreur, parce que, pour les manier et les déplacer, il faut parcourir toute la longueur de l'atelier. Nous préférons les placer dans le sens PC.

Ces rideaux (fig. 60) peuvent s'ouvrir de droite à gauche ou inversement et réaliser tous les éclairages possibles. Le rideau HIKL occupe toute la longueur du vitrage et se termine par deux bâtons légers HI, KL, qui glissent sur deux fils de fer AB, CD. De nombreux anneaux de fer étamé sont cousus sur les bords du rideau et glissent sur les mêmes fils de fer. A chaque bâton est attachée (en O et en S) une corde sans fin tendue par un poids qui s'enroule sur des roulettes. L'une de ces cordes est blanche, l'autre bleue, afin de les reconnaître. Si l'on manœuvre l'une de ces cordes, par exemple XVN, c'est la droite du rideau que l'on ouvre ou que l'on ferme. L'autre corde ZTM commande la gauche du rideau.

Ce système est dans la pratique fort rapide, surtout dans les petits ateliers où deux rideaux suffisent.

Quant au rideau qui couvre la partie vitrée verticale du vitrage, il suffit d'un morceau d'étoffe blanche terminée à sa partie supérieure par des anneaux qui glissent sur un fil de fer tendu. Ces rideaux se meuvent à la main.

§ **143. Écrans.** — Au lieu de rideaux, on se sert très-souvent de légers écrans qui simplifient beaucoup le travail de l'éclairage dans le cas où l'on ne veut faire qu'un buste. Ce sont de simples châssis très-légers en bois, de 1 mètre de large sur 2 mètres de haut, sur lesquels on tend une étoffe blanche de coton. On les glisse avec facilité à côté du modèle, du côté du jour, pour produire l'ombre nécessaire au relief de la figure. On peut aussi s'en servir comme réflecteurs, mais alors on les place du côté opposé.

§ **144. Fonds de pose et demi-fonds.** — Les meilleurs fonds de pose sont peints *à l'huile* en couleur mate sur des toiles tendues sur châssis en bois. Ces derniers portent à leur partie supérieure, des crochets qui s'agrafent sur des fils de fer tendus perpendiculairement à la plus grande longueur de l'atelier. L'aspect du fond doit être *mat* et non brillant comme est la couleur ordinaire à l'huile de lin.

Un atelier doit contenir au moins trois fonds : un très-foncé, presque noir; un très-clair; et un troisième intermédiaire. Le fond très-clair ne servant guère qu'aux bustes peut être très-petit (1^m50 de large sur 1^m80 de haut) et en papier peint tendu d'une seule pièce sur un châssis mobile très-léger. Il peut, en ce cas, servir en même temps de réflecteur.

Il est bon de posséder un fond de paysage également peint à l'huile. Il vaut mieux les faire faire par un bon paysagiste, en grisailles et à l'huile. Il existe des tapis imitant le gazon, et des rochers en carton très-légers qui rendent l'effet du fond du paysage plus naturel.

La meilleure dimension pour fonds est de 2 mètres de large sur 2^m20 de haut. On les agrafe à des fils de fer parallèles et on les glisse, quand on ne s'en sert pas, sous la partie couverte de l'atelier.

Le photographe ayant une clientèle nombreuse aura des fonds mobiles aussi bien sous la partie couverte HF (fig. 57) que sous la partie OE. Car tantôt il place le modèle sous la première, tantôt sous la seconde, et il serait incommode de transporter constamment ces fonds d'une partie de l'atelier à l'autre.

On fait aussi des fonds demi-ronds qui offrent une dégradation de lumière souvent fort heureuse.

On appelle demi-fonds, des châssis ayant la même hauteur que les fonds ordinaires, mais n'ayant que la moitié ou le tiers de leur largeur. Ces demi-fonds sont peints à l'huile ou à la gouache, et représentent une fenêtre, un panneau, une bibliothèque, etc.

§ **145. Appuie-têtes** (fig. 61). — L'appuie-tête est un instrument très-connu. Il se compose d'une tige en bois *i*, qui se fixe sur la chaise au moyen d'une pièce plate *e*, qu'on serre avec des vis *f*, *f*. A la partie supérieure se trouve une pièce pliante munie d'un demi-cercle qui sert à maintenir la tête. Elle est mobile, et se fixe à l'aide d'une vis de pression *a*.

Il existe des appuie-têtes pour poser debout et tout en fer. La fig. 62 représente le meilleur modèle que nous ayons jamais vu

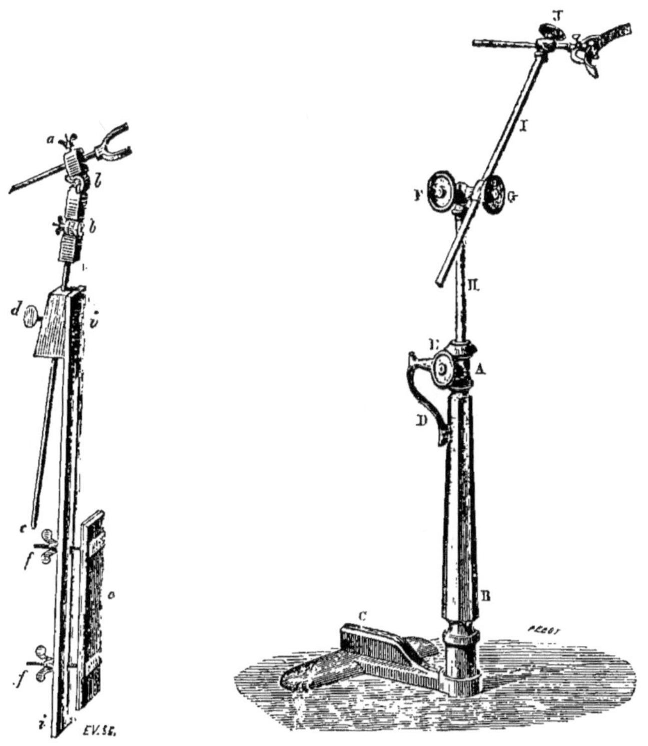

Fig. 61. — Appuie-tête ordinaire en bois s'attachant à une chaise.

Fig. 62. — Appuie-tête américain : C base ; B colonne ; D poignée ; H tige montante que l'on fixe avec la vis de pression E ; F articulation ; I seconde tige montante se fixant par la vis G ; J tige mobile articulée pour la tête.

et qui a l'avantage de servir aussi bien pour enfants que pour grandes personnes. La légende inscrite sous la figure indique la fonction des diverses pièces de l'appareil.

On construit pour les bustes des chaises auxquelles l'appuie-tête est fixé par derrière. Ces chaises portent de plus un appuie-dos mobile, excellent pour faire pencher légèrement en avant la personne qui pose. Une telle chaise est indispensable dans tout grand atelier de photographie.

Quant aux chaises tournant sur un axe vertical, elles effraient le modèle qui n'est jamais certain s'il ne tombera pas de ce meuble inusité. Cela communique à son visage une expression d'anxiété qui ne lui est pas naturelle.

§ **146. Tapis.** — Les tapis doivent être foncés de couleur et un peu usés, car les tapis neufs ne viennent jamais bien en photographie. Un vieux tapis de Smyrne, trempé tout entier dans une cuve contenant de l'eau aiguisée de bichromate de potasse qui lui communique une teinte jaune(1) dans les parties trop claires, se reproduit admirablement en photographie, et réalise tout ce que l'artiste le plus difficile peut souhaiter de plus beau.

Nous recommandons à nos lecteurs la lecture d'un ouvrage par M. Liébert, intitulé *la Photographie en Amérique*, où il trouvera des détails très-complets sur tous ces sujets qui ne sont point de notre domaine; notre livre à nous étant uniquement un traité technique.

SECTION III. — DE L'USAGE DE L'ATELIER VITRÉ.

§ **147. De la pose.** — Tout ce que nous pourrions écrire au sujet de la pose, au point de vue artistique, ne servirait à rien, si celui qui veut poser convenablement un modèle n'a point le don d'apprécier le beau. La technique de la pose, qui consiste à placer convenablement un modèle, à lui donner une allure, un mouvement naturel, l'expression qui lui est habituelle ne saurait s'apprendre par la lecture. Il faut en acquérir les notions dans l'atelier, et s'inspirer des productions des photographes en renom. Voici toutefois quelques détails propres à la photographie.

L'appuie-tête ne doit être placé qu'après que la pose est achevée, et quelques secondes tout au plus avant le moment d'ouvrir l'objectif.

La personne qui pose doit à peine percevoir l'appuie-tête, sinon, elle portera lentement la tête en arrière avec l'idée qu'elle doit s'appuyer contre cet instrument.

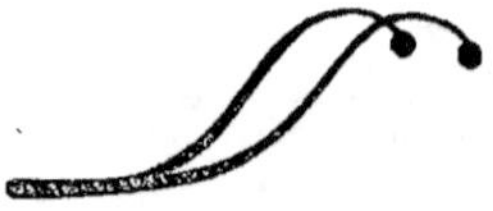

Fig. 63.

L'appuie-tête pour les hommes doit porter à la nuque. Mais pour les femmes il vaut mieux terminer l'appuie-tête par des boules qui prennent la tête au-dessus du chignon (fig. 63).

Quand on ne reproduit que le buste, jamais la personne ne doit être appuyée contre le dos de la chaise, mais entre celui-ci et le dos de la personne il faut mettre un coussin, afin que les épaules se portent lé-

(1) N'oublions pas que le jaune se reproduit photographiquement en noir.

gèrement en avant. Beaucoup de chaises, destinées à faciliter la pose en buste, ont un appuie-dos mobile d'un usage très-commode.

Dans la direction du rayon visuel de la personne qui pose, on tendra un grand drap noir que le modèle doit regarder. Cela lui fait ouvrir la pupille, sans lui fatiguer les yeux.

Le modèle doit regarder un pain à cacheter rouge fixé sur cette toile noire pendant toute la durée de la pose. Mais on lui recommande bien de cligner les yeux comme à l'ordinaire.

§ 148. Éclairage artificiel. — Dans les très-grandes villes telles que Londres, Paris, St-Pétersbourg, il y a utilité pour les photographes de profession en vogue de pouvoir faire de la photographie le soir, avant ou après les bals, etc.

On se sert en Angleterre du « *luxographe* » espèce de réflecteur avec lumière pyrotechnique. Aujourd'hui que la lumière électrique est facile à produire, il était tout indiqué de l'appliquer à l'éclairage artificiel de l'atelier photographique. C'est ce que M. Liebert, de Paris, a bien compris : voici la description de ses appareils, que nous extrayons du journal l'*Electricité*.

« L'arc voltaïque est caché par une espèce de soucoupe en porcelaine opaque sur laquelle viennent frapper les rayons lumineux, et qui les renvoie sur une demi-sphère d'environ 1,50 à 2 mètres de diamètre dont la concavité regarde le modèle en train de poser. La lumière ne l'atteint qu'après une double réflexion qui la brise, la diffuse et lui donne une sorte d'homogénéité surprenante. La surface intérieure de la sphère est tapissée d'un papier stuqué, mat, bleuté d'une teinte choisie avec le plus grand soin, pour conserver aux rayons leur propriété photogénique et augmenter leur action sur l'iodure d'argent.

« L'appareil est suspendu au plafond par un système de poulies, de leviers et de contrepoids d'une très-grande simplicité et d'une véritable élégance, à l'aide desquels on peut diriger la lumière sur le sujet de manière à faire ressortir le jeu des ombres et des lumières.

« Les deux charbons entre lesquels jaillit l'étincelle sont placés presque à l'angle droit; l'un est fixe, l'autre mobile, à l'aide de vis que l'on manœuvre à la main avec une facilité et une précision remarquables. Cette dernière disposition est destinée à permettre à l'opérateur d'utiliser le maximum d'éclat que produit une puissante machine de Gramme, mue par un moteur à gaz de la force de cinq chevaux. Le foyer ayant un pouvoir éclairant qu'on peut évaluer normalement à 300 ou 400 becs Carcel, peut en produire deux fois plus, en augmentant la vitesse de la rotation de la machine. Le temps de pose est réduit à quelques secondes et le voisinage de cette puissante radiation calorifique ne produit sur les épidermes

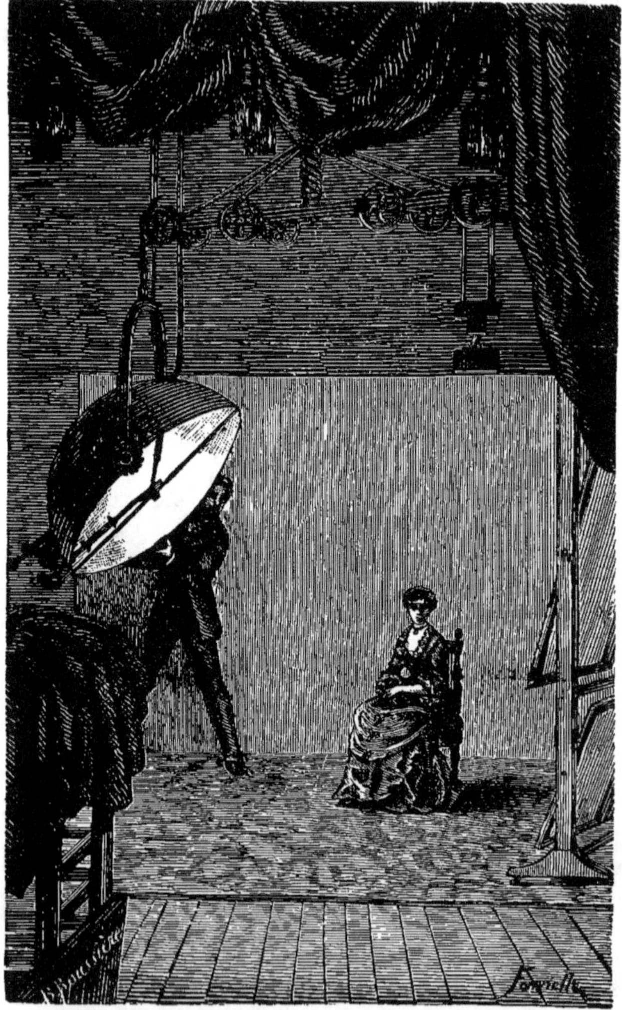

Fig. 64. — Appareil photographique à la lumière électrique de M. Liébert.

les plus délicats ou sur les yeux les plus sensibles, aucun des inconvénients qui ont rendu la lumière électrique inapplicable jusqu'ici aux opérations photographiques. »

CHAPITRE VI.

OPTIQUE PHOTOGRAPHIQUE.

SECTION I. — PRINCIPES GÉNÉRAUX D'OPTIQUE.

§ 149. Diverses sources de lumière et leur intensité. — Le soleil est la source la plus puissante de lumière que nous ayons à la surface de la terre. La lune, qui nous semble par les nuits clairés d'un si grand éclat, laisse à peine trace d'une image sur nos plaques photographiques, elle est plusieurs mille fois moins lumineuse que le soleil.

Plusieurs sources de lumière artificielle sont capables de produire des images photographiques. Citons parmi les plus usitées : la lumière électrique, la combustion du magnésium, la lumière Drummond, la combustion du sulfure de carbone, etc.

LA LUMIÈRE ÉLECTRIQUE est connue de la plupart de nos lecteurs. Une pile de 60 éléments grand modèle de Bunsen est la plus convenable pour la produire, et le régulateur de Foucault ou de Serrin, le plus propre à maintenir le point lumineux constant en position et en éclat.

Au lieu de la pile de Bunsen, dont l'usage est si incommode, on se sert aujourd'hui des machines Gramme mues par la vapeur.

La lumière électrique a un éclat égal à 1/32 de la lumière solaire (*à égalité de surfaces*), mais on peut augmenter fortement l'éclat de la première, au point de vue photographique, en substituant aux crayons de charbons durs entre les extrémités desquelles on la produit ordinairement, un filet de mercure. Ce système constitue LA LAMPE dite de WAY.

L'intensité *chimique* de la lumière ainsi produite est de beaucoup supérieure à celle qui se produit entre les charbons.

Le MAGNÉSIUM se brûle à l'état de fil ou de ruban dans un appareil muni d'un mouvement d'horlogerie qui en règle le débit de manière à rendre l'éclat de la lumière constant. C'est une des sources les plus puissantes de lumière *chimique* que nous connaissions. Deux ou trois de ces rubans, du poids de quelques centigrammes, suffisent pour faire un portrait en pleine nuit avec le procédé au collodion. M. Piazzi-Smyth s'en est servi avec *succès* pour reproduire les tombeaux de l'intérieur des Pyramides d'Egypte. En somme, c'est le moyen le plus simple que nous connaissions pour produire en tous lieux une lumière très-puissante et toujours prête.

Le magnésium se vend pour cette usage en rubans plats de 3 millimètres de largeur sur une épaisseur de 1/7 de millimètre à peu près. On en allume l'extrémité dans une flamme à alcool ou une bougie, et un mètre de ce ruban se consomme en 2 minutes. On peut très-bien le tenir à la main et se passer de lampe à mouvement d'horlogerie, mais il faut éviter les courants d'air qui éteignent facilement la flamme, et bien aérer la place dans laquelle on opère, puisqu'il se produit par la combustion de ce métal d'abondantes vapeurs de magnésie.

Le SULFURE DE CARBONE que l'on brûle dans le bioxide d'azote, produit une lumière d'un bleu pâle, dont l'action sur les surfaces photographiques est très-puissante.

LA LUMIÈRE DRUMMOND formée par un cylindre de chaux ou de magnésie que l'on chauffe à blanc par un jet allumé de gaz hydrogène et oxygène est d'un usage très- commode, quoique d'une puissance bien moins grande que les sources lumineuses précédemment citées.

Nous terminerons ici l'énumération des sources de lumière artificielle en omettant à dessein les flammes d'artifice au réalgar ou à l'antimoine, dont l'usage est beaucoup moins commode que celui du magnésium et beaucoup plus dangereux (1).

§ 150. Absorption de la lumière par les milieux transparents. — Lorsqu'un pinceau lumineux tombe sur la surface d'un milieu transparent, une partie de ce pinceau est réfléchie, et en quantité d'autant plus grande que la surface du milieu est plus oblique par rapport au rayon incident; une autre partie est diffusée par le milieu; une troisième enfin est transmise. En supposant le rayon incident perpendiculaire à la surface du milieu, l'absorption dépend presque entièrement de la nature plus ou moins transparente du milieu, de son épaisseur et de sa teinte.

Les substances *translucides, dépolies,* arrêtent une grande partie des rayons qui les frappent. Quand la substance est très-transparente comme le verre, alors le poli de la surface exerce une influence notable sur la quantité de lumière transmise. Plus le poli est parfait, plus la lumière traverse la substance sans perte par absorption.

L'épaisseur du milieu exerce une grande influence sur l'absorption de la lumière ; les intensités du rayon transmis forment une progression géométrique décroissante, quand les épaisseurs forment une progression arithmétique croissante.

(1) A cause des vapeurs d'arsénic et d'antimoine qui se produisent pendant la combustion.

L'absorption dépend enfin de la teinte du milieu. C'est ainsi qu'un verre complètement incolore, comme le *flint* léger, laisse passer 2 et 3 fois autant de lumière chimique que le *flint* très-lourd qui est jaunâtre et 1 1/4 fois autant que le *crown* ordinaire qui est verdâtre.

Quant les lames transparentes sont bien incolores, elles laissent passer à peu près toutes également la lumière chimique. C'est ainsi que des lentilles de même forme, en *quartz*, *sel marin*, *flint*, *crown*, ne donnent aucune différence comme transmission de lumière chimique. Mais les verres jaunes, rouges et verts arrêtent presque totalement les rayons chimiques de la lumière.

L'air absorbe une certaine partie de la lumière émanée du soleil. Bouguer nous donne le tableau suivant de l'*intensité lumineuse du soleil à différentes hauteurs*. 10,000 serait l'intensité du soleil, si l'air était *absolument* transparent.

ALTITUDE DU SOLEIL.	INTENSITÉ.	ALTITUDE DU SOLEIL.	INTENSITÉ.
0°	6	20°	5474
1°	7	25°	6136
2°	192	30°	6613
3°	454	40°	7237
4°	802	50°	7624
5°	1201	70°	8016
10°	3149	90°	8123
15°	4534		

Ce tableau est très-instructif, en ce qu'il nous fait voir l'immense différence qui existe entre l'intensité du soleil en été et en hiver. Ainsi, à Paris, au 21 juin, la hauteur du soleil à midi est d'environ 64°17′, son intensité est donc, en chiffres ronds, de 7,800. En hiver, le 21 décembre, cette hauteur étant de 17°43′, son intensité n'est plus que de 5,000, soit les 2/3 de ce qu'elle est en été.

Les travaux les plus complets sur l'absorption de la lumière par l'atmosphère ont été faits par MM. Roscoë et Bunsen et M. Marchand[1]; nous en avons parlé déjà dans l'*Historique* de cet ouvrage.

Voici les conclusions principales auxquelles MM. Bunsen et Roscoë sont arrivés :

L'intensité chimique des rayons solaires est directement proportionnelle à leur durée. Cette intensité varie avec la hauteur du soleil

(1) *Bull. Soc. franç.*, 1877, p. 311.

et par conséquent est dépendante de l'épaisseur de la couche atmosphérique que ses rayons ont à traverser.

Donc, à de grandes hauteurs au-dessus du niveau de la mer, où l'air est beaucoup moins dense, l'action chimique de cet astre est bien autrement puissante qu'à la surface de la mer et des contrées peu élevées.

De là encore ce second résultat que dans les latitudes rapprochées de l'équateur, l'intensité du soleil est bien plus puissante et moins variable avec les saisons que dans nos climats. Ainsi, au Caire, le jour des équinoxes, l'intensité des rayons solaires est le triple de ce qu'elle est à St Pétersbourg.

Par les jours tout à fait beaux, le ciel étant très-pur, l'intensité de la lumière fournie par le ciel est dépendante de la distance du soleil au zénith, sans que la température ni l'humidité de l'atmosphère influent sur le résultat. Donc, pour les mêmes heures avant midi et après-midi, cette intensité est la même (1).

Si le ciel est couvert de nuages blancs, son intensité chimique est supérieure à celle d'un ciel bleu, sans nuages. Mais, si le ciel est couvert de nuages gris ou très-foncés de couleur, alors son intensité est beaucoup moindre.

SECTION II. — LES LENTILLES.

§ 151. Lentilles convergentes et divergentes. — Les lentilles sont des milieux transparents terminés par des surfaces sphériques dont l'intersection est une ligne sans épaisseur sensible.

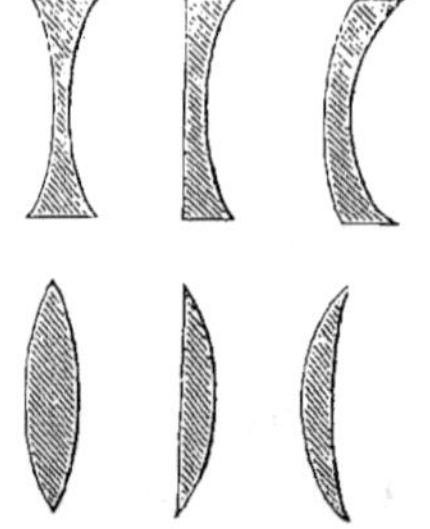

Fig. 65.

Les lentilles se divisent en deux classes bien distinctes. La première comprend les *lentilles convergentes*, plus épaisses à leur partie centrale que sur leurs bords; la seconde comprend les *lentilles divergentes*, plus minces au contraire à leur partie centrale que sur les bords.

La figure 65 représente en coupe les différentes espèces de lentilles, les trois supérieures sont divergentes,

(1) Cependant la pratique photographique tend à établir que le matin, à 7 heures, par exemple, l'intensité chimique du ciel serait plus puissante qu'à 5 heures de l'après-midi. Cela doit être, car le soir l'air contient plus de vapeur d'eau que le matin, et la vapeur d'eau absorbe puissamment la partie ultra-violette du spectre, ainsi que M. Janssen l'a démontré par des expériences positives.

les trois inférieures convergentes. La première (celle de gauche) est *bi-concave;* la seconde, *plan-concave;* la troisième a reçu le nom de *ménisque divergent.* La quatrième est *bi-convexe;* la cinquième, *plan-convexe;* la sixième est un *ménisque convergent.*

La droite *aa'* (fig. 66) qui joint les *centres de courbure a* et *a'* des surfaces sphériques d'une lentille est son *axe principal.* Si l'une des faces de la lentille est plane, l'axe principal passe par le centre de courbure de la face sphérique et est perpendiculaire à la face plane.

Pour toute lentille, il existe un point situé par l'axe principal tel que tout rayon incident qui le traverse ne subit pas de déviation. Ce point est le *centre optique* de la lentille.

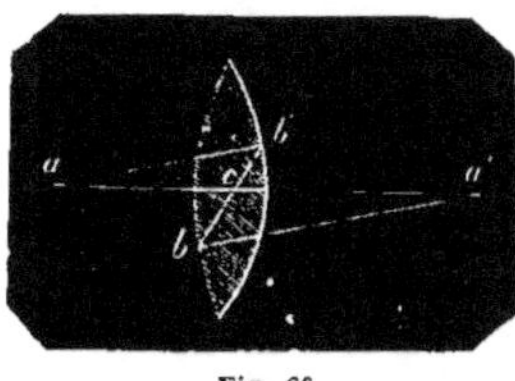

Fig. 66.

On appelle *axe secondaire* une droite passant par le centre optique de la lentille et faisant un angle plus ou moins grand avec l'axe principal.

§ **152. Distance focale des lentilles.** — Supposons d'abord le cas le plus simple : celui de rayon lumineux *r* (fig. 67), émanant, par exemple, d'une bougie très-éloignée et tombant parallèlement à l'axe d'une lentille convergente A. Dans ce cas, les rayons convergent tous vers un seul point *f* de l'axe qui a été nommé le *foyer principal* de la lentille et où se forme l'image renversée de la bougie.

Inversement la bougie *f*, placée au foyer principal de la lentille convergente A, émet des rayons divergents, qui, après avoir traversé la lentille, en émergent tous suivant des lignes *r* parallèles entre elles et à l'axe.

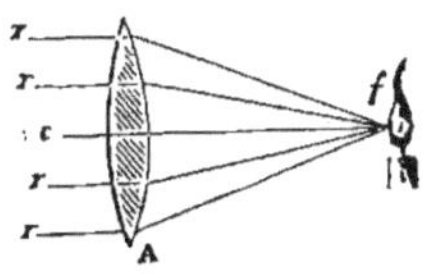

Fig. 67.

Le foyer principal d'une lentille convergente est donc toujours très-facile à déterminer approximativement par l'expérience. Il suffit pour cela de la présenter aux rayons solaires de manière que ceux-ci tombent perpendiculairement à son contour, et de mesurer la distance qui sépare le centre de la lentille de l'image solaire la plus nette possible qu'elle forme à son foyer. Il y a cependant une légère erreur provenant de l'épaisseur de la lentille surtout si c'est un ménisque convergent.

Au lieu d'un point rayonnant situé à l'infini, choisissons un point plus rapproché de la lentille, mais toujours situé sur son axe. Dans ce cas, les rayons émis par le point lumineux ne sont plus parallèles, ils tombent divergents sur la lentille, dont le foyer se forme dès lors d'autant plus loin en arrière de la lentille que le point se rapproche davantage. Le point rayonnant se trouve-t-il à une distance de la lentille égale au double de sa distance focale principale, alors son image se forme à une distance précisément égale en arrière de la lentille. Se rapproche-t-il davantage, son image se forme plus loin encore, et il arrive enfin un moment, celui où le point rayonnant se trouve à une distance de la lentille égale à sa distance focale principale, où les rayons émergent parallèlement entr'eux et qu'il ne se forme plus d'image du tout.

§ 153. Du plan focale et des foyers conjugués. — Si au lieu d'un point lumineux unique situé sur l'axe de la lentille nous considérons un objet CD (fig. 68) d'une certaine dimension, nous trouvons sensiblement les mêmes résultats que ceux que nous venons de signaler dans l'alinéa précédent. Un point D de cet objet (que nous supposerons situé à l'infini) envoyant à la lentille convergente AB un pinceau de rayons peu obliques à l'axe principal *a*C, son image se formera en *p'* sensiblement sur le même plan (perpendiculaire à l'axe *a*C) que le foyer *p* des rayons parallèles à l'axe émanant du point C. Le plan *pp'* est dit le *plan focal.*

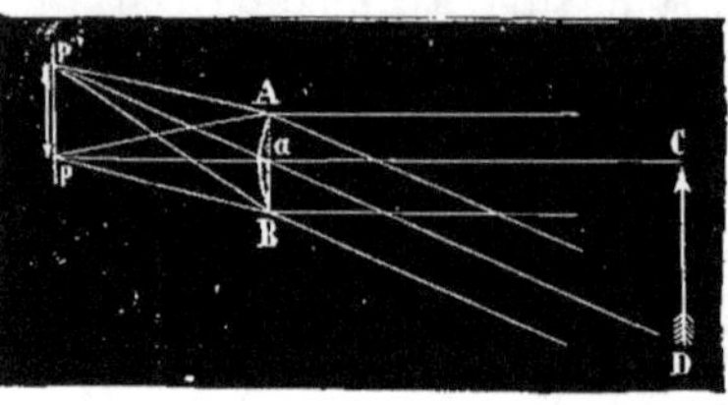

Fig. 68.

On voit donc que l'image *pp'* se forme renversée en arrière de la lentille et sa grandeur dépend évidemment de la grandeur CD de l'objet. Elle dépend aussi de la distance *a*C de cet objet à la lentille et de la distance focale *pa* de celle-ci, puisque dans les deux triangles semblables *pp'a* et CD*a*, on a la proportion :

$$CD : pp' :: Ca : ap.$$

Donc plus la lentille convergente est d'une courte distance focale *ap* (l'objet CD restant à une distance constante), plus l'image de cet objet est petite. Plus l'objet CD s'éloigne de la lentille AB, plus l'image de cet objet diminue.

Entre la distance focale d'une lentille, la distance de l'objet à la lentille, et la grandeur de l'image, il existe donc un rapport géométrique appelé *loi des foyers conjugués* (1).

(1) *Détermination du foyer conjugué et de la grandeur de l'image.* — Rappelons d'abord ce fait bien connu : que si, dans la paroi d'une chambre bien obscurcie (fig. 69), nous perçons une petite ouverture, les objets extérieurs viendront se peindre renversés sur un écran blanc placé en arrière de cette ouverture. *Plus la distance de ces objets est grande, plus leur image est petite, mais on peut agrandir ou diminuer cette image, en reculant ou en avançant l'écran qui reçoit l'image.* Si, sur l'ouverture, nous plaçons une lentille convergente, nous remarquerons qu'il y a une place en arrière de cette lentille où l'image est la plus nette possible ; en avançant ou en reculant l'écran cette image perdra de sa netteté primitive.

Si l'objet fixe, qui dans notre figure est représenté par une église, est remplacé

SECTION III. — DES ABERRATIONS.

§ 154. L'aberration sphérique. — Dans la section qui précède, nous avons dit que des rayons de lumière parallèles tombant normalement sur une lentille convexe, convergeaient tous, au sortir de la lentille, vers un seul et même foyer. Cela n'est exact que pour des lentilles d'une distance focale excessivement longue ; c'est donc le cas tout à fait exceptionnel, et voici le cas presque général. Les rayons lumineux parallèles rr (fig. 70) qui émergent des bords d'une lentille convexe LL′ se croisent en f plus près de la lentille que les rayons $r'r'$ qui tombent sur le centre, ceux-ci se croisant en f. C'est ce que l'on appelle l'*aberration sphérique* ou de sphéricité, parce que cette aberration provient de la sphéricité des faces de la lentille.

---

par un homme qui marche, on pourra vérifier que, si cet homme s'éloigne, l'image pour être la plus nette possible se rapproche de la lentille et diminue de grandeur ; et que, inversement, si l'homme se rapproche, le foyer s'allonge et l'image augmente de grandeur.

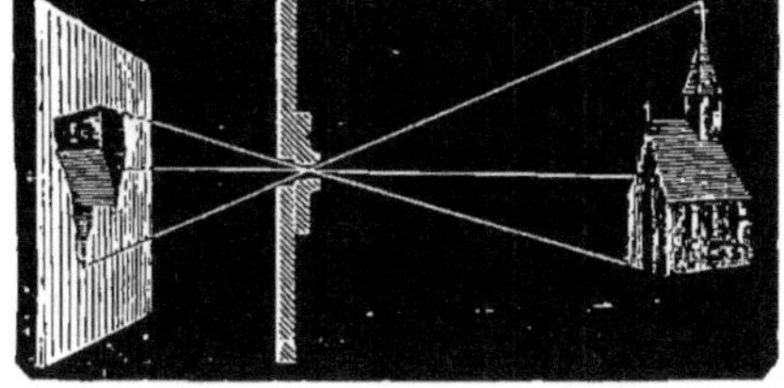

Fig. 69.

Or, il y a entre la distance focale de la lentille, la grandeur de l'image et la distance de l'objet à la lentille des rapports très-simples, à l'aide desquels, connaissant deux de ces rapports, on peut toujours trouver le troisième. Soit f la distance focale principale de la lentille (ou du système de lentilles combinées), p la distance de l'objet à la lentille, p' la distance focale de la lentille où l'image se forme nette, on a :

$$\frac{1}{f} = \frac{1}{p} + \frac{1}{p'}.$$

L'objectif a-t-il 24 centimètres de foyer, la distance de l'objet à la lentille étant de 400 centimètres, nous aurons pour la distance p' où l'image se peint avec netteté sur le verre dépoli :

$$\frac{1}{24} = \frac{1}{400} + \frac{1}{p'} \text{ ou bien } 400 = \frac{24 \times 400}{p'}$$

d'où $p' = 25{,}5$ centimètres. La distance focale principale se sera donc allongée de 1,5 centimètres.

Le rapport de grandeur entre l'image et l'objet sera comme $p' : p$, soit de 25,5 à 400, c'est-à-dire approximativement 1/16 de sa grandeur.

Il est donc toujours aisé, connaissant la distance focale de la lentille dont on se sert, la dimension de l'objet et sa distance à la lentille, de calculer exactement la dimension de l'image, ou, changeant le problème et voulant avec un objectif donné obtenir une image de telle grandeur déterminée, chercher à quelle distance il faudra se placer de l'objet.

On peut facilement reconnaître l'aberration sphérique dans une lentille simple convergente en recevant à son foyer l'image du soleil. Pour cela, on la présente aux rayons solaires de manière que ceux-ci tombent perpendiculairement à son contour et l'on cherche, en reculant ou en avançant un papier blanc derrière la lentille, l'endroit où l'image se forme avec netteté. Pour atteindre plus facilement ce but, réduisez la lentille à sa partie centrale en la couvrant d'un carton circulaire découpé, puis enlevez le carton. Si la lentille a un foyer un peu court, on reconnaît qu'autour de l'image la plus nette possible du soleil, il y a une auréole *ab* (fig. 70) de lumière blanche qui constitue l'*aberration sphérique transversale*. En effet, c'est en *f*, foyer principal du centre de la lentille que se forme l'image la plus nette, tandis que les bords de la lentille ont leur foyer *f'* plus près. De là, une auréole ronde *ab* du point *f*.

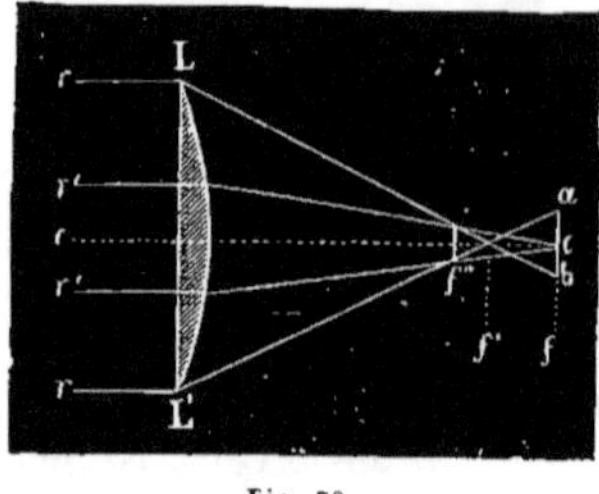

Fig. 70.

On appelle *aberration longitudinale* la distance *ff'* (mesurée sur l'axe de la lentille) qui sépare le foyer *f* des rayons centraux, du foyer *f'* des rayons extrêmes.

Le cercle de la *moindre aberration* se trouve entre *f'* et *f*. C'est la section la plus petite possible faite dans le cône de rayons émergeants de la lentille (1).

§ 155. Destruction de l'aberration sphérique par le diaphragme.. — Devant une lentille quelconque, convergente ou divergente, dont les rayons de courbure sont longs ou courts, dont, par conséquent, l'aberration est faible ou considérable, plaçons un petit diaphragme qui la réduise à une lame *abdc* (fig. 71) à faces presque parallèles. Une telle lentille est désormais exempte d'aberration sphérique.

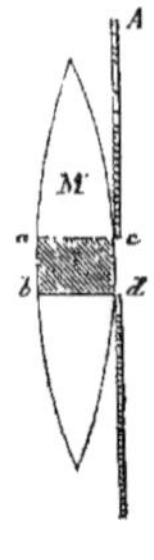

Fig. 71.

Néanmoins, jamais le diaphragme *ne détruit complètement* l'aberration de sphéricité des lentilles, il ne fait que la réduire à une très-petite quantité (2).

---

(1) Dans les lentilles négatives, c'est le contraire de ce que nous venons d'exposer, qui arrive, les bords de la lentille ont un foyer plus long que le centre.

Un assemblage de deux lentilles, l'une convexe, l'autre concave, quoique pouvant former une seule lentille convergente, peut avoir une aberration positive ou négative, suivant que l'aberration sphérique de l'une surpasse celle en sens contraire de l'autre.

(2) *Destruction de l'aberration sphérique d'une lentille par une seconde lentille de signe contraire.* — Supposons une lentille L (convergente, par exemple) dont nous

§ 156. Effet de l'aberration sphérique dans les objectifs photographiques et comment on le constate. — L'effet de l'aberration sphérique dans les objectifs photographiques est de détruire la netteté de l'image, aussi bien au centre de cette image que sur ses bords. On peut facilement en faire l'expérience, en enlevant les diaphragmes de l'objectif connu par les photographes sous le nom d'*objectif simple à paysages* et en examinant l'image que donne alors cet objectif : elle manque absolument de netteté sur toute l'étendue du verre dépoli.

Pour reconnaître, dans d'autres objectifs, par exemple dans l'objectif connu sous le nom d'*objectif à portraits*, si l'aberration sphérique est corrigée par la combinaison des lentilles qui les constituent,

---

voulons détruire complètement l'aberration de sphéricité suivant l'axe. L'expression ff' de l'aberration nous est fournie par les points où un rayon B, infiniment voisin de l'axe, et un rayon éloigné *a* vont couper l'axe en émergeant de la lentille. Maintenant associons à la lentille convergente L une lentille divergente M.

Il est aisé de concevoir que cette lentille divergente, *si ses rayons de courbure sont convenables*, ne changera presque pas la direction du rayon bf qui sera seulement dévié en F, f F étant une très-petite quantité ; tandis qu'elle changera fortement la direction du rayon af (puisque sa forme prismatique est plus forte au bord qu'au centre), de manière à le diriger aussi sur le point F.

Une telle association de lentilles constitue en somme une lentille unique, con-

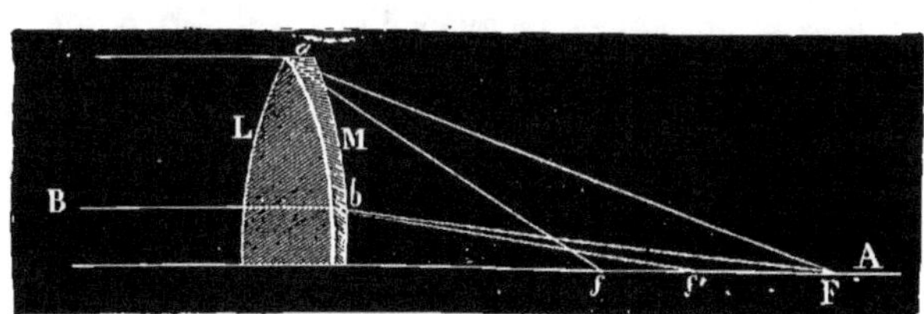

Fig. 72.

vergente, mais exempte d'aberration sphérique. De telles lentilles sont dites *aplanétiques*, et le calcul indique avec une exactitude absolue leurs données numériques.

La lentille divergente M peut avoir une face commune avec la lentille L et les deux lentilles peuvent, dès lors, être collées ensemble. Les deux lentilles peuvent aussi être séparées par un intervalle plus ou moins grand, ou avoir un diamètre différent.

La nature du verre peut être la même pour les deux lentilles, ou, comme c'est le cas presque général, être différente, parce que, comme nous le verrons bientôt, non-seulement la lentille négative corrige l'aberration sphérique, mais en même temps l'*aberration chromatique*.

Comme l'aberration chromatique surpasse toujours, en importance, l'aberration sphérique, et que l'on cherche, par conséquent, à corriger surtout la première, il arrive fréquemment que la lentille négative corrige trop ou trop peu l'aberration sphérique de la lentille convergente à laquelle elle est associée, et alors l'image fournie par cette lentille manque de netteté.

procédez de la façon suivante. Reproduisez deux fois par la photographie l'image de deux petits cercles d'étain tangents, collés sur une fenêtre exposée au jour direct. La première fois avec toute l'ouverture de l'objectif; la seconde fois avec l'objectif muni d'un petit diaphragme. Si, dans ce dernier cas, l'image des cercles d'étain a gagné en netteté, ce que vous observez surtout à leur point de contact, l'aberration sphérique n'est pas complètement corrigée(1).

§ **157. Courbure du champ.** — L'image des objets extérieurs formée au foyer d'une lentille ne saurait être reçue sur un écran plan, ainsi que nous l'avons supposé page 118. Cet écran devrait avoir une forme concave, ce qui constitue la *courbure du champ* de l'image.

Cette propriété des lentilles est généralement attribuée par les photographes à l'aberration sphérique. Ils s'imaginent, en voyant l'image nette au centre du verre dépoli de la chambre noire et confuse sur les bords, que cet effet provient de la sphéricité de la surface des lentilles. Il n'en est rien, car une lentille avec des surfaces à courbures paraboliques donnerait le même résultat.

§ **158. De la profondeur de foyer.** — La profondeur de foyer est une propriété des lentilles de donner une image nette de plans dont la distance est inégale. Ou bien qu'un verre dépoli placé au foyer d'une lentille peut se mouvoir d'une *très-petite quantité* sans que l'image perde sensiblement de sa netteté.

Pour le prouver expérimentalement, dirigeons une chambre noire munie d'un objectif simple vers un paysage. Mettons au point les objets les plus éloignés. Nous remarquerons bientôt deux choses : la première, c'est que l'on peut avancer ou reculer d'une petite quantité le verre dépoli sans que la netteté de l'image d'un plan déterminé du paysage change sensiblement; la seconde, que si nous mettons au point le plan le plus éloigné, beaucoup d'autres plans plus rapprochés seront encore au point. Ce fait semble tout d'abord contraire à la loi des foyers conjugués, mais l'expérience démontre qu'il n'a lieu qu'à la condition que ces plans soient suffisamment éloignés pour que leur image se forme près du foyer principal de la lentille. Aussi cette profondeur de foyer devient-elle d'autant moindre que les objets se rapprochent davantage de la lentille.

---

(1) C'est suivant l'axe de l'objectif qu'il faut faire cet essai (c'est-à-dire au centre du verre dépoli de la chambre noire), parce que c'est seulement suivant cet axe que l'aberration sphérique peut être complètement corrigée.

Il est à remarquer que la profondeur de foyer varie avec l'ouverture de la lentille; les fig. 73 et 74 rendent cela très-clair. Dans la fig. 72, nous nous servons d'une lentille ayant toute son ouverture. Les rayons *rr* émanés d'un point éloigné, forment, après avoir traversé la lentille D, l'image du point en *a* sur un écran ou verre dépoli A. Mais place-t-on le verre dépoli plus en arrière, en C, ou plus en avant, en B, immédiatement l'image du point s'étale en cercle (1), l'angle *a* étant très-grand. La même lentille D (fig. 74), réduite à sa partie centrale par un obturateur, l'image du point se forme toujours en *a*, mais le verre dépoli peut être placé en C ou en B sans que cette fois l'image du point soit sensiblement dilatée. C'est que dans la fig. 74 les rayons *rr*, émergeant de la lentille, sont beaucoup plus convergents que dans la fig. 73.

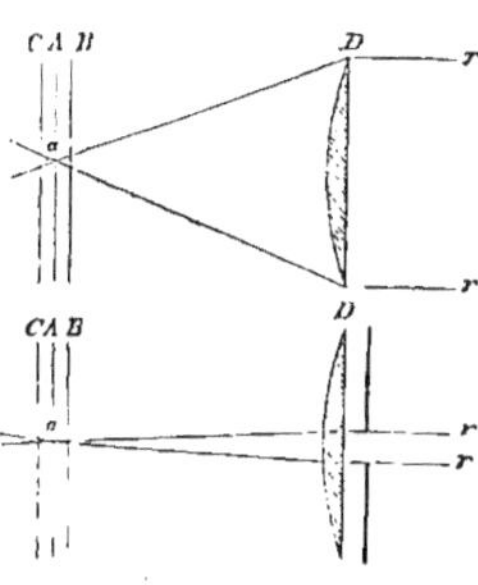

Fig. 73.
Fig. 74.

§ **159. Du diaphragme.** — Si l'obturateur A est placé comme nous l'avons montré dans la fig. 71, c'est-à-dire contre la lentille M, c'est comme si celle-ci était toute petite relativement à sa distance focale. Dans ce cas, remarquez que la lentille peut être considérée comme une lame à faces presque parallèles *ab*, *cd*.

Voyons ce qui a lieu quand on éloigne l'obturateur de la lentille d'une quantité convenable. Dans ce cas, l'obturateur devient un diaphragme (2).

Soit LL (fig. 75) une lentille convergente, et voyons ce que deviennent, en arrière de cette lentille, les rayons émanés de trois points très-éloignés A, B et C, dont l'un, B, est dans l'axe de la lentille, les deux autres hors de l'axe. Les rayons qui partent du point B, arrivant perpendiculairement à la surface de la lentille, iront former l'image du point B en F, foyer principal de la lentille LL. Mais il n'en est pas ainsi des rayons qui émanent des points A et C situés hors de l'axe. Le rayon A^{I} sera réfracté en *a*; A^{II} en *b*; A^{III} en *c*; A^{IV} en *d*; A^{V} en N. Il en est de même des rayons 1, 2, 3, 4 et 5 émanés du point C. Aussi un verre dépoli placé au foyer principal F ne recevra-t-il pas d'image

(1) Appelé *cercle de confusion*.

(2) En optique *obturateur* et *diaphragme* sont synonymes. Mais en optique photographique, il n'en est ainsi que par une malheureuse confusion de langage. L'obturateur réduit la lentille à sa partie centrale; le diaphragme, au contraire, laisse agir tous les segments de la lentille, mais sur des rayons d'une obliquité différente.

nette des points A et C. Quand même ce verre dépoli aurait la forme d'une calotte sphérique, encore l'image serait-elle confuse, parce que

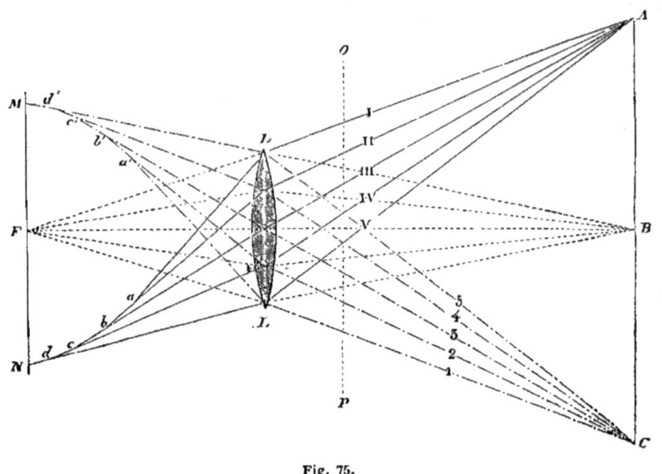

Fig. 75.

les rayons émanant des points A et C arrivent tous en des points différents en arrière de la lentille. Pour avoir une image nette, il faut

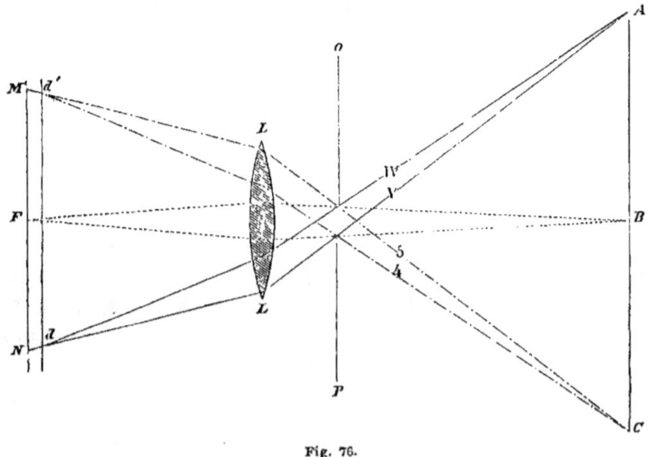

Fig. 76.

placer en avant de la lentille un diaphragme; mais où faut-il le placer, et quelle sera son ouverture, voilà la question.

Remarquez sur la figure que les seuls pinceaux partant des points A et C qui arrivent à peu près à former leur foyer au plan focal MN sont les pinceaux A^{IV} et A^{V} et C^{4} et C^{5}. Plaçons le diaphragme en OP de manière à ne laisser passer que ces pinceaux, et dès lors notre figure devient tout autre (fig. 76).

Nous savons déjà que les lentilles armées d'un diaphragme ont une certaine profondeur de foyer et que par conséquent le verre dépoli peut impunément se mouvoir d'une très-petite quantité sans que la netteté de l'image change sensiblement. Or, si la distance M*d'* ou N*d* n'est pas supérieure à la profondeur de foyer, alors l'ouverture et la place du diaphragme seront déterminés. Il est aisé de voir que plus le diaphragme est petit, plus l'image doit gagner en netteté.

Ainsi non-seulement le diaphragme détruit l'aberration de sphéricité des objectifs, mais il a surtout pour objet de rendre leur champ plus plat.

Ajoutons bien vite que le diaphragme n'intervient pas seul pour obtenir cet effet. En règle générale, tous les objectifs photographiques sont formés par l'association de lentilles convergentes et de lentilles divergentes. On tâche, autant que possible, de leur donner des rayons de courbure propres à détruire les différentes aberrations. On se base sur ce fait, que, vu la position du diaphragme à une certaine distance de la lentille, celle-ci agit par chaque segment sphérique sur des rayons d'une obliquité différente, ainsi que la figure 76 le montre clairement.

§ 160. De la distorsion. — Les images données par les lentilles d'objets terminés par des lignes droites sont souvent courbes sur les bords. C'est ce que l'on appelle *la distorsion*.

L'*objectif simple* employé en photographie ne produit pas des images exemptes de distorsion. Ainsi un dessin pareil à celui représenté fig. 77 est reproduit comme fig. 78. En effet, dans les objectifs simples le diaphragme

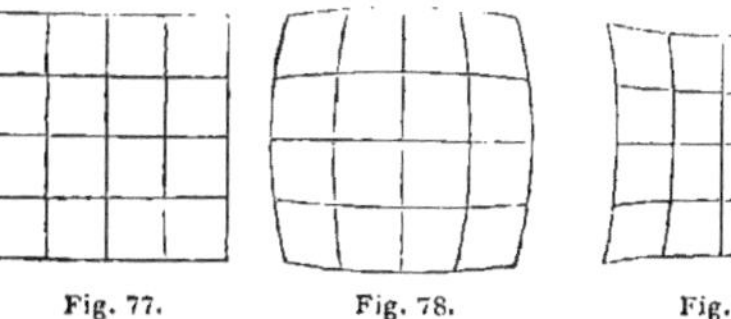

Fig. 77. Fig. 78. Fig. 79.

étant placé en A (fig. 80), au devant de la lentille B, a pour effet de

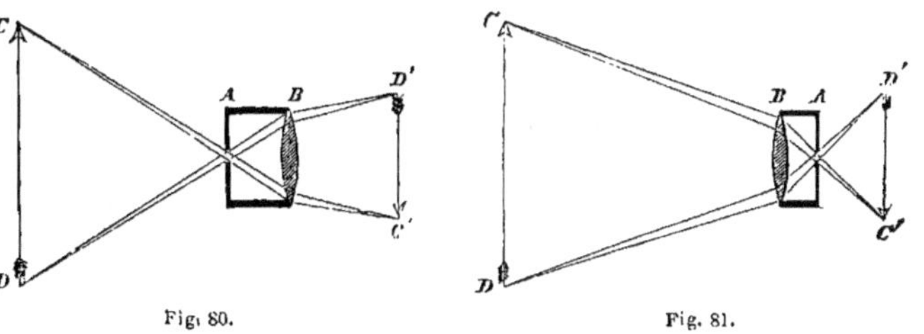

Fig. 80. Fig. 81.

faire agir chaque segment de la lentille sur une partie différente de l'objet à reproduire GD. De là distorsion dans le sens indiqué par la fig. 78.

En plaçant le diaphragme en arrière, comme dans l'*objectif orthoscopique*, c'est-à-dire entre la lentille et le verre dépoli (fig. 81), la distorsion est inverse (fig. 79).

Destruction de la distorsion. — En réunissant deux objectifs simples, égaux entre eux, et en plaçant le diaphragme au milieu, il est facile de comprendre que le premier donne la distorsion en barillet (fig. 78) et le second en croissant (fig. 79), mais elles peuvent s'annuler en se combinant.

Le choix convenable des lentilles détruit donc la distorsion : nous signalerons plus tard, en décrivant les objectifs, quels sont ceux d'entre eux dans lesquels cette aberration est corrigée.

§ 161. **De l'astigmation.** — L'*astigmation* s'observe avec un petit objectif double (système à portraits) placé sur une grande chambre noire dont le verre dépoli est deux fois aussi grand que la surface que cet objectif couvre ordinairement. Collez sur un mur blanc un pain à cacheter noir et examinez-en l'image au centre de votre verre dépoli, l'axe de l'appareil étant à la hauteur du pain à cacheter. Vous remarquerez que l'image en est ronde, quand même vous déplacez votre verre dépoli en arrière ou en avant du foyer, auquel cas l'image perd seulement de sa netteté. Mais tournez l'appareil sur son pied de manière que l'image du pain à cacheter vienne aussi près que possible du bord du verre dépoli : vous remarquerez qu'il est maintenant impossible d'en avoir une image nette, et que, en déplaçant votre verre dépoli en avant ou en arrière du foyer, l'image s'allonge dans un sens vertical ou dans un sens horizontal. C'est là l'astigmation.

§ 162. **Aberration chromatique ou foyer chimique.** — En nous servant comme objectif photographique d'une lentille simple, quand bien même celle-ci serait limitée à une très-petite ouverture, la mise au point de l'image sur le verre dépoli, exacte pour l'œil, ne le sera pas pour les surfaces photographiques. Celles-ci donnent, au lieu d'une image nette, une image confuse. De là le nom de *foyer visuel* pour désigner le foyer d'une lentille jugé par l'œil, et celui de *foyer chimique* pour désigner son foyer vu par les surfaces photographiques. Ces deux foyers, dans un objectif photographique, doivent coïncider ; sinon, l'on dit que l'objectif a un foyer chimique.

Le diaphragme appliqué au devant d'une lentille ne corrige pas le foyer chimique. Mais en associant convenablement deux espèces différentes de verre, on arrive à la corriger, au moins dans certaines limites.

La fig. 82 montre comment s'associent ces lentilles. La première, en commençant en haut et à droite, est un ménisque divergent, la seconde une lentille plan-convexe, la troisième une lentille bi-concave à faces concaves égales entre elles. Les lentilles au-dessous sont les mêmes, mais convergentes. D'ordinaire, dans une combinaison achromatique, la lentille convergente est en *crown*, la lentille divergente en *flint*, et les deux ont une face commune qui sert à les coller ensemble.

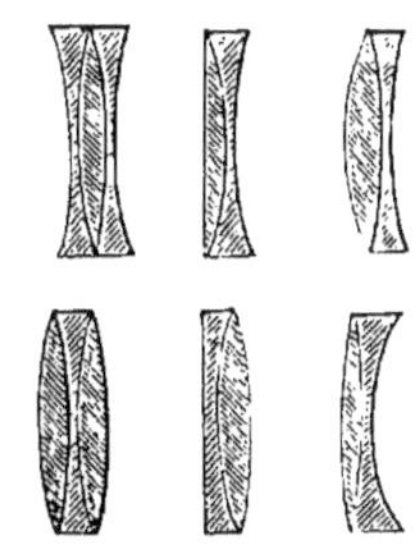
Fig. 82.

Nous passons rapidement sur l'achromatisme des lentilles simples parce que ce sujet est traité tout au long dans les ouvrages de physique (1). Disons toutefois que l'opticien ne se borne jamais à détruire uniquement par la combinaison d'une lentille divergente avec une lentille convergente, les deux aberrations chromatique et sphérique, comme on le fait pour les objectifs astronomiques. La lentille divergente de flint sert généralement encore à rendre le champ plat en agissant par ses bords sur des pinceaux obliques à l'axe principal.

§ 163. Réflexion de la lumière sur les surfaces des lentilles. — Si l'on expose aux rayons solaires une lentille bi-convexe, en avant de laquelle on déplace convenablement une bande de papier blanc, on reconnaît un foyer des rayons solaires *réfléchis* par une des faces de la lentille.

Il faut, en effet, se rappeler, que non-seulement les lentilles réfractent la lumière, mais aussi qu'elles la réfléchissent par chacune de leurs surfaces polies. Plus un objectif a donc de surfaces et moins il transmet de lumière. Ceci aurait peu d'importance, s'il ne se formait souvent une concentration de cette lumière réfléchie sur le verre dépoli de la chambre noire, au milieu de l'image.

Ce défaut est très-apparent avec quelques objectifs, lorsqu'on reproduit une vue dans laquelle l'horizon vient au milieu de l'image. Alors un cercle blanc apparaît au centre de la reproduction photographique positive.

Il n'y a pas moyen d'éviter cette réflexion de la lumière par les surfaces de la lentille, mais l'opticien doit, par des courbures appropriées, répartir cette lumière sur la surface totale de l'image.

---

(1) Dans les objectifs photographiques, il faut faire coïncider le jaune avec le bleu (G de la fig. 3).

SECTION IV. — DESCRIPTION DES OBJECTIFS PHOTOGRAPHIQUES (1).

§ 164. Division des objectifs et non-aplanétiques et aplanétiques. — L'aberration sphérique peut servir à diviser les objectifs photographiques en deux grandes classes. Les objectifs *non-aplanétiques* (voyez note p. 121), qui ne donnent des images nettes qu'à la condition d'être munis d'un très-petit diaphragme; les objectifs *aplanétiques*, qui donnent avec toute leur ouverture des épreuves nettes, mais sur un plan focal d'une moins grande étendue que les précédents. Nous adopterons cette division dans ce chapitre.

Voici les différences qui caractérisent ces deux espèces d'objectifs.

Les objectifs *aplanétiques* conviennent surtout pour la reproduction des scènes animées, parce que, pouvant servir avec toute leur ouverture, ils permettent une courte exposition de la surface sensible à la lumière. Ils ne couvrent nettement avec toute leur ouverture qu'un verre dépoli (plan focal) dont le plus grand côté est tout au plus de la moitié de leur distance focale; mais les arme-t-on d'un diaphragme, cette étendue de netteté augmente, et ils conviennent alors pour la reproduction des monuments, paysages, etc.

Les objectifs *non-aplanétiques*, employés avec toute leur ouverture, donnent des images confuses sur toute l'étendue du verre dépoli. Armés d'un diaphragme égal à *f*/10, l'image commence à prendre de la netteté, mais ce n'est que lorsque le diaphragme est de *f*/30, *f*/40 et même *f*/60 que l'image prend une netteté absolue. Ces objectifs sont donc *très-lents* pour impressionner les surfaces photographiques, mais leur plan focal est généralement beaucoup plus grand que celui des objectifs aplanétiques. Quelques-uns de ces objectifs embrassent un angle de plus de 100°.

Objectifs non-aplanétiques.

§ 165. L'objectif simple (à payages). — Jean-Baptiste Porta, l'inventeur de la chambre noire à lentille, se servait comme objectif d'une lentille plano-convexe en crown dont la face convexe

(1) **AVIS ESSENTIEL. Pour éviter les répétitions, nous désignerons toujours les grandeurs des diaphragmes par des fractions de la distance focale *f*, tels que *f*/30, *f*/40, *f*/60, qui designent des ouvertures du trentième, quarantième, soixantième de la distance focale, ce qui est la seule manière de comparer entre eux des objectifs différents.**

regardait le verre dépoli et qui était réduite à sa partie centrale par un petit obturateur. Dans ces conditions, le champ de l'image était très-courbe.

Tel était l'objectif simple lors de la découverte du daguerréotype en 1839, et il servit à produire les premières épreuves daguerriennes. Mais l'image, nette sur le verre dépoli, ne l'était pas sur la surface photographique : la lentille possédait un foyer chimique.

Les premiers objectifs exempts de foyer chimique paraissent avoir été construits par feu Charles Chevalier. Cet opticien se servit de l'objectif achromatisé de la lorgnette de spectacle, objectif formé par une lentille bi-convexe de crown collée à une lentille plano-convexe de flint. Employée avec sa face convexe tournée vers l'objet à reproduire, l'image est d'une remarquable netteté et très-brillante. En effet, dans cette position, la lentille peut être employée avec toute son ouverture, les aberrations sphérique et chromatique y étant sensiblement corrigées suivant l'axe. Mais l'étendue du plan focal est très-faible et tout au plus son plus grand côté est-il de $f/8$. Charles Chevalier fit comme les opticiens, ses devanciers : il retourna la lentille, de sorte que sa face convexe regardait maintenant le verre dépoli. Dans cette position l'image est beaucoup moins nette que dans le cas précédent ; mais il l'arma d'un diaphragme placé en avant de l'objectif. La netteté s'accroît ainsi considérablement, en même temps que le champ de l'image s'aplatit beaucoup, de sorte que le plus grand côté du plan focal nettement couvert était maintenant de $f/4$.

La forme plan-convexe est donc la première qui ait été donnée à l'objectif simple destiné à la photographie.

M. Andrew Ross, célèbre opticien anglais, mort il y a quelques années, reconnut que le champ de l'objectif simple devient encore plus grand et *l'image plus nette* en adoptant un ménisque très-courbe formé d'un crown dont la face concave regarde l'objet, et d'un flint dont la face convexe regarde le verre dépoli.

§ **166. Nouvel objectif simple de M. Dallmeyer** (fig. 83). — Dans le but de réduire la distorsion à une quantité aussi faible que possible et de faire embrasser à l'objectif un très-grand angle, M. Dallmeyer a donné à l'objectif simple une forme ménisque très-concave et a rapproché le diaphragme de la lentille.

Au lieu de deux lentilles, la première de crown, la seconde de flint, M. Dallmeyer en emploie une de plus, en crown, mais dont l'indice de réfraction est légèrement différent du premier crown. Les trois lentilles sont donc des ménisques collés ensemble et forment une lentille unique dont la concavité regarde l'objet à reproduire, précisément comme l'objectif simple ordinaire.

Le diaphragme est rotatif et placé en avant de la lentille à une distance égale au diamètre de cette lentille. L'ouverture la plus petite du diaphragme est $f/_{30}$, la plus grande de $f/_{20}$. Toutes sont d'ailleurs graduées de telle façon que les temps de pose se doublent toujours en passant d'une plus grande ouverture à celle immédiatement plus petite.

Voici les principaux avantages de l'objectif simple de M. Dallmeyer.

Avec un diaphragme de $f/_{20}$, il couvre avec une *parfaite netteté* un plan focal circulaire de 72 degrés d'étendue et avec un diaphragme de $f/_{30}$, un cercle de 85 à 90 degrés. Le champ de l'objectif est donc énorme, puisque le plus grand côté de l'image (qui est toujours, comme on le sait, rectangulaire) est plus grand que la distance focale de l'objectif, tandis que dans les meilleurs objectifs simples construits avant M. Dallmeyer, ce côté était tout au plus des deux tiers de cette même distance focale.

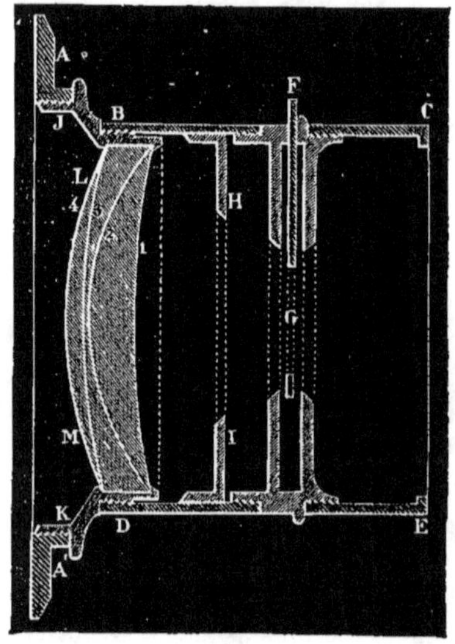

Fig. 83. — Nouvel objectif simple de M. Dallmeyer.

Ceci a, pour la reproduction des paysages, un avantage considérable au point de vue artistique; c'est que les premiers plans se trouvent représentés sur l'image et donnent ainsi aux plans plus éloignés un effet de perspective étonnant. Cela n'avait pas lieu avec les anciens objectifs dont le champ était beaucoup moindre.

La distorsion de cet objectif est réduite à une faible quantité, son diamètre étant relativement plus faible que celui de l'ancien objectif. D'ailleurs, l'objectif simple étant destiné uniquement aux paysages, la distorsion n'apporte aucun défaut visible dans l'image.

L'image est plus brillante que celle fournie par un objectif de toute autre combinaison, parce qu'aucune lumière réfléchie par les surfaces de l'objectif ne vient la voiler. (Voir page 127).

Le nouvel objectif simple de M. Dallmeyer a pour dernier avantage de ne nécessiter, par suite de sa courte distance focale, qu'une chambre noire beaucoup plus courte, ce qui est dans la pratique d'un très-grand avantage, puisqu'elle prend moins le vent.

Pour terminer cet article, nous avons à examiner dans quelles circonstances l'objectif simple est à préférer aux autres systèmes.

Comme tous les objectifs non-aplanétiques, l'objectif simple devant être muni d'un très-petit diaphragme pour donner des images nettes, ne saurait convenir à la reproduction des groupes, paysages animés, portraits, à moins de disposer d'une lumière éclatante comme celle du soleil, ce qui produit généralement des effets peu artistiques. L'aplanat et le triplet, que nous décrirons plus tard, lui sont, sous ce rapport, infiniment préférables, puisque, avec un diaphragme d'un diamètre double (par conséquent quatre fois plus rapide), ils donnent des images parfaitement nettes dont le plus grand côté est $f/_2$. L'objectif simple distordant les images dans le sens de la figure 78, ne saurait servir à la reproduction des monuments, cartes, et en général de tous objets où se trouvent des lignes droites.

En revanche, il est l'objectif par excellence pour les paysages, parce qu'il donne des images très-brillantes, très-nettes, avec un diaphragme $f/_{30}$, et qu'il a une grande profondeur de foyer.

§ 167. L'objectif-globe ou globe-lens. — Cet objectif, inventé par MM. Harisson et Schnitzer, de New-York, et représenté figure 84, est formé de deux ménisques convergents achromatisés et identiques dont la distance est telle que la surface extérieure des ménisques prolongée se confond en une seule et même sphère, de là le nom de *globe-lens* ou *objectif-globe*.

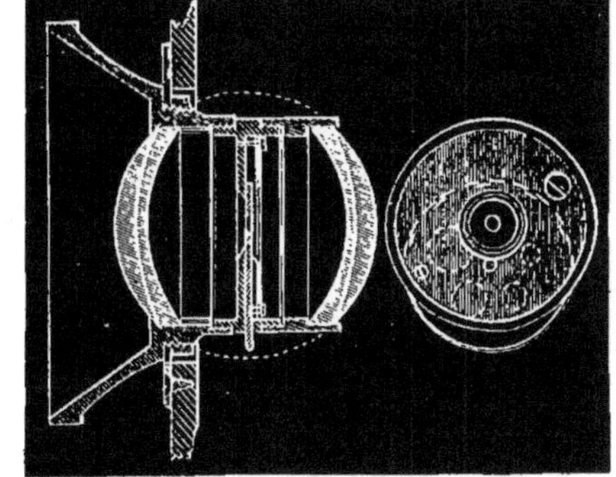

Fig. 84. — Globe-lens de MM. Harisson et Schnitzer, de New-York.

Au milieu de la monture de l'objectif se trouve le diaphragme rotatif qui est représenté à part à côté de la figure.

Les ouvertures des diaphragmes sont telles que les temps de pose sont respectivement de 1, 2, 3, 4, 5 ; c'est-à-dire que le plus petit diaphragme (n° 5) exige cinq fois autant de pose que le plus grand dont l'ouverture est 1 ; le suivant N° 2, deux fois autant ; le N° 3, trois fois, et ainsi de suite.

L'angle embrassé par l'objectif est très-considérable et dépasse 75°, de sorte que la longueur du plus grand côté du verre dépoli nettement couvert est plus grand que sa distance focale. Un objectif de 10 centimètres de distance focale couvre *nettement* un verre dépoli de 14 centimètres sur 12. Sous ce rapport, cependant, l'objectif-globe est inférieur au *doublet* de M. Ross et au *périscope* de M. Steinheil.

L'objectif-globe serait un objectif précieux pour les photographes, s'il ne possédait une aberration sphérique considérable. Aussi, les diaphragmes que porte l'objectif doivent-ils être extrêmement petits.

Cette nécessité de très-petits diaphragmes n'a pas seulement pour effet de rendre l'objectif très-lent; ce ne serait là qu'un défaut auquel il serait facile de remédier en augmentant le temps de pose. Mais il conduit à un résultat plus fâcheux : il donne des images dans lesquelles les premiers plans sont généralement trop peu venus (trop noirs) et des horizons *solarisés*. Les détails dans l'horizon sont ainsi perdus par suite d'une pose trop longue. En un mot, l'image manque de brillant, de relief, et ne possède ces qualités que dans le cas où le sujet à reproduire offre une très-grande surface, sans premiers plans, comme un panorama, une carte géographique, une gravure.

§ **168. Le doublet de M. Thomas Ross.** — Cet objectif (fig. 85) est composé de deux ménisques achromatisés NM et HG (la surface PP′ regardant l'objet à reproduire) (1). Chacun de ces ménisques peut être employé isolément comme objectif simple. Les diaphragmes, dont l'ouverture maximum est $f/_{15}$, et minimum de $f/_{41}$, sont gradués et construits comme ceux de l'objectif-globe. De plus, une plaque glissante Z permet d'ouvrir ou de fermer l'objectif indépendamment de l'obturateur.

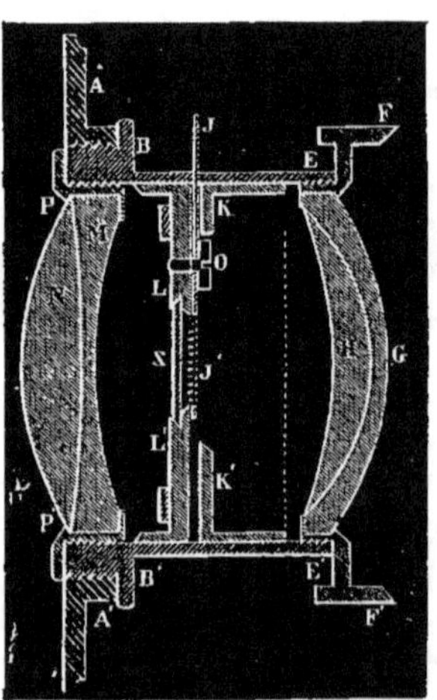

Fig. 85. — Doublet de M. Thomas Ross.

Cet objectif est supérieur à l'objectif-globe, en ce qu'il possède moins d'aberration de sphéricité, ce qui permet l'emploi de diaphragmes moins étroits. Il embrasse un angle de 80 degrés et est presque exempt de distorsion. Mais il possède les désavantages commun à l'*objectif-globe*, à savoir : l'emploi forcé de trop petits diaphragmes.

Son usage est précieux pour la reproduction des monuments dont la distance est très-rapprochée. Il donne des images d'une remarquable netteté et possède une très-grande profondeur de foyer, qualités qui le font ranger parmi les meilleurs objectifs non-aplanétiques.

§ **169. Le doublet grand angulaire** de M. J. H. Dallmeyer,

(1) La figure est dessinée renversée dans sa monture par une erreur du dessinateur. Mais la description est exacte.

et **l'objectif pantoscope** de M. Busch, de Rathenow, ont une forme analogue au doublet de M. Ross, et servent au même objet : la reproduction des monuments trop rapprochés pour pouvoir être reproduits par les autres objectifs.

Objectifs aplanétiques.

§ **170. L'objectif orthoscopique.** Cet objectif a été inventé par M. Petzval, de Vienne, et est basé sur des calculs extrêmement ingénieux. La fig. 86 le présente tel que le construisent MM. Harisson et Schnitzer, de New-York.

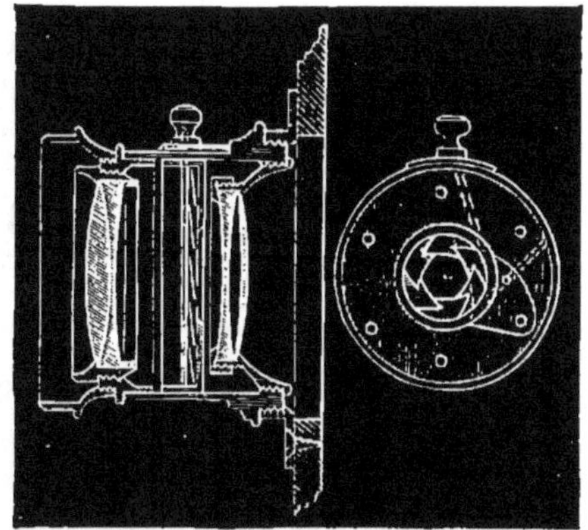

Fig. 86. — Objectif orthoscopique de MM. Harisson et Schnitzer.

L'ouverture de l'objectif orthoscopique est de $f/8$ environ.

L'objectif orthoscopique n'est pas exempt de distersion. Il courbe les lignes en croissant (fig. 79) ; il ne saurait donc convenir à la reproduction des monuments, des gravures, etc. L'usage de cet objectif est abandonné depuis que l'on possède les aplanats dont nous parlerons plus loin.

§ **171. Le triplet.** — Le triplet que nous décrivons ici est celui que construit M. Dallmeyer, l'inventeur de cet objectif. La fig. 87 représente *très-exactement* le modèle de 7 pouces anglais de distance focale.

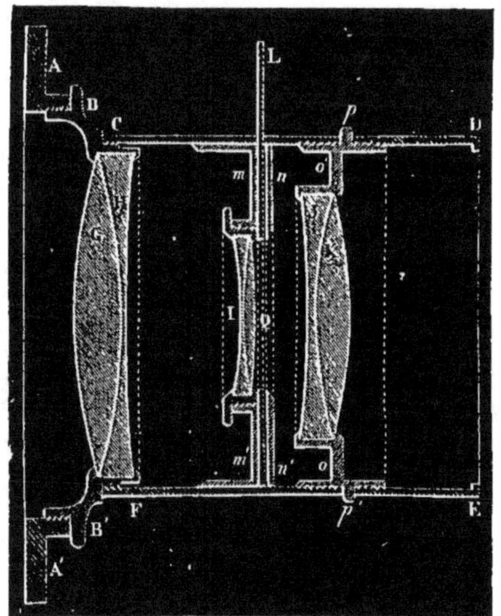

Fig. 87. — Triplet de M. H. J. Dallmeyer.

L'angle embrassé par le triplet est de 44 degrés, sa plus grande ouverture de $f/9$ à $f/10$.

Pour les groupes et les effets instantanés, l'objectif doit être employé avec l'ouverture la plus large possible, de manière à obtenir le maximum de rapidité. Mais pour les paysages et les reproductions, lorsque le temps de pose a une moindre importance, on peut employer des diaphragmes plus petits.

L'usage du triplet, depuis l'introduction de l'aplanat dont nous parlons à l'alinéa suivant, est presqu'entièrement abandonné.

§ **172. L'aplanat.** — Cet objectif, inventé en 1866 par M. A. Steinheil, est représenté fig. 88. Il est formé de deux ménisques symétriques, composés chacun d'un flint très-lourd collé à un flint léger. Les diaphragmes gradués se placent entre les deux ménisques, en AB.

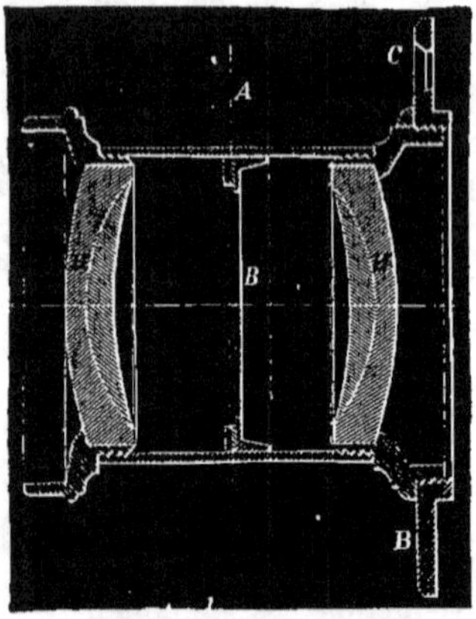

L'angle embrassé par l'aplanat est de 43 degrés, donc sensiblement égal à celui qu'embrasse le triplet. Mais il est deux fois aussi rapide, parce qu'il a une ouverture plus grande (1).

En dévissant l'objectif de devant H', et en laissant en place le ménisque H et les diaphragmes, on obtient une longueur focale double et une image deux fois aussi grande, mais bien moins parfaite que si l'objectif est employé avec ses deux ménisques.

Fig. 88. Aplanat de M. Ad. Steinheil.

Cet objectif est très-remarquable, et *il est de beaucoup supérieur au triplet* dont il a tous les avantages, tout en étant deux fois aussi rapide. Il est parfaitement exempt de lumière réfléchie par les surfaces des lentilles.

Comme il est parfaitement symétrique, il ne faut pas le retourner comme le triplet et les autres objectifs pour faire des agrandissements à la chambre noire.

Il est parfaitement aplanétique, et peut, par conséquent, servir à faire des portraits en plein air. Mais il est plus lent que l'objectif double ordinaire, et d'un moins bon usage pour les portraits à l'atelier. Armé d'un diaphragme de $f/20$, il sert aux paysages animés, à la reproduction des intérieurs, des tableaux. Avec un diaphragme plus petit ($f/30$), il sert à reproduire les cartes géographiques, les monuments. Il est absolument exempt de distorsion.

C'est le meilleur entre tous les objectifs pour tout genre de photographie autre que le portrait à l'atelier. M. Adolphe Steinheil, l'inventeur de cet objectif, est en ce moment (2) occupé à le perfectionner

(1) $f/6$ pour les petits objectifs, $f/9$ pour les grands.
(2) Décembre 1879.

considérablement dans sa construction primitive. Le nouvel objectif aura plus de profondeur de foyer sur les bords de l'image, laquelle par conséquent, sera beaucoup plus nette.

M. J. H. Dallmeyer a construit le même objectif, mais à l'aide de flint et de crown ordinaire. Il l'appelle « *rapid rectilinear lens* » et l'exécute de la façon la plus remarquable.

§ 173. Les aplanats grands angulaires de M. A. Steinheil (1). — Tous les objectifs embrassant un grand angle ont nécessairement un champ moins éclairé sur les bords qu'au centre. Cela provient du diaphragme qui, vu de face, est plus grand que vu de côté. Il est toutefois possible de rapprocher les lentilles du diaphragme et dès lors, en se bornant à un champ d'une grandeur moyenne, de l'éclairer à peu près uniformément, ce qui est précieux pour la reproduction des cartes de géographie.

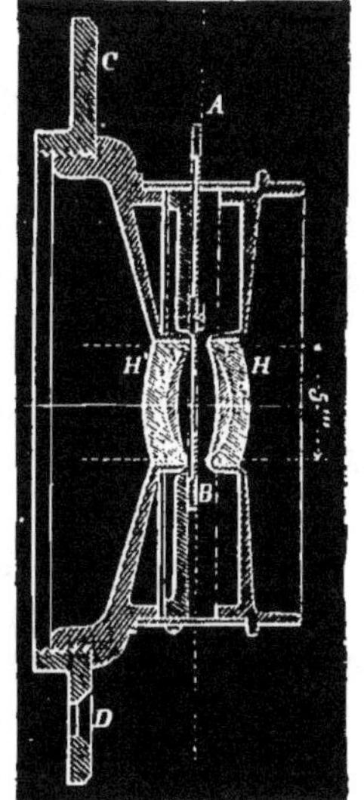

Fig. 89. - Aplanat grand-angulaire de M. A. Steinheil.

La fig. 89 montre comment le Dr Ad. Steinheil a réalisé ce but. Dans un tube très-large sont fixés deux ménisques achromatisés égaux entre eux H, H', et symétriques par rapport au diaphragme rotatif AB, dont les ouvertures N, M, O (fig. 90), sont dans le rapport de 1, 2, 4.

La combinaison a, pour les petits objectifs une ouverture de $f/_{15}$, pour les grands $f/_{16,8}$. L'angle embrassé est de 70°, donc moins grand que l'angle embrassé par les doublets de MM. Busch, Dallmeyer et Thomas Ross. Toutefois, ce désavantage est largement compensé par une ouverture bien plus grande, un aplanétisme complet et une absence absolue de distorsion.

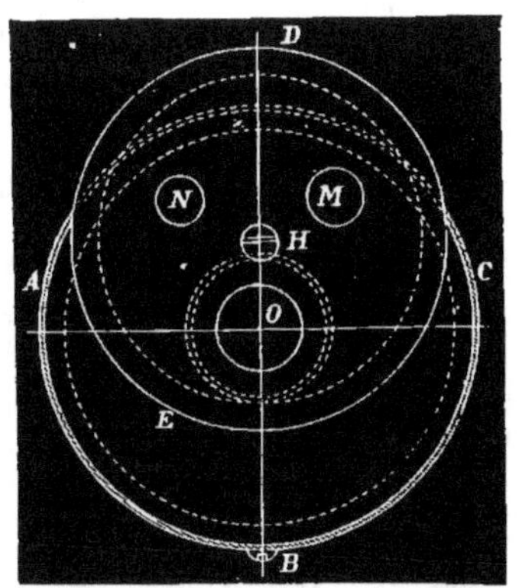

Fig. 90. — Diaphragme rotatif de l'aplanat.

De plus, comme dans les Instituts de géographie, l'on cherche surtout à obtenir des clichés propres à la gravure héliographique; qu'à cette fin, l'image doit être renversée

(1) *Phot. Mittheil.*, tome 8, p. 15.

par un miroir ou mieux par un prisme placé en avant de l'objectif; que ce prisme est d'un grand prix, et qu'il faut tâcher de le faire aussi petit que possible, M. Steinheil a mis tous ses soins à atteindre ce résultat à l'aide de lentilles à petite surface.

M. Ad. Steinheil vient de livrer au commerce de nouveaux objectifs aplanétiques et symétriques qui sont appelés à un grand succès. Leur forme générale est comprise entre celle des figures 88 et 89.

Le premier est destiné aux paysages. Son ouverture est $f/12$ à $f/15$. Le second est un grand angulaire d'une ouverture de $f/20$ à $f/25$. Ce dernier est spécialement destiné aux monuments dont il faut se rapprocher beaucoup.

M. Prasmoski, opticien bien connu de Paris, construit également un doublet symétrique grand angulaire qui ne le cède en rien aux meilleurs objectifs construits en Angleterre et en Allemagne. L'auteur de cet ouvrage possède un de ces objectifs, qu'il a trouvé excellent.

§ **174. Euriscope et aplanats à grande ouverture.** — Il y a plusieurs années, vers 1869, M. Dallmeyer nous envoya, à l'examen, un nouvel objectif, symétrique et aplanétique, de la forme générale représentée fig. 88, mais avec une ouverture du quart de la distance focale.

Nous examinâmes cet objectif avec le plus grand soin, en le comparant à un objectif de même ouverture, de même diamètre, et de même foyer, mais de la forme Petzval dont nous parlerons à l'alinéa suivant.

Le résultat ne fut pas favorable au nouvel aplanat, et notre éminent ami Dallmeyer ne mit point cet objectif dans le commerce.

Il y a trois ans, M. Voigtländer annonça avoir trouvé une nouvelle combinaison, qu'il appela *euriscope*, symétrique et aplanétique, d'une ouverture moyenne de $f/5$ à $f/6$. Beaucoup de bruit a été fait de cet objectif. L'auteur de cet ouvrage le compara à la forme Petzval, et le résultat a été que l'euriscope est *inférieur* aux objectifs bien construits de la forme Petzval de même ouverture.

Enfin, à la dernière exposition de Paris (1878), M. Dallmeyer exposa un nouvel objectif, toujours dans le genre des aplanats, c'est-à-dire symétrique et aplanétique, mais d'une ouverture encore plus grande ($f/3$) que celui qui nous fut envoyé par lui en 1869. Quelques mois plus tard, M. Steinheil, de Munich, nous annonçait un objectif analogue.

Nous avons examiné ces objectifs $f/3$ de M. Dallmeyer et de M. Steinheil, en comparaison avec la forme Petzval, et le résultat a été celui-ci.

Les nouveaux objectifs $f/3$ étaient d'une quantité à peine appréciable plus rapides que celui de la forme Petzval, mais donnaient un champ moins plat et moins de netteté sur les bords de l'image. Et surtout l'achromatisme était bien inférieur.

Jusqu'à présent donc, la palme pour les objectifs rapides reste à la forme Petzval, et ni les nouveaux aplanats pour portraits de M. Steinheil, ni ceux de M. Dallmeyer, ni ceux de M. Voigtländer ne peuvent rivaliser avec les premiers. M. Dallmeyer et aussi M. Steinheil nous ont écrit que désormais ils renonçaient à cette construction, au moins jusqu'au moment où ils auraient pu trouver une meilleure combinaison.

§ **175. L'objectif double ordinaire.** — L'objectif double est représenté fig. 91. Les deux combinaisons de lentilles sont montées aux deux extrémités d'un tube BA, terminé vers l'objet à reproduire par un cône C sur lequel s'adapte l'obturateur B. Il est mobile dans un tube C, à l'aide d'une crémaillière F, et se visse sur un anneau E fixé sur la chambre noire.

Les diaphragmes H se plaçaient jadis dans le cône C. Aujourd'hui on les place généralement entre les deux lentilles dans une rainure ménagée à cet effet. Ils sont numérotés de telle façon que chaque chiffre comporte une pose *double* de celui qui le précède, exceptés les diaphragmes marqués d'une croix qui ne comportent que la moitié du temps de pose en plus. Cette disposition est due à M. Waterhouse, et est adoptée par tous les bons opticiens.

Ainsi que nous l'avons dit page 15, cet objectif a été inventé par M. Petzval. Plusieurs opticiens ont réclamé la priorité de l'invention de l'objectif double, se basant sur ce qu'ils avaient construit des objectifs à deux lentilles bien avant la publication du mémoire de M. Petzval. Mais ces objectifs n'étaient nullement conformes à l'objectif double universellement adopté aujourd'hui. Ils ressemblaient beaucoup à la figure 85. Ces réclamations n'ont donc aucune valeur scientifique et sont, du reste, par cette cause, tombées aujourd'hui dans l'oubli. Passons à une description plus détaillée de cet objectif.

La figure 91 représente en grandeur naturelle l'objectif double de Petzval, construit par M. Dallmeyer sous le nom d'objectif rapide pour épreuves stéréoscopiques et dont la distance focale est de 4,62 pouces anglais. Il est composé :

1° D'un ménisque HG achromatisé (presqus plan-convexe) dont la surface convexe regarde l'objet à reproduire. Ce ménisque, serti dans un anneau II', se visse sur un tube DEE'D' lequel reçoit le tube extérieur plus large FF' qui se ferme à l'aide d'un obturateur en cuivre ou en carton.

2° D'une combinaison bi-convexe NM, formée d'un ménisque M

divergent en flint placé à une certaine distance d'une lentille biconvexe N en crown. Le flint serti dans un anneau OO′ se fixe dans l'anneau PP′ qui reçoit le crown. Un anneau sépare les deux lentilles à la distance assignée par le calcul. Cette combinaison se fixe à l'extré-

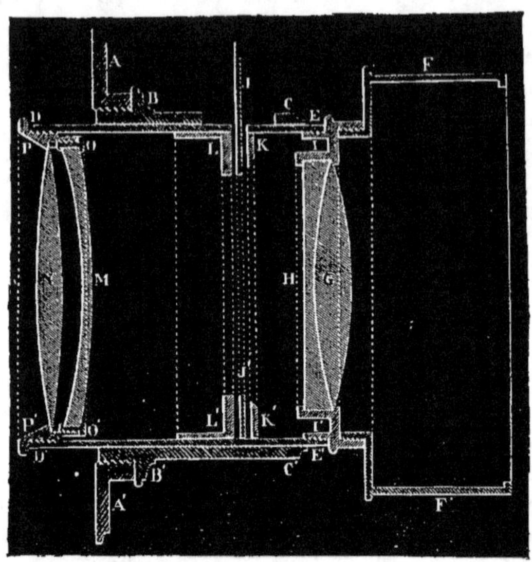

Fig. 91. — Objectif à portraits de J. H. Dallmeyer.

mité opposée de tube DEE′D′. Les deux disques LL′, KK′ livrent passages aux diaphragmes gradués JJ′.

La lentille de devant HG employée seule, donne une image nette à sa partie centrale, mais confuse sur les bords. Si on la retourne de manière que sa face convexe regarde le verre dépoli et qu'on la substitue à la lentille NM, elle donne une image confuse, mais que de petits diaphragmes placés en JJ′ rendent nette. On s'en sert quelquefois pour les paysages, mais elle est bien inférieure pour cet objet aux objectifs simples construits exprès.

Le but de la combinaison MN est d'allonger le foyer des rayons obliques à l'axe de manière à avoir un champ plat. Les bornes de cet ouvrage ne nous permettent point une description détaillée du rôle de ce ménisque qui constitue l'invention de M. Petzval, ce qui du reste est impossible sans calculs. Disons toutefois que l'intervalle qui sépare dans ce ménisque le flint du crown sert à corriger l'aberration sphérique du système entier.

De l'ouverture de l'objectif double dépend sa rapidité. Elle est variable suivant le but que l'on se propose. Pour portraits très-rapides, M. Dallmeyer, qui construit les meilleurs objectifs existants, a adopté l'ouverture $f/3$ comme la plus grande possible avec un champ suffisamment plat, et désigne cette classe d'objectifs par la lettre B.

Puis il construit une seconde classe d'objectifs un peu moins rapides, qu'il désigne par la lettre C, qui ont un foyer un peu plus long ($f/4$), mais dont le champ est plus plat. Ils servent pour les climats plus clairs que le nôtre.

Enfin la classe D, objectifs à foyer long ($f/6$), sont surtout destinés aux groupes et portraits en plein air.

La rapidité comparative de ces objectifs est à peu près représentée par

$$1 : 1,8 : 4.$$

Donc l'objectif B est 4 fois plus rapide avec toute son ouverture que D; et 1,8 fois que C.

Le champ de l'objectif double varie de 15 à 55°. Il dépend de la grandeur du diaphragme employé et de la distance entre elles des deux lentilles situées aux extrémités du tube qui les porte. Plus ces lentilles sont rapprochées et le diaphragme petit, plus le champ est grand; plus elles sont éloignées et le diaphragme grand, plus le champ est faible. Mais inversement l'inégalité de l'éclairage du centre de l'image vers les bords est d'autant plus grande que le champ est plus grand.

Cette inégalité de l'éclairage s'atténue du reste fortement par l'emploi des diaphragmes qui égalisent l'éclairage, en même temps qu'ils répartissent la netteté jusqu'aux bords, et cela d'autant plus, qu'ils sont plus petits. Dans ce dernier cas, le champ de l'objectif double peut atteindre 60°.

Le champ de l'objectif double employé avec toute son ouverture est assez courbe. De là difficulté dans la mise au point. Mais l'emploi de diaphragmes, comme nous venons de le décrire, atténue ce défaut.

La profondeur de foyer de l'objectif double est très-faible, et par suite, la mise au point de plans distants entre eux très-difficile, surtout si l'on veut utiliser l'objectif avec toute son ouverture. Mais, même avec de petits diaphragmes, la profondeur de foyer de l'objectif double est bien moins grande que celle de l'objectif simple.

Les images fournies par l'objectif double ne sont pas exemptes de distorsion. Donc, cet objectif n'est pas propre aux reproductions de monuments ni de plans.

§ **176. Objectif double égaliseur du foyer.** — Le manque de profondeur de foyer de l'objectif Petzval a pour effet de limiter la netteté de l'image à un seul plan; s'il s'agit d'un buste, par exemple, de l'œil aux dépens des autres parties de la figure. Pour éviter ce défaut, M. Claudet[1] conseille le procédé suivant. Avant de mettre au point, il marque par des repères les positions de l'objectif qui correspondent à la partie la plus avancée de la figure et à la partie la plus reculée; puis, pendant la pose, il meut lentement la crémaillière de l'objectif dans des limites déterminées par les repères.

De cette façon, aucun plan n'est absolument net dans la figure, ni aucun n'est absolument vague. On a une netteté moyenne qui, suivant M. Claudet, satisfait mieux l'œil.

L'idée de M. Claudet est originale. Mais il est dangereux de toucher à l'objectif pendant la pose à cause du mouvement qu'on communique à la chambre noire.

M. Dallmeyer[2] a résolu le problème d'une façon beaucoup plus simple. Pour cela, il renverse la position du crown et du flint dans le ménisque NM (fig. 91) de l'objectif double. Donc, la lentille de flint M regarde le verre dépoli au lieu de regarder l'objet. Dans cet état, l'objectif est tout aussi bon que les objectifs ordinaires, sans cependant posséder une profondeur de foyer plus grande. Mais le flint M est monté à part dans un barillet sur lequel se trouvent, aux extrémités de deux diamètres perpendiculaires, des points de repère formés par 1, 2, 3 ou 4 points en regard d'un index fixé sur le tube. Ce barillet peut se dévisser d'un, de deux, de trois tours. En un mot, le flint M peut s'éloigner du crown adjacent.

On enlève le verre dépoli, pour tourner le ménisque de 1/2 à 3 ou 4 tours, l'on met alors au point, l'on substitue au verre dépoli la glace sensible.

L'image obtenue n'est plus aussi nette, elle est à contours un peu flous; mais cette netteté moyenne est répartie sur les différentes parties de la figure.

L'effet obtenu répond au résultat que se proposait M. Claudet; mais on l'obtient en tournant simplement le ménisque avant la mise au point, et sans danger de faire bouger la chambre noire.

L'on introduit dans l'image une aberration sphérique qui altère la netteté de cette image *sur toute son étendue* et l'on augmente ainsi la profondeur de foyer.

Nous nous sommes servi du nouvel objectif de M. Dallmeyer avec beaucoup d'avantage. Mais il faut, pour en tirer un parti convenable, en étudier avec soin le mécanisme et l'effet.

---

(1) *Bull. Soc. franç. phot.* 1866, p. 225.

(2) *Bull. Soc. franç. phot.* 1867, p. 41; Déc. 1866. *Journ. of the Phot. Society.*

SECTION V. — DU CHOIX, DE L'ESSAI ET DE L'USAGE DES OBJECTIFS.

Du choix des objectifs.

§ 177. Portraits. — Le portrait est du domaine exclusif du photographe de profession. Il lui faut donc plusieurs objectifs : un pour la carte, un pour le format album, un pour la plaque entière, et souvent un pour les grands portraits de 30 centimètres sur 40.

Le choix de ces objectifs dépend de la longueur de la galerie vitrée. Mais aujourd'hui, la plupart des ateliers étant construits dans de bonnes conditions de longueur, nous ne devons pas nous occuper des ateliers trop courts.

Pour la carte de visite, il faut un objectif de 2 3/4 pouces de diamètre et de 6 pouces de foyer, ce dernier mesuré du verre postérieur au verre dépoli. Dans ce cas, il y a environ 5 1/2 mètres entre le modèle et l'objectif pour un portrait en pied. Le N° 2 B rapide de Dallmeyer est le meilleur des objectifs pour cet objet.

Pour le portrait-album (cabinet), il faut un objectif de 3 pouces de diamètre et de 8 pouces de foyer. Alors on obtient la figure en pied également à la distance de 5 1/2 mètres.

Pour la plaque entière, il faut un objectif de 4 pouces de diamètre et d'un foyer de 12 pouces. La figure entière s'obtient à une distance de 6 mètres.

Pour l'extra-plaque (21c 27c) ou la dimension 27 sur 35 centimètres, on se sert généralement d'un objectif d'un diamètre de 6 pouces, d'un foyer de 18 à 24 pouces. Mais c'est une erreur de se servir pour ces dimensions d'objectifs doubles à portrait. Car, pour obtenir une image nette, il faut diaphragmer fortement l'objectif tant et si bien qu'il n'est pas plus rapide que l'*aplanat* (voyez page 134 (de 27 ou 39 lignes d'ouverture. Or, l'objectif à portrait de 6 pouces ne peut absolument servir à autre chose qu'au portrait; l'aplanat sert à plusieurs autres usages; donc, sous tous les rapports, l'avantage lui reste. Nous savons très-bien que l'objectif de 6 pouces avec toute son ouverture est plus rapide que l'aplanat. Mais combien de grands portraits fait-on dans l'année? Ajoutons que les rapides progrès du procédé sec au gélatino-bromure d'argent permettent de raccourcir énormément les temps de pose, donc les aplanats vont prendre dans l'atelier la place des anciens objectifs doubles de grande dimension.

En plein air, le portrait peut nécessairement se faire avec des objectifs moins rapides, et alors les aplanats Steinheil et Dallmeyer conviennent admirablement. Le triplet est moitié moins rapide.

Les objectifs Dallmeyer D, à long foyer, conviennent encore, mais comme ils sont inférieurs pour les reproductions, le choix des aplanats reste le plus avantageux.

En tous cas, quels que soient les objectifs que l'on veuille choisir, ils auront pour la carte 6 pouces de foyer; pour le portrait-album 8 pouces de foyer; pour la plaque normale de 18 × 24 centimètres, 12 pouces de foyer. Dans ce cas, il y aura une distance convenable, environ 6 mètres, entre le modèle et la chambre noire, pour l'obtention d'un portrait en pied.

§ **178. Groupes.** — Les meilleurs objectifs pour groupes sont ceux dont le diamètre est du sixième de leur foyer. Mais, si l'on possède des objectifs à foyer plus court, tels que les objectifs ordinaires à portrait, un diaphragme les rend aptes à reproduire les groupes, puisque l'effet du diaphragme est de répartir la netteté sur une plus grande étendue de verre dépoli.

Mais s'il faut acheter exprès des objectifs pour les groupes de grande dimension, alors les *aplanats* Steinheil, les *rapides rectilignes* Dallmeyer, sont les meilleurs, parce qu'ils sont, de plus, propres aux monuments et aux reproductions.

Pour connaître la dimension de l'aplanat, propre à telle grandeur de groupe que l'on désire, mesurez la diagonale de l'épreuve que vous voulez produire. Elle représente les $3/4$ du foyer de l'aplanat que vous devez avoir.

§ **179. Reproductions.** — Le meilleur objectif pour les reproductions, est encore toujours l'aplanat, mais de la forme fig. 89. Cette fois on ne doit plus l'employer avec toute son ouverture comme pour le portrait, ou le munir d'un diaphragme moyen comme pour le groupe. Mais on peut le munir d'un diaphragme d'autant plus petit que l'on veut une dimension plus grande et une netteté plus parfaite.

§ **180. Monuments.** — D'après ce qui précède, l'aplanat (ou le *rapide rectiligne*) est le meilleur des objectifs pour les monuments. Mais si la distance entre le monument et la chambre noire doit être très-courte, il faut avoir recours aux objectifs grands angulaires décrit page 135 et suiv.

§ **181. Paysages.** — Nous avons dit page 131 que l'objectif simple était de tous les objectifs, le meilleur pour les paysages. Celui donc, qui veut ne faire que des paysages, choisira les objectifs simples. Mais s'il veut faire le paysage animé et le monument en même temps, alors il se servira des mêmes objectifs que ceux signalés à l'article *reproductions et monuments*.

§ **182. Emploi du prisme et du miroir en avant de l'objectif.** — Plusieurs procédés photographiques exigent des négatifs retournés. Nous verrons plus tard quels moyens on peut employer pour retourner la couche photographique elle-même. Mais on peut aussi renverser l'image, à l'aide d'un prisme réflecteur placé au devant de l'objectif ou à l'aide d'un miroir argenté.

Le prisme peut être employé pour des objectifs qui n'embrassent pas un trop grand angle. Sa surface hypothénuse doit être argentée, le verre dont il est fait doit être très-pur et exempt de stries et ses surfaces doivent être parfaitement planes.

Si l'angle embrassé par l'objectif dépasse 40 ou 50°, les pinceaux obliques à l'axe ne sont pas réfléchis par le prisme, et alors il faut faire usage d'un miroir plan en verre argenté sur sa surface extérieure et poli. Ce miroir doit être placé en avant et aussi près que possible de l'objectif.

L'usage du miroir serait bien préférable à celui du prisme si l'argenture ne s'en détruisait rapidement sous l'influence des agents atmosphériques. Aussi faut-il réargenter le miroir très-fréquemment.

Essai des objectifs (1).

§ **183. Mire d'essai.** — Sur un papier blanc bien tendu sur grande planche à dessin, tracez au tire-lignes un grand carré, par exemple de 90 centimètres de côté, dont vous diviserez les côtés en 9 parties égales. Joignez les divisions par des droites, de manière que le grand carré soit divisé en 81 petits carrés.

Sur les deux lignes centrales perpendiculaires, écrivez à partir du centre les chiffres 0, 1, 2, 3, 4, 5. Puis, placez la planche à dessin bien verticalement dans un endroit fortement éclairé.

§ **184. Mesure du vrai foyer de l'objectif (foyer absolu)** (2). — Sur le verre dépoli de la chambre noire, tracez bien au milieu deux lignes perpendiculaires. Assurez-vous que votre objectif est bien rigoureusement au milieu de la chambre noire, dont le verre dépoli doit être vertical, et dirigez l'instrument sur la mire, de manière que le centre O de la mire et le centre des deux droites tracées sur

---

(1) Ceci est surtout écrit pour l'essai des objectifs à reproduction, excepté ce qui a trait à la mesure du foyer, à l'essai du foyer chimique et de l'angle embrassé par l'objectif.

(2) *Équivalent focus* des Anglais.

le verre dépoli, coïncident. Mettez bien au point. Employez un petit diaphragme.

Vous verrez de suite si le plan de la mire est parallèle au verre dépoli, car la netteté doit décroître régulièrement du centre vers les bords.

Rapprochez maintenant l'objectif de la mire et augmentez le tirage de la chambre noire jusqu'à ce que l'un des carrés centraux soit reproduit en même grandeur sur le verre dépoli. (Il est bien entendu que si l'objectif était fort petit, on pourrait rendre la mire également plus petite.)

Enlevez maintenant l'objectif, mesurez la distance de la mire au verre dépoli. Le quart de cette distance est le foyer absolu de l'objectif que vous inscrirez sur sa monture.

Si le photographe veut uniquement mesurer le foyer de l'objectif, une gravure quelconque peut servir de mire.

§ **185. Mesure de l'angle embrassé par l'objectif.** — Soient AB (fig. 92) des objets très-éloignés situés à l'horizon, C la lentille fixée sur une chambre noire placée sur une table bien de niveau. En les mettant au point sur le verre dépoli, nous trouvons que les objets D et E forment la limite de l'image sur le verre dépoli. Tracez au milieu du verre dépoli une droite verticale et tournez la chambre noire jusqu'à ce que le point E tombe sur cette droite. Avec un crayon appuyé sur le côté de la chambre noire, tracez la droite *ce*. Tournez la chambre vers le point D jusqu'à ce que ce point tombe sur la droite tracée sur le verre dépoli. Tracez la droite *cd* comme vous l'avez fait pour *ce*. Si elle ne vient pas couper *ce*, prolongez-la suffisamment. Il est clair que l'angle *ecd* est égal à DCE. Donc, en plaçant le centre d'un rapporteur en *c*, on lit le nombre de degrés *cd*, c'est l'angle embrassé par votre objectif.

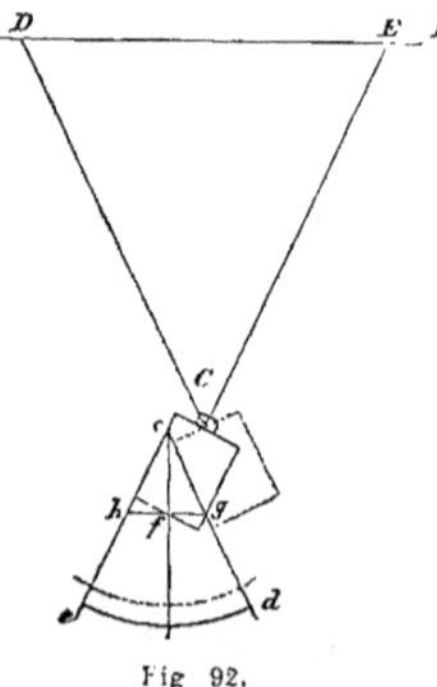

Fig. 92.

Cette méthode s'applique non-seulement aux lentilles simples, mais encore aux lentilles composées telles que celles qui constituent les objectifs employés en photographie.

§ **186. Essai du foyer chimique de l'objectif.** — Placez à quelques mètres de l'objectif à essayer le *focimètre* (fig. 93) dont l'image doit se former au centre du verre dépoli. Ce focimètre est formé de 8 segments de carton numérotés et placés à égale distance les uns des autres sur un cylindre en bois, leur assemblage vu de face formant un cercle. Mettez rigoureusement au point le carton n° 5, et, afin d'éviter toute erreur, servez-vous d'un verre dépoli placé dans le châssis à glace qui recevra plus tard la glace sensibilisée.

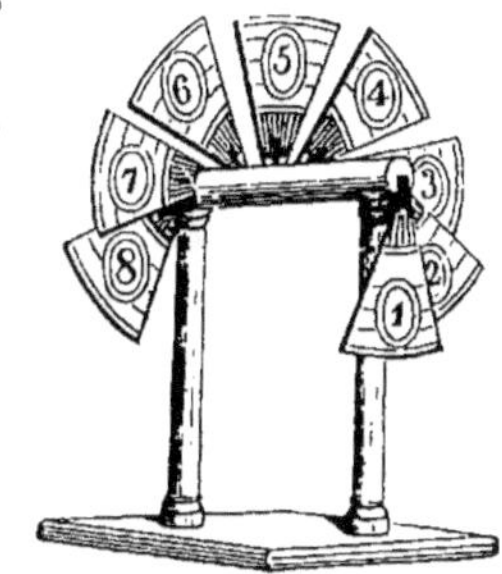

Fig. 93. — Focimètre.

Cela fait, substituez la glace sensibilisée au verre dépoli, faites une épreuve et voyez si l'image du carton n° 5 est bien rigoureusement nette. Si elle ne l'est pas, votre objectif possède un foyer chimique. Si le carton n° 6, 7 ou 8 est le plus net (au lieu du n° 5 mis au point), le foyer chimique est plus long que le foyer visuel, et après chaque mise au point, il faudra allonger le tiroir de votre chambre noire d'une quantité variable avec la distance de l'objet à reproduire. Si c'est le carton n° 2, 3 ou 4, c'est l'inverse.

§ 187. Mesure des diaphragmes pour le calcul des temps de pose. — La plupart des opticiens construisent aujourd'hui la série de diaphragmes qui accompagne les objectifs d'une telle façon que le temps de pose va toujours en doublant du plus grand diaphragme à celui qui le suit immédiatement.

Mais l'on ne peut ainsi calculer les temps de pose pour des objectifs différents. Pour atteindre ce but, il faut diviser la longueur focale f de l'objectif (exprimée en millimètres) par les diamètres (en millimètres) des diaphragmes. On obtient ainsi des chiffres fractionnaires tels que $f/40$, $f/30$, $f/15$, $f/10$, $f/7$, etc. Les temps de pose sont alors respectivement en raison inverse du carré de l'ouverture des diaphragmes soit : 1600, 900, 225, 100, 49. En prenant 49 pour 1, les temps de pose seraient de 1, $1/2$, $2/9$, $1/18$, $1/32$, le temps de pose du plus grand diaphragme étant pris pour unité.

Voilà les temps de pose pour un seul et même objectif. Mais si l'on en a plusieurs, il suffit d'établir les mêmes rapports entre f et le diaphragme, et alors les temps de pose sont comparables, car tous les objectifs ont sensiblement la même rapidité.

Cette règle est approximativement exacte (1), et l'est tout à fait pour l'objectif simple.

---

(1) Pour connaître exactement le diamètre d'un diaphragme placé entre les deux lentilles d'un objectif, dirigez ce dernier, muni du diaphragme à mesurer, vers le soleil. Puis, avec un compas dont les pointes portent sur la surface extérieure de la lentille qui regarde le soleil, cherchez, en ouvrant ou en fermant le compas, à faire coïncider l'ombre des pointes du compas avec les bords de l'ouverture du diaphragme.

SECTION VI. — DE L'USAGE DES OBJECTIFS.

§188. De l'usage de l'objectif pour le portrait. — Nous avons signalé page 141 quels objectifs il fallait employer pour le portrait; il est donc inutile d'y revenir ici, de même que sur les chambres noires à cartes de visite, format album, etc. (Voir page 85 et suiv.)

Mais c'est ici le lieu d'expliquer l'utilité du cône adapté à toutes les chambres noires, et qui est représenté en K, fig, 39, page 90.

Le premier effet de ce cône est d'éloigner toute lumière étrangère au sujet à reproduire, qui peut venir frapper, à travers l'objectif, les parois intérieures de la chambre noire, s'y réfléchir, et produire ainsi des images voilées.

Le second effet, de beaucoup le plus important, réalisé par l'obturateur AB (fig. 94) de ce cône, est de donner des temps de pose différents à la partie inférieure du modèle et à sa partie supérieure. Notre figure représente, en effet, l'obturateur à moitié ouvert. Dès lors, la partie supérieure O du verre dépoli de la chambre noire, voit suivant la direction OLR la partie inférieure du modèle. Si l'on continue d'ouvrir *lentement* l'obturateur, le verre dépoli verra successivement toutes les parties qui se trouvent au-dessus de la partie inférieure du modèle. Il se produit ainsi un effet dégradé du haut vers le bas et une inégalité d'éclairage qui souvent fait le plus bel effet, parce que le portrait ainsi obtenu s'assombrit à partir de la tête aux pieds.

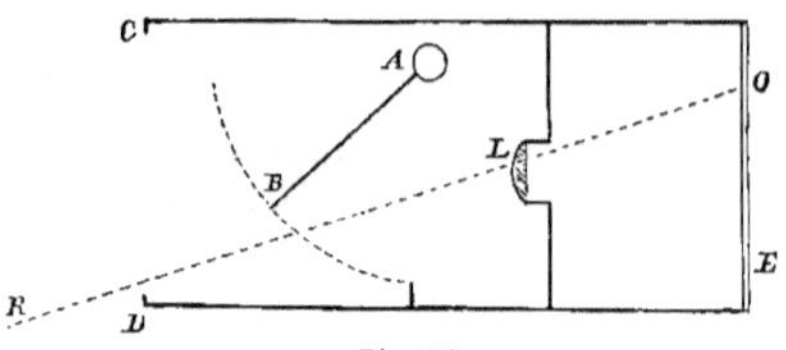

Fig. 94.

M. Cadett a inventé un petit appareil très-ingénieux pour ouvrir et fermer l'appareil à distance.

En voici la description (fig. 95 et 96) :

1° Une petite boîte, qui s'adapte aisément à tous les objectifs, au moyen d'un anneau en caoutchouc : cette boîte est munie d'un disque obturateur très-léger recouvert de velours noir et qu'un ressort, contenu dans la boîte, maintient devant la lentille de l'objectif;

La distance des pointes du compas est alors l'ouverture *vraie* du diaphragme. Elle est toujours un peu plus grande que celle du diaphragme, puisque l'effet de la première lentille de l'objectif est de faire *converger* les rayons lumineux qui la traversent.

2° Un long tuyau flexible, à l'extrémité duquel se trouve une poire en caoutchouc que l'opérateur tient en main. Lorsqu'on presse la poire dans la main l'air qu'elle contient est comprimé, et la

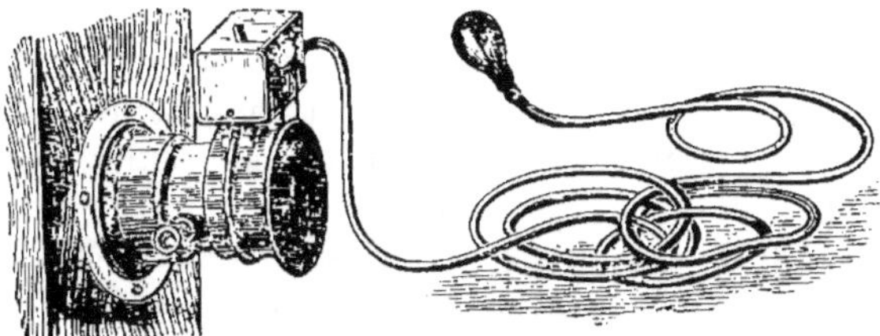

Fig. 95. — Obturateur Cadett.

pression de cet air, se communiquant instantanément à un appareil pneumatique renfermé dans la boîte, agit sur le ressort et soulève le disque qui découvre l'objectif aussi longtemps que l'on appuie sur la poire. Cesse-t-on de comprimer celle-ci, l'obturateur, sollicité par le ressort, reprend sa position première et ferme l'objectif.

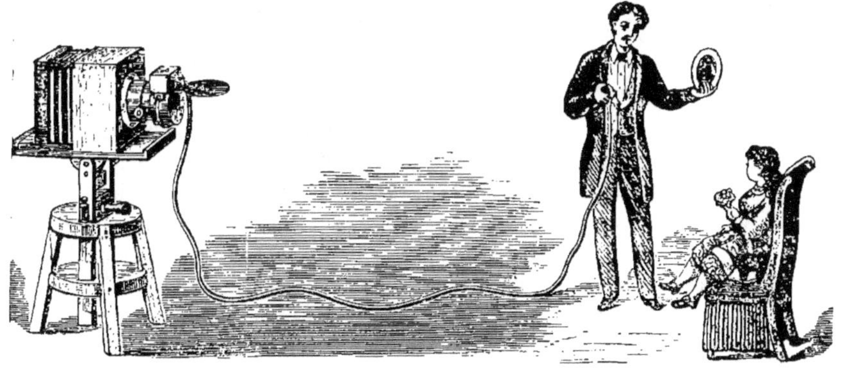

Fig. 96. — Manière de se servir de l'obturateur Cadett.

En s'ouvrant, l'obturateur n'imprime aucune secousse à l'appareil, à condition que l'on opère adroitement.

On comprend l'utilité de cet ingénieux appareil; grâce à son emploi, le photographe peut facilement découvrir à distance l'objectif, sans que le modèle s'en aperçoive.

Cet obturateur permet très-aisément d'obtenir une pose instantanée.

§ 189. **Mise au point.** — La mise au point se fait en couvrant le verre dépoli de la chambre noire d'un drap noir sous lequel on met la tête pour voir l'image. De la main droite, on tourne le bouton de la crémaillière que porte la chambre noire, jusqu'à ce que l'image soit nette sur le verre dépoli (1). Pour le portrait, c'est généralement l'œil du modèle que l'on met au point.

Le plus souvent, les verres dépolis qui accompagnent les chambres noires ordinaires sont trop gros de grain et la netteté de l'image se perçoit mal. Il vaut mieux acheter chez un opticien, de l'éméri dit *de 10 minutes de dépôt*, en jeter quelques pincées sur une glace bien unie, puis avec de l'eau et un petit morceau de glace épaisse, dépolir la glace pendant quelques minutes jusqu'à ce qu'elle soit entièrement mate. Alors la surface est d'un grain excessivement fin; et la mise au point est d'une rare facilité. Autrement, elle est très-laborieuse.

Un point sur lequel l'opérateur doit être rendu attentif, c'est que le châssis à glace sensible que l'on substitue au verre dépoli après la mise au point, soit, de même que le verre dépoli, appuyé par des ressorts contre la *partie fixe* de la chambre noire, sinon l'image peut manquer de netteté. Ceci s'explique puisque la glace sensible et le verre dépoli doivent occuper rigoureusement la même place.

Après la mise au point, vient comme nos lecteurs le savent, l'exposition de la glace sensible à la lumière dans la chambre noire, pendant un temps variable, qu'on appelle le temps de pose. Pour cela, le châssis à glace est substitué au verre dépoli, ouvert un certain nombre de secondes, puis fermé, et porté dans le cabinet noir où l'image est développée.

§ 190. Comment on se sert de l'objectif à portraits. — On utilisera *toute l'ouverture* de l'objectif pour les poses en pied, et l'on y mettra un diaphragme *moyen* pour les bustes. Seulement dans le dernier cas, le temps de pose sera nécessairement plus long.

L'on choisira toujours l'objectif d'un foyer convenable pour le format que l'on voudra produire. Ainsi l'on ne fera jamais un buste format-carte, avec un objectif destiné au format-cabinet, ni une grande tête format cabinet avec un objectif dit 4 pouces. La raison en est que la profondeur de foyer des objectifs diminue fortement avec leur

(1) Pour examiner l'image sur le verre dépoli, on se sert souvent d'une loupe ABC qu'on applique immédiatement sur ce verre dépoli. Elle est formée de deux lentille *a*, *b*, serties dans le tube C, qui glisse par le tube taraudé B dans le chapeau A qui sert à obscurcir le champ de la loupe. Sur le verre dépoli, tracez une croix au crayon, adaptez dessus le tube A et en contact avec le dit verre dépoli, puis ajustez le tube C de manière à voir le trait au crayon, et serrez l'anneau de pression qui se visse en B. Pour faire maintenant usage de la loupe, il suffit de l'appliquer contre le verre dépoli en tel endroit que l'on désire voir l'image nettement.

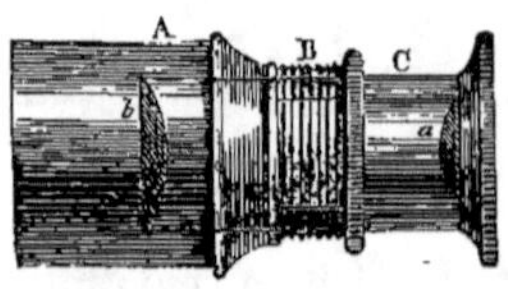

Fig. 97.

longueur de foyer, et plus le foyer *est court*, plus cette profondeur de foyer est grande, mais moins grande est aussi la plaque couverte. Donc, pour chaque format, il faut un objectif spécial.

Pour éviter *la déformation* dans les objectifs, il est *indispensable* de tenir la chambre noire *horizontale*, quitte à monter, si c'est nécessaire, la planchette mobile qui porte l'objectif. Pour les bustes, on peut quelquefois incliner légèrement *vers le bas* l'axe de l'objectif, faire *plonger* l'appareil comme on dit, mais alors il est absolument nécessaire que le châssis, qui porte le verre dépoli, soit mobile ou en d'autres termes basculant.

§ 191. Comment on se sert de l'objectif à vues. — Voir le chapitre concernant les vues et reproductions, placé à la suite du chapitre collodion et procédés négatifs.

§ 192. Causes de variation dans la pose à la chambre noire. — La glace sensible doit être exposée un temps rigoureusement déterminé à la chambre noire. Si ce temps est insuffisant, l'épreuve obtenue est heurtée ; s'il est dépassé, l'épreuve est grise et sans vigueur.

Pour déterminer ce temps, il faut se servir d'une montre à secondes ou suspendre dans l'atelier un pendule formé d'une simple ficelle d'un mètre de long terminée par une boule de plomb, pendule que l'on fait mouvoir pendant la pose. Il bat approximativement les secondes qu'il faut s'habituer à compter mentalement.

Voici les causes principales qui modifient le temps de pose :

1° *L'état du ciel.* Un ciel gris, couvert de brouillards, donne très-peu de lumière, de même qu'un ciel d'un bleu très-pur et absolument sans nuages. Un ciel couvert de nuages blancs permet la pose la plus courte.

2° *La saison et l'heure du jour.* L'hiver est moins favorable que l'été, et les heures qui suivent le midi moins bonnes que celles qui le précèdent.

3° *La longueur du foyer de l'objectif.* Plus l'objectif a une longue distance focale par rapport à son diamètre, plus il est lent. Même chose d'un objectif muni d'un diaphragme. La durée du temps de pose est, pour le même objectif, proportionnelle *au carré* de l'ouverture du diaphragme.

4° *L'étendue de l'objet à reproduire.* Plus l'objet à reproduire offre d'étendue, plus est grande la somme de lumière qu'il envoie à l'objectif. C'est ainsi qu'une vue se reproduit en moins de temps qu'un groupe, un groupe qu'un portrait en pied, et un portrait en pied qu'un buste.

LIVRE II.

PROCÉDÉS NÉGATIFS.

PROCÉDÉ AU COLLODION.

§ **193. Exposé succinct de ce procédé.** — Le *collodion* est une dissolution de coton-poudre dans l'éther alcoolisé. En photographie, cette dissolution porte le plus souvent le nom de *collodion simple*, par opposition aux termes de *collodion ioduré*, *collodion sensibilisé*, ou même tout simplement *collodion*, qui indiquent qu'un iodure y a été introduit.

Le collodion, versé sur une glace parfaitement nettoyée, s'y étend facilement, à cause de la faculté *mouillante* de l'alcool et de l'éther qu'il contient. Après une dessication complète, la couche devient opaline et emprisonne dans ses fibres l'iodure destiné à la rendre sensible à la lumière. Cette couche doit posséder une grande ténacité et une certaine dureté, qualités qui proviennent surtout de la nature du pyroxyle.

Si, après avoir versé le collodion à la surface de la glace, en avoir laissé écouler l'excès, et attendu quelques instants pour permettre à l'éther et l'alcool de se vaporiser en grande partie mais non en totalité, nous l'immergeons, à l'abri de la lumière, dans une solution aqueuse de nitrate d'argent, nous voyons la couche *blanchir lentement*(1). Ce fait provient de la transformation de l'iodure alcalin ou métallique dissous

(1) Si la couche de collodion était complètement sèche, l'immersion dans le bain d'argent la blanchirait encore, mais elle n'offrirait aucune adhérence avec la glace.

dans le collodion, en iodure d'argent blanc, substance d'une extrême sensibilité à la lumière.

Nous avons donc une surface d'iodure d'argent sensible à la lumière. Exposons-la un temps très-court dans la chambre noire, et reportons-la dans l'obscurité. Aucune image n'est visible sur la couche, et il ne semble pas y avoir eu action de la lumière. Cependant, plongée dans une dissolution de sulfate de fer, la surface laisse tout à coup apparaître une image *inverse* de celle du modèle.

L'examen chimique prouve que ce n'est pas l'iodure d'argent qui a été décomposé par le sulfate de fer, mais bien le nitrate en excès qui l'imbibait. L'image est constituée en entier par de l'argent métallique disséminé dans les fibres du coton-poudre.

Pour *fixer* l'image, c'est-à-dire pour empêcher que désormais elle ne s'altère encore à la lumière, il faut enlever l'iodure d'argent qui existe encore dans la couche. On y parvient en la plongeant dans une dissolution de cyanure de potassium, jusqu'à ce qu'elle perde son aspect opalin. Ce cyanure étant enlevé à son tour par un lavage à l'eau, l'image est permanente.

Voilà en quelques mots la marche générale que l'on suit pour faire des négatifs au collodion; mais ce procédé peut fournir, comme le daguerréotype, des épreuves positives directes; seulement, au lieu de les examiner par transparence, comme on le fait pour un négatif, on les regarde par réflexion sur un fond noir. Ces épreuves constituent un procédé à part, aussi le décrirons-nous dans un chapitre particulier.

Nous savons maintenant que pour obtenir un négatif sur collodion, toutes les opérations se suivent; mais on peut les interrompre, après la sensibilisation, en recouvrant le cliché, soit d'une couche de glycérine, soit de certaines autres matières dont nous aurons soin de parler plus tard. Ce mode d'opérer permet de mettre un certain temps entre la sensibilisation et le développement, de telle façon qu'on n'est pas obligé d'emporter tout son matériel sur les lieux où l'on veut opérer. Ce procédé est connu sous le nom de *collodion sec*.

En résumé, le procédé sur collodion comprend :

1° Le procédé négatif; 2° le procédé positif; 3° le collodion sec.

Ces procédés détermineraient forcément l'ordre dans lesquels nous devrions les décrire, si la longueur démesurée de ce chapitre ne nous obligeait, pour y apporter plus d'ordre, à séparer la méthode opératoire de la préparation des produits qui servent à ce procédé, et des principaux insuccès auxquels il est sujet. Quant au collodion sec, nous le décrirons seulement à la fin.

CHAPITRE I.

PROCÉDÉ NÉGATIF AU COLLODION.

SECTION I. — COMPOSITION DU COLLODION.

§ **194. Formules diverses.** — Chaque opérateur possède une formule de collodion à laquelle il attribue une vertu particulière. Chaque auteur préconise une formule qu'à son tour il croit la meilleure. La vérité est que toutes les formules donnent du bon ou du mauvais collodion suivant la qualité de la pyroxyline, et la pureté de l'éther et de l'alcool employés.

Il existe, en effet, autant de variétés de pyroxyline que de fabricants. Il en est de ce produit comme du collodion lui-même : sa qualité dépend plus de la nature du coton brut employé que de son mode de préparation.

Pour le lecteur qui ne peut pas étudier à fond la question de la pyroxyline, voici quelques éléments, très-simples d'ailleurs, dont il lui sera aisé de tenir compte.

Il existe dans le commerce plusieurs variétés de coton-poudre. Décrivons les deux variétés placées aux extrêmes. La première est préparée *à froid,* en laissant séjourner le coton pendant plusieurs jours dans un mélange d'acides nitrique et sulfurique. Ce coton ressemble tout à fait, comme belle apparence, à du coton cardé ordinaire : il est résistant quand on essaie de le rompre et généralement très-blanc.

Le second préparé *à chaud* est à fibres courtes, n'offre pas de résistance et a généralement une couleur jaunâtre.

Le premier, dissout à raison de 1 gramme par 100 cent. cubes d'éther alcoolisé, donne une solution beaucoup plus épaisse que le second (dissout a la même dose). La moindre quantité d'eau ajoutée à la solution du premier le précipite partiellement, et les couches qu'il fournit sur une glace se moutonnent facilement, parce que, pour le dissoudre ou le maintenir en dissolution, il faut plus d'éther que pour le second.

Voici deux formules de collodion ioduré, suivant que le lecteur se servira du coton qui donne une solution épaisse (nous le désignerons par A), ou suivant que son coton fournira des couches minces, et nous désignerons celui-ci par la lettre B.

Formule N° 1.

Éther	50 cent. cubes.
Alcool à 40°	50 »
Pyroxyline A	1 gramme.
Iodure d'ammonium	0,5 »
Bromure d'ammonium	0,4 »
Iodure de cadmium	0,5 »

Conservez ce collodion un mois ou deux avant de vous en servir.

Formule N° 2.

Éther	50 cent. cubes.
Alcool à 40°.	50 »
Pyroxyline B	2 grammes.
Iodure d'ammonium.	1 »
Bromure d'ammonium	0,4 »
Eau	5 »

Employez ce dernier collodion dès le lendemain de sa préparation, il sera d'une merveilleuse rapidité, surtout par les jours obscurs ou avec les objectifs à long foyer.

Pour faire le collodion ioduré tout d'une pièce, pesez d'abord la pyroxyline que vous mettrez dans un flacon de grandeur convenable. Ajoutez *la moitié* de l'alcool prescrit par la formule. Agitez fortement pour diviser la pyroxyline, puis ajoutez l'éther *par portions successives* et agitez bien le mélange après chaque addition. Vous dissoudrez ainsi la pyroxyline sans difficultés, tandis que si vous ajoutiez d'abord l'éther et puis l'alcool, vous verriez votre pyroxyline s'agglomérer en grumeaux et se dissoudre difficilement.

Dans la moitié de l'alcool qui reste, dissolvez les iodures. Cela se fait ordinairement en mettant les iodures et les bromures dans un très-petit mortier dans lequel on les broie avec un peu d'alcool qui se sature de ces sels, et qu'on verse alors dans le flacon à pyroxyline. On continue ainsi à ajouter l'alcool, jusqu'à dissolution complète des sels.

§ 195. Procédés très-rapides de M. Boissonnas et autres.— Augmentez la dose de bromure dans le collodion de manière à la porter à 1 pour cent, servez-vous d'un bain d'argent très-neutre, augmentez la concentration du bain de fer jusqu'à 10 pour cent de sulfate de fer, ajoutez-y quelques gouttes d'une solution à saturation d'acétate de plomb par litre de bain de fer, et filtrez; servez-vous de ce révélateur chauffé à 25° centigrades, et vous pourrez réduire les temps de pose ordinaires de moitié. Mais les épreuves voilées seront fréquentes.

Nous ne nous arrêterons pas plus longtemps à cette formule, parce que le procédé au gélatino-bromure d'argent dépasse de beaucoup la rapidité atteinte par M. Boissonnas.

§ 196. **Papyroxyle, celloïdine, etc.** — On a fait beaucoup de bruit dans ces dernières années de certains produits destinés à remplacer le coton-poudre ordinaire. Citons la *papyroxyle* qui est simplement du papier dont on a fait de la pyroxyline, la *celloïdine* qui n'est autre que du coton-poudre obtenue par l'évaporation du collodion normal.

Ces produits ne sont pas plus constants, et ne jouissent pas de propriétés autres que celles du coton-poudre ordinaire.

§ 197. **Remarques diverses sur le collodion.** — 1° Il faut toujours se servir d'un collodion bien clair, bien déposé. Voici, pour transvaser le collodion, un petit appareil excellent.

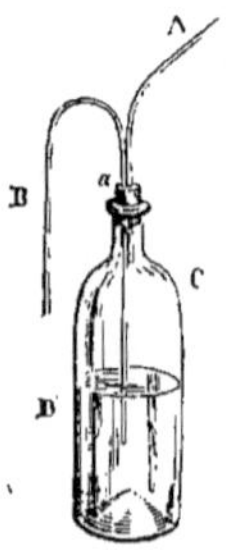

Fig. 98. — Appareil à transvaser le collodion.

On se procure un flacon très-haut et peu large, de la forme indiquée fig. 98 : on le remplit de collodion. Le bouchon de liège *a* est percé de deux trous faits à l'aide d'un perce-bouchons; l'on y introduit deux tubes minces en verre, dont l'un A dépasse à peine le bouchon et dont l'autre B est recourbé en U, l'une des branches étant plus courte que l'autre. La branche la plus longue plonge dans le collodion à une certaine distance du fond. Chaque fois que l'on a travaillé pendant quelques heures, on verse dans ce flacon, en enlevant le bouchon *a*, le collodion qui a servi. Le lendemain le collodion est déposé. En insufflant de l'air dans le flacon par le tube A, le liquide clair passe par le tube *a*B, à l'extrémité duquel on le reçoit dans un flacon propre. Il faut avoir soin que le niveau du collodion soit plus bas que le bout B du tube, et, dans le cas contraire, élever le tube en le faisant glisser dans le bouchon. Quelquefois une goutte se sèche au bout du tube B, on peut l'enlever avec une épingle.

On a recommandé l'appareil à filtrer le collodion (fig. 99), composé d'un entonnoir couvert d'une glace dépolie contenant un filtre à plis en papier et d'un flacon à fond plat. Tout l'appareil étant hermétiquement fermé, l'éther et l'alcool ne s'évaporent pas, et le collodion devrait filtrer facilement. Cependant la filtration est lente et s'arrête même assez vite. En substituant au filtre en papier une éponge légèrement pressée dans le fond de l'entonnoir, le collodion passe plus vite, mais il est moins clair.

2° Quand le collodion s'étend sur la glace, l'excès de liquide est reçu dans un flacon, et, à la fin d'une journée de travail on en possède une certaine quantité. Mais on le conçoit, l'évaporation a changé la formule de ce collodion, aussi faut-il y ajouter de l'éther et de l'alcool, mais beaucoup plus d'éther que d'alcool, parce que l'éther s'évapore davantage.

3° Si la couche se détache dans le bain d'argent ou pendant les opérations subséquentes, c'est, ou bien, qu'il n'y a pas assez d'éther dans le collodion, ou bien que le coton-poudre est mauvais.

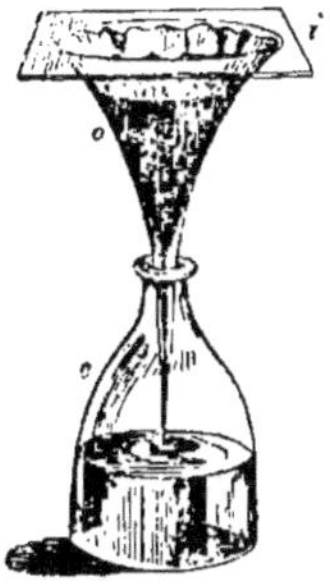

Fig. 99. — Appareil à filtrer le collodion.

4° Le collodion doit être conservé dans des flacons bouchés, mais il est indifférent d'employer des flacons bouchés à l'émeri ou au liège. On doit autant que possible maintenir les flacons complètement remplis.

§ **198. Effet de l'eau.** — Souvent l'éther et l'alcool, que l'on trouve dans le commerce, contiennent une forte proportion d'eau. Dans ce cas, lorsque la couche de collodion est sèche, elle se fendille de la manière la plus fâcheuse, et présente l'aspect d'un filet à jour qui couvre toute l'image, *surtout si le collodion a été préparé avec de la pyroxyline blanche et résistante.*

On corrige ce défaut en ajoutant à chaque 100 cent. cubes du collodion 2 grammes de chlorure de calcium fondu réduit en poudre. Au bout de 2 ou 3 jours, le chlorure de calcium s'est emparé de l'excès d'eau du collodion et forme au fond du flacon une couche huileuse dont il est facile, par décantation, de séparer le collodion.

D'autres fois il arrive, l'éther et l'alcool dont on s'est servi pour faire le collodion étant tout à fait absolus, c'est-à-dire exempts d'eau que des taches rondes et miroitantes d'argent réduit apparaissent sur la couche après le développement. On remarque déjà ces taches lorsqu'on sort le verre collodionné du châssis au sortir de la chambre noire. Elles proviennent de ce que le bain d'argent mouille mal la couche. 10 gouttes d'eau ajoutées à 100 grammes de ce collodion que l'on agite alors vigoureusement corrigent sur le champ ce défaut. Mais l'effet le plus extraordinaire que l'eau exerce sur le collodion, surtout sur le collodion préparé avec de la pyroxyline courte (variété B décrite page 153), s'est d'augmenter considérablement la sensibilité du collodion.

En voici une preuve certaine :

Faites du collodion ioduré, divisez-le en deux parties et ajoutez hardiment à l'une 10 pour cent d'eau, faites en deux glaces, et exposez à la chambre noire un temps trop court, développez les deux glaces ensemble, et vous trouverez une considérable différence : le collodion à l'eau fouillera bien davantage les ombres. Évidemment il faut pour cela une pyroxyline spéciale. C'est là tout le secret du célèbre collodion de Mawson et Swan, qui contient une considérable proportion d'eau (dans sa solution iodurante).

Le lecteur désireux d'approfondir ce sujet lira avec fruit l'alinéa que nous consacrons plus loin à la fabrication industrielle du collodion.

§ **199. Des divers iodures.** — *L'iodure de potassium* ne se dissout pas seul dans le collodion, car il est presque insoluble dans l'éther et l'alcool. On ne peut le dissoudre qu'en le triturant dans un mortier avec un autre iodure.

A l'état d'iodure *double* (potassium et cadmium), il produit de bons collodions, fournissant des images d'un bon caractère, sans occasionner une rapide décomposition du collodion.

L'iodure de sodium est très-soluble dans le collodion, qu'il rend extraordinairement *fluide* au bout de peu de jours. Un tel collodion se décompose très-rapidement; les images qu'il fournit, offrent une trop grande intensité.

L'iodure d'ammonium présente les mêmes propriétés que l'iodure de sodium.

L'iodure de lithium se comporte comme l'iodure de potassium, mais il est très-soluble dans l'alcool et l'éther. Il produit un excellent collodion.

L'iodure de cadmium rend le collodion épais, gélatineux, mais il est précieux quand on veut conserver les collodions longtemps iodurés à l'avance.

§ **200. Effet des bromures.** — Les bromures des mêmes bases que les iodures ci-dessus décrits offrent des caractères analogues, pour rendre le collodion plus fluide ou plus épais, mais ils ont de plus une autre action.

Suivant les uns, un bromure ajouté au collodion le rendrait plus rapide; suivant les autres, plus lent. La vérité est qu'un collodion ioduré sans bromure est aussi rapide qu'un collodion avec un bromure. Mais le dernier est plus sensible aux lumières faibles que le premier. Ainsi, en été, une vue bien éclairée est tout aussi bien rendue par un collodion simplement ioduré que par un collodion ioduré et bromuré. Mais il n'en est nullement ainsi à l'atelier, surtout en hiver. Le collodion ioduré fournit alors des images dures; le collodion ioduré et bromuré des images dans lesquelles les ombres sont bien fouillées.

§ **201. Décomposition du collodion.** — On remarque que le collodion ioduré donne, peu de jours après sa préparation, des résultats différents de ceux que l'on obtient lorsque ce collodion est conservé depuis très-longtemps, plusieurs mois par exemple. Voici ces différences.

Le collodion neuf donne dans le bain d'argent des couches blanches dont l'opacité est considérable et la rapidité très-grande; mais les images sont, en général, fort peu intenses.

Le vieux collodion donne, au contraire, des couches presque transparentes, fort peu de rapidité, mais des images très-intenses.

Il y a d'autres différences entre le collodion neuf et le vieux collodion, en voici les caractères : le collodion *neuf* ne peut pas donner des images à sec par le lavage de la couche après la sensibilisation; le collodion vieux au contraire en donne.

La conclusion pratique de ces observations est qu'il ne faut jamais préparer de grandes quantités de collodion ioduré à l'avance.

SECTION II. — FABRICATION INDUSTRIELLE DE LA PYROXYLINE ET DU COLLODION (1).

§ **202. Préparation du coton pur.** — *Choix du coton.* — Le coton dont je me sers est connu sous le nom de American Sea-Islands. C'est de mon avis et de celui des auteurs qui se sont occupés de la fabrication de la pyroxyline, celui qui donne la meilleure pyroxyline. J'ai essayé plusieurs cotons d'autres origines, et après expérience, j'ai adopté l'American Sea Island.

Ce coton est très-fin, et à longues soies. Il n'est pas plus pur que le coton commun, au contraire, il contient une plus grande quantité de résine autour des fibres que le coton commun.

Il faut se le procurer *cardé* et *peigné*. En Belgique, où l'on ne trouve pas les cotons fins, il est impossible de trouver ce coton. Mais dans le Nord de la France on s'en procure facilement, notamment à Lille et à Tourcoing, au prix de 7 à 10 francs le kilo, tout cardé et peigné.

Quand on s'est procuré une balle de coton, on peut la mettre en un ou plusieurs sacs au grenier ou dans une chambre quelconque. Il ne faut aucune précaution particulière pour la conserver. L'humidité n'a sur le coton aucune influence.

Nettoyage du coton. — Les fibres du coton étant entourées d'un fourreau de matière grasse, quand on plonge le coton dans l'eau ou dans les acides, ces derniers ne le mouillent pas et l'on aurait une peine inouie à en faire du coton-poudre, parce que l'air resterait emprisonné dans ses fibres et donnerait lieu à des vapeurs rutilantes.

---

(1) La description de la fabrication *industrielle* du collodion étant destinée à un très-petit nombre de lecteurs, nous avons cru devoir la faire imprimer en caractères plus petits que le reste de ce volume.

Il faut donc débarrasser le coton brut de sa matière grasse et de sa matière colorante, et c'est le but de la présente opération.

Dans un vase en tôle de fer ou de cuivre, muni d'un couvercle, d'environ 50 litres de capacité, je mets

25 à 30 litres d'eau,
1/2 kil. de soude caustique,

que je fais bouillir, après avoir mis le couvercle. Puis j'y introduis 2 kil. coton que je brasse de manière à bien l'imbiber. Toutes les 5 minutes, je retourne la masse, pour qu'elle soit bien uniformément attaquée, et je laisse encore bouillir 2 à 4 heures.

Le liquide s'est coloré en jaune foncé, car il a dissous toute la matière résineuse et graisseuse du coton. — Je laisse refroidir le vase jusqu'au lendemain.

Je place alors la masse sur un grand tamis en fil de fer. Je presse bien avec un bâton ou un flacon en verre, pour exprimer le plus de soude possible, que je laisse écouler.

Puis j'immerge le coton dans de l'eau froide, contenue, soit dans le vase en fer dont nous avons parlé plus haut, soit dans un bac en plomb, et je l'y divise autant que possible.

Je jette de nouveau la masse sur le tamis et recommence le lavage.

Jusque-là il faut éviter de toucher avec les mains au coton, car la soude qu'il contient attaque fortement l'épiderme.

On prend alors le quart de la masse de coton, on l'immerge dans une grande cuve contenant de l'eau, on l'y presse pour bien le laver, puis on le divise en paquets de 20c long sur 7 ou 8 d'épaisseur; on les tord comme des torchons, et on les met dans une cuvette de porcelaine. On jette l'eau sale, et on procède sur un second quart et ainsi de suite. Puis on fait un second lavage à l'aide d'eau aiguisée de 1 partie d'acide sulfurique par 1000 d'eau.

On peut, du reste, faire ainsi plusieurs kilos de suite, conserver tous les paquets ensemble, en évitant toutefois qu'ils ne sèchent, et procéder aux opérations du blanchissage quand on a de grandes masses prêtes.

Remarques. — Le bois fait des tâches jaunes sur le coton, qui s'enlèvent au blanchissage.

Si le coton n'a pas suffisamment bouilli dans la soude, il blanchira mal, et ne prendra pas bien les acides, lorsqu'on en fera du fulmi-coton.

Blanchissage. — Dans une cuve en bois l'on verse 1 litre (1) chlorure de chaux liquide à 10 degrés. On y ajoute 200 litres d'eau, on mélange bien, puis on y immerge les paquets de coton que l'on ouvre en entier afin de favoriser l'action du chlore, et on retourne fréquemment la masse.

Au bout d'un temps qui varie de 1/2 heure à 2 heures le coton est blanchi.

On l'exprime alors, on en fait de nouveau des paquets que l'on tord, et l'on met le tout dans un panier.

On jette finalement les paquets tordus dans un bac de dimensions considérables contenant 500 litres d'eau. On ouvre bien les paquets dans cette eau, et on y laisse le coton 24 heures.

On ôte alors le coton, dont on fait des paquets. Seulement alors il est bon de faire les paquets avec ordre et soin de la manière suivante :

Pendant que le bac est rempli d'eau, on saisit d'une main les mèches de coton, on les rince, et on les élève hors du liquide de 1/2 mètre, de manière à ce qu'elles se débrouillent, on les exprime en passant l'autre main dans le sens de leur

(1) Pour 2 kil. coton on a employé 1/2 k° soude, et on emploiera 1 litre chlorure de chaux liquide pour cette même quantité de coton.

longueur, puis on les plie en paquets que l'on tord pour en ôter l'eau, et que l'on détord pour les mettre au séchoir.

De cette manière, le coton aura plus de facilité à être mis plus tard dans les acides, que s'il était plié irrégulièrement. Le coton doit ressembler à des paquets de fil et non être aggloméré d'une façon désordonnée.

Il reste bien un peu de chlore et de sels divers dans le coton ainsi préparé, mais en si petite quantité qu'elle n'exerce aucune influence sur la préparation de la pyroxyline.

Tous les paquets sont mis maintenant dans un panier, portés dans un endroit sec et séchés. Puis on les conserve dans des boîtes en carton à l'abri de la poussière.

Remarques. — Quand le coton est sec, il doit être solide, pas cassant. Il m'est arrivé de brûler mon coton, et il donnait, lorsqu'il était sec, une masse de poussière. Il était pourri, rongé, et n'offrait aucune résistance à la torsion.

Ce coton était tellement attaqué lorsqu'on l'immergeait dans les acides pour en faire du coton-poudre, qu'il ne pouvait servir à rien.

Il faut faire attention de ne pas trop blanchir le coton, et surtout de le laisser après le chlore, 12 heures au moins dans une grande quantité d'eau Il ne faut pas qu'il sente fortement le chlore lorsqu'on l'ôte de ce bac, sinon on peut le laisser plus longtemps dans l'eau, et même renouveler cette dernière.

§ 203. Préparation de la pyroxyline (COTON-POUDRE). — *Le coton.* — Le coton étant sec comme nous l'avons indiqué précédemment, faites en des touffes de 50 grammes que vous liez en paquets avec un ruban blanc. Mettez ainsi 20 paquets dans une boîte à compartiments en fer blanc. J'en ai ainsi deux. Soit en tout 40 paquets ou 2,000 grammes.

La veille du jour où l'on fait de la pyroxyline, on allume le feu d'une petite chaudière à vapeur C (fig. 100) et l'on chasse la vapeur dans une boîte de cuivre rouge, à trois compartiments D, à doubles fonds, le tout entouré de bois. Dans le compartiment supérieur on serre ensemble 20 paquets de coton ficelé, et autant dans le compartiment inférieur, afin de maintenir le coton à 100° pendant toute la journée. On continue le courant de vapeur tout le temps que dure la préparation de la pyroxyline. Il est bien entendu que le coton ne se trouve pas dans la vapeur elle-même, mais dans de l'air à 100° contenu dans les compartiments de la boîte.

Pendant cette préparation, on enlève un à un les paquets, on en ôte la ficelle, on les bat pour en ouvrir les fibres, et on en fait des paquets réguliers, longs de 30 cent., on ouvre les parties embrouillées, etc., tout cela afin que plus tard le coton ne soit pas agglutiné dans les acides, ce qui rendrait la préparation irrégulière : car plus le coton est serré dans les acides, plus il s'échauffe et est attaqué.

Ces paquets ouverts sont mis dans le compartiment milieu de la boîte chauffée, de manière à être toujours chauds et secs. Car si le coton est humide, les acides se diluent autour de ses fibres, et il est attaqué fortement. *C'est là un des points les plus essentiels du procédé:* Coton bien dégraissé par la soude, bien ouvert, bien sec surtout.

Si le coton est mal dégraissé, il ne prend pas bien les acides, de l'air reste emprisonné dans les fibres, et il se forme des vapeurs rouges, par suite de l'oxydation de l'acide nitrique. Si le coton n'est pas ouvert régulièrement, s'il est agglutiné quand on le plonge dans les acides, la température dans les pots à acides s'élève localement dans les parties agglutinées et le coton est trop attaqué. S'il est humide, c'est pire encore, le coton est attaqué, se sépare en fragments et donne une pyroxyline poudreuse.

Le salpêtre. — Il est en très-petits cristaux blancs comme du gros sable de mer. J'achète le salpêtre *raffiné* et je le mets par 3 à 4 kilogr. dans des sacs en coton, que je ficelle et tiens dans une armoire à côté du feu de la cuisine, où il est toujours chaud et sec. Je transporte 2 sacs à la fois de la cuisine dans le laboratoire.

Là, j'ai un grand tamis en cuivre, en larges mailles. Je tamise le salpêtre et recueille la poudre dans un tambour. J'en pèse 1/2 kilo, au fur et à mesure des besoins, et en évitant qu'il ne se mouille. J'introduis ce 1/2 kilo dans des pots en fer blanc de 13 à 14 c. de haut sur 8 de large. J'ai ainsi 4 pots que l'on remplit pendant que je travaille aux pots des acides.

Le salpêtre doit être exempt de pailles, bien blanc, en petits cristaux. Agiter toujours les pots de fer blanc avant de verser le salpêtre dans l'acide sulfurique, afin de détruire les parties aglutinées. *Le salpêtre coule alors comme du sable sec.*

L'acide sulfurique. — Cet acide doit avoir une densité de 1,82 à 1,83 à 15° c. de température. — Pourvu que la densité soit comprise dans ces limites rien n'est à changer aux formules de la préparation de la pyroxyline que nous donnons plus loin.

En hiver, à + 10° c. ou moins, je me sers de cet acide concentré; vers 20° je puis y mettre 660 cent. cubes d'eau par bonbonne de 120 kilos, mais en plein été, vers 27 à 30° de température, je puis y mettre le triple d'eau.

Je fais le mélange dans un grand vase en grés E de 100 litres qui vient de Doulton et Watts à Londres, en agitant bien après l'addition de l'eau, puis couvrant le vase et le fermant bien avec une feuille de caoutchouc.

Le but de l'addition préalable de l'eau est d'éviter la trop haute température

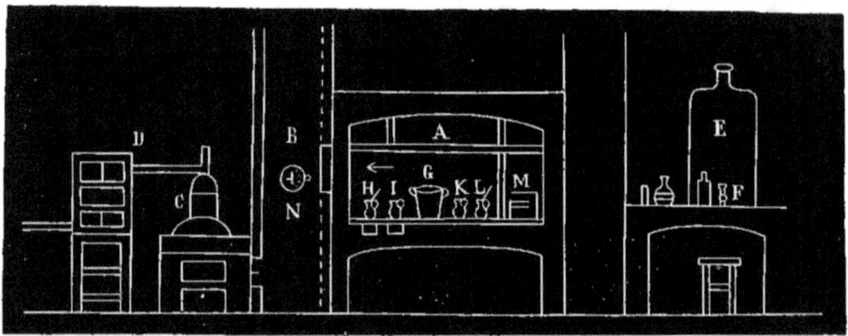

Fig. 100. — Disposition des appareils.

qu'on aurait en mêlant l'eau au moment même de la préparation. Aussi faut-il diluer l'acide 2 ou 3 jours au moins à l'avance, afin qu'il reprenne la température de l'air.

Les pots et spatules. — Je me sers de pots à anse H L en excellente porcelaine, forme de pots à lait, contenance 1 1/2 litres.

Avant de m'en servir j'y verse de l'eau bouillante, puis je les nettoie à l'intérieur avec un essuie-mains. Cela afin qu'ils soient chauds lorsque j'y verse le mélange acide, lequel autrement serait trop fortement refroidi.

Les spatules sont des lattes en bois de 35 c. de long, 4 de large, 6 millim. d'épaisseur, que je fais couvrir de laiton soudé. Elles se rongent très-lentement par l'acide; j'en prends de neuves lorsque le métal est percé.

Gants. — Je me sers de gants de caoutchouc rouge. Leur usage est indispensable.

Thermomètre — Je me sers d'un très-long thermomètre de — 5 à + 80, chaque degré ayant 5 mill. gravé sur tige et à échelle blanche.

Toile métallique. — Quand je verse les acides dans les pots, pour éviter la présence des morceaux de salpêtre, je verse le mélange du pot où je l'ai fait, dans le pot où doit se faire la préparation de pyroxyline, en plaçant sur ce dernier une toile métallique plus ou moins concave en laiton dont les mailles ont au moins 1 millim.

Le salpêtre non dissous est retenu sur cette toile métallique, que je renverse avec choc, dans un vase spécial à résidus, et que je remets alors sur le vase suivant.

Disposition des appareils. — C appareil à vapeur. La vapeur se rend dans le vase D à doubles parois dans lequel on met les paquets de coton de 50 gr. chacun, pendant plusieurs heures, afin qu'ils soient rigoureusement sec. Au fur et à mesure que l'on travaille, les paquets sont *bien ouverts* et placés sur l'appareil distillatoire C.

Les produits de la combustion se rendent dans la cheminée B, qui *aère* la cage A sous laquelle on travaille.

H I K L sont les pots en porcelaine. G un grand pot pour récolter les excès d'acide.

E le vase à acide sulfurique.

M un vase rempli d'eau froide.

Formule :

Coton sec (american Sea-Islands)	**50 gr.**
Acide sulfurique	**800 cent. cubes.**
Eau . . , ...	**20 à 50.**
(En été 20 en hiver 50.)	
Salpêtre sec	**500 gr.**
Température à l'immersion	**61° 62° centigr.**
Durée de l'immersion	**10 minutes.**

Procédé opératoire. — Les pots sont d'abord échauffés en les plongeant dans l'eau bouillante, puis essuyés.

Un pot (L, à droite) en réserve pour le mélange. On y met d'abord l'acide, puis l'eau, puis, toujours agitant avec la spatule, tenue de la main droite, on y verse le salpêtre de la main gauche, lentement, imprimant des secousses au pot de fer-blanc qui le contient. Ceci peut durer 1/2 minute.

On abandonne quelques minutes le mélange à lui-même, puis on écrase les grumeaux de salpêtre qui s'y trouvent au fond, et on le verse dans un pot, couvert de la toile métallique. Les grumeaux de salpêtre restent sur le filtre, que l'on renverse et secoue au-dessus du vase G et que l'on place alors sur un pot de porcelaine suivant. La consistance du mélange d'acide sulfurique et de salpêtre est huileuse, et non pâteuse, car le salpêtre est dissous dans l'acide sulfurique et non pas tenu en suspension.

La température du liquide contenu dans le pot est prise avec le thermomètre. Quand elle est de 61° on immerge d'un coup le coton dans le mélange acide, en le brassant avec force, à l'aide de la spatule en cuivre et au moins 1 minute. Au bout de 2 à 3 minutes on y revient, sinon il se formerait des vapeurs rouges. Il faut pour cette opération une grande habitude, l'air ne peut rester dans le coton, mais doit en être exprimé avec la spatule. Le liquide doit recouvrir le coton.

Pendant ce temps, du reste, on peut procéder à une opération suivante. J'opère généralement avec 2 pots et un troisième pour faire le mélange.

Souvent, je suis obligé de refroidir les pots en les plaçant pendant quelques secondes dans le vase à eau froide M.

Quand les 10 minutes sont passées, je saisis le pot par l'anse, l'incline et exprime l'excès d'acide avec la spatule (dans le vase à résidus) et, sortant le pot de la cage de verre, en jette le coton dans une cuvette en bois remplie d'eau. Là, un ouvrier l'ouvre avec la spatule, verse le contenu sur un tamis, pompe fortement dessus, l'exprime, et le jette dans une grande cuve d'eau.

2 kil. de coton doivent produire 3 kil. coton poudre (1). Toute la régularité de la fabrication dépend de ce point.

---

(1) S'il y a moins, le coton est attaqué et au lieu de 300 à 330 gr. par 15 litres de collodion normal on doit en mettre 380. — S'il y a plus de 3 kil. à $3^{k}2$, il faut diminuer la formule à 300 gr. coton, car le collodion serait épais.

Moins on obtient, plus le collodion est mince. Plus on obtient plus il est épais. L'expérience m'a prouvé que si de 2 kil. coton j'ai 3 kil. à $3^{k}2$ de pyroxyle, j'ai le meilleur coton, dont le collodion normal se conserve le mieux. Le collodion normal préparé avec les cotons courts, attaqués, s'ozonise facilement et se conserve mal.

Si le coton est court, il est attaqué et le poids sera moindre. — S'il est long, dur, le poids sera supérieur, et le collodion sera épais.

Il faut, du reste, une grande habitude de cette opération, pour réussir à faire une préparation égale.

Lavages. — J'ai un grand bac de bois de 2 mètres de long sur 60c de haut et 60c de large, avec une ouverture pour laisser écouler l'eau, ouverture au-dessus de laquelle je dispose un cadre couvert d'une toile pour éviter de perdre le coton quand on laisse écouler l'eau.

Je renouvelle 7 ou 8 fois l'eau en 24 heures. Chaque fois, après 1 ou 2 heures, sauf la nuit, j'enlève le coton, l'exprime dans les mains, et le dispose sur un panier. Puis je mets l'eau propre, jette les paquets de coton dans l'eau, les ouvre, et procède au nouveau lavage.

L'eau calcaire réagit sur le coton. Je la clarifie en y ajoutant un peu d'acide chlorhydrique (1). Mais les dernières eaux doivent être pures.

Des eaux alcalines donnent un coton dont le colodion est trouble et ne se dépose jamais. Le coton est jaune, et le collodion aussi. — Il m'arrive souvent d'employer pour premières eaux de lavage, une eau contenant un peu de chlorure de chaux liquide qui blanchit le coton.

Le coton retiré de l'eau, exprimé dans les mains, est ouvert et placé dans une salle bien aérée sur des claies en bois pour sécher. Une fois sec, je le mets dans des boîtes en carton. Il se conserve très-bien.

Le coton-poudre au salpêtre ainsi obtenu laisse un léger résidu quand on le dissous dans le mélange d'éther et d'alcool. Il suffirait de le laisser un peu plus que 10 minutes dans les acides pour qu'il se dissolve en entier. Mais il serait alors d'une qualité inférieure.

La qualité essentielle de la pyroxyline préparée au salpêtre avec le coton American Sea Islands est de supporter dans le collodion une très-forte quantité d'eau sans se précipiter ni donner des couches moutonnées. Le pyroxyle préparé de toute autre manière n'a pas cette propriété. Or, plus on peut introduire d'eau dans le collodion et plus ce collodion est sensible aux radiations obscures, plus il *fouille dans les ombres*.

L'auteur de cet ouvrage a préparé ainsi pendant plusieurs années de suite des centaines de kilos de pyroxyline, et il sait que les bons collodions anglais sont préparés de cette manière.

§ 204. **Le collodion normal.** — *Éther*. — Ce produit est d'une importance capitale. S'il est de mauvaise qualité, le collodion normal, conservé 6 mois, rougira fortement au contact de la solution iodurante. Alors il donne des images dures.

Pour essayer l'éther, je fais d'abord une solution de :

Iodure de potassium	10 grammes.
Eau	20 »
Alcool	80 cent. cubes.

Je prends un petit flacon, j'y mets l'éther à essayer, puis j'y ajoute quelques gouttes de la solution d'iodure de potassium et j'agite bien. L'éther doit rester blanc pendant 24 heures, ne pas se colorer en jaune paille, ni surtout en jaune foncé.

S'il le fait, il faut le rectifier.

La rectification se fait en additionnant chaque 100 kilos d'éther d'un demi-kilo de chaux vive diluée dans 3 ou 4 litres d'eau, agitant bien, laissant 24 heures en

(1) A peu près 1/4 litre ac. chlorhydrique par 500 litres d'eau.

contact et distillant. — On ne recueille pas ce qui passe au-dessus de 36 à 37° cent.

Le degré que marque l'éther à l'aréomètre n'a rien à faire avec sa qualité. Qu'il contienne un peu d'alcool et un peu d'eau, cela n'y fait rien, *au contraire, la présence de l'eau semble assurer sa conservation.*

Le bon éther a une odeur spéciale, comme s'il contenait de l'essence de pommes, Il faut préserver l'éther de l'action de la lumière et de la chaleur.

L'alcool. — Je me sers d'alcool *bon goût*, à 38° (ou 92° Gay-Lussac). L'alcool ne doit pas être plus fort que 92°-94°. — Toujours voir s'il n'est pas acidé, en y laissant séjourner pendant 24 heures un papier bleu de tournesol. S'il l'était, à chaque flacon de 15 litres ajouter quelques gouttes de lait de chaux, agiter, bien laisser déposer, ne se servir que de la partie claire et filtrer le reste.

Collodion normal. — Formule :

Pyroxyline	300 à 330 grammes.
Alcool	6 litres.
Éther	9 »

Le collodion normal doit être tenu dans un endroit frais, à l'abri de la lumière, et conservé 3 ou 4 mois, non-seulement pour déposer, mais pour gagner en qualité. Il fait une maladie, comme le vin, et ne peut pas être employé avant 4 à 6 mois.

§ 205. Solutions iodurantes. — PRÉPARATION DES IODURES ET BROMURES. — *Iodure d'ammonium.* — Dans un flacon de 7 1/2 litres je mets 1 kil. de fil de fer, 6 litres d'eau et 3 kil. d'iode. Comme le vase s'échauffe, et pourrait se casser, je le mets dans un pot de fer. Au bout de quelques jours, surtout si l'on agite de temps à autre, le liquide devient *vert.* C'est à ce moment, et pas avant, qu'on le décante. On peut du reste le laisser plus longtemps. Je décante alors le liquide dans une grande capsule de porcelaine que je mets sur un feu à gaz pour l'échauffer, et je couvre la capsule d'un verre plat pour éviter l'évaporation. La capsule doit pouvoir contenir 10 litres. Quand le liquide est presque bouillant j'y ajoute *par chaque kil. d'iode* employé 1/2 *kil. de carbonate d'ammoniaque ordinaire* du commerce. Je n'ajoute ce sel que successivement, en agitant le liquide avec une spatule de verre. Il se forme un précipité *dense* et abondant de carbonate de fer, et il se dégage beaucoup d'acide carbonique. Je retire alors le feu, laisse déposer et filtre sur un filtre en feutre. — Quant au précipité volumineux qui reste sur le filtre, je le délaie dans 6 kil. d'eau tiède, je filtre de nouveau, et je mets ce liquide contenant peu d'iodure d'ammonium dans le flacon avec le fer, pour l'opération suivante, ce qui évite des frais d'évaporation. Quant au précipité (carbonate de fer) on peut le jeter.

La solution d'iodure d'ammonium ainsi obtenue est d'une couleur brune à cause de l'oxyde de fer qu'elle contient, et elle sent fortement l'ammoniaque. Je l'évapore lentement jusqu'à ce que le volume soit réduit à la moitié du poids de l'iode employé. De cette manière l'excès d'ammoniaque est éliminé. Quand il est bien refroidi, je le filtre dans un flacon divisé. Je dois à présent savoir la quantité d'iodure d'ammonium qu'il contient. Théoriquement 1 *kil. d'iode doit donner* 1$^{kil.}$130 *d'iodure d'ammonium*, mais on en perd toujours un peu, et l'eau qui a servi à laver le précipité de carbonate de fer en a retenu une partie. En plongeant l'aréomètre (densimètre) dans le liquide concentré, opérant a 15° de température et consultant la table ci-dessous, on peut savoir combien d'iodure d'ammonium on a obtenu.

Exemple. Le liquide a un volume de 3 litres 450 cent. cubes. Le densimètre marque 1.49, la table donne 80 %. Donc les 3$^{lit.}$450 × 0,80 = 2$^{kil.}$760 *iodure ammonium* qui existent dans les 3$^{lit.}$450 de liquide. J'ajoute au liquide le 1/4 *de ce poids de bromure d'ammonium* soit 0$^{kil.}$690 gr. et maintenant j'ajoute de l'eau de manière que chaque 25 *centimètres cubes de liquide contiennent* 10 *gr. iodure ammonium et* 2$^{gr.}$5 *bromure ammonium.*

Solution aqueuse d'iodure d'ammonium, température 15°.

DENSITÉ.	TITRE.	DENSITÉ.	TITRE.	DENSITÉ.	TITRE.
1.600	100 %	1.49	81.7 %	1.38	63.7 %
1.590	98.33	1.48	80	1.37	62
1.580	96.66	1.47	78.4	1.36	60.3
1.570	94.99	1.46	76.8	1.35	58.6
1.560	93.92	1.45	75.1	1,34	56.9
1.550	91.65	1.44	73.5	1.33	55.2
1.540	89.98	1.43	71.8	1.32	53.5
1.53	88.31	1.42	70.2	1.31	51.8
1.52	86.64	1.41	68.6	1.30	50.2
1.51	84.97	1.40	67	1.29	48.5
1.50	83.3	1.39	65.3		

Généralement ce liquide est un peu rouge. Il ne sentira pas l'ammoniaque si on l'a évaporé, comme nous l'avons recommandé, à la moitié du volume de l'iode employé. Il ne tarderait pas à rougir davantage, si on ne lui ajoutait un peu de lait de chaux, et voici comment on procède.

Dans un flacon de 1/4 de litre on met 25 grammes chaux vive et 200 gr. eau. Au bout de quelques heures la chaux s'est délitée et le liquide est blanc. On agite le flacon, et par chaque kilo d'iode employé on ajoute à l'iodure d'ammonium titré comme nous venons de le décrire 1 cent. cube du lait de chaux.

Cette chaux se dissout dans l'iodure d'ammonium, dégage un peu d'ammoniaque, se change en iodure de calcium et préserve l'iodure d'ammonium de l'altération par l'action de l'air. Aussi ne faut-il pas filtrer. Ceci est essentiel, indiqué par une longue pratique. Cette addition de chaux est indispensable. Je recommande de faire usage de chaux pure, obtenue en calcinant du marbre blanc.

Inutile de filtrer le liquide, même s'il contient quelques impuretés mécaniques.

L'iodure d'ammonium ainsi préparé donne, dissous dans l'alcool, une solution jaune paille qui ne rougit pas facilement, tandis que sans l'addition de la chaux vive, la solution alcoolique rougit très-fort au bout de peu de mois.

Bromure d'ammonium. — C'est un produit qu'il vaut mieux acheter que faire soi-même.

Solution iodurante alcoolique. — Dans un flacon divisé en 15 litres versez 1500 cent. cubes du liquide aqueux à l'iodure et au bromure d'ammonium.

Ajoutez de l'alcool ordinaire 13 1/2 litres. Le volume total est 15 litres. *Agitez bien* et filtrez.

Les 1500 centimètres cubes de solutions aqueuses iodurantes contenant 10 gr. d'iodure par 25 cent. cubes contiennent au total 600 gr. d'iodure qui se trouvent donc dans les 15 litres de solution alcoolique, soit 40 gr. d'iodure au litre. Comme, pour faire le collodion ioduré on doit mélanger 3 litres de collodion normal avec 1 litre solution iodurante, total 4 litres collodion ioduré, ces derniers contiennent 40 gr. iodures soit 10 gr. iodure par litre, ce qui est la formule que j'ai adoptée.

La solution iodurante est jaune paille et se conserve ainsi. Elle ne jaunit que fort peu sous l'influence du temps. Elle gagne du reste à vieillir, tout à fait comme le collodion normal.

Ioduration du collodion. — A un volume de solution iodurante l'on ajoute trois volumes de collodion normal, et l'on agite bien.

Quelques heures après, le collodion sera jaune, tout au plus sera-t-il jaune foncé. Il ne peut pas rougir, sinon il donnera des images dures. Le lendemain, la couleur du collodion doit être jaune paille. Même après plusieurs mois, le collodion ne peut avoir rougi.

Si le collodion rougit nettement quelques heures après le mélange, cela provient de ce que l'éther employé n'était pas de bonne qualité, ou bien de ce que l'on n'a pas conservé le collodion normal à l'abri de la lumière ou de ce que la pyroxyline a été préparée à trop haute température. Mais presque toujours c'est l'éther employé qui a été en défaut.

CONCLUSION.

L'avantage de préparer à l'avance la solution iodurante et le collodion normal ne consiste pas seulement dans la facilité de conserver indéfiniment la collodion, ce qui n'est pas le cas du collodion ioduré, mais cet avantage consiste surtout dans une sensibilité plus grande par les jours sombres de l'hiver.

Dans le bain d'argent, ce collodion donne des couches bleuâtres, translucides, tandis que les collodions ordinaires donnent des couches blanches et opaques.

SECTION III. — LE BAIN D'ARGENT NÉGATIF.

§ 205. Formule du bain d'argent négatif.

Eau distillée.	1 litre.
Nitrate d'argent fondu blanc	80 grammes.
Iodure de potassium	1/2 »
Acide nitrique pur	2 gouttes.

Pesez d'abord l'iodure de potassium, introduisez-le dans une éprouvette et dissolvez-le dans quelques gouttes d'eau. Puis ajoutez le nitrate d'argent et le quart de l'eau prescrite par la formule. Agitez bien le liquide avec une baguette de verre, ajoutez le reste de l'eau et les 2 gouttes d'acide nitrique. Filtrez. Alors le bain est prêt à l'usage.

Le but de l'addition de l'iodure de potassium au bain d'argent est de le saturer préalablement d'iodure d'argent, que, sans cela, il enlèverait aux couches de collodion sensibilisé. On peut aussi, avant de se servir la première fois du bain, y abandonner pendant une heure une glace recouverte de collodion ioduré et alors supprimer l'iodure de potassium.

Quand le bain vieillit par un usage répété, il abandonne une partie de l'iodure d'argent qu'il tient en dissolution, sous forme de petits cristaux d'iodo-nitrate d'argent, qui criblent les images de trous blancs. Le même effet arrive en été quand les bains d'argent s'échauffent, parce que l'iodo-nitrate d'argent est moins soluble à chaud qu'à froid.

Pour corriger ce défaut, ajoutez au vieux bain son volume d'eau distillée et *filtrez avec soin.* Additionnez-le de 8 grammes de nitrate d'argent pur pour chaque 100 centimètres cubes d'eau ajoutée au bain.

Le bain d'argent s'épuisant lentement par l'usage, il serait bon, suivant quelques auteurs, de le renforcer de temps à autre, après en avoir déterminé le titre. Pour notre part nous ne le conseillons pas, parce que le titrage des vieux bains prouve qu'ils ont perdu tout au plus un pour cent de nitrate d'argent et que cette diminution n'exerce aucun effet fâcheux.

§ **206. Influence de la qualité de l'eau.** — Les eaux dures ne peuvent pas être employées pour dissoudre le nitrate d'argent parce qu'elles donnent une solution laiteuse à cause des sels calcaires qu'elles contiennent. L'eau de pluie peut servir à cet usage, mais elle contient souvent des matières organiques qui rendent le bain sujet à produire des épreuves voilées. L'eau distillée elle-même offre souvent cet inconvénient surtout celle qui provient de la condensation de la vapeur perdue des machines à vapeur. L'eau de pluie est meilleure que l'eau distillée de la dernière provenance, à la condition de ne pas être recueillie pendant les pluies d'orage. Elle est dans ce cas ammoniacale. Les pluies fines, longtemps soutenues, donnent un eau très-pure, surtout si on ne les recueille pas au commencement, mais après que les toits ont été bien nettoyés par les premières eaux tombées.

§ **207. Changements qui s'opèrent dans le bain d'argent.**— Un bain d'argent récemment préparé donne d'ordinaire une grande sensibilité aux couches collodionnées que l'on y plonge, et donne lieu à des images très-claires. Successivement il perd ces qualités, surtout en été, et produit des épreuves constamment voilées.

C'est que le bain se charge lentement de matières organiques, soit par les poussières atmosphériques, soit parce que le collodion contient lui-même des matières organiques nuisibles, qu'il introduit dans le bain.

Beaucoup de photographes rendent alcalins les bains d'argent en les additionnant de solution de bicarbonate de soude, puis les exposent plusieurs jours consécutifs au soleil. La matière organique est alors éliminée, et l'on voit les parois du flacon qui contient le bain se couvrir d'argent réduit. Filtré et rendu légèrement acide (par l'addition de quelques gouttes d'acide nitrique), le bain est de nouveau prêt à servir. Ce remède est excellent. Mais le procédé suivant est plus simple et plus expéditif.

Dissolvez 1 gramme de permanganate de potasse cristallisé dans 100 grammes d'eau. La solution est d'un rouge foncé et doit être conservé dans un flacon bouché à l'émeri.

Ajoutez *goutte à goutte* de cette solution au vieux bain d'argent (1)

(1) Si le bain d'argent était *acide*, il faudrait le rendre légèrement alcalin en l'additionnant, goutte à goutte, de soude ou de potasse caustique, ou au besoin d'ammoniaque, quitte après la filtration du bain purifié, à l'additionner d'une ou de deux gouttes d'acide nitrique par litre.

et *agitez-le chaque fois vivement*, jusqu'à ce qu'il prenne *et conserve* une légère teinte rose. Filtrez-le, et la solution passera incolore à travers le papier.

L'explication de ce procédé est simple. Le permanganate de potasse produit par double décomposition avec le nitrate d'argent un sel d'argent rouge, qui se réduit de suite au contact des matières organiques telles que la résine, l'albumine, etc. Ce sont précisément des matières analogues contenues dans le collodion, qui causent le plus souvent les épreuves voilées.

Les bains d'argent se chargent aussi d'alcool et d'éther, et alors le développateur produit des veines huileuses sur les couches. Il suffit d'abandonner les bains pendant 24 heures dans une cuvette plate que l'on couvre d'une feuille de papier à filtrer, pour que l'éther et l'alcool s'évaporent suffisamment.

§ **208. Acidité du bain d'argent.** — Un bain d'argent neutre au papier de tournesol produit fréquemment des épreuves voilées et des images très-intenses. L'addition à un tel bain de 2 ou 3 gouttes d'acide nitrique dilué corrige souvent le premier défaut, et toujours le second. Dès que les images sur collodion sont, après le développement, jugées *trop intenses*, ajoutez quelques gouttes d'acide nitrique au bain d'argent, et les épreuves suivantes seront beaucoup plus douces et moins intenses.

SECTION IV. — DÉVELOPPATEURS ET FIXATEURS.

Pour développer et fixer les négatifs au collodion deux substances sont employées : le sulfate de fer et l'acide pyrogallique.

Le sulfate de fer, en solution convenablement étendue, fait apparaître l'image lentement, de manière qu'on est maître d'en arrêter l'action à un moment donné. Mais l'*intensité* de l'image est quelquefois insuffisante, et l'on est obligé de la renforcer. L'acide pyrogallique exige une pose plus longue à la chambre noire, mais l'image développée a, du premier jet, une grande intensité.

Voici les formules généralement employées :

Développateur.

Eau.	1	litre.
Sulfate de fer (1)	30	grammes.
Alcool.	30	centim. cubes.
Acide acétique cristallisable	25	»

(1) M. Meynier a proposé de remplacer le sulfate de fer ordinaire par le sulfate double de fer et d'ammoniaque, corps très-facile à préparer et qui possède la pro-

On dissout d'abord le sulfate de fer dans l'eau, puis l'on ajoute l'acide acétique et finalement l'alcool.

Cette solution doit être préparée fraîchement, tous les jours si l'on travaille couramment, sinon il faudrait exposer les glaces à la chambre noire un temps double ou triple.

Dès que la solution a deux ou trois jours de date, elle perd de ses qualités.

Pour le renforçage :

Acide pyrogallique	1 gramme.
Eau distillée	300 cent. cubes.
Acide acétique cristallisable (1).	30 „

L'eau est d'abord additionnée d'acide acétique, puis versée sur le filtre en papier dans lequel on place l'acide pyrogallique. La solution passe limpide et incolore, bien entendu si l'eau est pure.

Ce liquide se décompose lentement en s'assimilant l'oxygène de l'air. Il brunit au bout de quelques semaines et parfois en quelques heures. Il peut encore servir dans cet état, pourvu qu'il ne se soit pas décomposé trop loin, ce dont on juge par sa transparence. Une fois opaque et boueux, il doit être jeté. L'acide pyrogallique qui a servi à développer une épreuve, ne peut, dans aucun cas, être employé une seconde fois.

§ **209. Développateur pour clichés de gravures, reproductions.** — La formule suivante nous a le mieux réussi :

Eau	100 grammes.
Sulfate de fer.	5 „
Acide tartrique	1 „

Cette solution s'emploie à la manière ordinaire, en l'appliquant sur la couche de collodion au sortir de la chambre noire. Elle n'agit pas immédiatement comme le sulfate de fer ordinaire, et l'image n'apparaît qu'au bout de trente ou quarante secondes, en prenant de plus en plus d'intensité sans qu'il soit nécessaire de recourir à un renforçage subséquent. Généralement les noirs sont très-intenses, et les blancs ou parties transparentes du cliché sont absolument exempts de voile, ce qui est très-avantageux quand on reproduit des gravures.

---

priété de ne pas se décomposer au contact de l'air. Ce sel agit, du reste, comme le sulfate de fer ordinaire, mais ne permet pas une pose à la chambre noire plus courte. On l'emploie dans notre formule, à raison de 50 grammes au lieu de 30 de sulfate de fer ordinaire.

(1) On peut remplacer les 30 grammes d'acide acétique de cette formule par 1 gramme d'acide citrique et 10 d'alcool (M. Gaillard), mais les clichés ont généralement une coloration bleue perméable à la lumière (MM. Bareswill et Davanne).

§ **210. Le fixateur.** — Les photographes de profession se servent de cyanure de potassium (à la dose de 20 gr. par litre d'eau) pour fixer les images négatives sur collodion. Il agit plus vite, s'enlève plus facilement sous un filet d'eau et occasionne moins de taches que l'hyposulfite de soude jadis employé pour le même usage.

La solution de cyanure s'altère à l'air en se transformant en carbonate de potasse. Cette transformation s'opère même dans des flacons bouchés. Il ne faut donc pas en préparer trop longtemps à l'avance.

Le cyanure de potassium est un poison violent. Cependant il est certain qu'on *s'acclimate* à ses effets (1). Il ne faut pas, toutefois, se servir de solutions concentrées, car elles agissent beaucoup plus activement sur l'économie animale que les solutions étendues.

Beaucoup de photographes se servent d'une solution de 100 gr. d'hyposulfite de soude par litre d'eau, pour fixer les clichés au collodion. Mais ce fixateur, qui *ronge* moins que le cyanure, exige un lavage prolongé pour être enlevé. Si ce lavage est imparfait, l'inaltérabilité du cliché est compromise.

CHAPITRE II.

ÉPREUVES POSITIVES SUR COLLODION.

Les épreuves positives sur collodion se font de deux manières :

1° ou bien l'image, en réalité négative, est examinée par réflexion sur un fond noir;

2° ou bien, l'épreuve positive est examinée par transparence.

Nous examinerons donc la formation des épreuves positives sur collodion dans les deux sections suivantes.

SECTION I. — ÉPREUVES POSITIVES SUR COLLODION (PAR RÉFLEXION).

§ **211. Le collodion.** — Un collodion, pour être apte à fournir des épreuves positives directes, doit posséder les caractères que nous

---

(1) Il est de fait qu'une personne, non habituée au cyanure, est sujette à des maux de tête lorsqu'elle se trouve un certain temps à côté d'une cuvette contenant une solution de cyanure de potassium, alors qu'un photographe ne ressent rien.

Il faut cependant être prudent dans le maniement du cyanure, surtout si l'on a de légères blessures aux doigts. Il y a des exemples terribles de l'effet de ce poison, et nous ne saurions trop recommander à nos lecteurs d'en restreindre l'usage dans les limites les plus étroites.

avons énoncés en parlant de la décomposition du collodion. Le meilleur est celui que l'on obtient en mélangeant un vieux collodion avec un collodion neuf. Voici une formule qui donne d'excellents résultats :

Vieux collodion	100 cent. cubes.
Coton-poudre	1 gramme.
Éther	50 cent cubes.
Alcool	50 »
Iodure d'ammonium	1 gramme.

Quand on veut préparer le collodion positif et que l'on ne possède pas de vieux collodion, on se procurera du coton-poudre préparé à haute température, variété intenses, et l'on adoptera la formule suivante :

Coton-poudre	1 gramme.
Alcool à 84°	50 cent. cubes.
Éther à 62°	50 »
Iodure d'ammonium	1 gramme.
Bromure de cadmium	0,25 »

Ce collodion n'est, d'ailleurs, bon à être employé efficacement que 8 à 10 jours après sa préparation.

Les collodions rouges sont meilleurs que les collodions incolores ou jaunâtres; c'est l'inverse pour les collodions négatifs.

§ **212. Bain d'argent.** — Le bain d'argent que nous avons prescrit pour négatifs convient aussi pour les positifs. Il doit présenter une réaction acide légère, mais non forte, comme quelques auteurs le croient. La seule recommandation à faire à propos du bain d'argent, c'est de l'exposer au soleil quand on ne s'en sert pas. Ce qu'il faut, en effet, éviter dans le bain d'argent pour positifs, c'est la matière organique dont nous avons parlé, page 166, et qui se produit ici d'autant plus vite que le collodion que l'on emploie est plus décomposé. Tenir le bain d'argent très-légèrement acide et le conserver en pleins rayons solaires, favorise le dépôt de la matière organique. Cela est surtout nécessaire parce que le moindre voile sur l'épreuve en détruit la beauté.

§ **213. Le développateur.** — Les épreuves positives sur collodion peuvent être divisées en deux classes : l'une ayant des blancs mats; l'autre ayant des blancs brillants et plus ou moins métallisés. Ces deux classes d'épreuves sont obtenues par des développateurs divers. Ainsi les épreuves à blancs mats sont développées rapidement avec une solution contenant beaucoup de fer. Les épreuves brillantes sont, au contraire, développées avec une faible solution, rendue moins active encore, par l'addition d'acide nitrique.

Voici les formules pour deux solutions types :

N° 1. *Pour blancs mats.*

Sulfate de fer	6 grammes.
Eau	100 cent. cubes.
Acide acétique ordinaire	8 »
Alcool	6 »
Nitrate de potasse	1 gramme.

N° 2. *Pour blancs brillants et métalliques.*

Sulfate de fer	2 1/2 grammes.
Eau	100 cent. cubes.
Acide acétique ordinaire	2 »
Alcool	3 »
Nitrate de potasse	1 gramme.
Solution de nitrate d'argent	1 cent. cube.
Acide nitrique	5 gouttes.

Dans ces formules, les sels solides sont pulvérisés et dissous dans l'eau, après quoi on ajoute les autres ingrédients. On fera bien attention de ne pas ajouter d'acide nitrique directement au sulfate de fer solide, car ce dernier serait oxydé et transformé en sulfate de peroxyde qui n'est pas un développateur.

L'effet des acides acétique et nitrique est de préserver les noirs et de rendre les blancs plus brillants. Le nitrate de potasse et le nitrate d'argent produisent aussi ce dernier effet. L'alcool est ajouté pour que la solution coule facilement sur la plaque sans se séparer de la surface et sans produire des taches graisseuses.

Les formules données ci-dessus ont été confirmées par la pratique ; la seconde surtout est à recommander.

L'exposition dans la chambre noire, en employant le développateur N° 2, doit être plus longue d'un cinquième qu'en employant le N° 1.

Le développateur N° 1 fait paraître l'épreuve beaucoup plus vite que le N° 2. Il faudra donc surveiller avec plus de soin la venue de l'image. Aussitôt que tout a paru, on inonde la plaque d'eau. Il est important de faire ce lavage au moment juste, car la beauté des noirs en dépend souvent. Beaucoup d'opérateurs, en employant un développateur qui fait paraître l'image rapidement, donnent une exposition un peu plus longue qu'il ne faut, et arrêtent le développement par le lavage avant que l'image ait eu le temps de devenir grise. Cette pratique est fortement recommandable, mais elle exige de l'expérience.

Elle produit des images d'une couleur sale et verdâtre, quand le développateur N° 2 est employé.

Le développateur N° 2 fait paraître lentement. En employant, il est nécessaire de donner un temps de pose exact et de développer jusqu'aux extrêmes limites.

§ **214. Le fixateur.** — L'image, étant développée, est lavée à grande eau et fixée au cyanure de potassium (3 gr. par 100 d'eau), après quoi elle est de nouveau lavée avec soin et séchée spontanément ou à la lampe.

L'hyposulfite ne doit pas être employé pour cet usage, car il donne des blancs grisâtres (1).

L'image qui était à peine visible au sortir du bain de fer, empâtée comme elle l'était par l'iodure d'argent en excès, se découvre complètement dans le cyanure.

Les épreuves positives sur verre sont d'une merveilleuse finesse, et, bien réussies, possèdent un aspect fort agréable.

§ **215. Vernissage.** — Le vernis à employer, formé de 8 grammes de bitume de Judée dissous dans 100 cent. cubes de benzine, est versé, soit sur la couche, soit sur le côté opposé. Dans le premier cas, après le lavage au cyanure, la couche sera recouverte d'une solution aqueuse de gomme arabique, et, après dessication, du vernis au bitume que l'on y étend comme du collodion. — Sans la gomme, le vernis pénètre la couche, et donne à l'image une couleur grise. Au lieu de verres blancs, on fabrique exprès pour ce procédé des verres violets d'une couleur très-agréable. Ces verres colorés évitent l'usage du vernis noir; mais, si l'on n'a que du verre blanc, il faut bien y avoir recours.

§ **216. Positives sur plaques de fer, toile cirée.** — Les épreuves positives peuvent se faire, non-seulement sur verre, mais encore sur des plaques de fer mince et léger, enduit d'un côté de gomme-laque; de l'autre, d'un vernis noir et brillant. Ce procédé, très-employé en Amérique, y a reçu le nom de *Melainotype*. La plaque se nettoie comme le verre ordinaire et la méthode opératoire ne diffère en rien de la précédente, l'image est aussi moins sujette à s'effacer. Ces épreuves sont fort jolies et peuvent s'envoyer dans une lettre comme une carte de visite ordinaire.

(1) Quand on désire une couleur blanche bleuâtre, après le fixage et le lavage, on immerge la glace dans une solution aqueuse de bichlorure de mercure à la dose de 2 pour cent. L'image y noircit d'abord, puis blanchit. On enlève le sel de mercure par l'eau. Les épreuves ainsi modifiées ont un ton froid fort peu agréable.

Une épreuve sur verre peut être transportée sur toile cirée, mais il est bon de se servir d'un collodion un peu plus épais qu'à l'ordinaire, afin que la couche se détache plus facilement.

L'épreuve au sortir du bain de lavage qui suit le cyanure, est immergée dans une cuvette horizontale contenant de l'acide sulfurique étendu de dix fois son poids d'eau. Au bout d'un certain temps, la couche se soulève. A cet instant, la glace est enlevée prudemment et mise à plat sur une table, après avoir été bien égouttée.

La toile cirée légèrement chauffée est appliquée sur la glace en frottant vivement avec la main sur le côté opposé afin d'en faciliter l'adhérence avec la couche. La toile cirée peut alors être enlevée, car la couche de collodion portant l'image est fixée à sa surface.

SECTION II. — IMAGES POSITIVES PAR TRANSPARENCE SUR COLLODION.

§ **217. Procédé Poitevin.** — Le collodion peut aussi donner des images positives par transparence et directement à la chambre noire. Déjà, en 1839 et en 1840, MM. Lassaigne et Vérignon avaient donné des méthodes pour obtenir à la chambre noire des images positives sur papier. M. Poitevin [1] a suivi une marche analogue avec le collodion, mais ses indications nettes et claires donnent beaucoup plus de mérite à son procédé, que voici.

Une couche de collodion étendue sur le verre et sensibilisée à l'ordinaire, est exposée quelques secondes à l'action directe du jour, puis le nitrate d'argent est enlevé par l'eau pure. La glace bien égouttée est recouverte d'une solution de 3 gr. d'iodure de potassium par 100 d'eau. En cet état, elle est exposée à la chambre noire, en prenant au moins trois fois plus de pose qu'à l'ordinaire. La glace lavée à l'eau est développée à l'acide pyrogallique mélangé de nitrate d'argent. L'image, au lieu d'être négative, est positive par transparence.

Jusqu'ici, au point de vue théorique, aucune explication plausible n'a été donnée de ce procédé curieux.

M. De la Blanchère a remarqué que si, pendant le développement d'un cliché ordinaire, on donnait accès au jour dans le cabinet obscur, l'image négative devenait subitement positive. Ce fait a été souvent observé, mais de même que du procédé de M. Poitevin, aucune explication plausible n'en a été donnée.

---

(1) *Bulletin de la Société française de Photographie*, 1859.

M. Sabatier a fait voir, de son côté, que si l'on arrête le développement d'un négatif ordinaire au moment où tous les détails ont paru, pour laver la glace à l'eau pure et la replonger dans le bain d'argent(1), l'acide pyrogallique appliqué de nouveau, développe une image positive, c'est-à-dire précisément inverse à l'image développée en premier lieu.

§ **218. Procédé au collodion-chlorure.** — L'usage d'une émulsion de chlorure d'argent dans le collodion a été introduit dans l'usage de la photographie par M. Whartman Simpson, en 1866. Ce procédé, n'a pas attiré toute l'attention qu'il méritait. C'est que le collodion-chlorure d'argent (comme on l'appelle) est d'une préparation assez délicate. Voici toutefois une formule dont l'auteur de cet ouvrage a eu fréquemment l'occasion d'éprouver la certitude.

I)	Chlorure de magnésium cristallisé	5 grammes.
	Alcool chaud à 90 centièmes	500 cent. cubes.

Filtrez après dissolution et laissez refroidir.

II)	Solution précédente	100 cent. cubes.
	Pyroxyle.	3 grammes.
	Éther à 66° Baumé	100 cent. cubes

Le pyroxyle est d'abord introduit dans la solution I. Puis le flacon est fortement agité, et l'éther ajouté par portions successives, en agitant chaque fois fortement.

Laissez déposer ce collodion 15 jours au moins. On peut en préparer plusieurs litres à l'avance, il se conserve bien.

III)	Alcool à 90 centièmes	200 cent. cubes.
	Eau chaude.	8 grammes.
	Nitrate d'argent fondu très-finement pulvérisé	8 »

Dissolvez d'abord le nitrate d'argent dans l'eau chaude, puis ajoutez l'alcool par portions successives, et agitez. Filtrez, laissez refroidir et ajoutez :

Pyroxyle.	6 grammes.
Éther	200 cent. cubes.

Quand le pyroxyle est immergé dans la solution alcoolique de nitrate d'argent, fermez le flacon et agitez-le vivement. Puis ajoutez l'éther par portions successives, et agitez chaque fois fortement.

Ce collodion, dit *à l'argent,* doit rester au repos huit jours avant de s'en servir. Il ne faut employer que la partie claire supérieure et non celle du fond. Même observation à propos du collodion de la formule II.

---

(1) Un bain alcalin paraît nécessaire pour produire cet effet.

Il arrive fréquemment que le collodion à l'argent prend une teinte brune, mais cette couleur ne le rend pas mauvais.

IV) Acide citrique	18	grammes.
Eau bouillante	18	cent. cubes.
Alcool à 90 centièmes	162	»

Dissolvez d'abord l'acide citrique dans la quantité d'eau bouillante prescrite par la formule. Puis ajoutez l'alcool par portions successives et filtrez.

Ces quatre préparations étant faites, voici comment se prépare le collodion-chlorure d'argent.

Collodion (II) au chlorure de magnésium	200	cent. cubes.
Collodion (III) à l'argent	200	»

Agitez bien le mélange, puis ajoutez :

Solution (IV) d'acide citrique	4	cent. cubes.
Ammoniaque pure	8	gouttes.

Agitez de nouveau et avec force, et opérez dans un flacon en verre jaune, pour préserver l'émulsion de l'action de la lumière.

Le collodion-chlorure ainsi préparé présente, lorsqu'on l'examine par transparence, une teinte opaline, et n'a pas l'apparence laiteuse des collodions de la même espèce préparés par d'autres formules. Il est bon à l'usage dès le lendemain de sa préparation, et se conserve très-bien. Cependant au bout de quelques mois, il prend une apparence laiteuse, dépose du chlorure d'argent, et est alors hors d'usage.

Il est assez remarquable que le chlorure d'argent, corps insoluble dans le collodion, ne se précipite pas au fond du flacon lorsqu'on prépare le collodion-chlorure.

Les glaces bien nettoyées sont recouvertes du collodion-chlorure (1), comme à l'ordinaire. Mais il est indispensable de les recouvrir d'une couche préalable d'albumine comme nous le décrivons page 179. Après le collodionage, on les met à sécher *plusieurs heures* dans un endroit obscur. Elles présentent un aspect très-légèrement opalin, et la couche semble si légère qu'on pourrait croire, à priori, que l'image que cette couche doit fournir sera sans vigueur. Il n'en est rien cependant.

---

(1) Ce collodion doit être étendu sur la glace avec une très-grande lenteur, sinon la couche est trop mince, et l'image sans vigueur. On peut même mettre la glace bien horizontalement sur un pied à caler, verser le collodion au milieu de la glace, le laisser s'étendre jusqu'aux bords et laisser la glace sécher spontanément dans la position horizontale. Des rides apparaissent quelquefois sur la couche sèche, mais elles disparaissent après le fixage.

Les glaces sèches sont mises dans une boîte à rainures, et se conservent indéfiniment. En tous cas, elles doivent être absolument sèches pour fournir de bonnes images, ce que l'on reconnaît en frottant fortement avec le doigt sur un coin de la couche, qu'on ne doit pas pouvoir enlever, même par un frottement très-énergique.

Veut-on se servir d'une glace recouverte de collodion-chlorure, on doit préalablement la fumiger à l'ammoniaque. Pour cela, prenez une boîte à rainures en bois (correspondant à la grandeur de votre glace), placez-la sur une table, les rainures étant horizontales. Sur le fond de la boîte, mettez un verre de montre contenant de 20 ou 30 grammes de carbonate d'ammoniaque en poudre très-fine mêlé d'un peu de chaux vive. Cette quantité est suffisante pour fumiger l'une après l'autre plusieurs douzaines de glaces.

La glace est introduite à son tour dans la boîte, la couche de collodion en regard du carbonate d'ammoniaque et à dix centimètres de distance. Puis la boîte est fermée, et l'on attend 5 minutes. La glace est sortie et doit alors recevoir immédiatement l'action de la lumière ; pendant ce temps, on en fumigue une seconde.

L'action de la fumigation ammoniacale est surprenante. Sans elle l'image manque de vigueur, et se *solarise* (1) : les noirs, après avoir atteint une certaine vigueur, se métallisent en prenant une couleur olive lorsqu'on les examine par réflexion. Examinée par transparence, l'image, dans les noirs, atteint d'abord une certaine vigueur, puis cette vigueur se perd après une action subséquente de la lumière, et l'image offre un aspect tout à fait particulier. La fumigation ammoniacale évite cette solarisation.

Si l'on tient à conserver à l'image positive par transparence toute la netteté du négatif à copier, il faut procéder de la façon suivante.

Sur la glace épaisse B du châssis-presse ordinaire à ressorts ou à vis, mettez le négatif à copier A sa couche au-dessus. Couvrez-le de la glace C au collodion-chlorure, la couche en contact avec celle du négatif à copier. Voici à présent le point important : découpez un morceau de feutre épais D tout juste de la grandeur *du négatif à copier* et plutôt un peu plus petit, *mais jamais plus grand*. Puis mettez la planchette pliante E et fermez les ressorts FG du châssis.

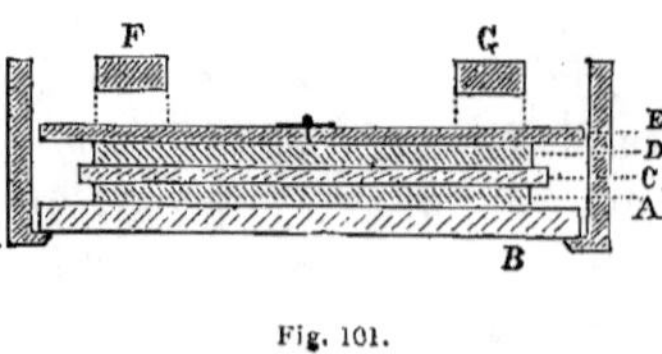

Fig. 101.

(1) Dr D. v. Monckhoven, 1869, *Phot. Correspondenz* et *Photog. Mittheil.*, tome 6, p. 218.

Si vous opériez comme à l'ordinaire, avec un coussin de feutre ou de papier de la grandeur du châssis, comme on a l'habitude de le faire pour le tirage des épreuves positives sur papier, vous transporteriez la pression des ressorts sur les bords de la glace au collodion-chlorure. Alors celle-ci plie au milieu, et *jamais* l'image obtenue n'est nette. C'est pour cela que le coussin de feutre doit être juste de grandeur, et même un peu trop petit, pour transporter la pression (et le contact des surfaces de verre) au milieu des glaces et non sur leurs bords.

Le châssis est exposé au jour ou au soleil comme on le fait pour le papier albuminé. On suit la venue de l'image de la même façon, et comme nous le décrirons au chapitre des positifs sur papier. L'image est d'ailleurs très-vigoureuse. Quand on la juge d'une intensité suffisante, on la rapporte dans le cabinet noir pour la fixer. L'on peut attendre le soir, et opérer le fixage sur un grand nombre d'épreuves à la fois.

Pour le virage et le fixage préparez les deux bains suivants :

A)	Eau distillée	1 litre.
	Sulfocyanure d'ammonium	15 grammes.
	Hyposulfite de soude.	1 »

Versez-y après solution des substances solides, goutte à goutte, en agitant le mélange :

Chlorure d'or et de potassium . . .	1 gramme.
dissous préalablement dans	10 cent. cubes d'eau.

Le mélange est d'abord rouge, mais il se décolore au bout de 2 à 3 heures.

Ce bain de virage peut servir fort longtemps et pour un très-grand nombre de glaces.

B)	Eau de pluie	1 litre.
	Hyposulfite de soude	100 grammes.

Ce bain peut également servir au fixage d'un grand nombre de glaces.

Le positif sur verre, au sortir du châssis-presse, est immergé directement dans le bain de virage où on le laisse de 2 à 10 minutes suivant le ton plus ou moins bleu que l'on veut obtenir. En été, ce temps peut être réduit de moitié.

La glace est alors enlevée et immergée dans le bain fixateur B où on la laisse de 5 à 10 minutes. Puis elle est lavée avec la pissette ou sous le robinet d'une fontaine pendant un quart d'heure.

Finalement la glace est posée debout contre le mur, sa partie inférieure reposant sur un papier buvard, et cela jusqu'à ce qu'elle soit absolument sèche.

L'apparence de l'épreuve sèche varie du brun au bleu ardoise, suivant que le virage a été plus ou moins énergique. En tous cas, *l'image est d'une admirable transparence*, même dans les noirs, et *éminemment propre aux agrandissements*.

Les glaces n'ont pas besoin d'être vernies, car la couche de collodion est d'une ténacité surprenante, et tellement, qu'on a la plus grande peine à l'enlever, même avec un corps dur.

On peut ainsi faire de très-beaux positifs en transparence sur verre opale; positifs pour lanterne magique, épreuves stéréoscopiques, etc.

CHAPITRE III.

PROCÉDÉS OPÉRATOIRES.

SECTION I. — PRÉPARATION DE LA COUCHE DE COLLODION SENSIBILISÉ.

§ **219. Nettoyage des glaces.** — Quand les glaces ou les verres sont neufs, leur surface est toujours grasse et couverte de substances étrangères qui y adhèrent avec une persistance étonnante. Dans ce cas, il est nécessaire de les immerger dans la solution suivante :

Acide sulfurique	30 cent. cubes.
Eau.	400 »
Bichromate de potasse pulvérisé. . . .	30 grammes.

Cette solution, que l'on verse dans une cuve en gutta-percha ou mieux en grès, peut servir tant qu'elle est rouge. Quand elle a pris une couleur violette, elle est hors d'usage. On peut immerger dans ce bain un grand nombre de verres qu'on y laisse 12 heures au moins. Les verres sont alors enlevés et rincés à grande eau, pour les placer ensuite sur un support (fig. 50). Quand les glaces sont sèches, il faut éviter d'en toucher la surface avec les doigts qui y laissent des taches.

Si les verres ou les glaces ont déjà servi, ou si elles sont recouvertes de vernis, l'emploi d'une solution contenant la moitié d'eau dans la formule ci-dessus énoncée est préférable, mais la méthode reste exactement la même.

§ **220. Polissage des glaces.** — Les glaces, étant nettoyées, doivent être polies quelques heures avant de s'en servir.

Serrez la glace entre les deux bords de la planchette comme le représente la fig. 52, page 98. A côté de vous, placez un flacon (fig. 102) à large ouverture, dont le bouchon est muni d'un tube ouvert aux deux extrémités et dans lequel se trouve un mélange de rouge d'Angleterre et d'alcool de manière à en faire une bouillie peu épaisse.

Projetez sur la glace quelques gouttes de ce mélange, et à l'aide d'un tampon de papier de soie, ou mieux d'un morceau de vieux linge, nettoyez-la en y traçant toujours une série de cercles que vous commencerez à l'un de ses angles pour finir à l'angle opposé.

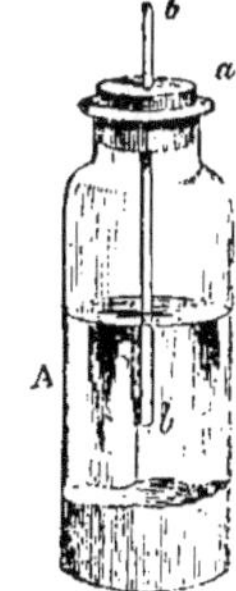

Fig. 102.

Quand l'expérience vous aura appris que ce frottement est suffisant, enlevez le rouge avec un linge sec, ôtez la glace de la planchette, essuyez-la bien par derrière et sur les côtés ; puis placez-la sur un cahier de papier buvard, pour la frotter une dernière fois avec une peau de daim ou un linge *parfaitement sec*.

Une glace est bien nettoyée lorsque, condensant l'haleine à sa surface, il n'y apparaît ni lignes, ni points. Un peu de pratique en apprendra plus à ce sujet que tous les préceptes que nous pourrions donner.

§ **221. Albuminage des glaces.** — Dans beaucoup d'ateliers, on se borne à nettoyer les glaces au bichromate comme nous venons de l'indiquer, sans les polir au rouge. Mais on les recouvre, quand elles sont sèches, de :

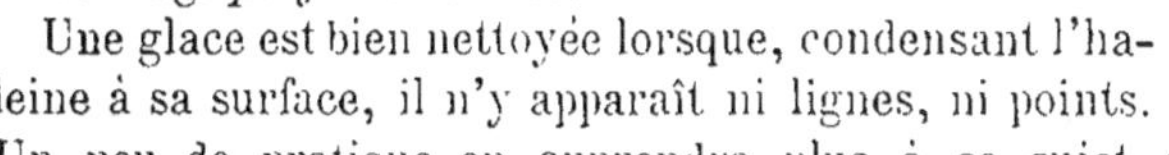

Eau.	4 parties.
Albumine battue en neige et décantée . . .	1 »

Pour cela, la glace est mise de niveau, l'albumine versée dessus au milieu, et rapidement étendue sur toute la surface de la glace avec une bande de verre. Puis la glace est redressée, l'albumine s'écoule. Il n'en reste qu'une couche infiniment mince. La glace sèche est tout à fait propre, beaucoup plus que si elle était longuement polie au rouge. Cette méthode est très-avantageuse, surtout pour les glaces de grande dimension qui se nettoyent très-difficilement.

On peut d'ailleurs conserver ces glaces albuminées plusieurs mois. Il suffit de les épousseter pour qu'elles soient prêtes à recevoir la couche de collodion.

§ **222. Conservation des glaces nettoyées.** — Vous placerez les glaces nettoyées dans une boîte à rainures *en zinc* ou en fer-blanc (et non en bois, qui produit de la poussière) en n'oubliant pas de faire à l'extérieur de cette boîte une marque bien visible, et de placer de ce côté, le côté nettoyé des glaces. La boîte en zinc sera bien époussetée à l'intérieur avant d'y mettre les glaces nettoyées; on la tiendra fermée, afin d'éviter la poussière.

Une glace ne peut pas être employée immédiatement après le nettoyage, parce qu'elle est électrisée et qu'elle retient alors fortement la poussière qui ne s'enlève pas, même en y passant un blaireau.

§ **223. Extension du collodion.** — L'extension du collodion se fait dans le cabinet obscur, parce que la sensibilisation de la glace suit immédiatement. Cependant, ce n'est qu'au moment de la sensibilisation qu'il est nécessaire de fermer complètement le volet.

Le collodion est transvasé avec soin dans un flacon à large ouverture sans bec (fig. 103), ou bien avec bec (1) (fig. 104). Avant de prendre la glace hors de la boîte à rainures, on ouvre ce flacon, *dont on essuie parfaitement le goulot.*

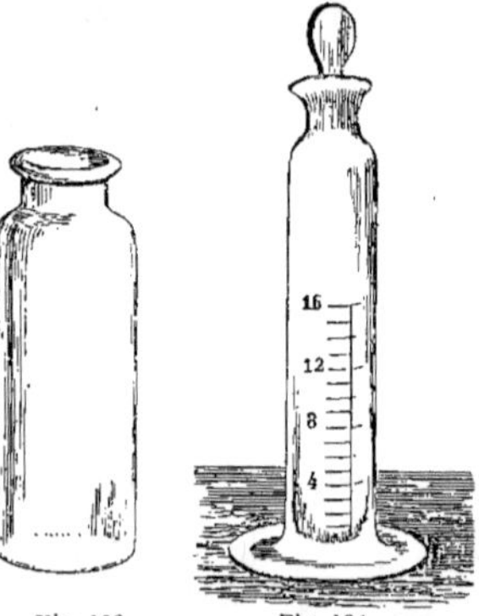

Fig. 103 Fig. 104.

La glace étant enlevée de la boîte à rainures en le prenant délicatement par un de ses angles, est essuyée légèrement du côté nettoyé à l'aide d'un blaireau à longues soies (2) pour chasser les poussières. Puis on procède à l'extension du collodion.

La glace ABCD (fig. 105) est tenue par le coin D, et pour éviter l'action de la chaleur des doigts sur la couche de collodion, on interpose au-dessous une feuille épaisse de papier buvard, représenté sur notre figure par un carré pointillé.

Tenant de la main gauche le coin D de la glace (que l'on serre entre le pouce et l'index, le côté DC étant dirigé vers soi), on verse en x le

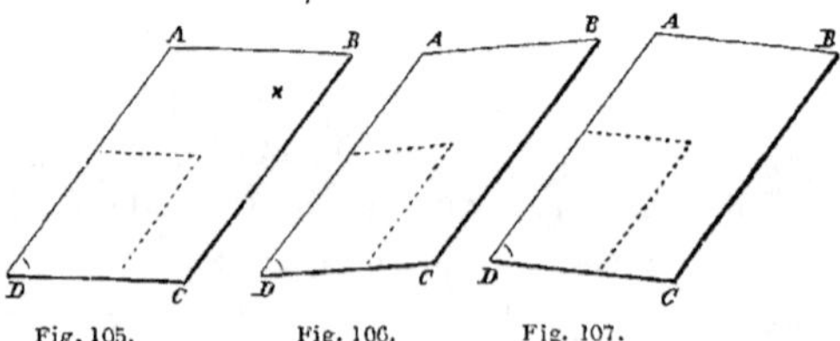

Fig. 105. Fig. 106. Fig. 107.

collodion en quantité suffisante sur la glace tenue bien horizontalement. Le collodion s'étend en cercle et couvre les coins B et A. Puis la glace

(1) Ce flacon est quelquefois gradué pour reconnaître la quantité de collodion répandue sur la glace.

(2) Conservez ce blaireau dans une boîte à couvercle, afin qu'il ne prenne pas la poussière.

est inclinée vers AD (fig. 106), puis vers BC (fig. 107), afin que le liquide s'étende bien sur toute la surface de la glace.

Relevant alors la glace verticalement (fig. 108), on laisse écouler le liquide en excès dans un flacon spécial (1). Il se forme dans la couche une série de stries verticales que l'on fait disparaître (2) en inclinant la glace comme le font voir les fig. 109 et 110.

La pratique seule peut enseigner le tour de main pour obtenir une

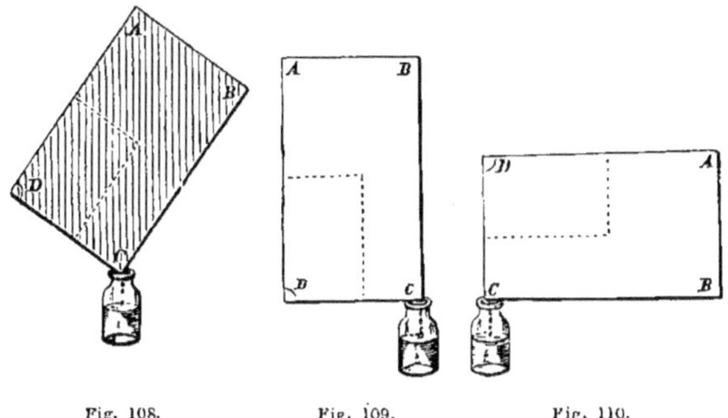

Fig. 108. Fig. 109. Fig. 110.

bonne couche; pour l'apprendre, il faut commencer par de petites glaces pour recourir ensuite à de plus grandes. Pour les glaces de 30 centimètres sur 40 et au delà, on appuie le centre de la glace sur un objet quelconque, une bouteille munie d'un bouchon de liége, par exemple, et on la dirige en la tenant par un angle (3).

Pour obtenir une bonne couche de collodion, il est nécessaire de verser en une fois la quantité nécessaire de collodion pour couvrir amplement la glace en laissant une minute entière le collodion sur celle-ci avant de la relever verticalement. Sinon la couche serait trop mince. C'est là un point très-important, *car si la couche est trop mince, le meilleur collodion donne des négatifs gris, sans vigueur.*

---

(1) On ne doit pas recueillir le collodion qui a couvert la glace dans le flacon d'où on vient de le verser. Il peut se trouver sur la glace des impuretés qui se mêlent au collodion et empêchent d'obtenir plus tard de bonnes épreuves. Le collodion provenant des excédants versés sur les glaces est, au bout de la journée, versé dans le flacon fig. 98, page 154.

(2) Si le collodion est un peu épais, ces rides ne disparaissent pas complètement. Avec certains collodions ces rides sont même très-prononcées, mais elles disparaissent lorsque la couche est sèche, ne font souvent aucun tort à l'image.

(3) Quelques opérateurs recouvrent de collodion les glaces de grande dimension en ouvrant la main et en laissant reposer la glace sur les extrémités des doigts. Ce moyen est mauvais parce que des taches apparaissent après le développement précisément aux endroits où le contact des doigts a eu lieu.

Si cette opération est bien faite, il ne peut pas se perdre une goutte de collodion. Il faut éviter aussi que le collodion ne coule derrière la glace ; mais, si cela arrive, il ne faut l'essuyer qu'après la sensibilisation.

Le moment précis où la glace doit être plongée dans le bain d'argent se juge à son aspect, bien entendu quand on se sert de collodion avec excès d'éther. *La couche prend un aspect mat* (l'éther s'étant presque entièrement vaporisé) et condense de l'humidité à sa surface, à cause du froid produit par la rapide évaporation de l'éther. *Le doigt appliqué sur la partie inférieure de la couche ne doit pas y adhérer, mais y laisser une légère empreinte.*

§ **224. Sensibilisation de la couche de collodion.** — La cuvette verticale en verre est très-employée pour cet usage en Angleterre et en Amérique. En France et en Allemagne, on se sert exclusivement des cuvettes horizontales. Nous décrirons donc les deux méthodes.

La glace étant placée sur son support est plongée *sans temps d'arrêt* dans le bain d'argent où on la laisse un temps suffisant (1). Elle y blanchit lentement, l'iodure alcalin du collodion se transformant en iodure d'argent.

La couche doit blanchir *lentement*. Si elle blanchit trop vite (ce qui provient de ce que l'on a attendu trop longtemps pour la plonger dans le bain d'argent), elle manquera de sensibilité. Au contraire, la glace étant plongée *trop tôt* dans le bain d'argent, la couche se divise par lambeaux.

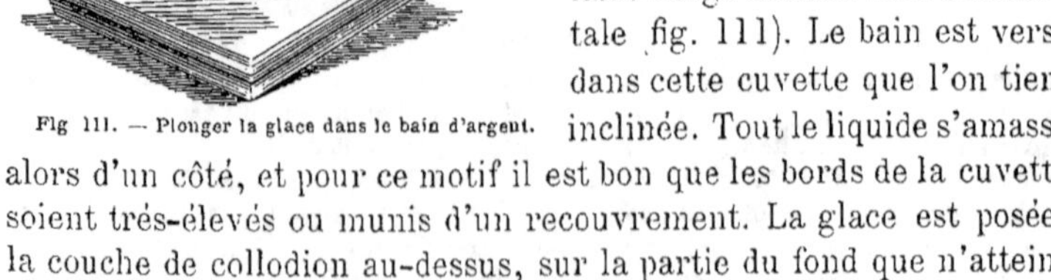

Fig 111. — Plonger la glace dans le bain d'argent.

L'usage de la cuvette verticale est excellent tant qu'il ne s'agit que de glaces de dimension moyenne, par exemple de 21 cent. sur 27 ; au delà, il est préférable de faire usage de la cuvette horizontale (fig. 111). Le bain est versé dans cette cuvette que l'on tient inclinée. Tout le liquide s'amasse alors d'un côté, et pour ce motif il est bon que les bords de la cuvette soient très-élevés ou munis d'un recouvrement. La glace est posée, la couche de collodion au-dessus, sur la partie du fond que n'atteint

(1) Il importe peu qu'elle y séjourne plusieurs minutes au delà du temps nécessaire. Il n'en est pas de même de l'inverse.

pas le liquide. On la retient de la main B avec le crochet *i* en baleine, de l'autre main A on élève la cuvette. Abaissant alors la glace, on la lâche dès qu'elle arrive en contact avec le liquide et d'un coup on rend la cuvette horizontale en abaissant la main A. Le liquide argentifère couvre ainsi d'un trait toute la glace.

Il est bon de toujours maintenir le crochet sous la glace ; car il peut arriver que, par quelque mouvement involontaire, le crochet éraille la couche qui est très-fragile.

Quelle que soit la méthode employée, le plus important est de plonger la couche dans le bain *sans temps d'arrêt,* sinon il s'y forme des lignes qui gâtent l'épreuve. Ces lignes sont irrémédiables.

Si, après une immersion d'une minute, on relève la glace, on remarque qu'elle présente un aspect huileux, et qu'elle n'est pas mouillée d'une manière uniforme par l'azotate d'argent. Il se forme dans ce cas des veines liquides qu'il importe de faire disparaître, en la relevant et en l'abaissant dans le bain. Quand ces veines ont disparu et que le liquide coule uniformément à la surface de la glace, on l'enlève pour la laisser égoutter pendant quelques secondes dans une position verticale, sur des doubles de papier buvard ; puis, la plaçant dans le châssis, on l'expose immédiatement à la lumière.

§ 225. État physique de la couche sensibilisée. — Certains collodions donnent des couches blanches, très-opaques, qui sont extrêmement sensibles. Mais on ne les obtient qu'avec les collodions épais, difficiles à étendre sur la glace. Ces couches sont à cause de cela, striées ou moutonnées, et souvent peu adhérentes à la glace, mais les images qu'elles fournissent sont très-douces et sans intensité.

D'autres collodions, très-fluides, quoique contenant la même proportion de coton-poudre que les précédents, donnent à la surface des glaces des couches très-unies qui, sensibilisées, sont légèrement bleuâtres quand on les compare aux précédentes, et beaucoup plus transparentes. Elles sont très-adhérentes aux glaces, et plus sensibles. Les images développées sur ces couches offrent une grande intensité.

Ces différences proviennent de la qualité du coton-poudre employé à la préparation du collodion. Voyez à cet égard ce que nous avons écrit pages 152 et 153.

§ 226. Recommandations pratiques.

1° Il est urgent de passer à la surface des bains un morceau de papier avant de s'en servir, afin d'en enlever les impuretés.

2° Le bain d'argent et la cuvette qui le contient, doivent se trouver dans une boîte munie d'un couvercle. Dès que la glace est immergée dans le bain d'argent, on ferme le couvercle, qu'on n'ouvre qu'au bout de 2 à 3 minutes pour dégraisser la glace en la relevant et l'abaissant plusieurs fois dans le bain. On évite ainsi les poussières dans le bain et l'action de la lumière diffuse sur la glace.

3° Avant de placer la glace dans un châssis qui n'a pas servi depuis longtemps, il faut ouvrir et refermer *avec force* la planchette pliante, afin d'en dégager la poussière.

4° On placera la glace dans le châssis, précisément dans le sens suivant lequel elle s'est égouttée. Par derrière on la couvrira d'un coussin formé de plusieurs doubles de papier buvard. On aura soin de porter le châssis fermé, dans l'atelier, en le tenant dans sa position primitive, afin que le nitrate s'accumule à la partie inférieure de la glace, où il est absorbé par le buvard.

§ **227. Conservation de la glace sensible.** — Il est impossible de mettre plus de cinq minutes entre le moment où la glace sensibilisée est placée dans le châssis et le développement, sinon les images sont voilées. Si l'on attend dix minutes, le nitrate d'argent se concentre par l'évaporation et produit au développement des taches irrémédiables.

En été, cet inconvénient est même tel, qu'il est nécessaire de laisser la glace dans le bain d'argent jusqu'au moment précis de l'achèvement de la pose. Alors la glace, dès qu'elle est préparée, doit recevoir l'action de la lumière dans la chambre noire et revenir endéans les deux minutes dans le cabinet noir pour être développée, sinon l'image serait grise et voilée.

Le moyen le plus pratique pour préserver la glace de ces accidents, consiste à lui adosser par derrière un linge qui séjourne constamment dans de la glace pilée.

SECTION II. — DÉVELOPPEMENT ET FIXAGE DE L'IMAGE.

§ **228. Développement de l'image.** — La glace étant enlevée du châssis (et tenue dans la position qu'on lui avait primitivement donnée), est essuyée à sa partie inférieure avec un papier buvard, afin d'enlever l'excès de nitrate qui causerait infailliblement des taches.

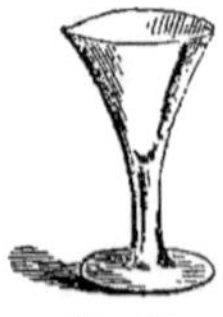

Fig. 112.

La couche ne présente aucune apparence d'image, mais on peut la faire apparaître en couvrant la surface impressionnée d'une solution de sulfate de fer.

Pour cela, la glace est prise entre l'index et le pouce (fig. 53, page 100), et le sulfate de fer, préalablement placé dans une éprouvette à bec (fig. 112) bien propre, est versé en une fois à sa surface en promenant l'éprouvette de gauche à droite pendant que l'on verse. La glace doit être inclinée comme le montre la fig. 53, de façon qu'elle soit complètement couverte et *sans temps d'arrêt*.

L'image apparaît lentement négative sur le fond blanc de la couche. Avec les vieux collodions elle apparaît beaucoup plus vite qu'avec les collodions récemment préparés. Quand on relève la glace pour l'examiner par transparence, comme le montre la fig. 113, on peut juger de l'intensité de l'image développée. Si, par accident, il n'y avait plus assez de liquide développateur à la surface de la glace, on pourrait en verser une seconde fois, mais durant tout le temps du développement, *il est essentiel* de toujours imprimer à la glace un mouvement de bascule, si l'on ne veut pas voir des taches se produire sur l'image.

Quand on juge l'image suffisamment venue, on la lave avec la pissette que nous avons décrite page 101, ou sous le robinet d'une fontaine.

§ 229. Détails pratiques sur le développement. — Comme c'est du développement de l'image que dépend en grande partie la réussite de l'épreuve, nous devons en décrire minutieusement les détails.

C'est le sulfate de fer, mélangé au nitrate d'argent dont la couche de collodion est imprégnée, qui fait apparaître l'image latente formée par l'action de la lumière sur l'iodure d'argent. Or, si l'on mettait trop peu de ce réducteur dans l'éprouvette, le mélange avec le nitrate se ferait inégalement et des taches nombreuses en seraient la conséquence. Pour bien réussir, il faut verser rapidement sur la glace une nappe continue de réducteur plus que suffisante pour la laver, précisément comme le montre la fig. 53, page 100.

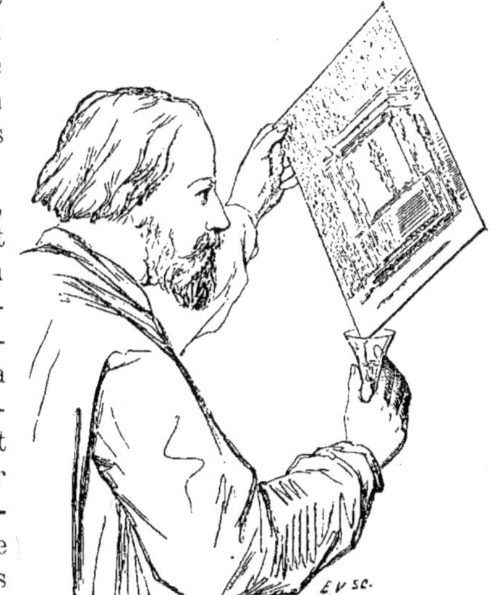

Fig. 113. — Développer l'épreuve négative.

Quand le sulfate de fer ne contient pas assez d'alcool, il ne mouille pas la couche, et la solution versée sur la glace se divise en veines qui causent des marbrures noires irréparables. Le remède est simple : il suffit d'ajouter de l'alcool au sulfate de fer.

La quantité d'acide acétique que l'on ajoute au sulfate de fer influe sur les résultats, et plus on ajoute d'acide acétique, plus l'image vient lentement et plus on obtient une image vigoureuse.

En été, quand les images sont sujettes à se voiler, il faut doubler la quantité d'acide acétique indiquée par la formule de la page 167.

Si l'on versait le réducteur sur la glace en commençant par sa partie inférieure, comme le nitrate s'y trouve en excès, il se produirait infailliblement des taches et c'est pour cette raison, qu'il ne faut jamais oublier de tenir la glace, une fois la sensibilisation faite, précisément dans le sens suivant lequel l'égouttement s'est fait.

En opérant de cette manière, le développement marche uniformément, et on peut le suivre en redressant de temps à autre la glace, comme la figure 113 le fait voir. Si on juge le développement suffisant, la glace est lavée; sinon, le liquide recueilli dans l'éprouvette est reservé sur la glace et le développement continue.

D'ordinaire, par une température moyenne, en une minute l'image est suffisamment venue, mais avec des collodions récemment préparés l'image vient plus lentement. D'autres fois en une demi-minute on doit déjà arrêter l'opération, sinon l'image serait trop noire. L'expérience seule peut ici guider l'opérateur.

Dès que la dissolution du sulfate de fer couvre la glace, le ciel et les parties fortement éclairées du modèle apparaissent sur le fond blanc d'iodure d'argent; quelques secondes après, les autres détails apparaissent à leur tour, et toute l'image prend de plus en plus de vigueur. Quand on n'a pas une longue expérience de cette opération, il est fort difficile de savoir à quel moment le réducteur doit être enlevé par l'eau. Mais si on le laissait trop longtemps l'image serait voilée.

§ **230. Fixage de l'image.** — La glace est plongée dans une dissolution de cyanure de potassium jusqu'à ce que tout l'iodure d'argent soit enlevé, ce dont on juge par la disparition de la teinte jaune de la couche, en examinant la glace par derrière.

Le dos de la glace est alors nettoyé à la main, puis la glace est lavée à la pissette pendant 3 ou 4 minutes avec de l'eau ordinaire. On finit toujours par un dernier lavage à l'eau distillée, sinon les impuretés de l'eau pourraient tacher la couche. Enfin la glace est posée debout sur le support à glaces pour sécher.

Le cyanure doit être contenu dans une cuvette verticale afin d'offrir une petite surface d'évaporation à l'air, et de dégager le moins possible de vapeurs d'acide cyanhydrique dangereux à respirer. Beaucoup d'opérateurs versent le cyanure à la surface de la couche à fixer, c'est une erreur qui est souvent fatale à leur santé.

§ 231. Influence du temps de pose. — L'appréciation du temps de pose constitue une des principales difficultés de la photographie. Quand un objet est fortement éclairé ou qu'il présente des couleurs bleues à côté de couleurs rouges, jaunes ou vertes, il faudra nécessairement augmenter le temps de pose, en vertu du principe que nous avons exposé page 167.

Néanmoins il y a une limite à l'*excès* de la pose, comme à l'insuffisance de cette pose, et c'est après le fixage que l'on en juge.

Si la pose est trop courte, c'est à peine si les parties noires du cliché se développent et jamais dans les ombres on n'obtient de détails distincts. *On a beau prolonger l'action du réducteur, l'image ne vient pas.* Dans ce cas, on doit recommencer une nouvelle épreuve.

Si, au contraire, il y a trop de pose, le cliché est rouge et uniforme *(solarisé)* (1); les noirs n'ont aucune vigueur et un voile gris couvre toutes les parties de l'image. Le développement s'opère aussi en fort peu de temps, et dans ce cas l'épreuve est encore à recommencer.

Nous ne saurions trop engager le lecteur à approfondir ce point de la pratique photographique, car c'est de sa connaissance plus ou moins parfaite que dépend en grande partie la valeur artistique des épreuves.

§ 232. Considérations préliminaires sur le renforçage du cliché. — Le simple développement au sulfate de fer fournit généralement des épreuves qui manquent d'intensité suffisante pour donner de beaux blancs à l'image positive sur papier. Cependant quelques collodions fournissent des images négatives suffisamment intenses, qu'il ne faut pas renforcer du tout. Mais les bons collodions donnent des épreuves plus faibles, qu'il faut renforcer d'une quantité plus ou moins grande, car un cliché trop faible donne *gris* au tirage des épreuves positives.

L'appréciation de la quantité dont il faut renforcer un cliché constitue, tout autant que l'appréciation du temps de pose, une des plus grandes difficultés de la photographie, sinon la plus grande. Généralement, on renforce trop les clichés, de là des images dures, heurtées, et d'un aspect vulgaire.

Un cliché très-transparent, au contraire, reproduit les moindres

---

(1) Voyez page 26.

demi-teintes du modèle. Ainsi, les robes blanches, qui ont la réputation d'être si difficiles à reproduire par la photographie, sont, au contraire, extrêmement faciles. Mais il ne faut pas, dans ce cas, renforcer le négatif ou le renforcer très-légèrement.

§ **233. Renforçage du cliché au fer.** — Quelques opérateurs, dans le but d'éviter le renforçage subséquent, opèrent de la façon suivante.

Le cliché est d'abord couvert de solution révélatrice au fer comme nous l'avons décrit, puis, l'image étant développée, on ne la lave pas du tout, mais on la recouvre de nouveau de solution neuve de fer, à laquelle on ajoute quelques gouttes d'acide acétique cristallisable et de solution d'argent à 2 °/₀.

Il est nécessaire, pour réussir, de verser d'abord le fer dans l'éprouvette, puis l'acide acétique et enfin l'argent. L'éprouvette est agitée rapidement de la main droite (pendant qu'on tient le cliché de la main gauche) *et avant que le liquide ne se trouble*, on en couvre rapidement l'image.

Il est bon de recouvrir abondamment la couche de solution, qui opère alors un léger renforçage le plus souvent suffisant, si le cliché n'est pas voilé.

En tout cas, une fois l'effet produit, le cliché est fixé, lavé et séché. *Ce n'est que lorsqu'il est tout à fait sec qu'on juge bien exactement de sa valeur comme intensité.*

Cette méthode de renforçage au fer, suivant immédiatement le développement, est excellente.

§ **234. Renforçage du cliché.** — Le renforçage du cliché peut se faire en pleine lumière. On commence par vernir les bords (1) des clichés avec une solution de caoutchouc dans la benzine. A l'aide de la pissette, on lave alors le cliché. Quand la couche est bien mouillée, on la couvre de la solution d'acide pyrogallique dont nous avons donné la formule page 168, et on en recueille l'excès dans l'éprouvette même de laquelle on l'a versée. Ajoutant maintenant quelques gouttes (2)

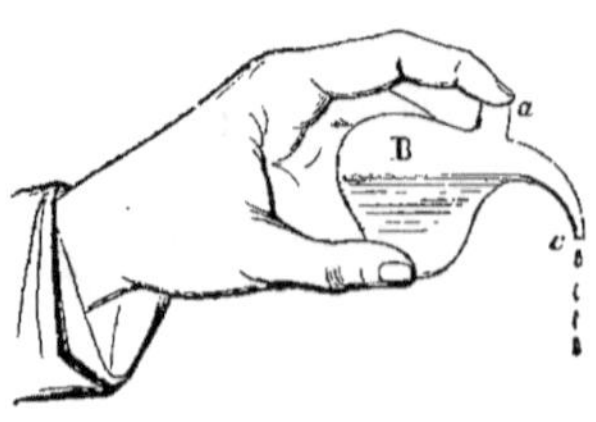

Fig. 114. — Compte-gouttes.

(1) Ceci a pour but d'empêcher la couche de se soulever quand on la mouille, et d'éviter que les liquides ne coulent *sous* la couche.

(2) Le compte-gouttes (fig. 114) est excellent pour cet objet. C'est une petite fiole B à tubulure *a*, terminée par une pointe effilée *c*. C'est de cette pointe que les gouttes s'écoulent. On s'en sert comme le montre la figure, en fermant l'ouverture *a* avec le doigt.

de solution de nitrate d'argent à 2 % dans l'éprouvette que l'on agite de la main droite tout en tenant le cliché de la main gauche (voir encore fig. 113, page 185), on en recouvre le cliché auquel on imprime un mouvement de bascule, comme on le fait pendant le développement.

Dès que le liquide couvre la glace, l'image se renforce. Mais le renforçage marche tantôt rapidement, tantôt si lentement qu'il faut renouveler plusieurs fois le mélange d'acide pyrogallique et d'argent, en rejetant chaque fois ce dernier quand il brunit. Dans tous les cas, il est nécessaire de tenir compte du renforçage subséquent que subit la couche en séchant, et, dès lors, la prudence et surtout une grande habileté sont nécessaires pour produire des clichés irréprochables. Quand on juge le renforçage suffisant, le cliché est lavé et de nouveau fixé pendant *quelques secondes* au cyanure, parce que l'argent du renforçage reste plus ou moins dans la couche et se réduit au contact du vernis. Sans ce dernier fixage *le cliché verni devient, avec le temps, beaucoup trop intense* pour fournir de beaux positifs sur papier.

Au lieu d'acide pyrogallique, on peut encore se servir, pour renforcer le cliché, de la solution de sulfate de fer à l'acide tartrique (mélangée de nitrate d'argent). Voyez la formule page 168.

Le cliché, fixé après le renforçage, est lavé avec soin à l'eau claire, puis placé sur un support pour sécher, ou mieux contre le mur, *sa partie inférieure reposant sur du papier buvard.*

Quelques photographes recouvrent maintenant le cliché de gomme arabique, pour le préserver de l'action du vernis qui diminue un peu l'intensité. Cela est parfaitement inutile et même dangereux. Car, si le cliché prend l'humidité, la gomme, substance éminemment hygroscopique, se l'assimile, se gonfle, et soulève la couche de vernis. Alors le cliché est perdu.

Quand le cliché renforcé est sec, il est facile de juger de son intensité, si l'on en a l'habitude. Un cliché peut être excessivement léger, s'il a une couleur jaunâtre. Il doit être plus vigoureux s'il est bleuâtre. Mais il arrive, et fréquemment, qu'il est bleuâtre tant qu'il est mouillé, qu'il *brunit* en séchant, et que, dès lors, on s'est trompé au renforçage, qui est trop vigoureux. Dans ce cas, il suffit de passer le cliché rapidement à travers une solution de :

Eau	1 litre.
Chlorure d'or	1 gramme.

il bleuit instantanément, et conserve cette couleur en séchant.

§ 235. **Renforçage au bichlorure de mercure.** — L'on a quelquefois besoin de clichés très-intenses par exemple, dans le cas de reproduction de dessins ou de gravures. Alors on fait bien de développer l'image au sulfate de fer additionné d'acide tartrique. Toutefois, voici une méthode de renforçage extrêmement énergique.

Le cliché (dont on a préalablement verni les bords s'il a séché après le développement) est d'abord mouillé à la pissette et plongé dans une solution saturée de bichlorure de mercure dans l'eau distillée. Le premier effet du bichlorure est de noircir l'image, mais, au bout de 2 ou 3 minutes, celle-ci blanchit. Le cliché est lavé avec soin, et recouvert d'une solution de

Eau	100 grammes.
Bromure de potassium	5 »

sous l'influence de laquelle il noircit, et gagne énormément en opacité en séchant.

Il existe beaucoup d'autres méthodes de renforçage, mais nous croyons tout à fait inutile de les indiquer, celle que nous venons de décrire étant la meilleure.

§ **236. Enlèvement du voile des clichés.** — Il est souvent nécessaire de débarrasser les clichés du voile qui les recouvre. Ce voile en lui-même, ne gâte pas le cliché, parce que, en renforçant énergiquement ce dernier, on peut toujours arriver à en corriger le caractère. Mais alors la retouche du cliché est impossible. Il vaut donc mieux enlever le voile du cliché, afin de le laisser très-transparent. Cette opération doit se faire après le fixage. Elle consiste à recouvrir le cliché de la solution suivante :

Eau	1 litre.
Cyanure de potassium (1).	10 à 15 grammes.
Iode.	2 à 5 »

Cela se fait en plongeant la glace dans la solution, ou bien en versant cette dernière à la surface de la couche. Mais, dans ce dernier cas, le cliché est souvent attaqué à l'endroit où l'on a versé le liquide.

Au bout de quelques secondes (et quelquefois il faut plusieurs minutes), on voit le cliché s'éclaircir et diminuer légèrement d'intensité. On arrête l'action simplement en lavant immédiatement la couche, qu'on peut alors soumettre au renforçage ou laisser sécher.

---

(1) Dissolvez d'abord le cyanure dans une petite quantité d'eau, puis ajoutez l'iode qui se dissout par l'agitation; enfin mettez le restant de l'eau prescrite par la formule, puis filtrez. Cette solution sert fort longtemps. Si elle *ronge* trop, ajoutez lui simplement de l'eau. Si elle agit, après un certain temps d'usage, avec trop de lenteur, ajoutez-y de l'iode.

SECTION III. — ACHÈVEMENT DU CLICHÉ.

§ **237. Vernissage.** — Le vernis qui s'applique à chaud (voyez *vernis*, page 84) est celui qui convient le mieux.

Il s'applique lorsque la couche est sèche. On l'étend comme du collodion ordinaire à la surface de la glace très-légèrement chauffée ; puis, l'excès de vernis écoulé, le cliché est fortement chauffé au-dessus d'une flamme à gaz. On doit éviter que la couche ne s'enflamme.

Cette opération est assez délicate, car si la glace est trop froide, la couche de vernis, au lieu d'être transparente, se *gèle;* toutefois le cliché n'est pas gâté pour cela, mais il est moins résistant au frottement. C'est surtout pour les glaces de grande dimension que le vernis à la gomme-laque est difficile à étendre.

§ **238. Appareils propres à la retouche des clichés.** — Il est bon d'affecter un cabinet spécial à la retouche des clichés. Voici la disposition que l'on adopte généralement.

Dans le mur OP du cabinet, mur qui doit regarder en plein le nord pour éviter les rayons solaires, on perce une ouverture AB à un pied au-dessus du niveau du plancher FG.

Cette ouverture AB a une largeur de 120 centimètres et une hauteur d'un mètre. Elle est munie d'un châssis en bois contenant un verre d'une seule pièce.

A l'intérieur du cabinet, est disposé un châssis en bois CDE, présentant à sa partie supérieure CD, convenablement inclinée, une glace finement dépolie. Une glace étamée HI est placée à l'intérieur ; de manière à réfléchir le jour extérieur sur la glace dépolie. Tout l'appareil est fait d'une telle manière, que le retoucheur puisse s'asseoir devant, ses genoux se plaçant sous le châssis DE.

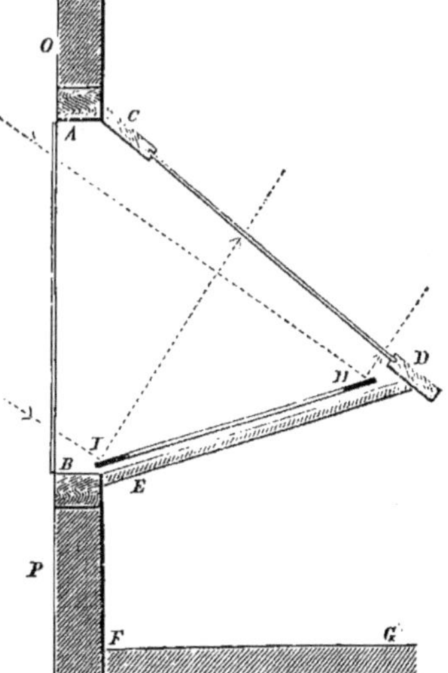

Fig. 115. — Coupe du pupitre à retouches.

Sur le verre dépoli CD se trouvent des cartons épais dans lesquels on découpe les dimensions diverses des clichés que l'on doit retoucher.

Généralement la dimension en largeur que l'on donne au pupitre à retouches est un peu plus grande que 1 mètre, afin que deux retoucheurs puissent y prendre place l'un à côté de l'autre.

§ 239. Des ustensiles nécessaires à la retouche des clichés. — La retouche des clichés se fait au crayon, ou bien au pinceau, et dans les bons ateliers de photographie à l'aide des deux à la fois.

Les crayons employés sont ceux de Faber. Les plus durs sont les meilleurs, et la pointe doit en être effilée avec soin. Le crayon sert surtout à la retouche des demi-teintes dans la figure.

Pour boucher les trous, placer des noirs sur le cliché qui se traduisent en blanc sur l'image positive sur papier, le *carmin pur*, tel qu'on le trouve dans toutes les boîtes de couleur, est généralement employé.

Les pinceaux doivent être en blaireau, et extrêmement fins.

§ 240. Comment se fait la retouche. — Dans certains ateliers le cliché est d'abord gommé, et c'est sur la couche gommée que l'on retouche. Puis, pour protéger la retouche, on vernit le cliché gommé.

Cette méthode est mauvaise, parce que l'intensité de la retouche change complètement par l'action du vernis.

A Vienne, et notamment chez MM. Luckhardt, Angerer, Székély, etc., le cliché n'est pas gommé, mais simplement verni. C'est sur la couche de vernis que la retouche se fait.

Nous ne nous étendrons pas davantage sur ce point : nous indiquerons immédiatement comment le cliché se retouche.

Il faut tout d'abord rejeter, pour vernir le cliché, tous les vernis tendres, tels que les vernis au benjoin, à la sandaraque, et même à l'ambre. Les vernis à la bonne gomme-laque sont les seuls bons. Ils prennent difficilement la retouche (1), il est vrai, mais cette retouche tient fortement, et le cliché ainsi verni peut supporter un nombreux tirage.

C'est avec la pointe effilée du crayon qu'il faut égaliser tous les défauts du cliché. On commence par une teinte légère en faisant avec le crayon des lignes dans un sens, on renforce la teinte en promenant

(1) On peut faciliter la retouche en frottant préalablement l'endroit à retoucher avec le vernis suivant :

Essence de térébenthine	100 grammes.
Dammar	5 »

On en imbibe légèrement une touffe de coton, et l'on rend l'endroit à retoucher localement mat. Alors le crayon prend avec facilité, bien entendu tant que la surface est collante. Une fois absolument sèche, le crayon prend de nouveau difficilement.

Toutefois ce moyen de faciliter la retouche des clichés n'est pas nécessaire, elle se fait très-bien sur la couche dure de vernis.

le crayon dans un autre sens, et ainsi de suite. C'est surtout sur le visage que cette retouche se fait. On a ainsi le moyen d'adoucir les ombres trop dures, les rides, etc., simplement en passant plusieurs fois le crayon sur la partie correspondante du cliché.

Beaucoup de retoucheurs arrangent tant et si bien le cliché que le portrait est gâté au point de vue artistique. Et cela se conçoit. Pour bien retoucher un cliché, on ne doit effacer que les accidents de la figure comme le peintre le fait, et non point en dénaturer le caractère. Mais le retoucheur, qui entend rarement grand'chose au caractère anatomique d'une figure, efface tous les plis apparents du visage, sous le singulier prétexte d'en égaliser les teintes, de sorte que souvent toute la ressemblance est enlevée.

Nous devons donc donner aux photographes le conseil de retoucher les clichés le moins possible, s'ils veulent rester dans le vrai.

Les *lumières* dans les robes, les accessoires, etc. se mettent au pinceau enduit de carmin.

Le reflet blanc dans les yeux s'enlève en grattant la couche de vernis au canif. C'est avec la pointe du canif que l'on produit les noirs aigus, que l'on atténue à l'aide du carmin, si c'est nécessaire.

§ 241. **Renforçage local au collodion à l'aniline.** — Quand les clichés sont très-transparents, de manière que les moindres détails dans les robes se reproduisent sur l'épreuve positive sur papier, la figure et les mains du modèle viennent si noires que le photographe pourrait croire son cliché perdu.

Dans du collodion simple, non ioduré, M. Luckhardt verse quelques gouttes de rouge à l'aniline (1), de manière à donner à ce collodion une teinte comme l'encre rouge. Il fait d'ailleurs plusieurs bouteilles de collodion de moins en moins rougis par l'aniline.

Cela étant, il juge *de combien* il faut intensifier localement la figure et les mains (et souvent d'autres parties de l'image), et il choisit le collodion rouge convenable. Il le verse sur tout le dos de la glace, et il le laisse sécher *un quart d'heure.* Puis, avec un petit morceau de bois, il enlève le collodion, en ne laissant couvertes que la figure, les mains, et les autres parties qu'il veut protéger. Au bout de deux heures, ces parties rouges sont devenues dures.

La couche de collodion à l'aniline est transparente et très-égale.

On sait que les personnes dont la barbe ou les cheveux sont blonds, ou d'un blond rougeâtre, se plaignent toujours d'avoir la barbe ou les cheveux *noirs* sur leur portrait photographique. Ceci n'a rien d'éton-

---

(1) *Fuchsine* dissoute dans l'alcool.

nant, si l'on réfléchit que les teintes jaunes se traduisent en noir en photographie.

Or, si l'on couvre ces parties sur le dos du cliché de collodion rouge à l'aniline, elles viennent, sur le positif sur papier, beaucoup moins noires que si le cliché était imprimé sans la couche locale rouge.

Le photographe a donc, de cette manière, un moyen certain de corriger l'effet de la lumière, et s'il l'emploie convenablement, désormais les personnes blondes ou rousses ne se plaindront plus que la photographie les reproduit comme si elles avaient les cheveux bruns ou noirs.

§ **242. Renforçage local à l'aide du papier végétal ou d'un vernis mat.** — Le collodion à l'aniline a le défaut de changer de couleur sous l'influence de la lumière : il devient beaucoup moins absorbant et perd ainsi de son effet.

On le remplace avantageusement en couvrant le dos du cliché d'un vernis mat dont voici la formule :

Ether.	400 cent. cubes
Benzine	200 »
Alcool	50 »
Sandaraque.	de 13 à 30 grammes.

En variant la dose de sandaraque le degré de dépoli de la couche de vernis varie. Ce vernis s'applique à froid, et sèche rapidement.

La formule suivante convient encore :

Sandaraque.	18 grammes
Mastic	4 »
Ether.	200 cent. cubes
Benzine	de 50 à 150 »

La quantité de benzine détermine la finesse du grain.

Il est facile avec la pointe d'un canif d'enlever le vernis là où l'on veut produire des noirs plus intenses sur le positif sur papier, et de retoucher au crayon ou à l'estompe, là où l'on veut produire des blancs sur ce même positif.

Pour les paysages, on peut même produire ainsi des effets dégradés dans les ciels ou même y dessiner des nuages.

Pour les négatifs de grande dimension, on peut remplacer la couche de vernis mat par du papier végétal.

CHAPITRE IV.

COLLODION SEC.

SECTION I. — PROCÉDÉS DIVERS.

§ **243. Théorie du collodion sec.** — La solution de nitrate d'argent qui imprègne la couche de collodion sensibilisé se concentre en s'évaporant. Il s'y forme alors des cristaux d'iodo-nitrate d'argent (combinaison entre l'iodure d'argent et le nitrate de même métal), qui détruisent l'homogénéité de la couche. De là nécessité, si l'on veut conserver la couche de collodion sensibilisé, d'enlever par un lavage à l'eau l'excès de nitrate d'argent qui l'imbibe. La couche ainsi lavée, une fois sèche, est insensible à la lumière.

§ **244. Collodions préservés.** — Les premiers procédés pour opérer à sec sur collodion ont été proposés par MM. Spiller et Crookes. Ils consistent, soit à introduire un sel déliquescent dans le bain d'argent, de manière que la glace reste humide au sortir de ce bain, soit à laver la glace après le bain d'argent et à la couvrir d'une dissolution d'azotate de magnésie.

Après l'exposition à la lumière, la couche d'azotate de magnésie est enlevée avec de l'eau distillée, et l'image développée avec un mélange d'acide pyrogallique et de nitrate d'argent. Le fixage a lieu de la manière ordinaire.

M. Schadbolt fit plus tard usage d'une dissolution d'une partie de bon miel dans trois parties d'eau.

M. Ziegler employa dans le même but un mucilage de graines de lin; MM. John Spiller et Crookes, la glycérine étendue de trois fois son volume d'eau; le docteur Norris, la gélatine; M. Maxwell-Lyte, la gomme arabique et la méta-gélatine; M. Llelewyn, l'oxymel; M. Dupuis, la dextrine; en un mot, une grande quantité de substances, qui ne sont pas susceptibles de sécher ni de cristalliser, ont été proposées successivement. Mais tous ces procédés ne donnent que des collodions *préservés*.

§ **245. Procédé de l'abbé Despratz.** — M. Despratz introduisit dans le collodion un demi pour cent de résine et s'aperçut qu'un tel collodion possédait la propriété de servir à sec après un simple lavage au sortir du bain d'argent. M. Despratz doit donc être considéré comme le premier auteur qui nous ait donné un vrai collodion sec. La théorie de son procédé est simple : il introduit dans le collodion une substance (la résine) qui forme avec le nitrate d'argent une combinaison argentico-organique translucide analogue aux couches que donnent les vieux collodions. Aussi cette méthode est-elle certaine.

Au lieu de résine, M. Dubosq à employé l'ambre ; M. Hardwich, la glycirrhizine, etc. ; mais au point de vue théorique, ces procédés ne diffèrent pas de celui de M. Despratz.

§ **246. Procédé Taupenot.** — Le procédé au collodion albuminé, indiqué en 1855 par M. Taupenot, ne doit pas être considéré comme un collodion sec, mais comme un nouveau procédé sur albumine, et nous n'en parlerons qu'au chapitre concernant les négatifs sur albumine.

§ **247. Procédé à la morphine de M. Bartholomew.** — L'on se sert de collodion iodo-bromuré ou bromuré seul. Ce collodion est versé sur le verre, sensibilisé, lavé, puis recouvert plusieurs fois de

Eau.	1 litre.
Acétate de morphine	4 grammes.

Cette solution peut servir plusieurs fois et jusqu'à épuisement ; seulement elle se dilue par l'usage, et il faut la renforcer de temps à autre par l'addition du nouvel acétate de morphine.

Les glaces ainsi préparées ne se conservent avec leur exquise sensibilité que fort peu de jours, et il vaut mieux même s'en servir le lendemain ou le surlendemain de leur préparation.

En revanche, il est difficile de distinguer les clichés obtenus par ce procédé des clichés obtenus par la voie humide, tellement leur caractère est harmonieux et beau.

§ **248. Procédé de M. le major Russell.** — Dans ces dernières années, M. Russell a publié une méthode de collodion sec si originale, si parfaite dans ses résultats, que nous la décrirons en détail. M. Russell couvre d'abord la glace de gélatine, puis de collodion que l'on sensibilise et qu'on lave comme dans tous les procédés secs. Il recouvre alors la glace de tannin, pour la laisser sécher ensuite. Elle conserve ainsi sa sensibilité des mois entiers.

§ **249. Procédé Sutton** (1). — M. Sutton fait un collodion au bromure seul qu'il sensibilise dans un bain d'argent à 20 °/₀. La couche est alors lavée et recouverte d'un vernis hygroscopique d'albumine, de glycérine et d'eau. En cet état elle conserve sa sensibilité au moins pendant un jour.

(1) *Bulletin de la Société française photographique*, 1873 et 1874.

Au développement, on enlève cette couche par un lavage. Ce développement se fait à l'acide pyrogallique alcalin comme nous le décrirons plus tard.

SECTION II. — PROCÉDÉ AU TANNIN(1).

§ **250. Préparation du verre.** — On couvre les verres d'une couche préalable, afin d'augmenter *l'adhérence* du collodion au verre. Or, comme dans les procédés à sec, le développement est généralement long et laborieux, cette adhérence doit être beaucoup plus considérable que dans le procédé au collodion humide.

La meilleure couche préservatrice est une solution de 2 grammes de caoutchouc *naturel* dans 100 centimètres cubes de bonne benzine extraite du goudron et 50 cent. cubes de chloroforme. Ce liquide filtré est versé sur les glaces décapées et nettoyées comme à l'ordinaire. On procède comme lorsqu'on verse le collodion, et on laisse bien sécher la couche avant d'y étendre le collodion.

Ces glaces se conservent plusieurs mois dans les boîtes à rainures. Il est toujours bon de les essuyer avec un blaireau avant de s'en servir.

Au lieu de caoutchouc, on peut aussi se servir d'albumine diluée de 4 ou 5 fois son volume d'eau. La *gélatine* est moins à recommander pour cet objet que l'albumine ou le caoutchouc.

§ **251. Le collodion.** — La pyroxiline à l'aide de laquelle on fait le collodion, destiné au procédé sec, doit être de la *variété intense*.

Le collodion pour le procédé sec doit contenir d'autant plus de bromure qu'on le veut plus rapide. On peut même se servir d'un collodion uniquement préparé au bromure à la condition d'adopter exclusivement le développement alcalin.

Formule 1.

Pour le développement à l'acide pyrogallique et à l'argent, ou le développement alcalin suivi du développement à l'argent.

Alcool à 40°	500 cent. cubes.
Coton-poudre	20 grammes.
Iodure de potassium-cadmium	8 »
Bromure de zinc	8 »
Éther	500 cent. cubes.
Total	1 litre.

N. B. Le coton-poudre et l'iodure sont introduits dans l'alcool et fortement

(1) La plupart des opérations concernant ce procédé sec sont communes à tous les autres.

agités. Puis on ajoute le bromure et une fraction de l'éther. On agite de nouveau, et on ajoute le reste de l'éther. Le flacon est fermé et secoué fortement pendant plusieurs minutes.

Formule II.

Pour le développement alcalin, suivi, s'il est nécessaire, du développement à l'argent.

Alcool à 40°	500 cent. cubes.
Pyroxiline	20 grammes.
Bromure de zinc	20 »
Éther.	500 cent. cubes.
Total . .	1 litre.

Avant de se servir du collodion, il faut naturellement le laisser déposer au moins 15 jours, et même davantage.

§ **252. Sensibilisation des glaces.** — La glace couverte de collodion étant plongée dans le bain d'argent doit y rester d'autant plus longtemps qu'elle contient plus de bromure. Tandis qu'une glace au collodion humide ne doit séjourner au maximum que 2 minutes dans le bain d'argent, une glace au collodion sec doit y séjourner au moins 7 minutes, et 10 minutes même si l'on se sert de collodion au bromure seul.

Pour éviter la lenteur de ce mode de sensibilisation, on retire la glace du bain dès que le liquide argentifère coule en nappe continue à sa surface, et on la dépose sur une table horizontale, la couche en dessus, pendant 10 minutes. Alors le liquide argentifère continue son action sur la couche.

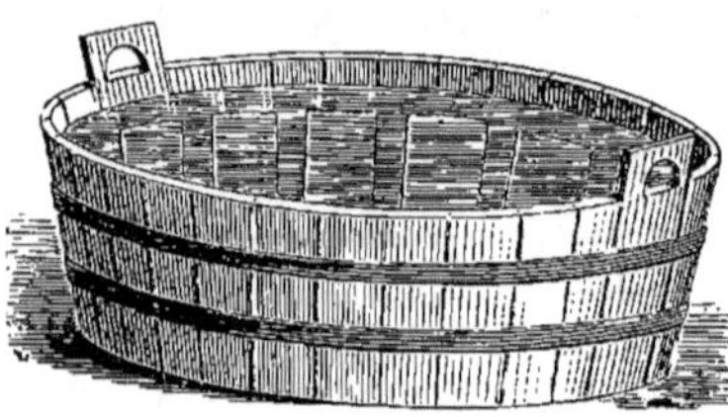

Fig. 116.

L'expérience démontre que le bromure alcalin contenu dans le collodion se transforme beaucoup plus lentement en bromure d'argent que l'iodure. De là, la nécessité de l'opération précédente.

§ **253. Lavages.** — Ils se feront d'abord en plaçant les glaces pendant quelques minutes dans une cuve comme le montre la fig. 116, remplie d'eau de pluie. Après cela on les nettoie à la pissette.

Les lavages doivent être très-bien faits, surtout dans le procédé au tannin ordinaire (développement à l'argent). Mais ce lavage est beaucoup abrégé, si après la première eau de pluie on se sert *d'eaux dures* de fontaine.

§ **254. Application du tannin.** — La glace recouverte de collodion, sensibilisée et lavée, comme il a été dit à l'alinéa précédent, est plongée dans une cuvette contenant une solution filtrée de :

Eau	1 litre.
Tannin	50 grammes.
Alcool . . . , ...	50 cent. cubes.

Le tannin est d'abord dissous dans l'eau et filtré. Ce filtrage est parfois très-lent. Au liquide filtré on ajoute l'alcool, qui empêche la décomposition du tannin et lui permet de pénétrer plus facilement la couche de collodion.

La solution de tannin peut servir plusieurs fois et jusqu'à ce qu'elle soit épuisée. Mais il faut de temps à autre la renforcer par l'addition de nouveau tannin.

La glace, ayant séjourné 5 minutes dans le tannin, est ôtée de la cuvette et séchée comme il est dit à l'alinéa suivant.

§ **255. Séchage des glaces.** — Après que les glaces sont lavées et recouvertes du tannin, il est dans l'usage de les placer contre le mur appuyées sur un buvard (fig. 117), la couche lavée regardant le mur. Mais cette méthode est mauvaise. Il est nécessaire que *le dos de la glace regarde le mur*, sinon un séchage inégal se produit, et occasionne des taches au développement.

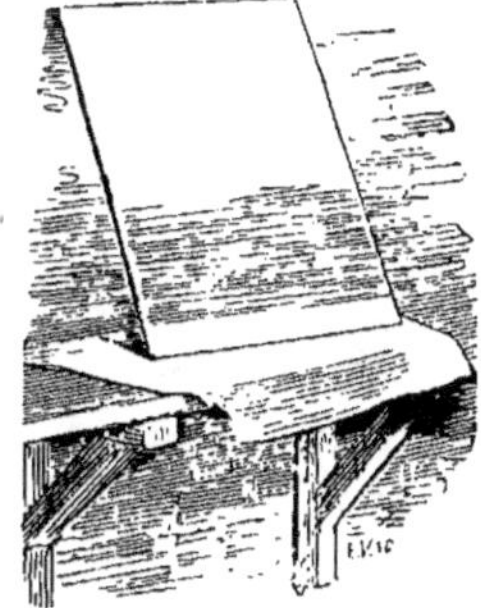

Fig. 117 — Séchage de la glace

Après ce séchage, il est indispensable de sécher complètement les glaces en les plaçant debout dans un coffre fermant hermétiquement, et contenant un plat couvert de chlorure de calcium en morceaux poreux. Ce point du procédé est très-important, car les glaces qui prennent l'humidité manqueront, plus tard, de sensibilité, et le développement en sera inégal.

Chauffer les glaces pour les bien sécher est pire encore que les employer humides.

§ **256. Exposition à la lumière.** — Cette partie du procédé est la plus importante, car c'est de l'exactitude du temps de pose que dépend, non-seulement la beauté du cliché, mais surtout la faculté du développement.

Voici quelques données pratiques, *la rapidité du collodion humide étant prise pour unité :*

1) Le procédé au tannin ordinaire est 8 fois plus lent ;
2) Le tannin (collodion bromuré seul et développement alcalin) : 3 fois plus lent.

Il est bon d'étudier *ses objectifs* et de se servir d'un petit nombre de diaphragmes ; alors la pratique apprend à juger assez vite du temps de pose.

§ **257. Auréoles.** — Pour éviter les auréoles, ou doubles contours dans l'image provenant de la réflexion de la lumière sur le dos de la glace, il est indispensable de peindre ce dernier avec une émulsion jaune de gomme-gutte dans l'eau, ou avec un vernis noir composé d'encre de chine, d'eau, d'un peu de miel et de gélatine.

Avant le développement, cette couleur noire est enlevée avec de l'eau tiède.

§ **258. Conservation des glaces sensibilisées.** — Les glaces préparées au tannin et au collodion-bromure conservent des mois entiers leur sensibilité à la lumière.

Après l'exposition à la chambre noire, il faut développer aussi vite que possible, car l'impression s'efface spontanément et souvent en 3 ou 4 jours. Cette impression s'efface totalement rien qu'en soumettant les glaces aux vapeurs de l'acide acétique. Elle se perd aussi très-vite sur les bords des glaces conservées dans des boîtes en bois.

Le mieux est de procéder au développement des glaces le soir même du jour où on les a exposées à la chambre noire, ou au plus tard, le lendemain.

§ **259. Opérations préalables au développement.** — Ces opérations consistent :

1° A recouvrir à l'aide d'un pinceau, les bords du cliché de vernis formé de 2 parties de caoutchouc dissous dans 100 gr. de benzine, de manière que la surface à développer soit entourée d'un cadre *gras* de 1 centimètre de largeur. Ceci a pour but d'empêcher les liquides de pénétrer entre la couche et la glace.

2° Ce vernis étant sec, et cela a lieu en moins d'une minute, versez sur la couche un mélange de 1 partie d'alcool et de 1 partie d'eau. Puis enlevez immédiatement cet alcool par un lavage abondant à la pissette et à l'eau de pluie, jusqu'à ce que l'eau coule en nappe bien continue à la surface de la couche.

Cette opération a un double but : celui d'enlever le préservatif (tannin ou autre) et d'augmenter l'adhérence de la couche à la glace. Ce dernier effet est obtenu par l'alcool aqueux. Si on lavait la glace simplement à l'eau, cette adhérence serait beaucoup moindre.

3° Enlevez en même temps la couche noire qui se trouve sur le dos de la glace.

La couche est maintenant prête à être développée.

§ 260. Développement ordinaire à l'argent. — Préparez d'abord les solutions *filtrées* suivantes :

1. Acide pyrogallique	1	gramme.
Eau distillée	300	cent. cubes.
Acide acétique cristallisable	1	»
2. Eau distillée	50	»
Acide citrique	1	gramme.
Nitrate d'argent	1	»

Ces solutions, surtout la seconde, ne doivent pas être préparées longtemps à l'avance, car la première devient très-brune, et la seconde produit lentement un dépôt cristallin.

Mettez dans une éprouvette à bec une certaine quantité de la solution N° 1, et couvrez en deux ou trois fois la glace immédiatement après le lavage indiqué à l'alinéa précédent, en recueillant chaque fois l'excès de liquide dans l'éprouvette de laquelle on l'a versée.

Mettez maintenant dans cette dernière une ou deux gouttes de la solution N° 2, puis reversez sur la glace à laquelle vous imprimerez constamment un mouvement de bascule. Au bout d'une minute le ciel et les fortes lumières du modèle apparaissent légèrement. Si l'image apparaissait dans tous ses détails, le ciel aussi vite que les avant-plans, ce serait l'indice d'une pose beaucoup trop longue, et il faudrait de suite relever la glace, et la couvrir de liquide N° 1 neuf, additionné d'au moins 10 gouttes d'argent.

Si, au contraire, il faut beaucoup de temps pour que le ciel apparaisse, on procèdera avec lenteur, en employant beaucoup d'acide pyrogallique et peu d'argent.

On continue de cette manière en renouvelant les solutions lorsqu'elles brunissent. Il est nécessaire d'opérer avec précaution; et souvent plus de 10 minutes sont nécessaires pour développer complètement l'image. Lorsqu'on juge l'image suffisamment intense, on arrête l'opération par le lavage et le fixage comme à l'ordinaire, en substituant toutefois l'hyposulfite de soude au cyanure dont l'action est trop puissante.

Le caractère des images développées par ce procédé est *dur* : les parties opaques du cliché n'étant pas suffisamment transparentes.

§ 261. Développement alcalin(1). — Cette méthode s'applique à tous les procédés au collodion sec, dans lesquels l'on a employé

(1) *Philadelph. Phot.*, July 1870 (*Bull. Soc. franç.*, 1871, p. 87) : Remarques de M. Carey-Lea. — Même sujet par M. Dawson : *Bull. Soc. franç.*, 1872, p. 101.

un collodion fortement bromuré ou au bromure seul. Il fournit des clichés par un temps de pose beaucoup plus court qu'à l'aide du développement à l'argent décrit à l'alinéa précédent.

Préparez les solutions filtrées suivantes :

N° 1.	Bromure de potassium	4	grammes.
	Eau distillée	100	»
N° 2	Acide pyrogallique	1	»
	Eau distillée	300	»
N° 3.	Carbonate d'ammoniaque	6	»
	Eau distillée	100	»
N° 4.	Acide pyrogallique	6	»
	Acide citrique	18	»
	Eau distillée	1	litre.
N° 5.	Nitrate d'argent	10	grammes.
	Eau distillée	500	»

Toutes ces solutions peuvent se faire à l'avance et se conservent très-bien, excepté la solution N° 2.

La glace étant lavée et égouttée comme il a été dit à l'alinéa 259, versez dans une éprouvette une quantité de solution N° 2 (acide pyrogallique) suffisante pour couvrir le cliché, additionnez-la de 6 gouttes de la solution N° 1 (bromure) et répandez le mélange à deux ou trois reprises sur la glace, pendant une demi-minute. Recueillez la solution dans l'éprouvette et additionnez-la de 8 gouttes de la solution N° 3 (carbonate) et couvrez la glace de ce nouveau mélange.

Au bout de quelques secondes, si le temps de pose est convenable, les grandes lumières se relèveront et les parties les mieux éclairées apparaîtront.

A ce moment précis, redressez la glace, recueillez la solution et ajoutez-y une nouvelle dose, égale à la première, de carbonate et de bromure. Poursuivez le développemet de cette manière : cette opération peut durer 10 minutes.

Le bromure soluble est un modérateur et doit être employé en plus fortes proportions si les caractères généraux d'une pose trop longue se manifestent. L'acide pyrogallique alcalin est l'agent actif, dont on augmentera l'action, si les caractères d'une pose trop courte se manifestent, simplement en diminuant la dose de bromure.

Il arrive fréquemment que les clichés développés de cette manière atteignent toute l'intensité nécessaire propre à un bon cliché. Mais il arrive aussi que l'image développée manque d'intensité.

Alors la couche est bien lavée, couverte d'acide pyrogallique N° 4 dont on recueille l'excès dans une éprouvette bien nettoyée. On y ajoute quelques gouttes d'argent (N° 5) et on arrête le renforçage quand l'intensité voulue est produite.

Plus les clichés se développent bien à l'aide du développement alcalin seul, et plus leur caractère se rapproche de celui des clichés produits par la voie humide.

§ **262. Fixage et vernissage.** — Le fixage se fait à l'hyposulfite, suivi de lavages comme à l'ordinaire. Le vernis s'applique également de la manière ordinaire.

SECTION III. — COLLODION EMULSIONNÉ AU BROMURE D'ARGENT.

§ **263. Collodion bromure.** — MM. Sayce et Bolton (1) sont les premiers auteurs qui aient préparé avec succès une émulsion de bromure d'argent dans le collodion même, en n'employant pas de bain d'argent. Ce collodion est versé sur la glace, lavé et recouvert de tannin. L'on a ainsi une couche de bromure d'argent qui conserve très-longtemps sa sensibilité à la lumière. Ce procédé a été perfectionné par M. Carey-Lea (2).

Plus tard M. Stuart Worthley (3) et M. Chardon (4) ont introduit un sel d'urane dans l'émulsion au bromure d'argent. Il paraît que cette addition accélère le développement et raccourcit fortement le temps de pose à la chambre noire.

Ces procédés ont donné de très-bons résultats, mais sont fort délicats. Aussi n'ont-ils jamais été universellement adoptés.

§ **264. Emulsions lavées.** — Nous ne saurions dire quel a été le premier auteur qui ait eu l'idée de verser le collodion au bromure d'argent dans l'eau, dans le but d'en éliminer tous les produits étrangers, de manière à n'avoir que du bromure d'argent pur disséminé dans les fibres du pyroxyle. Ce produit est redissout dans un mélange d'éther et d'alcool et versé sur les glaces. On évite ainsi les lavages subséquents de la couche de collodion au bromure d'argent.

Tout ce que nous pouvons dire c'est que plusieurs auteurs éminents ont contribué à rendre ce procédé très-pratique. Citons surtout

---

(1) Sayce et Bolton, *Bull. Soc. fr.*, 1865, pages 16 et 261, et *British Journal of Photography*, 1865.

(2) Carey-Lea, *Manual of Photography* et *British Journal of Photography*, 1870; *Bull. belge de Photographie*, 1870, pages 201 et 205.

(3) *Bulletins belge et français de Photographie*, 1872.

(4) Id. id. id.

MM. Chardon, Warnecke, Abney, Bolton, etc. A notre avis, c'est à M. Chardon que l'on doit la meilleure méthode de préparation du collodion bromure.

Il est cependant étrange que des observateurs tels que Barey-Lea, Chardon, Warnecke, n'aient point remarqué que le laboratoire obscur dans lequel doivent se faire les préparations au bromure d'argent, au lieu d'être éclairé par des verres jaunes, devait l'être par des verres rouges. Il est réellement surprenant que personne n'ait observé que, une glace au bromure d'argent exposée au spectre solaire, s'impressionne dans le jaune, l'orangé et même dans le rouge. Aussi la plupart des personnes qui se sont occupées de ce procédé n'ont obtenu que des images voilées.

Le procédé au gélatino-bromure d'argent, d'invention toute récente, dépasse tellement en rapidité, simplicité d'opération et économie le procédé au collodion bromure, que nous ne ferons qu'indiquer très-sommairement les détails de la préparation du collodion bromure, renvoyant d'ailleurs le lecteur aux publications spéciales (1), et, en ce qui concerne le développement, au chapitre du gélatino-bromure d'argent qui termine ce volume.

§ 265. Préparation de l'émulsion lavée et son emploi. — Toutes les opérations relatives à ce procédé doivent être faites dans un cabinet obscurci à l'aide de verres rouges foncés. Le lecteur pourra lire avec fruit ce que nous disons à cet égard dans le chapitre concernant le gélatino-bromure d'argent.

Procurez-vous du pyroxyle préparé à haute température. Dissolvez-en 12 grammes dans un demi-litre d'alcool et d'éther (à parties égales). Dissolvez-y 12 grammes de bromure de zinc cristallisé, puis, lentement et par très-petites fractions, agitant chaque fois fortement le flacon, 21 grammes de nitrate d'argent dissous dans 30 grammes d'eau plus 70 centimètres cubes d'alcool (2).

A chaque addition d'argent, il se produit du bromure d'argent, qui doit être à l'état fin et non à l'état grenu, voilà pourquoi il faut ajouter le liquide par très-petites fractions et bien agiter chaque fois.

Le collodion est maintenant blanc, il a la consistance de la crême.

---

(1) La meilleure est celle de M. Chardon, *Bull. Soc. franç. phot.*, et brochure spéciale du même auteur, éditeur Gauthier-Villars.

(2) M. Warnerke, et avec lui plusieurs opérateurs distingués, dissolvent dans le collodion d'abord l'argent et ensuite le bromure. Mais, dans ce cas, il se produit, à notre avis, plus fréquemment des épreuves voilées, surtout si la pyroxiline est impure.

Il faut en précipiter une petite partie par l'eau et constater qu'il contient un très-léger excès de nitrate d'argent.

On abandonne le collodion pendant plusieurs jours à lui-même. Il s'opère ainsi dans le bromure d'argent une modification moléculaire qui le rend beaucoup plus rapide à l'impression lumineuse. Au bout d'un certain nombre de jours, 3 ou 4 par exemple, on ajoute au collodion 1 cent. cube d'une eau régale formée de 3 parties d'acide chlorhydrique sur 1 d'acide nitrique, et l'on agite bien. L'on a maintenant dans le collodion un excès de chlore.

On le verse alors dans un vase en verre contenant plusieurs litres d'eau distillée que l'on tient en agitation à l'aide d'une lame de verre. Le pyroxile se sépare du collodion à l'état spongieux et renferme aussi le bromure d'argent. On le recueille sur un filtre en mousseline, on le lave à l'alcool, et on le laisse sécher dans l'obscurité.

Le produit obtenu est l'émulsion sèche, on la redissout dans l'éther alcoolisé jusqu'à consistance convenable. On s'en sert, soit immédiatement, soit après plusieurs jours ou semaines.

Les glaces sont, d'autre part, bien nettoyées, frottées au talc (ce qui favorise l'adhérence de la couche dans ce procédé-ci) et recouvertes du collodion émulsionné. On peut laisser sécher la couche, soit spontanément, soit activer le séchage en posant les glaces sur des briques chaudes.

Les glaces ainsi préparées se conservent fort bien. On s'en sert exactement comme nous le décrirons au chapitre du gélatino-bromure d'argent, mais leur sensibilité à la lumière est de 20 à 40 fois moins grande.

On le voit, ce procédé est long et compliqué. Mais il a servi d'introduction au procédé au gélatino-bromure et mérite à cet égard une mention toute spéciale. Au point de vue de la pratique, on peut dire que son usage est presque complètement abandonné et le sera bien davantage quand le procédé au gélatino-bromure d'argent se sera répandu plus qu'il ne l'est aujourd'hui.

CHAPITRE V.

ARTIFICES ET PROCÉDÉS DIVERS.

SECTION I. — REPRODUCTIONS.

§ **266. Objectifs.** — Nous avons vu page 142, que de tous les objectifs, les *aplanats* étaient les meilleurs pour les reproductions, parce qu'ils sont rapides et absolument exempts de distorsion.

L'aplanat ne doit pas être retourné si l'on veut s'en servir pour agrandir, puisqu'il est symétrique. Il n'en est point de même du triplet qui est également un excellent objectif pour les reproductions. L'essai des objectifs se fait comme nous l'avons indiqué page 141.

§ **267. Chambre noire.** — Le meilleur modèle est représenté page 86. Il est nécessaire que la chambre noire soit très-longue lorsqu'on reproduit les gravures, cartes ou plans en grandeur naturelle, ou bien lorsqu'on fait les agrandissements à la chambre noire.

L'axe de la chambre noire doit être rigoureusement perpendiculaire au plan à copier. Pour cela on placera sous le pied de la chambre noire des rails en fer ou en bois sur lesquels tout l'appareil peut rouler. Ces rails aboutissent perpendiculairement à un grand châssis vertical, muni de fils à plomb, sur lequel les plans, cartes, etc. sont tendus avec soin, dans un plan parfaitement vertical.

§ **268. L'éclairage.** — Les gravures, cartes, tableaux, etc. doivent être éclairés de face, non de côté, sinon les inégalités de leur surface se reproduisent trop facilement par la photographie. C'est ainsi qu'un papier blanc éclairé très-latéralement paraît grenu, tandis que éclairé de face il paraît uni.

Les objets à reproduire ne seront pas couverts de verre, afin d'éviter la réflexion de la lumière dans l'appareil. Cependant, si on ne peut pas faire autrement, l'éclairage sera ménagé de telle façon que cette réflexion ne se voie pas sur le verre dépoli.

Si les objets doivent être reproduits en grandeur naturelle ou agrandis, on les exposera au soleil, sinon le temps de pose serait trop considérable. On peut même rendre l'éclairage plus intense à l'aide de deux ou trois miroirs qui réfléchissent la lumière sur la gravure.

§ **269. Temps de pose.** — En reproduisant des gravures, l'on ne doit pas prendre une pose trop longue, au contraire, sans cela l'image manquerait de netteté dans les traits délicats. Les épreuves photographiques, dont on veut faire la reproduction, exigent une pose *courte*, si elles sont d'un ton trop égal, et *longue* si elles offrent trop d'opposition.

Plus le papier d'une gravure ou d'une épreuve photographique est jaunâtre, plus il faut de pose. Une chose curieuse, et qui s'explique facilement, c'est que les anciennes épreuves photographiques jaunies viennent presque aussi bien que les épreuves récentes. Le jaune, en effet, de ces images altérées est aussi peu photogénique que le noir.

Le même cas a lieu pour les anciens manuscrits dont l'encre a jauni. — Un fait inverse se présente dans le cas d'écriture à l'encre bleue. Celle-ci est invisible ou presque invisible sur le cliché, attendu que le bleu vient comme le blanc.

Nous verrons tout à l'heure que la reproduction des tableaux offre encore plus de difficultés au point de vue de l'appréciation du temps de pose.

§ 270. Cartes, plans, gravures. — Ce que nous avons dit précédemment s'applique presque essentiellement aux cartes, plans et gravures. Quant au procédé à suivre, l'on se servira du collodion humide. Il est inutile d'ajouter un bromure au collodion, au contraire. Les collodions qui donnent beaucoup d'intensité, beaucoup d'opposition, sont les meilleurs pour ce genre de photographie.

Dans tous les cas, l'on pourra se servir d'un bon collodion ordinaire en développant les images au sulfate de fer additionné d'acide tartrique (page 168) qui préserve bien les noirs des gravures.

On ne se servira qu'à la dernière extrémité du renforçage au bichlorure de mercure pour rendre les noirs des négatifs très-opaques, parce que les traits fins de la gravure s'effacent facilement par un tel renforçage.

§271. Anciennes épreuves photographiques. — On reproduit fréquemment par la chambre noire les anciennes épreuves photographiques, plus ou moins effacées. Pour éviter *le grain* du papier dans l'image reproduite, mettez l'original en A (fig. 118) au fond d'un cône à section carrée en carton blanc.

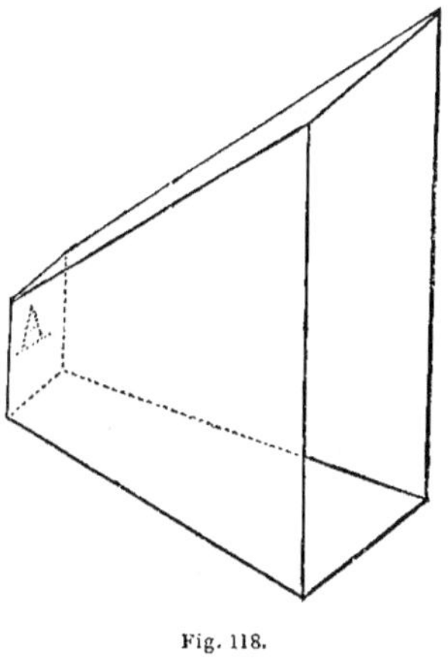

Fig. 118.

La lumière, se réfléchissant en tous sens sur les parois blanches intérieures de ce cône et de là sur l'épreuve à copier, en rend le grain invisible. Ce procédé est très-pratique.

Les photographies effacées (de même que les manuscrits dont l'encre a jauni) se reproduisent très-bien. Cela se conçoit, puisque le jaune vient en photographie comme du noir.

Les anciennes épreuves de daguerréotype sont difficiles à reproduire à cause de leur miroitage. La monture en cuivre de l'objectif et le devant de la chambre noire dont on se sert se réfléchissent quelquefois sur la plaque daguerrienne et leur image est visible sur le verre dépoli. Aussi faut-il tendre au-devant de la chambre un drap noir muni d'un trou qui laisse passer la tête de l'objectif.

§ **272. Reproductions des tableaux.** — La reproduction des tableaux offre les plus sérieuses difficultés, et nous pouvons le dire sans détour, des difficultés insurmontables.

Voici pourquoi. Non-seulement les *couleurs*, mais encore la *nature des matières employées* dans la peinture ont un pouvoir photogénique différent. Pour donner un exemple de ce dernier cas, nous citerons une expérience curieuse de M. Glaisher. On trace avec un pinceau trempé dans une solution de sulfate de quinine des traits sur un papier blanc; avec quelque attention qu'on examine le papier, on ne voit aucun des traits, mais ils sont visibles sur la reproduction photographique, ce qui se comprend facilement quand on sait que les rayons émis par le sulfate de quinine (1) diffèrent de ceux émis par le papier blanc.

Un fait analogue a lieu en reproduisant les couleurs; le vermillon et le rouge à la garance, amenés par des mélanges à offrir la même couleur différeront dans la reproduction.

Il suffit de ces quelques lignes pour faire voir toute la difficulté qui s'attache à la reproduction des tableaux; aussi ne reconnaît-on, dans la photographie d'un tableau, que le dessinateur et non le peintre. Cependant à l'aide du nouveau procédé au gélatino-bromure d'argent qui est sensible au vert, au jaune et même au rouge, la reproduction des tableaux est devenue beaucoup plus facile.

Quand les tableaux se trouvent dans des salles dans lesquelles on ne peut les déplacer, l'appareil sera placé sur un échafaudage pour l'amener à la hauteur du point central du tableau. Le procédé sec au gélatine-bromure permettra d'ailleurs une pose suffisamment longue pour compenser le manque de lumière, si tel est le cas.

Pour éviter le miroitage des tableaux vernis, on les enduit de glycérine que l'on frotte à sec à l'aide d'une éponge. Alors le tableau devient mat. Le même moyen rend plus vives les couleurs des

---

(1) Le sulfate de quinine étant *fluorescent*.

anciens tableaux. La glycérine s'enlève d'ailleurs facilement par un simple lavage à l'eau à l'aide d'une éponge.

Au lieu de glycérine, on se sert quelquefois avec avantage de l'albumine.

M. Rousselon, l'ingénieux directeur de l'établissement de M. Goupil, à Asnières, enferme le tableau dans un hexagone en calicot noir (fig. 119), pour éviter les reflets. Le tableau se place en B, et dans la paroi opposée est percé un trou A qui donne passage à l'objectif. Cet appareil est placé en plein air, de sorte que le tableau reçoit le jour d'en haut.

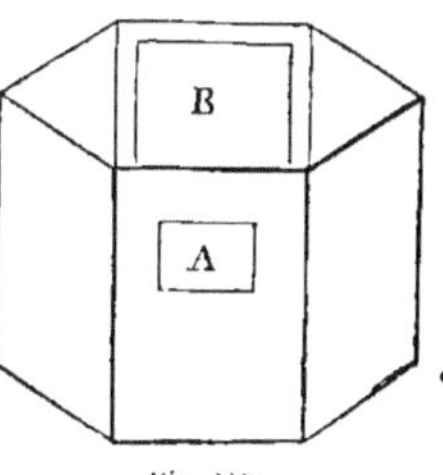

Fig. 119.

Le jaune, le rouge, le vert, couleurs dominantes des tableaux d'histoire, se reproduisent en noir, excepté si l'on se sert du procédé au gélatino-bromure, — le bleu, le violet, l'indigo, au contraire, en blanc. Que l'on juge par là combien la copie est différente de l'original. Aussi les vrais amateurs d'art préfèrent-ils une bonne gravure à une reproduction photographique, certains tableaux exceptés pourtant, sur lesquels le temps a singulièrement nivelé toutes les couleurs vives.

SECTION II. — MONUMENTS ET PAYSAGES.

§ 273. Choix des objectifs. — Le meilleur objectif pour la photographie du monument est l'aplanat décrit page 134. Si le monument est très-rapproché, l'objectif *grand angulaire* décrit page 135 est indispensable, parce que, pour la même grandeur de l'image, il a un foyer beaucoup plus court.

L'aplanat convient aussi pour le paysage, mais *l'objectif simple* lui est préférable.

Le lecteur relira, du reste, ce que nous avons écrit page 141 sur le choix des objectifs. D'ailleurs, il est bon de posséder plusieurs objectifs du même système, mais de foyers différents. En effet, on ne peut s'approcher, ni s'éloigner à volonté du sujet à reproduire. Il arrive alors fréquemment qu'on en est trop loin ou trop près. Dans le premier cas, on se servira d'un objectif à foyer plus long et dans le second cas d'un objectif à foyer plus court.

§ 274. Perspective aérienne. Obtention des nuages. — La plupart des épreuves photographiques représentant des vues-paronamiques, des paysages, etc., manquent de perspective aérienne, et les nuages surtout se trouvent totalement remplacés par un ciel tout blanc.

En revanche, les premiers plans sont toujours reproduits trop noirs. Ce défaut provient de ce que le photographe, lorsqu'il reproduit un paysage, se borne à enlever le couvercle de son objectif, de manière à démasquer en une fois toute la surface du verre dépoli.

Or, il est évident que les premiers plans, situés très-près, envoient bien moins de lumière que les parties éloignées et surtout que le ciel.

Il faut donc donner des temps de pose très-courts à ces dernières parties, et un temps de pose beaucoup plus long à celles très-rapprochées.

Pour réaliser ce but, on adapte à la chambre noire le cône représenté page 146.

Si l'on ouvre *très-lentement* l'obturateur, il est clair que le verre dépoli verra *successivement* les premiers plans, les parties moyennes, puis le ciel de la vue. Inscrivons sur le bouton extérieur à l'aide duquel on ouvre l'obturateur, des divisions en regard d'un index, et pendant la mise au point, faisons lire à un aide placé à côté de l'obturateur les divisions correspondantes aux parties susmentionnées de la vue (1).

Si pendant l'exposition de la glace sensible à la lumière l'on a soin d'ouvrir et de fermer très-lentement l'obturateur, de manière, par exemple, que le ciel reçoit une pose de une seconde seulement, l'horizon 2 secondes, les parties éloignées 5 secondes, les parties moyennes 10 secondes, et les tout premiers plans 30 ou 40 secondes, on sera tout surpris, au développement, de voir le ciel apparaître avec ses nuages, l'horizon, les avant-plans, avec leurs moindres détails, etc. L'image positive obtenue aura un effet de perspective aérienne étonnant.

§ **275. Chambres noires.** — Les chambres noires à soufflet conviennent le mieux pour cet objet. Les figures 120 et 121 représentent le modèle le plus employé.

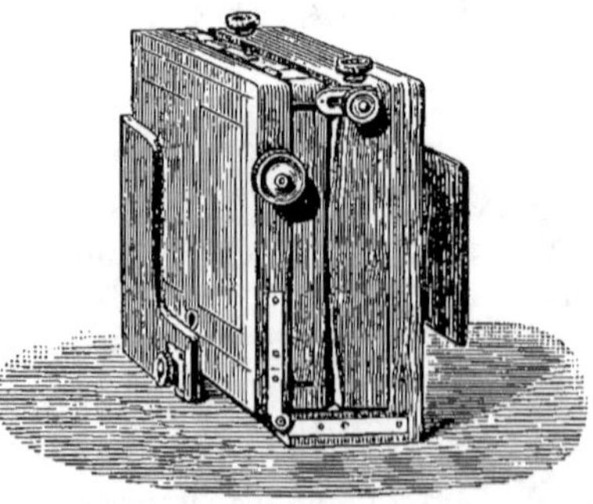

Fig. 120.

Le point essentiel pour la reproduction d'un monument CBA (fig. 122) est de tenir la chambre noire DE parfaitement horizontale. Quelque fois la partie supérieure A du monument tombe hors du verre dépoli de la chambre

(1) Pour plus de clarté, nous prions le lecteur de relire la page 146.

noire : alors il faut *hausser* (1) la planchette qui porte l'objectif H de la quantité *oo'* jusqu'à ce que l'image *cba* du monument occupe la place voulue sur le verre dépoli.

Si l'on se trouve placé à une grande hauteur, il faut baisser la planchette qui porte l'objectif, sans faire plonger l'appareil. Ou si l'on fait plonger l'appareil, il faut ramener le verre dépoli vertical à l'aide d'une bascule adaptée à la chambre noire.

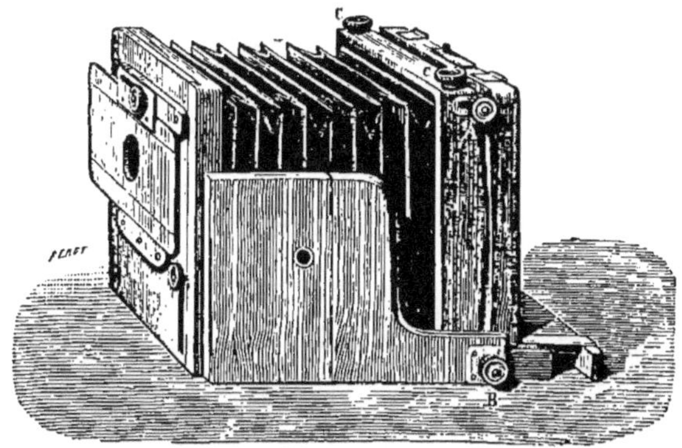

Fig. 121. — Chambre noire de voyage.

Si, au lieu d'opérer ainsi, on inclinait l'objectif en le dirigeant vers le haut ou vers le bas, alors les lignes verticales du monument s'inclineraient entre elles, ce qu'il faut avant tout éviter.

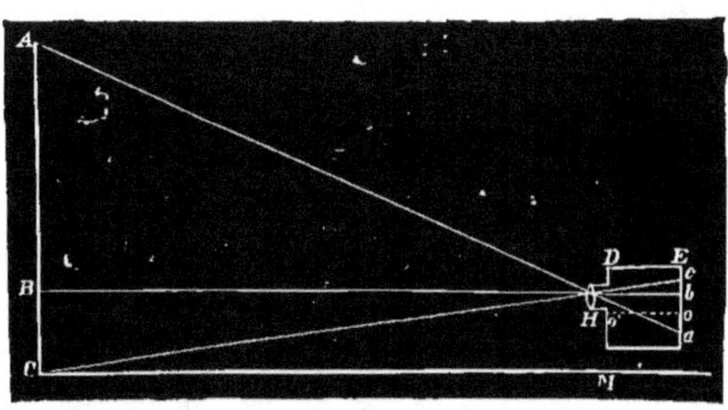

Fig. 122.

Il est vrai qu'en opérant comme nous l'indiquons, une partie du monument manquera toujours de netteté, à savoir, dans le cas de la

(1) Dans la plupart des chambres noires, on ne peut monter ou baisser la planchette qui porte l'objectif que d'une quantité insuffisante. On remédie très-aisément à cet inconvénient en possédant plusieurs planchettes de rechange dans lesquelles l'ouverture de l'objectif n'est pas au milieu, mais plus haut ou plus bas.

fig. 122, le sommet du monument, puisqu'on fait servir l'objectif pour une dimension plus grande que celle pour laquelle il est construit.

Mais mieux vaut sacrifier la netteté de cette partie de l'image que d'obtenir ces malheureuses images déformées dans lesquelles on voit les maisons tomber vers la rue, des tours penchées, etc., ce qui fait injustement accuser l'art photographique et les objectifs de déformer les images, reproche que mérite seul l'opérateur ignorant des préceptes de l'optique.

Les paysages n'offrant pas de lignes droites, il est loisible à l'opérateur d'incliner l'axe de son appareil vers le haut ou vers le bas sans produire de déformation sensible dans l'image.

§ **276. De l'iconomètre.** — Il faudrait, pour bien juger d'un point de vue, avoir toujours sa chambre noire avec soi. L'*iconomètre* (fig. 123) est une petite chambre noire sous forme de lorgnette qui atteint ce but. La partie de devant contient l'objectif, la partie de derrière un verre dépoli sur lequel, par des carrés au crayon, on inscrit le champ embrassé par l'objectif que l'on possède.

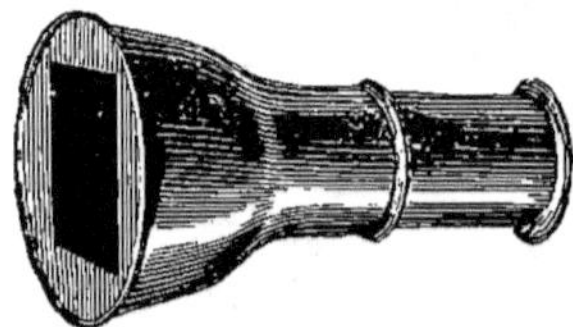

Fig. 123. — Iconomètre.

On dirige ce petit instrument sur l'objet à reproduire et l'on juge ainsi avec certitude du point où l'on devra se placer plus tard avec ses instruments.

§ **277. Éclairage.** — L'*éclairage du paysage ou du monument* à reproduire est évidemment de la plus haute importance. Un éclairage de face est favorable pour copier les inscriptions et les petits détails d'architecture, l'éclairage latéral pour les bas-reliefs, etc. Mais ces circonstances sont tellement variables, que nous ne pouvons guère donner de conseils à cet égard.

Disons, en passant, que le grand secret de bien rendre un paysage consiste surtout dans une certaine exagération du temps de pose, de manière à permettre au *vert* d'agir, pendant que les couleurs plus photogéniques se *solarisent* et par suite s'affaiblissent. Mais, la connaissance parfaite de ces éléments si fugitifs constitue bien certainement une des plus grandes difficultés de la photographie.

SECTION III. — EMPLOI EN CAMPAGNE DU COLLODION HUMIDE.

§ **278. Choix de la méthode.** — Quand on est appelé à reproduire un grand nombre de monuments, le collodion humide était jusqu'ici le meilleur procédé que l'on pût choisir. Si on avait l'embarras de traîner à sa suite un matériel considérable, d'un autre côté, on était certain de rapporter des négatifs achevés. Mais aujourd'hui le

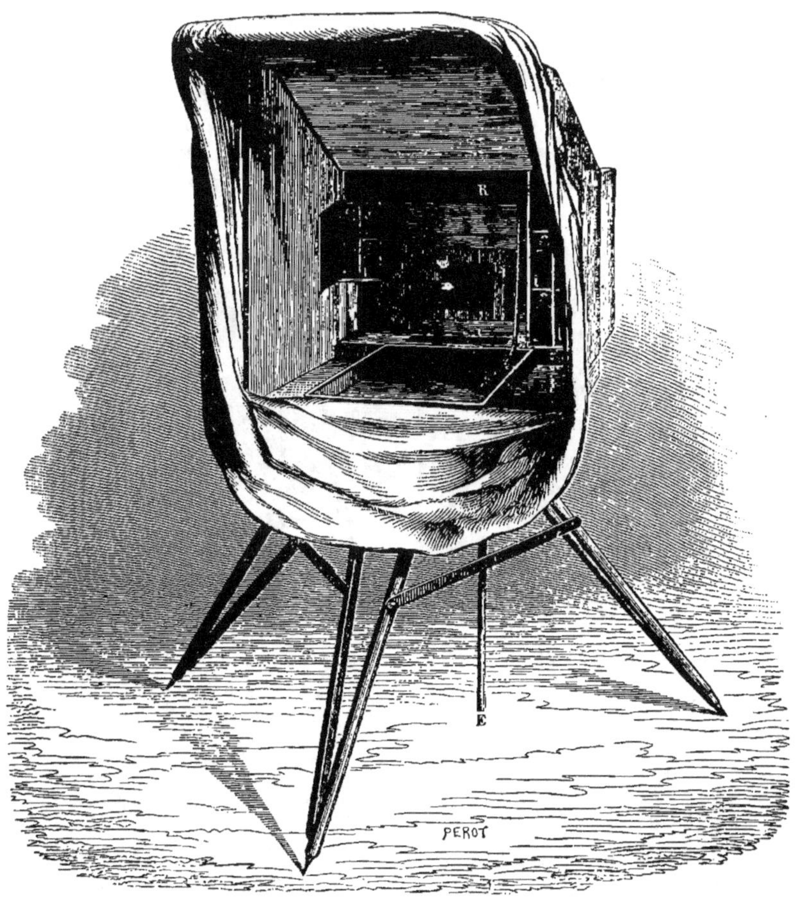

Fig. 124. — Tente opérative.

procédé au gélatino-bromure d'argent est si certain dans les résultats que nous pouvons hardiment affirmer qu'avant peu de temps le collodion ne sera plus employé hors de l'atelier. Aussi, raccourcissons-nous considérablement ce chapitre.

§ **279. Tentes portatives.** — Le meilleur modèle est représenté fig. 124 : cette tente ne pèse que quelques kilogrammes.

La construction en est fort simple : la tente repose sur trois pieds et est fermée, non jusqu'au sol, mais jusqu'à la hauteur des hanches. On s'y enferme donc à moitié, en serrant autour des reins le rideau noir qui la ferme. On a ainsi les bras libres et l'on opère assez commodément.

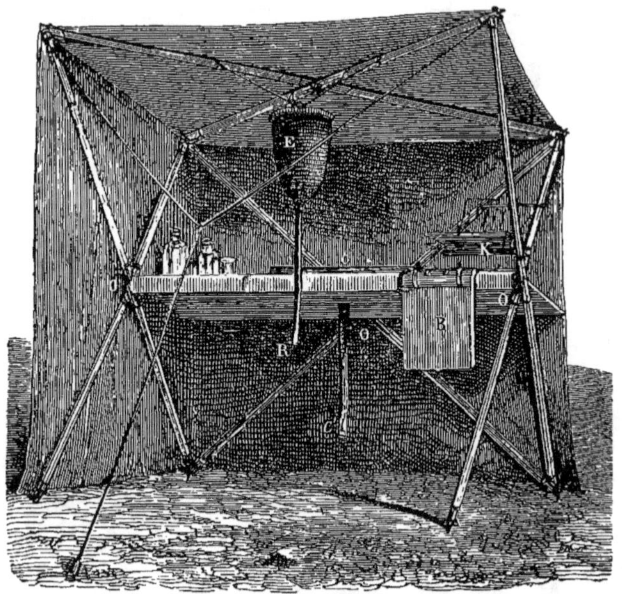

Fig. 125. — Tente de M. Smartt.

OOO, Points d'attache de la table sur les six pieds formant le châssis.
CC', Evier et tuyau de départ des eaux.
B, Bain fixé sur la table.
E, Réservoir à eau muni de son robinet R.
K, Tablette pour appuyer les glaces.

Deux côtés de la tente sont enlevés pour la clarté de la figure. Des cordes fixées à sa partie supérieure et au sol, assurant sa stabilité.

La dimension de cette tente est en hauteur de 2 mètres, en largeur de 1 mètre, et en profondeur de 50 centimètres. Son poids total est de 10 kil. y compris la toile noire.

§ **280. La tente ordinaire.** — L'emploi de la tente ordinaire est plus applicable aux grandes dimensions. Autant il y a d'amateurs, autant il y a de modèles de tentes différents. Pour donner une idée exacte des conditions qu'une bonne tente doit réaliser, nous donnons ici la figure de celle de M. Smartt, qui nous semble réunir la légèreté à la stabilité.

La figure indique suffisamment tous les détails de sa construction.

Disons seulement que, formée d'une suite de triangles qui se renforcent les uns les autres, sa stabilité est considérable, et que, les supports étant articulés, elle occupe un volume fort restreint.

Quelle que soit la tente adoptée, il sera bon de la placer à l'ombre, afin d'éviter l'échauffement intérieur de l'air par les rayons solaires directs. De plus, l'étoffe qui la couvre doit être jaune à l'extérieur, noire à l'intérieur. Le motif en est simple, le jaune s'échauffe peu sous l'influence des rayons solaires et oppose une grande résistance au passage des rayons chimiques de la lumière, les seuls qui agissent sur les préparations photographiques. D'ailleurs, la toile noire intérieure arrête les derniers rayons qui auraient pu passer à travers la toile extérieure.

§ **281. Voiture-tente.** — Enfin au lieu de tente, on peut se servir avec de très-grands avantages d'une voiture en bois sur ressorts, dont les parois sont formées de toile peinte en blanc à l'extérieur et recouverte de papier jaune à l'intérieur.

SECTION IV. — PROCÉDÉS ET ARTIFICES DIVERS.

§ **282. Transformation d'anciens clichés vernis en clichés neufs.** — Le cliché doit d'abord être débarrassé de son vernis. Pour cela on l'immerge dans l'alcool à 36° Baumé[1] pendant plusieurs heures pour enlever la couche de vernis. Si ce moyen ne réussit pas, procédez de la façon suivante.

Mettez dans un flacon 30 grammes de potasse caustique, un litre d'alcool ordinaire et un litre d'eau. Agitez bien pour opérer la dissolution de la potasse.

Versez ce liquide dans une cuvette ordinaire en porcelaine, et immergez-y le cliché. Au bout d'un temps variable de quelques minutes à plusieurs heures, et suivant l'épaisseur du vernis et la nature de ce dernier, la couche de collodion est complètement mise à nu.

Le cliché est immédiatement lavé à la pissette avec de l'eau ordinaire, puis, s'il est voilé, traité comme nous l'avons indiqué à l'alinéa 236. S'il est trop intense, il sera traité comme nous l'indiquons au même alinéa 236.

Avec un peu d'habitude, d'anciens clichés devenus, à cause de leur dureté, tout à fait impropres à constituer de beaux négatifs, peuvent

(1) De l'alcool plus fort est moins bon, car la couche de collodion pourrait se dissoudre.

être ramenés à l'état d'excellents clichés ou de clichés destinés aux agrandissements.

§ **283. Clichés retournés. Clichés pelliculaires.** — Dans un grand nombre de cas, surtout lorsqu'on veut faire de la photolithographie, de l'impression au charbon, etc., il est nécessaire de renverser le négatif avant l'impression. Si, pendant la pose, on renverse la position de la glace sensible dans le châssis, les défauts du verre altèrent la netteté de l'image ; cependant ce procédé deviendra très-usuel à l'aide du gélatino-bromure d'argent.

En se servant d'un prisme en avant de l'objectif ou d'un miroir plan argenté à la surface supérieure et poli avec soin, il est aisé de renverser le négatif *optiquement*. Nous en avons déjà parlé page 143. Mais le procédé suivant dû à M. Grune(1), modifié par M. Woodbury(2) et M. Scamoni(3), atteint fort bien le but.

Généralement il vaut mieux enlever préalablement le vernis du négatif. Cela se fait aisément et d'une façon suffisante en immergeant le cliché dans l'alcool à 36°(4). Au bout d'une demi-heure on retire le cliché et on le laisse sécher. Si le vernis n'était pas préalablement enlevé, la couche renversée serait susceptible de se craqueler à la suite des opérations subséquentes.

Que l'on enlève le vernis ou non, la couche est revêtue d'une solution limpide de 2 parties de caoutchouc dans 100 parties de benzine. Cette solution est versée sur le cliché comme on le fait du collodion. On sèche alors la glace. Le caoutchouc sert à préserver l'image de la dissolution par l'opération suivante.

La glace est maintenant mise de niveau sur un pied à vis calantes, la couche par dessus. On y verse, en commençant par le milieu, un collodion composé de :

Alcool	100 cent. cubes.
Éther	100 »
Pyroxyline.	8 grammes.
Huile de ricin.	8 cent. cubes.

Il faut que l'épaisseur de la couche soit de 2 millimètres. La consistance épaisse du collodion l'empêche d'ailleurs de déborder facilement de la glace. On le laisse sécher, ce qui exige de 5 à 10 heures, et, une fois sec, on incise avec soin à l'aide d'un canif le bord entier de la couche, et on place le tout dans une cuvette

(1) *Bull. Soc. franç. phot.*, 1867, p. 50.
(2) » » » p. 230.
(3) » » 1870, p. 325.
(4) Ne pas employer de l'alcool plus fort.

remplie d'eau. Au bout de quelques heures, on voit la couche tout entière, détachée de la glace, flotter librement au sein de l'eau; on l'enlève alors, on la place entre plusieurs doubles de papier buvard, et on la laisse sécher sous pression.

Les clichés peuvent maintenant être imprimés par le recto ou le verso, mais il faut toujours avoir soin de les conserver sous pression. Il est encore bon de coller sur leurs bords des bandes de papier qui en rendent le maniement plus facile.

M. Scamoni (1) recommande le procédé suivant, appliqué sur une grande échelle au dépôt des cartes, à St. Pétersbourg :

20	grammes	de gélatine, en petits morceaux, sont dissous dans
110	»	eau chaude; ajoutez :
45	gouttes	glycérine,
11	»	d'une solution épaisse de gomme arabique.

Ce liquide, à la température de 30°, est versé sur le négatif bien placé de niveau, de manière que la couche ait 3 millimètres d'épaisseur. On la laisse sécher dans une chambre bien chauffée.

Après 10 ou 12 heures, si la couche est assez durcie, des lames de plomb sont placées sur les bords, afin qu'elle ne se soulève point.

Quand la couche est complètement sèche, on l'incise avec un canif sur les bords, on l'enlève avec prudence, et on la conserve sous presse.

M. Gobert (2) opère ainsi : Mouillez rapidement le cliché verni avec de l'alcool à 36° et appliquez *immédiatement* une feuille de papier albuminé préalablement immergée dans l'alcool. Le contact est parfait, puisque les surfaces sont ruisselantes de liquide. Versez le grand excès, et sans attendre, pressez entre des buvards dans le châssis-presse. Au bout d'un quart d'heure, l'alcool est absorbé, et l'on peut laisser la dessication s'opérer à l'air.

L'adhérence avec le papier albuminé et le collodion verni ou non est absolue. Pour séparer le tout du verre, il faut inciser les bords avec un canif, puis mouiller la surface avec une éponge humide. Au bout de quelques minutes, on peut soulever par un angle et détacher l'ensemble presque sans peine et à coup sûr. On conserve sous presse, après avoir ciré le papier. Le cliché est maintenant renversé. Ou bien on opère sur papier gélatiné, et l'on fait un double transport, comme nous le décrivons au procédé au charbon, et le cliché est redressé (3).

---

(1) *Héliographie*, Pétersbourg, 1872.

(2) *Bull. Soc. franç. phot.*, 1871, p. 285.

(3) M. De Vylder m'informe avoir fait plusieurs transports de clichés d'après M. Gobert, mais sur papier simple, ni gélatiné, ni albuminé; puis avoir collé le cliché retourné sur glace gélatinée. Cela réussit parfaitement.

Mais dans les deux cas, on a un *grain* dans le négatif transporté, à cause du grenu du papier.

§ **284. Épreuves microscopiques.** — L'on peut obtenir des épreuves photographiques extrêmement petites, en se servant d'objectifs à très-court foyer et du procédé à l'albumine dont la finesse est connue. Généralement c'est d'après un négatif que l'on travaille en le reproduisant alors en positif et sur des glaces albuminées de quelques millimètres carrés.

« Le plus important des appareils est la chambre noire; voici sa figure, sa légende et le moyen de s'en servir.

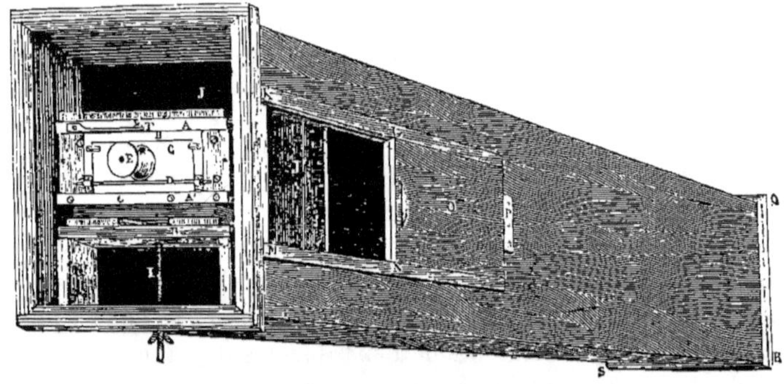

Fig. 126. — Appareil de M Dagron.

LÉGENDE EXPLICATIVE.

B. Châssis dans lequel se placent le micromètre servant à mettre au foyer et ensuite la lamme de verre préparée pour recevoir les épreuves microscopiques.

C. Plaque de cuivre mobile sur l'axe D, et qui, étant mise en place, retient la lame de verre.

E. Microscope régulateur servant à mettre le micromètre au foyer.

Dans l'intérieur, et occupant une position contraire à ce microscope, se trouve l'objectif qui se meut entre deux coulisses. Cet objectif et le microscope E avancent et reculent en tournant sur le pas de vis.

F. Ressort dont la pression engage la pointe de vis G dans les huit crans pratiqués sur l'épaisseur de la partie supérieure du châssis B.

H. Banc en bois supportant l'ensemble des pièces ci-dessus.

I. Vis fixant le tube sur le banc.

JJ'. Diaphragme concentrant toute la lumière sur l'objectif.

KLMN. Ouverture latérale pratiquée sur le tube, afin de pouvoir introduire la main dans l'intérieur pour régler l'objectif.

O. Glissière se mouvant dans des coulisses et formant l'ouverture ci-dessus quand l'image est au foyer.

P. Arrêt de la glissière.

QRS. Extrêmité opposée du tube sur laquelle on place le cliché et le verre dépoli.

« Des épreuves s'obtiennent d'après un cliché placé à l'extrémité du tube QRS, dressé au grand jour en face d'une fenêtre. Les rayons lumineux parallèles qui le traversent sont rendus convergents par l'objectif à court foyer, et vont peindre sur la lame de verre préparée une image infiniment petite.

« On met au point en regardant au microscope E, en faisant tourner la vis de manière à bien distinguer les raies tracées d'avance sur le micromètre placé à l'endroit même où sera le verre préparé. Quand on voit très-distinctement les raies et les poussières du micromètre, il reste à mettre l'image au foyer, en faisant avancer ou reculer l'objectif intérieur absolument comme le microscope qui a servi à mettre le micromètre au foyer. En tournant dans un sens ou dans l'autre, on aperçoit bientôt l'image qui vient se peindre sur la petite lame de verre, et pour peu qu'on ait l'habitude de la photographie ordinaire, il est facile de s'assurer du plus ou moins de finesse de la mise au foyer. On ôte alors le micromètre et l'on met à sa place la lame de verre.

« Le temps de pose varie de une à trois secondes, selon que le temps est plus ou moins beau.

« Quand on juge que l'impression a été suffisante, on fait avancer le multiplicateur d'un cran, puis d'un second, et ainsi de suite jusqu'au huitième. On retire alors la plaque du châssis, et on lui fait subir l'action révélatrice.

« Une loupe est nécessaire pour suivre et surveiller le développement de l'image.

« La loupe n'accuse que le développement de l'image; il faut un microscope composé d'une certaine puissance, pour constater qu'elle est parfaite et digne d'être fixée au petit cylindre (stanhope) ou à la pierre.

« Les photographies une fois choisies, sont découpées par petits carrés au moyen d'un diamant ordinaire. On a bien soin qu'aucune poussière ne reste adhérente à ce petit carré du côté de l'image. Ensuite on met pendant quelques instants le stanhope ou la pierre sur le couvercle d'un petit fourneau qu'on a soin de tenir légèrement chaud. On enduit d'un peu de baume de Canada la surface du stanhope ou de la pierre, on prend avec les précelles le petit carré de verre, on presse, doucement d'abord, fortement ensuite contre la base enduite de baume, et on l'abandonne à lui-même.

« Pour s'assurer que l'opération a bien réussi, que le contact est parfait et sans bulles d'air interposées, on regarde par l'extrémité arrondie du cylindre ou de la pierre, qui, faisant microscope, montre agrandie et distincte l'image fixée à la base. Si des bulles d'air se montrent encore, c'est qu'on n'a pas assez appuyé sur le verre, ou qu'on ne l'a pas pressé assez également contre la base du stanhope; on le placera un instant sur le couvercle du fourneau pour rendre au baume de Canada un peu de fluidité, et l'on recommencera le collage avec plus de précaution.

« Il ne reste plus pour terminer le travail qu'à déborder ou arrondir le stanhope et l'épreuve qui ne font plus qu'un tout; une meule d'opticien, peu coûteuse, est très-bonne pour cet usage. »

Le lecteur sait que pendant le siége de Paris, M. Dagron a institué le système de lettres microscopiques transportées à l'aide de pigeons.

L'auteur de cet ouvrage a vu un spécimen de M. Dagron, d'un demi-millimètre de superficie, répété vingt fois, comprenant la matière de 16 pages in-folio. Ces pages étaient formées de 12 carrés, chaque carré de 1200 lettres, soit 130,400 lettres lisibles au microscope sur un point d'un demi-millimètre carré.

§ 285. Vision binoculaire et stéréoscope. — Imaginons une pyramide quadrangulaire (fig. 127) placée dans l'axe de l'œil gauche.

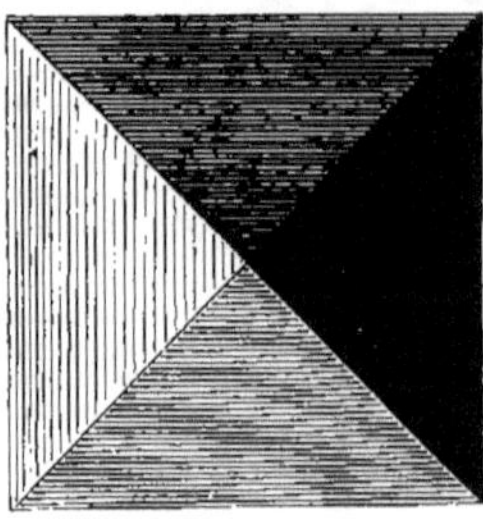
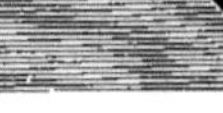

Fig. 127.

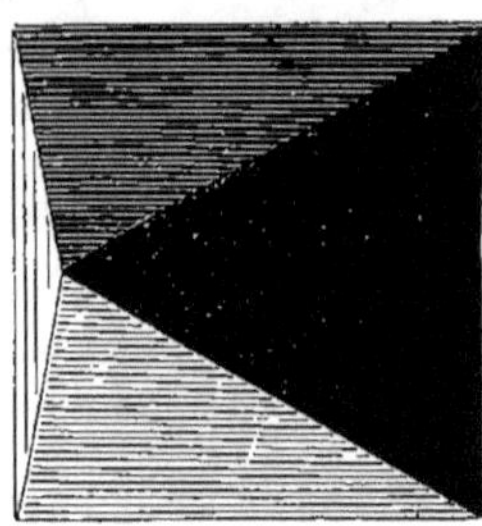

Fig. 128.

Que cette pyramide ait 10 ou 30 centimètres de hauteur, l'image perçue sera toujours un carré coupé par deux diagonales.

Mais fermons l'œil gauche, pour ouvrir l'œil droit, tout en ne bougeant pas la tête. Dans ce cas, son sommet sera projeté un peu à gauche du centre de la pyramide (fig. 128), et, si celle-ci est très-élevée, ce centre sera projeté hors de sa base.

Si, à présent, on ouvre à la fois les deux yeux, les images se confondent et la *sensation du relief est produite.*

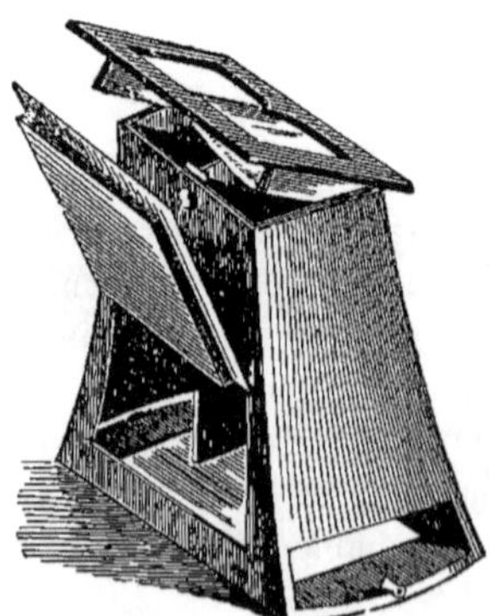

Fig. 129. — Stéréoscope à prismes.

Quand donc, par des moyens optiques convenables, nous réunissons deux épreuves photographiques de la même vue, prises de deux points différents très-voisins, de manière à ce que nos deux yeux ne perçoivent qu'une seule image, nous produirons sur notre vue la sensation du relief. L'instrument qui réalise cet effet a reçu le nom de *stéréoscope.*

La fig. 129 nous montre un stéréoscope ordinaire. Cet instrument est d'alleurs si connu, que nous ne devons point nous arrêter à en faire une description spéciale.

§ **286. Les épreuves stéréoscopiques.** — Les règles que l'on doit suivre pour faire les épreuves stéréoscopiques peuvent maintenant se résumer et se comprendre facilement. Commençons par le cas le plus simple, celui où les objets sont très-rapprochés, tels que les portraits, les groupes, etc.

Dans ce cas, l'on se servira de la chambre noire binoculaire décrite page 88.

Cet appareil s'emploie comme la chambre noire ordinaire, puisque les deux épreuves se produisent en même temps ; mais, après qu'on les aura tirées en positives sur papier, l'on n'oubliera pas de les *transposer*, c'est-à-dire de coller à droite celle qui avait été obtenue à gauche et réciproquement, sinon les images ne correspondraient pas à celles perçues par la vue.

Si l'objet à reproduire est éloigné, les épreuves n'offriraient pas suffisamment de relief. Théoriquement, l'éloignement des deux objectifs devrait être égal à celui des yeux, mais le relief serait faible, et l'illusion presque nulle. Aussi prend-on alors une des dispositions suivantes.

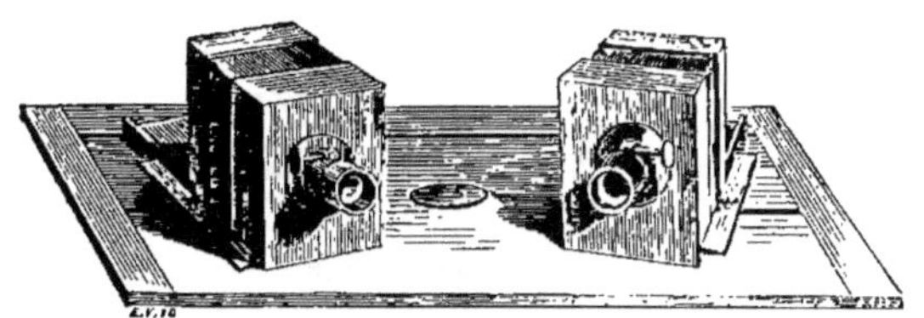

Fig. 130. — Position des chambres noires pour les vues éloignées.

A. On peut se servir de deux appareils égaux dirigés vers le même point de la vue (fig. 130). Dans ce cas, il est nécessaire de placer bien horizontalement la base en bois qui les supporte.

Ce moyen est peu employé, à cause de la difficulté d'obtenir des épreuves de la même intensité ; aussi préfère-t-on opérer sur une seule glace.

B. On peut aussi se servir de l'appareil binoculaire (page 88) en opérant de la manière suivante : sur la planche horizontale de la fig. 130, on place l'appareil binoculaire en faisant mouvoir la règle latérale (que l'on voit sur la figure), pour amener l'image de l'objet à reproduire sur le verre dépoli. Portant alors l'appareil de l'autre côté de la planche horizontale, on fait mouvoir la seconde règle latérale jusqu'à ce que l'objet à reproduire occupe la même position sur le verre dépoli que précédemment. Alors on est certain de l'égalité des deux images et l'on peut tirer les deux épreuves successivement. Mais toujours les deux épreuves positives devront être transposées.

C. Enfin, l'appareil le plus usité pour les *vues* stéréoscopiques est représenté fig. 38, page 89.

On suit une marche analogue à celle que nous venons de décrire dans le cas B. La chambre noire est d'abord placée dans l'une de ses positions, et dirigée sur le sujet à reproduire, puis dans sa seconde position et dirigée vers le même point. Ces deux vues paraissent, sur le verre dépoli, parfaitement égales.

L'opérateur, enlevant alors le verre dépoli, place la chambre noire à sa droite, étant donné qu'il a le visage tourné vers l'objet à reproduire. Il introduit alors le châssis à glace sensibilisée, de telle manière à exposer d'abord la partie de la glace à gauche dans le châssis. La planchette du châssis est tirée, et, le temps de pose expiré, on renferme cette planchette. La fig. 38 montre donc la position de la chambre noire, *dans la première station,* c'est-à-dire, celle de droite. Dans la seconde position, celle de gauche, on fera glisser le châssis à glace sensibilisée de manière à découvrir la seconde moitié de la glace (celle à gauche dans le châssis). Alors on tirera la seconde épreuve.

De cette façon les épreuves positives ne doivent plus être renversées et l'image négative examinée dans le stéréoscope présente le relief qu'elle ne possèderait pas si nous avions opéré comme précédemment.

Quant à la distance de deux stations de la chambre noire, elle varie selon les cas suivants. Pour les vues éloignées, sans premiers plans, l'on se sert de deux trépieds éloignés de plusieurs mètres, mais, s'il y a des premiers plans, cette base ne doit avoir que 80 centimètres. Enfin, pour les paysages rapprochés, une base de 30 ou 40 centimètres est déjà suffisante. Pour les portraits, les appareils binoculaires sont préférables.

§ **287. Sculpture photographique.** — Le même principe qui préside à l'obtention des vues stéréoscopiques a servi à M. Willème à la *sculpture photographique.* Imaginons une statue placée au centre d'une rotonde et une série d'objectifs placés en cercle, dirigés sur la statue. Nous aurons une série d'images à contours différents qui, agrandies, à l'aide de pantographes, pourront être reportés mécaniquement sur un bloc de marbre. Il ne restera plus alors qu'à achever à la main le bloc ainsi sculpté, pour reproduire exactement la statue originale.

§ **288. Photographie de nuit.** — Il arrive souvent que l'on doit reproduire un objet animé ou inanimé là où la lumière fait défaut, par exemple dans l'intérieur des grottes, des cryptes d'église, etc., qu'il faut alors éclairer artificiellement. La lumière électrique décrite page 113 est fort avantageuse; mais, malgré son immense pouvoir éclairant, elle n'émet pas autant de lumière chimique qu'on pourrait le croire.

La lampe au magnésium est préférable, parce que l'on peut consumer un grand nombre de fils à la fois, en raison de l'étendue et de la distance de l'objet que l'on veut éclairer.

S'il ne s'agit que d'un portrait, on prend deux fils, l'un plus long que l'autre, on les allume simultanément en les tenant en mouvement afin d'éviter les ombres trop dures. Le plus long fil est allumé du côté où l'on veut éclairer le plus vivement le modèle, le plus court de l'autre.

On a ainsi produit des portraits en 30 ou 40 secondes, et ce système est très-recommandable dans certains cas, tels que la reproduction d'une personne morte, des tableaux exposés dans les galeries peu éclairées, etc.

CHAPITRE VI.

AUTRES PROCÉDÉS NÉGATIFS.

SECTION I. — DAGUERRÉOTYPE.

§ **289. Des plaques et de leur polissage.** — Les plaques ordinaires sont en cuivre rouge doublé d'argent. On dit qu'une plaque est au 30e, au 40e, quand l'épaisseur de la couche d'argent est du 30e ou le 40e de celle du cuivre.

On trouve aussi dans le commerce des plaques argentées par le galvanisme; elles sont préférables, paraît-il, aux anciennes plaques en doublé.

Pour que la plaque ne déchire pas les polissoirs, il est nécessaire d'en rabattre les arêtes et les angles avec une pince, de façon que la plaque, ainsi modifiée, puisse être maintenue entre les quatre agrafes de la planchette à polir représentée fig. 131.

La plaque est saupoudrée de tripoli porphyrisé, une pincée pour une plaque quart suffit. On y verse alors dix à vingt gouttes d'alcool à 38°; puis, réunissant la poudre et le liquide avec un morceau de coton cardé très-blanc et très-pur, on nettoie la plaque en traçant à sa surface de petits cercles. On promène ainsi le coton d'un bout de la plaque à l'autre en ayant soin de ne pas l'échauffer et jusqu'à sec. Cette opération terminée, on prend un autre morceau de coton avec lequel on enlève tout le tripoli; l'ouvrant et le retournant (en évitant que la sueur des doigts ne graisse

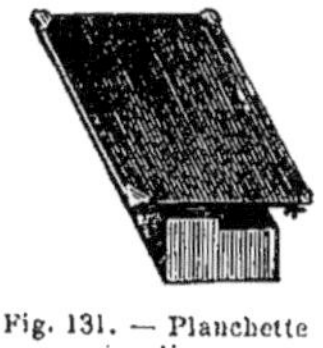

Fig. 131. — Planchette à polir.

la plaque) ou bien renouvelant le coton, on continue à frotter, jusqu'à ce que le tampon soit recouvert d'un corps métallique noir : l'argent, qui polit la plaque. On achève avec un morceau de coton recouvert d'une trace de rouge d'Angleterre. Il est essentiel qu'aucune humidité des doigts ne vienne souiller la plaque. Elle est bien polie lorsqu'au contact de l'haleine elle offre un aspect mat (une couche irisée très-unie et à grains fins).

Pour polir la plaque, on se sert de deux polissoirs *parfaitement secs* (fig. 132), ou planches à poignées, recouvertes d'une peau de daim, un peu plus larges que la plaque et de 60 centimètres de longueur. Le premier sert à polir rapidement la plaque, le second à rendre le poli plus parfait, le premier est complètement imbibé de rouge d'Angleterre, le second n'en contient que les traces, qu'il prend après un usage prolongé. Prenant le polissoir au rouge, on en frotte vivement la plaque jusqu'à ce qu'elle ait atteint un beau bruni noir. Il faut frotter dans le sens de la longueur de la plaque, puis dans l'autre, en finissant par le premier. On avive la surface avec le second polissoir en peau de daim sans rouge. La plaque ainsi brunie est mise dans une boîte à rainures pour s'en servir le jour même.

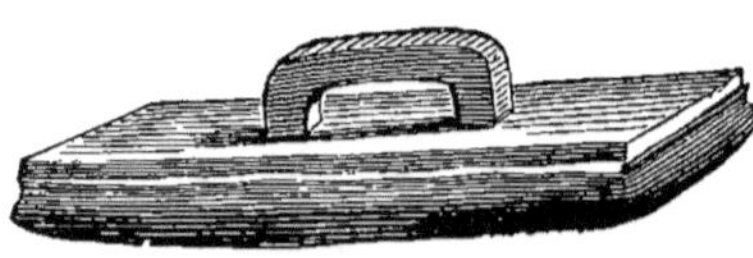

Fig. 132. — Polissoir.

§ **290. Sensibilisation de la plaque.** — La boîte destinée à renfermer les substances volatiles qui servent à sensibiliser la plaque, consiste en une cuvette en porcelaine à bords rodés, munie d'un couvercle mobile en verre dépoli, le tout renfermé dans une boîte en bois, qui reçoit la plaque. En tirant le couvercle en verre, on soumet la plaque à l'action des vapeurs iodées et bromées. La fig. 133 représente une boîte jumelle, où il y a deux cuvettes : l'une contenant le bromure de chaud, l'autre l'iode. La plaque est placée sur un cadre en bois qui glisse dans une rainure et peut ainsi être soumise avec facilité à l'action successive de l'iode et du brome. On étale au fond de la première cuvette une couche d'iode et dans l'autre une couche de bromure de chaux.

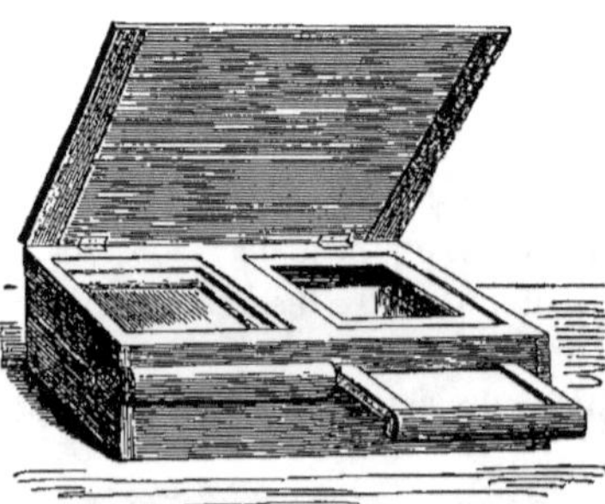

Fig. 133. — Boîte jumelle à iode et à bromure.

Elle est exposée pendant 30 à 50 secondes à l'action de l'iode, jusqu'à ce qu'elle atteigne une nuance *jaune d'or*, puis elle est soumise à l'action de la vapeur du brome jusqu'au vitrage violet (pendant 10 secondes environ).

Les deux opérations précédentes se font dans un cabinet obscurci à l'aide de rideaux (mais non des verres jaunes, qui empêcheraient de discerner les couleurs de la plaque), un faible rayon de la lumière du jour ne peut pas causer d'accident; mais dans l'opération qui suit, on opèrera à la lueur d'une bougie entourée de verres jaunes, car la plaque reçoit alors le maximum de sensibilité. Cette opération consiste à placer de nouveau la plaque sur l'iode, pendant environ 30 secondes. Elle prend une teinte bleu d'acier dans ce second iodage. Enfin, la plaque ainsi sensibilisée est mise dans le châssis, pour recevoir l'impression lumineuse. Elle se conserve du reste sensible pendant plus d'une demi-heure.

§ **291. Développement de l'image.** — Voici l'appareil dont on se sert pour cette opération (fig. 134). Une boîte rectangulaire en noyer porte à sa partie supérieure une rainure inclinée de 45° dans laquelle s'engage le châssis de la chambre noire. Vers le milieu de la boîte, et à 15 centimètres de la plaque, se trouve une cuvette en fer, qui la partage en deux parties. Cette cuvette contient le mercure, dont la quantité varie de 4 à 600 grammes. Au-dessous se trouve une lampe à alcool, dont la flamme peut être réglée de façon à maintenir constante la température de mercure. Enfin, un thermomètre coudé à mercure, dont la boule plonge dans le métal échauffé et dont la tige sort de la boîte, indique la température du bain métallique. Un carreau jaune se trouve sur le côté et sert à suivre, à la lueur d'une bougie, la marche de l'opération.

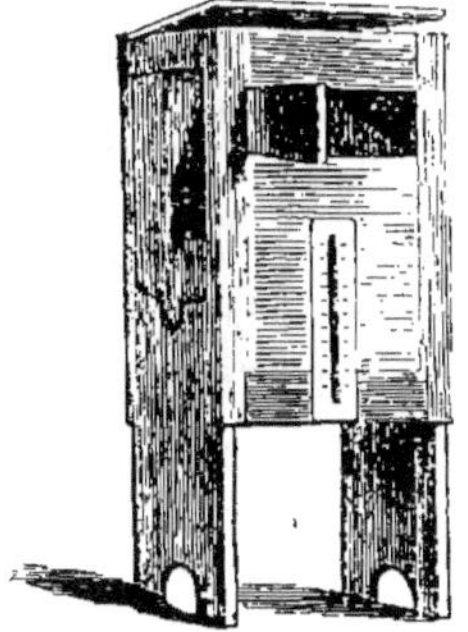

Fig. 134. — Boîte à mercure.

On commence par échauffer le mercure jusqu'à ce que le thermomètre indique une température de 50° à 60°. Le châssis qui porte la plaque est introduit dans la boîte, de telle façon que le mercure et la surface sensible se trouvent en regard. L'image se développe ordinairement en 2 ou 3 minutes, suivant la dimension de la plaque. Quand elle a atteint la perfection voulue, on la retire et on la soumet au fixage.

On reconnaît que le temps de pose a été trop long, si l'image est grise et les contours des objets effacés; et trop court, si les parties fortement éclairées du modèle se dessinent seules.

§ **292. Du fixage.** — La plaque est immergée 10 minutes dans l'hyposulfite de soude, puis rincée à l'eau pure. Ensuite, elle est mise sur un support à chlorurer (fig. 135), et recouverte d'autant qu'elle peut retenir d'une solution de *sel d'or* (hyposulfite d'or et de soude) dans la proportion de 1 gr. de sel d'or sur 1000 d'eau, et enfin chauffée à l'aide d'une lampe à alcool de manière à produire rapidement des bulles sur toute sa surface. Les clairs de l'épreuve, qui présentaient au sortir de l'hyposulfite une teinte bleuâtre, deviennent, sous l'action de ce liquide, d'un beau blanc. Enfin, rejetant rapidement le chlorure d'or qui couvre la plaque, on immerge immédiatement celle-ci dans l'eau distillée ou dans l'eau de pluie bien filtrée, puis on la lave sous un fort courant d'eau de manière à enlever les dernières traces de sel d'or. On finit par de l'eau distillée et on sèche l'épreuve à la lampe à alcool.

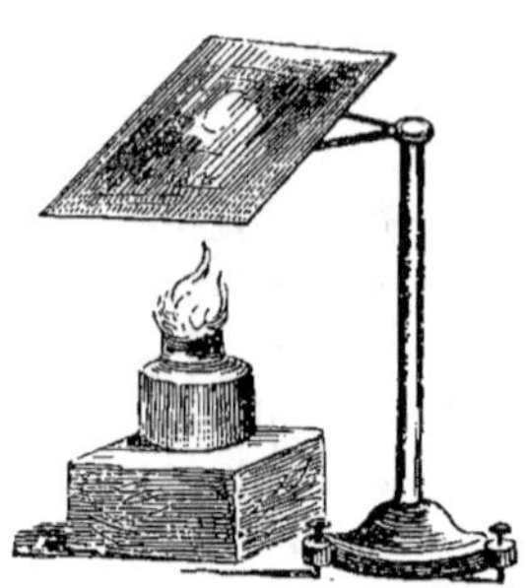

Fig 135. — Pied à chlorure.

SECTION II. — PHOTOGRAPHIE SUR PAPIER.

La photographie sur papier a pour but de produire des images négatives dans la texture du papier ainsi qu'il a été dit dans l'*Historique*. Ces procédés sont aujourd'hui presque abandonnés; aussi ne décrirons nous que le seul de ces procédés que l'on pratique quelquefois encore en voyage, à cause de sa simplicité et du peu de matériel qu'il exige.

Procédé Legray.

§ **293. Choix du papier et cirage** (1). — Le papier négatif ne peut être ni trop épais, ni trop mince; dans le premier cas, il exige un temps très-long dans le tirage des positifs, puisqu'il est moins transparent; dans le second, il est presque toujours criblé d'une infinité de petits trous provenant du satinage, qui se traduisent en grenu dans l'acide gallique. Le papier aura une texture très-unie comme une glace finement dépolie, et sera exempt de taches grises, qui se reproduiraient dans le négatif.

Le cirage du papier a lieu dans une cuvette en plaqué d'argent

(1) On trouve d'excellent papier ciré, et ciré ioduré, chez M. A. Marion, fabricant de papiers photographiques, à Courbevoie, Paris.

(fig. 136) chauffée au bain marie. On prend alors une rondelle de cire blanche, on la casse en deux et on la promène sur la cuvette de manière à la recouvrir d'une couche très-mince de cire fondue. On

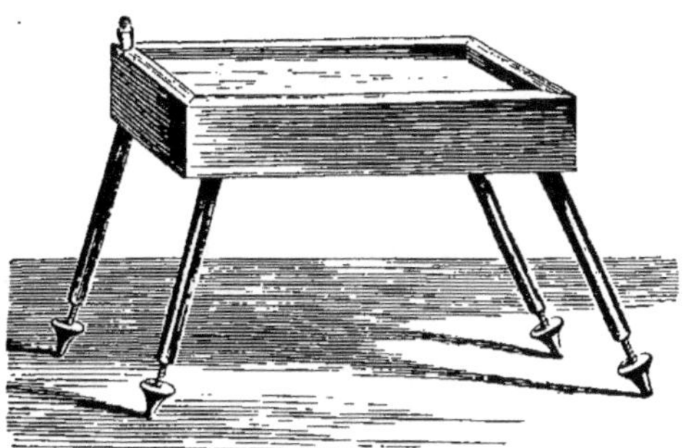

Fig. 136. — Cuvette à cirer le papier.

étend sur la cire une feuille de papier qui prend aussitôt un aspect translucide par l'imbibition de la cire. On la relève et on la place sur la table. Puis on recommence en cirant ainsi autant de feuilles que l'on désire.

Les feuilles contiennent un grand excès de cire dont il faut les débarrasser en les plaçant entre des doubles de papier buvard très-épais et très-uni, sur lesquels on passe des fers à repasser chauffés à 150°. L'excès de cire est ainsi absorbé. On enlève le papier ciré pour en mettre un autre et on continue ainsi jusqu'à ce que le papier buvard n'enlève plus de cire. Si, en examinant les feuilles cirées à un jour frisant, on remarque encore des taches luisantes dues à un léger excès de cire qui reste dans leur pâte, on enlève ces taches luisantes avec le plus grand soin, en renfermant le papier entre deux feuilles de papier buvard neuf, et en le soumettant de nouveau à l'action du fer chaud. Il faut manier le papier ciré délicatement, chaque pli formant une tache que rien n'enlève.

§ 294. Ioduration du papier. — Dans trois litres d'eau de pluie

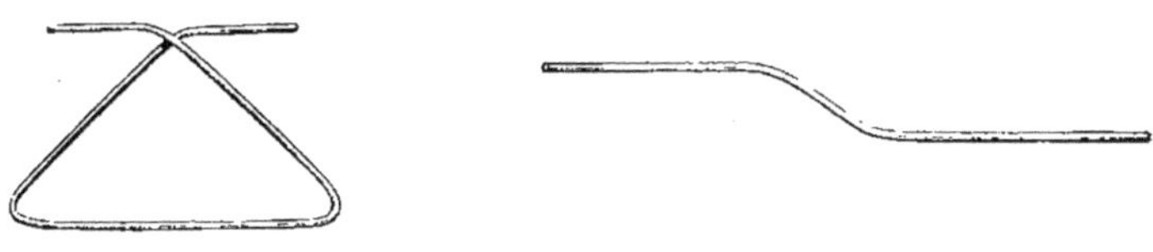

Fig. 137. Fig. 138.

filtrée contenue dans un vase en porcelaine ou en terre, on place 200 grammes de riz et on porte le liquide pendant quelques minutes à l'ébullition. Il faut que le riz ne soit que légèrement crevé afin que le liquide ne s'empâte pas. Toute la masse est jetée sur une toile, et le liquide est filtré. Pendant qu'il est encore chaud, on y dissout, par litre, 45 grammes de sucre de lait en poudre très-fine. Le liquide refroidi est filtré sur du papier jusqu'à limpidité parfaite. On y dissout alors, par litre, 10 grammes d'iodure de potassium et 2 1/2 de bromure; la liqueur est ainsi prête à servir. On introduit les feuilles cirées dans ce bain, *en ayant soin d'éviter les bulles*. On force alors la feuille à s'immerger à l'aide de tubes de verre pliés comme le montre les fig. 137 et 138. Ordinairement le papier est complètement ioduré après un séjour de deux heures dans le liquide; comme celui-ci a dû le pénétrer mécaniquement, puisque la cire est un corps gras, il en résulte, quand la feuille est sèche, un aspect grenu qui ne doit pas effrayer l'opérateur, car ce défaut disparaîtra plus tard.

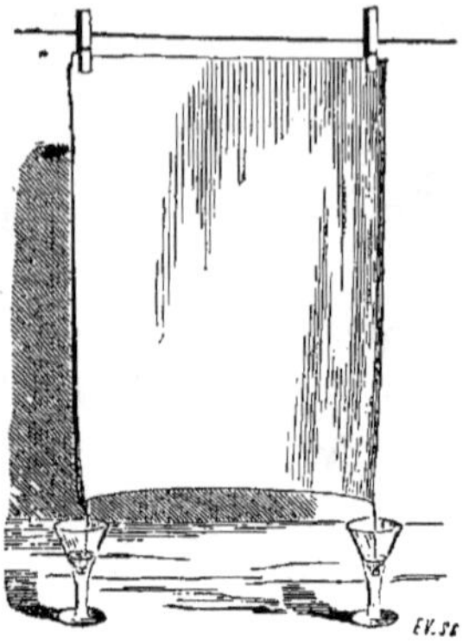

Fig. 139. — Suspension du papier ciré.

On suspend les feuilles à l'aide de pinces en bois après les avoir ôtées du bain avec prudence. La fig. 139 montre une feuille suspendue.

Les papiers iodurés se conservent parfaitement bien, si on a soin de les enfermer dans un portefeuille bien clos; mais ils prennent ordinairement une couleur bleue due à l'iode mis en liberté par l'action de l'air.

§ **295. Sensibilisation du papier ioduré.** — Cette opération se fait dans le cabinet obscur, en plongeant la feuille dans un bain de

1 litre d'eau distillée,
60 grammes d'azotate d'argent cristallisé,
60 » d'acide acétique cristallisable.

A l'aide d'un tube, on force la feuille à s'immerger complètement. Si le papier présente une coloration violette, on la voit insensiblement disparaître et devenir complètement blanche. On laisse ordinairement nager le papier dans ce liquide pendant 5 minutes, et, si la feuille remonte à sa surface, on la force immédiatement à s'immerger à l'aide du tube en verre.

Il est assez dangereux de sensibiliser deux feuilles en même temps dans le même bain d'argent, parce qu'après le développement, l'image du papier supérieur se marque sur la feuille inférieure, ce qui s'explique par le contact des papiers, qui a empêché le nitrate d'agir également sur toute la surface.

Au sortir du bain d'argent, la feuille sensibilisée et bien égouttée est placée dans une grande cuvette en verre ou en porcelaine remplie d'eau de pluie. Elle y est laissée au moins pendant dix minutes, afin que l'excès de nitrate d'argent soit bien enlevé. Disons en passant que ce lavage doit être fait avec soin, il est même bon de le renouveler.

La feuille lavée est placée dans un cahier de buvard (1), avec lequel on enlève l'excès d'eau; puis, plaçant une feuille de bristol blanc sur la feuille *encore humide mais non mouillée*, on en rabat les bords que l'on colle sur le bristol à l'aide d'une solution de gomme arabique. De cette façon, quand le papier est sec, il est tendu sur le bristol et présente une surface très-unie. Chaque feuille sensibilisée ainsi collée est séparée par une feuille de buvard du carton suivant, dans le portefeuille qui sert à les conserver. On peut les conserver ainsi sensibilisées plus de 15 jours.

§ **296. Exposition à la chambre noire.** — Quand on a préparé le papier comme nous venons de l'indiquer, on place le carton sur lequel la feuille est tendue dans le châssis de la chambre noire.

Quant au temps de pose, il est, comme toujours, très-difficile à préciser. Voici cependant une indication : une vue éclairée au soleil exige, avec un objectif simple de 30 cent. de foyer et un diaphragme de 1 cent., environ 5 minutes.

§ **297. Développement de l'image.** — On commence par enlever les feuilles de papier du carton sur lequel elles sont tendues en passant un canif entre le papier et le carton. Si on ne développe pas immédiatement l'image, on la met de côté dans un cahier de buvard, pour la faire paraître au moment opportun.

Préparez le développateur suivant que vous verserez, après l'avoir filtré, dans une cuvette plate en porcelaine :

Eau distillée	1 litre.
Acide gallique	1 gramme.

Le papier est immergé et maintenu dans la liqueur à l'aide du tube en verre (fig. 137).

Quand le papier a séjourné quelques minutes dans le bain d'acide gallique, si on le relève et si on l'examine *par transparence*, on s'aperçoit que le ciel ou les grandes lumières sont fortement marqués. Plus tard(2) il arrive un moment ou les lumières et les ombres sont

(1) On ne doit jamais se servir deux fois de la même feuille de papier buvard pour enlever l'excès d'eau du papier négatif.

(2) Après un temps qui varie de 15 minutes à plusieurs heures.

complètement venues (1), et alors on met immédiatement le papier dans l'eau pour arrêter l'action de l'acide gallique. D'autres fois, il faut forcer le développement par l'addition de quelques gouttes d'acéto-nitrate d'argent.

Quand la pose est trop courte, l'image ne se développe pas dans le bain d'acide gallique, à moins qu'on n'y ajoute une forte proportion d'acéto-nitrate d'argent. Cependant les ombres manquent alors de détails et le cliché est heurté, c'est-à-dire que le positif d'un tel cliché présente des oppositions du noir au blanc beaucoup trop fortes. Si le temps de pose a été beaucoup trop court, le ciel seul apparaît faiblement, et l'addition de la solution d'argent renforce à peine les parties fortement éclairées du modèle.

Quand la pose a été trop longue, le ciel reste transparent et tout le cliché manque de vigueur; ordinairement l'épreuve présente une teinte rouge. D'un autre côté, l'addition de l'acéto-nitrate d'argent renforce à peine le cliché : dans tous les cas, il est préférable de prendre une courte exposition à la lumière plutôt qu'une pose trop longue.

Mais, quand la pose à la chambre noire a été suffisante, l'épreuve se développe en moins d'un quart d'heure, et l'addition d'une faible quantité de nitrate d'argent à l'acide gallique lui donne une vigueur extraordinaire : le ciel et les parties fortement éclairées du modèle se traduisent en noir tellement opaque que les rayons du soleil peuvent à peine traverser ces parties de l'épreuve, et les détails dans les ombres sont complets.

On ne doit pas s'étonner du grenu que présente le cliché après le développement à l'acide gallique, la dernière opération le faisant en grande partie disparaître.

§ **298. Fixage de l'épreuve.** — Après avoir lavé l'épreuve développée, il suffit de la laisser séjourner une demi-heure dans une solution d'hyposulfite de soude, et de la laver en l'abandonnant deux ou trois heures dans une cuve remplie d'eau. Finalement l'épreuve est séchée dans un cahier de papier buvard.

L'épreuve sèche présente un pointillé général, plus puissant qu'au sortir du bain iodurant. Il importe de le faire disparaître. Pour cela, on enferme le papier entre deux feuilles de buvard et on y passe un fer chaud pour faire fondre la cire qui imbibe le papier.

---

(1) Pendant que l'épreuve est encore dans le bain d'acide gallique, on la voit insensiblement se couvrir d'un dépôt boueux, se salir enfin : on ne doit y faire aucune attention, cet accident n'est qu'apparent.

Il arrive souvent, lorsque l'épreuve est terminée, que le ciel est beaucoup trop faible; on peut alors, avec de la couleur noire, le recouvrir d'une couche opaque; on peut aussi se servir de papier noir et mince découpé. Mais on ne devra recourir à aucun de ces moyens, si l'on est un peu familiarisé avec la pratique des procédés sur papier.

§ 299. Procédé de M. Tillard. — Mettez dans un litre d'essence de térébenthine autant de fragments de cire qu'il peut en contenir et laissez-les trois jours en contact. Au liquide filtré ajoutez 5 gr. d'iode par litre, l'iode se dissout sans produire de coloration, ajoutez-y aussi 400 gouttes d'huile de ricin. Versez ce liquide dans une cuvette, trempez-y vos feuilles de papier pendant 5 minutes et séchez par suspension. Quant à la sensibilisation et aux opérations subséquentes elles sont analogues à celles décrites à propos du procédé Legray. Ce procédé donne des épreuves très-fines qu'on croirait obtenues par la méthode au collodion. Il est aussi très-rapide.

SECTION III. — PHOTOGRAPHIE SUR ALBUMINE.

Le procédé sur albumine présente des avantages incontestables sur tous les autres procédés, dès qu'il s'agit de sujets où la finesse est une condition indispensable. Il en sera ainsi quand on voudra reproduire des épreuves accouplées à l'usage du stéréoscope, et de certaines applications scientifiques de la photographie. Les glaces albuminées possèdent, en outre, l'avantage de pouvoir être employées à sec, mais elles sont très-lentes à s'impressionner à la chambre noire, quoique plus rapides cependant que le papier ciré.

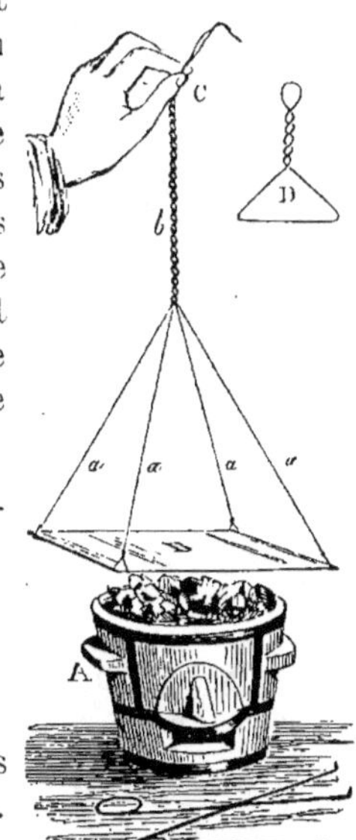

Fig. 140. — Albuminage par la force centrifuge.

§ 300. Préparation des glaces à l'albumine. — Préparez :

Albumine	1 litre.
Iodure de potassium	10 grammes.
Iode.	$1\frac{1}{2}$ »

L'iodure de potassium est dissous dans quelques gouttes d'eau, puis l'iode y est ajouté. Le tout est alors jeté dans l'albumine que l'on bat en neige. Après une nuit de repos, on décante le liquide clair dans une éprouvette. A l'aide d'une pipette on prend l'albumine dans cette éprouvette à la partie moyenne du liquide, qui est toujours la plus claire.

L'extention de l'albumine sur la glace est fort difficile. On condense d'abord l'haleine sur la glace, puis on y verse l'albumine en laissant écouler l'excès dans un autre flacon. La couche ainsi obtenue ne serait pas assez égale. La glace B (fig. 140) est donc enchâssée dans quatre fils de soie *a*, terminés par des crochets D et tordus entre eux en *b*. Elle reçoit ainsi un mouvement de rotation très-rapide qui égalise la couche d'albumine. On la sèche (1), pendant qu'elle tourne, au-dessus d'une plaque de fonte échauffée par un fourneau. Cette plaque n'est pas représentée dans notre figure. La force centrifuge égalise la couche, et, en la séchant pendant qu'elle tourne, on évite le temps nécessaire à un séchage ordinaire à l'air. Ce qui est, en effet, à craindre, c'est la poussière qui s'attache à la glace *avant que la couche ne soit sèche*.

Au lieu de fils de soie on peut se servir de la tournette représentée fig. 141. Elle présente l'avantage d'une plus grande facilité dans

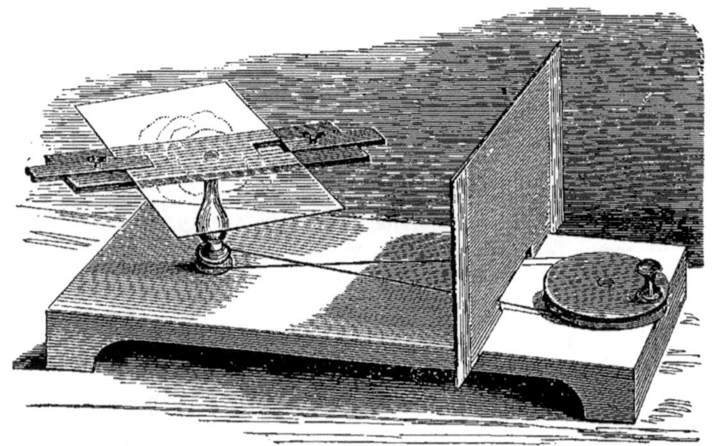

Fig. 141. — Tournette à albuminer les glaces.

l'exécution, mais d'un autre côté, elle exige que l'on enlève la glace du tour pour la sécher.

Les glaces albuminées ainsi préparées sont placées dans des boîtes à rainures, dans lesquelles on peut les conserver indéfiniment.

§ **301. Sensibilisation de la glace.** — Plongez la glace dans :

Eau	100	grammes.
Azotate d'argent cristallisé	6	»
Acide acétique cristallisable	12	»

(1) Il ne faut pas sécher la glace à une trop haute température, car la couche se fendillerait en entier par le refroidissement.

La solution d'azotate d'argent filtrée est versée dans une cuvette verticale en verre dans laquelle la glace est plongée sans temps d'arrêt, à l'aide d'un crochet également en verre. La couche d'albumine, qui était primitivement transparente, devient légèrement opaline. Généralement on ne la laisse séjourner dans le bain d'argent que de 10 secondes à 1 minute ; la relevant alors, on la lave avec beaucoup de soin, puis on la laisse sécher à l'abri de la lumière, en la posant verticalement contre le mur, ou bien sur un support à rainures.

Ainsi préparée, la glace est placée dans le châssis et exposée à la chambre noire. La pose est fort longue et ne peut être précisée. On reconnaît qu'elle est suffisante pendant le développement si les ombres sont bien venues ; trop longue, si le négatif manque de vigueur ; trop courte, si les noirs seuls se dessinent. Au reste, ces préceptes sont communs au procédé sur papier ciré décrit dans la précédente section.

§ 302. Développement de l'image latente. — Le développement de l'image latente peut se faire immédiatement après la pose à la chambre noire, ou plusieurs jours après. Il se fait exactement comme nous l'avons décrit à propos du papier ciré, page 229.

Si, pendant le développement, des réductions moirées (fig. 142) d'argent réduit se déposent sur la couche, on les enlève facilement avec un tampon de coton.

Le fixage se fait à l'hyposulfite de soude, suivi de lavages, comme à l'ordinaire.

§ 303. Tirage des épreuves stéréoscopiques sur verre. — Ces épreuves se font sur glaces albuminées dans le châssis-presse. On prend un temps d'exposition de quelques secondes, puis on développe et l'on fixe. Afin de donner une couleur agréable à l'épreuve terminée, on la plonge d'abord dans une solution très-étendue de bichlorure de mercure, puis, après lavage, dans une solution de sel d'or de Fordos et Gélis, où elle prend une couleur sépia très-agréable.

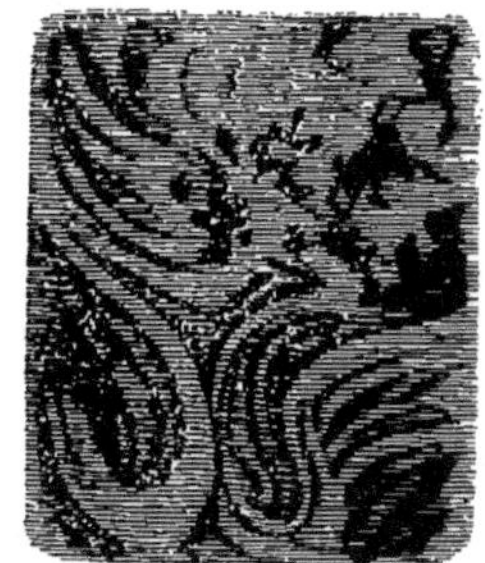
Fig. 142. — Réductions moirées.

Le chlorure d'or, appliqué en solution étendue après le fixage, donne des tons pourprés.

On se sert, pour monter ces épreuves, de verres dépolis qui donnent un fond blanc, ou bien, on les vernit *à froid* avec le vernis à la gomme-laque dont nous avons indiqué la préparation à l'article *Vernis*. Ce vernis, qui donne à chaud une couche brillante et transparente, donne à froid une couche dépolie et mate.

§ 304. Procédé sur albumine de M. Taupenot. — Théoriquement, le procédé Taupenot doit être considéré comme une modification du procédé sur albumine et non comme un collodion sec. Ainsi que nous l'avons dit plus haut, un défaut inhérent au procédé sur albumine réside dans la difficulté d'obtenir des couches exemptes de points, bulles, etc. M. Taupenot, en étendant l'albumine sur une surface poreuse de collodion, fait agir les fibres poreuses de cette couche sur les bulles microscopiques qui constituent les points et les taches des couches albuminées, de sorte qu'elles sont absorbées par la couche sous-jacente de collodion. Il se sert de collodion sensibilisé et lavé, mais M. Gaumé a fait voir qu'il suffisait d'une couche de collodion non iodurć (plongée dans l'eau afin qu'elle se dégraisse et puisse se mouiller par l'albumine) pour obtenir les mêmes résultats. C'est donc un vrai procédé sur albumine que le procédé Taupenot; aussi est-ce bien ici le lieu de le décrire.

La glace, étant nettoyée, est couverte de collodion ordinaire que l'on sensibilise et qu'on lave comme nous l'avons décrit à propos du collodion sec.

La glace étant bien égouttée après le dernier lavage, on la recouvre d'albumine (formule donnée page 231) exactement comme on étend le collodion et on en laisse écouler l'excès dans un flacon spécial. On emploie pour cet albuminage préalable le moins possible d'albumine, qui ne sert qu'à chasser l'excès d'eau, et que l'on jette ensuite. Après que la glace est bien égouttée on la recouvre de nouvelle albumine et cette fois l'excès d'albumine recueillie par l'égouttement de la glace peut servir au premier albuminage de la glace suivante. Les glaces sont placées sur des doubles de buvard, appuyées contre le mur et complètement séchées comme les glaces au tannin.

§ 305. Sensibilisation de l'albumine. — Les glaces préparées comme nous venons de le décrire se conservent indéfiniment. On les sensibilise quelques jours avant de s'en servir; elles conservent cette sensibilité pendant un an. On opère cette sensibilisation (dans l'obscurité bien entendu) en les plongeant *sans temps d'arrêt* dans un bain de :

Eau	100	cent. cubes.
Nitrate d'argent.	10	grammes.
Nitrate de soude	10	»
Acide acétique cristallisable	10	»

La durée de l'immersion ne doit pas dépasser vingt secondes. La glace retirée de ce bain est plongée dans l'eau distillée contenue dans une cuve en bois où elle séjourne dix minutes au moins, puis dans une cuve remplie d'eau ordinaire. Retirée, elle est abandonnée à la dessiccation, appuyée contre le mur, et dans l'obscurité la plus complète. On la conserve dans des boîtes à rainures pour s'en servir au besoin.

§ **306. L'exposition de la glace à la lumière.** — L'exposition de la glace à la lumière est un peu plus courte qu'avec l'albumine ordinaire et le développement se fait exactement comme celui du papier ciré et de l'albumine.

Ce procédé est, comme on le voit, d'une très-grande complication, aussi est-il presque généralement abandonné.

LIVRE III.

ÉPREUVES POSITIVES SUR PAPIER.

CHAPITRE I.

DU PAPIER ALBUMINÉ.

SECTION I. — ALBUMINAGE DU PAPIER.

§ **307. Choix du papier.** — Les papiers que l'on emploie aujourd'hui de préférence sont les papiers de MM. Blanchet et Kléber, à Angoulême, et de M. Steinbach, à Malmédy.

Le premier est le plus employé. Il est parfaitement exempt de ces taches de fer si abondantes dans les papiers ordinaires et qui se traduisent par de larges taches noires sur les épreuves positives.

Il n'est pas indifférent d'employer l'un ou l'autre côté de la feuille. On l'examinera donc préalablement à un jour frisant en choisissant le côté le plus uni, on marquera l'envers au crayon, puis on coupera de grandeur, si on le juge nécessaire, car ces feuilles ont ordinairement une assez grande dimension (45. cent. sur 55).

En moyenne, le papier positif doit être mince, surtout s'il est destiné à être albuminé. Les 480 feuilles (1 rame), de 45 cent. sur 55, pèseront 8 kilog., mais le papier de grand format doit être plus résistant, par conséquent plus épais, afin qu'il se déchire moins vite.

La qualité du papier brut a la plus grande influence sur la qualité du papier albuminé, sans que l'on sache déterminer à l'avance si le papier convient ou non à la production de bon papier albuminé.

§ **308. Influence de la proportion de sel.** — Plus la proportion de sel est forte dans le papier salé albuminé, plus ce papier est rapide à l'insolation, mais moins il donne d'opposition entre les noirs et les blancs de l'image.

Les fabricants de papier albuminé varient leur dosage de sel de 1 à 3 pour cent.

Le premier dosage produit des papiers albuminés *lents* à l'impression lumineuse, mais dont les images offrent beaucoup d'opposition. Ils conviennent surtout aux clichés très-peu intenses.

Le dosage à 3 pour cent produit des papiers beaucoup plus rapides, mais dont les images offrent moins d'opposition. Ils conviennent aux clichés plus intenses.

C'est ce dernier dosage qui est le plus employé par les fabricants de papier albuminé.

§ 309. Influence de la qualité de l'albumine. — Les papiers encollés à l'albumine récemment préparée sont exempts d'odeur animale, mais irréguliers dans le virage. Les papiers encollés avec la vieille albumine, ont une très-mauvaise odeur, mais virent très-régulièrement.

Voici comment se prépare l'albumine destinée à l'encollage du papier. L'albumine doit être préalablement battue en neige après que l'on y a ajouté un pour cent de sel marin en poudre fine. Après que celle-ci s'est changée en liquide, ce qui a lieu en une nuit, on décante le liquide clair, pour l'abandonner à lui-même 15 jours en été, le double en hiver, jusqu'à ce qu'il exhale une forte odeur animale. On filtre alors cette albumine à travers de la flanelle.

L'albumine doit être exempte de fibrine, ce que l'on reconnaît aisément au dépôt, qui s'y forme après un repos de quelques heures. Ce dépôt est causé par la fibrine qui produit des lignes rouges dans le sens de l'égouttement lorsque le papier albuminé est suspendu pour sécher.

Si le papier, avant d'être albuminé, est trop peu encollé, ces lignes se produisent si régulièrement, que tout le papier préparé après à l'albumine doit être mis au rebut. La quantité de l'encollage du papier a la plus grande influence sur la qualité du papier albuminé.

L'albumine pure communique au papier une surface très-luisante, que l'on peut rendre moins brillante en étendant préalablement l'albumine pure de plus ou moins d'eau salée à trois pour cent de sel marin. Veut-on donner une couleur *rose* au papier albuminé, on additionne l'albumine d'un peu de *fuchsine* (couleur rouge à l'aniline).

§ 310. Pinces américaines. — La pince à suspendre le papier (fig. 143) est formée par deux lames de bois réunies par une charnière, dont les extrémités inférieures arrondies sont maintenues serrées par un puissant ressort qui écarte les branches supérieures.

Il est bon de percer une des lames à sa partie supérieure et d'y introduire un fil de fer plié en S que l'on y fixe et qui fait corps avec la pince. La pince s'agrafe ainsi très-aisément sur la corde à laquelle on veut suspendre le papier.

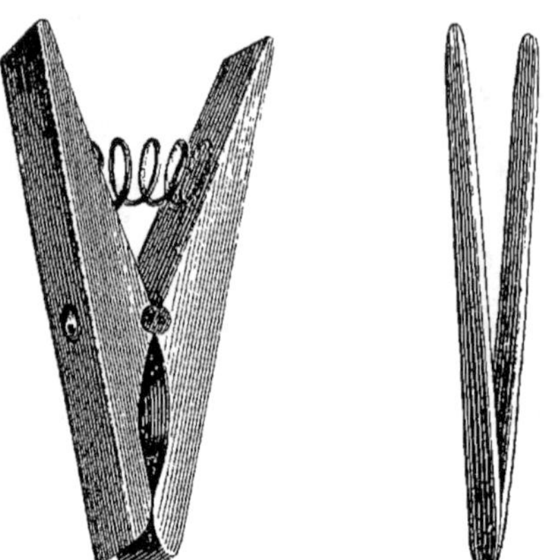

Fig. 143. — Pince à ressort.

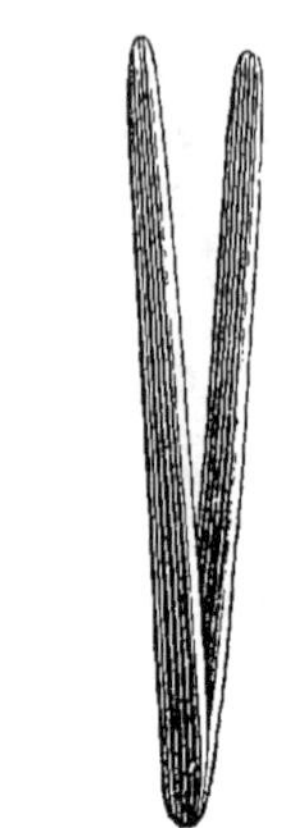

Fig 144. — Pince en buis.

Les pinces en buis (fig. 144) servent à manier les épreuves dans les bains et à éviter ainsi le contact des mains.

§ 311. **Albuminage du papier.** — L'albumine est versée lentement (en évitant les bulles) dans une cuvette en porcelaine ou en caoutchouc durci. Avant d'y étendre le papier, il faut toujours écrémer le bain en y passant, suivant toute sa largeur, une bande de papier buvard.

Le papier y est étendu de la manière suivante : on saisit les deux bords opposés de la feuille (fig. 145), dont on fait adhérer le milieu au liquide, tandis qu'on abaisse régulièrement ses deux bords, de

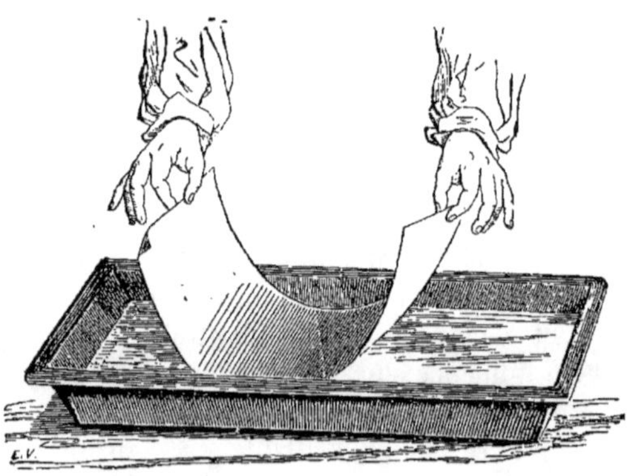

Fig. 145. — Salage du papier.

manière qu'en définitive le côté albuminé du papier flotte à la surface du liquide.

Après que le papier a séjourné sur ce bain quelques secondes, on en soulève un des angles à l'aide d'une lame plate de verre. L'on saisit cet angle entre le pouce et l'index et l'on soulève une moitié de la feuille pour détruire avec la lame de verre les bulles d'air qui pourraient s'être formées à sa surface. On abaisse alors la feuille, pour procéder de la même manière avec l'autre moitié de la feuille. Quand cette dernière est restée 5 minutes sur le bain, on introduit de nouveau la lame de verre sous l'un de ses angles que l'on soulève et auquel on attache une pince américaine à agrafe. Saisissant cette pince d'une main, on enlève la feuille jusqu'à ce que l'autre angle se soulève et on le saisit de l'autre main. On sort ainsi la feuille tout entière du bain, on la laisse égoutter, et on la suspend. Pour cela, on commence par agrafer la pince à une corde tendue, ce qui rend une main libre avec laquelle on prend une seconde pince américaine, pour attacher l'autre angle de la feuille. Les petites feuilles se suspendent par un seul angle.

Les feuilles sont ainsi albuminées les unes après les autres. L'albumine provenant de l'égouttement est recueillie dans des éprouvettes.

Il faut que le papier sèche dans une place bien ventilée, sans cependant produire des courants d'air sur les feuilles, sinon la couche d'albumine serait inégale. La température de la salle doit être de 10 à 15 degrés centigrades. Le papier une fois albuminé doit être conservé au moins un mois avant de l'employer, et dans des places plutôt humides que sèches.

§ 312. Conservation du papier dans les ateliers de photographie. — Le papier albuminé donne lieu, de la part des photographes, à des plaintes continuelles. Tantôt le papier ne veut pas *virer*, c'est-à-dire que les images ne prennent pas le ton violet qui leur est habituel; tantôt le papier en séchant, après la sensibilisation, se couvre complètement de *gouttelettes*, causant des taches nombreuses. C'est vers la fin de l'été que ces accidents se produisent le plus fréquemment.

Ce défaut tient à l'état physique de la couche d'albumine. Le papier, en effet, est généralement conservé par les marchands dans des places sèches. Les photographes eux-mêmes mettent la rame de papier qu'ils achètent chez le marchand dans le cabinet où ils sensibilisent leur papier, cabinet nécessairement chaud et sec. La couche d'albumine se dessèche alors, refuse de se mouiller sur le bain d'argent qui coule *en veines*, se réunissant en gouttelettes lorsqu'on suspend le papier pour le sécher. Le virage se fait aussi beaucoup plus difficilement.

Si ce défaut se produit, il faut mettre le papier dans une cave humide. Le lendemain, il aura repris ses propriétés habituelles.

SECTION II. — SENSIBILISATION ET INSOLATION DU PAPIER ALBUMINÉ.

§ **313. Sensibilisation sur le recto ou le verso.** — Si l'on sensibilise le papier sur le recto, c'est-à-dire sur le côté albuminé, les images ont le brillant qu'on leur connaît. Mais on peut aussi mettre le dos des feuilles, c'est-à-dire leur côté non albuminé, sur le bain d'argent, et alors l'image imprimée sur ce côté est mate et éminemment propre à être retouchée ou colorée à l'aquarelle, exactement comme si l'on se servait de papier salé ordinaire.

§ **314. Influence de la concentration du bain d'argent.** — Puisque le papier contient dans sa texture du sel marin et de l'albumine, il est clair qu'il prend au bain de nitrate d'argent une partie de ce métal, qui est transformé en chlorure et en albuminate d'argent. Dès lors le bain d'argent s'appauvrit par l'usage. De plus, la feuille s'imbibe de solution d'argent, elle diminue donc lentement le volume du bain.

C'est pour ce motif qu'il faut renforcer le bain d'argent au fur et à mesure que l'on s'en sert.

Depuis longtemps on a remarqué que la solution de nitrate d'argent doit être d'une certaine concentration, sinon que la couche d'albumine s'y dissolvait partiellement, en colorant le bain en rouge foncé, tout en le rendant épais comme du sirop. Dans ce cas, le bain d'argent est hors d'usage en deux ou trois jours.

Aussi faisait-on et fait-on encore les bains d'argent destinés à sensibiliser les papiers à un très-haut titre : 15 et 20 pour cent.

Si le bain d'argent est à un titre très-faible, il ne dissout pas forcément pour cela la couche d'albumine, cela n'a lieu qu'avec certaines variétés de papier. Mais souvent alors les images sont ternes et sans vigueur.

§ **315. Formule du bain d'argent sensibilisateur.**

Eau distillée	1 litre.
Nitrate d'argent	120 grammes.
Bicarbonate de soude	10 »

Le nitrate d'argent est dissous dans un demi-litre d'eau, le bicarbonate de soude dans le second demi-litre d'eau. On mélange alors les deux liquides dans un seul flacon, sans filtrer.

Il se forme dans le bain d'argent, au moment du mélange, un abondant précipité de carbonate d'argent, dont la présence préserve le bain de la coloration décrite à l'alinéa précédent.

Un autre avantage de ce bain, c'est d'être éminemment favorable à la production, au virage, de ces beaux tons rougeâtres pourprés que l'on a tant de peine à obtenir avec les bains d'argent neutres ou acidifiés par l'acide nitrique, tels qu'on les fait communément.

Ce bain ne peut pas être filtré. Il faut en décanter le matin *la partie claire* avec soin. Celle-ci toutefois peut être filtrée si on le juge convenable. Après le travail de la sensibilisation, le bain est reversé dans le flacon. Pour le maintenir au même titre, on y ajoute 2 grammes de nitrate d'argent par chaque feuille de 45ᶜ sur 55ᶜ qu'on y a sensibilisée. Le bain, après cette addition, est bien secoué, puis abandonné au repos absolu jusqu'au lendemain matin.

Si l'on séparait par filtration le précipité de carbonate d'argent qui doit toujours se trouver au fond du flacon, les propriétés clarifiantes de ce sel seraient enlevées et le bain ne tarderait pas à se colorer et à s'épaissir.

Au bout d'un certain temps, le bain s'épuise en volume, en même temps que ses qualités se perdent. Il faut alors l'acidifier par l'acide nitrique jusqu'à ce qu'il soit clair, le filtrer, et en précipiter l'argent par la méthode décrite page 59. Mais il est inutile de chercher à l'évaporer, à cause de la grande quantité de matière organique (provenant de l'albumine) qu'il contient.

§ **316. Méthode opératoire.** — La sensibilisation du papier doit nécessairement se faire dans l'obscurité, ou bien le soir, à la lumière d'une lampe ou de gaz. La lumière n'agit pas à beaucoup près aussi énergiquement sur le papier positif que sur les glaces au collodion sensibilisé; aussi est-il bon d'avoir une chambre *bien ventilée* spécialement destinée à la sensibilisation des papiers positifs.

Les carreaux des fenêtres de cette chambre seront garnis de papier jaune. Cette lumière n'affecte en rien le papier préparé.

Pour sensibiliser le papier, on le fait flotter *du côté albuminé*, pendant 3 ou 4 minutes sur le bain d'argent contenu dans une cuvette de porcelaine parfaitement nettoyée. Le papier y est placé exactement comme nous l'avons indiqué page 238. Seulement, quand on enlève la feuille, il faut le faire très-lentement, afin qu'il ne s'en égoutte presque rien.

Pour ne pas trop se tacher les doigts, et aussi pour éviter les taches qui se produiraient par le contact des pinces de suspension, il est bon de faire une corne à l'un des angles de la feuille. De cette façon, cet angle ne s'imbibe pas de nitrate, et l'on peut y saisir la feuille pour la suspendre. Cette suspension se fait avec la pince en bois ordinaire, en ayant soin de toujours attacher de petites bandelettes de papier aux angles qui égouttent. On recueille même ces gouttes de nitrate d'argent dans des éprouvettes, ou sur des feuilles de buvard, que l'on jette aux résidus quand elles se sont saturées de liquide argentifère.

La feuille sèche doit être employée le jour même, si on ne la conserve pas dans la *boîte à chlorure de calcium* (1). Sinon elle jaunit extrêmement vite, surtout en été.

---

(1) Cet appareil est dû à MM. Davanne et Girard, qui ont prouvé que le jaunissement des papiers a lieu dans une atmosphère humide, et non dans une atmosphère sèche. Il se compose d'une simple boîte en zinc (fig. 146) munie de son couvercle qui *ferme hermétiquement* à l'aide d'un large bord. Au fond de la boîte se trouve un plat en porcelaine, dans lequel on place le plus possible de fragments de *chlorure de calcium desséché*. Le milieu de la boîte de zinc présente un rebord sur lequel repose un cadre en bois très-léger. C'est sur ce cadre garni d'une toile que se placent les feuilles sensibilisées et sèches. Le couvercle est ensuite fermé.

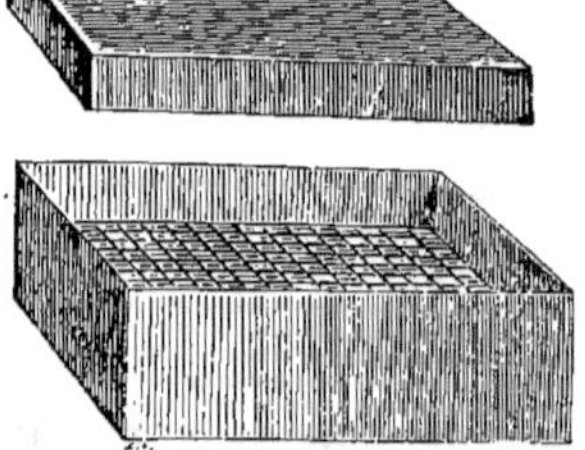

Fig. 146. — Appareil à conserver les papiers sensibilisés.

Le chlorure de calcium possède la propriété de tenir l'air de la boîte dans un état de sécheresse presque absolue en condensant continuellement l'humidité, aussi ce chlorure se couvre-t-il insensiblement d'une couche liquide. Chaque fois que l'on a besoin de quelques feuilles, le couvercle est enlevé; on en prend un certain nombre et l'on se hâte de le refermer hermétiquement, sinon le chlorure de calcium ne tarderait pas à se liquéfier complètement. Si l'on voit que le chlorure de calcium a pris beaucoup d'humidité, on l'enlève et on le place dans une étuve fortement chauffée, ou, au bout de quelques heures, il a repris sa sécheresse primitive. On voit que cette substance peut servir indéfiniment.

En voyage, il vaut mieux se servir de l'étui cylindrique de M. Marion (fig. 147). C'est un cylindre en zinc à couvercle, dans lequel se trouve un second cylindre en toile contenant le chlorure de calcium. Le cylindre desséchant sert à enrouler, d'abord une feuille de buvard, puis des feuilles sensibilisées. Le couvercle est ensuite ajusté, et, afin de rendre la fermeture encore plus complète, on adapte sur le joint un anneau plat de caoutchouc. Quand on a besoin d'une feuille on la prend rapidement, pour que le cylindre à chlorure ne prenne pas l'humidité. Si cela arrivait, on le dessécherait dans une étuve modérément chauffée; dans une étuve trop chaude la toile du cylindre roussirait. Cet appareil, clos par un anneau de caoutchouc, ferme bien mieux que la boîte carrée; aussi le papier salé sensibilisé s'y conserve-t-il un an et même davantage. Quant au papier albuminé sa conservation dans cette boîte ne dépasse pas quelques jours.

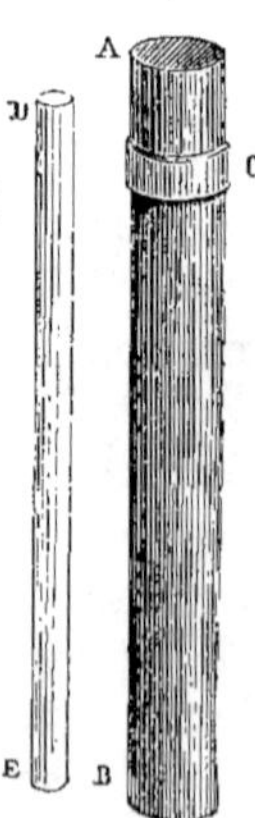

Fig. 147. — Cylindre Marion.

La boîte à chlorure de calcium sert aussi bien à conserver les épreuves insolées que les papiers qui n'ont point subi l'action de la lumière.

§ **317. Papiers sensibilisés se conservant indéfiniment.** — Ajoutez au bain d'argent autant de nitrate de magnésie que de nitrate d'argent, soit 12 pour cent. On le renforce, au fur et à mesure qu'on s'en sert, par l'addition de 2 grammes de nitrate d'argent par feuille de 45^c sur 55^c que l'on y a sensibilisée, sans l'additîonner de nitrate de magnésie.

Le papier sensibilisé sur un tel bain se conserve *très-bien* en restant parfaitement blanc.

§ **318. Fumigations ammoniacales.** (1). — Il est un fait remarquable, c'est qu'en se servant d'un bain d'argent à un titre très-faible, 5 pour cent, par exemple, et en fumigant les épreuves à l'ammoniaque, on obtient des résultats aussi bons qu'en se servant d'un bain à 15 ou 20 pour cent. Le papier fumigé est beaucoup plus sensible à la lumière, les noirs se métallisent plus vite, circonstance qui, on le sait, favorise singulièrement l'action du virage.

Ces vapeurs de l'ammoniaque s'obtiennent simplement en se servant de la liqueur connue sous le nom d'ammoniaque; mais comme ce liquide rend le papier *humide*, on lui substitue avec avantage le carbonate d'ammoniaque, réduit en menus fragments grands comme une noix, que l'on place sur une assiette plate. Ce sel dégage une forte odeur ammoniacale.

Le papier sensibilisé étant rigoureusement sec, doit être soumis aux vapeurs de ce sel.

Pour cela, on fait faire une grande boîte en bois de chêne, à porte latérale s'ouvrant comme une porte ordinaire. Sur le fond se place l'assiette couverte de sel ammoniacale. L'atmosphère et les parois de la boîte s'imprègnent de la vapeur ammoniacale, et il suffit d'y suspendre le papier pendant 5 minutes (la porte étant fermée) pour que l'action soit produite.

La fumigation ammoniacale n'est point nécessaire si l'on emploie la formule (à 12 pour cent) que nous avons donnée pour le bain d'argent. Mais cette fumigation rend positivement le virage plus facile, et il arrive fréquemment que certaines qualités de papier albuminé, qui refusent de virer, virent très-bien lorsqu'elles ont subi la fumigation ammoniacale.

Un papier fumigé jaunit plus vite qu'un papier sensibilisé ordinaire; aussi faut-il s'en servir rapidement.

---

(1) Il est probable que le chlorure d'argent contenu dans le papier sensibilisé est transformé par la fumigation ammoniacale en chlorure d'argent ammoniacal.

SECTION III. — INSOLATION DU PAPIER POSITIF.

§ **319. Châssis-presse.** — Le châssis-presse, aussi appelé ***châssis à reproduction***, sert au tirage des épreuves positives sur papier. Il se compose (fig. 148) d'un simple cadre en bois au fond duquel se trouve

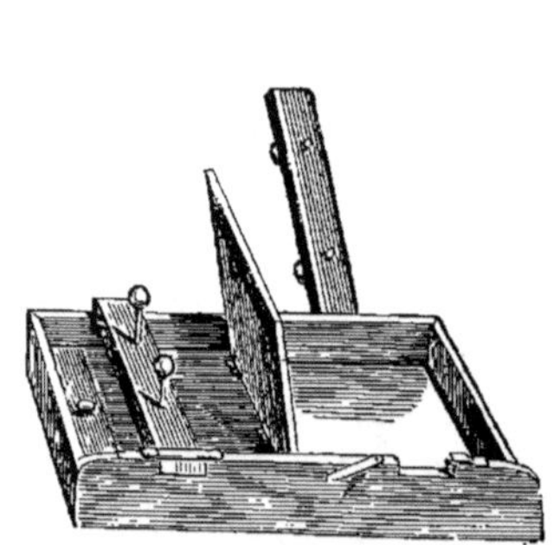

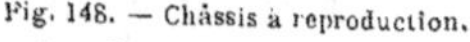

Fig. 148. — Châssis à reproduction.

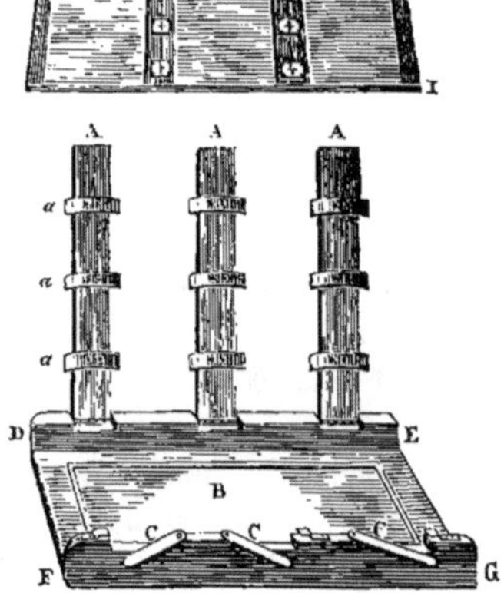

Fig. 149. — Châssis à reproduction.

une très-forte glace que l'on nettoie bien des deux côtés avant de s'en servir. Sur cette glace on met le négatif, la face non couverte de

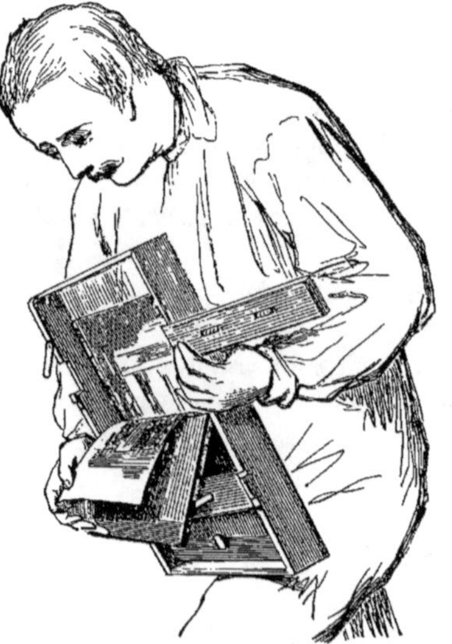

Fig. 150. — Examen du progrès de l'image positive.

collodion touchant la glace, tandis que le côté sensibilisé du papier se trouve en contact avec la couche de collodion.

Pour maintenir ce papier bien en contact avec la glace qui porte l'image, une planchette, susceptible de se plier en deux, est maintenue par des barres transversales à vis (fig. 148) ou à ressorts (fig. 149). Veut-on examiner l'effet de la lumière sur le papier, on ouvre l'une des barres transversales, et, en faisant plier la planchette, on soulève une moitié du papier et on l'examine comme le montre la figure 150.

Un excellent modèle de châssis à reproduction est représenté fig. 151. C'est un simple cadre ABCD, sur la planchette EE duquel se trouvent les ressorts *o*. La planchette repose sur le négatif et celui-ci sur la glace épaisse enchâssée dans le cadre. Sur ce cadre sont fixées deux pièces de bois SS qui servent d'attache aux fermoirs RR. C'est un modèle très-employé en Angleterre et réduit, comme on le voit, à sa plus simple expression.

Entre le papier et le bois de la planchette, l'on interpose toujours des doubles de papier buvard, ou du feutre épais sur les deux surfaces duquel on colle une feuille de papier, pour éviter les fragments de fil que le feutre abandonne si facilement.

On peut employer, pour égaliser la pression de la planchette, toute autre substance élastique, sauf toutefois le caoutchouc vulcanisé qui

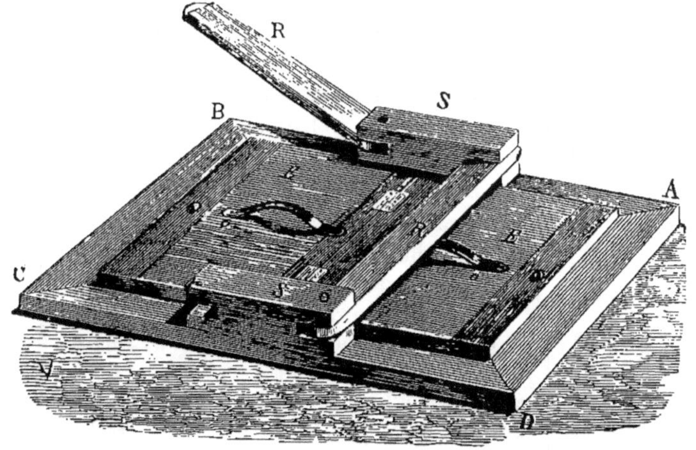

Fig. 151. — Châssis à reproduction anglais.

dégage du soufre. On sait, d'ailleurs, que les épreuves sulfurées s'effacent spontanément.

§ 320. Coloration du papier à la lumière. — Voici les couleurs successives que prend le papier albuminé sensibilisé sous l'influence de la lumière.

Bleu très-pâle, bleu pâle, bleu pourpre clair, pourpre foncé, noir, noir gris métallisé, noir olive.

On examine de temps à autre la venue de l'image dans le châssis-presse, ce dont on juge d'ailleurs approximativement par les bords du papier qui dépassent le négatif.

L'image doit être imprimée *un peu* plus vigoureuse qu'on ne la désire, le fixage et le virage enlevant une petite partie de son intensité.

§ **321. Exposition des châssis-presse à la lumière.** — Les châssis sont exposés au soleil ou à la lumière diffuse. Au soleil, on expose les clichés très-durs ; à l'ombre les clichés plus faibles. On couvre même les clichés très-légers d'une feuille de papier. Les photographes de profession se servent, pour l'exposition à la lumière de leurs châssis-presse, de galeries vitrées construites exprès pour cet objet.

§ **322. Vignettes à fonds dégradés.** — On connaît les portraits dits à fond blanc. On les obtient à l'aide de verres jaunes à fond incolore (fig. 152) qui, placés extérieurement sur le châssis-presse, empêchent la lumière d'imprimer le négatif ailleurs qu'au centre. Il en résulte, autour du portrait, un fond blanc qui fait un fort bel effet.

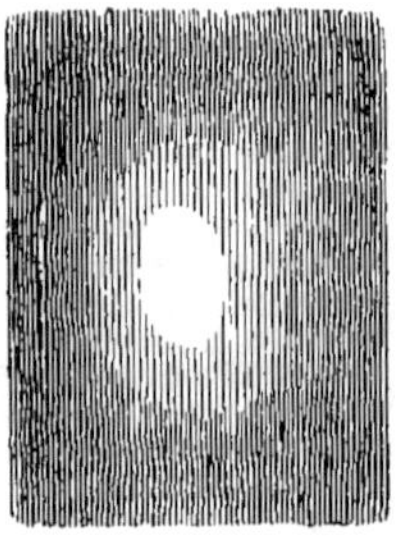

Fig. 152. — Verre jaune à fond dégradé.

Pour se servir des verres jaunes à fond dégradé, on découpe dans un carton un peu plus épais que le verre jaune, un trou rectangulaire dans lequel il entre. On l'y colle avec du papier et on le fixe à l'extérieur du châssis à reproduction.

La plupart des photographes ont abandonné l'usage du verre jaune à fond incolore pour le remplacer par un papier épais dans lequel on coupe un ovale à bords dentelés (fig. 153).

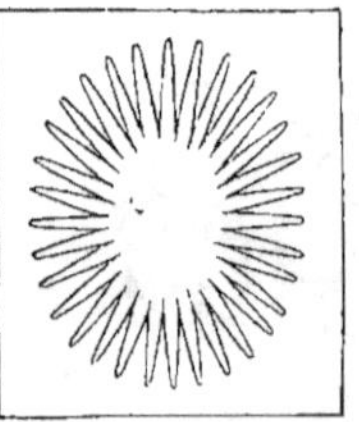

Fig. 153.

Cet ovale se place sur le châssis à reproduction étendu horizontalement. On le maintient, soit avec des bandelettes de papier gommé, soit avec deux lames de plomb. La lumière passe à travers le trou du papier découpé et la glace épaisse du châssis et produit sur le papier positif un très-joli effet dégradé. Mais il est nécessaire de retourner fréquemment le châssis, parce que la lumière est toujours plus forte dans une direction que dans une autre.

§ **323. Recommandations diverses.** — Quand un cliché est récemment verni, n'en tirez pas immédiatement une épreuve *par un soleil ardent.* Si bon que soit le vernis, il colle toujours un peu quand il est récemment appliqué. Au lieu d'exposer au soleil direct, exposez à la lumière diffuse, ou bien recouvrez le châssis d'une feuille de papier blanc.

Le papier positif doit être parfaitement sec pour tirer une épreuve positive, sinon, sous l'influence du soleil, l'humidité sort de ses fibres, se condense sur la couche, et le nitrate d'argent du papier ne tarde pas à noircir le cliché. Quand on les voit à temps, ces taches peuvent encore s'enlever avec le cyanure de potassium; mais il faut, pour cela être très-adroit et très-prudent.

Jamais on ne doit laisser le contact entre le positif et le négatif se prolonger la nuit. L'abaissement de température condense l'humidité sur le cliché comme dans le cas précédent.

Le papier albuminé exige un surcroît de précautions; il colle plus facilement au cliché et se tache aux endroits où on le touche. On le maniera seulement par les bords.

Nous avons vu que l'on pouvait préparer une grande quantité de papier positif à la fois, à condition de le tenir renfermé dans des boîtes à chlorure de calcium. Il ne faut pas ouvrir ces boîtes à tout propos, mais en enlever assez de papier pour le travail du jour et celui du lendemain. On conçoit, en effet, que les papiers contenus dans la boîte reprendraient vite leur humidité naturelle et ne tarderaient pas à noircir spontanément malgré la présence du chlorure desséchant.

Nous avons toujours supposé que le tirage des épreuves positives s'effectuait d'après des négatifs sur verre, mais on opérerait exactement de la même manière d'après des négatifs sur papier.

Il ne faut jamais interposer de feuille de papier ciré ou huilé entre le négatif et le papier positif, dans le but de protéger le négatif du contact du nitrate d'argent du papier positif, parce que la netteté de l'épreuve en serait fortement altérée, surtout si l'impression se fait à la lumière diffuse.

Il est facile de produire sur l'épreuve positive un effet de nuages artificiel. Pour cela on peint, non sur la couche, mais sur l'autre côté de la glace, l'effet de nuages désiré.

SECTION IV. — VIRAGE ET FIXAGE.

§ **324. Lavage préalable.** — La plupart des photographes virent les épreuves vers le soir, alors que le jour commence à baisser. — Le virage et le fixage doivent se faire dans une place très-peu éclairée, mais non obscurcie par des verres jaunes, car alors l'on ne peut bien juger de la couleur des épreuves virées.

Les épreuves sont immergées au nombre de trente ou quarante dans un bain d'eau de pluie filtrée, où on les laisse cinq minutes au plus. Cette eau est alors versée aux résidus. Les épreuves sont ensuite passées dans une seconde eau et immédiatement virées.

Si l'on n'a pas d'eau de pluie filtrée à sa disposition, on se servira d'eau distillée. Mais si l'on est obligé d'avoir recours à des eaux dures, il faut tirer les images positives plus noires dans les châssis-presse, parce qu'elles perdent alors davantage au virage et au fixage. Il faut de plus *les brosser* dans l'eau une à une, en passant deux ou trois fois une brosse dure à leur surface.

Il n'est pas absolument indispensable que les épreuves soient lavées avant le virage. On pourrait les virer aussi directement sans les laver préalablement. Il y a plus : en lavant les épreuves très-peu de temps avant le virage, de manière qu'elles contiennent encore une partie de leur nitrate d'argent, elles virent généralement mieux et plus vite.

§ 325. Virage à l'acétate de soude et au borax.

I.	Eau distillée	4 litres(1).
	Chlorure d'or	1 gramme.
	Acétate de soude (fondu ou cristallisé) .	30 »
II.	Borax fondu en poudre.	8 grammes.
	Chlorure d'or	1 »
	Eau distillée	2 litres.

Le virage à l'acétate de soude donne des tons *rouges*, le virage au borax des tons rouges un peu plus pourprés.

Comme ce sont ces deux formules, qui, à notre avis, donnent les plus beaux tons, surtout la première, nous allons décrire minutieusement la meilleure manière de les préparer.

Pour ne pas devoir peser à chaque instant l'or et l'acétate de soude, on commence par préparer les solutions titrées d'or dont nous avons donné les formules page 71. Pour notre usage, nous nous servons toujours de chlorure d'or et de potassium que nous dissolvons à raison de 10 grammes dans un demi-litre d'eau distillée, de manière que chaque centimètre cube de ce liquide contienne 2 centigrammes d'or métallique.

L'acétate de soude *fondu* ayant une réaction alcaline donne des tons *bleus* au virage. Voilà pourquoi nous lui préférons l'acétate cristallisé très-pur. Nous dissolvons ce sel à raison de 300 grammes dans l'eau, de manière que la solution occupe *un litre*. Alors 100 cent. cubes contiennent les 30 grammes prescrits par notre formule.

(1) Il faut 4 litres en été et 2 en hiver. La température du bain doit être de 15 à 20° . En hiver donc, il faut le chauffer légèrement.

D'ordinaire, nous préparons une troisième solution, composée de 20 grammes de bicarbonate de soude dissous dans un litre d'eau.

Voici dès lors la formule avec les solutions filtrées.

Eau distillée	2 litres.
Solution d'acétate de soude	100 cent. cubes.
Solution d'or	50 »
Solution de bicarbonate de soude .	1 à 20 »

Ce bain doit être préparé le matin, si l'on veut s'en servir le soir. Il a, au commencement, une teinte jaune, et, si l'on s'en servait en cet état, il *rongerait* fortement les épreuves. Mais il se décolore bientôt entièrement, et dès lors il est prêt à l'usage.

Après le virage, on remet le bain dans un flacon spécial, sans jamais le filtrer, et on lui ajoute *un* centimètre cube de la solution aurifère par feuille entière de 44 sur 55 centimètres que l'on y a virée (1).

L'addition du bicarbonate de soude au bain a pour but l'obtention de tons bleuâtres. Si l'on n'ajoute qu'un centimètre cube, le ton des épreuves virées est d'un beau rouge, très-légèrement pourpré. Si l'on augmente la dose de soude, le ton devient plus bleu.

Le borax fait un excellent bain de virage. Il donne un ton rouge violet particulier, très-beau avec certains papiers albuminés. *Le benzoate de soude* (Carea-Lea) donne des tons analogues.

Il arrive quelquefois (surtout avec l'acétate de soude fondu) que l'or se précipite spontanément du bain de virage sous forme de poudre violette et cela en quelques heures. C'est une preuve que l'acétate de soude contient des matières organiques.

Cet effet se produit toujours au bout d'un temps fort long, variable de 1 à 4 semaines, aussi ne faut-il pas préparer trop longtemps le bain de virage à l'avance.

§ **326. Méthode opératoire.** — Les épreuves sont enlevées en certain nombre (mélange de certains formats) et immergées très-rapidement l'une après l'autre dans le bain de virage contenu dans une cuvette en porcelaine. On agite fréquemment la cuvette afin que les épreuves *nagent* librement dans le liquide, dont on surveille attentivement l'action.

L'épreuve passe lentement au bleu et au noir. Si on arrête l'action du bain au bout de une à deux minutes, l'épreuve achevée sera rouge brique. Au bout de quatre minutes, elle sera d'un rouge

---

(1) Chaque feuille entière de $44^c \times 57^c$ absorbe à peu près 2 centigrammes d'or métallique pour le virage rouge violet, et un peu plus pour le virage au bleu ardoise.

violacé; au bout de sept à huit minutes, d'un pourpre foncé; plus longtemps enfin, d'un ton noir froid. Mais la durée du virage est très-différente suivant la température du bain, la provenance et l'épaisseur du papier, etc., de sorte que c'est à la pratique seule de la préciser.

Dès que l'épreuve a atteint le ton voulu, on la met dans un baquet d'eau placé à la droite de l'opérateur. Un aide l'enlève *immédiatement* (sinon elle continue de virer) et l'immerge dans le fixateur.

§ **327. Considérations pratiques sur les virages.** — Une condition commune à tous les bains de virage est leur décoloration. Un bain coloré en jaune, tel qu'on l'obtient au moment de sa préparation, agit comme une simple solution de chlorure d'or, c'est-à-dire en rongeant les épreuves.

La température des bains de virage doit être comprise entre 15 et 20°. Quand il fait très-froid, les bains virent très-lentement. En les chauffant, on leur rend leur qualité virante, et il est remarquable qu'un bain qui ne vire plus du tout à la température ordinaire, vire au contraire très-bien encore quand on le chauffe à 35°.

Evitez surtout, lorsque vous virez, le contact de l'hyposulfite, car vous occasionneriez sur les épreuves des taches jaunes irréparables.

Les épreuves, pour bien virer, doivent être dans un mouvement continuel au sein du bain. Si ces épreuves sont grandes, n'en immergez qu'une à la fois dans la cuvette et tenez celle-ci en mouvement continuel, afin que le liquide coure à la surface de l'épreuve.

Les fonds blancs virent plus vite que les fonds ordinaires. Cela semble invraisemblable, mais c'est un fait constaté.

Une épreuve qui *vire bien* devient bleu par transparence. Si elle reste *rouge,* elle dévirera fortement dans l'hyposulfite. Une épreuve qui vire difficilement est toujours terne.

Il n'est pas absolument nécessaire de laver fortement l'épreuve *avant* le virage, mais il est bon de le faire. Avec l'acétate de soude, ce lavage peut se faire rapidement, il semble même que l'épreuve vire mieux quand le nitrate d'argent n'est pas complètement enlevé de sa surface.

Plus une épreuve a des noirs métallisés et plus elle vire bien.

SECTION V. — FIXAGE ET LAVAGE DES ÉPREUVES.

§ **328. Fixage.** — Préparez la solution suivante :

Eau	4 litres.
Hyposulfite de soude	1 kilogr.

Versez-la dans une cuvette, immergez-y les épreuves *une à une,* et pas en trop grand nombre, et laissez-les y de 10 à 15 minutes. Elles y ***dévirent*** comme on dit, c'est-à-dire que leur teinte bleue passe au rouge. D'ailleurs, en séchant, l'épreuve change encore de couleur.

Un kilogramme d'hyposulfite de soude ne doit pas servir à fixer plus de 20 épreuves de 44 × 57, ou un nombre de petites épreuves équivalant à cette surface, sinon les épreuves seraient sujettes à jaunir sous l'influence subséquente de l'air et de la lumière.

L'épreuve imparfaitement fixée, examinée par transparence, contre le jour, laisse apercevoir un poivré général dans les blancs. Il ne faut enlever la feuille du bain fixateur que lorsque ce caractère a disparu.

§ **329. Lavage des épreuves.** — L'expérience a appris combien il est difficile d'enlever des épreuves positives sur papier, les dernières traces d'hyposulfite ayant servi à les fixer. Parmi les nombreuses méthodes proposées pour effectuer l'enlèvement complet de ce sel (dont la présence a, comme on sait, pour effet la destruction lente de l'épreuve qui passe au jaune), nous citerons :

1° Le lavage mécanique de l'épreuve, à l'aide d'eau qui tombe en pluie continue de 1 ou 2 mètres de haut sur les épreuves placées à plat sur un châssis rentoilé (toile à larges mailles). Par ce procédé, l'eau pénètre mécaniquement le papier et en chasse l'hyposulfite en moins d'un quart d'heure ;

2° Le moyen ordinaire qui consiste à immerger les épreuves dans une grande cuve remplie d'eau en communication avec le robinet d'une fontaine qui donne pendant huit ou dix heures un courant d'eau continu. Après quoi, les épreuves sont séchées par suspension.

§ **330. Montage de l'épreuve.** — L'épreuve positive bien sèche est placée à plat sur une table, recouverte d'une glace calibrée (ovale, carrée, ou de toute autre forme) et découpée avec un canif, ou contournée avec un crayon et découpée à l'aide d'une paire de ciseaux.

On l'enduit par derrière de colle à l'amidon [1], puis on l'applique

---

(1) *Colle d'amidon.* — L'amidon est de toutes les substances connues celle dont

sur le bristol, sur lequel on la laisse sécher pour la passer alors à travers le cylindre à satiner, dont nous parlons ci-après.

§ **331. Cylindre à satiner.** — Le cylindre à satiner est représenté fig. 154. Cet appareil est composé d'un cylindre de fer aciéré dont les extrémités sont mobiles dans un sens verticical.

L'autre partie de l'appareil se compose d'une plaque d'acier poli, qui reçoit un mouvement de va-et-vient d'une roue à dents commandée

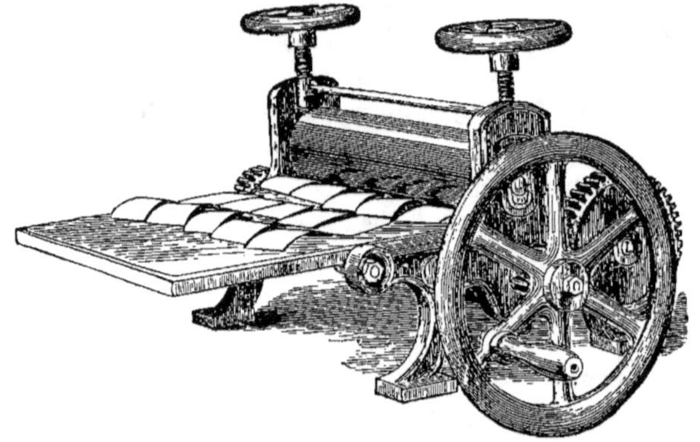

Fig. 154. — Modèle de presse à satiner.

par une roue plus petite, mue à son tour par un volant. Au-dessus de la plaque d'acier, il y a un cylindre en fer de fonte sous lequel elle passe.

---

l'usage semble le plus favorable pour le montage des épreuves. La gomme arabique et la dextrine sont sujettes à surir, à cause du sucre de glucose qu'elles contiennent toujours, et causent alors l'altération de l'épreuve positive, surtout dans les endroits humides. La gélatine n'est pas meilleure.

L'amidon de blé, de pommes de terre, de riz peut être employé pour la colle. Pour le mettre en empois, on commence par le mélanger intimement avec un peu d'eau froide dans un mortier de porcelaine, on le pulvérise avec un pilon de manière à en obtenir une masse pâteuse homogène, après y avoir ajouté 1/10e du poids de l'amidon d'alun en poudre, puis on verse peu à peu cette pâte dans l'eau bouillante, en remuant constamment, jusqu'à ce que l'empois ait la consistance voulue.

Pour le préserver de la fermentation on lui ajoute, par litre, 10 gouttes d'une solution de 1 partie d'acide phénique dans 10 d'eau.

Veut-on augmenter considérablement les propriétés adhésives de cette colle, la formule suivante est à recommander. Dans un litre d'eau dissolvez 100 grammes de gomme arabique, portez le liquide à l'ébullition, ajoutez-y de la pâte froide d'amidon pour lui donner la consistance voulue, et puis ajoutez l'acide phénique. C'est donc la même pâte que la précédente, mais à laquelle on a ajouté de la gomme arabique.

Lorsqu'on fait usage de la colle d'amidon, il faut toujours vérifier si elle n'est pas acide, en y trempant un papier bleu de tournesol. Si elle l'est, il est indispensable de lui ajouter de l'ammoniaque jusqu'à réaction alcaline.

Sur cette plaque d'acier on dispose, comme le montre notre figure, les épreuves à satiner. Serrant les vis, puis, communiquant le mouvement, la plaque d'acier se meut en faisant tourner le cylindre. Une pression considérable est exercée ainsi uniformément sur toute la surface des épreuves, et après deux ou trois mouvements de va-et-vient, on serre un peu plus le cylindre contre la plaque d'acier et on recommence.

Quand on veut satiner très-fortement une épreuve, il est bon de commencer par une faible pression, en l'augmentant chaque fois d'un peu. On atteindra ainsi un glaçage beaucoup plus puissant qu'en serrant fortement les vis de prime abord.

Quand on ne se sert pas constamment de la presse, il est bon de desserrer les vis de pression, qui font appuyer le cylindre contre la plaque d'acier, afin de dégager le cylindre et d'annuler la forte pression exercée sur la plaque d'acier.

§ 332. **Satinage à chaud.** — On fait aujourd'hui des cylindres à satiner à chaud. Il en existe de divers modèles. Celui de M. Entrekin, de New-York, semble le meilleur. Celui de M. Werton est également fort apprécié.

La plaque est en acier poli et fixe. L'image est entraînée par un rouleau sur un couteau poli fortement chauffé. Elle acquiert ainsi un brillant beaucoup plus grand qu'à l'aide de la presse à satiner ordinaire. Mais, pour bien réussir, il faut que les images soient faites sur papier fortement albuminé.

§ 333. **Retouche des épreuves positives.** — Après le cylindrage de l'épreuve, il faut boucher les petites taches accidentelles de l'image et souvent procédér à une retouche complète. Il est nécessaire, pour que le pinceau prenne sur la couche d'albumine, de dépolir celle-ci. Pour cela, on gratte, à l'aide d'un canif, un *os de sèche* (que l'on trouve chez tous les marchands d'objets spéciaux à la peinture), de manière à obtenir quelques pincées de poudre blanche. A l'aide d'un tampon sec on frotte fortement cette poudre sur la surface de l'image, qui se dépolit.

On peut maintenant la retoucher et même l'enluminer avec des couleurs liquides à l'aniline ou à l'albumine. En tous cas, la retouche des trous blancs est toujours indispensable.

§ 334. **Vernissage à l'encaustique.** — Quand bien même les épreuves ne devraient pas être retouchées, encore faudrait-il les frotter à la poudre d'os de sèche, pour enlever une espèce de voile qui couvre *toujours* les épreuves positives sur papier albuminé.

Après cela on les frottes vivement (quelques secondes seulement) à l'aide d'un tampon de flanelle très-légèrement recouvert d'encaustique à la cire (1). Tout de suite les épreuves prennent un certain brillant, qui devient encore plus beau par le frottement à sec avec un second morceau de flanelle neuve.

De cette façon, non-seulement la retouche ne s'enlève plus, mais les épreuves ont un beaucoup plus bel aspect que celles qui n'ont pas subi cette opération.

§ **335. Émaillage des épreuves.** — Prenez une glace bien nettoyée, cirez-la (2) et couvrez-la du collodion mince suivant :

Ether.	1/2 litre.
Alcool	1/2 »
Pyroxyline	4 grammes.

Laissez sécher *complètement* la couche, sans plonger la glace dans l'eau, ce qui prend généralement deux heures.

D'un autre côté, dans 3/4 de litre d'eau (750 cent. cubes), mettez à tremper 100 grammes de gélatine, et, au bout d'une heure, chauffez le liquide au bain-marie à 40 degrés centigrades.

Dans 250 cent. cubes d'eau chaude, dissolvez 1 1/2 gramme d'alun de chrome en poudre, et versez cette solution lentement dans la gélatine fondue en agitant bien avec un tube de verre. Filtrez-le tout à travers une très-fine mousseline dans une cuvette, en zinc, placée elle-même dans l'eau tiède. Enlevez les bulles avec une bande de papier que vous passez une ou deux fois à la surface du liquide.

Trempez dans la gélatine chaude la glace, les épreuves (3) (dont la surface totale doit être égale à celle de la glace) puis, enfin, une ou plusieurs feuilles de papier de la dimension de la glace.

On retire d'abord la glace, puis les épreuves que l'on arrange à sa surface les unes à côté des autres, l'image étant évidemment en contact avec la glace, puis on retire une feuille de papier du bain de gélatine, on la place au-dessus des épreuves et on presse fortement une raclette de caoutchouc à sa surface de manière à chasser complètement l'excès de gélatine. Désire-t-on faire carton sur les épreuves on met de la même manière plusieurs feuilles de papier. Mais dans ce cas la dernière feuille doit être plus grande que la glace et il faut, en

(1) Mélange fait à chaud de cire blanche, d'essence de térébenthine et d'essence de lavande. Il se prend en masse par le refroidissement, offrant un aspect moyen entre le suif et la cire.

(2) Comme il est indiqué à l'article cirage de la glace double-transfert, procédé au charbon.

(3) Qu'elles soient sur albumine, sur papier salé, sur charbon, gravures, héliotypies, etc. en un mot : des épreuves quelconques.

rabattre les bords sur l'envers de la glace, car sans cette précaution, quand les papiers sèchent, il se décollent sur les bords et l'on n'a plus des épreuves ayant un complet brillant.

Les papiers étant ainsi collés sur les épreuves, la glace est séchée lentement, et cela prend parfois plusieurs jours. Si on essayait de détacher avant complète dessiccation, l'on n'aurait qu'un demi-brillant, et il arriverait même qu'on ne parviendrait pas à détacher les épreuves de la glace. Quand, au contraire, la dessiccation est complète, il suffit, pour enlever l'épreuve, d'en inciser les bords et de passer le canif entre la glace et le papier. L'épreuve doit s'enlever d'elle-même et brusquement. Elle est alors très-brillante et a énormément gagné en vigueur.

§ **336. Cartes-camées.** — Ce sont des cartes ordinaires rendues brillantes par le procédé décrit à l'alinéa précédent, et puis pressées, de manière qu'elles offrent sur une partie plus ou moins grande de leur surface centrale un relief semblable à celui d'un camée.

Pour obtenir ces camées, on se sert d'un double bloc en bois dur à charnières, s'ouvrant comme un livre. Une partie de ce bloc offre le camée en creux, l'autre en relief. Les surfaces de contact se font quelquefois en cuivre. L'épreuve, placée dans ce bloc, est soumise à la pression dans une presse (copie de lettres), et y prend le relief désiré.

CHAPITRE II.

PAPIER SALÉ PAR NOIRCISSEMENT DIRECT ET DÉVELOPPEMENT.

SECTION I. — PAPIER SALÉ ORDINAIRE.

§ **337. Papier salé simple, à l'arrow-root, etc.** — Le papier salé ordinaire se prépare de la façon suivante. On choisit le côté le plus brillant du papier en l'examinant à un jour frisant. On marque l'envers au crayon. Puis le papier est mis à flotter pendant 5 minutes à la surface du bain suivant :

I)	Eau	1 litre.
	Chlorure de sodium	20 grammes.
	Citrate de soude	20 »

Le papier est séché par suspension, après quoi il est placé dans des portefeuilles. Il se conserve plusieurs années sans altération.

§ **338. Papier à l'arrow-root.** — 20 grammes d'arrow-root

sont broyés avec un peu d'eau dans un mortier et versés dans un litre de solution N° 1 (alinéa précédent), filtrée et bouillante.

La masse arrive à l'état d'empois épais qu'il faut étendre sur le papier. Pour cela, la feuille est placée horizontalement, et on y passe au pinceau deux couches d'empois chaud, l'une dans le sens de la longueur, l'autre dans le sens de la largeur de la feuille.

A l'aide d'une touffe de coton que l'on frotte toujours en petits cercles à la surface du papier, on égalise la couche, sinon elle serait entièrement remplie de stries. Il faut frotter jusqu'à sec, ce qui dure de 5 à 10 minutes pour une feuille de 44 cent. sur 57.

La feuille est alors suspendue, pour sécher complètement, et l'envers (non préparé) marqué au crayon. On peut préparer un grand nombre de feuilles l'une après l'autre, car elles se conservent sans altération.

Quant aux détails concernant la sensibilisation, le virage, etc., on les trouvera dans la section suivante.

SECTION II. — PAPIER NITRO-GLUCOSE.

§ 339. Avantages du papier nitro-glucose. — L'invention de ce procédé est due à l'auteur de cet ouvrage : il en a publié la première description en 1865 à la Société française de photographie.

Le papier nitro-glucose a sur les papiers salés ordinaires un très-grand avantage. C'est qu'on peut arrêter l'insolation à un moment quelconque de sa période, en continuant l'épreuve par développement. Pourvu que l'image soit légèrement visible sur le papier, elle peut être entièrement développée, et sans difficulté. L'épreuve développée est aussi belle de ton que les épreuves obtenues sur les beaux papiers salés.

Nous avons déjà parlé du nitro-glucose page 82. Pour préparer les papiers on dissout 50 grammes de nitro-glucose dans un litre d'alcool. La solution est abandonnée 2 ou 3 mois à elle-même dans une étuve chauffée à 30°, jusqu'à ce qu'elle précipite abondamment le nitrate d'argent, ce que l'on essaie préalablement dans une éprouvette.

Les papiers sont immergés dans cette solution alcoolique. On les y laisse une minute, puis on les sèche par suspension.

§ 340. Salage. — Le salage s'opère à l'aide de la formule indiquée page précédente. Mais nous le faisons en *immergeant* un grand nombre de feuilles dans le bain, afin qu'elles soient bien pénétrées par le liquide. Malgré cela, l'image est tout à fait à la surface des papiers, et non dans leur texture. Le salage des deux côtés donne plus de profondeur aux images, rend le papier plus sensible à la lumière, parce qu'il contient une plus grande quantité de sels, et n'expose pas l'opérateur à se tromper, s'il a oublié de marquer l'envers au crayon, comme cela a lieu dans les procédés ordinaires.

§ **341. Méthode de sensibilisation.** — La sensibilisation des feuilles entières de 45 cent. sur 55, s'opère dans des cuvettes ordinaires. Mais la sensibilisation des feuilles de 90 cent. sur 132, ou de 132 cent. sur 2 mètres, telles que celles que nous préparons fréquemment, se fait plus commodément à l'aide du procédé suivant.

La cuvette, au lieu de se trouver comme à l'ordinaire, sur une table horizontale, est placée sur deux pivots (fig. 155) supportés par un pied en bois. Sur le côté, se trouve un châssis sur lequel repose la cuvette lorsqu'on l'incline. Alors tout le liquide s'amasse de ce côté. Du côté opposé, se trouve un châssis semblable, mais qui n'est pas représenté sur la figure.

Cette cuvette, fond et parois, est en glaces brutes non polies. Ces glaces sont enchâssées dans un fort cadre de bois sur lequel on les colle avec de la glu marine.

Un trou, fermé par un bouchon de verre, est percé sur la glace du fond, à un de ses angles, pour permettre au liquide de s'écouler, après qu'on s'en est servi.

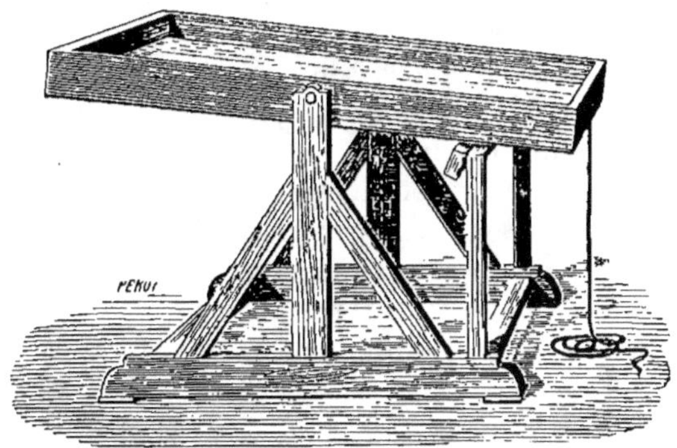

Fig 155. — Cuvette pivotante pour les feuilles de grande dimension.

Avant de sensibiliser une grande feuille, nous en faisons un rouleau de 5 cent. de diamètre; puis, ce rouleau est pris vers le milieu dans les deux mains, et immergé dans le bain amassé sur le côté de la cuvette légèrement inclinée. Une fois immergé, nous déroulons le papier au sein du liquide même. On fait cette opération très-aisément seul; au besoin on peut se faire assister par un aide.

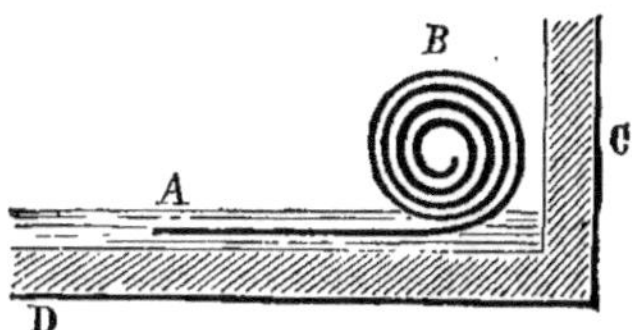

Fig. 156.

Les bulles ne peuvent pas se former, puisque l'on déroule le papier dans le liquide même. Il est bon, si la feuille est de très-grande dimension, d'incliner *à peine* la cuvette CD, de sorte à n'immerger que la partie inférieure du rouleau B, dont l'extrémité A est constamment poussée en avant par une brosse tenue de la main droite, alors qu'on favorise le déroulement du rouleau B en le tournant de la main gauche dans un sens convenable.

En opérant comme nous venons de le décrire, un bain d'argent n'occupant dans la cuvette qu'un demi-centimètre de hauteur est suffisant. Une fois que la feuille est immergée, et cela doit durer tout au plus 20 secondes pour une feuille de 120 centimètres sur 135, on imprime à la cuvette un très-léger mouvement de bascule. Il se forme ainsi de petites vagues qui enlèvent toutes les bulles, et qui empêchent le papier de se trouver quelque part à sec, ce qui produirait évidemment des taches.

Quand le papier a séjourné 5 minutes dans le bain, il s'agit de l'enlever. Si l'on s'y prenait de la manière ordinaire, en enlevant la feuille par ses angles, on risquerait fort qu'elle ne retombe par son poids en se déchirant.

Mais on applique une règle de bois sur un des bords de la feuille qu'on replie autour de la règle. Elle y adhère, dès qu'on l'enlève prudemment du bain. Une fois hors du bain, règle et bord de la feuille adhèrent fortement, et on peut soulever *seul* et sans aide toute la feuille sans risque de la déchirer. On serre la règle entre deux pinces américaines et on la suspend pour sécher.

Pour les feuilles de 120 cent. sur 135, la règle aura une longueur de 125 centimètres, une largeur de 2 centimètres et une épaisseur de 8 millimètres.

Les opérations qui se font dans la cuvette de verre sont celles de la sensibilisation, du développement et du virage. Mais jamais cette cuvette ne doit servir au bain d'hyposulfite de soude, ni à laver les épreuves après le fixage.

§ 342. Bain sensibilisateur.

Eau distillée.	5 litres.
Nitrate d'argent	250 à 400 grammes.
Acide citrique	20 »

Ce bain d'argent est, comme on le voit, fortement acide. En tous cas, l'acide citrique ne peut pas se remplacer par l'acide acétique, sinon le liquide coulerait en veines grasses sur le papier. De là des taches irréparables.

Il se précipite lentement au fond du flacon contenant ce bain, un corps gommeux contenant de l'argent. Aussi faut-il lui ajouter de temps à autre, au fur et à mesure qu'on s'en sert et qu'il s'épuise, 50 grammes de nitrate d'argent et 10 d'acide citrique.

§ **343. Conservation du papier nitro-glucose.** — Quand le papier est *complètement sec*, on le roule et on le met dans un cylindre fermé en carton. Il se conserve très-bien 3 jours en été et 15 jours en hiver.

Il faut éviter de toucher le papier sensibilisé, parce que, si les mains ne sont pas très-sèches, elles laissent une tache qui se traduirait, plus tard, en noir sur l'image.

§ **344. Insolation.** — Le papier nitro-glucose peut donner des images par noircissement direct, soit dans le châssis-presse, soit dans l'appareil solaire à agrandissements.

Mais on peut encore, dès que l'image est légèrement visible à la surface du papier, arrêter l'insolation et procéder par voie de développement.

La première méthode est évidemment la meilleure, puisqu'elle est la plus directe.

Le papier nitro-glucose n'a pas d'envers; on peut donc imprimer l'image sur tel côté de la feuille que l'on désire.

Ce papier exige des clichés plus durs (mais pas voilés, cependant) que le papier albuminé pour le tirage ordinaire ou les agrandissements, sinon les épreuves seraient grises, ternes et sans vigueur. Mais il a, pour les clichés durs, un avantage immense sur le papier albuminé : c'est de ne pas se solariser.

On sait, en effet, que si un cliché est dur, l'épreuve sur papier albuminé est dure aussi, parce que l'on ne peut pas pousser l'insolation si loin, que tous les détails viennent dans les blancs de l'image positive, sans que les noirs se métallisent.

Il n'en est pas ainsi avec le papier nitro-glucose, qui permet de pousser l'insolation aussi loin qu'on le veut. Les noirs, une fois qu'ils ont atteint leur intensité, ne foncent plus, tandis que les demi-teintes ou les détails dans les blancs s'accentuent en proportion de la durée de l'insolation.

C'est cette propriété, combinée avec celle de pouvoir produire de belles épreuves par développement, qui rend le papier nitro-glucose si précieux pour les agrandissements.

§ **345. Virage et fixage de l'épreuve imprimée directement.** — Préparez le bain suivant :

Eau de pluie	5 litres.
Hyposulfite de soude	1 kilogramme.
Chlorure d'or et de potassium	2 grammes.

En été, on peut doubler la quantité d'eau indiquée par cette formule.

Le chlorure d'or et de potassium est dissous à part dans un peu d'eau, et versé dans la solution d'hyposulfite que l'on secoue vivement.

La solution d'or colore d'abord l'hyposulfite en rouge, mais cette coloration disparaît par l'agitation.

Ce bain, qui se conserve très-bien plusieurs jours dans un endroit frais, peut servir à un très-grand nombre d'épreuves.

Ce bain est versé dans une cuvette de bois verni ou même de zinc. L'épreuve est roulée comme nous l'avons indiqué précédemment et puis rapidement déroulée dans le bain de virage, où elle doit rester 10 à 15 minutes en été, et 15 à 20 minutes, en hiver. L'épreuve prend dans le bain un ton rouge, qui deviendra violet par le séchage. Si elle prenait, dans le virage, un *ton bleu,* il faudrait arrêter l'action du bain, en plongeant l'épreuve dans l'eau. Le fixage est d'ailleurs complet, dès que l'épreuve a séjourné 5 ou 6 minutes dans le bain.

Redressant la cuvette de manière à faire écouler tout le liquide, le papier reste collé sur le fond. Puis, on remplit entièrement la cuvette d'eau, que l'on renouvelle fréquemment pendant 3 ou 4 heures. Ou bien, l'épreuve est enlevée à l'aide de la règle comme nous l'avons indiqué, placée sur une toile à larges mailles tendue sur un châssis de bois, lavée à l'arrosoir, retournée et séchée. Mais mieux vaut l'éponger après la dernière eau de lavage, et la coller humide, ainsi que nous le verrons plus loin.

§ **346. Développement de l'image.** — Si l'on a arrêté l'insolation de l'image à une période quelconque, on peut toujours la développer, pourvu que l'image soit visible à la surface du papier. Mais plus l'image est marquée, plus rapide sera le développement, pour lequel deux méthodes peuvent être adoptées.

1re *Méthode.* — Préparez les deux solutions *filtrées* suivantes, qui se conservent d'ailleurs très-bien :

A)	Acide gallique.	100 grammes.
	Alcool	1 litre.
B)	Acétate de plomb.	100 grammes.
	Eau distillée	1 litre.

Dans la grande cuvette pivotante (fig. 155), si les épreuves dépassent la feuille de 45 cent. sur 55, ou la cuvette ordinaire de porcelaine, pour les feuilles plus petites, (mais en tous cas dans une cuvette bien nettoyée) mettez autant de litres d'eau distillée qu'il en faut pour recouvrir le fond de la cuvette d'une couche liquide d'un demi-centimètre d'épaisseur.

Pour chaque litre d'eau, versez dans la cuvette 2 1/2 centimètres d'acide gallique (A) suivi de 10 cent. cubes d'acide acétique cristallisable, et imprimez à la cuvette un mouvement de bascule pour bien mélanger les liquides. Après quoi vous y ajouterez, toujours par litre d'eau employé, 2 ½ cent. cubes de la solution de plomb B. Agitez de nouveau le liquide, qui doit, si l'on a opéré convenablement, rester absolument clair, et ne point devenir laiteux.

Le papier isolé ne doit pas être lavé. Mais on en fera un rouleau si c'est une grande épreuve, et on l'immergera dans la cuvette, comme nous l'avons indiqué page 257, en ayant bien soin d'imprimer constamment un *léger* mouvement de bascule à la cuvette, afin que la feuille soit constamment baignée dans le bain, sinon, il se formerait de grandes taches locales.

Au bout d'un temps qui varie de 10 à 40 minutes, suivant le degré d'insolation du papier et la température, l'image est développée avec un ton magnifique. On laisse alors écouler le liquide, on le remplace par de l'eau dans laquelle l'épreuve doit séjourner tout au plus deux minutes.

L'épreuve est alors enlevée (avec la règle si elle est de grande dimension (1)) et immergée dans le bain fixateur à l'or, comme nous l'avons décrit à l'alinéa précédent.

Avec un peu d'habitude, on arrive à développer l'image avec un ton si beau que personne ne peut la distinguer d'une épreuve imprimée directement. *La condition essentielle* pour cela est de se servir de *cuvettes absolument propres*, nettoyées à l'acide nitrique. Si le bain se trouble, les blancs de l'épreuve seront sales. Le liquide doit rester absolument clair et limpide comme de l'eau. Le mieux est de faire quelques essais sur des épreuves de petite dimension, que l'on imprime à des degrés divers, dans le châssis-presse, à l'aide d'un négatif ordinaire.

2e *Méthode*. — Immergez l'épreuve après l'exposition à l'appareil, et toujours sans laver préalablement, dans :

Eau distillée.	2 litres.
Acide pyrogallique	1 gramme.
Acide citrique	10 »

L'image apparaît d'abord très-lentement, mais ne tarde pas à se renforcer. Dès qu'elle a atteint le ton voulu, on l'immerge dans l'eau

(1) Il est indispensable de posséder des règles pour le bain d'argent, d'autres pour le développement, d'autres encore pour les bains d'hyposulfite ou de lavages. En tous cas, il est bon de recouvrir les règles d'un vernis épais à la gomme-laque, à laquelle on communique une certaine couleur, pour reconnaître facilement les règles.

pendant quelques secondes seulement, et de là dans le bain fixateur à l'or dont nous avons donné plus haut la formule.

Quelle que soit la méthode de développement employé, il est bon, si les épreuves dépassent la dimension de la double feuille de 55 cent. sur 90, de n'immerger qu'une seule épreuve à la fois dans le bain.

Mais si les feuilles ne sont pas grandes, on peut en immerger un grand nombre. D'habitude, en nous servant de la première méthode (à l'acide gallique), nous employons 4 litres d'eau distillée pour développer *à la fois* quatre épreuves de 45 cent. sur 55, ou *deux* de 55 cent. sur 90. Mais dans ce cas, il est indispensable d'imprimer constamment un mouvement de bascule à la cuvette, sinon les papiers arrivent en certains endroits en contact l'un avec l'autre, et le développement est inégal en ces endroits.

§ **347. Montage des épreuves.** — Il est indispensable de mouiller entièrement les épreuves séchées avec une éponge imbibée d'eau, avant de les enduire de colle. Sinon, cette dernière pénètre l'épreuve, en occasionne l'altération rapide et la fait jaunir.

Le mieux est de coller les épreuves alors qu'elles sortent de la dernière eau de lavage, après qu'on en enlevé l'excès d'eau avec une éponge mouillée bien exprimée.

Il n'existe point de cartons pour les épreuves de grande dimension. On peut se servir de châssis rentoilés, sur les bords desquelles on colle du papier à dessin, et pendant que ce dernier est encore humide, on y fixe l'épreuve dont l'envers est enduit de colle d'amidon. Puis, à l'aide de l'éponge, on favorise l'adhérence.

§ **348. Vernissage du papier.** — Pour encadrer les grandes épreuves, il n'existe pas de verres assez grands. On y supplée en les couvrant (avant ou après la retouche) d'une solution de gomme arabique. Lorsque la couche est bien sèche, on la vernit comme un tableau. Elle peut alors, si on le désire, très-facilement être peinte à l'huile, rien que par l'application de quelques *glacis* transparents.

SECTION III. — PROCÉDÉ AU COLLODION-CHLORURE D'ARGENT ET AUX ESLS D'URANE.

Les épreuves fournies par ce procédé sont d'une admirable couleur, d'une finesse beaucoup plus grande que les épreuves sur papier albuminé.

De plus, le papier au collodion-chlorure d'argent se conserve sensible à la lumière pendant des années entières.

§ **349. Préparation du collodion-chlorure d'argent.** — Nous avons décrit la préparation de ce collodion, page 174. Seulement, pour en faire usage sur papier, il faut augmenter dans nos formules la dose du pyroxyle de près de la moitié.

§ **350. Préparation préalable des papiers.** — Pour rendre les papiers imperméables au collodion, il faut les enduire d'une couche de gélatine. De plus, pour donner aux images positives une belle profondeur de tons, il faut mélanger à la gélatine une poudre blanche obtenue par précipitation et puis broyée à la molette. Le sulfate de baryte peut servir pour cet objet.

On trouve dans le commerce de tels papiers tout préparés. Ils sont connus sous le nom de *papiers couchés*.

§ **351. Préparation du papier au collodion-chlorure.** — Le collodion est versé sur le papier couché, tout juste comme sur une glace. Seulement il faut verser le collodion très-lentement, afin d'obtenir une couche épaisse. Quand le papier est sec, on le découpe avec un canif et on le conserve dans un cylindre en carton.

Les papiers sont ainsi tout sensibilisés et prêts à recevoir l'impression lumineuse.

§ **352. Virage et fixage.** — Le virage et le fixage se font exactement de la manière que nous avons décrite page 177. L'épreuve est alors lavée, séchée entre des buvards, découpée, et collée sur carton alors qu'elle est encore humide.

SECTION IV. — ÉPREUVES POSITIVES SANS SELS D'ARGENT.

Beaucoup de ces procédés n'ont plus, pour ainsi dire, qu'une valeur historique, puisqu'on ne s'en sert plus dans la pratique. Les personnes qui voudraient spécialement s'occuper de cette étude, trouvent d'amples renseignements sur ce sujet dans les deux ouvrages de Robert Hunt, *Researches on Light*, 1844, et *A Manual of photography*, 1853.

§ **353. Procédés aux sels métalliques.** — La plupart des métaux qui forment deux classes de sels, le fer, l'urane, le cuivre, le mercure, etc. peuvent donner lieu à des procédés photographiques. Ainsi les persels de cuivre, d'urane, de fer, sont réduits par la lumière à l'état de protosels, et les réactifs de ces protosels récèlent l'action.

M. Niépce de St Victor a basé sur l'emploi des sels d'urane un procédé qui a eu un grand retentissement. Un papier est imbibé d'une solution de nitrate d'urane, séché, et exposé à la lumière derrière un négatif photographique ordinaire. Une image est à peine visible. Mais il suffit de tremper le papier dans une solution de nitrate d'argent, de chlorure d'or ou de platine, et une image se révèle, le protosel d'urane réduisant les composés d'or, d'argent et de platine à l'état métallique. Un simple lavage à l'eau suffit pour fixer l'image.

Un papier imprégné d'oxalate de fer et d'ammoniaque se comporte comme le papier à l'urane.

§ **354. Procédé Willis (Platinotype).** — Ce procédé consiste à appliquer sur le papier une soluton d'oxalate ferrique (et non ferreux) mélangé de chloro-platinate de potassium. La papier sec est exposé à la lumière derrière le négatif. La lumière a réduit l'oxalate ferrique à l'état d'oxolate ferreux. Le papier est immergé dans une solution chaude d'oxalate de potasse qui dissout l'oxalate ferreux et développe l'image en réduisant le platine à l'état métallique. Voilà le principe de ce procédé qui est breveté. Nous extrayons textuellement la description *la plus récente* de ce procédé du *Bulletin de l'Association belge de photographie* :

La manière de procéder est la suivante : si l'on se sert de papier, on le recouvre d'une solution qui doit contenir un sel du métal dont on veut former l'image. Si, par exemple, on désire obtenir une image en platine, cette solution renfermera, pour 30 c. c., environ 0,983 gramme de chloro-platinite potassique, 4.6 gr. d'oxalate ferrique (avec assez d'acide oxalique pour rendre cet oxalate ferrique aisément soluble) et de préférence 0.132 gr. de chlorure de plomb. On sèche ensuite le papier et on l'expose à la lumière sous le négatif ou autre objet pendant un temps suffisant, qui est généralement indiqué par l'apparition d'une trace d'image. On fait ensuite flotter le papier ou on le plonge, la face recouverte en dessous, dans une solution aqueuse, de préférence chaude, appelée solution développatrice et dont l'emploi dans le procédé constitue le point nouveau et essentiel de l'invention. 30 c. c. de cette solution renferment environ 7.888 gr. d'oxalate potassique et 0.460 gr. de chloroplatinite potassique ou d'un autre sel dont la nature est spécifiée plus loin. Cette solution noircit rapidement l'image produite sur le papier par l'action de la lumière. On lave alors le papier dans la solution diluée d'un acide (de préférence l'acide oxalique) et on finit par un lavage à l'eau pure.

On peut employer dans la solution qui sert à recouvrir le papier avant l'insolution d'autres sels de platine ou des sels de métaux autres que ceux mentionnés plus haut, tels que des sels d'or, d'iridium ou de palladium; mais il est essentiel, dans tous les cas, que l'oxalate ferrique entre dans la composition de la couche.

Les exemples suivants montrent de quelle manière M. Willis fait varier la composition de la solution qui sert à recouvrir le papier avant l'insolation.

Il emploie quelquefois, au lieu de chloro-platinate potassique, une égale quantité de chloride iridique, ou remplace les 0.132 gr. de chlorure plombique par 0.264 gr. de chlorure mercurique. Dans d'autres cas, il supprime le chlorure plombique.

Au lieu de mélanger tous les sels, on peut quelquefois trouver avantageux d'appliquer les sels successivement et sécher le papier, si on le juge nécessaire, entre chaque addition.

Pour le développateur, on peut aussi employer d'autres sels de platine ou d'iridium ou encore de mercure, tels que le chlorure platinique, le chloro-platinate potassique, sodique ou ammonique, le chloro-platinique barytique, le chlorure iridique ou le chlorure mercurique. Mais, bien que tous ces sels, ajoutés à l'oxalate potassique, produisent de bons résultats, l'auteur préfère se servir de chloro-platinate potassique.

Les sels peuvent aussi être dissous dans un véhicule quelconque convenable, autre que l'eau.

Les proportions indiquées peuvent être modifiées dans certaines limites, suivant les résultats qu'on désire obtenir ou d'autres conditions.

Dans le traitement final du papier ou autre support on peut remplacer les acides par une solution quelconque capable de dissoudre les sels qui peuvent être restés dans le papier.

M. Willis revendique comme son invention le procédé perfectionné d'impression photo-chimique dans lequel il emploie la solution développatrice formée d'un sel de platine, d'iridium ou de mercure, mélangé avec de l'oxalate potassique ou ammonique.

§ 355. Procédé aux poudres (1) (au noire d'ivoire sur verre opale). — Ce procédé connu sous le nom de procédé aux poudres est basé sur la propriété que possède la lumière d'altérer les qualités hygrométriques d'un mélange de matières organiques et de bichromate de potasse ou d'ammoniaque.

Si l'on verse sur un verre une couche de ce mélange et qu'après dessiccation on en expose une moitié à l'action de la lumière, toute poudre impalpable dont on saupoudrera la surface adhèrera uniformément sur toute la partie qui a été protégée contre le jour, alors que l'autre partie restera parfaitement transparente. Si donc on recouvre un verre opale d'une solution de :

Bichromate d'ammoniaque	3
Dextrine	3
Glucose	3
Eau	60

et qu'après dessiccation on l'expose sous une positive transparente à l'action de la lumière, toutes les parties correspondantes aux noirs de l'image happeront la poudre colorante dont on saupoudrera la plaque tandis que les clairs de l'image, qui correspondent aux parties transparentes de la positive, ayant subi l'action de la lumière ne retiendront pas de couleur et le verre opale restera à nu.

La couleur s'attachera proportionnellement à l'action de la lumière de façon à constituer toute la gradation des demi-teintes.

L'épreuve ayant atteint l'intensité voulue, il faut la débarrasser du sel de chrome qui lui donnerait une coloration verdâtre.

A cet effet on la plonge dans une cuvette renfermant parties égales d'alcool et d'acide chlorhydrique, jusqu'à ce que tout le bichromate ait disparu.

Après dessiccation la plaque est reprise par l'eau afin d'en éliminer l'acide et enfin l'image est définitivement fixée au moyen d'un vernis mince. Pour tous les détails du procédé nous renvoyons le lecteur à l'excellent traité des émaux photographiques de M. Geymet, ainsi

(1) Nous devons cet article à M. Alfred Géruzet.

qu'à la brochure de M. Werge intitulée : *Pictorial Backgrounds and how to produce opalotypes with ivory Black.*

§ 356. Procédé Cyanofer de MM. Pellet et Cie (1). — La liqueur sensible est composée de :

Acide oxalique	5 grammes
Perchlorure de fer	10 »
Eau	100 c. c.

Suivant les papiers et la sensibilité désirée, on modifie la dose des corps ci-dessus. L'acide oxalique peut être remplacé par plusieurs autres acides végétaux. Si le papier n'est pas suffisamment collé, on ajoute à la liqueur sensible un épaississant quelconque : gélatine, isinglass, gomme, dextrine, etc.

Après dessication du papier, on le conserve à l'abri de la lumière. Cette conservation paraît indéfinie.

La sensibilité de ce papier, dit *cyanofer*, est très-grande. Pour reproduire un plan fait sur papier transparent, on expose, sous ce dernier, une feuille de papier sensible.

Si l'on opère au soleil d'été, il faudra de quinze à trente secondes pour arriver à décomposer toutes les parties non protégées par le trait noir. En hiver on a besoin d'une pose pouvant varier de quarante à soixante-dix secondes.

A l'ombre, par un temps clair, l'exposition varie de deux à six minutes. Enfin par brouillards, pluie, neige, etc., l'opération demande de quinze à quarante minutes. Évidemment il existe aussi des différences de pose pendant la même journée, c'est-à-dire du matin au soir. A la lumière, le sel de fer maximum s'est réduit à l'état de sel de protoxyde de fer. Ces derniers ne sont plus colorés par une dissolution de prussiate jaune de potasse, tandis que les parties protégées par le trait peuvent se colorer. Après l'exposition à la lumière, on passe dans le bain de prussiate (environ à 15-18 pour 100); immédiatement le dessin apparaît en bleu. Si la pose a été suffisante, on peut laisser un certain temps le papier dans le bain révélateur. Les traits sont alors plus accusés. Si, au contraire, la pose a été un peu faible, on laisse moins de temps l'épreuve dans le prussiate, pour éviter les points bleus provenant de parties de sel de fer non entièrement réduites.

On lave à grande eau. Enfin on enlève le sel de protoxyde de fer par un bain à 8-10 pour 100 d'acide chlorhydrique ordinaire. Le fond de l'épreuve blanchit, l'accentue.

---

(1) *Bull. Soc. franç. de Phot.*, 1878, p. 47.

Si les lignes du plan à reproduire ont été faites avec une encre très-noire ou chargée de jaune, le temps de pose peut être prolongé, on n'a pas à craindre l'attaque de la substance sensible sous ces lignes foncées. Dans ce cas le développement au prussiate est assez long, mais aussi la coloration bleue devient très-intense, et, lorsque le papier est sec, on a souvent des reproductions plutôt noires que bleues.

Après le traitement acide, on lave, et on sèche.

Il est préférable, pour une bonne reproduction de plan, de ne mettre les teintes conventionnelles sur le calque qu'après le tirage photographique. En effet, le passage des teintes sur des papiers minces amène souvent des plis. D'un autre côté, si les teintes sont foncées ou antiphotogéniques, telles que le jaune, jaune brun, rouge brun, etc., sur l'épreuve reproduite on a des parties bleues plus ou moins intenses, correspondant à ces teintes. S'il y a des côtes placées dans ces teintes, elles sont souvent masquées par la coloration bleue.

Ce procédé positif direct a l'avantage de donner très-rapidement une reproduction sur laquelle on peut passer les teintes conventionnelles et faire toutes les modifications nécessaires.

NOTA. — Nous croyons devoir prévenir nos lecteurs que le procédé ci-dessus décrit est garanti par un brevet. (R).

CHAPITRE III.

PROCÉDÉ AU CHARBON.

SECTION I. — GÉNÉRALITÉS.

§ **357. Historique** (1). — C'est à Poitevin (2) que l'on doit le procédé dit *au charbon* ou aux poudres indélébiles. Cet inventeur recouvre une feuille de papier d'une couche de *gélatine* mélangée d'une petite quantité de bichromate de potasse et d'une poudre colorante. Il soumet cette feuille à la lumière derrière un cliché négatif, jusqu'à ce qu'il en juge l'action suffisante, et plonge alors le papier dans de l'eau tiède qui dissout et enlève la gélatine et la

---

(1) *Historique du procédé au charbon*, in-8°, chez H. Carette, 12, rue Château d'eau, Paris.

(2) Brevets de 1855, aujourd'hui tombés dans le domaine public.

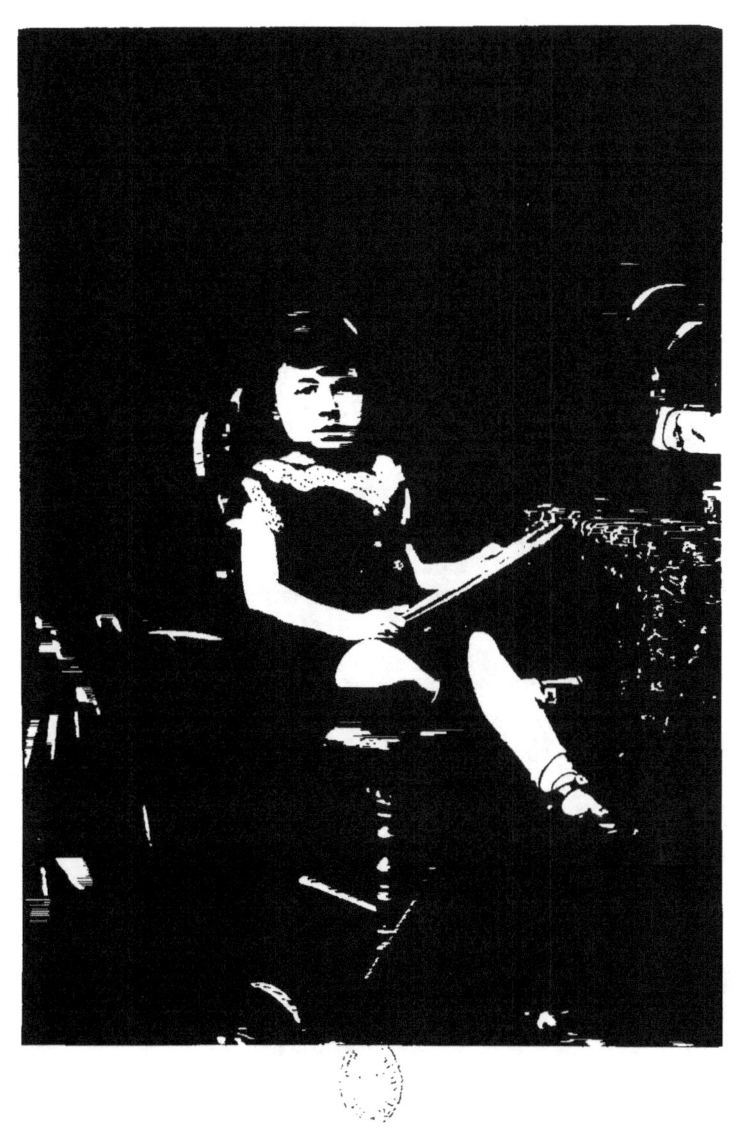

ÉPREUVE AU CHARBON (DOUBLE TRANSFERT)

matière colorante partout où la lumière n'a pas agi. Il suffit de laver le papier supportant l'image dans l'eau froide pour la fixer.

Pour obtenir de cette manière une bonne image, il faut que la proportion de la matière colorante à la quantité de gélatine soit très-faible, *car l'action de la lumière a lieu à la surface même de la couche.* Aussi, les demi-teintes sont-elles fréquemment enlevées par l'eau chaude, et le procédé Poitevin n'a-t-il jamais pu servir qu'à la reproduction de dessins au trait, pour lesquels l'obtention des demi-teintes n'est pas nécessaire.

Pour bien faire comprendre le procédé au charbon, il nous faut expliquer ici ce qui se passe dans l'action de la lumière sur le bichromate de potasse et la gélatine. Une feuille de papier immergée dans une solution de bichromate de potasse et séchée par suspension dans l'obscurité, est d'une couleur jaune qui passe au jaune verdâtre sous l'influence de la lumière. La matière organique du papier (ou plutôt l'encollage) réduit le bichromate à l'état d'un seul de sesquioxyde de chrome qui *rend la gélatine insoluble*, et celle-ci enferme la matière colorante dans une espèce de filet.

La lumière agit donc sur une couche de gélatine bichromatée en insolubilisant la gélatine. Si une matière colorante, telle que le noir de fumée (en poudre impalpable) est mélangée intimement avec la gélatine bichromatée, elle est retenue par la gélatine insolubilisée et constitue l'image.

L'inaltérabilité de cette image dépend donc uniquement de la matière colorante employée. Aussi faut-il faire usage de noir de fumée, ou mieux, d'encre de Chine dont on corrige un peu le ton par l'addition d'oxydes métalliques rouges et pourpres.

Nous avons dit plus haut que l'obtention des demi-teintes par le procédé de Poitevin est difficile, sinon impossible, parce que l'action de la lumière a lieu à la surface de la couche. Ceci est, en effet, très-facile à comprendre si l'on examine avec attention une feuille de papier au charbon. La surface en est noire et impénétrable à la lumière. Dès lors l'image se trouve à la surface du papier, et la couche sousjacente reste soluble dans l'eau chaude. Les demi-teintes sont donc enlevées, et il ne reste de l'image que les parties les plus noires, les plus saillantes.

L'abbé Laborde est le premier auteur qui expliqua ainsi (et très-rationnellement) l'insuccès de Poitevin; et ce fut Fargier, un autre auteur français, qui eut l'ingénieuse idée de transporter l'image sur un second support. C'est cette découverte qui sert de base à tous les procédés actuels.

M. Fargier verse sur une glace posée horizontalement un mélange de gélatine, d'encre de Chine et de bichromate de potasse, de manière à obtenir une couche de 1 millimètre d'épaisseur, qu'il laisse sécher à l'abri de la lumière. On l'expose derrière un négatif, puis on la recouvre de collodion et on immerge l'ensemble dans *l'eau froide*, de manière à dégraisser le collodion et à saturer la gélatine d'eau. La glace est alors immergée dans l'eau chaude.

Aussitôt la couche s'enlève du verre, mais l'image toute entière avec ses demi-teintes reste adhérente à la pellicule de collodion. Quand la matière colorante inutile est enlevée, il reste l'image que l'on transporte alors avec précaution sur une feuille de papier, à laquelle elle adhère.

M. Fargier attaque donc la couche par derrière, la surface du papier au charbon, surface qui porte l'image latente, étant en contact avec le support provisoire; puis, après le développement, il la transporte sur papier.

Nous ne faisons pas autre chose aujourd'hui, mais nous le faisons avec des moyens plus perfectionnés.

M. Swan, en 1864, perfectionne le procédé Fargier en couvrant *préalablement* la glace de collodion, puis de gélatine bichromatée et colorée. Il sèche, et détache la double couche du verre. Elle est insolée sous le négatif et montée sur un rapport *avant* le développement, pour éviter les difficultés pratiques du procédé Fargier.

M. Swan ne s'en est point tenu à ce perfectionnement. Il a trouvé que l'on peut supprimer le collodion dans le procédé précédent, et attacher la couche à du papier, pourvu que cette couche soit assez épaisse. Après l'insolation, il cimente le papier au charbon, à un autre papier revêtu de caoutchouc, met les deux papiers sous presse, les immerge dans l'eau chaude, détache le papier au charbon et développe alors l'image à l'eau chaude. Mais l'image est renversée. Pour la redresser, M. Swan colle un papier sur l'image, et, après dessiccation, ramollit le caoutchouc du support provisoire à l'aide de benzine. Dès lors, l'image se détache du premier support et reste adhérente au second, qui est définitif. L'image est maintenant redressée.

Plusieurs perfectionnements de détail ont rendu le procédé au charbon entièrement pratique. Ainsi, en 1864, M. Davies rend certaine l'adhérence du papier au charbon à son support provisoire en le plongeant seulement un temps très-court dans l'eau.

M. Despaquis, et après lui M. Johnson, utilisent cette méthode d'opérer en se servant du verre comme transport provisoire : ce qui permet d'obtenir des épreuves brillantes. Ces auteurs, par leurs publications et leurs recherches, ont aidé à la vulgarisation du procédé au charbon.

Citons encore MM. Garnier, Salmon, Marion, Jeanrenaud, Vidal, Blaise, qui ont introduit plusieurs perfectionnements de détail : Entre tous les noms que nous venons de citer, celui de Poitevin, comme inventeur du procédé, et ceux de Fargier et Swan comme praticiens, doivent être retenus par nos lecteurs, car ce sont ceux d'hommes éminents à qui nous devons un procédé de photographie inaltérable rempli d'avenir.

§ 358. Fabrication du papier au charbon. — Le papier recouvert de gélatine tenant en suspension la couleur constitue le papier mixtionné. Nous avons donc à examiner successivement : le papier à employer, la gélatine, la couleur, puis la préparation de la mixtion colorée.

Le papier brut doit être acheté en rouleaux, satiné, et fort peu encollé. La couche de gélatine prenant exactement l'empreinte de toutes les inégalités de la surface du papier, il est indispensable, si l'on veut obtenir des couches unies, de choisir un papier d'une texture très-égale.

Le choix de la gélatine est bien plus difficile que celui du papier. La gélatine commune donne du papier mixtionné qui se dépouille facilement à l'eau chaude, mais les images qu'elle fournit manquent de vigueur. Il faut donc se servir de gélatines fines, telles que celles de Nelson, Coignet, etc.

Pour les climats chauds ou en prévision des fortes chaleurs de l'été, il est bon d'additionner la gélatine de 10 à 20 pour cent de colle de poisson. Les gélatines doivent être conservées dans les salles extrêmement sèches.

Il faut, autant que possible, choisir des couleurs inaltérables, telle que l'encre de Chine, le noir d'ivoire ou de fumée, le peroxyde de fer, l'alizarine et la purpurine combinées avec l'alun (laque de garance) ou le peroxyde de fer.

L'encre de Chine est un mélange très-fin de sucre, de charbon et d'une essence odorante huileuse. Il faut d'abord la pulvériser, la laisser séjourner dans l'eau froide, et l'étendre en couche unie avec de la glycérine, sur une table de verre dépoli et la molette. Elle fournit des épreuves d'un ton noir jaune, désagréable à l'œil.

L'alizarine ou la purpurine, dissoutes dans l'ammoniaque et précipitées par l'alun, donnent des tons rouge vif. Précipitées par les sels ferriques des bruns très-solides.

Il faut éviter l'emploi du carmin, des rouges cochenille, et, en général, de toutes les laques qui contiennent de l'alun et qui tendent à insolubiliser la couche de gélatine dès qu'elle est mélangée d'un bichromate.

L'addition du sucre ou de la glycérine rend le papier au charbon plus facile à manier. Sans cette addition, par les temps très-secs, ce papier casse facilement, se recoqueville, etc. et se manie avec beaucoup de peine.

La gélatine est d'abord mise à macérer, pendant une heure, dans de l'eau très-froide et très-abondante.

Puis on amène le mélange à 35° de température, on ajoute les matières colorantes, et l'on filtre à travers la flanelle. La mixtion colorée est alors prête.

La machine à recouvrir le papier de mixtion est assez compliquée. Elle consiste en un système de rouleaux qui entraînent la feuille à la surface de la mixtion maintenue à 35° par un bain-marie abondant. La feuille passe de là sur un grand rouleau creux de fonte, maintenu très-froid par un courant d'eau fraîche qui passe à travers l'axe. De là enfin, le papier passe sur une table horizontale, où on le coupe en feuilles d'une longueur déterminée. Celles-ci sont suspendues dans un séchoir où un ventilateur amène de l'air sec en grande abondance. En été, pour éviter que la gélatine fondue ne coule des feuilles, l'air est pris dans un canal souterrain et chassé avec une vitesse très-grande dans le séchoir. L'évaporation rapide de l'eau à la surface des feuilles en abaisse la température, et on évite ainsi la fusion de la gélatine.

Telle est, d'une manière sommaire, comment s'opère la fabrication du papier au charbon dans notre établissement à Gand.

§ 359. **Résumé du procédé au charbon.** — Une feuille de papier recouverte d'une couche de gélatine et de matière colorante, constitue le papier au charbon.

Veut-on sensibiliser ce papier, on l'immerge dans une solution de bichromate de potasse, et on le suspend pour sécher dans une chambre bien aérée et bien obscurcie.

On insole maintenant le papier mixtionné derrière le négatif placé dans le châssis-presse. Comme le progrès de l'image n'est pas visible, ainsi que cela a lieu avec le papier préparé aux sels d'argent, on mesure l'action de la lumière à l'aide d'un photomètre.

Le papier impressionné est rapporté dans le laboratoire. Deux voies se présentent maintenant pour obtenir l'image :

1° Le transport (ou transfert) simple donnant des épreuves retournées; ce procédé est d'une merveilleuse simplicité, c'est celui que l'on doit étudier d'abord. Il consiste à plonger un instant le papier mixtionné dans l'eau et à l'appliquer sur un papier blanc préparé exprès et appelé papier transport simple. L'ensemble est immergé dans l'eau chaude. Les deux papiers se séparent, et l'image reste adhérente au papier transport.

2° Le transport (ou transfert) double donnant des épreuves redressées. Ce procédé est plus compliqué. Le papier mixtionné portant l'image latente est mouillé un instant et collé, par simple pression, soit à une glace collodionnée, soit à un papier spécial. Supposons d'abord que l'on emploie la glace.

Celle-ci (portant le papier mixtionné) est immergée dans l'eau chaude qui détache le papier mixtionné et l'image reste adhérente à la glace. On colle ensuite sur la glace un papier spécial, dit transport double. Quand ce dernier est sec, il s'enlève du verre et relient la pellicule gélatinée que portait auparavant la glace. — L'image est ainsi redressée et adhère au papier.

Au lieu de glace, on peut aussi se servir d'un papier spécial dit support flexible et opérer le double transport.

Ainsi que le lecteur peut le voir, les premières manipulations sont communes aux deux procédés du *simple* ou du *double transfert*. Nous les décrirons en premier lieu ; puis, pour la description des suivantes nous suivrons l'ordre indiqué dans notre résumé.

SECTION II. — MANIPULATIONS COMMUNES AU SIMPLE ET AU DOUBLE TRANSFERT.

§ 360. Papier dit au charbon. — Le papier au charbon, examiné par réflexion, est très-luisant lorsqu'il contient beaucoup de sucre ou qu'il est préparé avec une gélatine très-commune. Il est plus mat, lorsqu'il est préparé avec une gélatine fine.

Regardé par transparence, le papier au charbon n'est jamais absolument uni. Il contient parfois des veines d'inégale épaisseur qu'il est impossible d'éviter complètement. Mais ces veines n'ont aucune influence sur l'image, parce que c'est la surface seule de la mixtion qui la fournit; tout ce qui se trouve en dessous de cette surface ne sert pas, et ne fait que faciliter le développement.

Le papier au charbon doit être conservé dans un endroit sec, car dans un endroit humide il se ramollit et colle. Aussi le déroule-t-on alors avec difficulté, et est-il couvert d'un duvet provenant du dos du papier avec lequel la mixtion colorée est en contact.

Si le papier mixtionné séjourne longtemps dans un endroit humide, il se gâte totalement. La gélatine s'altère et les images sont sans vigueur. De plus, un tel papier perd énormément de sa sensibilité à la lumière (bien entendu après qu'il a passé au bichromate : car, à l'état de papier mixtionné simple, il est tout à fait insensible à cet agent).

§ **361. La raclette.** — On se sert constamment dans la pratique du procédé au charbon de la raclette (fig. 157).

La raclette de caoutchouc est formée par une lame AB de caoutchouc de 4 à 5 millimètres d'épaisseur, de 2 centimètres de hauteur, de 20 centimètres de longueur, enfermée entre deux lames de bois DC qui en emprisonnent la moitié. On se sert de cet outil pour racler les feuilles et en chasser ainsi l'excès de liquide.

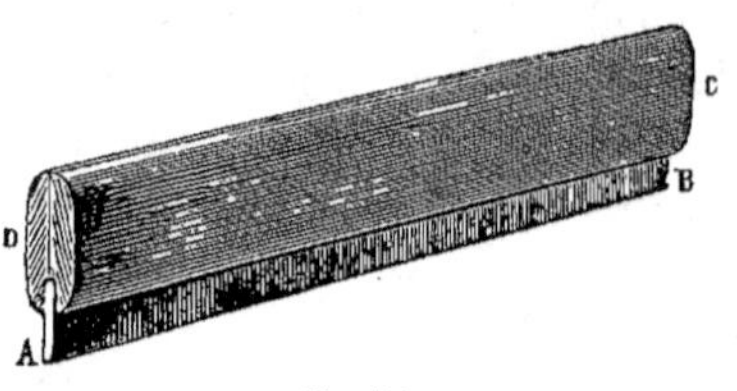

Fig. 157.

Il ne faut jamais faire la raclette de plus de 20 centimètres de long, (mais on peut la faire moins grande pour les petites épreuves) parce que l'effort que l'on exerce sur des larges raclettes est insuffisant. Il ne faut pas non plus que la lame de caoutchouc ait moins de 4 à 5 millimètres d'épaisseur.

Même pour des épreuves de 1 mètre carré une pareille raclette suffit, parce que l'on peut racler les grandes feuilles en plusieurs fois, en commençant toujours par le milieu.

§ **362. Sensibilisation du papier mixtionné.** — Cette opération est des plus simples, mais en même temps des plus importantes; c'est de sa régularité que dépendent en partie les opérations subséquentes du procédé. Aussi allons-nous la décrire dans ses moindres détails pratiques.

La sensibilisation doit se faire dans une place obscurcie par des rideaux jaunes ou noirs; mais l'obscurité ne doit pas être aussi complète que quand on opère sur papier albuminé ou sur collodion humide, parce que le papier au charbon sensibilisé n'est affecté par la lumière que lorsqu'il est sec ou presque sec.

La cuvette qui sert à cette opération doit être en bois doublé intérieurement de verre. L'amateur prendra une cuvette de 40 centimètres sur 50. Mais le photographe de profession fera bien d'en avoir une de 80 centimètres sur un mètre de long. De cette manière, on peut ouvrir le rouleau de papier mixtionné (qui a une largeur de 76 centimètres) et en découper des bandes de 90 centimètres de long que l'on sensibilise en une seule fois. Cela évite bien des déchets.

La hauteur intérieure de la cuvette sera de 15 centimètres et un goulot muni d'un bouchon sera soudé à l'un des angles, afin de laisser écouler facilement le liquide. Un couvercle en bois est indispensable si l'on veut laisser le liquide séjourner dans la cuvette, sans le transvaser à chaque opération. Les cuvettes en faïence conviennent encore; mais non celles en gutta ou en bois simple que le bichromate attaque facilement. Or, dès que le bichromate est altéré, il est réduit à l'état de sel vert de chrome, et quelque petite que soit cette réduction, le *papier mixtionné sera partiellement insolubilisé à la surface*, en été surtout. De là, des défauts d'adhérence et toute espèce d'insuccès.

La substance qui sert à sensibiliser le papier est le *bichromate de potasse* ordinaire du commerce. Ce sel est fort peu soluble dans l'eau froide. Aussi est-il bon de le faire pulvériser finement par le droguiste et de ne s'en servir que dans cet état.

Dans un grand flacon de 5 à 15 litres, dont on mesure, une fois pour toutes, la capacité en litres et dont on se sert exclusivement pour cet usage, on fait le mélange suivant :

Eau (1)	10	litres.
Bichromate de potasse	200	grammes.
Carbonate d'ammoniaque.	10	»

Le flacon est alors fermé avec un bouchon et bien secoué pour dissoudre le bichromate. Puis on filtre à travers un filtre de feutre. La dissolution est alors versée dans la cuvette.

La hauteur du liquide dans la cuvette *doit être de 2 à 4 centimètres ;* s'il y a trop peu de liquide la sensibilisation est difficile.

En été, et surtout par les fortes chaleurs, on diminuera le titre du bain *de moitié*, sinon on aura des insuccès. Car, plus il fait chaud, plus facilement s'opère cette insolubilisation spontanée du papier dont nous parlerons plus loin, à propos du séchage.

Plus les clichés que l'on possède sont légers, plus le titre du bain de bichromate doit être faible et plus les images seront alors vigoureuses, mais aussi plus lente sera l'action de la lumière.

Il ne faut jamais supprimer, dans la formule ci-dessus, le carbonate d'ammoniaque, en été surtout, sinon on expose le papier sensibilisé à s'insolubiliser spontanément.

Un bain de bichromate de potasse ne doit pas servir à sensibiliser un trop grand nombre de feuilles de papier mixtionné. C'est du reste un produit de si peu de valeur, qu'il ne faut pas compromettre le succès des opérations par une économie mal entendue.

Le bain doit être renouvelé tous les 8 jours, en été surtout, quand bien même il n'aurait servi que très-peu.

---

(1) L'eau de puits ordinaire convient parfaitement pour le bain de bichromate de potasse ; elle est de beaucoup préférable à l'eau de pluie, souvent remplie de matières organiques qui réduisent le bain. L'eau de puits contient, il est vrai, du carbonate de chaux qui neutralise en partie l'acide chromique du bichromate, mais elle en contient si peu que cet effet est presque nul et bien moins dangereux que celui des matières réductrices que peut contenir l'eau de pluie.

Nous avons souvent remarqué que si, par inadvertance, le bain n'avait pas été renouvelé, les épreuves étaient grises et sans vigueur dans les noirs. Ce qui est plus grave, c'est qu'en été un usage trop prolongé du même bain de bichromate de potasse le réduit en partie : il s'y forme un corps analogue à l'alun de chrome qui insolubilise partiellement la couche. De là, des insuccès continuels, parmi lesquels le défaut d'adhérence, lors du transport, est le principal.

Un bain de dix litres de bichromate de potasse ne doit pas servir à sensibiliser plus de deux rouleaux de 30 pieds carrés de papier mixtionné. En hiver on peut laisser le bichromate dans la cuvette qui sert à sensibiliser le papier, mais en été il faut toujours verser le liquide dans le flacon après la sensibilisation, *et le mettre dans la cave.*

En été, il faut refroidir le bain de bichromate à 15° centigrades. Pour cela, il est bon de sensibiliser le papier dans une cave, quitte à sécher le papier dans une place située à un étage supérieur. Dans le but d'activer le séchage du papier, on a prescrit d'ajouter de l'alcool au bain de bichromate. Cette formule est tout à fait dangereuse, car l'alcool tend à réduire le bichromate et à produire l'insolubilité spontanée de la couche.

§ **363. Procédé opératoire de la sensibilisation.** — Avant de sensibiliser le papier mixtionné, passez une brosse à sa surface pour enlever le duvet. Ce duvet provient de l'envers du papier qui a plus ou moins adhéré à la surface de gélatine.

Le papier est maintenant immergé dans le bain, la couche en dessus. Il est bon, si la feuille est de grande dimension, de passer la main (revêtue d'un gant de caoutchouc) sur les bords, en forçant ces bords à s'immerger, puis d'imprimer à la cuvette quelques légères secousses, afin que le liquide couvre immédiatement le papier mixtionné. La surface de ce dernier est grasse et repousse le liquide ; aussi est-il indispensable de tenir constamment le liquide en mouvement, en imprimant un mouvement de bascule à la cuvette, afin d'éviter la pénétration du liquide par places, ce qui produirait inévitablement des taches.

Les bords de la feuille tendent à s'enrouler, c'est pourquoi l'agitation du liquide, par les secousses régulières que l'on imprime à la cuvette, est indispensable.

Au bout de 2 minutes, si la température du bain est de 10 à 15 degrés centigrades, la feuille est presque plane. On la retire alors du bain, pour l'immerger de nouveau pendant *une* minute, mais cette fois la couche *en dessous.* Ceci a pour but de débarrasser le dos de la feuille des bulles adhérentes qui produiraient autant de taches.

On enlève maintenant la feuille du bain comme nous allons le décrire.

Sur un des côtés de la cuvette (fig. 158), l'on a préalablement disposé une glace inclinée à 45°; c'est sur cette glace que l'on glisse le papier, le côté mixtionné en contact avec elle; puis l'on passe légèrement la raclette sur le dos de la feuille (1), procédant d'abord du centre de la feuille vers les bords, puis du bord supérieur vers le bord inférieur, de manière à chasser tout l'excès de liquide.

La feuille est maintenant légèrement adhérente à la glace. Plaçant

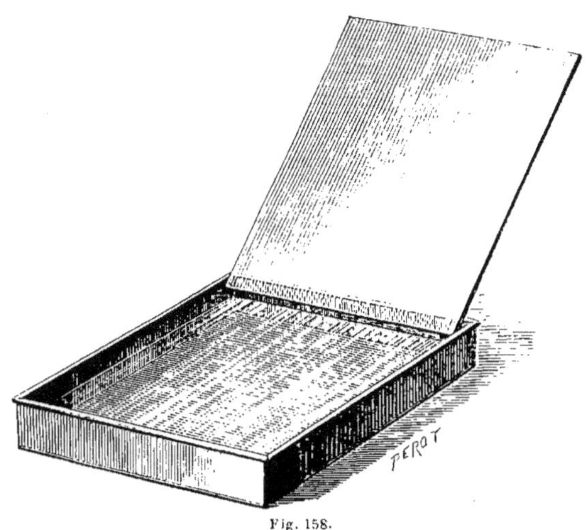

Fig. 158.

alors sur le bord supérieur de la feuille, une règle en bois que l'on fixe à l'aide de 3 pinces américaines à crochets, on la détache du verre et on la suspend pour sécher. Si la feuille est de grande dimension, on peut attacher une seconde règle à sa partie inférieure, afin d'éviter qu'elle ne se recoqueville en séchant.

La durée de l'immersion de la feuille mixtionnée dans le bain a une influence décisive sur l'image. Moins la feuille séjourne dans le bain, moins elle prend de bichromate et moins elle est sensible à la lumière. Si elle est immergée un temps insuffisant les demi-teintes de l'image sont enlevées lors du développement, et jamais on ne peut obtenir des fonds propres, ces derniers sont toujours tachés.

---

(1) Il est de la plus haute importance de ne passer que très-légèrement la raclette sur le dos de la glace, juste assez pour enlever l'excès de liquide. Si on raclait fort, on exprimerait trop le bichromate de la feuille, et alors les *demi-teintes* dans l'image seraient enlevées par l'eau chaude, lors du développement de l'image.

Dans notre atelier, l'on procède de la manière suivante, pour éviter l'emploi de la glace inclinée dont nous venons de parler.

Nous avons une cuvette pivotante (fig. 159) en glaces de 80c sur 120c pour contenir le bain. La feuille qui est de 25 à 30 centimètres moins longue que cette cuvette, y est immergée; puis, les 3 minutes étant

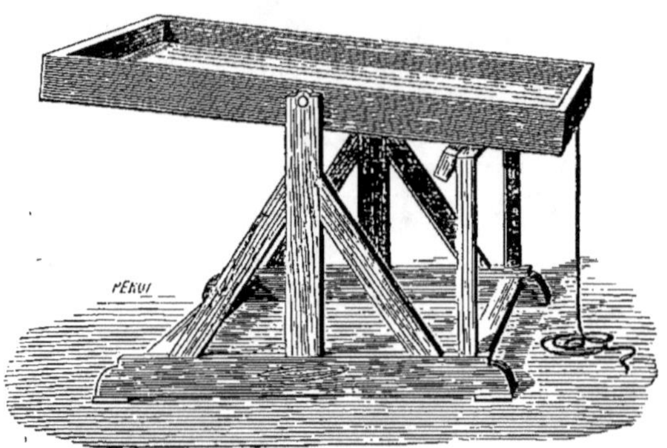

Fig. 159.

écoulées, on incline très-fortement la cuvette dans le sens que montre la figure, tout en maintenant le papier mixtionné avec la main (couche en dessous) contre la glace du fond. On racle le papier sur cette glace même. Puis la feuille est enlevée et la cuvette redressée. (La cuvette doit avoir une profondeur plus grande que ne l'indique la figure ci-dessus et être munie d'un recouvrement à sa partie inférieure).

On suspend alors pour sécher.

Toute l'opération se résume donc ainsi : Couper le papier à dimension et immerger pendant 3 minutes dans un bain de bichromate de potasse bien abondant, à renouveler tous les 8 jours; enlever la feuille, la placer sur une glace inclinée, la mixtion en dessous, chasser l'excès de liquide à l'aide de la raclette, et la suspendre pour sécher.

Il est d'une importance capitale, en été, de tenir le bain sensibilisateur froid (15° centigrades) sinon les images seraient *réticulées*, défaut dont nous parlerons plus loin.

§ 364. Effet du bichromate de potasse sur l'économie animale. — L'opérateur qui sensibilise le papier doit éviter de tremper les mains nues dans la solution de bichromate de potasse. Il est nécessaire, pour les protéger, de faire usage de gants en caoutchouc.

Si l'on a des blessures fraîches aux mains, le bichromate rend les plaies très-vives et les empêchent de se fermer.

Le bichromate de potasse est un poison qui agit par absorption;

cette substance doit être maniée avec prudence. On en ressent assez vite les effets aux mains : la peau chatouille vivement, l'on se gratte alors instinctivement, et les blessures s'aggravent.

Avec un peu de prudence, il est très-facile d'éviter ces inconvénients.

§ **365. Séchage du papier sensibilisé.** — Cette partie du procédé au charbon est d'une importance plus grande encore que la sensibilisation. En effet, la sensibilité à la lumière, la cohésion de la mixtion lors du transport sur verre, la vigueur des images, sont affectées en raison du temps que la feuille sensibilisée a mis à sécher.

Un séchage rapide donne au papier trois qualités tout à fait essentielles, à savoir :

1° Celle de fournir des images très-vigoureuses, des blancs purs et des noirs bien accusés. Au contraire, un papier qui sèche lentement donne souvent des images ternes et sans vigueur.

2° Celle d'adhérer facilement et énergiquement aux surfaces, lors du transport sur verre ou sur papier. Au contraire, un papier qui sèche lentement adhère mal et se soulève partiellement lors du développement.

3° Celle de se développer facilement à l'eau chaude et en peu de temps. Un papier qui sèche lentement se développe au contraire, lentement et avec difficulté.

Quand le papier sèche lentement, il est, il est vrai, bien plus sensible à la lumière que lorsqu'il sèche rapidement. Mais ce léger avantage est compensé par tant de désavantages qu'un séchage rapide doit être établi à tout prix.

Il est évident que le papier doit sécher dans l'obscurité, ou tout au moins dans une chambre obscurcie par des verres jaunes. Il est bon de trouver dans la maison que l'on occupe, une place bien sèche, dans laquelle se trouve une cheminée et une fenêtre ou une ouverture quelconque donnant sur la rue ou dans la cour. La fenêtre est enlevée et remplacée par un double store en bois conforme aux figures 160 et 161. Le store extérieur seul ne suffirait pas à exclure la lumière, mais le second coupe toute lumière de l'extérieur (fig. 161) et permet à l'air de circuler facilement de l'extérieur vers l'intérieur. Un volet intérieur permet de former tout accès à l'air extérieur, lorsqu'il fait trop de vent ou que le temps est très-humide. Le double store doit être peint en jaune, intérieurement et extérieurement. De cette manière, il éclaire suffisamment la chambre du séchage.

Dans la cheminée on place un foyer ouvert, et non pas un poêle fermé. Le foyer ouvert a l'avantage d'échauffer peu et de produire un appel d'air énergique.

Il est de la dernière importance d'éviter, dans la chambre du séchage, la présence de becs de gaz allumés, ou de lampes à pétrole.

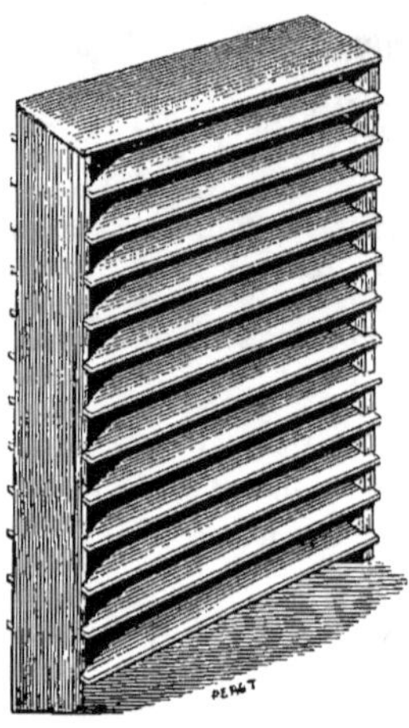

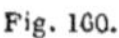

Fig. 160.

Fig. 161.

Le voisinage immédiat d'une fosse d'aisance ou d'un égout est également fatal, de même que celui d'une cuisine.

En général, il faut éviter toutes les émanations quelconques dont l'effet, sur le papier au charbon, est de le rendre insoluble en dehors de toute action de la lumière.

C'est ainsi qu'il suffit de suspendre le papier, surtout lorsqu'il est presque sec, le soir dans une cuisine éclairée par le gaz, à l'effet de le sécher entièrement, pour rendre l'adhérence sur le verre ou le papier-transport presque impossible. Les épreuves sont, de plus, entièrement voilées dans les blancs. Car ces substances gazeuses, surtout les produits de la combustion du gaz à l'éclairage, ont sur le papier au charbon l'effet de réduire le bichromate de potasse *exactement comme si l'on séchait le papier dans une place éclairée par le jour direct.*

Un courant d'air rapide qui fait constamment mouvoir les feuilles suspendues est ce qu'on peut avoir de mieux; quand elles sont à moitié sèches, on peut (en hiver, bien entendu) allumer le foyer ouvert et fermer les stores et les portes. Alors la faible élévation de température de l'air produit rapidement le séchage complet de la feuille.

Pour sécher rapidement le papier, il ne faut pas le suspendre à hauteur d'homme, mais placer des roulettes au plafond avec des ficelles qui permettent d'élever la feuille près de ce plafond. Alors la feuille sèche deux fois aussi vite qu'à l'ordinaire, l'air humide descendant dans les salles au lieu de s'élever comme le fait l'air chaud.

En été, la température de la pièce dans laquelle s'opère le séchage ne doit pas dépasser 15 à 20 degrés. C'est pourquoi il faut avoir soin d'éviter les rayons directs du soleil sur des fenêtres garnies intérieurement de papiers noirs, etc. Des stores extérieurs sont préférables.

Par les très-fortes chaleurs de l'été, il vaut mieux sécher le papier dans la cave (si l'on possède une cave bien sèche). Car lorsqu'il fait très-chaud le papier s'insolubilise partiellement à la surface.

Il est bon d'exclure de la chambre du séchage les cuvettes contenant le bain sensibilisateur, etc., car tout ce qui donne de l'humidité ralentit le séchage.

Si l'on sensibilise le papier le soir, il doit être sec le lendemain matin, et, s'il ne l'est pas, on doit faire en sorte, en chauffant la pièce, qu'il le soit.

Quand le papier est sec, si la sécheresse est trop grande, il est dur et cassant, et alors il se manie très-difficilement. Mais il suffit de le placer quelques minutes dans un endroit humide pour qu'il devienne flexible.

Le doigt appliqué sur le papier ne doit pas y adhérer, sinon cela prouverait qu'il n'est pas complètement sec. Employé ainsi, il collerait au cliché et le détruirait en enlevant la couche de collodion verni.

§ **366**. **Conservation du papier au charbon sensibilisé.** — Si l'on veut produire des images vigoureuses avec des clichés légers, il faut employer au plus tard le papier sensibilisé la veille, mais si l'on a des clichés durs, dont les demi-teintes s'enlèvent facilement au développement, il vaut mieux se servir du papier 48 heures après la sensibilisation.

C'est même le seul moyen que possède le praticien d'imprimer convenablement au charbon des clichés très-durs, c'est d'employer du papier sensibilisé de plusieurs jours. Les demi-teintes s'obtiennent mieux.

Par les temps humides, le papier sensibilisé s'altère; mais par les très-fortes chaleurs, cette altération est beaucoup plus rapide. Il devient lentement insoluble.

L'amateur pourra conserver plusieurs jours le papier sensibilisé, en le plaçant coupé à dimension, en paquets bien serrés et pressés entre 2 glaces, les couches sensibilisées étant en contact deux à deux. Ou bien encore fortement enroulé, puis recouvert d'une feuille d'étain et placé dans un fourreau de fer blanc.

§ **367**. **Des négatifs.** — Les négatifs très-légers ne donnent pas, avec le papier au charbon, des images aussi vigoureuses qu'avec le papier albuminé. La gamme des tons est autre. Avec le papier albuminé, le négatif doit être juste à point. Mais, avec le charbon, on peut de tout négatif, faible ou dur, obtenir une bonne épreuve. Pour cela, il suffit de faire varier le titre du bain sensibilisateur. Mais, hâtons-nous de le dire, ce moyen n'est pas pratique dans un grand atelier. Si le négatif est trop léger, mieux vaut verser sur le dos du négatif un vernis mat (1), et renforcer les noirs avec l'estompe ou du graphite et, à l'aide d'un canif, gratter dans les parties transparentes. De cette manière, on renforce très-bien le négatif.

En moyenne donc, *les négatifs pour le charbon doivent être un peu plus intenses que pour le papier albuminé.*

Les clichés très-durs peuvent aussi se corriger comme nous l'avons dit à l'alinéa précédent, en employant du papier sensibilisé de 2 jours.

Il est indispensable de coller sur les bords du cliché un papier jaunâtre (pas noir, comme on l'a recommandé), *qui limite le cliché à la partie à reproduire.* Si l'on oubliait cette précaution essentielle, il arriverait fréquemment, lors du développement, que l'épreuve se soulèverait sur les bords, par défaut d'adhérence.

§ **368. Les châssis-presse.** — Les châssis-presse ordinaires employés dans le procédé au papier albuminé peuvent aussi servir pour le procédé au charbon. Mais, si l'on doit en acheter de nouveaux, on peut en supprimer la planchette pliante, puisque, ainsi qu'on le verra bientôt, la venue de l'image ne peut pas être examinée comme quand il s'agit du papier albuminé.

Pour obtenir dans le châssis-presse une adhérence bien complète entre le papier au charbon et le négatif, on doit interposer une feuille de caoutchouc vulcanisé de 1/2 centimètre d'épaisseur au moins entre le négatif et la planchette. Ce moyen avait été proposé pour le papier albuminé et rejeté, parce que le caoutchouc vulcanisé sulfurait les épreuves. Mais ici, ce défaut n'étant plus à craindre, on peut avoir recours au caoutchouc qui est bien supérieur aux coussins de papier ou d'étoffe. Il suffit d'en faire l'essai par les temps humides pour s'en convaincre.

Le châssis de Lechleitner a pour l'objet l'impression d'épreuves à deux teintes. M. Sarony a réuni plusieurs de ces châssis en un seul et lui a donné son nom. On peut atteindre ce but de bien d'autres manières, mais le châssis Sarony le fait d'une manière très-commode.

Un cadre en bois DCML contient un double fond sur lequel se

---

(1) Voir page 194.

placent les négatifs. Il est un peu plus grand qu'il ne devrait l'être afin de convenir à des formats divers de négatifs.

Le double fond étant fermé comme le montre la figure, les papiers

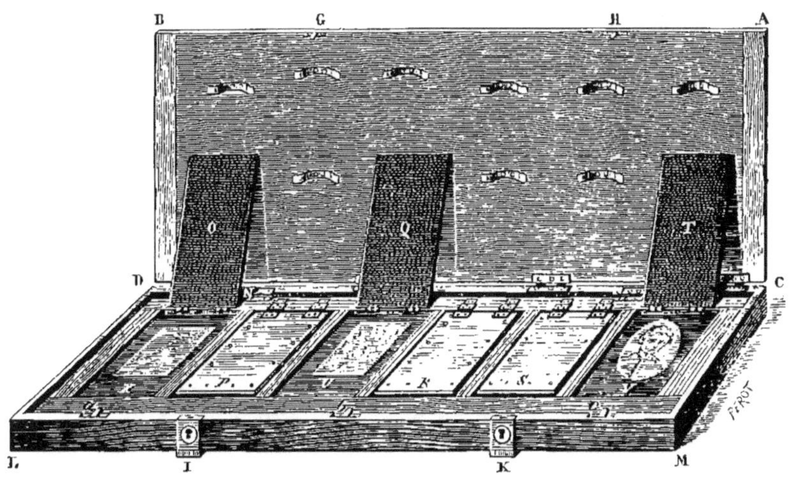

Fig. 162.

coupés avec un calibre sont placés dans leurs compartiments, en ayant soin de toujours glisser le papier vers la gauche et le haut, où il doit toucher l'encadrement. On ferme alors les planchettes pliantes O, P, Q, R, S, T, après avoir marqué le papier au crayon par derrière.

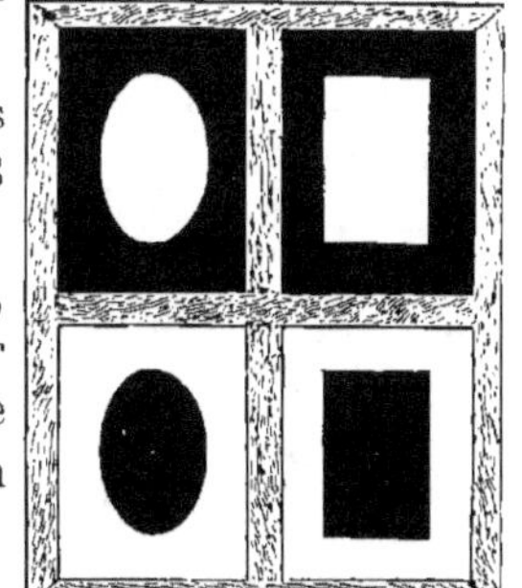

Fig. 163.

Quand toutes les planchettes pliantes sont fermées, on ferme le couvercle ACDB et le châssis est prêt.

Les négatifs s'impriment maintenant, mais le pourtour du négatif est protégé par un papier noir collé sur le double fond, de manière à présenter un rectangle ou un ovale (fig. 163).

Cela étant fait, on a un second châssis, mais où l'ovale et le carré sont figurés en noir, le fond étant transparent. Ce châssis teinteur s'emploie comme le précédent, mais l'impression exige à peine quelques secondes d'exposition. La teinte s'imprime alors, et, si on colle dans le châssis des gélatines transparentes avec le nom et l'adresse, le tout se fait en une fois.

Il faut voir fonctionner ces châssis pour en comprendre toute l'utilité.

§ **369. Le photomètre.** — Le photomètre **anglais** est très-simple. Il consiste en une boîte en fer blanc (fig. 164), dont le couvercle M porte une lame de verre peinte en couleur rouge chocolat, sauf une petite portion carrée, au centre, qui est découverte.

Dans l'intérieur de la boîte se trouve une bandelette de papier sensibilisé à l'argent qu'un coussin de velours presse toujours contre le verre dont nous venons de parler. Placé au jour, ce papier noircit lentement. Quand la teinte qu'il a prise correspond à celle qui est peinte sur le verre, l'on a un degré du photomètre. A ce moment, on glisse un peu la bande de papier et on imprime un second degré, et ainsi de suite.

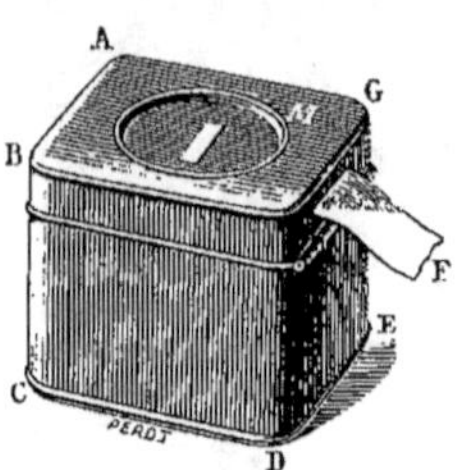

Fig. 164.

Il existe plusieurs autres photomètres : un volume ne suffirait pas à les décrire. Tous sont bons, si l'on s'en sert convenablement.

Quel que soit le photomètre employé, il ne faut jamais avoir recours aux teintes foncées produites par la lumière, car on se trompe alors de fortes quantités, les teintes foncées étant beaucoup plus difficiles à juger par l'œil que les teintes légères.

§ **370. Impression des clichés.** — Le papier au charbon doit être découpé avec un couteau effilé sur une glace (qui ne sert qu'à cet usage), soit à l'aide de calibres en glace dépolie pour les petites épreuves, soit à l'aide d'une règle en acier et d'un modèle de papier pour les grandes épreuves.

Il est tout à fait indispensable *que les bords du papier ne dépassent pas la bande de papier qui protège les bords du cliché.*

Le papier est placé dans le châssis-presse comme à l'ordinaire. On époussette d'abord le cliché, puis le papier au charbon et l'on place ce dernier sur le négatif. On le couvre alors du coussin de caoutchouc, puis de la planchette, etc., et on expose au jour.

Chaque cliché doit porter un numéro à côté duquel on inscrit le degré photométrique.

Quand l'impression est finie, il faut rapidement distribuer à la surface des châssis des cartons qui interceptent la lumière. De même, quand on place les châssis, munis de papiers nouveaux sur la table éclairée, il faut encore les couvrir et enlever alors toutes les couvertures ensemble ou du moins très-rapidement.

M. Sarony, à Scarborough, au lieu de laisser ouverte la partie AB (fig. 165) de la table sur laquelle on imprime, ferme cette paroi à l'aide de verres jaunes AC, sauf qu'il ménage à la partie inférieure une ouverture CB de 5 à 6 pouces de hauteur.

Sur la table BL peut glisser une autre table plus légère EF recouverte des châssis à imprimer, portant le photomètre au milieu.

On charge et on décharge donc tous les châssis à l'intérieur, et à l'abri de la lumière blanche, puisque la table EF est glissée sur la table en plein jour. Le photomètre se place en E, où on peut faci-

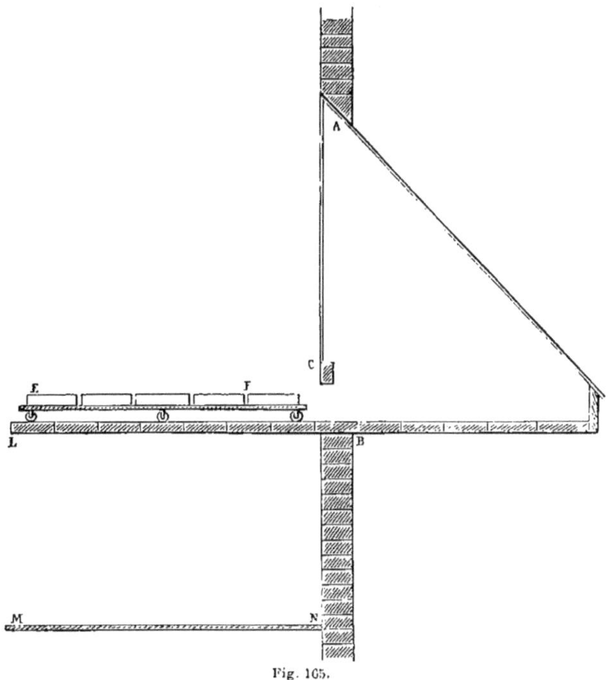

Fig. 165.

lement le prendre pour l'examiner. Comme c'est à l'extrémité de la table B qu'il fait le plus clair, c'est là qu'on place les clichés les plus intenses.

Avec un peu de pratique, du reste, l'usage du photomètre devient beaucoup plus facile et plus sûr que l'examen, une à une, des épreuves, comme on le fait pour le papier albuminé.

Les indications photométriques sont du reste très-exactes, excepté dans les temps très-sombres, alors le papier au charbon est un peu plus sensible que celui du photomètre, qu'il faut donc laisser noircir un peu moins. Au soleil, c'est le contraire.

Recommandations essentielles. — Il faut éviter de toucher la surface des papiers si l'on a les doigts humides : ce seraient autant de taches.

Le papier au charbon étant à peu près 3 fois plus sensible que le papier albuminé, il est indispensable de protéger le déchargement des clichés à l'aide de rideaux jaunes.

Il faut éviter, par les temps humides, que les papiers ne se ramollissent. Ils colleraient aux clichés, dont ils enlèveraient la pellicule de collodion.

Il nous faut maintenant appeler l'attention du lecteur sur le point le plus important de tous, à savoir : *que l'impression sur papier au charbon continue même après que l'action de la lumière a cessé.*

C'est là un phénomène très-curieux, mais si souvent observé qu'il faut en tenir un compte sérieux.

Ainsi les épreuves d'un même cliché, obtenues au même degré du photomètre, diffèrent énormément si, les développant toutes ensemble le soir, on compare celles du matin avec celles tirées l'après-midi. La différence est encore plus considérable si on abandonne une de ces épreuves au lendemain.

Quand on développe le soir, il faudrait donc tirer le matin toutes les épreuves faibles. Mais cela serait peu pratique. Comme, après tout, cette continuation de l'action de la lumière est lente, *et qu'elle cesse dès que les épreuves sont mouillées,* il vaut mieux d'heure en heure, procéder au transport et au développement, ou tout au moins, au transport en conservant les feuilles transportées sur le papier ou sur verre les unes sur les autres, afin d'empêcher qu'elles ne sèchent. Nous reviendrons du reste sur ce dernier point aux articles relatifs au *transport simple* et au *transport double.*

— Ici finissent les opérations communes aux procédés au charbon dits transport simple et transport double. Nous allons maintenant décrire les opérations subséquentes ; nous les diviserons en deux chapitres distincts, en recommandant de nouveau à celui qui n'a jamais fait le charbon de commencer par le transport simple.

SECTION III. — DU TRANSPORT SIMPLE.

Le transfert *simple* donne des épreuves retournées avec les négatifs ordinaires. Le lecteur en comprendra de suite la cause lorsqu'il saura que, au lieu d'obtenir directement l'épreuve sur le papier au charbon, comme cela est le cas pour le papier albuminé, il est obligé de transporter la couche de mixtion impressionnée sur un second papier, préparé exprès pour cet usage.

Le *double* transport donne des épreuves redressées, comme nous le verrons plus tard. Mais le procédé du transport *simple* est si certain, si facile, que nous engageons tous ceux qui veulent essayer le procédé au charbon à commencer par là.

On peut du reste retourner préalablement les négatifs, soit à l'aide du prisme ou du miroir placé en avant de la chambre noire, soit en se servant de clichés pelliculaires soit enfin, et ce procédé est très-facile avec les glaces sèches, en exposant la glace retournée dans le châssis même.

§ **371. Nature du papier transfert simple.** — Le papier transfert simple se prépare en rouleaux, exactement comme le papier au charbon. Il peut aussi se faire en feuilles. Il est recouvert d'une couche de gélatine insolubilisée par l'alun de chrome. Cette couche se reconnaît de l'envers du papier parce qu'elle est plus unie et plus brillante. Il faut toujours, du reste, avant de se servir de ce papier et après l'avoir découpé à dimension, en marquer l'envers au crayon, pour le reconnaître dans les opérations subséquentes.

Le papier dit « *papier émaillé* » et celui dit « *au blanc de baryte* » réussit quelquefois sans l'intermédiaire d'aucune couche interposée, mais il arrive que les épreuves s'en détachent après plusieurs mois; voilà pourquoi nous avons renoncé à la fabrication du papier *simple transfert émail.*

§ **372. Transport du papier impressionné.** — Cette opération doit être faite dans une chambre peu éclairée(1). Le papier transfert étant coupé de la dimension un peu plus grande que l'épreuve, est immergé pendant 2 à 3 minutes(2) dans l'eau **froide,** puis retiré et appliqué *tout mouillé* sur une glace, une table de marbre ou de bois verni bien uni, *l'envers du papier étant en dessous.*

L'épreuve au charbon est alors immergée dans de l'eau froide, la couche en dessous, et remuée dans cette eau, passant même le plat de la main sur la mixtion et sur le dos du papier pour enlever les bulles d'air qui auraient pu se former. Le papier se recoqueville d'abord en dedans, puis devient plan, et c'est à ce moment précis qu'il faut l'appliquer sur le papier transfert. Mais avec des papiers mixtionnés plus minces, cet effet est plus rapide et au bout d'un temps de 30 à 60 secondes, on peut les retirer de l'eau froide et les appliquer sur le transfert, le côté de la mixtion en dessous.

---

(1) On peut opérer en pleine lumière pourvu que l'on protège bien les papiers impressionnés contre l'action du jour direct tant qu'ils sont secs. Une fois mouillés ces papiers peuvent voir le jour, que l'on mitige en tous cas à l'aide de rideaux.

(2) Il n'y a aucun inconvénient à y laisser le papier plus longtemps, fut-ce des heures entières.

Saisissant alors la raclette de la main droite et maintenant le papier en place de la main gauche, on frotte d'abord légèrement, puis très-fortement sur le dos du papier au charbon, en procédant du centre vers les bords. Les deux papiers deviennent alors plans. Il faut bien chasser toute l'eau en excès et toutes les bulles d'air (on s'aperçoit qu'il y a des bulles d'air si une partie du papier forme une cloche locale).

Il est de plus, indispensable, après le raclage, de passer une éponge sèche sur le dos du papier mixtionné et surtout sur les bords, pour enlever l'eau en excès. Car, si cette eau séjourne sur les bords, elle pénètre la mixtion, qui se détache alors *sur les bords* pendant le développement.

Si l'épreuve est de grande dimension, au delà 30 cent. sur 40, il est bon d'immerger à la fois le papier transfert et l'épreuve, de les ajuster à peu près l'une sur l'autre dans l'eau même, de les retirer ensemble, et de racler alors le tout sur la glace.

Si l'épreuve est de petite dimension, carte ou cabinet, il est plus commode d'opérer le transport de plusieurs épreuves sur une seule et même feuille de papier transfert. Dans ce cas, on immerge rapidement toutes les petites épreuves dans l'eau, d'où on les retire une à une pour les placer sur le transfert mouillé, puis, recouvrant le tout d'une feuille *mince* de caoutchouc rentoilée mouillée, on racle sur cette dernière et avec force, de manière à obtenir une planimétrie parfaite.

L'usage de la feuille de caoutchouc rentoilée (qui peut être très-mince) est très-sûr et très-commode, parce que de cette manière on peut frotter très-fort sans le moindre danger pour l'épreuve.

Si l'épreuve n'a pas été surexposée et si elle n'a pas séjourné trop longtemps dans l'eau, elle colle et adhère avec force au papier transfert. Mais si les bords du papier ont vu le jour, si le papier a été surexposé, alors la surface du papier mixtionné est devenue *insoluble,* il ne colle plus, et l'adhérence n'a plus lieu, ou n'a lieu qu'imparfaitement.

Le temps pendant lequel l'épreuve séjourne dans l'eau n'est donc pas indifférent, pas plus que la température de cette eau, qui doit être très-froide (de 10 à 15 degrés). Si l'épreuve séjourne trop peu de temps dans l'eau, une foule de bulles d'air microscopiques se mettent souvent entre l'image et le papier transfert, parce que la gélatine, continuant à se gonfler, aspire l'air à travers les pores du papier. Si ce séjour est trop prolongé, la gélatine absorbe trop d'eau et n'adhère plus au transfert. Si l'eau a une température de 15 à 20 degrés, l'épreuve se recoqueville en peu de secondes, mais *on peut être certain que l'image sera complètement réticulée*, surtout si la température de cette eau est supérieure à 25°.

En été, il est d'une importance capitale de se servir, pour détremper le papier charbon au moment du transport, *d'eau très-froide et très-abondante*, sinon les images seront *réticulées*. Il faut se servir d'une cuvette profonde, contenant beaucoup d'eau, et maintenir le papier charbon sous l'eau, car s'il arrive partiellement à la surface, il s'échauffera au contact de l'air, et dans ces parties l'image sera réticulée.

Dans le même bac d'eau froide qui a servi à une épreuve, on peut continuer à tremper les papiers transports suivants, ainsi que d'autres épreuves au charbon. Cette eau devient jaune par l'effet du bichromate qui se dissout, mais ceci n'offre aucun inconvénient.

Quand les feuilles sont transportées, il faut les suspendre ou les mettre à plat les unes sur les autres afin d'éviter qu'elles ne sèchent, surtout si l'on veut remettre le développement au soir, ce que l'on peut faire sans inconvénient. Au reste, on peut procéder au développement 10 minutes après le transport, mais pas avant, sinon le papier mixtionné pourrait se détacher au transfert et le développement de l'image serait difficile et inégal.

On ne peut jamais procéder au développement avant que le bichromate n'ait percé à travers le papier transport qui devient jaune dans sa texture, ce qu'il est facile de voir sur l'envers du papier.

Une fois les épreuves transférées, comme elles sont humides, on ne doit plus les protéger contre l'action du jour, à moins qu'il ne soit trop vif, attendu que le papier mixtionné n'est sensible que pour autant qu'il soit sec.

§ 373. Développement. — Cette opération peut se faire en pleine lumière : elle doit même se faire ainsi, puisqu'il s'agit de bien juger de l'état des images.

Voici comment on procède :

Dans une cuvette en bois doublée de cuivre mince, on verse de l'eau **chaude** (1) à 30 degrés de température, de manière à recouvrir le fond de la cuvette d'une couche de 2 centimètres d'épaisseur.

Le papier transfert supportant les épreuves au charbon (comme nous l'avons décrit à l'alinéa précédent) est immergé dans cette eau chaude, le papier au charbon étant au-dessus. L'eau de la cuvette est

(1) Si l'on emploie de l'eau trop chaude il se forme des quantités de petites bulles agglomérées que l'on aperçoit en enlevant le papier charbon du transfert. Ces petites bulles constituent autant de taches sur les épreuves.

tenue constamment en mouvement pour maintenir le papier immergé et pour favoriser l'absorption de l'eau chaude.

Au bout de quelques minutes, on voit les bords de l'épreuve dégager des veines colorées, provenant de la dissolution de la mixtion colorée dans l'eau chaude.

Bientôt, sous l'influence de l'eau chaude en mouvement, les angles de l'épreuve tendent à se soulever. L'on peut alors, en saisissant le papier mixtionné par un angle, le détacher lentement du papier transfert. Le papier mixtionné, n'étant plus d'aucun usage, peut être jeté.

L'image que l'on voit à la surface du papier transfert est tout à fait empâtée de mixtion colorée, mais il suffit de la laisser dans l'eau chaude pendant quelques minutes, la couche de charbon en dessus, puis d'y projeter l'eau chaude de la cuvette avec la main, pour la voir s'éclaircir et se développer entièrement. On reconnaît ce point, lorsque, soulevant l'épreuve hors de l'eau chaude pour la laisser égoutter, aucune trace de matière colorante n'apparaît plus au coin inférieur de l'image.

On peut, du reste, si le bain d'eau chaude est suffisamment abondant, développer plusieurs feuilles à la fois, en les immergeant successivement dans l'eau.

Nous avons dit qu'il fallait employer de l'eau à 30° pour détacher l'épreuve du support provisoire. Mais il faut, pour développer l'image, ajouter de l'eau très-chaude dans la cuvette, mêler le tout de manière à avoir de l'eau à 40°.

Du reste, la température de l'eau varie suivant la nature du papier charbon, suivant qu'il a séché vite ou lentement, suivant qu'il a été sensibilisé la veille ou de plusieurs jours. La pratique seule peut enseigner ces points de détail.

Il arrive toujours que, sous l'influence de l'eau chaude, la couleur qui se trouve dans la mixtion colorée s'agrège spontanément et se réunit en *grains noirs* qui s'attachent à l'image, dont la nature est essentiellement collante. Ce phénomène se produit *surtout* lorsque l'eau chaude est immobile, et que plusieurs épreuves sont en contact les unes avec les autres. Aussi pour éviter ce défaut, est-il bon, une fois que le papier mixtionné est détaché, de retourner le papier transfert l'image en dessous, et de laisser le développement se faire lentement et de lui-même. C'est surtout lorsque l'eau chaude a servi à développer un grand nombre d'épreuves que ces grains sont à craindre.

L'image est formée par la gélatine en relief. Elle est très-fragile, mais à l'opération suivante (alunage) elle devient plus dure.

Si le temps d'exposition à la lumière a été exact, et si le cliché n'est pas trop léger, l'image développée est très-brillante avec toutes les demi-teintes désirables. Si le temps de pose est trop court, les noirs seuls apparaissent, et les demi-teintes sont successivement enlevées par l'eau chaude; l'image entière semble disparaître et disparaît en effet.

Si le cliché est trop dur, les demi-teintes disparaissent partiellement dans les blancs, et dans ce cas, il faut se servir de papier sensibilisé de 2 jours.

Mais si le temps de pose a été trop long, alors, non-seulement il arrive que l'image se détache du transfert par défaut d'adhérence (et cela parce que toute la surface de l'image est insolubilisée), mais de plus l'image est entièrement empâtée. Toutefois, si l'on ajoute un peu d'eau bouillante au liquide (ce que l'on doit faire en sortant d'abord l'épreuve de l'eau, puis agitant bien le liquide) de manière à porter l'eau à 50° centigrades, et si, de plus on y ajoute quelques gouttes d'ammoniaque et qu'on y laisse l'épreuve suffisamment de temps, elle pâlit peu à peu, et peut être amenée a bien, à moins que le temps de pose n'ait été par trop exagéré.

Si l'on veut éclaircir seulement une partie de l'image, on peut verser localement sur cette partie de l'eau à 50°. Sous l'influence du filet d'eau chaude qui agit alors mécaniquement, le développement est activé à cette place.

Les épreuves sont bien plus *vigoureuses* en dépassant un peu l'exposition à la lumière dans le châssis-presse, et en développant avec de l'eau à 45°, que si on les expose juste le temps voulu, et qu'on développe avec de l'eau à 35°.

§ **374. Insuccès.** — L'insuccès le plus fréquent est dans le défaut d'adhérence des épreuves au transfert, alors l'image s'en détache. Généralement ce défaut se produit en été. Il a surtout pour origine la sensibilisation du papier mixtionné dans un bain trop riche en bichromate. Dans ce cas, au séchage, la surface du papier s'insolubilise et il n'adhère plus au transfert.

Le second insuccès consiste dans la formation de petits amas de bulles lorsqu'on arrache le papier charbon du transfert. C'est qu'on a employé de l'eau trop chaude pour détremper le papier charbon. Dans ce cas, on emploiera de l'eau moins chaude et on y laissera les papiers plus longtemps.

Le troisième insuccès est dans la *réticulation* des images, défaut dont nous parlerons plus loin (§ 292).

§ **375. Alunage.** — A proprement parler, l'image au charbon n'a pas besoin d'être fixée, puisque le bichromate est presqu'entièrement éliminé par l'eau chaude, et que toute la mixtion colorée, sauf celle qui constitue l'image, est enlevée ; mais la couche est collante et sans consistance. Autant pour la rendre non-collante, c'est-à-dire insoluble, que pour enlever les dernières traces de bichromate (1), il est nécessaire d'immerger l'épreuve pendant 10 *minutes* dans un bain abondant et *filtré* de :

Eau de pluie (2).	5 litres.
Alun pulvérisé en poudre (3)	250 grammes.

Ce bain d'alun peut servir pendant un jour ou deux, mais il faut le filtrer même deux ou trois fois par jour si l'on s'en sert constamment, *car il se remplit de filaments qui s'attachent à l'image.*

Les épreuves sont alors immergées pendant une heure dans un grand baquet d'eau, et ensuite suspendues pour sécher.

L'épreuve au charbon une fois sèche perd tous ses reliefs, et est extrêmement résistante au frottement, si résistante que l'on a même une certaine peine à l'entamer avec un grattoir en acier.

§ **376. De la réticulation de l'image.** — Il arrive fréquemment en été que l'image au charbon est entièrement couverte d'un filet noir microscopique qui en altère toute la finesse. C'est la réticulation. On aperçoit déjà que l'image est réticulée lorsqu'elle sèche. Elle offre alors un aspect mat par réflexion.

Ce défaut se produit à la volonté de l'opérateur, en trempant le papier au charbon dans de l'eau tiède à 30 degrés (au lieu d'eau froide) au moment du transport. Alors, le papier au charbon, au lieu de se recoqueviller lentement en dedans, le fait rapidement et devient de suite plan. C'est qu'il absorbe rapidement l'eau et l'on dirait que par une espèce de dilatation rapide, suivie d'un retrait subséquent, l'image se replie sur elle-même pour former ce filet noir qui la couvre en entier.

On l'évite *toujours* si l'eau dans laquelle on trempe le papier au moment du transport est très-froide *et très-abondante.* Cette eau doit être d'autant plus froide que la température extérieure est plus élevée, et cela se conçoit, puisque la température qui règne dans la couche est la moyenne entre celle de l'eau et celle qu'avait le papier.

Même par des températures de plus de 36° centigrades, nous avons

(1) Le bichromate de potasse est extrêmement soluble dans l'alun.

(2) L'eau de puits ordinaire, contenant des sels calcaires, trouble l'alun en y formant un précipité blanc qui s'attache souvent aux épreuves.

(3) L'alun étant peu soluble doit être employé en poudre, ou tout au moins concassé en petits fragments.

évité la réticulation en nous servant d'eau à 0° centigrade, prise dans une glacière. Mais généralement de l'eau fraîche prise au puits suffit.

Cette eau doit être abondante, et dans les villes où l'on a une distribution d'eau, il est bon d'employer une cuve de 25 centimètres de profondeur dans laquelle elle coule d'une façon permanente. Il faut maintenir le papier sous l'eau, s'il vient à la surface il sera facilement réticulé.

On doit aussi éviter l'usage de bains de bichromate concentrés. En été, des bains à 1 et 1 $^1/_2$ % de bichromate suffisent.

§ **377. Retouche et montage.** — La retouche de l'épreuve au charbon est très-facile, surtout si on la dépolit préalablement en la frottant avec la poudre d'os de sèche. Comme l'image est plus ou moins rugueuse, l'emploi de l'estompe est particulièrement favorable pour donner des vigueurs dans les noirs. Pour ce dernier mode, on achète dans le commerce : 1° du noir de fumée en poudre impalpable ; 2° du carmin en morceaux, ou mieux de la « *tête morte.* »

Ce carmin, on le pulvérise et on le passe au tamis *de soie très-fin*. On mélange bien le noir de fumée et le carmin (poids égaux) et y trempant l'estompe, on s'en sert pour donner des vigueurs dans les noirs. Pour les parties qui doivent être retouchées au pinceau et repiquées, l'on trempe une bande de papier mixtionné un instant dans l'eau chaude; la couche fond, coule et l'on retouche avec cette couleur. Le grattoir en acier (dont on se sert pour enlever les taches d'encre) permet d'introduire des détails dans les blancs avec une extrême facilité.

L'épreuve étant sèche, on la passe à l'encaustique (cire 1 partie, benzine chaude 10 parties, laisser refroidir). Un peu de cette encaustique est mis sur un morceau de flanelle et frotté vivement sur l'épreuve. Il vaut mieux encaustiquer les épreuves après le satinage. On peut encore vernir les épreuves avec le vernis à tableau, ou les émailler comme les épreuves sur papier à l'argent (voir page 254).

L'épreuve est montée sur carton comme à l'ordinaire, en la plaçant à plat sur une table, étendant de la colle d'amidon sur l'envers à l'aide du pinceau, collant alors sur bristol. Mais il faut éviter de mettre de la colle sur l'image, car on ne peut l'enlever avec une éponge qu'en risquant d'endommager partiellement l'image, *qui est fragile tant qu'elle est humide*. Une fois sèche, l'image devient d'une extrême solidité.

SECTION IV. — TRANSPORT DOUBLE PAR LE SUPPORT FLEXIBLE.

§ **378. Le support flexible.** — Ce support est spécialement préparé à l'aide du papier à simple transport que l'on recouvre d'un vernis à la cire (cire 1, benzine chaude 5 parties). Il est mat d'un côté, c'est l'envers; et brillant de l'autre, c'est le côté qui recevra l'image provisoire.

Le support flexible peut être utilisé plusieurs fois de suite, à la condition toutefois que, quand on s'en est servi et qu'il est bien sec, de le mettre à plat sur une table, l'envers en dessous, et de le frotter avec un tampon de flanelle imbibé d'un peu de la solution suivante :

Benzine.	100 grammes.
Cire	1 »

Il faut frotter légèrement, de manière à rendre au papier son luisant primitif. Quelques secondes suffisent pour une épreuve extra-plaque de 21 centimètres sur 27.

§ **379. Le premier transport et le développement.** — Ces opérations sont en tous points identiques à celles que nous avons décrites en détail pour transport simple, page 286 et suivantes. Le support flexible est d'abord immergé pendant une minute dans l'eau froide et placé sur une glace, le côté luisant au-dessus. Le papier au charbon est aussi immergé (et peut l'être dans la même eau qui vient de servir), puis appliqué sur le premier, le côté mixtionné en contact avec le côté préparé du côté flexible.

On recouvre le tout de la feuille de caoutchouc que l'on racle. Le caoutchouc enlevé, une éponge bien exprimée est passée sur le bord des épreuves pour enlever l'excès d'eau.

L'ensemble des deux papiers est suspendu pendant $^1/_4$ d'heure, puis immergé dans l'eau chaude à 40 degrés, et l'image est développée de la manière que nous avons décrite page 289.

Le papier portant l'image est placé dans la solution d'alun et finalement lavé à plusieurs eaux, pendant $^1/_2$ heure (plusieurs épreuves à la fois peuvent être développées, alunées, lavées, etc).

Seulement, *il n'est pas indispensable de laisser sécher l'image* (1). Quand on enlève l'épreuve de la dernière eau, on la met à plat sur

---

(1) Mais on peut laisser sécher et opérer comme dans le procédé double transfert sur verre.

une glace épaisse, l'image en haut, et *sans tarder* on procède à l'opération suivante.

§ 380. Le second transport. — On se sert, pour le second transport, d'un papier spécial recouvert de gélatine à demi-soluble, qui porte le nom de papier transport double (1).

Le papier transfert étant coupé à dimension (toujours un peu plus grand que l'image) est immergé dans l'eau chaude à 40°, bien propre, le côté préparé en dessous, en évitant les bulles. Quand la couche de gélatine en est ramollie, on le sort de l'eau chaude en le saisissant par deux angles, le côté préparé vers soi, et ce côté on l'applique sur l'image au charbon : on fait d'abord toucher le bord inférieur, puis on abaisse régulièrement la feuille.

On recouvre le tout d'une feuille de caoutchouc rentoilée bien propre, *qui ne sert qu'à cet usage*, et l'on racle pour chasser toutes les bulles d'air qui pourraient se trouver entre les deux papiers. Il faut, après cette opération, que ces derniers ne forment qu'une seule feuille homogène.

Suspendez alors le tout pour sécher dans une chambre bien aérée et légèrement chauffée.

Évitez dans cette opération l'emploi de raclettes servant aux autres opérations, et opérez proprement, en éloignant les solutions de bichromate, etc., sinon l'épreuve définitive serait tachée.

Quand la feuille est bien sèche, introduisez à l'un des angles, entre les deux papiers, la lame d'un canif, puis saisissant chacun des papiers par leur angle ainsi rendu libre, détachez-les l'un de l'autre, ce qui est très-facile.

L'image est maintenant reportée du support flexible provisoire sur le papier définitif.

L'aspect de l'épreuve est semi-brillant, comme le papier albuminé.

La retouche se fait après le collage sur bristol, exactement comme nous l'avons décrit page 293.

Dans tout ce qui précède, nous avons toujours parlé d'une seule épreuve. Mais il est clair qu'on peut opérer le transport de plusieurs papiers mixtionnés sur un seul grand support flexible, appliquer dessus le papier double transport et obtenir ainsi un grand nombre d'épreuves à la fois.

---

(1) Voyez la section suivante où nous décrivons plus en détail la nature de ce papier.

SECTION V. — DOUBLE TRANSPORT A L'AIDE DU VERRE.

§ **381. Préparation de la glace.** — On se sert généralement pour cet objet de glaces polies de 4 à 5 millimètres d'épaisseur, *si l'on veut conserver aux épreuves tout leur brillant.* Sinon, le bon verre ordinaire est tout aussi convenable.

Si l'on désire obtenir des épreuves *mates* au lieu d'épreuves brillantes, on se servira d'un verre finement dépoli, car il ne faut pas oublier que l'image au charbon prend exactement l'état physique du support provisoire sur lequel elle a été développée.

Le verre opale est très employé pour cet usage. Il a l'immense avantage, étant blanc dans sa pâte, de permettre l'examen de l'image pendant le développement, ce qui est plus difficile avec le verre ordinaire. Seulement, il est d'un prix plus élevé.

Beaucoup d'opérateurs, et nous sommes de ce nombre, opèrent sur des verres de grande dimension, ce qui permet le transport de plusieurs épreuves à la fois et constitue une grande économie de temps. Mais d'autres opérateurs, et de fort habiles, prennent un verre pour chaque épreuve.

La glace est nettoyée à la manière ordinaire. Cependant les glaces ayant déjà servi ne doivent plus être nettoyées. Il suffit d'enlever à l'aide d'une lame de couteau, le collodion ou les pellicules de charbon qui pourraient rester à leur surface pour les rendre propres à servir de nouveau.

§ **382. Cirage de la glace.** — Faites la dissolution suivante :

Cire jaune raclée en petits morceaux. . .	1 gramme.
Benzine de bonne qualité	150 cent. cubes.

En hiver, il est nécessaire de chauffer légèrement la benzine pour dissoudre entièrement la cire. A cet effet, la cire et la benzine sont mises dans un ballon en verre à fond plat que l'on met dans une terrine d'eau chaude. La solution est limpide et claire. Quand il fait froid, une partie de la cire se sépare du liquide et gagne le fond du flacon. On peut séparer ce dépôt en filtrant.

La glace bien nettoyée (1) est placée à plat sur une table, en face d'une fenêtre. On évite le voisinage des pissettes à eau, etc., pour que des gouttelettes d'eau ne se répandent pas sur la glace, etc.

(1) En hiver, il est bon de conserver les glaces dans un endroit chaud, ce qui favorise beaucoup l'opération du cirage.

En un mot, une table spéciale et des soins sont ici indispensables.

On prend un petit morceau de flanelle entre le pouce et l'index, et le plaçant sur le goulot ouvert du flacon qui contient la solution de cire, on renverse le flacon pendant une demi-seconde pour imbiber la flanelle. Puis on promène, en tournant sans cesse, cette flanelle sur la glace. *Il ne faut passer qu'une seule fois et éviter de mettre trop de cire,* car une quantité extrêmement faible de cette substance doit rester sur la glace.

Il est bon, pendant que l'on opère, de regarder la surface de la glace au jour frisant, de cette façon on n'en oublie aucune partie. *Il est tout à fait essentiel d'éviter la condensation de l'haleine sur la glace,* sinon l'épreuve ne s'enlèvera pas du verre.

La glace est maintenant mise sur le support à sécher pendant 1/2 heure. On cire toutes les glaces les unes après les autres, ce que l'on peut faire à l'avance. Inutile d'ajouter qu'à chaque glace que l'on cire, le petit tampon de flanelle doit être humecté de nouvelle solution de cire.

Ce petit tampon peut du reste servir jusqu'à ce qu'il soit devenu dur et sale.

Si les images doivent avoir le brillant de la glace elle-même, il faut polir les glaces cirées. Mais si ce brillant ne doit pas être supérieur à celui du beau papier albuminé, on peut laisser les glaces cirées telles qu'elles sont, et les recouvrir de collodion comme nous le dirons à l'alinéa suivant.

Le polissage peut se faire quelques minutes après avoir ciré la glace. On la pose à plat, évitant toute humidité, soit dans les polissoirs, soit par condensation de l'haleine, et à l'aide d'un morceau de flanelle blanche et souple, grand comme un mouchoir, et bien sec, on frotte *légèrement* sur la cire, de manière à la polir. Sur des glaces légèrement chauffées cela va très-facilement. — Il faut de temps à autre retourner la flanelle, et éviter le *grippement*, qui produirait de petits bourrelets de duvet de flanelle mélangée de cire à la surface de la glace. Le même accident se produit si l'on frotte fortement. Alors la glace, examinée au jour frisant, n'est pas polie, mais recouverte d'une multitude de points qui formeront plus tard comme autant de crochets qui retiendront l'épreuve.

Une glace neuve est plus difficile à cirer qu'une glace ayant servi plusieurs fois. Avec une glace neuve il arrive fréquemment que l'épreuve y reste adhérente et qu'on ne peut plus l'enlever du tout. Aussi avons-nous pour habitude, quand nous nous servons pour la première fois d'une glace, d'y étendre la solution de cire comme du collodion, de laisser sécher et de nous en servir ainsi.

Quand les glaces sont simplement cirées sans être polies, on peut procéder à l'opération suivante quand on le désire. Mais si les glaces sont cirées et *polies*, il faut éviter qu'elles ne prennent la poussière et s'en servir aussi vite que possible.

§ **383. Collodionnage du verre.** — Le collodionnage du verre n'est nullement indispensable, même pour obtenir des images émaillées. On peut procéder au transport directement sur les glaces simplement cirées, surtout si l'on fait usage du double transport émail.

Mais l'adhérence du papier au charbon est plus grande avec la couche de collodion et nous conseillons au commençant l'usage du collodion, quitte à en abandonner l'usage lorsqu'il est tout à fait au courant du procédé. Faites le collodion suivant :

Ether	1/2 litre.
Alcool	1/2 litre.
Pyroxyline	5 grammes.

Il ne faut vous en servir qu'après parfait dépôt, en décantant la partie claire dans un flacon spécial.

Les glaces sont époussetées, recouvertes une à une de collodion, immergées dans un grand baquet d'eau froide bien propre, exactement comme on le pratique pour faire le cliché avec le collodion ioduré et le bain d'argent. Il y a cependant cette différence, qu'il est parfaitement inutile d'activer le dégraissage de la glace en l'élevant et l'abaissant dans l'eau : il est, au contraire, préférable de laisser ce dégraissage s'opérer naturellement, ce qui prend 10 minutes. Du reste, les glaces peuvent séjourner longtemps dans l'eau sans aucun inconvénient, pourvu que cette eau soit bien propre, *sinon l'image sera, plus tard, criblée d'une infinité de petites taches rondes et blanches.*

Après cela, on procède au transport. Mais il est indispensable, lorsqu'on retire la glace de l'eau, de la laver encore une fois sous le robinet d'une fontaine, afin d'enlever tout l'éther et l'alcool. *L'eau pure doit courir en nappe continue à la surface de la glace.*

S'il restait de l'éther et de l'alcool dans la couche, même à l'état de traces, ces liquides exerceraient sur le papier mixtionné un effet de mouillage inégal, et *les épreuves développées seraient remplies de taches,* sous forme de nuages surtout visibles dans les fonds unis. Ces taches seraient naturellement attribuées aux défauts du papier et elles ont cependant une toute autre cause.

La glace bien lavée est mise à plat sur une table spéciale, et l'on procède immédiatement au transport.

§ **384. Premier transport.** — Dans un bac en zinc versez de l'eau ordinaire, propre, *exempte de corps étrangers* (qui tous s'attacheraient à la mixtion de gélatine).

Cette eau doit être bien froide, et le lecteur relira avec fruit tout ce que nous avons dit pages 288 et 289.

Le papier mixtionné, placé dans une boîte, est apporté près du bac, en évitant la lumière. Le papier est pris par les bords, et immergé dans l'eau. Le plat de la main est rapidement passé sur le dos du papier mixtionné (un pinceau plat en martre peut également servir à cet usage), puis le papier est retourné et nettoyé de la même manière (toujours sous l'eau), *en évitant de perdre du temps*, et, au bout de 1 à 2 minutes, placé sur la glace, la mixtion étant en contact avec le collodion.

Si l'épreuve à transporter est de grande dimension, il est préférable d'introduire la glace collodionnée bien lavée sous le papier mixtionné que l'on ajoute sur la glace. On les retire ensemble de l'eau pour les placer à plat sur la table et racler comme nous le dirons tout à l'heure.

Quand on immerge une ou plusieurs épreuves dans l'eau froide chaque épreuve se recoqueville d'abord en dedans. Il faut attendre qu'elle devienne plane, ce qui a généralement lieu après une minute, et alors on peut la faire adhérer à la glace. Mais on peut très-bien, si les épreuves sont de petite dimension, carte ou album, par exemple, laisser les épreuves 3 minutes dans l'eau très-froide et commencer le transport par celles qui sont planes, les retirer une à une, et les placer l'une à côté de l'autre sur la glace, en ménageant un intervalle de quelques millimètres entre leurs bords. Il est clair que c'est le côté gélatiné du papier qu'il faut placer en contact avec le côté collodionné du verre.

Une feuille mouillée de toile au caoutchouc, mince, de bonne qualité, et un peu plus grande que la glace, est alors étendue sur les épreuves; la raclette de caoutchouc est promenée sur la toile, en procédant du centre vers les bords et en appuyant d'abord doucement, puis plus fort, de manière à chasser l'excès d'eau.

Sous l'influence du frottement, il s'opère une adhérence complète entre tous les papiers et la glace, et, au bout de peu de secondes de frottement, l'opération est finie.

En enlevant la toile, examinez bien la glace à un jour frisant. Toutes les épreuves doivent être bien planes. Un relief indiquerait une bulle sous la couche. Il faudrait alors appliquer de nouveau la toile et opérer un raclage local pour chasser la bulle. Toute bulle d'air interposée entre la glace et la mixtion colorée, constitue une tache après le développement.

Il est très-important d'enlever avec une éponge bien exprimée (et faire cela avec prudence pour ne pas érailler la couche du collodion), toute l'eau qui reste adhérente sur les bords des épreuves. *Sinon ces bords se satureraient d'eau et se soulèveraient du développement.*

Quant aux glaces recouvertes de leurs papiers mixtionnés, on les met toutes les unes sur les autres, *car il faut éviter qu'elles ne sèchent.*

Toute cette opération peut se faire en plein jour, pourvu que l'on prenne soin de protéger les épreuves sèches, contre un jour trop direct, jusqu'au moment où on les plonge dans l'eau : car, le papier au charbon n'est sensible à la lumière que lorsqu'il est sec.

On peut procéder au développement 10 minutes après que le transport des épreuves sur glaces a eu lieu. Si l'on procède au développement après moins de 10 minutes, les demi-teintes ont de la tendance à s'enlever dans l'image, et le développement est inégal. Le photographe de profession, qui a beaucoup d'épreuves à tirer, fera mieux d'abandonner toutes les glaces les unes sur les autres jusqu'à ce que le développement puisse se faire sur une certaine quantité.

Nous avons toujours remarqué que nos fonds étaient plus unis dans les images, et que celles-ci étaient plus fines, en procédant au développement *une heure* après le transport, qu'en procédant à ce développement quelques minutes après le transport sur verre.

Dans tous les cas, une fois les épreuves transportées sur glaces, pourvu que celles-ci ne sèchent point, elles ne continuent plus à s'impressionner ; voilà pourquoi nous avons recommandé de faire le transport sur verre au fur et à mesure qu'une certaine quantité d'épreuves vient de l'atelier de tirage.

§ **385. Développement.** — Dans une cuvette en bois, doublée intérieurement de cuivre, et beaucoup plus grande que la glace que vous voulez développer, versez de l'eau chaude (1) à 30 degrés de température, de manière à avoir une épaisseur de liquide de 1 à 3 centimètres.

Plongez-y la glace qui supporte l'épreuve ou les épreuves, celles-ci étant au-dessus.

Opérez exactement comme nous l'avons décrit page 289 à propos du simple transfert.

Quand le papier charbon est arraché de la glace, celles-ci paraît

(1) Il est indispensable d'avoir de l'eau chaude propre, exempte de matières étrangères qui toutes s'attachent à la gélatine et forment autant de taches.

Le procédé au charbon, ainsi qu'on en peut juger, exige certains soins de propreté sans lesquels on ne saurait réussir.

toute noire, mais, si on la soulève hors de l'eau chaude et qu'on l'examine contre le jour, on voit les images par transparence, empâtées par un grand excès de gélatine colorée.

L'on prolonge le séjour de la glace dans la cuvette, en tenant le liquide toujours en mouvement. En plaçant la glace debout dans la cuvette et projetant avec la main l'eau chaude sur l'image, on en active le dépouillement. Il arrive bientôt un moment où l'image est entièrement dépouillée. On en est certain lorsque, plaçant la glace debout sur un support, on ne voit plus de traînées noires aux angles des images dans le sens de l'égouttement.

En général, l'épreuve est dépouillée et claire en 4 ou 5 minutes.

Mais en achevant ainsi le développement, par projection d'eau chaude à sa surface, les demi-teintes s'enlèvent facilement. Il vaut mieux procéder lentement, de la manière suivante :

On fait des cales ABC en plomb (1), et l'on pose un des côtés de la glace DE sur ces cales (après que l'on a arraché le papier charbon), naturellement la couche en dessous. On abandonne la glace à elle-même pendant plusieurs minutes, puis on la relève pour l'examen. Si l'on voit que le développement est achevé, on la plonge un instant dans de l'eau plus chaude, puis on la met dans l'alun.

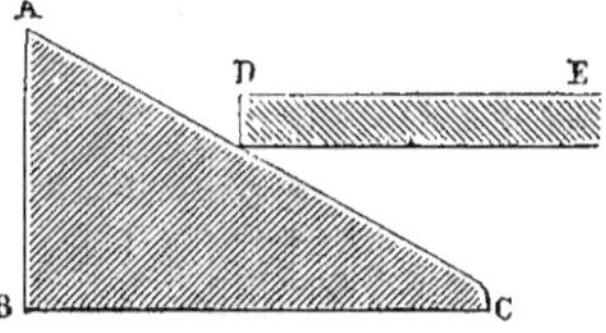

Fig. 166.

Cette méthode a cet avantage, outre sa facilité, d'éviter que la matière colorante agrégée ne vienne se précipiter en points noirs sur la couche de gélatine, ce qui est très-fréquent.

Pour obtenir de très-belles épreuves au charbon, il est bon de les tirer un peu plus fort qu'elles ne doivent être, de les laisser développer d'elles-mêmes comme nous venons de le dire, puis de les finir en les aspergeant *localement* d'eau très-chaude là où l'on désire les éclaircir. De cette façon, les images sont très-vigoureuses.

Pour ce qui concerne les épreuves sousexposées ou surexposées, et leur traitement, relisez ce que nous en avons dit page 291.

§ **386. Alunage.** — La glace développée peut être directement immergée dans la solution d'alun décrite page 291, où elle doit séjourner au moins 5 minutes, mais où elle peut aussi séjourner un quart d'heure sans inconvénient.

---

(1) Pour cela on découpe d'un tuyau de plomb de 2 cent. de diamètre extérieur des bouts de 5 cent. de long et on en rabat les extrémités par un coup de marteau.

L'effet de l'alun est de durcir davantage la couche, qui, autrement n'aurait qu'une consistance insuffisante.

La solution d'alun doit être renouvelé tous les trois jours. Si l'on s'en sert beaucoup, il est nécessaire de la filtrer 2 ou 3 fois par jour, car elle se remplit de filaments qui s'attachent à la couche.

Au sortir de l'alun, examinez bien la glace. Elle est souvent remplie d'une multitude de grains de couleur qu'elle a pris à l'eau chaude du développement (1). Car cette eau contient nécessairement de la gélatine colorée, et souvent la couleur en grains agglutinés se précipite sur la couche molle de gélatine, si on oublie un instant de tenir la cuvette en mouvement. On peut, après l'action de l'alun, passer très-légèrement sur la couche un pinceau de martre fine, mouillé, qui la nettoie. La glace est maintenant rincée à grande eau, et enfin, placée pendant une demi-heure dans un baquet d'eau froide. On la met alors sur le support afin qu'elle sèche, ce qui a généralement lieu en 6 heures. On aura toujours soin, quand deux glaces sont placées sur un seul support, que les couches de gélatine soient en dehors, sinon elles sècheraient difficilement.

Si les couches sèchent trop vite, elles s'écaillent et tombent de la glace. Ce défaut arrive par les temps très-secs.

Si on opérait immédiatement le second transport, tous les reliefs de la gélatine seraient écrasés : de là, perte totale de finesse. Il est donc préférable de les faire sécher. Mais, si l'on est pressé, le second transport peut se faire immédiatement de la manière suivante :

Faites un mélange de 1 litre d'alcool et de 1/2 litre d'eau et immergez-y l'épreuve, après le développement, pendant 3 ou 4 minutes. L'alcool enlève l'eau à la gélatine et abaisse les reliefs. On peut alors appliquer le papier double transport au sortir de l'eau chaude sur l'image, racler, laisser sécher et détacher comme il sera expliqué en détail au chapitre suivant.

Après le développement, on peut voir par réflection les reliefs de la gélatine et alors l'image manque de finesse. Mais après dessiccation, les reliefs de la gélatine sont très-faibles, et l'image devient tout à fait nette. Voyez maintenant ce que nous avons dit de la réticulation page 292.

§ **387. Du papier double transport.** — Le papier double

---

(1) Pour ce motif nous immergeons toujours les glaces dans l'alun la couche en dessous, un des côtés de la glace étant appuyé sur une cale en plomb.

transport est couvert d'une couche de gélatine rendue à moitié insoluble par l'alun de chrôme. Le papier couché (au blanc de baryte) recouvert de cette gélatine constitue le *double transport émail.*

Quand le papier double transport est récemment préparé, la gélatine qui le recouvre se ramollit aisément par de l'eau chaude à 35°. Mais s'il est préparé de longtemps, cette gélatine s'insolubilise de plus en plus, et il faut, pour la rendre collante, de l'eau de plus en plus chaude, et même additionnée de quelques gouttes d'ammoniaque. Au bout de quelques années, il arrive même que la gélatine qui recouvre le papier double transfert est devenue *complètement* insoluble, même dans l'eau bouillante.

Voici la meilleure manière de se servir du papier double transfert.

Trempez le papier double transfert, coupé à dimension, quelques minutes avant de vous en servir dans *l'eau froide* où il peut rester sans inconvénient une ou deux heures. Immergez le support provisoire (glace ou papier) portant les images, également dans l'eau froide, mais un instant seulement et mettez-le à plat sur une table.

Enlevez de l'eau froide un papier double transfert et immergez-le dans *l'eau chaude* jusqu'à ce qu'il soit complètement ramolli, ce qui doit avoir lieu en quelques secondes et ce que l'on reconnaît en frottant le papier entre le pouce et l'index. La gélatine doit pouvoir s'en enlever facilement, sinon l'adhérence entre le transfert et les images, serait insuffisante et ces dernières pourraient se détacher quand l'épreuve est collée. *Alors les blancs des contours auraient une apparence argentée.*

La température de cette eau chaude doit varier suivant la nature du double transfert employé. Si celui-ci est récemment préparé, une eau chaude de 30 degrés centigrades suffit. Mais s'il est vieux, cette eau doit avoir 50 et même 60 degrés. Si cette température ne suffit pas encore, ajoutez un peu de carbonate de soude ou quelques gouttes d'ammoniaque dans cette eau.

Si l'eau est trop chaude, ou si l'on y laisse le double transfert trop longtemps, la gélatine en est enlevée.

Le papier étant ramolli, appliquez-le sur l'image au charbon et raclez. Puis laissez sécher et détachez.

Il arrive fréquemment que, dans les blancs, l'image reste adhérente au verre. Cela arrive surtout si l'on a enlevé la cire de la glace avec un tampon de flanelle humide.

§ **388. Épreuves émaillées.** — Quand le papier portant l'image est enlevé de la glace, l'image a le brillant du verre. Veut-on la coller sur bristol, elle perd la moitié de ce brillant, et conserve, après le satinage, le brillant du papier albuminé ordinaire.

Si l'on veut conserver un brillant absolu, il faut opérer sur des glaces dont la surface est bien polie, et, au lieu de coller seulement un papier transfert comme nous l'avons dit, opérer comme nous allons l'expliquer.

Quand la première feuille de papier double transfert (sortant de l'eau chaude) a été rendue adhérente à la glace par la raclette, on mouille bien, avec de la pâte à l'amidon (colle ordinaire) du papier commun, et on le colle sur le papier transfert en raclant, tout l'excès de colle. Puis on colle une 3e et 4e feuille de papier, pour faire carton sur la glace, et on laisse sécher le tout.

Pour bien réussir, il est nécessaire que la première feuille de papier appliquée sur le dos du papier transfert soit un peu plus grande que la glace. On en rabat l'excédant sur l'autre côté de la glace, sinon, il arrive fréquemment que le carton formé se détache spontanément du verre, et commence à se détacher par un coin seulement. L'on a alors une inégalité dans le brillant de l'image qui la fait rejeter.

Il est encore nécessaire que les papiers dont on se sert pour faire carton sur l'image soient bien imbibés préalablement d'eau, afin qu'ils soient bien distendus, et alors seulement on applique la colle à l'amidon. Sinon des bulles se forment entre les papiers, et l'image est inégalement brillante là où les bulles se sont formées.

Le séchage doit s'opérer très-lentement, sinon il arrive qu'un bord se soulève, et alors l'on n'obtient pas, en cet endroit, un brillant parfait.

Quand le tout est rigoureusement sec, on incise les bords, et le carton portant l'image doit se détacher à l'instant même. Si le papier était humide, il faudrait employer un certain effort pour l'enlever, et le brillant serait perdu.

Le carton ainsi formé ne doit plus être collé sur bristol, mais doit être directement mis sous passe-partout.

§ **389. Retouche.** — La retouche des épreuves peut se faire sur la glace, avant le double transport, avec un mélange de couleurs à l'huile en tubes (noir et rouge).

Pour opérer commodément, on pratique cette opération sur le pupitre à retoucher des négatifs.

En appliquant un papier blanc contre la glace portant l'image et en contact avec celle-ci, on peut juger de sa vigueur. Si certaines parties en manquaient, il suffirait de passer une estompe imbibée de couleur sèche broyée finement, sur ces parties. L'estompe mord avec une étonnante facilité sur la couche rugueuse qui constitue les noirs de l'image.

Comme couleurs à l'estompe, on se sert d'un mélange convenable de noir de fumée et de laque de garance en poudre impalpable. Ce mélange a le ton même de l'épreuve au charbon.

La retouche n'est nullement enlevée par l'eau froide lorsque la glace est plongée dans l'eau avant le double transport. En opérant ainsi, on peut conserver le brillant de l'image alors que l'on fait carton sur la glace, comme nous l'avons expliqué à l'alinéa précédent.

Mais si l'on ne tient pas à ce brillant, on peut très-bien retoucher l'image comme à l'ordinaire, après que l'épreuve a été collée sur bristol, et exactement comme on le fait sur papier albuminé. Seulement il est toujours bon dans ce dernier cas, lorsque la retouche est finie, de passer un peu d'encaustique à la cire sur l'épreuve et de la polir avec le tampon de flanelle.

Le satinage des épreuves au charbon se fait exactement comme celui des épreuves à l'albumine.

SECTION VI. — PROCÉDÉS DIVERS CONCERNANT LE PROCÉDÉ AU CHARBON.

§ **390. Positifs transparents sur verre.** — Pour faire de beaux transparents sur verre, il faut absolument se servir d'un papier spécial, qui est préparé exprès pour cet usage (encre de Chine). Il diffère du papier mixtionné ordinaire en ce qu'il est extrêmement chargé en couleur (encre de Chine) et que cette dernière est broyée plus finement qu'à l'ordinaire. Ce papier est sensibilisé comme d'habitude, dans un bain de bichromate à 2 pour cent. Pour cette opération, ainsi que pour le séchage, on doit lire les pages 276 et suiv.

Seulement, quand le papier est sec, il n'offre pas une surface parfaitement unie ; et dès lors, s'il s'agit d'obtenir une épreuve positive extrêmement nette, en ne perdant absolument aucun détail du négatif, il est bon d'opérer comme suit.

On recouvre une glace, polie et cirée, de collodion qu'on immerge dans l'eau, etc., voir page 296.

Quand le papier mixtionné sort du bain sensibilisateur et qu'il a été raclé, on le pose sur la glace, le côté mixtionné en contact avec le collodion, et on le racle encore une fois, pour le faire adhérer à la glace collodionnée.

Dans cet état on le laisse sécher. Si l'on détache le papier, il a le brillant de la glace même, de sorte que, appliqué dans le châssis-presse contre le négatif, le contact dans toutes les parties est absolu.

Cette méthode a un autre avantage. C'est que, ainsi préparé, le papier peut se conserver tout sensible pendant plusieurs jours et cela tant qu'il est en contact avec la glace. Seulement pour plus de précaution, il faut recouvrir le papier mixtionné avec la glace qui le supporte, d'une autre glace, afin d'empêcher l'action de l'air sur le dos du papier mixtionné. Cela est surtout facile si l'on prépare en même temps plusieurs glaces, que l'on superpose à plat *quand les papiers mixtionnés qu'elles portent sont secs.*

L'exposition a lieu dans le châssis-presse. Elle doit être poussée à la moitié de plus à ce qui serait nécessaire à une épreuve ordinaire.

Pour le développement, on procède comme à l'ordinaire en se servant d'un verre ou d'une glace sans aucun enduit de cire ni de collodion, sinon les images seraient sujettes à s'en détacher.

Cette méthode évite complètement la réticulation des images dont nous avons parlé page 292.

L'image examinée par transparence ne doit pas être trop noire, si l'on veut obtenir un beau positif. Voici une méthode à l'aide de laquelle on peut lui donner un beau ton violacé noir (1).

Faites les trois solutions suivantes :

I.	Eau	1 litre.
	Sulfate de peroxyde de fer (2)	40 grammes.
II.	Eau	1 litre.
	Carbonate de soude pur	40 grammes.
III.	Eau	1 litre.
	Acide gallique	10 grammes.

Ces solutions se conservent fort longtemps et peuvent servir à un grand nombre d'épreuves.

Le verre portant l'image est immergé pendant 5 minutes dans le premier bain, enlevé, et rincé un instant dans l'eau ordinaire. On l'immerge alors pendant 10 minutes dans le second, on le retire pour le rincer encore. Examinée au jour, l'image a un peu rougi. Enfin, on l'immerge maintenant dans le 3e bain, un temps variable suivant l'intensité que l'on veut obtenir, et, pour cela, on retire de temps à autre le verre pour examiner l'image contre le jour. Rien n'égale la beauté du transparent ainsi obtenu si l'on n'a pas imprimé trop fort l'épreuve originale. Le ton est d'un violet foncé, et la finesse irréprochable.

L'image est maintenant lavée avec soin et séchée. Puis un verre dépoli est monté contre l'image, les bords collés, etc.

---

(1) M. Laurent a le premier, croyons-nous, indiqué le principe de cette méthode. Il trempait le verre dans un vieux bain de fer, puis dans l'acide gallique. Seulement, ce renforçage donne un ton bleu d'encre fort peu agréable.

(2) Ne confondez pas le sulfate de fer ordinaire (protosulfate de fer) avec le persulfate de fer. C'est le dernier qu'il faut se procurer chez un fabricant de produits chimiques.

De cette manière, il est facile d'obtenir d'admirables épreuves stéréoscopiques sur verre, à peu de frais, en bien moins de temps qu'à l'aide des procédés ordinaires, et avec une perfection sans égale.

Ce genre de transparents convient aussi à l'obtention de clichés destinés à l'agrandissement. Ces positifs, tout à fait transparents dans les ombres, donnent des négatifs agrandis bien plus fins et plus fouillés que ceux que l'on obtient par des méthodes ordinaires.

§ **391. Contretypes.** — Il arrive fréquemment que l'on désire reproduire plusieurs négatifs d'après un seul. Il existe, pour cet objet, un procédé très-délicat, dû à M. Obernetter, et qui consiste à saupoudrer de graphite en poudre une glace à la gélatine bichromatée (mélangée de sucre, de glucose et de miel), exposée à la lumière derrière le négatif original.

Le graphite ne s'attache qu'aux parties non altérées par la lumière.

Mais cette méthode offre, paraît-il, de très-grandes difficultés pratiques.

L'emploi du collodion chlorure d'argent, du collodion sec, etc. permet de reproduire un négatif en positif par transparence, et de ce dernier, il est aisé d'obtenir alors par les mêmes procédés, des négatifs de dimensions identiques à l'orginal. Mais ce procédé est tout aussi difficile que le précédent.

Reste enfin le procédé au charbon qui, comme on le sait, permet d'obtenir d'un négatif, de splendides positives par transparence. Dans ce but, on suivra très-exactement le procédé et les formules décrites à l'alinéa précédent (page 305).

Une fois le positif en transparence obtenu, et par le même procédé, on obtiendra autant de négatifs qu'on le désire.

§ **392. Héliochromie de M. Ducos du Hauron.** — M. Ducos affirme que toutes les couleurs peuvent être résumées en trois : le rouge, le jaune et le bleu. (Premier principe erroné, car le nombre de couleurs est infini, théoriquement parlant, puisque chaque partie isolée du spectre est constituée par de la lumière d'une vitesse différente).

M. Ducos veut ensuite obtenir trois épreuves en plaçant successivement devant de la chambre noire des verres vert, violet et orange. Chaque cliché sera différent, dit-il. Le premier aura été formé uniquement par la lumière jaune et bleue du modèle, car le vert absorbe le rouge, sa couleur complémentaire, et ne laisse passer que le jaune et le bleu, et ainsi des autres.

Seconde erreur, car de tels verres colorés n'existent point et n'ont jamais été fabriqués. Tous ceux qui se sont occupés quelque peu d'optique savent cela.

Continuons : M. Ducos de ces trois clichés veut alors tirer, à l'aide de mixtions colorées à la gélatine (procédé au charbon), des épreuves d'une couleur complémentaire de celle du verre coloré qui a servi à produire le négatif. Le cliché obtenu à l'aide du verre vert donnera une épreuve positive rouge, le verre violet un positif jaune, le verre orange, un positif bleu. Et les trois pellicules superposées donneront les couleurs de l'objet naturel primitivement reproduit.

Tout ce raisonnement est erroné, l'exécution en est absolument impossible. La solution du problème de l'héliochromie avec les moyens de M. Ducos, peut être rangée à côté de la quadrature du cercle et du mouvement perpétuel.

§ **393. Photochromie de M. Vidal.** — M. Vidal, dans le but de remplacer certains procédés d'enluminure à la main ou de chromolithographie reconnaît volontiers l'impossibilité d'y arriver directement comme le veut M. Ducos. Mais voici comment il y arrive. D'un cliché photographique unique, il fait des contretypes, et sur chacun d'eux, à la main et par les procédés de retouche ordinaire, il fait des réserves. Il imprime alors en mixtions colorées, de chacun de ces clichés, des épreuves positives qu'il superpose ensuite. Enfin, il recouvre le tout d'une épreuve au charbon d'un ton neutre, pour donner à l'image définitive de la vigueur dans les ombres.

Par ce procédé, il a produit des reproductions d'émaux, d'anciennes bijouteries, des porcelaines anciennes, qui ont étonné tous ceux qui les ont vues. Il est certain qu'aucun autre procédé *mécanique* n'a produit de tels résultats, et c'est tout ce que M. Vidal a jamais prétendu, malgré tout ce que l'on a pu en dire.

CHAPITRE IV.

PROCÉDÉS PAR IMPRESSION MÉCANIQUE ET VITRIFICATION (1).

SECTION I. — HÉLIOPLASTIE. — PROCÉDÉ WOODBURY (2). — PHOTOGLYPTIE.

L'hélioplastie, dont l'idée première est due à M. Poitevin, et qui, depuis, est devenu un procédé industriel créé de toutes pièces par M. Woodbury, est actuellement exploitée en France sous le nom de photoglyptie.

Par ce mode d'impression, que nous allons décrire avec assez de détails pour qu'il soit bien compris de tous, on arrive à l'impression mécanique d'une épreuve absolument comparable aux épreuves dites au charbon. L'image est encore formée par de la gélatine, additionnée d'une matière colorante : seulement, on l'obtient par une sorte de moulage et sans aucune nouvelle action de la lumière. Cet agent physique ne sert qu'à former le relief à l'aide duquel se produit, par pression ou par contre-moulage, le moule en creux dans lequel on verse l'encre gélatineuse qui constitue l'image.

§ **394. Principe sur lequel ce procédé repose.** — Le principe sur lequel repose cette nouvelle méthode d'impression est le suivant. Les couches de toute matière demi-transparente produisent, suivant leurs degrés d'épaisseur, différents effets d'ombre et de lumière. Par suite, si l'on a un moule en creux produit par l'action de la lumière sur la gélatine bichromatée, et si l'on remplit avec une matière demi-transparente le creux ainsi obtenu, on obtient un deuxième moule dans lequel les parties qui ont la plus grande épaisseur prennent une teinte foncée, tandis que les parties les plus minces correspondent à des parties de plus en plus blanches.

Si, dans le moule en creux, on verse un mélange de gélatine et de matière colorante, si ensuite on applique sur ce mélange gélatineux une feuille de papier, et si enfin on presse entre deux plateaux parfaitement dressés, l'excès de matière colorante se trouve complètement chassé ; la gélatine, une fois prise, adhère au papier, et lorsque ensuite on arrache le tout, le moule reste parfaitement sec.

(1) Nous devons ce chapitre tout entier à l'obligeance de notre ami Léon Vidal qui a bien voulu se charger d'une partie dans laquelle il a acquis un renom si mérité. Nous l'en remercions vivement, tant en notre nom personnel qu'au nom de nos lecteurs.

(2) *Bull. Soc. Franç.* 1866, p. 51 ; 1870, p. 308.

La partie photographique de l'opération porte sur la formation d'une gélatine, présentant des creux et des reliefs assez marqués pour donner la gamme des dépressions diverses du modèle à reproduire. Les opérations suivantes ne sont plus qu'un ensemble de manipulations et de tirages industriels auxquels le travail photographique proprement dit est tout à fait étranger.

Voici les diverses opérations qu'exige ce procédé.

On forme d'abord la gélatine à l'aide d'un cliché négatif ; puis, on la comprime sous une presse hydraulique contre une feuille de plomb. Le moule en creux qui en résulte est placé bien horizontalement sur une presse photoglyptique et il est alors prêt pour le tirage. On se sert, pour l'impression, d'une encre formée d'un mélange de gélatine étendue d'eau et d'une matière colorante appropriée au sujet.

Le papier employé pour cette impression reçoit aussi une préparation spéciale, dont nous donnerons la description.

§ 395. Clichés propres à la photoglyptie. — Quand on exécute un cliché négatif à la chambre noire, en vue de la reproduction photoglyptique, il convient de le pousser au développement, de façon à obtenir des tons plus intenses qu'il ne les faut pour les clichés destinés aux impressions au chlorure d'argent et au charbon.

On aura aussi tout avantage à faire un cliché pelliculaire, nous en donnerons plus loin la raison.

Les clichés, qu'ils soient ou non pelliculaires, ne conviennent que s'ils ne présentent pas de trop grandes surfaces blanches, des ciels étendus, par exemple. En ce cas, ils ne donneraient jamais un résultat satisfaisant dans un tirage photoglyptique.

Les reproductions de paysages d'après nature, où il y a des façades de maisons entièrement blanches, des ciels sans nuages, et occupant une certaine surface sans offrir le moindre feuillage, ou tout autre acccident naturel, ne peuvent guère convenir à l'impression photoglyptique.

Autre remarque importante : tout cliché fraîchement verni, bien que sec au contact des doigts, ne doit être employé à la formation de la gélatine que deux ou trois jours au moins après le vernissage.

§ 396. Préparation des couches de gélatine. — Voici la formule de la solution de gélatine qui sert à former les couches sensibles :

Gélatine Nelson, spécialité propre à la photoglyptie. . .	120	grammes.
Eau filtrée	480	»
Bichromate d'ammoniaque	20	»
Sucre raffiné	20	»
Glycérine	20	»

A cette solution l'on ajoute un peu d'encre de Chine pour colorer la couche, de façon à pouvoir suivre le modèle au moment du développement. La quantité de matière colorante employée produit des reliefs plus ou moins accentués.

Selon la saison, la quantité pour cent de bichromate d'ammoniaque peut varier de 3 à 5 : on en employera une quantité moindre au moment où la température sera élevée; en hiver, on peut aller jusqu'à 5 pour cent.

Pour une même température, les reliefs sont d'autant moins saillants que la quantité de sel de chrome introduite dans la couche est plus grande : mais cette préparation exige une exposition moins prolongée à la lumière.

Pour faire cette solution, on met d'abord la gélatine à tremper dans 580 grammes d'eau. Douze heures après, on la fait fondre au bain-marie. On ajoute aussitôt après la matière colorante, le sucre et la glycérine, et, lorsque la dissolution s'est refroidie, on y introduit le bichromate d'ammoniaque. On filtre ensuite le tout à travers un morceau de fine mousseline dans un récipient bien propre.

Lorsque ce liquide est bien limpide, il est prêt à la formation des couches sensibles. Celles-ci sont obtenues de la manière suivante. On prend d'abord des glaces bien nettoyées, de la dimension voulue pour le travail que l'on veut exécuter. On les choisira de préférence avec une surface de 30 × 40, parce qu'on a la facilité de couper en fragments de dimensions diverses les pellicules de gélatine obtenues sur ce grand format.

On frotte ces glaces, sur une de leurs surfaces, avec un tampon enduit de cire en dissolution dans de la benzine, ou même simplement avec de la poudre de talc. Cette opération a pour objet d'isoler du verre les couches qui vont être posées sur sa surface et d'en faciliter la séparation au moment opportun.

On les recouvre alors, en versant comme on le fait pour collodionner les plaques destinées aux impressions négatives, d'une couche de collodion normal bien filtré dont voici la formule :

Coton-poudre	2	grammes.
Ether à 62 degrés.	50	»
Alcool à 40 degrés	50	»
Une ou deux gouttes huile de ricin.		

Quand cette couche est bien sèche, on peut verser la gélatine, mais après avoir eu soin de poser chaque glace bien horizontalement, à l'aide d'un niveau à bulle d'air, sur des vis à caler qui traversent des règles en fer.

On fait tiédir la gélatine dans un bain-marie, maintenu à une température de 30 à 35 degrés, et on la verse sur le centre de la glace du côté du collodion. On verse avec précaution, de manière à ne pas répandre du liquide hors de la glace, et à produire une couche d'une épaisseur de 3 millimètres exempte de bulles d'air.

On laisse la gélatine se figer, sans toucher aux glaces; puis, on porte celles-ci dans la boîte à dessiccation.

§ **397. Boite à dessiccation.** — Pour activer la dessiccation d'une couche de gélatine aussi épaisse, on a recours à un produit chimique très-avide d'eau : le chlorure de calcium desséché.

On dispose une boîte de façon qu'elle puisse recevoir simultanément un certain nombre de glaces, posées chacune sur une cuvette remplie de chlorure de calcium. Chaque compartiment de cette boîte contient à la fois une cuvette en zinc et une coulisse dans laquelle s'engage, sur la cuvette et à quelques centimètres à peine au-dessus d'elle, une glace posée de façon que la couche à dessécher soit en dessous.

Une porte bien ajustée ferme hermétiquement cette boîte, où il ne doit pénétrer aucun courant d'air venant du dehors. Grâce à la température très-sèche que produit la présence de chlorure de calcium, la dessiccation des couches s'opère en douze heures au minimum pendant la bonne saison, et en hiver, en vingt-quatre heures.

Dès que la couche est sèche, elle est sensible à la lumière : il faut donc tenir cette boîte à dessiccation dans un lieu déjà assez sec naturellement et éclairé seulement par un carreau de vitre de couleur jaune.

A mesure que l'on doit se servir d'une couche ou plaque de gélatine, on sort une glace de la boîte; et en soulevant avec une pointe l'un des coins de la couche, on la détache par un mouvement continu. Le collodion est enlevé en même temps, et il sert à préserver un des côtés de la couche dans l'opération ultérieure du développement à l'eau chaude.

§ **398. Insolation.** — L'exposition à la lumière a lieu comme pour tous les autres procédés. Le cliché est posé sur la glace d'un châssis-presse, muni de traverses et de ressorts de pression assez forts, ou mieux encore de vis de serrage qui permettent de graduer la pression suivant les épaisseurs soit du cliché, soit de la couche de gélatine. Il faut, par une forte pression, bien assurer le contact de la couche et du cliché.

Le côté du collodion de la plaque de gélatine doit être appliqué contre la surface préalablement talquée, qui porte l'image négative;

il est essentiel de ne pas omettre cette opération, sans quoi l'image formée sur l'autre côté de la plaque de gélatine disparaîtrait tout entière sous l'action de l'eau chaude.

Il faut, en un mot, que la lumière, après avoir traversé le négatif, vienne agir sur la gélatine bichromatée, en passant à travers la couche de collodion qui recouvre cette gélatine.

L'insolation peut avoir lieu en plein soleil, ou en lumière diffuse. En plein soleil direct, elle dure, en moyenne, de dix minutes à un quart d'heure ; en lumière diffuse, il faut poser un temps suffisant pour réaliser l'effet des dix minutes de plein soleil. Un photomètre est un très-bon guide pour mesurer ces effets équivalents, surtout quand il est gradué pour des temps déterminés de plein soleil.

§ **399. Développement à l'eau chaude**. — Quand les plaques sont insolées, on doit procéder au développement à l'eau chaude, c'est-à-dire à la formation des reliefs. Mais tout d'abord, on doit fixer, sur des supports provisoires, toutes les plaques insolées. On les fixe sur des glaces, recouvertes d'un enduit poisseux, insoluble dans l'eau chaude. C'est une dissolution saturée de caoutchouc naturel dans de la benzine.

Cet enduit est d'abord versé sur un certain nombre de glaces, posées bien horizontalement sur des barres, munies de vis calantes comme celles qui servent à la préparation des couches de gélatine sensible.

On verse l'enduit sur chaque glace, de façon à l'en recouvrir en entier, sans se préoccuper, d'ailleurs, de l'excès qui pourrait s'échapper par les bords ; on laisse le dissolvant se volatiliser, et quand il l'est suffisamment, on peut se servir de ces glaces ainsi préparées.

On y applique les plaques insolées, de manière que le côté du collodion porte contre l'enduit de caoutchouc ; on facilite l'adhérence des deux surfaces à l'aide d'un cylindre en verre ou en métal, revêtu d'un tube en caoutchouc vulcanisé.

On roule ce cylindre en appuyant fortement sur la plaque de gélatine, et l'on constate bientôt que cette plaque se trouve parfaitement fixée à son support provisoire.

Ces résultats acquis, on introduit les glaces, dans les rainures verticales d'une cuvette en zinc, toujours alimentée par de l'eau chaude, à un degré assez élevé, 60 à 80 degrés centigrades environ.

L'eau se renouvelant sans cesse, à l'aide d'un tube de surverse qui part du fond de la cuvette et vient émerger à sa partie supérieure, la gélatine, qui n'a pas été rendue insoluble par l'action de la lumière, est entraînée au fur et à mesure de sa dissolution. — Au bout de quelques heures, et, quelquefois, d'un ou même de plusieurs jours, le relief est complet. On s'en assure soit par le contact des doigts, soit en voyant si toute la gélatine soluble a bien été enlevée par l'eau chaude. Ce résultat est atteint quand les clairs les plus forts sont lavés jusqu'au fond. On rince alors à une dernière eau chaude bien propre, puis à l'eau froide, on laisse enfin égoutter un instant la plaque de gélatine posée sur un support à glaces vertical, puis on la met à tremper, pendant cinq minutes, dans une cuvette contenant de l'alcool, et on la laisse enfin sécher. — L'alcool en prenant dans la gélatine la place de l'eau, permet d'obtenir la dessiccation bien plus rapidement.

Il est essentiel, après le bain d'alcool, de poser les plaques dans un endroit où elles puissent se sécher en dehors de tout courant d'air; autrement l'effet de contraction trop rapide de la gélatine amènerait la rupture de la pellicule de collodion.

Il n'y a plus, pour terminer l'opération de la formation de la gélatine, qu'à enlever celle-ci de son support provisoire. Au moyen de la pointe d'un canif, on coupe tout autour la couche de caoutchouc et l'on arrache le tout. Puis, par une sorte de friction des doigts contre le caoutchouc, en partant d'un des bords extrêmes, on le roule et on l'enlève par petits fragments. On peut, en l'humectant avec la benzine, faciliter cet enlèvement, qui ne demande qu'un peu d'habitude. Cette opération est surtout délicate, lorsque la gélatine contient des surfaces très-épaisses à côté d'autres parties très-minces, et sans aucune demi-teinte servant de transition. Si l'on a eu soin d'introduire un peu d'huile de ricin dans le collodion épais, il est moins cassant et cela vaut mieux pour les gélatines d'un maniement difficile.

Les gélatines sont aussitôt mises, bien à plat, entre les feuilles d'un cahier de papier buvard, disposé de façon à les classer avec ordre et à les conserver en dehors de toute atteinte de l'humidité, des insectes, et, aussi, d'une chaleur trop grande.

Pour compléter l'ensemble du procédé photoglyptique, il reste à nous occuper de la formation de la planche d'impression, ou moule métallique en creux et de l'impression à l'aide de ce moule.

§ **400. Du moule métallique en creux.** — La pellicule en relief de gélatine est pressée entre une plaque d'acier et une plaque de métal mou (lame de plomb de 6^{mm} d'épaisseur), celle-ci se trouvant en contact avec les reliefs de la gélatine. Il faut une pression de 500 kilogrammes par centimètre carré de surface. Pour faire de grands moules, on doit donc recourir à des presses hydrauliques puissantes. M. Kurbutt, à Philadelphie, a fait des surfaces de 40 cent. sur 50. M. Goupil, à Asnières, peut faire $30^c \times 40^c$. Le reproche que l'on faisait donc à M. Woodbury de ne pouvoir produire que de petites épreuves n'est pas fondé.

La pellicule de gélatine résiste parfaitement à cette pression. Mais le moule en métal mou cède, et prend *en creux* tous les reliefs de la gélatine.

§ **401. Impression.** — Le moule légèrement graissé avec une flanelle imprégnée d'huile verte est placé sur le plateau d'une presse fig. 167 analogue à une presse à copier les lettres à levier. On verse au milieu de ce moule, une gélatine colorée tiède ; on pose au-dessus une feuille de papier bien satinée, et on abaisse le plateau supérieur de la presse.

La presse chasse l'excès de gélatine colorée ; celle-ci se case dans les creux du moule. L'on attend alors quelques instants pour que la

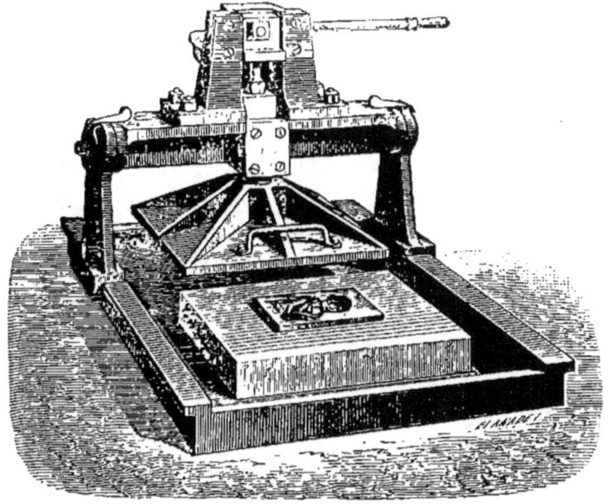

Fig. 167. — Presse photoglyptique.

gélatine se solidifie en se refroidissant. Alors la presse est ouverte, la feuille de papier revêtue du relief de gélatine coloré, enlevée, immergée dans l'alun, et satinée.

Ce dernier satinage *écrasant* les reliefs de l'image, celle-ci perd un peu de sa netteté. C'est le seul reproche que l'on puisse faire à la belle invention de M. Woodbury.

On a la faculté de changer facilement le moule quand celui dont on se sert ne donne plus des résultats satisfaisants. Ça n'est qu'une question de pression hydraulique et de calage d'un nouveau plomb. Opérations très-rapides.

§ **402. Pratique du procédé.** — Il faut des ouvriers adroits pour l'impression au procédé Woodbury et une direction habile. Sous l'impulsion énergique et intelligente de M. Rousselon, directeur de l'établissement Goupil, à Asnières, l'invention de M. Woodbury est devenue complètement pratique, et peut réaliser des tirages photographiques nombreux et très-parfaits. L'auteur de cet ouvrage saisit ici l'occasion de remercier publiquement M. Rousselon, au nom de tous ceux qui s'intéressent à l'avenir de la photographie, de son dévouement et de sa persévérance.

Le procédé de M. Woodbury vient de tomber dans le domaine public et il est à présumer qu'on en usera désormais plus qu'on ne l'a fait tant qu'il était l'objet d'un privilège.

M. Woodbury vient de le simplifier en vue de son emploi plus général, en supprimant l'obligation de recourir à une presse hydraulique à cause des frais élevés qu'entraîne l'usage de cet outil.

Le nouveau matériel photoglyptique créé par Woodbury est à la portée de tous, puisqu'on pourra se le procurer avec quelques centaines de francs.

Un simple laminoir à satiner les épreuves photographiques sert désormais à comprimer des feuilles minces d'étain ou de plomb contre les reliefs de la gélatine, et on cuivre ensuite à la pile le dos de la feuille métallique que l'on soude à une glace à l'aide d'un enduit ramolli par la chaleur et susceptible de durcir. L'on obtient ainsi un moule prêt à fournir des impressions tout comme ceux que l'on produit par la compression directe de la gélatine contre une lame de plomb épaisse.

§ **403. Applications diverses du procédé Woodbury.** — Ce procédé a encore l'immense avantage de permettre l'impresion sur verre, sur bois, sur métal, et par suite de la transparence de l'encre dont on se sert, il devient très-pratique pour faire des épreuves sur du papier qui aurait reçu des teintes plates ou modelées préalables de diverses couleurs, ainsi que cela a lieu dans le procédé de photochromie de M. Léon Vidal où, pour l'obtention des reproductions d'objets métalliques, la photoglyptie joue un rôle si important. Le tirage photoglyptique est alors effectué de façon à se repérer avec le dessin en couleurs diverses, préparé lithographiquement avec toutes les valeurs polychromes voulues, pour rendre l'effet cherché.

Ainsi que nous l'avons dit en débutant, ce procédé ne convient guère aux impressions d'images où il y a de grands blancs; il ne permet pas non plus de tirer des épreuves avec des marges propres; il y a donc lieu de rogner et de monter les épreuves une fois qu'elles ont été fixées dans un bain d'alun et vernies au tampon. Voir pour ce vernissage la manière de le faire dans le chapitre relatif à la phototypie.

§ **404. Papier photoglyptique.** — Il est nécessaire avant d'en

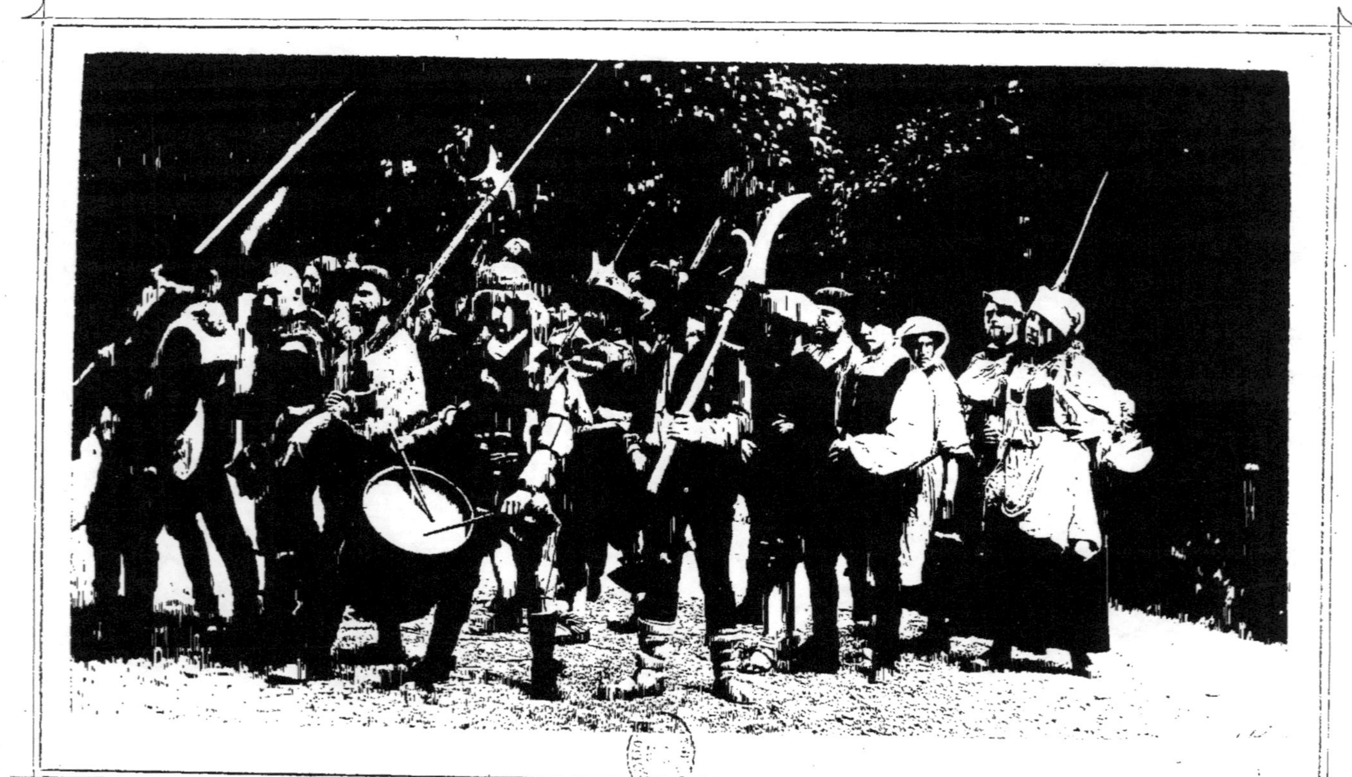

EPREUVE HÉLIOTYPIQUE, D'APRÈS UN CLICHÉ AU GÉLATINO-BROMURE D'ARGENT.
PAR
OBERNETTER, MUNICH

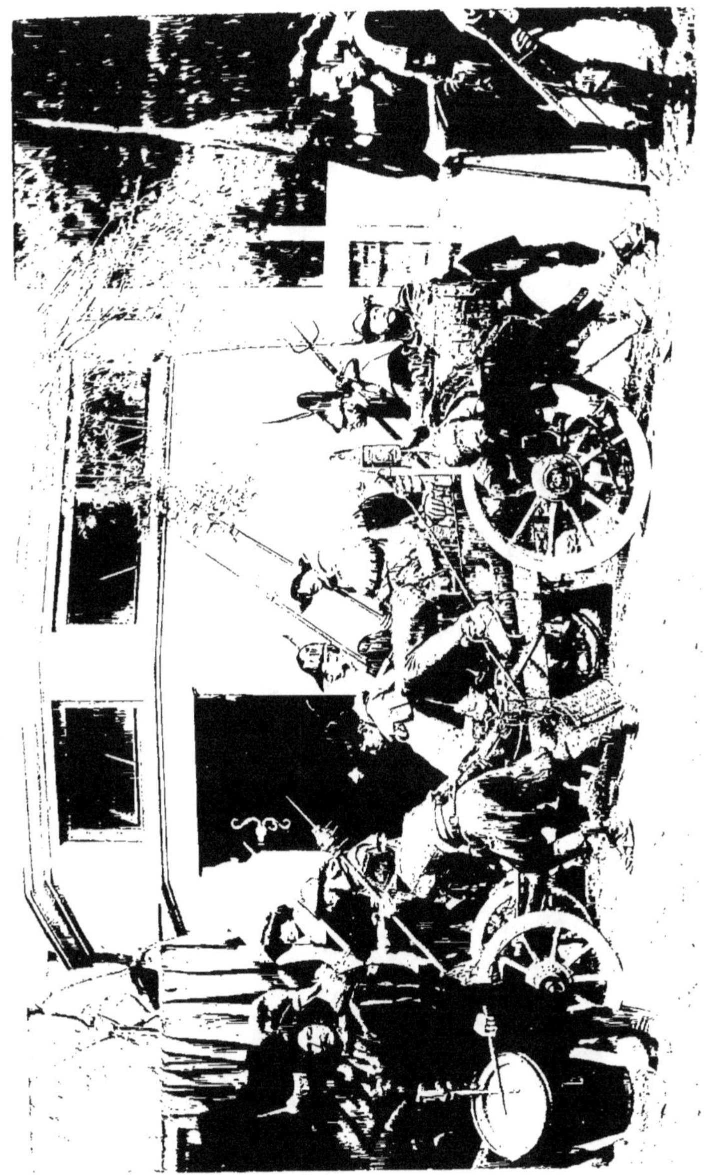

finir avec ce remarquable procédé, d'indiquer la façon de préparer le papier imperméable qui sert aux impressions.

Prenez du beau papier de Rives (de 50 fr. la rame) et faites flotter chaque feuille, que l'on retire aussitôt qu'elle a porté sur toute la surface du liquide, sur un bain composé de :

Gomme laque blanche	100 grammes.
Carbonate de soude	6 »
Borax.	27 »
Eau	500 »

on fait bouillir le tout assez longuement et l'on filtre. Le papier doit être préparé sur ce bain dans une pièce chauffée à environ 30° C. Quand il est sec, on le lamine fortement contre des lames d'acier de façon à le bien glacer et l'on pose le côté préparé contre l'encre gélatineuse; pour que celle-ci y adhère plus surement, on *laite* le papier avant le laminage avec un liquide tenant en suspension du benjoin ou de la résine précipitée. On obtient ce liquide, en faisant dissoudre de la résine en poudre dans de l'alcool, et en ajoutant de l'eau à la dissolution à consistance voulue; on passe ce *lait* avec un tampon sur toute la surface du papier et du côté déjà recouvert de gomme laque, puis on procède au laminage entre des plaques d'acier ou de zinc.

Du papier gélatiné d'abord, puis fixé à l'alun, peut également servir aux impressions photoglyptiques, mais la première préparation donne de plus beaux résultats.

SECTION II. — GRAVURE HÉLIOGRAPHIQUE (1) AU BITUME DE JUDÉE.

Nous avons brièvement énoncé dans l'historique de cet ouvrage sur quels principes repose la gravure héliographique au bitume de Judée, et quelles modifications ce procédé avait reçues depuis son invention par Niépce, de Châlons.

§ **405. Solution de bitume.** — Le bitume de Judée, ou asphalte propre à la gravure héliographique, doit être d'une qualité spéciale. La meilleure sorte est complètement insoluble dans l'eau. Elle se dissout à raison de 5 pour cent dans l'alcool, de 70 pour cent dans l'éther, et en toutes proportions dans l'essence de térébenthine, la benzine pure et le chloroforme.

(1) Les personnes qui s'occupent de gravure héliographique consulteront avec fruit l'excellent ouvrage sur ce sujet, publié en 1872, par M Scamoni, à St. Pétersbourg, intitulé : *Héliographie*.

Avant de dissoudre cet asphalte, on le casse en petits morceaux qu'on lave dans l'éther qui en dissout la couche extérieure. Ces morceaux lavés sont alors dissous dans le chloroforme ou dans l'essence de térébenthine.

Pour les reproductions linéaires, les gravures par exemple, la solution doit être plus mince que pour les reproductions qui offrent des demi-teintes.

La solution, avant d'être employée, doit être exposée en flacons fermés 2 ou 3 jours à la lumière du jour. La consistance de cette solution doit être pareille à celle du collodion.

§ **406. Couche d'asphalte.** — La solution d'asphalte est versée sur la surface (zinc ou autre) comme le collodion sur le verre, et cela dans l'obscurité. La couche sèche est exposée aussitôt derrière un négatif, dans le châssis-presse. L'exposition au soleil dure, en moyenne, de 15 à 40 minutes. Une fois la sensibilité de la couche d'asphalte déterminée, on doit se servir du photomètre pour régler l'exposition à la lumière des couches d'asphalte.

§ **407. Subjectiles.** — La solution d'asphalte peut être versée sur l'acier, le cuivre, le zinc, ou bien sur pierre, sur verre, etc. Après l'action du dissolvant, dont nous parlerons tantôt, on les soumet à l'action des acides, pour poursuivre les opérations comme celles de la gravure en creux, à l'aquatinte, etc. La description de ces procédés techniques appartient du reste à la gravure, et non à la photographie.

§ **408. Développement.** — Quand la couche de bitume a été insolée derrière le négatif, on la rentre dans l'obscurité, puis on la lave à la benzine mêlée d'huile de naphte. L'image apparaît par la disparition des parties de la couche d'asphalte non insolées où le métal est mis à nu. Puis la couche est lavée à l'eau et soumise aux acides qui creusent le subjectile. Dès lors la partie photographique est terminée et maintenant commencent les opérations de gravure proprement dite.

La méthode se résume donc en ceci : user de bitume de Judée, substance chimique sensible à la lumière, et susceptible de devenir insoluble dans les endroits atteints par elle, tandis qu'elle demeure soluble dans un liquide déterminé partout où elle n'a subi aucune action lumineuse.

Cette substance doit en même temps être capable de résister à l'action des acides employés à mordre le métal.

Il est diverses substances de ce genre; mais celle qui, jusqu'ici, a mérité la préférence, parce qu'elle est douée de la plus grande somme de résistance aux atteintes des acides, c'est le bitume de Judée en dissolution dans la benzine anhydre.

Voici la formule de la dissolution :

Bitume	3 à 5 grammes.
Benzine anhydre.	100 »

Ajouter quelques gouttes d'essence de citron pour accroître la sensibilité.

Ce vernis est étendu sur chaque plaque en couche très-mince et très-uniforme, et quand cette couverture est sèche, on impressionne à travers le négatif.

La lumière, traversant les traits transparents du cliché, va rendre insolubles les parties immédiatement correspondantes de la couche bitumée. — L'insolation étant suffisante — ce que l'on voit facilement quand on a l'habitude de ce procédé — il reste, ainsi que nous l'avons dit, à dissoudre tout le bitume demeuré à l'abri des atteintes de la lumière. Les dissolvants du bitume sont nombreux. L'essence de lavande et l'essence de térébenthine sont les plus employées; la benzine elle-même pourrait encore servir, mais son action est trop énergique. Bien que le bitume se trouve modifié par la lumière, il convient, lors du développement, c'est-à-dire de la mise à nu du zinc partout où devra agir le mordant, de ne le traiter qu'avec modération pour ne pas entamer les fines tailles et pour conserver les traits les plus déliés du cliché négatif.

Quand l'action du dissolvant paraît suffisante, on l'arrête par un lavage copieux à l'eau ordinaire; on laisse sécher, puis la plaque, qui porte alors le dessin bien complet, formé par le vernis de bitume se détachant sur un fond métallique bien dégagé de tout voile, est soumise à une nouvelle insolation qui a la propriété de donner plus de dureté au bitume et d'accroître sa solidité lorsqu'on mettra la plaque au bain d'acide, c'est-à-dire lorsqu'on fera *mordre*.

La plaque est alors immergée dans une cuvette en gutta contenant de l'eau acidulée d'acide azotique, à 2, 3 ou 5 p. c. suivant la nature du travail. Il convient d'employer une acidulation très-faible quand on traite un sujet d'une extrême délicatesse, et l'on peut agir avec un peu plus d'énergie quand le dessin ne contient pas de grandes finesses qu'une action trop vive détruirait.

La cuvette ou le bain de morsure, doit toujours être animé, pendant l'action de l'acide, d'un mouvement de balancement, pour que le métal mordu se trouve toujours débarrassé des sels qui se forment, pendant le mordançage, par la combinaison de l'acide azotique avec le métal.

Après une première morsure, que l'on ne prolonge que jusqu'au moment où il s'est formé un creux appréciable au toucher, à peine visible, on sort la plaque, on l'essuie et on la pose sur une presse lithographique pour l'encrer avec un vernis gras qui ne prend, naturellement, que sur les parties recouvertes de bitume et déjà mises en relief.

Cela fait, on pose la planche sur une plaque en fonte de fer chauffée, par dessous, à une température assez élevée. La chaleur ramollit le vernis gras épais, posé sur les reliefs et le fait couler sur les deux parois de la taille en relief qui se trouve ainsi revêtue à son tour d'une couverture, d'un vernis protecteur contre l'action ultérieure du bain d'acide; pour que ce vernis soit plus homogène et plus résistant on saupoudre la plaque de poudre de bitume qui adhère partout où est le corps gras.

On laisse refroidir, puis on soumet à un nouveau mordançage qui accroît le relief d'une quantité égale à la première. — Même opération encore d'encrage, de chauffage, de saupoudrage et ainsi de suite jusqu'au moment où le relief est suffisant.

Durant ces opérations successives on peut, par des réserves formées avec un vernis gras et placées artistiquement, arrêter l'action de l'acide dans les parties suffisamment attaquées et ménager ainsi, de proche en proche, les effets qui doivent le mieux concourir à la reproduction exacte de l'original. C'est là une question d'habileté et de goût, en dehors de l'action mécanique elle-même, et qui est pour beaucoup dans la valeur des résultats.

Le même outil produit des œuvres plus ou moins appréciables, si automatique que soit son action, suivant qu'il est dirigé par des mains plus ou moins exercées.

Ces opérations successives peuvent aller de 6 à 9. — La résine et l'encre en coulant, sous l'influence de chaque chauffage, finissent par remplir, peu à peu, toutes les cavités les plus serrées; il ne reste plus à la fin que les grands espaces sans taille qui conservent le métal à nu et il n'y a alors aucun danger à terminer l'opération par un mordançage plus violent qui creusera beaucoup ces espaces larges, ainsi que le fait, pour ménager les blancs, un graveur créant à la main un cliché typographique sur bois.

Si simples en apparence que soient ces opérations diverses, elles exigent néanmoins une certaine habitude pratique de la part des opérateurs qui ont à les appliquer; mais on reconnaîtra sans peine qu'il y a loin de la difficulté qu'elles peuvent présenter à celle des travaux de gravure directe.

Et l'on peut être convaincu d'avance que la main n'arriverait jamais à une semblable fidélité dans le rendu. La copie faite par un artiste, même à l'aide du décalque le plus minutieux, n'égalerait jamais la reproduction photographique; et, de plus, quelle minutie, que de temps précieux perdu pour reproduire à l'aide du burin, même les objets les plus insignifiants, sans parler de ceux que l'on ne tenterait même pas de copier si l'on n'avait la photographie à sa disposition.

La plaque de métal, une fois mordue à la profondeur voulue, doit être rognée à la dimension convenable, biseautée, clouée sur bois et souvent recreusée à la gouge dans les grands blancs pour éviter que les rouleaux, en fléchissant, n'atteignent le fond de ces parties, vides de tailles en relief, et ne le salissent au détriment de la propreté du tirage.

Quelques retouches au burin sont parfois nécessaires pour dégorger certains empâtements, pour donner de la netteté à certaines parties de l'image. Il est même rare qu'on puisse les éviter dans les travaux où abondent les hâchures serrées, lorsque surtout, les espaces vides se trouvent rétrécis considérablement, par une réduction au 1/4, au 1/6, et souvent même à une échelle bien moindre encore, des dimensions de l'original.

Les applications de la zincographie ou gravure sur zinc en relief découlent des résultats mêmes qui viennent d'être indiqués : elles s'étendent à toutes les reproductions industrielles de dessins à la plume ou au crayon obtenues directement avec des traits ou des points, à la condition que ces dessins soient exécutés sur des fonds blancs ou très clairs.

Les papiers jaunâtres, bleutés ou teintés de n'importe quelle autre couleur, ne permettent pas toujours au négatif d'avoir des traits d'un blanc bien pur se détachant sur un fond bien opaque. Il en résulte une translucidité générale du fond du dessin dans le cliché, et, par suite, un voile léger de bitume sur toute la surface de la plaque.

Le métal n'est pas mis à nu et la morsure ne peut avoir lieu. Il faut absolument réunir les deux conditions essentielles d'une netteté parfaite dans le dessin formé par le bitume et d'une propreté complète du zinc dans toutes les parties qui correspondent au blanc du papier dans l'original.

On peut agir sur le cuivre tout comme l'on opère sur des plaques de zinc, et obtenir, avec l'emploi du bitume de Judée, imprimé photographiquement, des reliefs sur cuivre.

L'emploi du cuivre est bien préférable au zinc quand l'on doit reproduire des sujets d'une très grande finesse, comme des dessins d'objets vus au microscope, etc. — Seulement il exige un bain plus chargé en acide et une habitude toute spéciale de l'usage de ce métal (1).

SECTION III. — PHOTOTYPIE ET PROCÉDÉS A LA GÉLATINE BICHROMATÉE (2).

§ **409. Noms divers, tels que : albertypie, héliotypie, phototypie.** — Nous avons exposé, pages 11 et suivantes, le principe sur lequel reposent les procédés de gravure héliographique à la gélatine bichromatée successivement découverts par MM. Talbot, Paul Pretsch et Poitevin.

Dans ces dernières années, ces procédés ont reçu des perfectionnements nombreux dus à MM. Tessié du Mothay et Maréchal (3), à M. Albert (4), à M. Obernetter (5), à M. Edwards (6), à M. Waterhouse (7), à M. Husnik (8) et à M. Léon Vidal. De là une série de méthodes plus ou moins nouvelles, qui ont reçu plusieurs noms, tels que : *phototypie*, *albertypie*, *héliotypie*, etc. Tous ces procédés, il faut bien le dire, dérivent des procédés de M. Paul Pretsch et de M. Poitevin.

§ **410. Procédé de MM. Tessié du Mothay et Maréchal.** — Ces inventeurs exposent la couche de gélatine bichromatée, étendue sur une feuille de cuivre poli, derrière un négatif, pour laver ensuite cette couche à l'eau froide, qui enlève l'excès de sel de chrome. La gélatine absorbe cette eau en se gonflant et d'autant plus qu'elle a été moins modifiée par la lumière.

Cette couche se trouve dans l'état d'une pierre lithographique préparée, c'est-à-dire que si l'on passe un rouleau d'encre d'imprimerie

---

(1) Bien que ces quelques détails puissent conduire à une intelligence complète de ce procédé, d'une application si générale aujourd'hui, nous renvoyons pour des indications complémentaires aux mémoires de M. Lemaitre, de Niepce de St. Victor de Nègre, dans les précédentes éditions de cet ouvrage.

(2) Nous devons nous borner ici, au milieu du grand nombre de procédés à la gélatine bichromatée qui ont été publiés, à la description succincte de ceux-là seuls de ces procédés qui ont produit les meilleurs résultats et qui ont le plus d'avenir. A ce point de vue, nous pouvons nous borner à la description des procédés de M. Albert et de M. Obernetter, renvoyant le lecteur désireux d'approfondir davantage ce sujet au Rapport historique de M. Davanne (*Bull. Soc. franç. phot.* 1867, pp. 89 à 112) et à l'ouvrage de M. Scamoni, sur l'héliographie.

(3) *Bull. Soc. franç.* 1867, p. 116, p. 306.

(4) » » 1869, p. 295 ; 1870, p. 145.

(5) » » 1870, p. 207.

(6) » » 1870, p. 248.

(7) » » 1871, p. 319.

(8) Voir pour les procédés le *Traité pratique de photographie* de M. Louis Vidal.

à la surface, les parties humides de gélaline repoussent l'encre, qui adhère, au contraire, aux parties sèches (celles modifiées par la lumière).

Il est à remarquer que la couche de gélatine ainsi préparée ne fournit guère plus de 50 à 70 exemplaires; aussi ce procédé n'a-t-il point été adopté dans la pratique.

§ **411. Albertypie.** — Ce procédé est, au fond, identique à celui de M. Poitevin. Il en diffère, toutefois, par plusieurs perfectionnements, en apparence de peu de valeur, mais qui sont considérables au point de vue pratique.

Ainsi, jamais M. Poitevin, soit par lui-même, soit par ses nombreux élèves, n'a produit des épreuves comparables à celles de M. Albert comme beauté de demi-teintes. De plus, ses planches (gélatines) n'ont jamais fourni un grand nombre d'exemplaires.

Pour se rendre bien compte de la valeur pratique du procédé de M. Albert, il faut visiter, comme nous l'avons fait plusieurs fois, ses ateliers à Munich. L'on y imprime couramment des épreuves depuis le format carte, jusqu'aux feuilles de 50 centimètres sur 80. Une planche de 20 cent sur 30 fournit en moyenne 200 épreuves par jour.

Voici le procédé de M. Albert, tel que nous l'avons vu pratiquer dans ses ateliers, mais modifié, quant aux formules.

Une glace épaisse, finement dépolie, est placée horizontalement la surface dépolie en haut. Elle est recouverte d'une solution préparée de la manière suivante :

6	grammes	gélatine.
300	»	eau distillée.
5 à 6	»	bichromate d'ammoniaque.

La gélatine doit être préalablement placée pendant une demi-heure dans l'eau distillée froide, puis on chauffe le liquide à 40 degrés centigrades et l'on y ajoute le bichromate dissous dans un peu d'eau.

A ce liquide l'on ajoute 100 cent. cubes d'albumine préalablement battue en neige et déposée. Quand le mélange est refroidi à 25 ou 30 degrés centigrades, on le bat de nouveau fortement, et on le filtre dans un endroit chaud.

Le liquide a une consistance sirupeuse s'il est à une température convenable. On l'étend sur la glace dépolie en couche plus ou moins épaisse, puis on laisse sécher la glace dans une grande boîte formée de parois de toile tendue sur châssis. Sur la toile on colle du papier buvard. L'intérieur de la boîte est maintenu par un courant d'eau chaude à la température de 30 degrés centigrades. Il est bien entendu que la dessiccation s'opère dans l'obscurité.

Quand, au bout de quelques heures, la couche de gélatine ne colle plus, on met la glace sur un drap noir, la gélatine en contact avec le drap, et on l'expose de 5 à 10 minutes à la lumière du jour. La partie de la couche de gélatine, en contact immédiat avec la glace, est ainsi insolubilisée. La deuxième couche, dont nous parlerons tout à l'heure, ne peut atteindre le verre, et est ainsi d'une beaucoup plus grande adhérence.

Ceci est un perfectionnement original et important, parce que l'humidité des rouleaux lithographiques ne peut pénétrer jusqu'au verre. De là, possibilité d'un tirage bien plus considérable que dans les procédés dans lesquels on n'emploie qu'une seule couche.

La plaque de verre est, à présent, rentrée dans un endroit faiblement éclairé, plongée une demi-heure dans l'eau froide, et séchée dans une position verticale, à l'abri de la poussière. Cette opération n'est point indispensable.

La seconde phase du procédé consiste à couvrir la première couche de gélatine d'une seconde, dont voici la composition :

a)	Environ 20	grammes	de gélatine sont ramollis dans
	125	»	d'eau distillée froide.
b)	4	»	de colle de poisson divisée au marteau sont ramollis dans
	60	»	eau froide.

Puis les liquides sont lentement chauffés jusqu'à dissolution de la gélatine, qui ne se fait jamais entièrement.

c)	Albumine battue en neige, déposée et filtrée à travers un linge.		
d)	10	grammes	bichromate de potasse sont dissous dans
	60	»	eau distillée. Filtrez.
e)	5	»	lupuline } sont digérés 12 heures dans
	3	»	benjoin }
	2	»	beaume de Tolu }
	100	»	alcool aqueux (à 8° pèse-alcool Gay-Lussac).
f)	1	»	nitrate d'argent.
	30	»	eau distillée
g)	2	»	bromure de cadmium.
	2	»	iodure »
	30	»	eau.

De ces diverses solutions, on mélange d'abord *a* et *b*. Quand le liquide est refroidi à 35 degrés, on y ajoute

de *c*)	environ	6	grammes.
d)	»	36	»
e)	»	4	»
f)	»	1 1/2	»
g)	»	45	»

Il se produit un précipité dans le mélange que l'on secoue fortement, puis que l'on filtre et que l'on reçoit dans un flacon maintenu à 35 degrés centigrades.

L'auteur de cet ouvrage conteste absolument l'utilité des solutions *f* et *g*. Mais le point sur lequel il insiste tout particulièrement, c'est le choix de gélatine de bonne qualité.

Une solution de colle de poisson fraîche, naturelle, (non blanchie à l'acide sulfureux) simplement additionnée de bichromate de potasse et d'albumine, suffit en lieu et place du mélange compliqué de M. Albert.

La glace recouverte de gélatine insolée, qu'elle ait été lavée ou non à l'eau froide, est immergée dans l'eau tiède (10°) jusqu'à ce que l'eau coule en nappe continue à sa surface, puis égouttée une demi-heure dans une position verticale, et enfin recouverte de la gélatine bichromatée dont nous venons de donner les formules, et cela à plusieurs reprises.

La glace est maintenant placée dans une position horizontale dans l'armoire à parois de toile, armoire qui, nous l'avons déjà dit, doit être maintenue à 30 degrés de température. La couche sèche est à présent sensible à la lumière.

L'épaisseur de la deuxième couche doit varier de 1 à 3 millimètres. De même que l'épaisseur de la première couche, elle doit varier suivant l'intensité du négatif à copier. Les couches très-minces sont bonnes pour la reproduction de la gravure au trait, les couches plus épaisses pour les demi-teintes.

La glace sèche est appliquée dans le châssis-presse contre le négatif, et insolée au point voulu, jusqu'à ce que toutes les nuances de l'image soient visibles à travers la glace, qu'on examine de temps à autre en ouvrant le châssis-presse.

Si le négatif n'a pas été préalablement renversé, les images fournies par la planche seront elles-mêmes renversées, ce qui, pour bien des images, n'offre point d'inconvénient.

A présent la glace est plongée dans l'eau froide et lavée jusqu'à disparition complète des dernières traces de chromate, et finalement séchée dans une position verticale.

On reconnaît aisément, pendant ce dernier lavage, si la couche a été surexposée ou exposée trop peu à la lumière. Dans le premier cas, le sel de chrome en excès ne se laisse point enlever par les lavages. Dans le second cas, la deuxième couche adhère mal à la première, ce que l'on reconnaîtra aisément, plus tard, pendant l'impression lithographique.

L'albumine que l'on ajoute à la gélatine donne à la couche un aspect dépoli et une consistance plus serrée, ce qui empêche la pénétration de la lumière pendant l'exposition de la couche derrière le négatif.

Avant de soumettre la couche à l'impression lithographique, on l'immerge pendant 4 ou 5 minutes dans l'eau froide additionnée de glycérine, puis on passe à sa surface une éponge mouillée et exprimée, pour la frotter ensuite avec un morceau de flanelle imbibée d'huile, et la repasser de nouveau à l'éponge mouillée. Alors on procède immédiatement à l'encrage.

La glace est alors soumise à l'impression au rouleau dans la presse lithographique, et ceci est la partie la plus délicate et la plus difficile du procédé. Aussi faut-il, pour l'exécuter convenablement, un ouvrier habile. L'encrage est-il empâté, on enlève l'encre à la térébenthine avec une éponge.

La glace doit être assujettie avec soin, soit sur une couche de plâtre, soit sur une feuille de caoutchouc, des papiers superposées, etc.; Autant d'ateliers l'on visite, et autant de procédés différents l'on remarque.

L'encre grasse dont les rouleaux sont revêtus doit être de qualité supérieure. On l'additionne souvent de pourpre pour donner aux épreuves la même apparence que les épreuves photographiques.

Quand la plaque est imprimée, il faut éviter de la laisser sécher complètement, sinon la gélatine pourrait s'enlever spontanément du verre. Le mieux est, après l'impression, de laver la couche à l'éponge, puis avec une seconde éponge imbibée d'eau et d'éther sulfurique.

Les épreuves obtenues par M. Albert ressemblent à s'y méprendre aux plus belles épreuves obtenues photographiquement à l'aide du papier salé. Elles ne laissent rien à désirer sous le rapport de la propreté, de la finesse et des demi-teintes.

Il existe, d'ailleurs, des moyens nombreux de donner aux épreuves le brillant du papier albuminé. Un procédé pratique consiste à les recouvrir au rouleau mécanique de gélatine, que l'on insolubilise ensuite par l'alun, ou bien d'albumine que l'on insolubilise par le bromure de cadmium.

§ **412. Procédé de M. Obernetter.** — M. Obernetter, de Munich, n'a jamais publié le procédé dont il s'est servi dès le début et dont il est parlé à peu près dans le bulletin de la Société Française de photographie de 1870. Nous n'essaierons donc pas de reproduire une description qui laisse beaucoup de choses dans le vague et dont on ne saurait tirer aucune espèce de profit; nous aimons mieux citer la méthode qu'emploie actuellement M. Obernetter et avec un très grand succès, car les images qu'il obtient sont aussi belles que des épreuves au chlorure d'argent très-réussies. On ne saurait d'ailleurs les distinguer des meilleures épreuves sur papier albuminé.

Nous trouvons cette description dans la patente du brevet américain de M. Obernetter actuellement tombé dans le domaine public. Ce procédé consiste dans la préparation des plaques photographiques pour l'impression mécanique avec des presses et de l'encre lithographiques ordinaires, et de telle sorte que l'on peut se servir de plaques transparentes ou opaques, et que l'impression des demi-teintes s'obtient à un tel degré de modelé que les épreuves ainsi tirées ont l'apparence des épreuves ordinaires sur albumine.

Ce procédé est approprié aux besoins et aux travaux courants des photographes, à ce point que n'importe quel nombre de photographies peuvent être tirées d'une plaque, à bon marché, rapidement et avec des matières colorantes d'une durabilité assurée. L'invention consiste principalement dans la formation, à la surface d'une plaque translucide ou opaque, d'une couche composée d'une solution d'albumine et de silicate de soude soluble et dans le recouvrement de cette couche, après qu'elle est parfaitement sèche, par une deuxième couche sensible, laquelle reçoit l'image, d'après un négatif photographique, à la façon habituelle.

La première solution, que l'on étend sur la plaque de verre ou de métal à l'aide d'une brosse ou par tout autre moyen, se compose de sept parties d'albumine, trois parties de silicate de soude et huit parties d'eau.

La couche formée par cette solution est ensuite séchée, soit lentement à l'air, soit rapidement par une chaleur artificielle, suivant qu'on le préfère.

Quand la couche est parfaitement sèche, on la lave en la rinçant à l'eau pendant 5 minutes environ, mais en prenant garde d'en toucher la surface. Après le lavage, la plaque est mise à égoutter sur un chevalet. La plaque sèche est ensuite placée dans une étuve chauffée, et, quand elle est arrivée à 100 degrés ou à peu près, on procède à son recouvrement par la deuxième couche sensible; celle-ci est préparée en dissolvant 50^{gr} de gélatine, 50^{gr} de colle de poisson et 15^{gr} de bichromate d'ammoniaque dans un litre d'eau. On filtre la liqueur pendant qu'elle est chaude. Aussitôt que cette solution est également répartie sur la surface de la plaque, on place celle-ci dans l'étuve pendant 10 à 15 minutes jusqu'à ce qu'elle soit parfaitement sèche. La plaque est alors prête à recevoir l'image à travers le négatif et à être exposée à la lumière, comme on le fait habituellement pour le papier albuminé; mais l'exposition ne doit être que la moitié du temps ordinaire. Après l'exposition à la lumière pendant un temps suffisant, on la lave en l'immergeant dans l'eau pendant 10 à 15 minutes, jusqu'à ce que tout le sel de chrome, non atteint par la lumière, ait été éliminé.

Une fois sèche, elle est prête à l'impression sur des presses et avec de l'encre lithographique ordinaire, et l'on obtient des images semblables en tous points à celles que l'on imprime sur papier albuminé et offrant des demi-teintes et une finesse égales à celles des photographies ordinaires. On peut préparer des plaques à l'avance et les employer quand on en a besoin, et l'on produit ainsi des impressions rapidement et à bon marché; ce procédé est absolument celui qu'a décrit plus tard M. Husnick.

§ **413. Procédé Edwards.** — Autant que nous avons pu le comprendre par la description que M. Edwards a faite de son procédé, la différence qui caractérise ce dernier du procédé de M. Albert, est que la glace recouverte de ses 2 couches de gélatine bichromatée, insolée, lavée et alors séchée, est trempée pendant 5 à 6 heures dans une solution d'alun de chrome qui durcit la couche. Il paraît qu'alors cette couche est susceptible de fournir un nombre d'épreuves bien plus considérable à la presse, que lorsqu'on opère comme l'indique M. Albert.

§ **414. Procédé le plus couramment employé dans l'industrie phototypique.** — Nous extrayons du traité de phototypie pratique de M. Léon Vidal et dans leur ordre d'emploi tout l'ensemble des manipulations opératoires qui constituent un des procédés de phototypie les plus usuels et nous espérons qu'avec ces indications détaillées, l'on pourra tenter des essais pratiques que n'auraient pas permis des renseignements moins complets.

1° *Choix du support rigide.* — Prendre des glaces de Saint-Gobain d'une épaisseur de 10 millimètres environ et aussi égales que possible sur toute leur étendue. Les dimensions dépendent des sujets à reproduire; il ne faut pas craindre de pécher par un excès dans les dimensions, d'affecter, par exemple, des glaces de 27 × 33 à des impressions d'images du format album, ou de 18 × 24. Les glaces doivent avoir un côté parfaitement dressé à l'émeri.

2° *Nettoyage de la surface polie des glaces.* — La surface des glaces qui doit recevoir la couche sensible doit être nettoyée avec beaucoup de soin et surtout être exempte de tout corps gras. On est sûr d'éliminer les matières grasses en terminant le nettoyage avec un chiffon ou avec de la ouate bien propre et imprégnée d'ammoniaque liquide.

Si les glaces portent encore la préparation précédente, il faut les immerger dans de l'acide sulfurique ordinaire, contenu dans une grande cuve en plomb. Après quelques heures de séjour dans ce bain, on les rince à plusieurs eaux courantes, et l'on procède au nettoyage définitif. Toutes les opérations, de la mise au bain d'acide sulfurique, de la sortie de l'acide et du rinçage à l'eau, doivent se faire avec de grandes précautions pour éviter les brûlures sur toutes les parties du corps et des vêtements qui pourraient être atteintes par l'acide.

Les lavages doivent avoir lieu dans un endroit isolé des gouttières ou tuyaux d'écoulement en zinc, lesquels seraient bien vite corrodés par l'eau acidulée.

3° *Préparation et application de la première couche.* — Prendre une des glaces, bien nettoyée et exempte de toute poussière, puis verser à sa surface (côté poli), comme si l'on collodionnait, le liquide à base d'albumine composé ainsi qu'il suit :

Albumine	180	grammes.
Eau	150	»
Ammoniaque	100	»
Bichromate de potasse	5	»

Avoir soin de faire dissoudre le bichromate de potasse dans l'eau et l'ammoniaque avant de l'ajouter à l'albumine.

Ce liquide sert jusqu'à épuisement, mais il est bon de ne pas le laisser vieillir au delà de 10 à 12 jours.

Il est versé à froid et avec lenteur sur la glace, afin d'éviter les bulles d'air qui se forment très-aisément quand on agite de l'albumine ou un liquide qui en contient. L'excès du liquide est rejeté dans une cuvette et refiltré ensuite dans un récipient, où on le conserve. Chacune des glaces est traitée de la même façon et posée ensuite verticalement sur un chevalet *ad hoc* dans l'obscurité et surtout à l'abri de toute poussière.

Cette couche d'albumine, étant peu épaisse, sèche très-vite.

4° *Insolation ou coagulation de la première couche.* — Quand la couche d'albumine est sèche, on doit l'insolubiliser pour la rendre apte à recevoir, sans se dissoudre, la deuxième couche sensible, qui sera la couche imprimante.

Si l'on use du procédé de M. Albert, on produira cette insolubilisation en faisant agir la lumière sur la couche bichromatée, à travers l'épaisseur du verre. A cet effet, exposer les glaces à la lumière diffuse pendant environ 10 minutes si le temps est clair et 20 minutes si le temps est couvert.

Si l'on a recours à un procédé de coagulation chimique, il suffit de plonger les glaces l'une après l'autre dans une cuvette contenant de l'alcool rectifié. L'albumine sera coagulée et propre à recevoir la deuxième couche sans se dissoudre.

Le premier moyen est plus économique et plus rapide. Après cette opération, on peut mettre les glaces dans l'étuve.

5° *Chauffage de l'étuve à 35 degrés centigrades environ.* — Avant de chauffer l'étuve, s'assurer si elle est bien propre; et, au cas où il paraîtrait y avoir de la poussière, on éponge avec un chiffon ou une éponge humide toutes les parois intérieures et les panneaux du couvercle.

Arroser aussi le sol pour éviter les poussières que soulèveraient la marche de l'opérateur, les allées et venues au cours du travail.

6° *Calage des glaces sur les vis de l'étuve à la place qu'elles devront occuper après avoir reçu la couche sensible.* — Ce calage est fait avec un niveau à bulle d'air, de manière à ramener la surface supérieure de chaque glace à l'horizontalité parfaite, le côté dépoli des glaces se trouvant en dessous.

Avant d'introduire les glaces dans le cabinet où est l'étuve, avoir soin d'enlever, avec un blaireau promené sur leurs deux surfaces, toutes les poussières qui pourraient y adhérer.

7° *Préparation de la deuxième couche sensible.* — La deuxième préparation se fait autrement que la première. On met un pied à vis calantes au milieu d'une cuvette plus grande que les glaces à préparer, puis le tout est posé sur le panneau mobile de l'étuve préalablement chauffée comme il est dit ci-dessus.

On met à portée de la main, sur cette même table, un verre à bec d'une capacité suffisante, un matras contenant la préparation, un blaireau et des triangles d'un papier souple et buvard.

Le liquide constituant la couche sensible est ainsi formé :

Gélatine	90	grammes.
Eau	720	»
Colle de poisson	30	»
Eau	360	»
Bichromate de potasse	15	»
» d'ammoniaque	15	»
Eau	360	»

Cette préparation doit être assez récente, du jour même ou de la veille; il faut donc n'en faire que la quantité dont on aura besoin, au moins approximativement. Au moment de s'en servir, il faut l'amener au bain-marie à la température de 35 degrés et au besoin la maintenir dans ce bain pendant la préparation des glaces, si la température de la pièce où est l'étuve différait notablement de celle de l'étuve.

Pour filtrer facilement la gélatine, il est bon de la maintenir liquide en usant d'un appareil à filtrer à chaud; celui dont nous donnons ici le dessin fig. 168 est très-commode. Ce double fond en cuivre est rempli d'eau que l'on maintient à la température voulue à l'aide d'une lampe à alcool ou d'un bec de gaz; de la fine mousseline est ce qui convient le mieux pour le filtrage de la gélatine, mais il faut l'employer repliée sur elle-même en quatre.

Quand le liquide de la deuxième couche est prêt, on prépare successivement chaque glace et on les laisse à l'étuve chauffée régulièrement à 35 degrés jusqu'à ce qu'elles soient sèches, puis, au bout de 2 heures environ, on éteint le gaz ou l'on supprime l'action de la chaleur, quel que soit le moyen employé pour le chauffage.

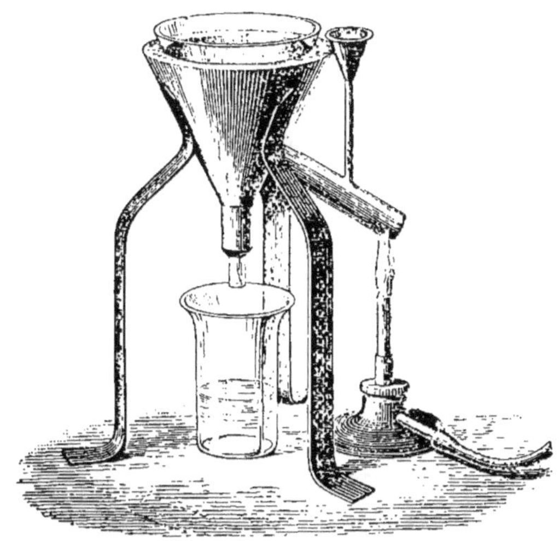

Fig. 168. — Appareil à filtrer.

La figure 169 donne une idée de la construction de l'étuve à dessiccation. Elle peut être chauffée au gaz ou bien par le tuyau d'un poële, on fait passer le tuyau dans le compartiment inférieur de

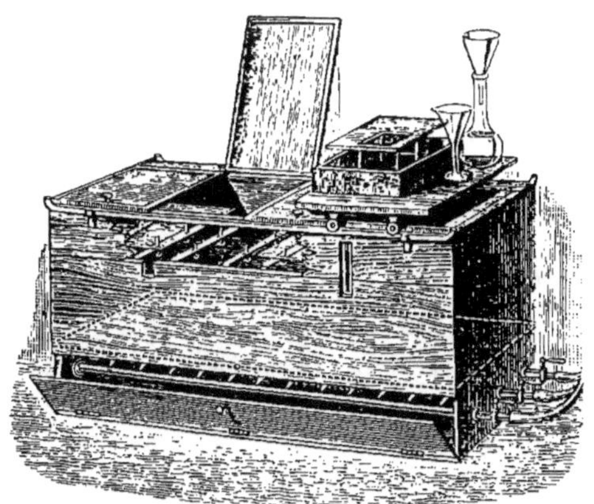

Fig. 169. — Etuve à dessiccation.

l'étuve, tandis que le poële est dans une pièce séparée de celle où est l'étuve.

Un plateau mobile posé sur les couvercles de l'étuve permet de faire marcher les différents ustensiles et produits propres à la préparation, de façon à les amener le plus près possible de la place même que doit occuper dans l'étuve chaque glace préparée — les couvercles doivent être formés par des châssis sur les bords desquels on a tendu du papier consolidé par du calicot.

Par ce moyen on se débarrasse des vapeurs humides qui ne pourraient sans cela sortir de l'étuve et l'on évite les poussières qui seraient la conséquence fatale d'un courant d'air libre.

Des barres de fer placées horizontalement et traversées par des vis permettent de caler parfaitement les plaques à l'aide d'un niveau à bulle d'air.

8° *Exposition sous le cliché des glaces couvertes de la couche sensible.* — Les glaces, une fois refroidies, peuvent être exposées immédiatement sous les clichés à l'action de la lumière, soit directe, soit diffuse, et dans les châssis disposés *ad hoc*. La durée de l'exposition varie suivant la nature du cliché.

9° *Deuxième insolation à travers l'épaisseur du verre après l'action de la lumière à travers le cliché.* — Si l'on veut augmenter à la fois la finesse du grain et la solidité de la couche, on peut, comme le conseille M. Despaquis, insoler à la lumière diffuse une deuxième fois à travers l'épaisseur du verre, en posant la plaque, la couche en dessous, et portant sur un drap noir.

Cette insolation doit durer environ deux à cinq minutes, suivant l'éclat de la lumière. La couleur brune que prend le bichromate sous l'influence des rayons lumineux sert de guide pour arrêter l'insolation au moment opportun. On peut se passer de cette deuxième opération, mais elle ne saurait qu'ajouter de la solidité à la couche imprimante et de la finesse aux détails.

10° *Immersion des plaques insolées dans le bain de dégorgement.* — Après l'insolation, les plaques sont posées dans les rainures d'une cuve en zinc à eau courante et souvent renouvelée; elles y restent environ 3 à 5 heures, suivant la saison, jusqu'à ce que tout le bichromate de potasse, demeuré soluble, soit dissous.

11° *Immersion dans le bain d'alun.* — Dès que l'on est certain que les dernières traces du bichromate de potasse soluble ont disparu, on sort les glaces de la cuve à eau, et on les immerge dans une cuvette contenant le liquide ci-après :

Eau ordinaire	100	grammes.
Alun d'ammoniaque.	2	»

Le séjour dans ce bain doit être de 5 à 10 minutes, après quoi l'on rince à eau courante et l'on abandonne à dessiccation les glaces posées verticalement sur un chevalet à larges rainures.

12° *Humidification des plaques avant l'encrage à la presse.* — Dès que les surfaces imprimantes sont parfaitement sèches, on peut procéder à une opération spéciale à la deuxième partie du travail, celle relative à l'impression à l'encre grasse. Il faut tout d'abord plonger les plaques dans de l'eau ordinaire, puis les recouvrir de la liqueur à la glycérine ci-après :

Eau	100 c. c.
Glycérine	40 grammes.

On peut se passer d'aluner avant le mouillage et introduire l'alun dans l'eau glycérinée à raison de 2 grammes par 100 c. c. de la solution.

On laisse la glace sous l'action de l'eau glycérinée pendant un temps qui peut varier de 10 à 20 minutes.

13° *Calage sur la presse.* — Quand on croit que la couche imprimante a absorbé l'humidité nécessaire à l'impression, on nettoie avec soin la surface postérieure de la glace, de façon à enlever toute épaisseur de gélatine qui s'y serait formée lors de la deuxième préparation ; sans cette précaution, on serait exposé à briser un grand nombre de glaces, à cause du relief très-marqué que prennent ces coulures de gélatine quand elles sont gonflées par l'humidité absorbée et même à l'état sec.

Ce n'est qu'après qu'on s'est assuré de la netteté parfaite de cette surface, qu'on porte la plaque sur le plateau de la presse en interposant, entre ce plateau et la glace, une feuille de papier buvard blanc.

Nous avons ouï dire que du papier buvard blanc plongé dans une liqueur formée de :

Benzine ou essence minérale.	100 c. c.,
Caoutchouc.	10 grammes,

et employé quand le dissolvant du caoutchouc s'est évaporé, formait un excellent support, à cause de sa souplesse, ou mieux, de l'élasticité du caoutchouc. Selon nous, rien ne vaut mieux que d'user de surfaces absolument bien dressées, autant du côté du plateau de la presse que de celui de la glace ; aucune rupture n'est alors à craindre.

L'on peut employer à l'impression phototypique les divers genres de presses à cylindre et à rateau qui sont usitées dans les impressions, soit lithographiques, soit des planches de gravure en taille-douce. La figure 170 est le dessin du modèle assez lourd et peu commode, d'abord usité en Allemagne. C'est une presse à rateau dont le plateau est mû par une manivelle, le châssis porte un cuir tendu que l'on rabat sur le plateau avant de faire agir le rateau dont la pression est réglée par un ressort.

Nous aimons mieux le modèle plus récemment construit par M. Poirier à Paris, fig. 171 ; le principe en est le même, mais cet outil est mieux établi et il est d'un emploi plus facile.

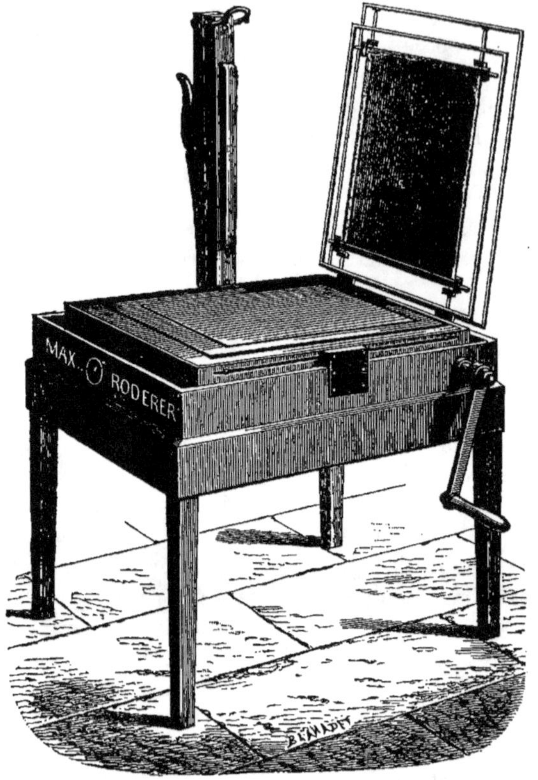

Fig. 170. — Presse phototypique.

Le levier qui sert à régler la pression est surtout très-intelligemment imaginé.

Nous ne connaissons pas de presse à cylindre spécialement construite pour la phototypie ; ce système serait pourtant préférable au rateau et nous croyons qu'à défaut d'un modèle spécial on peut adapter aux tirages phototypiques, les diverses presses à cylindres qu'on emploie pour l'autographie ou pour la taille-douce ; le modèle indiqué par la fig. 172 peut parfaitement être employé à la condition que le plateau soit très-solide et parfaitement dressé et que le cylindre porte, aussi bien que possible, sur toute la surface du plateau ; une feuille de caoutchouc de 1^{mm} d'épaisseur doit être interposée entre le dos du papier à imprimer et le cylindre.

Un système de presse verticale analogue à celui dont on se sert pour les impressions typographiques peut servir à la phototypie : c'est

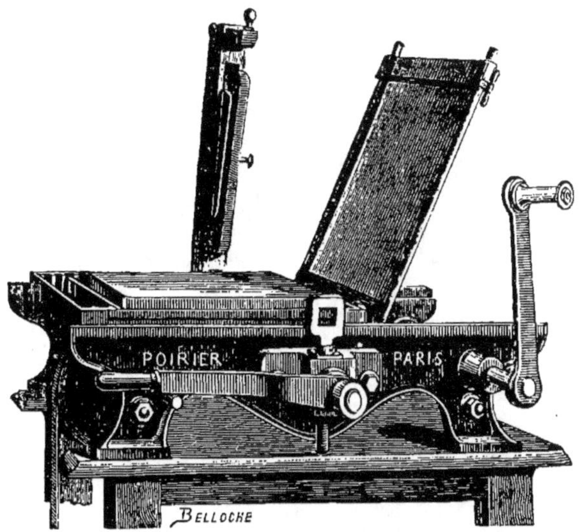

Fig. 171. — Presse phototypique.

ainsi que l'on imprime à la Cie Autotype de Londres ; la pression verticale fatiguerait moins la couche de gélatine que les pressions horizontales, mais c'est aussi le rouleau encreur qui éraille parfois cette couche et provoque des déchirures que la pression rend ensuite plus graves.

Avant tout, et quel que soit le moyen de pression employé, il faut user de plaques portant des couches solides; nul procédé à ce point de vue ne vaut mieux que celui de M. Obernetter, voir page 326.

L'emploi des presses mécaniques à vapeur s'est répandu depuis quelques années en Allemagne puis en France, et il tend à se généraliser partout. La production par ce moyen est plus considérable et le travail est plus régulier.

Les presses mécaniques pour la phototypie ressemblent à celles du même genre pour la lithographie. L'encrage s'opère mécaniquement et l'on peut, avec des plaques qui marchent bien, exécuter de 1000 à 1500 tirages par jour.

Le mouillage à la glycérine est dans ce cas indispensable, les plaques devant fournir un certain nombre de tirages successifs sans que l'on ait à les mouiller de nouveau.

Le mouillage ordinaire à l'eau rendrait illusoire l'emploi d'une presse mécanique.

14° *Encrage et essai de la plaque.* — La glace bien calée, de façon à ne pas pouvoir être déplacée par le jeu du rouleau et par la marche du cylindre au moment de la pression, on l'encre et l'on en tire une épreuve; puis, si l'impression n'est pas complète, on en fait une deuxième et plusieurs autres successivement pour amener la surface

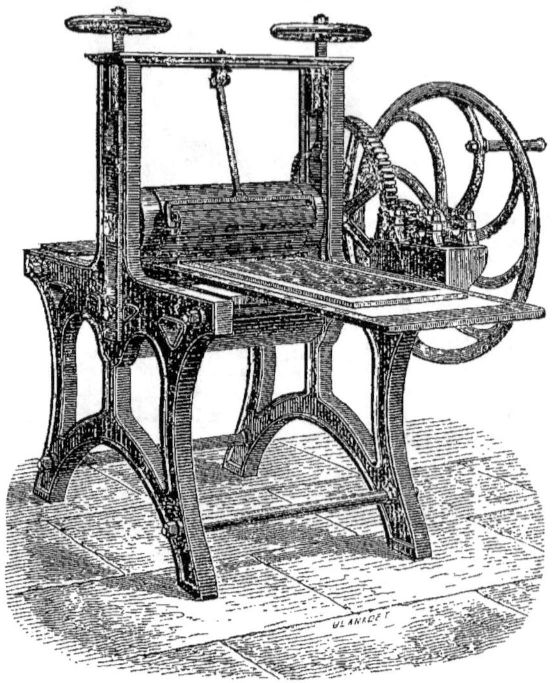

Fig. 172. — Presse phototypique.

imprimante à l'état le plus convenable pour fournir les meilleures épreuves.

Si elle s'encre bien, si les blancs restent purs, tandis que les moindres demi-teintes sont accusées, si enfin les noirs sont parfaitement noirs, la plaque est bonne et l'on peut exécuter le tirage; sinon, il y a lieu de le suspendre et de vérifier quelles sont les causes d'imperfection. Il peut se faire qu'elle manque d'humidité, auquel cas on la lave à l'essence de térébenthine, puis on la mouille de nouveau; ou bien elle a, au contraire, absorbé trop d'eau : on la nettoie à l'essence et on la laisse se sécher assez pour arriver au point d'humidité convenable.

15° *Tirage avec ou sans marges.* — Le tirage sur tel papier voulu, exige beaucoup de précautions et de soins. Il est nécessaire, tout d'abord, de mettre sous les yeux de l'imprimeur, comme type à comparer, une épreuve très-complète et jugée bonne.

Au fur et à mesure du tirage, on rapproche chaque impression de ce type, et il sert de base, soit pour atténuer ou pour accroître la force de l'encrage, soit pour graduer les doses d'humidité, suivant que les demi-teintes tendent ou à être trop voilées ou à s'effacer.

Aucune précaution spéciale n'est requise pour le tirage sans marges; mais, pour celui avec marges, il faut, avant chaque impression, recouvrir les marges de la plaque de bandes de papier mince qui préservent celles du papier. On fait encore un cadre ou frisquette qu'on rabat exactement à la place voulue après chaque nouvel encrage.

Dès que les épreuves s'éloignent trop du type de comparaison, il faut arrêter le tirage et remplacer la plaque épuisée par une deuxième.

Avec un peu de pratique, on se rendra bien vite compte de l'état de la couche, et l'on saura si elle est susceptible, après dessiccation, de fournir encore de bonnes épreuves, ou s'il est préférable de l'abandonner définitivement.

16° *Retouche, remontage, gélatinage, vernissage et satinage.* — Avant de procéder à ces diverses opérations, il est nécessaire de laisser sécher pendant une journée ou deux l'impression au vernis gras, sans quoi on s'exposerait à abîmer les épreuves, encore trop fraîches, soit par le moindre frottement exercé à leur surface, soit par une pression trop grande, qui produirait la décharge d'une épreuve sur le dos de celle qui lui est superposée, et ainsi de suite. Des feuilles d'un papier mince et lisse seront utilement intercalées entre chaque épreuve pour éviter de maculer le dos des images tirées sur marge et dont le dessous doit être parfaitement propre. Pour ne pas user trop de ces feuilles d'intercalation, on pose les épreuves, face contre face, mais séparées par l'intercale, puis dos à dos sans intercale, et ainsi de suite. En agissant de la sorte, 500 feuilles intercalaires suffisent pour un tirage de 1000 épreuves.

Vernissage et montage des épreuves phototypiques tirées sans marges. — Les épreuves phototypiques destinées à être montées sur carte ou sur bristol peuvent être laissées avec leur aspect mat, ou bien, il faut quelquefois les vernir pour leur donner plus de transparence et d'éclat, et le plus souvent pour que leur ressemblance avec les épreuves photographiques ordinaires soit plus complète.

Dans le premier cas, il n'y a qu'à rogner les épreuves et à les coller à la colle de pâte sur leur support définitif, préalablement imprégné d'humidité et assez distendu, par ce fait, pour que le jeu des deux papiers s'effectue dans le même sens lors de la dessiccation après le collage de l'épreuve.

On évite ainsi que le bristol ne gode, ce qui est fort désagréable. Quand ces montages sont arrivés à un point de siccité suffisant, on passe les feuilles dans un laminoir à satiner, de façon à bien incorporer l'image collée dans l'épaisseur du carton et à satiner convenablement sa surface.

L'épreuve phototypique acquiert ainsi plus de solidité, elle est moins sujette à abandonner du noir par le frottement et à se détériorer. C'est une sorte de fixage de ces épreuves.

Il faut ne procéder à ce satinage que lorsque le vernis gras s'est assez durci, assez séché pour ne plus décharger sous la pression du cylindre. Si l'on s'apercevait que l'image se dédouble au satinage, il y aurait lieu de le différer jusqu'au moment où la siccité du corps gras permettrait ce travail sans qu'il y eût à perdre de la matière colorante.

Les épreuves à vernir peuvent être de deux sortes, suivant qu'elles auront été imprimées sur papier *couché* ou sur papier non couché.

Si le papier est *couché*, ou albuminé, (sauf à coaguler ensuite) on peut procéder à leur vernissage immédiat sans avoir à craindre la pénétration du vernis dans l'épaisseur du papier. Mais si le papier n'est pas recouvert d'un enduit isolant, il est indispensable de le gélatiner avant de le vernir.

Le gélatinage se fait au pinceau avec une dissolution tiède de 100 grammes de gélatine blanche dans 1000 grammes d'eau ordinaire.

On passe la gélatine régulièrement avec un large pinceau, dit *queue de morue*, et en évitant, autant que faire se peut, soit les épaisseurs de gélatine, soit les bulles d'air. Avec un peu d'habitude, on arrive bien vite à exécuter cette opération sans aucune difficulté.

Les épreuves gélatinées sont piquées avec des punaises, deux ensemble et dos à dos, sur des liteaux en bois recouverts d'un liège, et, quand elles sont sèches, on procède au vernissage.

Le meilleur vernis à employer est celui qui, tout en restant blanc, est le plus susceptible de fournir un enduit dur et difficile à rayer.

Nous préférons la gomme laque blanche en dissolution dans l'alcool méthylique.

Quand on met à dissoudre de la gomme laque dans de l'alcool, on remarque que la solution est troublée par des matières grasses tenues en suspension. Si, comme l'indique M. Peltz, on ajoute de la chaux en poudre, on obtient une solution dont les trois quarts sont limpides, et ce qui reste filtre rapidement, même à travers un feutre.

On peut encore mettre une partie d'essence de pétrole ou de benzine pour trois parties de vernis. Il se forme deux couches; la supérieure contient la matière grasse, que l'on élimine ainsi. Il est bon de séparer le corps gras, sans quoi le filtrage est très-lent, et l'on n'a qu'un vernis peu brillant.

Ce vernis est passé au pinceau large avec assez de soin pour éviter les bulles d'air, et, dès que l'épreuve en est recouverte, on la pose dans une étuve spéciale, dont nous donnons ici le dessin fig. 173 :

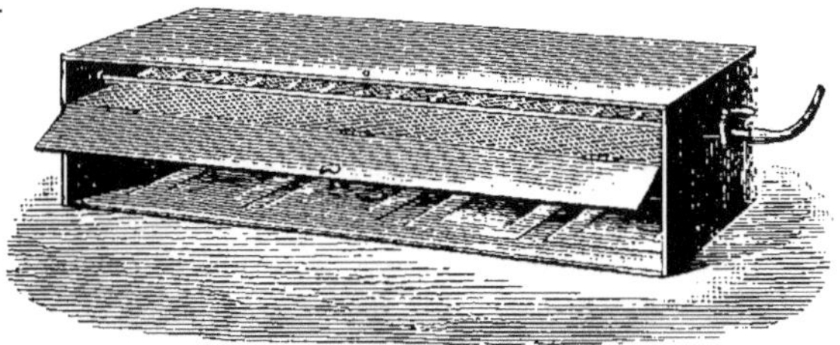

Fig. 173. — Étuve.

C'est tout simplement une caisse en tôle, rectangulaire, d'une longueur d'environ 1 mètre et de 0m,25 de hauteur. Un tube à gaz, percé de trous de distance en distance, tous les 6 à 8 centimètres, traverse la partie supérieure de cette boîte, dont la face antérieure est ouverte aux deux tiers; une toile métallique sépare le tiers supérieur des deux autres tiers et forme la cloison intérieure de la chambre, qui est traversée par la grille. La cloison latérale antérieure de cette chambre est munie de charnières pour qu'on puisse l'ouvrir et allumer des becs. Par la partie ouverte antérieure, on introduit les épreuves que l'on pose sur le sol de la caisse. La chaleur, emprisonnée dans le milieu, suffit pour sécher rapidement le vernis, et la grille interposée évite tout danger de l'inflammation de l'alcool volatilisé par la chaleur.

Avec un appareil de ce genre, on peut vernir bien rapidement un très-grand nombre d'épreuves.

On n'a plus ensuite qu'à les rogner et à les coller comme d'habitude. Seulement, on doit, pour éviter de détruire en partie l'effet du vernis par le gonflement de la pâte du papier, avoir soin de ne pas trop le mouiller avec la colle et surtout de ne pas le laisser trop longtemps avec le dos recouvert de colle avant le montage.

On laisse sécher et l'on satine, comme il y a été dit plus haut.

Pour éviter le gélatinage, on pourrait, après que le tirage est assez sec, passer une à une chaque épreuve sur la surface d'un liquide ainsi composé :

Eau.	500	grammes.
Borax.	150	»
Gomme laque blanche	100	»
Carbonate de soude	6	»

On fait dissoudre le borax additionné du carbonate de soude dans de l'eau en ébullition et l'on y ajoute la gomme laque blanche par petites quantités et l'on filtre avec soin. Les épreuves, passées sur ce bain tiède, sont piquées deux à deux, dos contre dos, sur des liteaux portant des pointes, et, quand elles sont sèches, on peut les vernir à chaud. De cette façon, il n'y a jamais, à la surface de l'image, que du vernis à la gomme laque sans interposition d'une matière organique, comme la gélatine, susceptible de se ramollir à l'humidité, d'amener des moisissures et l'altération du papier et, par suite, de l'image qu'il porte. En hiver, il convient de faire l'opération du mouillage à la gomme laque dans une pièce assez chaude, et le bain lui-même doit être maintenu à une température moyenne de 25 à 30 degrés centigrades.

On peut encore arriver à boucher les pores du papier à vernir par un léger parcheminage. Pour cela, on prépare un mélange froid composé de :

1 volume d'eau.
2 » d'acide sulfurique.

On immerge pendant très-peu d'instants les épreuves, une à une bien entendu, dans ce mélange, et on les plonge rapidement dans une grande quantité d'eau froide. On peut, pour neutraliser complètement l'effet de l'acide, terminer le lavage dans une cuvette contenant de l'eau additionnée d'une petite quantité d'ammoniaque.

Pour éviter le gondolage du papier parcheminé, gondolage qui provient d'une tendance à se contracter inégalement pendant le séchage, il faut le laisser sécher sous une certaine pression, ou bien en tendant les feuilles sur des châssis.

Ce mode d'occlusion des pores du papier ne saurait être employé d'une manière courante ; mais il est des cas où il peut convenir, par l'aspect diaphane du *parcheminé*, — c'est le mot propre, — qu'il donne au papier et dont l'effet peut être agréable pour certains genres d'épreuves.

Il faut éviter de pousser trop l'action du parcheminage, qu'il suffit d'obtenir sur la surface même du papier sans qu'il pénètre trop avant dans son épaisseur. Le vernis restera tout entier à la surface parcheminée, mais il devra être passé alors que l'image est tendue, pour que la chaleur nécessaire au vernissage ne gondole les épreuves et ne déforme à ce point le papier qu'il se prêterait mal ensuite au montage.

Nous avons tenu à reproduire tout ce chapitre relatif au vernissage et au montage des épreuves, parce que les indications qu'il contient s'appliquent aussi bien à tous les autres genres d'épreuves.

Applications de la phototypie. — Nous aurons bientôt dit quelles sont les applications de ce procédé en nous bornant à indiquer que, de tous les procédés, il n'en est aucun qui se prête autant que celui-là à tous les genres d'impressions avec ou sans marges. Il est d'un très utile emploi pour l'illustration des ouvrages de luxe, et, grâce à l'adoption de presses mécaniques pour les tirages, on arrive à produire beaucoup et à très bon marché.

§ 415. Photolithographie. — Nous avons exposé précédemment dans cet ouvrage, un procédé de photolithographie basé sur l'emploi de bitume de Judée.

M. Toovey (1) prépare un papier à la gomme arabique et au bichromate de potasse, l'expose à la lumière derrière un négatif, puis l'applique sur une pierre lithographique disposée dans une presse à percussion. Le papier est couvert de plusieurs doubles de papier humide, puis l'ensemble est soumis à une légère pression pendant un temps suffisant.

Quand la pierre est mise à nu, elle porte à sa surface une image négative, en gomme. La pierre séchée est soumise au rouleau à l'encre grasse, qui mord partout où la gomme n'a pas touché. Puis la couche d'encre est enlevée à l'essence, et la gomme enlevée par l'eau.

La pierre, ainsi préparée, est soumise à l'impression lithographique ordinaire. Le même procédé peut s'appliquer sur zinc.

Un autre procédé de photolithographie consiste dans l'emploi d'un papier gélatiné, tel que celui qu'on trouve tout prêt dans le commerce pour les cartonnages. — Ce papier est sensibilisé dans un bain de :

Eau.	100 grammes.
Bichromate de potasse	5 »

quand il est sec, on l'applique contre un cliché négatif d'un sujet au trait, et, après une insolution suffisante, on le met à dégorger dans de l'eau froide, à la température normale.

Au bout de quelques instants, il peut être encré, après qu'on l'a appliqué mouillé sur une surface bien plane, comme une pierre lithophique par exemple.

L'encre grasse ne prend que sur les parties insolées, et quand l'encrage est bien complet, on reporte sur une pierre lithographique poncée où, à l'aide de quelques impressions, on opère le décalque.

Les opérations ultérieures du tirage sont celles de la lithographie habituelle.

Le report sur pierre lithographique d'une image phototypique au trait ou suffisamment granulée, peut fournir une image photolithogra-

---

(1) *Bull. Soç. fr. phot.* 1865, p. 24.

phique ; mais difficilement on tirerait une bonne épreuve lithographique après le report d'une phototypie à modelés continus.

On peut encore, quand on n'a que des traits à reproduire, agir directement sur la pierre, celle-ci étant préalablement sensibilisée avec de l'albumine saturée de bichromate de potasse. On passe cette liqueur sur la surface poncée de la pierre et on l'essuie ensuite, de façon à n'apercevoir aucune trace du liquide, aucune épaisseur ; il doit avoir pénétré suffisamment dans les pores de la pierre pour les garnir.

L'on expose ensuite à la lumière le cliché portant contre la surface sensibilisée ; puis, à l'aide d'un rouleau d'impression, on recouvre la surface entière de la pierre avec de l'encre grasse. Une éponge imprégnée d'eau est ensuite promenée délicatement sur la pierre et l'on y passe enfin un roulean lisse en cuir non encré, qui enlève l'encre partout où n'a pas pénétré l'action de la lumière.

Celle-ci a rendu imperméable à l'humidité toutes les parties sur lesquelles elle a agi, et l'encre y adhère fortement ; tandis qu'elle abandonne aisément les enduits ou l'humidité s'oppose à son adhérence.

On comprend qu'il ne faut employer ce procédé que dans les cas où le dessin est formé par des traits assez distants entre eux.

Il ne conviendrait pas à une reproduction de gravures à tailles serrées ou d'autres dessins analogues.

En général, l'on a recours à la photolithographie plutôt comme moyen intermédiaire pour arriver à une gravure sur zinc, que pour des tirages directs sur la pierre.

On use pourtant de cette dernière dans certains établissements, pour les reproductions des cartes géographique dont les détails ne sont pas trop compliqués.

Dans tous les cas où le sujet à reproduire est très réduit et surtout s'il présente des traits très rapprochés, mieux vaut recourir au transport sur pierre, ou même sur zinc directement, d'une bonne épreuve phototypique tirée à l'encre de report sur du papier de Chine encollé à l'amidon.

L'on transforme ensuite ce décalque en une gravure en relief, en opérant, ainsi qu'il est dit plus haut, au sujet des gravures au bitume de Judée.

Si l'on reportait d'abord sur pierre, une nouvelle opération de transport sur zinc serait nécessaire, et la valeur finale de l'image ne pourrait que se ressentir de cette succession de reports.

Plus l'on agit directement et mieux l'on fait : c'est ce qui explique pourquoi une image imprimée directement sur le bitume, celui-ci servant de réserve lors de la morsure à l'acide, vaut mieux qu'une impression photolithographique généralement indirecte.

§ 416. Photogravure. — Les procédés au bitume de Judée sont très propres à la production de la photogravure, quand les demi-teintes ne sont pas une condition essentielle. Les procédés au bichromate de potasse et à la gélatine réussissent moins bien à cause de l'absence, dans la couche, du *grain* destiné à retenir l'encre. Cependant M. Woodbury a vaincu cette difficulté. Voici son procédé :

On se procure d'abord un relief en gélatine, si l'on peut nommer ainsi ce qui constitue moins un relief appréciable, qu'une agrégation à peine sensible de matières en poudre très-fine, et voici comment.

Une glace, légèrement enduite de cire, est recouverte d'une couche de collodion; par dessus celle-ci, on verse une mixtion de gélatine et de bichromate de potasse, contenant en suspension une certaine quantité de verre pilé, d'émeri broyé très-fin ou de charbon. Lorsque cette couche est sèche, on l'enlève de la glace, et on l'expose, du côté du collodion, sous un cliché. Après une exposition suffisante, on l'applique temporairement sur une plaque de verre, au moyen d'une solution de caoutchouc, et on la lave à l'eau chaude. Après le développement, on détache de nouveau de la glace, la couche portant maintenant une image en relief.

Ce mot de relief n'est pas tout à fait exact, car dans l'image obtenue ainsi, les grands clairs sont représentés par une surface lisse, et les ombres par un grain ou pointillé plus ou moins serré, constitué par la matière granuleuse emprisonnée dans la gélatine, impressionnée elle-même à divers degrés par la lumière.

Pour transporter ce grain ou pointillé si délicat sur une plaque métallique, il n'y a pas d'autre moyen que de recourir à la presse hydraulique. Si l'on voulait y parvenir au moyen de l'électrotypie, toute la beauté du cliché serait perdue; le gonflement de la gélatine ferait disparaître l'effet du pointillé, car jusqu'ici l'on ne connaît aucun moyen efficace pour durcir la gélatine de façon à l'empêcher de goufler toujours un peu dans l'eau. Au contraire, une forte pression de la couche sur un métal mou en reproduit toute la délicatesse, et cette empreinte permet d'obtenir un électrotype en contre-partie, qui sert à la reproduction par le même procédé, de nouveaux clichés qu'on a soin d'aciérer.

Il est assez curieux de remarquer que ces deux sortes de clichés, dont l'un est la contre-partie exacte de l'autre, fournissent des épreuves identiques : dans le négatif, l'encre remplit des interstices du pointillé en relief; dans le positif, elle est retenue dans les creux formés par le pointillé lui-même.

M. Rousselon [1] nous a fait voir d'admirables spécimens de photogravures qu'il obtient au moyen d'un premier moulage en creux d'une pellicule préparée par le système Woodbury sur une surface plane en plomb, au moyen de la presse hydraulique.

La nouveauté du procédé consiste en un moyen particulier pour obtenir immédiatement dans cette gélatine le grain nécessaire à la gravure. Pour cela, M. Rousselon incorpore à cette gélatine une substance qui produit ce grain sous l'influence de la lumière, et qui est d'autant plus gros que l'action de la lumière est plus vive et plus prolongée.

Ce grain se reproduit sur le plomb. Alors, à l'aide de la galvanoplastie, on obtient du plomb une planche qui peut être tirée comme la gravure en taille douce.

Le procédé appliqué dans les ateliers d'Asnières par M. Rousselon a beaucoup d'analogie avec celui qui a servi quelques années auparavant à M. Placet, pour la préparation de ses planches d'héliogravure. M. Rousselon, comme l'a fait M. Placet, fait agir la lumière sur une couche de gélatine bichromatée, puis il immerge la couche insolée, soit dans de l'eau ordinaire, soit dans un liquide contenant une substance contractante. Partout où la lumière a agi, les parties par elle atteintes ne peuvent, comme celles qui les entourent et où n'est pas parvenue la lumière, absorber de l'eau et rester unies; elles sont soulevées par la couche de gélatine sous-jacente susceptible, elle aussi, de se gonfler, et il en résulte une contraction plus ou moins forte, suivant que la lumière a agi avec plus ou moins d'intensité; de là résulte une sorte de vermiculé, un dépoli qui, nul dans les parties non actionnées par la lumière, va s'accroissant graduellement jusqu'aux grands noirs du positif.

Cette pellicule, une fois sèche et séparée de son véhicule provisoire, est soumise à un cylindrage énergique contre une feuille mince d'étain, dont la contre-épreuve galvanique, complétée dans certains cas par quelques retouches, permet d'obtenir de magnifiques tirages en taille-douce.

Grâce à ce moyen qui exclut l'emploi de la presse hydraulique, l'on obtient des gravures d'un très grand format.

Photogravure Garnier. — Un autre procédé de gravure a été inventé par M. Garnier, et est exploité à Paris par M. Dujardin; il diffère essentiellement de celui qu'emploie avec tant de succès M. Rousselon, et il donne d'ailleurs des résultats qui sont moins complets.

(1) *Bull. Soc. franç. phot.*, 1873, p. 14.

Bien que ce procédé n'ait jamais été publié, nous croyons pouvoir dire sommairement en quoi il consiste, sans garantir cependant d'une façon absolue l'exactitude de nos assertions.

Une plaque de cuivre est recouverte directement d'une couche, formée par une dissolution dans de l'eau, de sucre, de gomme et d'albumine ; on sensibilise cette liqueur avec du bichromate de potasse et l'on expose à la lumière au travers d'un cliché positif. L'hygroscopie de toutes les parties non atteintes par la lumière permet d'y faire adhérer une poussière de bitume de Judée. On exécute en un mot la même opération que pour les émaux par le procédé dit *aux poudres ;* quand l'image est bien complète, on chauffe à un certain degré, et l'on mord ensuite avec du perchlorure de fer concentré. La poudre de bitume a formé réserve, et réserve graduée suivant les modelés, et les creux ne se produisent que dans les endroits où peut pénétrer le mordant, c'est-à-dire partout où le métal est dépourvu de poudre de bitume.

La morsure agit ici directement sur la planche aussitôt après l'insolation, et l'on ne doit recourir à aucune opération galvanoplastique.

Entre des mains habiles et à l'aide de certaines retouches, ce procédé peut rendre de grands services.

Une épreuve phototypique modelée, reportée sur cuivre avec du papier de Chine encollé, puis saupoudrée de bitume en poudre, de façon à bien garnir l'encre du report, peut être mordue au perchlorure de fer et fournir une planche gravée en taille douce, offrant les finesses et les dépressions de l'original.

Ce procédé est, on le voit, de la vraie gravure chimique, et comme tel il est plus sujet à des accidents que le procédé plus mécanique et plus sûr de M. Rousselon.

Ce dernier nous paraît devoir conduire à des impressions bien plus nettes et surtout bien moins grenues.

L'on guide toujours mieux les moulages et contre-moulages que la morsure par les acides.

CHAPITRE V.

ÉPREUVES VITRIFIÉES SUR VERRE, ÉMAIL ET PORCELAINE.

SECTION I. — PHOTOGRAPHIES VITRIFIÉES PAR MM. TESSIÉ DU MOTHAY ET MARÉCHAL (1).

§ **417. Génération de l'épreuve.** — Une glace bien nettoyée est recouverte d'une solution de caoutchouc dans de la benzine mélangée de collodion. Quand la couche est sèche, on la recouvre de collodion ioduré que l'on sensibilise, expose, développe et fixe comme à l'ordinaire.

Dans cet état, l'image ne contient pas assez d'argent pour être soumise à la vitrification. Elle est alors énergiquement renforcée, puis soumise à un bain fixateur de cyanure de potassium iodé, qui enlève le voile d'argent grenu qui se forme toujours dans cette opération, lavée et renforcée de nouveau. Cette opération est répétée, jusqu'à ce que l'image présente une intensité considérable.

Grâce à la couche préliminaire de caoutchouc, la couche de collodion supporte assez facilement ces renforçages successifs.

§ **418. Platinage et dorure.** — La couche est trempée dans des bains contenant de l'or ou du platine en dissolution. L'argent de l'image est remplacé par l'or ou le platine, qui se dépose comme le cuivre sur le fer.

Ces bains substitutifs ont pour but de faire varier ou la couleur, ou la nature de l'image après la vitrification. La platine donne des images noir-vert, l'or et le platine, du noir pur.

L'image est alors lavée, fixée au cyanure et recouverte d'un vernis.

§ **419. Vitrifiation.** — La glace, recouverte de l'épreuve, est à présent soumise au feu de mouffle, qui brûle les matières organiques et met les métaux à nu. Elle est alors couverte d'un fondant silicique ou boracique, et soumise à l'action du feu qui la vitrifie.

Telle est, dans son ensemble, la méthode à l'aide de laquelle MM. Tessié du Mothay et Maréchal ont produit les merveilleuses épreuves qui leur ont valu, à l'Exposition Universelle de 1867, une médaille d'honneur et qui ont excité, à un si haut point, l'admiration de tous ceux qui s'intéressent à la photographie.

---

(1) *Bull. Soc. franç. phot.* 1865.

Cette méthode est longue et compliquée, du moins d'après la description que les auteurs donnent de leur procédé. Mais il est évident que cette méthode peut être singulièrement simplifiée dans la pratique.

SECTION II. — ÉMAUX (1).

§ **420. Obtention de la matrice.** — Pour produire des émaux, il faut d'abord traduire le négatif dont on veut faire usage en positif sur verre, soit en le reproduisant à la chambre noire par le collodion humide, soit en se servant de collodion sec et du châssis-presse. Le positif obtenu est alors recouvert d'une solution filtrée de 1 gramme de gutta-percha dans 30 grammes de chloroforme. Quand la couche est sèche, on en incise les bords, et on plonge la glace dans l'eau froide. Alors la couche de collodion portant l'image positive se détache. On la conserve sous presse.

Il est nécessaire d'avoir un négatif constitué par une pellicule élastique, afin de pouvoir l'appliquer sur des surfaces convexes, telles que le sont les plaques d'émail (qui ont généralement la forme de camées), les assiettes de porcelaine, les tasses, etc.

On peut encore, si le positif par transparence peut être de la même grandeur que le négatif original, employer le papier préparé au charbon, dont, après insolation, on fait le transport sur verre stéariné; ces positifs se détachent très-facilement du verre, et s'appliquent très bien, à cause de leur élasticité, sur les surfaces courbes.

§ **421. Préparation de la plaque d'émail.** — On trouve dans le commerce des plaques de cuivre rouge recouvertes d'émail blanc, de toutes les dimensions. Ces plaques sont ovales et possèdent un relief en forme de camée.

Ces plaques, bien nettoyées, sont recouvertes d'un mélange de

Eau distillée	100	grammes.
Bichromate de potasse	6	»
Gomme arabique	5	»
Miel	1	»
Sucre blanc	1	»

Ce mélange, tant qu'il est liquide, n'est pas sensible à la lumière. Il faut le filtrer avec soin à travers du papier de Suède, opération qui

(1) Voir pour plus amples détails : *Photographie sur Émail*, par MM. Geymet et Alker.

Un ouvrage bien complet est celui de M. A. Martin, 1872, publié à Weimar. — Voyez aussi *Bull. Soc. franç. de phot.* 1868, p. 313; 1869. p. 41; 1870, p. 261; 1872, p. 35.

est extrêmement lente. Comme il a une consistance sirupeuse, on peut l'étendre avec un peu d'habitude et sans de trop grandes difficultés sur la surface courbe de la plaque d'émail, que l'on sèche alors à une température de 60 degrés devant un fourneau. Cette dernière opération doit se faire dans l'obscurité.

§ **422. Insolation.** — La plaque d'émail bien sèche est recouverte de la pellicule portant l'image positive. En la frottant avec précaution dans tous les sens, la pellicule arrive en contact parfait avec la surface de la plaque d'émail, surtout si elle est un peu plus grande, auquel cas on en rabat les bords derrière la plaque, que l'on soumet, ainsi recouverte, aux rayons solaires, pendant 1 à 2 minutes, ou à l'ombre, de 5 à 15 minutes.

§ **423. Développement de l'image.** — La plaque d'émail insolée est rentrée dans le cabinet obscur, et la pellicule positive enlevée. Une image est visible sur la plaque.

Les poudres inertes, le charbon en poudre, par exemple, répandues sur la surface de bichromate insolée, adhèrent là où la lumière n'a pas agi. Au lieu de poudre de charbon, il faut à présent se servir de poudre d'émail de telle couleur que l'on désire, additionnée de fondant également en poudre. Nous parlerons tout à l'heure de ce fondant et de cette poudre d'émail.

Pour opérer convenablement, les poudres doivent être impalpables, et il faut en saupoudrer la plaque d'émail, soit en enfermant ces poudres dans un petit sac de toile fine que l'on secoue au-dessus de la plaque (Leth, Obernetter), soit en chargeant un pinceau de blaireau fin et fourni, en le retournant en tous sens dans la soucoupe qui contient la poudre (Geymet et Alker). A l'aide de ce blaireau, on tamponne légèrement la plaque en commençant par le haut; on descend progressivement, frappant toujours avec régularité. Puis le blaireau est passé en long et en large sur la plaque pour enlever l'excès de poudre.

Si l'épreuve est trop empâtée, trop noire, on chauffe légèrement la plaque sur une lampe à alcool et on enlève l'excès de noir avec un blaireau neuf.

Si l'épreuve est trop légère, on hâle à sa surface, elle prend ainsi l'humidité, et on peut de nouveau la recouvrir de poudre d'émail.

La plaque d'émail est ensuite immergée dans de l'acide sulfurique étendu de 2 fois son volume d'eau et d'alcool, ce qui a pour but d'éliminer les sels de chrome qui donneraient un ton jaune à la plaque. Puis on la lave à grande eau, et on la laisse sécher. La plaque doit maintenant être soumise à la vitrification.

§ **424. Vitrification.** — L'image sur la plaque d'émail perd un peu au feu, et peut même disparaître en entier si la température est trop élevée, ou si son action est trop prolongée ; dans ce cas, elle se dissout dans l'excès d'émail blanc qui recouvre la plaque.

La cuisson s'opère dans de petits fourneaux de terre réfractaire à moufle, analogues à ceux dont on se sert pour les essais d'argent. On en construit qui sont chauffés au gaz ou au pétrole, et dont l'usage est bien plus propre et plus commode que celui des fourneaux dans lesquels on brûle du charbon.

La température à laquelle se fait la cuisson est celle du rouge cerise. Cette température ne doit pas être dépassée.

La plaque à cuire est placée sur une lame de fer dans le moufle chauffé au rouge. Elle y est laissée tout au plus quelques minutes, puis retirée.

L'opération que nous venons d'indiquer exige un cliché positif, mais il est tout aussi facile d'arriver à un résultat identique en employant un négatif. Dans ce cas, on recouvre une plaque de verre, finement doucie, d'une couche de perchlorure de fer additionné d'acide tartrique (1).

Le per-sel de fer, en présence de cette matière organique, est réduit à l'état de proto-sel ; dans cet état, il est déliquescent et à des degrés divers, suivant qu'il a été plus ou moins vivement impressionné par l'action des rayons lumineux.

Aux parties transparentes du cliché, c'est-à-dire là où doivent se trouver les noirs du positif, correspondent les parties atteintes par la lumière, et cela explique pourquoi, dans ce cas, c'est un négatif et non un positif qu'il faut employer.

La formule de la liqueur sensibilisatrice est la suivante pour une quantité de 500 c.c. On pèse 55 grammes de perchlorure de fer qu'on fait dissoudre dans 150 c.c. d'eau ordinaire, et 20 grammes d'acide tartrique dissous dans 150 c.c. d'eau — on filtre séparément les deux solutions, puis on les mélange en y ajoutant la quantité d'eau nécessaire pour atteindre 500 c.c.

Elle sert jusqu'à épuisement, pourvu qu'on la conserve à l'abri de la lumière. On verse sur le verre douci comme si l'on collodionnait, puis on expose à la lumière sous le négatif, et l'on dépose la poudre d'oxyde métallique comme nous venons de l'indiquer.

Quand l'image apparait bien complète dans tous ses détails, l'on collodionne la surface avec du collodion normal, puis on immerge le tout dans de l'eau aiguisée d'acide chlorhydrique.

---

(1) Voir *Traité d'impression photographique sans sel d'argent* de A. Poitevin, 1862.

La pellicule de collodion se détache bientôt du verre, entraînant avec elle l'image formée par l'oxyde métallique; — alors qu'elle flotte, on passe en dessous d'elle, dans le liquide, la plaque d'émail sur laquelle on veut la fixer; on sort cette plaque en enlevant la pellicule sans bulles d'air interposées. On laisse bien égoutter le liquide en excès, puis les bords de la pellicule sont rabattus par dessous la plaque, tout autour, de façon à bien tendre cette pellicule, surtout si la surface est convexe.

On laisse sècher dans cet état; puis on peut, sans détruire le collodion par de l'acide sulfurique, mettre directement dans le four à moufle et procéder à la cuisson. Si l'objet n'est pas humide, le feu brûlera le collodion sur place et sans produire d'éclat; mais il est essentiel que toute trace d'humidité ait disparu, sans quoi il se produirait des déchirures, la couche éclaterait et l'opération serait perdue.

§ **425. Poudres d'émail et fondants.** — Les poudres d'émail peuvent s'obtenir de toute espèce de couleurs. L'ouvrage de M. Martin mentionné plus haut contient un grand nombre de recettes pour préparer ces poudres d'émail.

M. Leth, à Vienne, prépare sa poudre, en fondant, dans un creuset, un mélange de 1 partie de sulfate de cobalt, $^1/_2$ partie de sulfate de zinc, 1 partie de sulfate de fer, 1 partie de sulfate de manganèse, et 6 parties de salpêtre. Le produit réduit en poudre est bien lavé, une partie de cette poudre est mélangée avec 2 ou 3 parties de fondant, également réduit en poudre.

M. Leth obtient son fondant en calcinant, dans un creuset, 2 parties de sable, 1 partie de borax, et 6 parties de minium. Le verre fusible ainsi produit est réduit en poudre après la fusion.

On obtient un fondant exempt de plomb en calcinant, dans un creuset, 8 parties de sable quartzeux, 4 à 6 parties de borax fondu, 1 à 2 parties de salpêtre et 1 partie de craie.

§ **426. Procédés divers sur émail.** — Le premier procédé que nous venons de décrire est celui de M. Leth, à Vienne. Il en existe un très-grand nombre d'autres, parmi lesquels nous signalerons surtout ceux de MM. Lafon de Camarsac, Joubert, Laborde, Obernetter, mais tous reposent sur les procédés primitifs de Poitevin.

SECTION III. — DÉCORATION SUR PORCELAINE.

§ **427. Procédé de M. Grüne, de Berlin.** — M. Grüne a eu l'idée de décorer les porcelaines de dessins en or, argent et autres métaux, à l'aide de la photographie. Il a produit ainsi une nouvelle branche d'industrie très-remarquable.

Le principe sur lequel ce procédé repose est analogue à celui des photographies vitrifiées de MM. Tessié du Mothay et Maréchal. Les images sont produites sur une couche de collodion appliqué sur verre, sensibilisé, développé et fixé comme à l'ordinaire.

L'argent qui constitue l'image peut être vitrifié au moufle d'émailleur, ou bien peut, préliminairement à cette cuisson, être changé en or, platine, iridium, par l'immersion de la glace dans des sels de ces métaux.

La couche de collodion enlevée est transportée sur porcelaine, puis soumise au feu. L'image prend alors la couleur du métal choisi.

CHAPITRE VI.

ÉPREUVES POSITIVES SANS SELS D'ARGENT.

§ **428. Procédés aux sels métalliques.** — Un papier imprégné d'un per-sel de fer, de perchlorure de fer, par exemple, exposé derrière un négatif à la lumière, laisse apercevoir une image, car le per-sel est réduit à l'état de proto-sel, et tous les réactifs de ces derniers sels révèlent une image.

Les sels de cuivre, de mercure, d'urane, sont dans le même cas. M. Niepce de St Victor a basé sur l'emploi des sels d'urane un procédé curieux : un papier est imprégné d'un mélange de nitrate d'urane et de nitrate d'argent. Le sel d'urane est réduit par la lumière à l'état de proto-sel, qui réduit à son tour le nitrate d'argent à l'état métallique. Aussi un tel papier, blanc dans l'obscurité, donne-t-il des images quand on l'expose au jour derrière un négatif dans le châssis-presse.

Les cyanures métalliques, notamment le ferri-cyanure de potassium, le nitro-prussiate de potasse, etc. sont sensibles à la lumière.

M. Marion a introduit dans le commerce un papier préparé au ferro-prussiate, très-utile aux ingénieurs, industriels, amateurs de photographie, etc., pour copier les dessins. Ce papier se conserve toujours sensible. On l'expose en contact avec le dessin dans un châssis-presse, et, pour fixer l'image, on lave simplement le papier. Les lignes du dessin apparaissent blanches sur le fond bleu.

Un autre procédé, basé sur la sensibilité des cyanures métalliques, est celui de M. Pellet; mais la réaction est ici toute différente, M. Pellet obtenant des traits bleus sur fond blanc d'après un dessin tracé sur papier dioptrique et servant de cliché positif direct.

Ce procédé est connu sous le nom industriel de cyano-fer; il donne des reproductions qui se rapprochent, quand à leur aspect, beaucoup plus de l'original, que le procédé au ferro-prussiate; ce dernier donne des traits bleus sur fond blanc, quand on use d'un négatif, tandis que le papier au cyano-fer donne un positif d'après un positif.

§ **429. Procédé au gallate de fer.** — Un autre moyen d'obtenir un positif en traits noirs sur fond blanc d'après un positif est celui qu'applique M. Colas, de Neuilly s/ Seine, et qui consiste dans l'emploi, comme sensilibisateur du papier, d'un mélange de perchlorure de fer et d'acide tartrique.

Le dessin sert directement de cliché et l'insolation blanchit le papier, revêtu d'abord partout de la couleur jaune du perchlorure de fer; dès qu'on voit nettement le dessin en traits jaunes se détachant sur le fond blanc, on immerge dans une solution d'acide gallique dans l'eau à 2 ou 3 %. Il se forme du gallate de fer partout où se trouve sur le papier du perchlorure de fer non décomposé.

Le dessin apparait donc en traits noir-bleu sur fond blanc; c'est de l'encre à écrire ordinaire.

Le fer peut encore servir, en utilisant une réaction récemment indiquée par M. Poitevin et étudiée pratiquement par M. Boivin, à produire des images analogues à celles que l'on obtient avec le chlorure d'argent.

§ **430. Procédé Boivin.** — 1° Sur une solution peu concentrée de nitrate (1) ou de perchlorure de fer, versée dans une cuvette en porcelaine, on fait flotter un instant du papier qui a été préalablement gélatiné et non passé à l'alun, puis on le suspend à sécher. Quoique peu sensible dans cet état, on le laisse sécher à l'abri de la lumière.

2° Ce papier étant sec, on le plonge dans de l'ammoniaque ordinaire, ou dans une solution de potasse, afin de produire le peroxyde de fer. On le lave à plusieurs eaux et on le met à sècher. Ainsi préparé, il n'est aucunement sensible, on peut par conséquent le conserver en provision pour l'usage auquel il est destiné.

(1) *Moniteur de la Photographie*, février 1880.

3° Pour donner la sensibilité au papier au peroxyde de fer, on le fait flotter quelques minutes sur le bain suivant :

Eau	100 c. c.
Acide citrique	25 gr.
Acide tartrique	7 »
Nitrate d'argent	0 50

Le nitrate d'argent, ajouté au bain sensibilisateur, n'a d'autre but que de rendre l'image légèrement visible à l'insolation, ce qui facilite l'appréciation des progrès de son impression sous les rayons lumineux.

Insolation. — Elle se fait comme d'habitude, au soleil, elle n'exige que quelques minutes ; à la lumière diffuse elle demande beaucoup plus de temps.

Développement. — L'épreuve déjà apparente à la sortie du châssis, on continue à la développer et à la renforcer dans une solution très-faible de nitrate d'argent, à 1 pour 100 ou 200 d'eau, par exemple. Lorsqu'elle a atteint la vigueur convenable, on la vire au chlorure d'or si l'on désire du noir-bleu. Sans virage, l'épreuve est d'un beau rouge sanguin.

Fixage. — Un simple lavage à l'eau suffit pour fixer l'image. Il est cependant préférable de la passer dans une solution faible, à 1 pour 100, de sulfocyanure d'ammonium, afin d'annuler complètement les faibles traces de nitrate d'argent retenues dans la pâte du papier, et qui pourraient, à la longue, amener l'altération de l'image. Lavée ensuite à plusieurs eaux, l'épreuve est mise à sécher.

LIVRE IV.

DES AGRANDISSEMENTS.

Il est aisé, en photographie, de produire des négatifs extrêmement parfaits (optiquement parlant) de petite dimension, tandis qu'il est fort difficile, sinon impossible, de produire des épreuves de très-grandes dimensions dont tous les plans soient nets. Par exemple, avec nos objectifs, il est impossible d'obtenir un buste en grandeur naturelle.

Mais il est facile de tourner la difficulté en produisant d'abord un petit négatif que l'on amplifie alors à la grandeur nature. L'image ainsi obtenue est d'une rare perfection, si l'on se sert d'instruments convenables.

Les agrandissements ont donc pour objet la transformation de très-petites images, nécessairement parfaites, en images de grandes dimensions que l'on ne saurait produire directement.

On peut obtenir ces grandes épreuves de trois manières : soit par la chambre noire, soit par la chambre solaire, soit à l'aide d'appareils à projection éclairés par la lumière artificielle.

CHAPITRE I.

AGRANDISSEMENTS PAR LA CHAMBRE NOIRE.

SECTION I. — AGRANDISSEMENT D'APRÈS UN POSITIF SUR PAPIER.

§ **431. Choix des objectifs.** — Étant donnée une épreuve sur papier d'un format quelconque, carte de visite, album, plaque entière, on la place bien verticalement sur un châssis, et on l'éclaire d'autant plus vivement qu'on veut en faire un négatif plus grand.

On choisit alors une chambre noire très-longue, que l'on munit d'un objectif d'un diamètre et d'un foyer tels qu'il donne, lorsqu'on le dirige sur des objets éloignés, une image nette de la dimension de celle que l'on veut agrandir. Ainsi, veut-on agrandir une épreuve carte, on fera usage d'un objectif propre à produire directement des cartes.

Il est, de plus, absolument indispensable de retourner l'objectif, c'est-à-dire, de l'employer de telle façon que la lentille qui regarde ordinairement l'objet à reproduire, regarde à présent le verre dépoli. Il n'y a d'exception que pour les objectifs symétriques, tels que l'aplanat ou le globe-lens.

On peut, d'ailleurs, se servir de n'importe quel système d'objectifs, mais les aplanats et les triplets conviennent le mieux. Le plus important, c'est de ne pas se servir d'objectifs à trop long foyer, sinon, il faudrait une chambre noire d'une longueur énorme, pour peu que l'amplification de l'épreuve soit un peu forte.

§ **432. Méthode opératoire.** — L'épreuve étant fixée sur un châssis vertical, la chambre noire est placée sur une table bien horizontale, dirigée sur l'épreuve et l'image mise au point sur le verre dépoli. Si l'image est trop petite, il faut rapprocher l'objectif de l'épreuve à reproduire et augmenter le tirage de la chambre noire; si elle est trop grande, il faut faire le contraire. Après quelques tâtonnements, on arrive à produire ainsi une image de grandeur convenable sur le verre dépoli.

On couvre l'épreuve à reproduire d'un morceau de papier blanc qui facilite la mise au point, par la netteté de ses contours. Ce papier s'enlève dès que la mise au point est terminée.

Après la mise au point, l'objectif doit être muni d'un diaphragme d'autant plus petit, que l'on désire plus de netteté sur les bords de l'image agrandie. Toutefois, si l'agrandissement est un peu considérable, il ne faut pas faire usage d'un diaphragme trop petit, car le temps de pose serait trop considérable.

Cette méthode convient très-bien à l'agrandissement des épreuves positives dont on ne possède pas le cliché. Mais elle est imparfaite, à cause de l'apparence grenue (due à la texture du papier) que possèdent toujours les épreuves positives sur papier, et qui est d'autant plus fortement marquée sur l'épreuve agrandie que l'amplification a été plus forte.

SECTION II. — AGRANDISSEMENTS D'APRÈS UN NÉGATIF SUR VERRE.

§ **433. Méthode opératoire.** — Faites du négatif un positif sur verre, soit à l'aide d'un des procédés secs actuellement en usage, soit à l'aide du procédé charbon.

Le positif sur verre doit à présent être agrandi par la chambre noire. Pour cela, on l'encadre d'un papier noir, et on le place contre une fenêtre qui reçoit le jour de l'horizon. Ne possède-t-on pas un pareil moyen, on place extérieurement un miroir incliné à 45° qui projette le jour direct du zénith à travers le positif par transparence.

On procède alors à l'agrandissement, exactement comme il a été dit à la section précédente; mais on fera bien de se servir de l'aplanat muni d'un petit diaphragme.

Pour éviter que l'épreuve obtenue ne soit voilée, il faut empêcher que la lumière réfléchie par le miroir ne passe à côté du positif transparent à agrandir, car cette lumière est rejetée par les parois de la chambre noire et produit ainsi un voile sur la glace sensible. C'est pour cela que le positif transparent doit être entouré d'un large cadre noir.

On obtient ainsi un négatif agrandi, que l'on peut retoucher, et dont on peut alors tirer des épreuves positives sur papier, suivant les méthodes ordinaires.

§ **434. Procédé Carette.** — La méthode décrite dans le paragraphe précédent, très-simple en théorie, est compliquée dans la pratique. En effet, il est très-difficile d'obtenir un positif par transparence d'intensité convenable, et si quelques défauts mécaniques existent dans ce positif, ils sont impitoyablement exagérés dans l'agrandissement subséquent.

Pour éviter cet inconvénient, M. Carette, de Lille, agrandit le petit cliché directement au format dont on désire les épreuves définitives, de manière à obtenir un grand positif par transparence.

Pour cela, il place le négatif original contre un miroir incliné à 45° qui renvoie le jour direct à travers le dit négatif, puis, à l'aide de la chambre noire munie d'un aplanat, il fait, au collodion humide, un grand positif par transparence. Seulement, il emploie ici un moyen très-ingénieux, il prend un temps de pose franchement trop long, de sorte que le révélateur fait ressortir immédiatement l'image dans toutes ses parties. Dès qu'il juge qu'il a tous les détails dans les ombres, il arrête le développement par un lavage à l'eau et fixe.

De cette manière, que le négatif original soit doux ou dur, le grand transparent obtenu est très doux, très-fouillé, mais généralement peu intense et manquant de la densité nécessaire pour être imprimé par la voie que nous décrirons plus loin. Pour corriger ce défaut, il renforce son transparent par l'acide pyrogallique et l'argent, et cela en pleine lumière, jusqu'à ce qu'il en juge l'intensité suffisante.

Il procède alors à sa retouche suivant les procédés connus.

Il s'agit maintenant d'obtenir de ce positif par transparence un grand négatif. Pour cela, il se sert du procédé au charbon.

Il emploie le papier préparé exprès pour cet usage, et qui porte le nom de « papier pour négatifs. » C'est du papier au charbon ordinaire contenant une très-forte quantité de matière colorante. Ce papier est sensibilisé au bichromate, comme à l'ordinaire, et exposé derrière le transparent dans un châssis-presse, le double ou le triple du temps nécessaire pour obtenir une épreuve positive ordinaire. On le mouille et on le fait adhérer sur verre, puis on développe l'image.

On obtient ainsi un grand négatif qu'on peut renforcer par les moyens indiqués page 306.

Ce négatif est retouché, et sert alors de cliché pour en obtenir des épreuves positives ordinaires.

Ce procédé, bien employé, produit de très-belles épreuves agrandies. Il n'a contre lui qu'un reproche : la difficulté de préparer de grandes glaces au collodion humide. Mais la difficulté disparaît si l'on se sert d'émulsion au gélatino-bromure d'argent, qu'il est aisé d'étendre sur de grandes glaces.

CHAPITRE II.

AGRANDISSEMENTS PAR LA CHAMBRE SOLAIRE.

Dans ce système, le négatif sur verre est placé dans un appareil analogue à la lanterne magique, éclairé par la lumière solaire. L'image agrandie est reçue sur un châssis sur lequel on tend le papier sensible à la lumière. Le négatif est ainsi agrandi directement, et cette méthode est, par cela même, la plus parfaite. La lanterne magique employée doit être d'une construction spéciale. Elle porte le nom de *chambre solaire*. Les rayons solaires sont envoyés dans l'appareil, soit à l'aide d'un miroir mû à la main, soit à l'aide d'un miroir mû automatiquement par un mouvement d'horlogerie. Cet appareil porte alors le nom d'héliostat.

SECTION I. — CHAMBRE SOLAIRE.

§ **435. Appareil de M. Woodward.** — Cet appareil (fig. 174), souvent désigné sous le nom de *chambre solaire américaine*, est essentiellement composé d'une grande lentille I, nommée *condensateur*, au foyer de laquelle est fixé un objectif ordinaire à portraits L. Un miroir AB renvoie les rayons solaires *rr* sur le

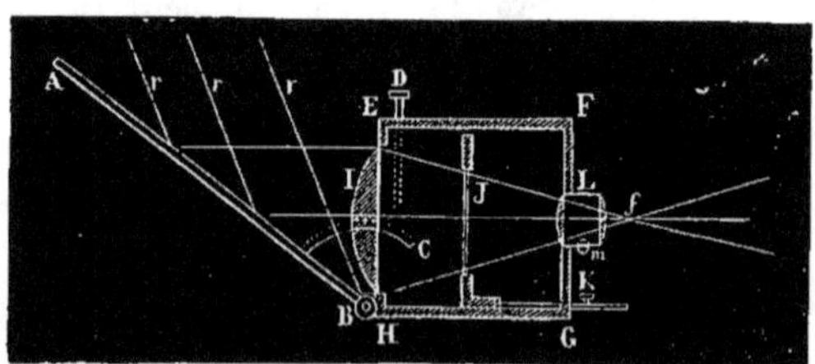

Fig. 174. — Chambre solaire américaine.

condensateur I, et le cliché J, mobile à l'aide d'une crémaillière K, est placé entre les deux lentilles à une distance qui varie suivant celle de l'écran sur lequel l'image se forme.

La forme la plus ordinaire de la chambre solaire est celle d'une grande boîte carrée EFGH. Le porte-miroir, que nous décrirons plus tard, est *attaché* à l'appareil aux extrémités duquel se trouvent le condensateur I et la lentille amplifiante L.

Le maniement de l'appareil est des plus simples. Il suffit de placer la partie EHBA de la chambre solaire dans l'ouverture d'une fenêtre blindée, de communiquer aux vis de rappel B et D, qui commandent le miroir, les mouvements nécessaires pour tenir les rayons solaires réfléchis dans une direction constante If, d'ajuster convenablement le cliché J de manière que son image agrandie se forme nette sur un châssis placé à distance, perpendiculairement à l'axe optique de l'appareil, et enfin de substituer à l'écran une feuille de papier sensible à la lumière ou toute autre surface photographique.

§ **436. Chambre solaire de M. Liébert.** — Parmi les modifications apportées à l'appareil de Woodward, nous signalerons celle de M. Liébert. Cet auteur, dans la croyance que le manque de netteté des images agrandies provient surtout de la vibration du sol, fait un appareil qu'il dirige tout entier sur le soleil. Le cliché et l'image agrandie, étant reliés ensemble, le vent ou les vibrations du sol n'exerceraient aucun effet. Pour que cela fût vrai, il faudrait que le soleil lui-même fût relié à l'appareil, sinon son image se déplace au foyer du condensateur, et par conséquent l'image agrandie se déplace aussi, mais d'une petite quantité.

SECTION II. — APPAREIL DYALITIQUE (1).

§ **437. Porte-miroir.** — La fig. 175 montre le miroir (2), monté entièrement en fer, que l'on fixe dans le volet de la chambre obsure.

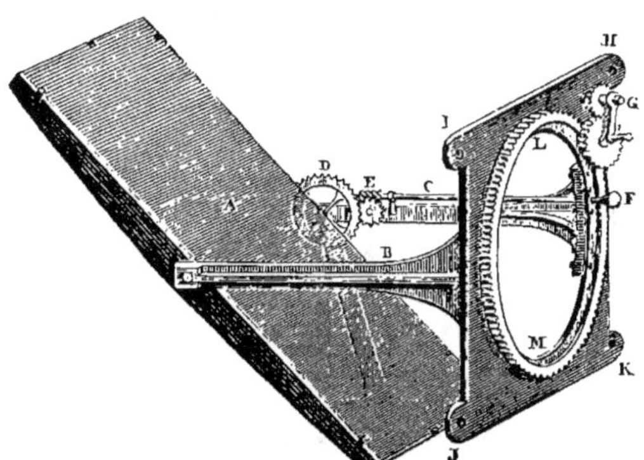

Fig. 175. — Porte-miroir.

A l'aide de la manivelle G et du pignon F, on lui donne une position

(1) Voyez, pour une description plus complète de cet appareil : *Traité d'optique photographique*, par D. v. MONCKHOVEN, Paris, 1867, Victor Masson et fils.

(2) Dans les appareils construits depuis 1867, le cadre qui supporte le miroir est entièrement en fer, et le pignon E agit directement sur la roue dentée D assise sur l'axe de rotation du miroir.

telle que le faisceau de rayons solaires se réfléchisse horizontalement sur le condensateur de la chambre solaire.

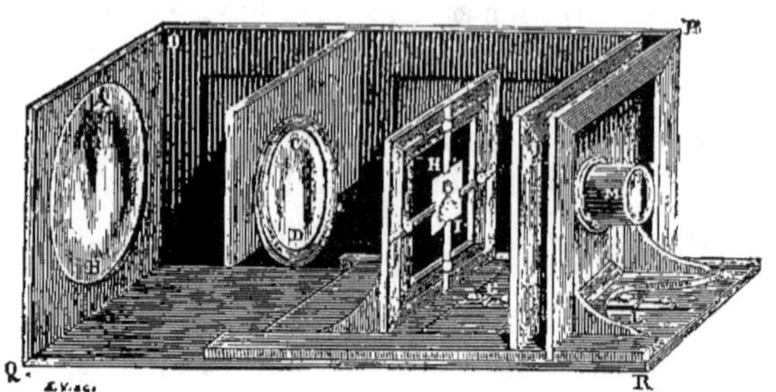

Fig. 176. — Appareil dyalitique.

§ **438. Chambre solaire dyalitique.** — Les fig. 176 et 177 représentent la chambre solaire proprement dite ; la fig. 176 nous la montre avec ses parois enlevées, afin que l'on juge mieux de sa disposition intérieure, et la fig. 177 nous fait voir la marche des rayons lumineux à travers les lentilles. Les mêmes lettres désignent les mêmes parties.

La lentille AB est le condensateur qui varie de diamètre avec la puissance de l'appareil. Ses courbures sont telles que son aberration sphérique est réduite au minimum. A une distance de cette lentille égale à son diamètre se trouve une seconde lentille très-mince, ayant

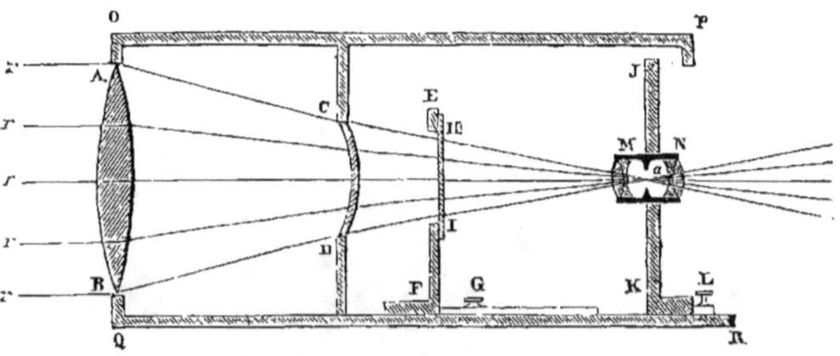

Fig. 177. — Coupe de l'appareil dyalitique.

la forme d'un verre de montre et qui a pour objet d'enlever *complètement* l'aberration sphérique du système entier. Il en résulte d'abord, que le champ d'éclairage au lieu d'être plus puissant sur les bords du cliché qu'au centre (1), comme cela a lieu dans les anciens appareils, est maintenant parfaitement uniforme sur toute la surface

(1) Par l'effet de l'aberration sphérique. Voyez page 120.

du cliché. Ensuite, les bords de ce dernier sont traversés par des rayons lumineux uniques émanés du bord du système éclairant, ce qui n'a pas lieu non plus dans les anciens appareils, et c'est précisément ici la cause de la grande finesse, sur les bords aussi bien qu'au centre, des épreuves agrandies produites par l'appareil dyalitique. Par l'adoption de la disposition représentée fig. 178 (1) que nous décrivons plus loin *plus aucun cliché ne casse.*

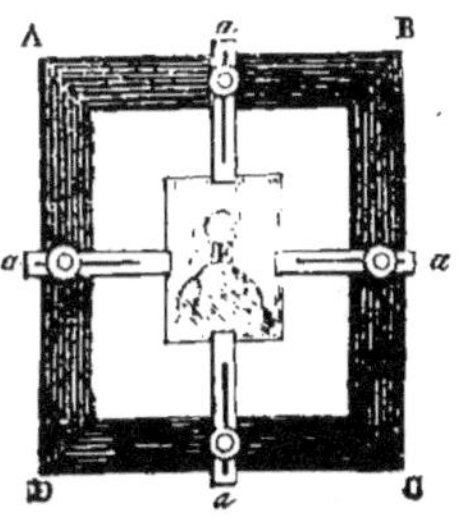

Fig. 178.

§ **439. Objectifs grossissants.** — Les objectifs sont d'une construction particulière et munis de diaphragmes postérieurs qui éloignent la lumière diffuse, tout en n'enlevant rien de la lumière émanée du condensateur.

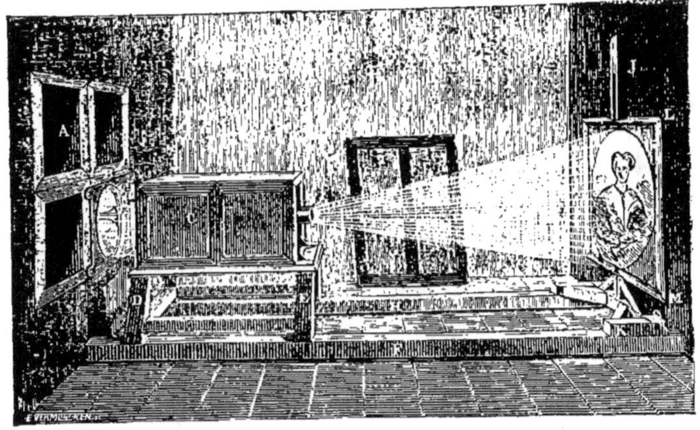

Fig. 179. — Appareil dyalitique installé.

§ **440. Disposition générale de l'appareil.** — La fig. 179 montre la disposition générale de l'appareil. Dans une fenêtre blindée A se place le réflecteur B. La chambre solaire dyalitique C se place sur un pied DE. L'image agrandie se forme en LM sur un châssis mobile JK. La distance qui sépare la chambre solaire du châssis est de 3 mètres pour les feuilles de 1m20 de haut, de 2 mètres pour des

(1) Dans les appareils construits depuis 1867, les deux pattes horizontales sont supprimées. La patte supérieure est poussée en bas par un ressort, et la patte inférieure mobile par une vis de rappel. De cette manière, le cliché se dilate en soulevant la patte supérieure, et, constamment serré par cette patte, il ne peut se déplacer.

feuilles de 90 cent., et de 1m10 environ pour des feuilles de 40 sur 50 centimètres.

SECTION III. — DE LA MANIÈRE DE SE SERVIR DES APPAREILS D'AGRANDISSEMENT.

§ 441. De l'installation et du maniement du porte-miroir. —Choisissez une fenêtre blindée exposée au midi, et couvrez-la d'une forte planche d'un pouce d'épaisseur, dans laquelle vous ménagerez une ouverture de la grandeur du carré en fonte du porte-miroir. Laissez dans cette ouverture une battée et introduisez-y le cadre en fonte HIJK (fig. 175). Vous fixerez ce porte-miroir juste comme il est représenté dans la figure, et à 80 cent. au dessus du plancher, à compter de sa partie inferieure JK. A l'aide de quatre taquets vous fixez le cadre en fonte. On peut encore fixer le porte-miroir dans un châssis qui s'ouvre comme une porte, de manière qu'après en avoir fait usage, on le rentre simplement en tournant le châssis à l'intérieur comme on le ferait du battant d'une fenêtre; ou bien encore le fixer à demeure et le couvrir d'un petit toit mobile en zinc.

Le *maniement* du miroir est très-facile. Faites arriver, en vous servant de la manivelle G (fig. 175) et du bouton F qui commande le miroir, les rayons solaires dans l'axe de l'appareil. De vingt en vingt secondes communiquez à ce bouton F et à cette manivelle G un léger mouvement avec la main et tournez-vous du côté de l'épreuve à agrandir. Trois punaises en cuivre, fixées dans le cercle rouge terminant le disque éclairé qui se projette en LM (fig. 179), servent à tenir le faisceau de rayons solaires dans une direction constante. Quand l'épreuve est finie, communiquez à la manivelle un mouvement *rapide,* dans le sens opposé à la marche du soleil et enlevez alors cette épreuve. Ou bien, si vous voulez immédiatement recommencer une autre épreuve, placez un verre jaune ou rouge contre l'objectif (on sait que le jaune et le rouge interceptent toute l'action chimique de la lumière) et remplacez le papier impressionné par un papier nouveau.

Il faut de temps à autre passer sur la glace du porte-miroir un blaireau pour en enlever la poussière, sinon l'impression durerait beaucoup plus longtemps qu'il ne faut. Huilez bien toutes les parties en fer du porte-miroir afin de les préserver de la rouille.

§ 442. Pied de la chambre solaire, rails, etc. — La première chose à faire est de bien s'assurer de la solidité du plancher de la chambre dans laquelle on veut installer l'appareil. Si ce plancher manque de solidité, on fait encastrer dans les deux murs, *et à cinq ou six centimètres du plancher, sans contact avec lui*, deux poutrelles de bois H, F, de 2 pouces sur 6 ou 8 de côté, comme le montre la fig. 179. C'est là-dessus alors que vous placerez le pied DE de l'appareil C et le châssis JK sur lequel se dessine l'image agrandie. Dans ce cas, on peut marcher dans la place sans faire vibrer le châssis. Si le plancher est solide, ces poutreilles de bois sont inutiles. *Il ne faut jamais placer l'appareil sur des pieds compliqués. Le pied représenté fig.* 179 *a été reconnu le meilleur dans la pratique.*

Placez bien horizontalement votre chambre solaire C sur le pied DE, en ayant le plus grand soin que le centre du cercle B du porte-miroir et le centre du condensateur (séparés par un intervalle de 40 centimètres couvert d'une toile noire) soient sur le même axe horizontal. Cela se voit de suite lorsque, l'appareil étant bien horizontal, on réfléchit le soleil sur la lentille de devant. Celle-ci doit être entièrement couverte (1) en même temps que la pointe du cône de rayons solaires passe par l'objectif.

§ 443. Maniement de la chambre noire. Mise au point. — L'appareil est donc installé, voyons maintenant à le manier, et ceci demande de l'attention.

Vous commencerez toujours par couper, au diamant, de votre cliché *toute partie qui ne doit pas se trouver sur l'épreuve agrandie.* Les meilleurs agrandissements se font d'après des clichés du format carte de visite ou cabinet.

Vous voyez représenté fig. 178 le cadre ABCD à quatre pattes *a* dans lequel on insère le cliché E. Ces pattes en cuivre ont à leur extrémité une échancrure qui prend le cliché. Le collodion est tourné du côté de l'objectif et non du côté du condensateur (2). Vous serrez le cliché entre ces pattes, et vous ne devez pas pour cela enlever ce châssis hors de l'appareil, ce qui constitue une grande perte de temps. Vous ouvrez les vis qui fixent ces pattes, faites glisser ces dernières en dehors, y placez le cliché E, et le serrez entre elles. Pendant ce temps, le manœuvre chargé du mouvement du miroir le dirige toujours convenablement, et vous voyez de suite sur le châssis LM

---

(1) Quand, en hiver, le soleil baisse sur l'horizon, le condensateur n'est plus entièrement couvert par les rayons solaires réfléchis, et le cercle rouge qui se projette sur le châssis n'est plus rond, mais irrégulier de forme. C'est que la glace manque de longueur, et même fût-elle dix fois aussi longue, dans nos climats, en Europe, elle aurait encore trop peu de longueur.

On évite aisément ceci en inclinant l'appareil en hiver de 20 degrés. On rétablit, en avril, la monture horizontale, qui est plus commode.

(2) On peut tourner le collodion du côté du condensateur, mais alors l'épreuve agrandie est renversée. L'image toutefois est aussi nette que dans le cas précédent.

(fig. 179) si le cliché est bien au milieu; s'il est trop haut, trop a gauche, etc., en ouvrant les vis du porte-cliché et mouvant le cliché, vous rectifiez la position. Du reste, comme vous ferez toujours les clichés à peu près de la même dimension, vous aurez vite l'expérience de ceci.

Maintenant (*voici le point capital*), vous faites mouvoir la pièce EF (fig. 177) à l'aide du bouton G de telle manière que le bord rouge qui termine le cercle de lumière que vous voyez sur le cliché, en le regardant par derrière, tombe presque sur les bords du cliché, mais en tous cas touche positivement ses angles. Car plus il y a de lumière à côté du cliché et plus l'agrandissement prendra de temps. C'est précisément pourquoi vous devez couper du cliché tout ce qui ne doit pas être sur l'épreuve agrandie, ceci est de la dernière importance. Sans cela, vos agrandissements se feraient en beaucoup plus de temps qu'il n'est nécessaire.

Le cliché étant donc placé, vous fermez fortement le bouton d'arrêt de la crémaillère, les taquets, etc., *afin que rien ne se déplace par le passage des voitures, ou autres causes de vibration du sol,* sans cela tous les contours sur l'épreuve agrandie seraient *doublés*. Même recommandation pour l'objectif et le châssis qui porte l'épreuve agrandie.

Il s'agit maintenant de mettre au point. Vous remarquerez tout d'abord (en ne vous préoccupant pas, pour le moment, de la mise au point) qu'en reculant et en avançant l'objectif M (fig. 177) et en examinant la trace de l'image solaire sur la plus petite des lentilles qui constituent l'objectif, il y a une place où cette image est la plus petite possible. *C'est la place que l'objectif doit occuper pour opérer dans les meilleures conditions.* Si vous avancez ou reculez le châssis JK (fig. 179), bientôt l'image du cliché viendra au point. Mais ce serait un hasard que cette image occupât juste la dimension de la feuille de papier sensibilisé, vous êtes donc obligé de changer de place ou votre cliché, ou votre objectif. Mais nous avons vu qu'il ne faillait toucher au cliché, que si ses bords n'étaient pas éclairés, alors il serait exposé à casser, et que si la lumière l'entourait trop loin, alors l'agrandissement prenant un temps considérable. Donc, une fois le cliché placé, laissez-le immobile, ou tout au moins ne le bougez que lorsque vous ne pouvez faire autrement. C'est donc l'objectif et le châssis que nous devons mouvoir pour que l'image du cliché couvre *juste* la dimension de notre papier sensibilisé. Chaque appareil est accompagné d'un objectif qui permet d'agrandir tout cliché un peu plus petit ou un peu plus grand que la carte de visite (8 1/2 cent. sur 6). Les grands appareils sont de plus accompagnés d'un second objectif de même diamètre, mais un peu plus court, permettant d'agrandir des clichés un peu plus petits (1). Néanmoins quand on a une distance suffisante, il vaut mieux se servir de l'objectif le plus grand, l'image est plus nette (2).

Ces objectifs sont armés de diaphragmes que l'on ne doit employer que lorsque le soleil est couvert de légers nuages, mais que l'on peut enlever complètement si le soleil est pur.

Sur le châssis JK (fig. 179) l'on tend une feuille de papier blanc pour mettre au point, et cette feuille porte au crayon les dimensions des feuilles, soit 45 sur 57, 57 sur 90, soit telles autres dimensions que l'on désire. En glissant le châssis en avant ou en arrière, l'image est plus ou moins grande. Si l'image est trop grande, rapprochez le châssis JK de l'appareil C (fig. 179), et mettez au point à l'aide de l'objectif. Si cette image est trop petite, le châssis doit être éloigné.

Si ces instructions ont été suivies à la lettre, les bords rouges du cercle d'éclairage tombent près des angles du papier et alors l'épreuve se fait très-rapidement. La raison de tout ceci est très-simple. Il faut que le cliché soit traversé par toute la lumière émanée du condensateur, excepté le bord rouge qui doit tomber en dehors. Si on laisse l'objectif immobile et si on fait mouvoir le cliché, ou bien le cliché a ses bords dans le rouge du cercle d'éclairage, ou bien beaucoup de lumière tombe à côté. Dans le premier cas, l'on perd une partie de ce que l'on veut agrandir; dans le second, l'agrandissement dure plus longtemps qu'il ne le devrait.

§. **444. Construction du châssis à épreuves.** — Le châssis se compose ordinairement de deux montants verticaux, placés d'équerre sur un pied très-solide. La fig. 179 ne représente qu'un seul montant vertical sur lequel se trouve une planche LM. C'est sur cette dernière que l'on fixe, à l'aide de punaises, le papier sensibilisé *bien sec.*

Nous avons placé dans les appareils de construction récente (sur la boîte de l'appareil et du côté de l'objectif) un châssis à verre jaune mobile, qui, glissé au devant de l'objectif, permet de placer convenablement le papier. Ce verre jaune se voit en Y (fig. 181). De plus, comme il est nécessaire de voir constamment dans l'appareil pour conduire convenablement le porte-miroir, nous avons fait garnir les côtés de l'appareil de verres verts, que l'on voit en Z sur la même figure.

Après la mise au point sur une planchette non recouverte de papier

---

(1) Voyez *Traité d'optique photographique*, page 205.

(2) Au cas où l'on veut agrandir des clichés format album, on enlève de l'objectif la plus grande des deux lentilles qui le constituent, et on se sert de la petite lentille seule pour agrandir l'image.

sensibilisé, le verre jaune est glissé au-devant de l'objectif. On place alors convenablement le papier sensibilisé sur le châssis, ce que l'on voit aisément, puisque le papier est éclairé en jaune. Vous rectifiez la position du miroir, ôtez le verre jaune, et allez vivement placer les trois punaises dans le rouge qui termine le cercle d'éclairage qui se projette en LM, afin que, les yeux fixés sur ces punaises, vous puissiez toujours tenir le miroir dans une bonne position. Aujoutons qu'un coup d'œil sur l'objectif montre si l'image solaire y est bien au milieu, ce qui est nécessaire. Quand on désire voir si l'épreuve s'imprime, l'on place contre l'objectif un verre dépoli.

Si l'on veut se servir du procédé au charbon, la feuille est attachée simplement avec des punaises en cuivre sur le châssis. Que le papier gondole un peu, cela ne fait rien à la netteté des images. On couvre les bords du papier de lames de carton bristol que l'on fixe également avec des punaises. Le photomètre se place sur un des cartons bristol qui couvrent les bords du papier au charbon, en évitant qu'il ne reçoive la lumière rouge du bord du cercle solaire.

Pour terminer cette instruction, qui est du reste comme à toutes les chambres solaires, il nous reste à dire comment se fait le cliché destiné à l'agrandissement.

§ **445. Du cliché destiné à l'agrandissement.** — Les clichés destinés aux agrandissements par la chambre solaire doivent être extrêmement transparents, sinon ils s'échauffent très-fortement. De plus les clichés intenses exigent un temps extrêmement considérable pour donner des images par voie d'agrandissement à la chambre solaire ; et enfin, comme dernier désavantage, ils ne donnent jamais d'images nettes, leurs contours se doublant facilement sur l'épreuve agrandie par l'effet de la diffraction.

Les clichés peuvent être faits sur verre ordinaire bien plan. Les glaces ne sont point indispensables.

Le collodion humide convient pour les clichés destinés à l'agrandissement. Il faut se servir d'un collodion et d'un bain d'argent ordinaire, et après le fixage diminuer le cliché d'intensité par la méthode décrite page 190. Il est surtout indispensable, si l'on veut produire de belles épreuves agrandies, que le cliché soit bien exempt de voile.

Si l'on se sert du procédé au gélatino-bromure d'argent, on prendra un temps de pose trop long, et dès que l'image sera venue dans les ombres, on arrêtera le développement en plongeant la glace dans l'eau froide et en fixant. Le gélatino-bromure d'argent donne d'admirables clichés d'agrandissement, beaucoup plus beaux que les clichés obtenus au collodion humide.

En un mot, le cliché examiné par réflexion ne doit *pas offrir de voile dans les ombres*, et, examiné par transparence, *être extrêmement léger.*

Quant aux objectifs propres à la production de clichés, le N° 2 B Dallmeyer est le plus convenable pour les portraits. Pour les vues et les monuments, tous les objectifs sont bons, dès qu'ils produisent des images nettes.

§ **446. Fonds blancs.** — Pour produire les fonds blancs sur les épreuves agrandies, découpez un petit ovale dans un grand carton et mouvez-le entre l'objectif de l'appareil et le châssis qui porte l'épreuve agrandie. Alors l'impression de l'image est limitée au centre, ce qui donne lieu au fond blanc.

Pour éviter l'ennui de mouvoir constamment le carton, et cela pendant toute la durée de l'impression, on peut le suspendre à deux ficelles attachées au plafond, et imprimer au carton un mouvement d'oscillation, mouvement qu'il conserve pendant plusieurs minutes et qu'on accélère de temps à autre.

§ **447. Agrandissements directs sur toile à peindre.** — On obtient facilement des épreuves sur toile à peindre à l'aide du procédé au charbon, en se servant de cette toile exactement comme du papier simple transfert, et en y développant l'image à l'eau chaude comme à l'ordinaire. Inutile de la fixer à l'alun, puisque la peinture à l'huile doit recouvrir l'image.

SECTION IV. — APPLICATION DE L'HÉLIOSTAT A LA CHAMBRE SOLAIRE.

§ **448. Héliostats.** — La nécessité dans laquelle on se trouve de toucher constamment aux vis de rappel du porte-miroir pour maintenir dans une direction constante les rayons solaires réfléchis, a fait chercher à beaucoup de personnes le moyen de faire cette opération à l'aide d'un mécanisme d'horlogerie. Pour atteindre ce but, il faut que les axes des pièces qui constituent le porte-miroir tournent avec une vitesse déterminée, et se trouvent dans des positions assignées par les lois qui président au mouvement de la terre autour de son axe. De tels instruments portent le nom d'*héliostats.*

§ **449. Héliostats de Monckhoven.** — Cet héliostat a l'avantage d'être simple, et d'avoir par là une marche régulière. De plus, il peut servir aussi bien le 21 décembre, époque où le soleil est le plus bas, que le 31 juin, époque où il est le plus élevé, et cela dans tous les pays du monde. En revanche, il exige que les appareils optiques soient placés dans le plan du méridien et inclinés sur l'horizon d'un angle égal à la latitude du lieu, ce qui est souvent difficile à réaliser. mais ce qui une fois réalisé, l'est pour toujours.

Un plateau en métal N (fig. 180) porte tout l'héliostat qui peut tourner autour d'un axe vertical, et être fixé par la vis *a*. Une pièce coudée en fer KLM porte l'axe polaire A. L'arc JK permet de donner à l'axe A une inclinaison de 30° à 60°, mais est fixé convenablement par le constructeur pour la latitude à laquelle l'héliostat est destiné.

L'axe polaire A est terminé à sa partie inférieure par une pointe qui repose sur la vis B, de bronze dur. Cet axe porte un cercle d'heure D en bronze, un cercle denté C, aussi en bronze, de 360 dents, et un anneau à collet I en cuivre.

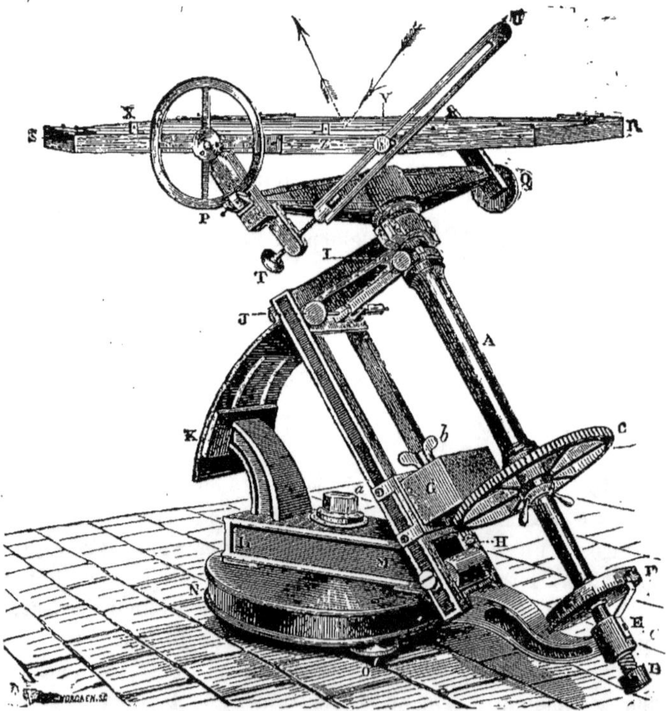

Fig. 180. — Héliostat de Monckhoven.

Un mouvement d'horlogerie G, se remontant en *b* et mû par un ressort puissant, agit par son pignon H sur le cercle C, de manière à faire faire à l'axe un tour complet en vingt-quatre heures. La boîte du mouvement d'horlogerie est en cuivre poli, et le mouvement est à ancre, tous les trous en rubis. Le pignon moteur H peut à volonté se séparer du mouvement d'horlogerie, et alors on peut tourner librement l'axe A sans devoir arrêter ni enlever le mouvement G, ou bien faire corps avec lui, et cela simplement en ouvrant ou en fermant la vis H. Le mouvement lent de l'axe A se fait en serrant le collet I et en tournant la vis J, qui fait tourner lentement l'axe A dans tel sens que l'on désire. En desserrant la vis I, l'axe est entraîné par le mouvement d'horlogerie.

La fourchette PQ porte le miroir SL qui pivote sur deux tourillons de bronze. Le cercle P, fixé à l'extrémité d'un des tourillons, indique la hauteur du soleil dans le méridien. Deux pinnules X et Z, fixées sur le miroir, servent à l'orienter. Une règle TU sert à arrêter le miroir dans telle position exigée. Le gros mouvement s'obtient en ouvrant la vis V, et en mouvant le miroir à la main. La vis V fermée le mouvement *lent* se fait avec la vis de rappel T.

Tout l'instrument est en bronze, cuivre et acier. Le miroir est rectangulaire, à coins coupés, et argenté avec soin.

L'appareil est très-solide, et ne prend pas le vent à cause de son poids considérable et de son petit volume.

Pour l'orienter, on rend d'abord le plateau NO horizontal, à l'aide d'un niveau. On tourne l'axe A jusqu'à ce qu'il offre l'heure vraie en regard de l'index E. On fait marquer la déclinaison du jour au cercle P, en faisant tourner le miroir sur ses tourillons, et on le fixe alors à l'aide de la vis V. Dans cet état, les rayons solaires entrant par le trou de la pinnule Z doivent former une image ronde au centre de la pinnule X, et, si cela n'a pas lieu, on tourne tout l'instrument sur le plateau NO, jusqu'au moment où cela se réalise, puis on ferme la vis *a*. Désormais l'instrument est orienté.

§ **450. Appareil horizontal à héliostat.** — L'héliostat est assis sur un fort pied de fer QR (fig. 181) et réfléchit les rayons solaires dans le cube FBD sur la grande lentille H. Les rayons solaires convergents sont réfléchis horizontalement par la glace argentée intérieure BD sur la lentille négative U, puis traversent le porte-cliché V et l'objectif X. Le tout est porté sur le pied S qui fait corps avec le pied de fer QR.

Comme l'axe *b*AH fait avec la partie horizontale *bc* du pied un angle égal à la latitude pour laquelle l'instrument est construit, son orientation est des plus faciles, puisqu'il suffit que l'ombre d'un fil à plomb tombe *à midi vrai* exactement sur la ligne noire qui divise le cube BCD en deux et l'extrémité *b* de l'héliostat.

Pour orienter l'instrument avec précision, il faut enlever préalablement le miroir intérieur BD. Le miroir A étant parfaitement horizontal, le petit cercle doit marquer le complément de la déclinaison du lieu pour lequel l'instrument est construit, ce qui aura lieu si le pied QR est horizontal, ce dont on s'assure en plaçant un

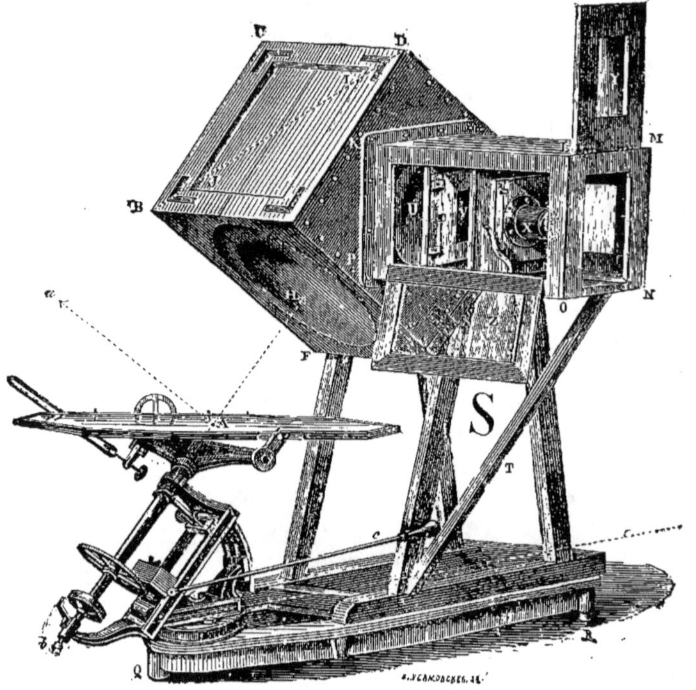

Fig. 181. — Appareil horizontal héliostat.

niveau sur le plateau de l'héliostat. Puis l'index du cercle horaire est placé sur midi.

On prend alors l'heure vraie et la déclinaison du soleil et on procède à l'orientation de l'héliostat, comme il a été dit page 369. Seulement il ne faut point enlever l'héliostat du pied de fer QR, et si un déplacement de l'héliostat en azimuth est nécessaire, c'est tout l'appareil qu'il faut déplacer.

Du reste, si l'image d'un fil à plomb (dont on fait plonger la boule dans l'eau pour éviter les oscillations du fil par un courant d'air) *tombe, à midi vrai,* sur le milieu de l'axe de l'héliostat et du cube, si de plus le niveau indique l'horizontalité du plateau de l'héliostat, l'instrument est suffisamment orienté pour la pratique ordinaire.

Mais il faut aussi orienter le second miroir BD. Pour cela, le condensateur est couvert d'un carton percé bien exactement au centre d'un trou circulaire de 5 centimètres. On dirige les rayons solaires AH réfléchis par le miroir de l'héliostat sur un repère circulaire placé exprès par le constructeur au centre de la paroi carrée qui fait face au condensateur. Puis, on ferme les vis de pression de l'héliostat, et on le laisse fonctionner deux heures. Si l'image solaire se tient bien immobile sur le repère susmentionné, c'est que l'appareil est convenablement orienté.

On laisse fonctionner l'appareil, et on introduit alors le miroir BD, en assujettissant les vis qui le maintiennent de telle façon que l'image solaire tombe exactement au centre de l'objectif X. (Il est bon de toujours maintenir le carton circulaire sur le condensateur.)

Il faut avoir soin, lorsqu'on fixe définitivement le miroir intérieur BD, de serrer légèrement les vis qui maintiennent ce miroir en place sans tordre celui-ci par des efforts pour amener l'image réfléchie dans l'objectif. Cette torsion rend le miroir courbe, et alors l'image solaire n'est plus ronde. Une fois l'appareil ainsi placé, il est désormais orienté.

Pour s'en servir, il suffit, à une heure quelconque du jour, de diriger les rayons solaires réfléchis par le miroir de l'héliostat sur le condensateur, de telle manière que l'image du soleil tombe exactement dans l'objectif X. Alors l'héliostat est maintenu, en marche, et désormais, toute la journée, les rayons solaires restent en place, malgré la marche apparente de l'astre lumineux.

Une légère déviation se produit-elle? sans arrêter la marche de l'appareil, on peut modifier les vis de rappel de manière à ramener les rayons solaires réfléchis dans leur position normale.

Le maniement de l'appareil optique est identique à celui de l'appareil mû à la main dont nous avons parlé page 362.

L'appareil horizontal à héliostat se place sur une terrasse ou à un balcon et occupe beaucoup moins de place que l'appareil mû à la main.

§ **451. Avantages des appareils à héliostat.** — Les avantages des appareils à héliostat sur les appareils mus à la main, sont les suivants :

1° Point d'aide pour manœuvrer le miroir qui s'oriente toujours de lui-même avec une précision qu'aucune main humaine ne saurait atteindre ;

2° Le miroir est toujours assez long, hiver ou été, et cela dans tous les climats du monde, ce qui n'a pas lieu avec les appareils mus à la main ;

3° La netteté des épreuves est plus grande que celle donnée par les appareils à la main ;

CHAPITRE III.

AGRANDISSEMENTS A LA LUMIÈRE ARTIFICIELLE.

§ **452. Procédés à employer.** — La lumière artifficielle appliquée aux appareils d'agrandissement doit avoir une petite surface et être très-éclatante. S'il pouvait en être autrement, les flammes de Bengale blanches pourraient très-bien convenir ici. Il faut encore qu'elle soit exempte de fumée et d'une grande constance.

On a appliqué à ces appareils la lumière électrique, produite soit à l'aide de la pile, soit à l'aïde de machines à vapeur dont le volant, armé de grands aimants, produisait un fort courant électrique. Chose assez inattendue, la lumière électrique si brillante pour notre œil, a moins de rayons chimiques que ne le ferait croire son éclat extraordinaire.

La lumière *Drummond*, dans laquelle un cylindre de chaux vive soumis au dard d'un chalumeau à gaz oxyhydrogène, convient très-bien au but que nous nous proposons. La lumière ainsi obtenue est très-belle, très-fixe, mais la chaux n'émet de la lumière actinique que pour autant qu'elle est mélangée de carbonate de chaux, et qu'elle présente constamment au chalumeau une nouvelle surface. C'est pour cela que, de temps à autre, il faut déplacer le cylindre de chaux sur son axe.

S'il s'agit uniquement d'agrandissements sur collodion humide ou sur des glaces recouvertes de gélatino-bromure d'argent, une simple lampe au pétrole suffit. Mais si l'on veut d'un négatif très-léger obtenir un agrandissement direct sur papier à l'aide d'un développement subséquent, alors on se servira de la lumière Drummond. Si enfin d'un négatif léger l'on désire obtenir une épreuve agrandie directement sur papier charbon ou sur papier salé, l'emploi de la lumière électrique est indispensable.

Une bonne lanterne magique, munie d'un objectif photographique ordinaire est le meilleur appareil que l'on puisse employer à cet effet. On en trouvera une complète description, soit dans la précédente édition de cet ouvrage, soit dans notre traité d'optique.

LIVRE V.

DU GÉLATINO-BROMURE D'ARGENT.

§ **453. Exposé succinet de ce procédé.** — Le procédé au gélatino-bromure d'argent est destiné à opérer une révolution complète en photographie, à cause de son extrême simplicité, de sa grande rapidité et de la facilité qu'il offre de pouvoir être employé à sec.

Il est certain que, désormais, la photographie est réellement à la portée de tous et que ses applications vont devenir bien plus nombreuses. En effet, il suffit de se procurer des plaques sèches au gélatino-bromure d'argent et d'étudier pendant un petit nombre de jours les manipulations du développement de l'image, pour obtenir des résultats qui étaient, jusqu'ici, du domaine exclusif de quelques spécialistes.

Voici un exposé succinct de ce procédé. Dans une dissolution chaude de gélatine l'on dissout un bromure alcalin, puis du nitrate d'argent en quantité telle qu'il reste un léger excès de bromure alcalin. Il se forme, par double décomposition, du bromure d'argent qui, au lieu de se précipiter comme cela a lieu au sein de l'eau, forme une *émulsion blanche, laiteuse,* éminemment sensible à la lumière. Cette émulsion refroidie se prend en gelée. On la découpe en petites tranches que l'on met à digérer dans l'eau pour enlever le nitrate alcalin qui s'est formé en même temps que le bromure d'argent. Si on laissait ce bromure alcalin dans l'émulsion, l'émulsion manquerait de sensibilité à la lumière et les couches qu'elle produirait a la surface des glaces seraient remplies d'efflorescences dues à la cristallisation du nitrate alcalin.

L'émulsion, étant bien lavée, peut être séchée pour s'en servir ultérieurement, ou bien elle peut être fondue à nouveau et versée sur glaces de manière à couvrir celles-ci d'une couche mince et unie qu'on laisse sécher.

L'on a maintenant les glaces dites au gélatino-bromure d'argent qui se conservent sensibles à la lumière pendant une longue période de temps, plusieurs mois, par exemple, et même davantage.

Ces glaces sont exposées dans la chambre noire un temps extrêmement court, puis développées soit immédiatement, soit plusieurs heures ou même plusieurs jours après. A cet effet, la glace est immergée simplement dans un bain de fer composé d'oxalate ferreux dissout dans l'oxalate neutre de potassium. En moins de deux minutes l'image est complètement révélée. L'excès de bromure d'argent non altéré est enlevé par l'hyposulfite de soude, et l'excès de ce dernier enlevé par un lavage à l'eau. Puis la glace est séchée.

Le cliché est maintenant achevé, et peut être tiré en épreuves positives, par un des procédés que nous avons exposés précédemment.

On le voit, le procédé au gélatino-bromure d'argent est d'une merveilleuse simplicité.

Disons qu'au lieu d'étendre l'émulsion sur glace, on peut tout aussi bien l'étendre sur papier et développer les images sur ce support en lieu et place du verre. Les négatifs ainsi obtenus ne le cèdent en aucun point à ceux obtenus sur verre, si, bien entendu, on a choisi un papier de belle texture comme celui dont on se servait il y a vingt ans pour l'obtention des négatifs sur papier.

L'obtention de négatifs sur papier est non-seulement un perfectionnement pour l'amateur en voyage, mais encore pour le photographe portraitiste qui s'en servira pour les épreuves de grande dimension.

Quant au grain du papier, si l'on se sert de papier bien pur et bien choisi, il est invisible dans l'image positive.

Le lecteur le voit : le procédé au gélatino-bromure d'argent est le procédé de l'avenir, et il nous tiendra compte des développements que nous allons donner à ce chapitre de notre ouvrage.

CHAPITRE I.

EXPOSÉ THÉORIQUE DU PROCÉDÉ AU GÉLATINO-BROMURE D'ARGENT.

SECTION I. — HISTORIQUE DU PROCÉDÉ.

§ **454. Procédé Maddox**. — Le premier effort sérieux pour faire une émulsion à la gélatine fût tenté par M. R. L. Maddox, en 1871.

M. Maddox lave à l'eau froide trente grains de gélatine de Nelson (1) (poids anglais), puis les dissout dans 4 drachmes d'eau additionnée de deux gouttes d'eau régale. Il y ajoute ensuite 8 grains de bromure de cadmium, agite, puis y introduit 15 grains de nitrate d'argent préalablement dissous dans un demi-drachme d'eau.

On obtient ainsi une émulsion blanche que l'on étend sur lames de verre, en couche mince et qu'on laisse sécher.

Le développement était fait à l'acide pyrogallique. On le voit, M. Maddox ne lave point son émulsion; aussi était elle fort peu sensible à la lumière, et très-sujette au voile à cause de l'excès de nitrate d'argent qu'elle contenait.

§ **455. Procédé King et Johnston.** — En novembre 1873 (2) M. King prépare son émulsion à l'aide du bromure de potassium et du nitrate d'argent, et reconnaissant que les plaques préparées à l'aide de cette émulsion présentent de nombreuses efflorescences de nitrate de potasse, il propose, pour enlever ce sel, de dyaliser préalablement l'émulsion.

Dans le même numéro du *British Journal of Photography*, M. Johnston est plus explicite encore, il propose nettement le lavage de l'émulsion elle-même, et de plus, conseille d'y laisser un léger excès de bromure alcalin.

Nous voici sur la voie des procédés actuels.

§ **456. Procédé Kennett**. — Vers la même époque, M. Kennett introduit dans le commerce l'émulsion sèche au gélatino-bromure d'argent. Voici la description de son procédé (avril 23, 1874).

Une livre (poids anglais) de gélatine Nelson est placée dans une

---

(1) Nelson est un fabricant anglais de gélatine.

(2) *British Journal of Photography*.

capsule en porcelaine avec 100 onces d'eau distillée, pendant trois heures, puis dissoute par l'application de la chaleur. On y introduit 8 1/4 onces de bromure de potassium, puis, successivement, en agitant constamment le mélange, 11 1/4 onces de nitrate d'argent. L'émulsion est versée dans des cuvettes plates en porcelaine d'environ 1/4 de pouce de profondeur, afin qu'elle s'y prenne en gelée, puis, est lavée dans un fort courant d'eau constamment renouvelée, et enfin mise sur des filets et séchée.

De cette manière, on obtient une pellicule de gélatine contenant le bromure d'argent. Il suffit de dissoudre cette pellicule dans l'eau pour obtenir *immédiatement* une émulsion liquide dont on peut alors couvrir des glaces.

La méthode de préparation indiquée par M. Kennett ne donne point des résultats très-rapides, et tout au plus ce procédé aurait-il servi à la reproduction des vues et des paysages. Mais le 7 mars 1878 M. Charles Bennett publia une méthode nouvelle et fit voir des négatifs si parfaits, que sur le champ la plus vive impulsion fut donnée à ce procédé. C'est même à partir de cette époque seulement que le succès du gélatino-bromure d'argent s'accentue. Voici la méthode de M. Ch. Bennett.

§ **457. Méthode de M. Bennett** (1). — Le laboratoire doit être éclairé à l'aide de verres rouges foncés.

Il faut faire usage de la gélatine Nelson n° 1, la gélatine opaque du même fabricant convient moins, et est sujette à donner des images voilées ou à donner des couches qui s'enlèvent de la glace.

Pesez 20 gr. de cette gélatine et 7 grammes de bromure d'ammonium pur et sec. Mettez les deux substances dans un ballon avec 250 grammes d'eau distillée. Au bout d'une heure, placez le ballon dans de l'eau chaude à 40° et dissolvez la gélatine en secouant le mélange.

Vous aurez fait dissoudre d'autre part 11 grammes de nitrate d'argent dans 250 gr. eau distillée contenue dans un ballon de verre.

Ajoutez maintenant par très-petites fractions la solution d'argent à celle de bromure et secouez bien chaque fois le ballon contenant le mélange. Quand tout l'argent a été ajouté, lavez le ballon avec 20 cent. cubes d'eau et ajoutez-les encore au bromure. Puis, secouez très-fortement le ballon contenant l'émulsion, pour opérer un mélange parfait entre les divers liquides que l'on y a introduits.

Versée sur une lame de verre, l'émulsion est presque transparente.

---

(1) Mars 29, 1878 (*Brit. Journ. of Phot*).

Si, à ce moment, on la laissait se prendre en gelée pour la laver, et s'en servir, les couches seraient fort peu sensibles à la lumière et les images qu'on en obtiendraient très-dures.

Il s'agit maintenant de rendre l'émulsion très-rapide, et voici le procédé imaginé par M. Bennett pour atteindre ce résultat.

Dès que l'émulsion est préparée, au lieu de la laisser se prendre en gelée et de la laver, M. Bennett la maintient à 30° C. au bain-marie pendant un laps de temps qui varie de 24 heures à 8 heures. Il a soin de secouer le ballon 2 ou 3 fois par jour, afin d'éviter que le bromure d'argent ne s'en sépare et ne se dépose au fond où il s'agglomérerait. L'émulsion devient de plus en plus crêmeuse, et prend une légère teinte verdâtre. La rapidité de l'émulsion croit de plus en plus, et, après 8 jours, elle a atteint le maximum de sensibilité qu'elle peut atteindre.

A ce moment, l'émulsion est versée dans une cuvette plate en porcelaine afin qu'elle se prenne en gelée (d'une épaisseur de 2 à 3 millimètres). Puis la gelée est enlevée à l'aide d'une spatule de verre, placée dans un vase de terre dans lequel on établit, pendant 24 heures, un courant d'eau.

L'émulsion ainsi lavée est de nouveau portée à 35° afin qu'elle se liquéfie et est étendue sur des verres bien nettoyés en couche mince d'environ un demi-millimètre d'épaisseur. Quand elle a fait prise, la glace est placée dans un séchoir.

Après l'exposition à la lumière, le développement se fait à l'acide pyrogallique alcalin, et le fixage à l'hyposulfite.

§ **458. Procédé du capitaine Abney.** — Dans le but d'éviter les longs lavages de l'émulsion indiqués dans la méthode de M. Bennett, le capitaine Abney préfère préparer à part le bromure d'argent et l'introduit ensuite dans la gélatine. Mais il faut que le bromure d'argent soit préparé d'une façon spéciale, et voici comment M. Abney opère.

4,55 gr. bromure d'ammonium sont dissous dans 311 gr. d'eau, puis l'on y ajoute 2 gouttes d'acide nitrique. Dissolvons d'autre part 8,45 gr. de nitrate d'argent dans 311 cent. cubes d'eau distillée; versons lentement, presque goutte à goutte, la solution d'argent dans celle de bromure alcalin et tenons ce dernier liquide constamment en mouvement à l'aide d'une lame de verre. Laissons maintenant déposer le précipité de bromure d'argent pendant un quart d'heure, décantons le liquide qui surnage, remplissons le vase d'eau distillée, agitons bien, décantons à nouveau, et répétons cette opération une demi douzaine de fois, jusqu'à ce qu'un papier bleu de tournesol immergé dans l'eau de lavage reste parfaitement inaltéré.

Tandis que l'on fait le lavage ci-dessus 13 gr. de gélatine sont mis à tremper dans 280 gr. d'eau, et lorsqu'elle est gonflée, on chauffe doucement pour la dissoudre.

Le bromure précipité est alors mis dans la solution de gélatine dont une partie est réservée pour laver les dernières traces de bromure qui adhéreraient au verre.

Le flacon est alors agité fortement. Si l'on en verse une petite quantité sur une lame de verre, la couche est remplie de grosses particules de bromure d'argent et l'émulsion semble manquée.

Cependant si le flacon est placé pendant un quart d'heure dans un bain marie chauffé à 30 degrés centigrades, fréquemment agité, le bromure d'argent se divise en entier et l'émulsion devient unie et crêmeuse.

Si, à présent, on conserve l'émulsion pendant quelques jours à 30° comme dans le procédé Bennett, on trouvera, que chaque jour de chauffage augmente la sensibilité de l'émulsion.

L'auteur de cet ouvrage, et, avec lui beaucoup d'autres expérimentateurs, n'ont jamais pu obtenir une émulsion unie par le procédé du capitaine Abney; toujours, cette émulsion contenait de fortes particules de bromure d'argent.

Quelques mois plus tard, le même auteur a modifié la formule précédente, en ajoutant à la solution de bromure d'ammonium dans l'eau une très-petite quantité de gélatine, par exemple un quart à un demi-gramme. Dans ce cas, il arrive fréquemment, sans qu'il soit impossible d'en découvrir la cause, qu'au second ou au troisième lavage, tout le liquide devient blanc comme du lait, et que le bromure ainsi divisé ne se dépose plus du tout.

Pour sa part, l'auteur de cet ouvrage doit dire que c'est seulement dans ces conditions là qu'il a pu réussir.

Voici quelques détails.

A la solution de 4,55 gr. bromure d'ammonium dans 311 eau signalée plus haut, j'ajoute $^1/_4$ de gramme de gélatine dissoute dans 50 gr. eau. Puis j'ajoute goutte à goutte la solution d'argent, en tenant toujours le mélange en mouvement à l'aide de la spatule de verre. Puis je laisse déposer une demi-heure, je décante, renouvelle l'eau, décante à nouveau, etc. Si, au troisième lavage je vois tout le liquide devenir blanc, la réussite est certaine, je décante alors après un dépôt de plusieurs heures.

Au lieu d'introduire le bromure d'argent dans la gélatine comme le recommande M. Abney, je laisse tomber goutte à goutte la solution de gélatine dans le bromure en agitant fortement le mélange avec une lame de verre. Au fur et à mesure de l'addition de la gélatine tout le bromure d'argent s'émulsifie complètement, et j'obtiens une très-belle émulsion crêmeuse et parfaitement unie.

Dans ces derniers mois[1] M. Abney recommande le procédé suivant :

Dissolvez dans une once (mesure anglaise) d'eau, trente grains de nitrate d'argent et un drachme de glycérine.

Dissolvez d'autre part 20 grains de bromure de zinc dans 4 onces d'eau, et ajoutez goutte à goutte cette solution à la première, en agitant bien le mélange.

Le bromure d'argent se précipite au fond du vase, et le liquide surnageant est légèrement laiteux. Décantez, et remplacez le liquide par une eau légèrement acidifiée par l'acide nitrique. Avec la spatule, agitez bien. Puis laissez déposer un quart d'heure, décantez le liquide, et lavez à plusieurs eaux (pures, sans acide).

Enfin, ce bromure d'argent est introduit dans la quantité requise de gélatine, comme dans le procédé Abney décrit plus haut.

Les défauts principaux, à notre avis, de la méthode du Capitaine Abney, consistent 1° dans la perte plus ou moins considérable du bromure d'argent par les lavages, car ce bromure passe partiellement à l'état laiteux et alors ne se dépose plus du tout. De sorte que la quantité relative de bromure d'argent et de gélatine ne peut point être régulière. 2° Dans ce fait fort curieux que l'émulsion versée sur verre ne donne pas toujours des couches unies, le bromure d'argent s'en séparant à l'état grenu et alors la couche n'est pas continue.

Il semble que lorsque le bromure d'argent prend naissance à l'état grenu[2]*, quand bien même on est parvenu à le délayer dans la gélatine de manière à lui donner un aspect fin, ce bromure tend à reprendre son état primitif.*

Ce qui semble le prouver, c'est l'expérience suivante, que nous avons faite plusieurs fois. Nous avons préparé du bromure d'argent ordinaire, bien lavé et recueilli sur un filtre. Puis, nous l'avons broyé à la molette sur une table de verre dépoli avec de la gélatine. Nous avons obtenu ainsi une émulsion parfaitement unie ; mais, au bout de quelques heures, le bromure d'argent s'en séparait. En ajoutant alors de nouvelle gélatine à l'émulsion, le bromure reprenait son état fin, par l'agitation, et de nouveau, après quelques heures, cette

---

(1) Déc. 26, 1879.

(2) L'auteur de cet ouvrage se sert du mot *grenu*, non point pour désigner la variété de bromure d'argent désignée sous ce nom par M. Stas (voir page 50) mais uniquement pour désigner un bromure d'argent dont les particules sont agglomérées et visibles à l'œil nu.

émulsion fournissait des couches grenues, surtout lorsque la couche tardait un peu à se prendre en gelée solide à la surface des glaces.

Nous avons fait à ce sujet des centaines d'expériences : lorsque le bromure d'argent est produit à l'état grenu, il tend à reprendre cet état plus tard, quand bien même on est parvenu à l'émulsifier complètement.

Voilà pourquoi il est de la plus haute importance de le produire au début à l'état très-fin.

§ **459. Modification à la formule de Bennett. Bromure d'argent chauffé à 100° de température.** — Il arrive fréquemment, dans le procédé Bennett que la gélatine, tenue 8 jours au bain-marie, ne se prend plus du tout en gelée. Aussi a-t-on[1] eu l'idée de produire le bromure d'argent en présence d'une petite quantité de gélatine, puis de modifier la constitution moléculaire de ce bromure d'argent en portant le liquide à 100°. On y dissout la quantité de gélatine requise, ensuite on la verse dans une cuvette de porcelaine afin qu'elle se prenne en consistance gélatineuse; puis on divise en fragments, on la lave bien, et enfin on la refond pour en couvrir les glaces.

Cette méthode offre des avantages sérieux et constatés : aussi la décrirons-nous plus tard, avec plus de détails.

§ **460. Méthode de M. D. V. Monckhoven**[2]. — Je prépare de l'acide bromhydrique pur et dilué et je détermine rigoureusement la quantité qu'il en faut pour précipiter exactement 10 gr. de nitrate d'argent. Je dissous cette quantité dans 200 c. c. d'eau, auxquels j'incorpore 2gr 5 de gélatine à l'aide de la chaleur.

D'autre part (et à partir de ce moment j'opère dans le cabinet noir), je précipite 10 gr. de nitrate d'argent par un très-léger excès de carbonate de soude. Je laisse déposer vingt quatre heures et je renouvelle le volume d'eau; je laisse déposer encore une fois pour décanter ensuite.

Sur ce précipité de carbonate d'argent, je verse une solution chaude de 2 gr. de gélatine dans 200 gr. d'eau. J'agite bien, puis j'y introduis la solution de gélatine à l'acide bromhydrique.

Je secoue fortement de quart d'heure en quart d'heure, et je maintiens le liquide à la température de 50° C.

Le carbonate d'argent se dissout lentement dans l'acide bromhy-

(1) Je dis « on » parce que je n'ai pu retrouver l'auteur de la méthode que je décris ici.

(2) *Bull. Soc. franç. Phot.* Août 1879.

drique, et, comme le liquide est colloïde, le bromure d'argent se produit dans un état de division extrême.

Au bout de dix à douze heures, le mélange paraît blanc verdâtre quand on le verse sur les glaces. J'y introduis alors 10 gr. de gélatine découpée en feuilles très-minces que j'y dissous par l'agitation, et, sans laver, j'étends de suite le liquide sur les glaces.

Pour bien réussir par cette méthode, il faut quelques précautions. L'acide bromhydrique doit être exempt de phosphore et de soufre. Les eaux qui servent à laver le carbonate d'argent doivent être privées d'acide carbonique.

Dans l'émulsion ainsi préparée, il y a toujours un excès fort léger d'acide bromhydrique et de carbonate d'argent; mais je me suis assuré, en ajoutant ces produits à des émulsions préparées par d'autres méthodes, que leur présence ne compromet point les résultats.

Il n'en est pas de même lorsqu'on remplace le carbonate d'argent par l'oxyde. L'émulsion est grise et produit des épreuves voilées.

Le défaut capital de la méthode décrite ci-dessus est le même que celui que nous avons signalé à propos du procédé Abney : le bromure d'argent a de la tendance à se séparer de l'émulsion. Aussi avons nous abandonné notre méthode pour adopter celle que nous décrirons plus tard.

SECTION II. — CONSIDÉRATIONS THÉORIQUES SUR LE PROCÉDÉ AU GÉLATINO-BROMURE D'ARGENT.

§ 461. Théorie du procédé Bennett(1). — Rappelons d'abord, pour la clarté de ce qui va suivre, comment se prépare l'émulsion au gélatino-bromure d'argent, suivant la méthode de M. Bennett.

20 gr. de gélatine et 7 gr. de bromure d'ammonium sont dissous dans 250 gr. d'eau chauffée à 32° C. On y ajoute ensuite 11 gr. de nitrate d'argent, dissous dans 250 gr. d'eau, également à 32° C., et l'on agite.

Ce mélange est abandonné plusieurs jours à lui-même, toujours à 32°, et d'autant plus longtemps qu'on désire obtenir un produit définitif plus sensible à la lumière; puis le mélange est refroidi pour qu'il se prenne en consistance gélatineuse, bien lavé pour le débarrasser du nitrate d'ammoniaque et de l'excès de bromure alcalin qu'il renferme encore, et étendu sur des glaces qu'on laisse ensuite sécher.

Ces dernières sont exposées à la chambre noire, puis développées par la méthode connue sous le nom de *développement alcalin*.

---

(1) *Bull. Soc. franç. phot.* Août 1879.

Voici les observations que nous avons faites en étudiant ce procédé avec soin :

1° Si au moment même où l'on vient de préparer l'émulsion, on la verse sur une lame de verre, on remarque que la couche est presque transparente, malgré la présence du bromure d'argent divisé qu'elle contient. La couche est bien blanche et opaline; en regardant au travers, on distingue très-bien les barreaux d'une fenêtre ou les objets fortement éclairés.

Mais, si l'émulsion n'est versée sur la glace que le lendemain de sa préparation, la couche sera beaucoup moins transparente. Si on ne l'emploie que huit jours après l'avoir préparée, on obtient une couche complètement opaque.

Il est bien entendu qu'il faut convenablement agiter l'émulsion avant de la verser sur le verre.

2° Si l'on examine la couleur de l'émulsion fraîchement préparée, on verra qu'elle est blanche, d'un blanc laiteux; mais après huit jours elle est devenue d'un blanc verdâtre très-prononcé.

3° Si l'on expose à la lumière solaire des couches préparées aux différentes périodes de l'émulsification, ainsi qu'il est dit au 1°, on verra que les premières, blanches et transparentes, prennent le plus rapidement la couleur bleu-ardoise propre aux composés haloïdes d'argent. Les couches préparées plus tard et possédant une teinte verte ne noircissent presque plus par l'exposition *directe* à la lumière.

4° Mais ce qui rend cette observation bien plus curieuse encore, c'est le fait suivant, qui en est pour ainsi dire l'antithèse. Les couches blanches qui s'altèrent le plus profondément par l'exposition à la lumière directe sont les plus lentes à s'impressionner dans la chambre noire, tandis que les couches vertes, qui s'altèrent à peine au jour direct, sont incomparablement plus rapides dans l'appareil photographique sous l'action du développement.

De ce qu'un sel d'argent noircit rapidement à la lumière directe, on ne peut donc pas induire qu'il se comportera de même à la chambre noire.

Examinons des plaques préparées aux différentes phases de l'émulsification. Prenons celles obtenues après un jour d'émulsification. Les premières sont blanches, transparentes, noircissent vite à la lumière et sont très-lentes à la chambre noire. Prenons maintenant des plaques préparées avec l'émulsion tenue chaude pendant 8 jours. Celles-ci sont verdâtres, opaques, ne noircissent pas à la lumière et sont au moins huit fois plus rapides à la chambre noire que les précédentes.

Pour bien me rendre compte des faits que je viens d'exposer, j'ai soumis le bromure d'argent dans ses divers états moléculaires à une longue série d'expériences, dont voici le résumé succinct :

Pour le cas qui nous occupe, le bromure d'argent existe sous deux états : le premier, que nous appellerons *état ordinaire*, bien connu des chimistes, s'obtient en versant un bromure alcalin dans une solution de nitrate d'argent en excès, acidulée par l'acide nitrique, et en agitant il se produit ainsi un précipité lourd qui se réunit facilement. Sa couleur est d'un blanc verdâtre et devient grise à la lumière.

La seconde modification s'obtient en dissolvant ce bromure vert dans l'ammoniaque et en ajoutant ensuite un acide. Il se forme ainsi un bromure blanc laiteux, très-léger, qui passe à travers les filtres les plus serrés.

Si l'on abandonne ce liquide laiteux au repos pendant plusieurs jours, il se dépose au fond des verres à expérience un bromure blanc, léger, qui se laisse recueillir plus ou moins bien sur les filtres. Ce bromure blanc prend à la lumière la teinte violette des sels haloïdes d'argent.

Enfin, ce bromure blanc, abandonné très-longtemps à lui-même, devient lourd, grenu, verdâtre, et prend l'état moléculaire du bromure vert.

Ces faits démontrent que l'émulsification consiste à transformer en bromure vert le bromure blanc qu'on forme par double décomposition au sein de la gélatine. Les particules du bromure blanc sont d'une extrême finesse; elle tendent à se réunir en particules plus fortes et passent ainsi à l'état de bromure vert, non pas caillebotté et lourd, mais fin.

Ce qui prouve qu'il en est bien ainsi, c'est que l'émulsion, au début, présente tous les caractères du bromure blanc ; à sa période de maturité elle a les propriétés du bromure vert.

La transparence des couches au début met en évidence la finesse du bromure. Plus tard ses particules deviennent plus fortes : de là leur opacité à la lumière. Dans bien des cas d'ailleurs, elles sont visibles au microscope.

Le charbon divisé nous offre des phénomènes analogues. Qu'on prenne du noir de fumée et qu'on le broie avec de la gélatine dissoute. Au début, un peu du liquide étendu sur verre en couche mince paraît opaque ; mais, au fur et à mesure que le broyage continue et que les particules deviennent plus fines, les couches deviennent translucides et même transparentes. L'encre de Chine, qui est du noir de fumée broyé très-finement, si finement qu'il ne se dépose jamais de sa solution aqueuse, est transparente si on l'examine en solution d'une faible épaisseur.

Si notre manière de voir est juste, il faut que l'émulsification soit d'autant plus rapide que la réunion des fines particules du bromure est plus facile. C'est ce qui arrive quand on ajoute de l'ammoniaque à la formule de M. Bennett. Cette addition d'ammoniaque transforme le bromure blanc en bromure vert en autant d'heures qu'il faut autrement de jours. Au contraire, l'addition de quelques gouttes d'acide sulfurique retarde l'émulsification.

L'émulsification se fait aussi beaucoup plus vite avec des liquides qui contiennent peu de gélatine qu'avec ceux qui sont plus concentrés. Les premiers sont plus minces, plus mobiles, et permettent par conséquent mieux les réunions des particules fines du bromure blanc en parcelles plus fortes de bromure vert.

La théorie de l'émulsification ainsi établie nous permettra d'établir les conditions les plus favorables à la préparation du gélatino-bromure.

§ **462. Action de l'ammoniaque sur le bromure d'argent.** — Le bromure d'argent, on le sait, est soluble dans l'ammoniaque en excès. Mais nous avons à examiner ici le cas de l'action de l'ammoniaque en très-faible proportion par rapport au bromure d'argent. Cette action, tout à fait remarquable, a été découverte par l'auteur de cet ouvrage (1).

Prenons deux dissolutions aqueuses, l'une de nitrate d'argent et l'autre de bromure d'ammonium. Si l'on verse lentement celle-ci dans la première, de manière à maintenir un excès de nitrate d'argent, on obtient un précipité lourd et caillebotté qui se réunit facilement par l'agitation au fond du vase à expériences. Si l'on ajoute un acide au nitrate d'argent, par exemple de l'acide sulfurique, et que l'on y verse goutte à goutte le bromure d'ammonium, le précipité qui se forme est lourd et se réunit facilement. Mais si l'on ajoute de l'ammoniaque au lieu de l'acide, il se produit un bromure léger, blanc, qui reste en suspension dans l'eau.

Ce qui est très-étrange, mais certain, c'est que tout le contraire se passe si, au lieu d'eau, je me sers d'une dissolution de gélatine.

Ainsi, prenons une dissolution aqueuse de gélatine à raison de 10 pour cent et ajoutons-y quelques gouttes de bromure d'ammonium, puis après avoir agité le liquide, quelques gouttes de nitrate d'argent.

Cette solution reste complètement transparente malgré la présence du bromure d'argent au sein du liquide. Si l'on en verse sur une glace, celle-ci conserve absolument toute sa transparence!

---

(1) *Bull. Soc. franç. phot.*, août 1879, et *Bull. Associat. belge phot.*, octob. 1879, supplément.

Mais si l'on abandonne cette dissolution jusqu'au lendemain, cette transparence disparaîtra. Le bromure d'argent qui existe en ce moment dans le liquide gélatineux à l'état de particules d'une ténuité absolue va se réunir en particules plus fortes, et dès lors le liquide deviendra laiteux.

Si nous ajoutons en très-petite quantité de l'acide sulfurique au liquide, celui-ci restera transparent bien plus longtemps; mais si l'on y ajoute de l'ammoniaque, l'on favorise la réunion des particules du bromure d'argent, et le liquide se trouble, quoique l'on n'ait ajouté que quelques gouttes de cette alcali.

Dans les liquides gélatineux les réactions du bromure alcalin sur le nitrate d'argent, sont, quant à l'état physique du bromure d'argent produit, exactement opposées à celles qui ont lieu en présence de l'eau.

L'addition, à une émulsion au bromure d'argent, d'une très-petite quantité d'ammoniaque, équivalente à un millième du bromure d'argent, a donc pour effet de changer la constitution moléculaire de ce bromure d'argent, dont la couleur devient alors plus verte, et dont les particules deviennent plus fortes.

Nous revenons du reste, sur ce sujet, dans le chapitre suivant.

SECTION III. — DES VARIÉTÉS MOLÉCULAIRES DU BROMURE D'ARGENT.

§ **463. Bromure d'argent blanc.** — M. Stas, ainsi que nous l'avons vu page 49, a découvert diverses variétés moléculaires du bromure d'argent. Mais, M. Stas a formé ce bromure au sein de l'eau, et ainsi que nous l'avons vu dans le chapitre précédent, les réactions sont autres au sein de liquides gélatineux, ou, tout au moins, *elles offrent un autre caractère* et doivent être examinées au point de vue purement photographique.

Le bromure d'argent qui se produit dans la méthode de préparation de M. Bennett est d'un blanc très-légèrement jaunâtre. *Par transparence ce bromure est orange,* c'est-à-dire que, le soleil, ou une flamme à pétrole examiné à travers une couche mince de l'émulsion Bennett est *orange*. Les particules de ce bromure sont extrêmement fines, presqu'invisibles sur la platine du microscope (1). Une pareille émulsion, même en couche mince sur la surface du verre, donne des couches très-blanches par réflexion.

(1) Il faut rendre la couche très-mince pour l'observation au microscope, sinon l'on ne distingue point les particules du bromure.

Les images que donnent les émulsions *oranges par transparence*, offrent un aspect particulier. (Nous parlerons uniquement de celles développées au fer). Elles sont verdâtres, transparentes, et chose curieuse, les ombres manquent de détails. En d'autres termes, ce bromure blanc est bien plus sensible aux fortes radiations de la lumière qu'aux faibles. Ainsi, dans le cas d'un portrait, l'habit manque de détails alors que la tête est trop venue. Les images sont d'une extrême finesse. La sensibilité de ce bromure à la lumière est bien moindre que celle des bromures grenus dont nous parlerons tout à l'heure. Les couches mouillées de ces bromures deviennent violettes à la lumière.

Tous ces caractères se présentent ensemble, et ce que nous disons ici résulte de plusieurs centaines d'observations.

Le bromure blanc (orange en transparence) se produit toujours lorsque l'on opère le mélange de la solution de bromure alcalin avec une solution très-diluée de nitrate d'argent, en présence d'une forte proportion de gélatine, et à une température inférieure à 35° centigrades.

§ 464. Effet de la haute température sur le bromure blanc. Production du bromure vert. — Si l'on porte l'émulsion au bromure blanc à une température de 100° et que l'on n'opère qu'en présence d'une petite quantité de gélatine, alors la constitution moléculaire du bromure d'argent blanc est profondément modifiée. *Par réflexion, les couches ont un aspect vert, par transparence le bromure devient d'abord gris, puis bleu.*

Les particules du bromure sont devenues beaucoup plus fortes, et, il faut une quantité beaucoup plus grande d'émulsion à la surface de la glace pour produire une couche opaque. Les couches mouillées ne deviennent plus violettes à la lumière. A la chambre noire ces émulsions sont beaucoup plus sensibles, et chose très-curieuse, elles n'offrent plus ce défaut des couches au bromure blanc de donner des images verdâtres et transparentes. Mais l'image développée est tout-à-fait identique aux plus belles images obtenues par le collodion humide. De plus, l'image est fouillée dans les ombres, et, dans le cas d'un portrait que nous avons cité plus haut, l'habit est bien détaillé ainsi que le visage. L'image offre ainsi plus de douceur, moins de contraste, elle est plus douce. Examinées par réflexion, les couches au bromure vert sont plus mates.

§ 465. Effet de l'ammoniaque sur le bromure blanc. — Si, au lieu de porter l'émulsion à l'ébullition comme nous l'avons décrit à l'alinéa précédent, on la met à digérer avec une petite quantité d'ammoniage pure (D. 0,900); par exemple, pour chaque kilogramme de nitrate d'argent employé dans l'émulsion, 100 cent. cubes d'ammoniaque, au bout de fort peu d'heures le bromure blanc est devenu vert.

L'ammoniaque est donc un agent précieux pour modifier à volonté la constitution moléculaire du bromure d'argent. Elle rend l'émulsion plus rapide, et, dans le cas où celle-ci donne primitivement des images dures, elle corrige ce défaut. Mais, si l'ammoniaque est employée en quantité trop grande, elle a de la tendance à produire des images voilées. Aussi faut-il être très-prudent dans son emploi.

§ 466. Effet du chlorure d'argent dans l'émulsion. — Si l'on fait un mélange de 3 parties de bromure pour 1 de chlorure alcalin, et que, par l'addition de gélatine et de nitrate d'argent on émulsifie ce mélange, les particules de bromo-chlorure d'argent sont plus fines que celles du bromure d'argent seul.

Mon ami Obernetter, de Munich, qui est un observateur hors ligne, m'avait déjà fait part de cette observatiou dans une lettre privée et j'avais remarqué le même fait de mon côté.

Mais ce qui est plus curieux, c'est que cette émulsion portée à 100° devient, examinée par transparence, d'un vert émeraude superbe, et les particules sont plus fines que celles du bromure d'argent vert correspondant.

Je n'ai cependant point trouvé qu'une émulsion au chlorure possède des avantages marqués sur les émulsions ordinaires au bromure seul.

§ 467. Émulsions à l'iodure d'argent. — Si l'on essaie d'émulsifier l'iodure d'argent en mélangeant une solution d'iodure alcalin (en présence de la gélatine) avec une solution de nitrate d'argent, on obtient constamment un précipité d'iodure d'argent qui se sépare du liquide, tandis qu'une très-petite partie seulement de l'iodure d'argent reste en suspension.

Mais le capitaine Abney (1) a réussi à émulsifier 1 partie d'iodure mêlée à 6,12 ou 24 de bromure. Il affirme que ce mélange, tout en étant aussi sensible que le bromure seul, aurait l'avantage de pouvoir s'employer à l'aide de verres jaunes, tandis que le bromure exige des verres rouges foncés ainsi que nos lecteurs le savent déjà.

Suivant le capitaine Abney la sensibilité des émulsions préparées avec 1 partie d'iodure sur 6 de bromure n'est appréciable que jusque les raies E du spectre; 1 d'iodure sur 12 de bromure s'impressionne

(1) Mai 1880, *Soc. phot. Great-Britain.*

jusqu'en D et même un peu au delà, enfin 1 d'iodure sur 24 de bromure s'impressionne jusqu'en B. Le bromure seul s'impressionne jusqu'en A.

L'avenir prouvera si les vues du capitaine Abney sont exactes. Depuis longtemps déjà nous avions essayé les émulsions au bromo-iodure d'argent, sans leur trouver de propriétés bien distinctes de celles au bromure seul. Nous venons de répéter ces essais, dans les proportions indiquées par le capitaine Abney. Nous trouvons que l'addition de 1 partie d'iodure à 6 de bromure produit une émulsion moins sensible à la lumière que celle préparée au bromure seul, et que la limite d'impression au spectre solaire s'étend jusque dans le rouge, exactement comme si l'on emploie l'émulsion au bromure seul. Mais le nombre d'expériences que nous avons faites, n'est pas suffisant pour infirmer ou affirmer les assertions du capitaine Abney.

SECTION IV. — DES DIVERS FACTEURS QUI CONCOURENT A MODIFIER LES ÉMULSIONS AU GÉLATINO-BROMURE D'ARGENT.

§ **468. Variations des résultats obtenus.** — Ce que nous avons à écrire maintenant constitue certainement le chapitre le plus important de ce livre.

Tous ceux qui se sont occupés de la fabrication des émulsions, s'ils sont observateurs, s'ils ont comparé les plaques préparées d'une émulsion avec celles préparées avec une émulsion suivante obtenue exactement avec la même formule, ont remarqué qu'ils obtenaient fréquemment des résultats différents. Bref, il ne suffit pas d'avoir une bonne formule pour préparer une bonne émulsion, il faut être attentif aux différents facteurs qui contribuent à modifier le résultat obtenu.

L'auteur de cet ouvrage a travaillé exclusivement à la préparation des émulsions pendant 18 mois et a souvent désespéré d'arriver à un résultat constant. Tantôt son émulsion était entièrement remplie de bromure grenu, tantôt elle donnait des images dures et peu rapides, tantôt de bonnes images, mais sans intensité, etc., etc.

C'est pour éviter à nos lecteurs des déboires nombreux que nous allons analyser avec soin les facteurs qui concourent à modifier les résultats obtenus avec les diverses émulsions.

§ **469. Influence de la concentration des liquides au moment du mélange, et leur température.** — Faisons une dissolution de 7 grammes de bromure d'ammonium dans 100 grammes d'eau distillée et dissolvons-y aussi 10 grammes de gélatine. Portons le mélange à une température de 35 degrés centigrades. A présent dissolvons 11 grammes de nitrate d'argent dans 900 cent. cubes d'eau également à 35°, et versons goutte à goutte la solution argentifère dans le bromure alcalin en tenant celui-ci en mouvement à l'aide d'une spatule de verre. Inutile d'ajouter qu'il faut opérer dans le laboratoire éclairé par les verres rouges.

Quand tout l'argent aura été versé dans le bromure, nous aurons environ 1 litre en tout. Versons une petite quantité de ce liquide sur une lame de verre, et portons maintenant cette lame à la lumière du jour. La couche sera presque transparente, quoique bien blanche et bien opaque. Nous aurons cette variété de bromure d'argent que nous avons désignée (page 385) sous le nom de bromure blanc, et elle en aura toutes les propriétés.

Mais répétons maintenant l'expérience avec une dissolution plus concentrée de nitrate d'argent, par exemple de 11 grammes dans 100 cent. cubes d'eau, et versons ce liquide *goutte à goutte* dans le bromure alcalin, en agitant ce dernier très-fortement pour éviter la formation du bromure caillebotté. Une petite quantité de cette émulsion portée au jour *sera verte* et les particules de bromure d'argent seront plus fortes.

Il ne faut pas croire que ce résultat est dû, dans cette seconde expérience, à ce fait que nous n'avons en tout que 200 cent. cubes au lieu de 1 litre que nous avions dans la première expérience. Non, car si nous ajoutons maintenant à l'émulsion 800 cc. d'eau à 35° l'émulsion conservera son caractère, mais il sera visible, en versant une petite quantité de ce liquide sur une lame de verre, que cette fois notre émulsion, tout en contenant exactement la même quantité de bromure d'argent que dans la première expérience, donne une couche bien moins opaque, et qui, au lieu d'être orange par transparence, a un ton gris ou bleuâtre. C'est que nous avons obtenu maintenant *le bromure d'argent vert, grenu.*

Voyons maintenant l'effet de la température.

Pour cela, reprenons notre première expérience, mais mélangeons les deux liquides, l'un gélatine et bromure alcalin, l'autre dissolution de nitrate d'argent, à l'état bouillant.

Nous obtiendrons exactemant le même résultat que lorsque nous avions ajouté au bromure alcalin une solution *concentrée* de nitrate d'argent : l'émulsion sera verte, grenue, donnera une couche sur verre très-peu opaque. Nous avons obtenu le bromure vert.

Mais voici qui est plus remarquable.

Dissolvons 1 gramme de gélatine photographique de Nelson dans 100 grammes d'eau, et dissolvons y aussi 7 gr. de bromure d'ammonium. Laissons le liquide se refroidir à 15 degrés centigrades. Si nous avons employé, comme nous le disons, la gélatine Nelson n° 1, qui se prend moins facilement en gelée que les gélatines blanches ordinaires, notre solution restera liquide, ne se prendra pas en gelée, parce que la quantité de gélatine qu'elle contient est trop faible.

Dissolvons maintenant 12 gr. de nitrate d'argent dans 1/2 litre d'eau et refroidissons le liquide à 0°. Puis, versons le liquide argentifère dans le bromure, par petites fractions, en tenant le mélange en permanente agitation. Quand tout l'argent a été versé dans le bromure, examinons une petite partie de l'émulsion, et nous la trouverons remplie de bromure caillebotté.

Pour bien observer ce bromure caillebotté, il est bon de laisser l'émulsion se déposer d'abord quelques minutes, de la décanter presqu'en entier dans un autre vase et de prendre l'échantillon dans ce fond.

On a beau secouer fortement cette émulsion, le bromure restera à l'état caillebotté et l'émulsion semblera perdue.

Chauffons cette émulsion à 50° de température, secouons le flacon qui la contient, et tout le bromure caillebotté s'émulsifiera ; il deviendra fin, et pour le maintenir dans cet état, il suffira maintenant de dissoudre dans le liquide quelques grammes, par exemple dix, de nouvelle gélatine.

Mais si on laisse ce liquide abandonné à lui-même, à 30° de température, pendant quelques jours, le bromure d'argent s'en sépare, et s'agglomère au fond du flacon. Si l'on secoue ce dernier, on casse et l'on divise la croûte de bromure du fond, et on observe alors de gros morceaux de bromure dans l'émulsion.

De tout ceci, nous devons conclure que si nous mélangeons des solutions très-étendues de bromure et d'argent nous pouvons opérer à 15 degrés, à une faible température. Mais si nous les mélangeons à l'état plus concentré, il faudra en élever la température. Dans le premier cas nous obtenons le bromure blanc, dans le second le bromure vert.

§ 470. Effet de l'alcool. — Si, dans les expériences précédentes nous ajoutons une proportion notable d'alcool, par exemple 1/10 du volume total de l'émulsion, dans un des liquides, nous remarquerons que le bromure d'argent qui se forme, toutes choses égales d'ailleurs, se rapproche davantage du bromure blanc. Il est même assez difficile d'obtenir le bromure vert en présence de l'alcool.

Je crois que c'est même là une des causes pour lesquelles le collodion-bromure n'a jamais atteint la rapidité du gélatino-bromure : c'est que, avec le collodion on obtient toujours le bromure blanc, orange par transparence, et qu'on ne peut pas amener ce bromure blanc à l'état vert, par les moyens employés dans le procédé au gélatino-bromure.

§ **471. Effet des proportions relatives de bromure alcalin et de nitrate d'argent.** — Pour bien étudier ce point très-délicat et très-difficile à étudier, il faut procéder ainsi.

On commence par secouer du brôme avec de l'acide sulfurique concentré pour détruire le bromure de cyanogène qu'il contient presque toujours, puis, le brôme étant plus lourd que l'acide sulfurique, on le sépare par un entonnoir à robinet; on le dissout alors dans une solution concentrée de bromure de potassium du commerce et on distille. On obtient ainsi du brôme pur, exempt de cyanogène et de chlore. On en fait du bromure de fer, puis, on transforme ce dernier en bromure de potassium par le carbonate de potasse pur.

On dessèche ce bromure de potassium à 100° et on le pèse avec la balance de précision. 42 grammes de ce bromure et 60 de nitrate d'argent contiennent un excès d'argent, 43 grammes de bromure et la même quantité d'argent contiennent un excès de bromure.

Donc, faisons deux émulsions de 60 grammes de nitrate d'argent, 60 grammes de gélatine, et l'une de 42 gr. de bromure de potassium pur, l'autre de 43 grammes.

Si nous avons la grande habitude de ce genre d'opérations, et que nous ne négligeons aucun des autres facteurs, nous remarquerons une différence très-grande entre les deux émulsions. Celle avec excès d'argent sera 4 fois plus rapide que l'autre, et aucune des deux ne donnera d'images voilées.

Celle avec excès d'argent sera plus verte, et de beaucoup, que celle avec excès de bromure alcalin.

Mais si nous diminuons encore de un seul gramme sa quantité de bromure de potassium, si nous prenons seulement 41 gr., les couches seront voilées, elles produiront un *voile rouge* sous l'influence du développateur. Ces expériences sont du domaine de la chimie de précision. Il faut du bromure de potassium pur, qu'il est impossible de trouver dans le commerce et qu'il faut préparer soi-même suivant la méthode indiquée plus haut.

§ **472. Effet de la proportion de la gélatine.** — Faisons deux dissolutions dans 100 grammes d'eau de 7 grammes de bromure d'ammonium. Dans l'une dissolvons 1 gramme de gélatine, dans l'autre 10, et amenons les toutes deux à 40 degrés de température. A toutes deux, ajoutons 12 gr. de nitrate d'argent dans 100 eau à 35°, nous remarquons que celle qui contient peu de gélatine contient du bromure grenu, vert, l'autre reste blanche.

Cet effet s'explique aisément. La gélatine par sa nature donne plus ou moins d'épaisseur au liquide suivant sa qualité et sa quantité. Il est naturel que dans un liquide épais, le bromure d'argent se forme à un état plus grand de division que dans un liquide mince. Or, le bromure le plus fin, c'est toujours le bromure blanc.

Il est entendu qu'en présence de la gomme arabique, de l'albumine, de solution épaisses de sucre, le même ordre de faits se produit. Cependant l'auteur de cet ouvrage n'a pas réussi avec la glycérine. Celle-ci émulsifie moins le bromure d'argent que la gélatine, quoique étant d'une nature plus visqueuse.

§ **473. Effet de la qualité de la gélatine**. — Les gélatines de différentes provenances donnent des gelées plus ou moins consistantes quoique les solutions aqueuses en soient faites au même titre.

Les gélatines photographiques de Nelson, Dale et C°, de Londres, sont les plus pures parmi celles qui existent dans le commerce. M. Swinburne, de la même ville, fait une gélatine en fils fins, connue sous le nom de « *refined isinglass* » (colle de poisson purifiée) qui est absolument exempte de sels calcaires et d'alun.

Les gélatines françaises et allemandes, surtout les qualités transparentes et fines, donnent à titre égal, des gelées beaucoup plus consistantes que la gélatine de Nelson.

Il suit de là que tout ce que nous avons dit précédemment, concernant la quantité de la gélatine dans l'émulsion, est subordonné à l'origine de la gélatine employée.

Ainsi, dans le procédé Bennett, si on remplace la gélatine Nelson par de la gélatine de Coignet, dite dure, donnant des gelées consistantes, il faut, ou pousser la durée de l'émulsification beaucoup plus longtemps, ou diminuer fortement la quantité de gélatine, quitte à l'ajouter après la transformation du bromure d'argent.

Généralement, dans les formules dans lesquelles on prescrit la gélatine Nelson, on peut diminuer de moitié, et encore davantage, la dose de gélatine si on se sert de gélatine blanche dure (française ou allemande) ou de la colle de poisson raffinée de Swinburne.

La gélatine exerce une influence décisive sur la qualité de l'émulsion, non pas seulement par l'épaisseur des gelées qu'elle donne, mais encore par sa nature intime.

L'auteur de cet ouvrage a remarqué fréquemment que les gélatines dont les solutions troublent les sels de baryum et qui rougissent fortement la teinture de tournesol, donnaient plus d'intensité aux images que les gélatines de Nelson ou autres, neutres aux réactifs prénommés.

La nature intime de la gélatine est donc un facteur important dans la fabrication des émulsions au gélatino-bromure, et, malheureusement, le plus difficile à préciser.

§ 474. Influence de la proportion relative de bromure d'argent et de gélatine. — Plus la proportion relative de bromure d'argent par rapport à celle de gélatine est grande, et plus les images obtenues avec cette émulsion sont intenses. Une émulsion donne-t-elle des images très-dures, on peut corriger cet effet par l'addition de nouvelle gélatine.

Plus le bromure d'argent est blanc, par conséquent fin et divisé, moins il faut de gélatine pour le tenir en suspension.

Le bromure d'argent est-il vert et grenu, il exige une plus forte proportion de gélatine dans l'émulsion, autrement il s'en sépare à l'état grenu, surtout si l'on se sert de glaces chauffées, à la surface desquelles l'émulsion reste longtemps liquide.

Cette séparation du bromure d'argent de l'émulsion dépend donc, d'une part, de la constitution moléculaire du bromure d'argent, d'autre part de l'épaisseur du milieu dans lequel il est maintenu en suspension. Donc, le bromure vert exige, pour en éviter la séparation de l'émulsion, plus de gélatine que le bromure blanc.

La température de l'émulsion est évidemment ici un facteur important. Il est clair que plus l'émulsion est chaude, plus elle est mince, et plus le bromure d'argent s'en sépare facilement. Si l'émulsion est à une température telle qu'elle est sur le point de se prendre en gelée, le milieu est trop épais pour que le bromure d'argent s'en sépare.

Quand donc on a une émulsion qui abandonne facilement son bromure d'argent à la surface des glaces, qui ont alors un aspect *poivré*, il faut l'employer à plus basse température.

§ 475. Influence de la durée de l'émulsification. — Nous avons déjà parlé de ce point page 381, il est donc inutile d'y revenir ici.

Mais nous pouvons rendre le lecteur attentif à ce fait, déjà signalé par notre ami Obernetter, de Munich, que l'émulsion, même à l'état de gelée, continue à s'altérer. Le bromure d'argent semble s'y modifier, devenir verdâtre, de sorte que l'émulsion en gelée devient de plus en plus rapide jusqu'au moment même où elle ne donne plus que des épreuves voilées.

Le Dr Vogel, de Berlin, croit que cet effet est dû à la formation de l'ammoniaque par l'effet de la décomposition de la gélatine. Cependant j'ai remarqué ce fait, même avec de l'émulsion en gelée contenant une forte proportion d'alcool et alors l'ammoniaque ne se forme pas.

Dans ce cas, la gélatine de l'émulsion ne se décompose point, et elle conserve ainsi très-longtemps sa propriété de se prendre en gelée, plusieurs mois en été, ce qui prouve bien que la gélatine reste indécomposée. Cependant une telle émulsion augmente toujours de rapidité, jusqu'à ne plus donner que des épreuves voilées.

L'émulsification à chaud ou à froid finit donc, quand elle est prolongée outre mesure, par détruire la gélatine et par suite, l'émulsion elle-même.

L'alcool protège bien l'émulsion contre la décomposition spontanée, mais l'alcool a le défaut de donner des trainées d'argent réduit à la surface des images, et il faut le proscrire absolument.

§ **476. Influence des lavages prolongés.** — L'influence des lavages a une importance très-grande sur la sensibilité de l'émulsion.

Une émulsion mal lavée donne des plaques dont les images sont *dures, malpropres*. De plus, ces plaques manquent de sensibilité. C'est étonnant combien des lavages bien faits et longtemps prolongés améliorent l'émulsion.

Nous ne saurions donc trop insister sur ce point, sur lequel nous aurons, d'ailleurs, à revenir dans le chapitre suivant, quand nous décrirons la préparation de l'émulsion.

CHAPITRE II.

EXPOSÉ PRATIQUE DU PROCÉDÉ AU GÉLATINO BROMURE D'ARGENT.

SECTION I. — DU CABINET OBSCUR.

§ **477. Choix des verres rouges.** — La première question dont doit se préoccuper celui qui voudra pratiquer le procédé au gélatino-bromure d'argent, c'est l'éclairage convenable du cabinet obscur. Pour le procédé au collodion, on s'éclaire à l'aide de verres jaunes. Mais les couches de bromure d'argent étant impressionnées par les rayons jaunes, il faut remplacer ces verres par d'autres d'un rouge très-foncé, car le rouge est la seule couleur qui n'agisse que peu ou point sur le bromure d'argent.

En effet, si l'on soumet une plaque au gélatino-bromure d'argent à l'action du spectre solaire, l'impression lumineuse ne se termine point dans le vert, près de la raie F (voir fig. 21) comme cela a lieu pour le collodion humide, mais si le temps d'exposition est suffisant, elle ne se termine qu'à l'extrémité la moins réfrangible du spectre, c'est-à-dire, en A.

En d'autres termes, toutes les couleurs agissent sur les couches au bromure d'argent.

Cependant la région du spectre comprise entre les raies C et A sont celles qui agissent le moins. Cette portion du spectre est d'un rouge foncé.

Il faut donc choisir, pour en garnir les fenêtres du laboratoire, des verres rouges foncés, et de leur bonne qualité dépend la complète exclusion de toute lumière actinique hors du laboratoire.

Ces verres rouges sont très-difficiles à trouver dans le commerce. La plupart des verres rouges ont une teinte rosée, carminée, qui transmet en partie le bleu, et alors les voiles sur les images sont à craindre.

§ **478. Disposition des verres rouges.** — Il faut deux de ces verres superposés, plus un papier *rouge* placé entre les deux.

Comme ces verres transmettent très-peu de lumière, on peut en augmenter la surface, et lui donner au moins un demi-mètre carré. De plus, la fenêtre devant laquelle on opère devra arriver à la hauteur d'une table ordinaire, afin que l'on puisse bien distinguer les objets à sa portée.

Si le soleil donne sur cette fenêtre, il faut y mettre un store que l'on abaisse quand la lumière devient trop forte.

Si l'on développe le soir, on se servira avec avantage d'une lanterne en bois garnie de verres rouges, dans laquelle on placera une bougie allumée ou un petit bec de gaz. Jamais de lampe à pétrole, dont la flamme est beaucoup trop blanche et apte à donner des images voilées.

§ **479. Autres dispositions à prendre.** — Il est nécessaire aussi de pendre un rideau de toile noire devant la porte du cabinet obscur, car, vu l'extrême sensibilité des plaques au gélatino-bromure, sans cette précaution on n'obtiendrait que des épreuves voilées.

On doit encore boucher complètement les moindres issues du cabinet obscur, et peindre les murs en noir à la colle. *Enfin, il faut s'enfermer dans ce cabinet pendant un quart d'heure, afin que les yeux s'habituent à l'obscurité, et boucher les moindres fissures qui laissent filtrer le jour extérieur.* Pour faire l'essai si le cabinet obscur est en ordre, on met une plaque au gélatino-bromure dans un des châssis de la chambre noire dont on ouvre à moitié la planchette, et l'on expose cette plaque à la lumière, très-près des verres rouges, le jour la frappant en plein. On l'y laisse un quart d'heure, puis on développe. Si une trace noire est visible sur la couche blanche de gélatino-bromure, c'est que les verres rouges ne sont pas assez foncés, et l'on mettra un troisième verre contre les deux autres. La lumière du gaz même agit sur les glaces au gélatino-bromure d'argent, et il suffit d'exposer pendant une seule seconde une telle glace à 5 mètres de distance d'un bec de gaz (même d'un bec dit de Bunsen, à flamme bleue), pour obtenir une trace évidente de l'action de la lumière.

Ce fait seul indique avec quel soin le cabinet obscur doit être installé.

L'on examinera aussi les châssis, les chambres noires, les objectifs.

Généralement les châssis laissent filtrer la lumière par leurs jointures, et, *si l'on n'a pas la précaution de les couvrir d'un drap noir*, des épreuves voilées en seront la conséquence immédiate. En plein air, la photographie avec le gélatino-bromure constitue une vraie difficulté, à cause du mauvais état presque général du matériel photographique ordinaire.

Aucune émulsion, ni aucune plaque ne doit être employée, sans essai préalable, et le développement dans les ombres doit avoir lieu sans la moindre apparence grise, la couche doit y rester absolument blanche. Sinon, il faut en rechercher la cause, ou dans l'obscurcissement imparfait du cabinet obscur, ou dans le mauvais état des châssis, etc.

SECTION II. — PRÉPARATION DE L'ÉMULSION LIQUIDE ET SÈCHE.

§ **480. Formule de l'émulsion.** — Le lecteur, désireux de préparer lui-même ses émulsions, relira avec soin les pages 388 et suivantes. Voici une bonne méthode pour cette préparation.

Dans 100 grammes d'eau froide immergez 10 grammes de bonne gélatine coupée en feuilles minces. Cette gélatine se gonflera lentement en absorbant une partie de l'eau. Au bout d'une heure, le vase contenant cette gélatine sera placé dans de l'eau à 40° centigrades, et en agitant de temps à autre le mélange d'eau et de gélatine, cette dernière se dissoudra en entier. Le liquide est alors enlevé de l'eau chaude, et abandonné au refroidissement. Il se prend en gelée consistante.

Prenons 10 grammes de cette gelée, et plaçons-les dans un ballon de verre de la contenance de 1/4 de litre dans lequel nous mettrons successivement 7 gr. de bromure d'ammonium et 50 gr. d'eau. Plaçons ce ballon dans de l'eau tiède à 40° de température, afin de dissoudre la gelée et le bromure alcalin.

D'autre part, dissolvons 11 grammes de nitrate d'argent dans 60 grammes d'eau froide, et ajoutons goutte à goutte, et dans le laboratoire obscur, la solution d'argent à celle de bromure alcalin. Chaque fois que l'on a ajouté quelques gouttes, on ferme le ballon à l'aide d'un bouchon, et on le secoue vivement. Il faut procéder lentement, avec soin, bien agiter chaque fois, sinon le bromure d'argent se formerait à l'état grenu, surtout vers la fin.

Quand tout le nitrate d'argent est ajouté, nettoyez le vase qui le contenait avec 10 grammes d'eau, et introduisez ceux-ci dans le ballon au bromure, et secouez vivement.

§ **481. Moyen de rendre l'émulsion très-sensible.** — L'émulsion est maintenant préparée. Il s'agit de lui donner une grande sensibilité. Pour cela le ballon est placé dans un vase contenant de l'eau bouillante pendant quelques minutes, en le secouant fréquemment, pour éviter la formation de bromure d'argent à l'état caillebotté, et répartir la température également dans toute la masse de l'émulsion.

Si l'action de l'eau bouillante sur l'émulsion est prolongée trop longtemps, celle-ci donnera des épreuves voilées.

Le ballon est maintenant enlevé de l'eau bouillante, et l'on y introduit le reste de la gelée dont nous avons parlé en commençant. Par l'agitation, cette gelée se dissout.

§ **482. Lavages.** — On verse maintenant l'émulsion dans des cuvettes plates en porcelaine, de manière à donner aux couches une épaisseur de 4 à 5 millimètres, et on abandonne ces cuvettes au complet refroidissement. A l'aide d'une lame de verre, on enlève les couches, et on les sépare en petits fragments que l'on immerge dans un baquet d'eau froide.

Il faut tenir cette eau constamment en mouvement sinon l'émulsion se réunit au fond du vase et s'y agglomère en gros morceaux.

De plus cette eau doit être fréquemment renouvelée, afin d'enlever de l'émulsion les dernières traces de sels solubles. Sans cela, cette émulsion fournira des images très-dures.

Il faut de l'eau exempte de sels calcaires et de fer. Elle doit être filtrée.

On le voit, ces lavages constituent la partie la plus ennuyeuse du procédé.

Ceux qui ont conseillé d'immerger l'émulsion à l'état de gelée dans l'alcool, pour en retirer l'eau et raccourcir ainsi considérablement la durée des lavages, ne se sont pas aperçus que les couches fournies par de telles émulsions sont moutonnées, parce que l'alcool semble agir comme réducteur sur le bromure d'argent. L'alcool est absolument à proscrire de toutes les formules concernant la préparation des émulsions au gélatino-bromure d'argent.

Revenons à nos lavages. Ces derniers doivent durer 24 heures.

L'émulsion est alors toute réunie, et, supposant qu'on n'en ait rien perdu, amenée à 250 grammes par l'addition d'eau. Le tout est placé dans un vase contenant de l'eau chaude jusqu'à liquéfaction complète, puis filtré à travers la flanelle. On en prépare alors les plaques comme nous le dirons ultérieurement.

§ **483. Altération de l'émulsion liquide.** — L'émulsion, préparée comme il a été dit ci-dessus, doit être employée aussi vite que possible, car elle ne se conserve point, en été surtout. D'abord, le bromure d'argent contenu dans l'émulsion en gelée subit très-rapidement une modification moléculaire qui le rend de jour en jour plus sensible à la lumière, ce qui introduit déjà de la variation dans les plaques qu'on en fait. Et puis, ce bromure d'argent en arrive au point de ne plus donner que des épreuves grises, sans vigueur et voilées.

Le second défaut de l'émulsion liquide, c'est que la gélatine qu'elle contient subit, elle aussi, une modification. Elle perd la faculté de se prendre en gelée et se gâte, et en été, cela arrive en très-peu de jours. On corrige bien ce défaut en additionnant l'émulsion d'une petite quantité d'alcool qui lui communique la propriété de se conserver plus longtemps; mais, nous l'avons dit plus haut, l'alcool produit des réductions.

Si donc, on ne peut employer de suite l'émulsion, le mieux est de la sécher.

§ **484. Émulsion sèche.** — Les pellicules d'émulsion à l'état de consistance gélatineuse sont recueillis avec soin, arrangées sur un filet à larges mailles placé lui-même dans un fort courant d'air. Au bout de 48 heures ces pellicules sont dures et sèches.

L'émulsion sèche doit être renfermée, dans un étui de bois ou de carton, et ne jamais se trouver longtemps en contact avec un métal, sinon le bromure d'argent qui s'y trouve serait partiellement réduit à l'état métallique, et ne produirait plus que des épreuves voilées.

L'émulsion sèche doit être conservée dans une chambre bien sèche, dans des boîtes bien closes. *Si elle prend l'humidité, elle ne donne plus que des images grises et voilées.*

SECTION III. — PRÉPARATION DES PLAQUES.

§ **485. Installation.** — La préparation des plaques, sans être difficile, n'est pas aussi aisée qu'il le semble au premier abord. Celui qui ne sera pas installé convenablement, qui ne pourra pas affecter un cabinet spécial à cet objet, qui n'en fera point une étude tout-à-fait sérieuse, celui-là, disons-nous, fera mieux d'acheter ses plaques dans le commerce.

Quoiqu'il en soit, si quelqu'un veut préparer ses plaques lui-même, il observera bien les conditions pratiques que nous allons lui indiquer ici.

La place dans laquelle on opérera sera *parfaitement sèche*, et munie d'une cheminée, dont nous expliquerons tout à l'heure l'utilité.

Si l'on est obligé d'y faire du feu en hiver, il faut le faire avant de préparer les plaques, sinon la lumière émise par le foyer les altérerait évidemment toutes. Il ne faut pas que la place soit trop chaude, sinon les couches se soulèveraient lors du développement. En été surtout, ce défaut est à craindre.

Une fenêtre, d'environ un quart de mètre carré et recevant le jour du nord, sera percée dans le mur et garnie de doubles verres rouges comme il l'a été dit précédemment (Section I, p. 395). Cette fenêtre sera placée à hauteur de la table sur laquelle on opèrera, afin qu'on puisse distinguer les objets à sa portée. L'usage d'une lanterne à bougie garnie de verres rouges est préférable.

Cette table aura 60 centimètres de large, et 1 mètre 20 centimètres de long. Elle sera couverte d'une plaque de *marbre noir parfaitement horizontale*.

On peut aussi opérer le soir. Dans ce cas la lanterne à verres rouges est nécessaire. Cette lanterne doit avoir au moins un pied cube, être faite en bois noir, et la cheminée qui la surmonte être recourbée deux fois, afin que la moindre trace de lumière blanche de la flamme ne puisse être perçue par l'œil.

Dans cette lanterne peut se mettre une bougie, ou un faible bec de gaz, *mais pas de lampe à pétrole*, celle-ci donnant une flamme trop blanche.

Il faut faire l'essai de la lanterne en exposant contre les verres rouges dont elle est garnie une glace au gélatino-bromure à demi couverte de papier noir. Exposez 10 minutes. Si le développement fait ressortir la trace du papier noir, les verres rouges ne sont pas assez foncés.

§ **486. Nettoyage des verres.** — Les glaces ou verres seront nettoyés, et bien époussetés comme à l'ordinaire. Cependant le nettoyage des verres est beaucoup moins important que pour le collodion humide. Il suffit que les glaces soient mécaniquement et non chimiquement propres, comme lorsqu'il s'agit du collodion humide.

Nous nettoyons simplement nos glaces à l'eau, puis à l'alcool, avec un tampon de toile propre pour finir. Puis nous époussetons au blaireau.

En hiver, les glaces à couvrir de gélatino-bromure doivent être très-légèrement chauffées. Pour cela, il faut les mettre en paquets dans un vase en fer blanc, placé dans de l'eau tiède. En été cela n'est point nécessaire.

§ **487. L'émulsion.** — Si l'on a préparé l'émulsion liquide comme nous l'avons dit à l'alinéa 480, page 397, il suffit de la filtrer et de l'employer comme nous le dirons tout-à-l'heure. Mais si l'on a de l'émulsion sèche, il faut procéder comme suit.

On la découpe avec des ciseaux d'acier (non rouillés) en bandes de longueur convenable, et l'on en pèse 10 grammes pour 100 centimètres cubes d'émulsion liquide qu'il s'agira de préparer.

On ne doit point préparer trop d'émulsion à la fois. On en règlera la quantité sur le nombre et surtout la grandeur des plaques que l'on a à préparer.

Prenons un flacon de 200 centimètres cubes et versons y 100 centimètres cubes d'eau pure et froide.

Puis, introduisons-y l'émulsion sèche, *et faisons cela* 1 *ou* 2 *heures à l'avance*. De cette manière la gélatine contenue dans l'émulsion absorbe lentement l'eau.

Le flacon est maintenant placé dans un vase contenant de l'eau chaude à 50 ou 60 degrés centigrades (1) et agité fréquemment jusqu'à parfaite dissolution de l'émulsion sèche.

Aussitôt prête, l'émulsion doit être employée et en entier. Sinon le bromure d'argent s'en sépare et passe très-vite à l'état grenu. Dans ce cas les images sont couvertes d'un pointillé noir général. Ne pas ajouter d'alcool à l'émulsion, sinon il peut se former des veines d'argent réduit à la surface des glaces.

§ **488. Application de l'émulsion sur le verre.** — Voici comment on couvre le verre d'émulsion.

---

(1) Mais pas à une température supérieure, sinon le bromure d'argent pourrait se séparer de l'émulsion et produire des couches entièrement grenues.

L'émulsion est versée dans un entonnoir de verre au fond duquel se trouve un tampon de coton (1) légèrement tassé.

Le liquide filtré est recueilli dans un petit vase de porcelaine de la forme d'un pot à lait. Pour éviter les bulles, il faut que l'extrémité inférieure de l'entonnoir plonge au fond du vase.

Le filtrage de l'émulsion est absolument indispensable pour la débarrasser de ses impuretés mécaniques.

La glace que l'on doit couvrir d'émulsion étant placée horizontalement sur une glace épaisse, on verse au milieu de sa surface une certaine quantité d'émulsion (7 1/2 cent. cubes pour une glace 13 centimètres sur 18); puis, à l'aide d'une spatule de verre, on force le liquide à la couvrir entièrement. On étend le liquide en couche uniforme à l'aide d'un tour de main que comprendront tous ceux qui ont pratiqué le collodion humide.

Il ne faut jamais reverser l'excès d'émulsion dans le récipient en porcelaine, sinon, on n'aurait plus que des couches remplies de bulles, *ou, si on le fait, il faut filtrer à nouveau le liquide.*

La glace étant préparée, on la met à figer sur la table de marbre (2), et pendant ce temps, on en couvre une seconde et une troisième. La couche de la première glace est alors figée, et on peut la mettre dans la boîte à sécher dont nous parlerons tout à l'heure. On continue ainsi *jusqu'à ce que tout le flacon d'émulsion soit entièrement épuisé.* Si l'on tient le liquide chaud, en été surtout, ou si on le laisse figer pour le refondre après, la gélatine perd fréquemment la propriété de se figer de nouveau, et les couches abandonnent la glace lors du développement de l'image, dont nous parlerons plus loin.

Il ne faut point que la gélatine se fige très-vite à la surface des glaces, sinon il est impossible d'obtenir des couches unies.

La couche doit être à peu-près égale d'épaisseur à la surface de la glace, sinon l'image sera plus intense dans les endroits épais, et aussi en ces endroits la couche jaunira lors du renforçage. Evitez surtout que des bourrelets épais ne se forment sur les bords des glaces, et cela aura toujours lieu si la table de marbre n'est pas bien horizontale, ou si le verre dont on se sert n'est pas

---

(1) On doit prendre du coton cardé bouilli pendant 1/2 heure dans 100 parties d'eau et 1 partie de soude caustique, bien lavé et séché. On en ouvre alors les fibres à la main.

Le coton ordinaire, non bouilli à la soude, ne laisse pas filtrer l'émulsion, à cause de la nature grasse de ses fibres qui repoussent le liquide.

(2) Cette table de marbre ne peut pas recevoir l'action directe du jour, ni de la lanterne, sinon la lumière rouge agirait à la longue sur les plaques qui s'y trouvent déposées, et les images seraient plus tard entièrement voilées.

plan. Pour ce motif, la préparation des glaces de grande dimension n'est point du tout facile.

Si les couches sont trop minces, les images manquent de vigueur. Il vaut mieux qu'elles soient trop épaisses, le seul inconvénient qui en résulte étant un lavage et un fixage plus difficiles.

L'habitude, d'ailleurs, en apprendra plus sur ce point que tous les préceptes que nous pourrions donner ici.

§ **489. Seconde méthode.** — Une autre méthode consiste à nettoyer les glaces avec une eau contenant, par litre, 20 centimètres cubes de silicate de potasse en solution sirupeuse, en lieu et place de l'alcool ordinairement employé pour cette opération. Il reste ainsi à la surface de la glace une trace de silicate de soude qui permet à l'émulsion liquide de couler sur les plaques comme le ferait du collodion.

Au lieu de silicate de soude, M. Audra se sert d'une solution de sucre et il affirme que dans ce cas l'émulsion s'étend sur la glace comme le ferait du collodion.

On verse alors l'émulsion liquide sur la glace juste comme on le fait avec le collodion, *mais on y laisse une couche beaucoup plus épaisse*. Car, remarquons-le bien en passant, une couche trop épaisse n'a d'autres inconvénients que de sécher lentement et de se fixer difficilement. Mais à tous autres égards, les couches trop épaisses sont meilleures que les couches trop minces.

Puis la glace est mise à plat comme nous l'avons dit plus haut.

§ **490. Taches grasses.** — On observe souvent que des *taches grasses* se forment à la surface des couches. Tantôt ces taches se traduisent par des cercles transparents, tantôt par des taches mates que l'on voit très-aisément au jour frisant, lorsque les couches sont sèches. Ces dernières taches se retrouvent dans le négatif. Elles sont plus foncées que le reste de l'image.

Ces taches s'évitent en opérant avec des émulsions aussi peu chaudes que possible, et en donnant aux couches une épaisseur suffisante.

Moins l'émulsion est chaude, moins on aura de ces taches grasses. *Plus cette émulsion est concentrée,* moins on en aura encore. On peut fort bien dissoudre l'émulsion à raison de 12 et même de 15 pour cent (au lieu de 10 prescrits par notre formule), et opérer sur glaces nettoyées au silicate en versant l'émulsion sur ces glaces à la façon du collodion. Alors les taches grasses disparaîtront complètement, si, bien entendu, on a employé, pour faire l'émulsion, une gélatine convenable.

On peut encore, pour détruire les taches grasses, ajouter à

l'émulsion 1 à 2 centimètres cubes d'ammoniaque par 10 grammes d'émulsion sèche employée. Mais cette addition doit se faire au moment même de filtrer l'émulsion et de l'employer, sinon l'on obtiendrait des épreuves voilées. Car l'ammoniaque modifie la constitution moléculaire du bromure d'argent en rendant ce dernier beaucoup plus grenu et plus sensible aux radiations lumineuses de faible intensité, mais aussi très-apte à produire des épreuves voilées.

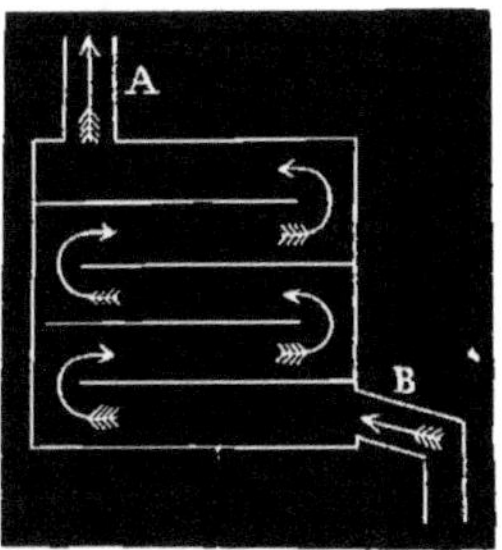

Fig. 182.

§ **491. Emploi des glaces à l'état humide.** — L'on peut exposer ces glaces à la chambre noire dès que l'émulsion a fait prise à leur surface. La sensibilité des glaces ainsi préparées est tout aussi grande qu'à l'état sec, et le développement en est tout aussi facile. Nous reviendrons du reste in-extenso sur ce sujet à la section VII.

§ **492. Séchage des glaces préparées.** — La boîte à sécher est d'une construction facile que la figure 182 fera comprendre immédiatement. C'est une armoire en bois épais munie à sa partie supérieure d'un large tuyau de zinc A, de 20 centimètres de diamètre, qui se rend dans une cheminée qui tire bien. A sa partie inférieure elle porte un tuyau B, coudé pour éviter l'accès de la lumière, et ouvert à sa partie inférieure pour laisser entrer l'air. Les compartiments doivent être séparés entr'eux de 20 centimètres. Cette boîte peut avoir les dimensions suivantes :

Hauteur	$1^m,50$
Largeur	$0^m,80$
Profondeur	$0^m,60$

La porte sera munie d'une double battée, afin de bien exclure toute lumière extérieure. Puis il faut clouer du zinc mince sur tout l'extérieur de la boîte, afin que, si le jour entre accidentellement dans la place où elle se trouve, on soit bien certain que les plaques n'en ont pas subi l'influence, car les boîtes en bois sont toujours sujettes à se disjoindre.

Les compartiments horizontaux sont placés à l'intérieur de la boîte de manière que le courant d'air produit par le tirage de la cheminée les parcoure successivement. Les glaces peuvent être placées dans la boîte horizontalement ou debout. Cette boîte doit être évidemment placée dans la chambre où l'on prépare les glaces.

Sécher les glaces en les plaçant sur des supports le long du mur est fort dangereux, parce que la moindre lumière qui passe à travers une porte mal fermée agit sur les couches : et, remarquons-le en passant, les glaces humides sont à fort peu-près aussi sensibles à la lumière que les glaces sèches.

Il est de la plus haute importance de ne pas sécher les glaces (en été surtout) en chauffant trop fortement la place dans laquelle on opère. Ce séchage doit s'opérer sous la seule influence du courant d'air, sinon la couche de gélatine subit en séchant un retrait qui produit un défaut d'adhérence à la glace. Il arrive alors que les couches s'enlèvent après le lavage qui suit le développement. Pour éviter cet inconvénient, ne mettez jamais, comme on l'a recommandé, de l'alun dans l'émulsion, sinon la gélatine perdrait sa perméabilité aux liquides, et souvent aussi le bromure d'argent contenu dans l'émulsion s'en séparerait à l'état grenu.

Il ne faut pas chauffer la place alors que les glaces sont à moitié sèches, sinon la ligne de démarcation entre la partie sèche de la plaque et la partie encore humide sera visible dans les images développées.

Autant que possible, le séchage des glaces doit s'opérer naturellement. En préparant les glaces le soir elles seront généralement sèches le lendemain matin.

§ 493. Conservation des glaces préparées. — Les glaces une fois sèches ne peuvent point séjourner à l'air libre, mais elles doivent être enveloppées dans un sac de papier noir, de la forme d'une enveloppe à lettre. Nous en mettons généralement quatre dans un sac, et nous interposons entre les bords des glaces un mince carton bristol plié dans la forme indiquée par le dessin ci-contre : nous mettons alors trois de ces sacs dans une boîte de carton.

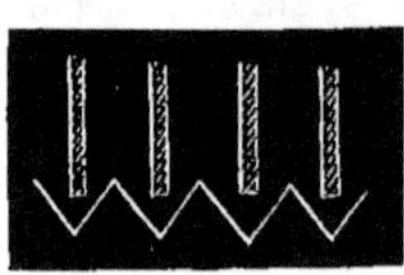

Fig. 183.

Les glaces conservées dans un endroit humide se gâtent en fort peu de jours et produisent des images voilées. Mais celles que l'on emmagasine dans un endroit sec se conservent plusieurs mois.

Les glaces ne doivent pas être employées trop tôt, par exemple le jour suivant. Elles perdent fréquemment de leur rapidité les premiers jours qui suivent leur préparation ; elles donnent alors des images heurtées et dures.

Les glaces au gélatino-bromure gagnent souvent en vieillissant, et tel lot de glaces, qui a paru mauvais peu de jours après sa préparation sera excellent et surtout très-rapide 3 mois après.

SECTION IV. — EXPOSITION A LA LUMIÈRE.

§ 494. **Précautions spéciales à prendre.** — Cette opération, si simple avec le procédé au collodion, se complique ici davantage à cause de l'extrême sensibilité des glaces au gélatino-bromure.

Nous ne nous tromperons pas de beaucoup en affirmant que pas un seul châssis de chambre noire ne ferme convenablement. Le jour entre surtout par la planchette que l'on tire pour découvrir la glace. Il nous est arrivé fréquemment de le prouver de la manière suivante. Nous exposons une glace sensible dans la chambre noire sans ouvrir l'objectif du tout, puis au développement toute la glace est voilée.

Il faut encore vérifier si le jour n'entre pas par les ouvertures des diaphragmes, ni autour de l'anneau qui maintient l'objectif sur la chambre noire.

Nous avons pour habitude, en plein air surtout, d'envelopper complètement la chambre noire d'un large sac de toile noire très-serrée. Nous ne laissons de libre que l'ouverture de l'objectif, en pliant convenablement l'étoffe sur la partie de la planchette qui sert à la tirer; nous ouvrons cette planchette sous le sac noir même.

Sans ces précautions, neuf fois sur dix, on n'obtiendra que des épreuves voilées.

Les châssis dans lesquels on met la glace au gélatino-bromure ne peuvent pas avoir leurs coins salis par du nitrate d'argent, sinon on aura très-fréquemment les coins de la glace tachés au développement. Il vaut infiniment mieux employer des châssis neufs, n'ayant jamais servi au collodion humide.

Il faut aussi épousseter les glaces avant de les mettre dans le châssis de la chambre noire, sinon des taches transparentes dans l'image pourraient en être la conséquence.

§ 495. **Images secondaires.** — Quand les glaces ont été exposées, il faut éviter de les mettre les unes sur les autres, parce que l'image latente se communique aisément d'une glace à l'autre. Pour cela, les couches ne doivent pas même être en contact.

Il arrive aussi que les étiquettes collées sur le dos des glaces se reproduisent dans les images. Ces phénomènes sont du plus haut intérêt et méritent une étude tout à fait spéciale et approfondie.

SECTION V. — DÉVELOPPEMENT DE L'IMAGE.

§ **496. Développement alcalin ou au fer.** — Le développement de l'image peut se faire, soit immédiatement après l'exposition à la lumière, soit plusieurs jours après. Nous croyons cependant qu'en différant très-longtemps le développement, l'impression lumineuse doit se diffuser dans toute la couche et ne plus produire que des images ternes.

Deux méthodes de développement sont préconisées pour le développement des images au gélatino-bromure, l'une à l'acide pyrogallique alcalin, l'autre au fer.

Beaucoup d'opérateurs préfèrent l'acide pyrogallique, prétendant que le temps de pose peut être plus court qu'à l'aide du fer. Notre expérience personnelle est entièrement opposée à cette affirmation, et nous trouvons que, de même qu'avec le collodion humide, le fer permet une pose plus courte que l'acide pyrogallique.

Nous trouvons encore que les images développées par l'acide pyrogallique sont plus ternes, d'une couleur qui trompe le photographe sur l'intensité du cliché, et qui en rend la retouche fort difficile. Au contraire, la couleur des clichés développés au fer ne le cède en rien à celle des plus beaux clichés obtenus par le collodion humide.

Nous ajouterons que l'acide pyrogallique salit les mains, qu'il doit être préparé frais à chaque développement, tandis que le fer peut servir à développer un très-grand nombre d'épreuves sans devoir être renouvelé. L'acide pyrogallique est donc d'un emploi beaucoup plus coûteux que le fer.

§ **497. Bain de fer au lactate.** — Voici la préparation du bain de fer (1), comme nous la faisons journellement.

Dans un demi-litre d'eau ordinaire bouillante, nous dissolvons 100 grammes d'oxalate *neutre* de potasse (2) et 50 grammes de *lactate ferreux* (3) *en poudre*. En agitant quelque peu le liquide avec une spatule de verre, le tout se dissous. On obtient un liquide rouge qu'il faut

(1) Nous avons abandonné la méthode ordinaire qui consiste à dissoudre directement l'oxalate ferreux dans l'oxalate neutre de potasse, parce que le bain de fer ainsi préparé perdait fréquemment de ses qualités au bout de très peu d'heures.

(2) Ne pas confondre l'oxalate neutre de potasse avec l'oxalate acide ou bi-oxalate (sel d'oseille) qui ne développe pas du tout.

(3) Si le lactate ferreux est en plaques, il faut le pulvériser.

En somme, la dissolution de lactate ferreux dans l'oxalate neutre de potasse, n'est qu'une simple dissolution d'oxalate ferreux qui se forme par double décomposition entre le lactate et l'oxalate de potasse.

laisser bien refroidir avant de s'en servir. Quand il est froid, on le filtre. Ce liquide ne se conserve bien que deux jours, et il faut en préparer de nouveau après ce laps de temps.

On doit, après l'avoir filtré, lui ajouter une petite quantité (de 5 à 10 centimètres cubes) de la solution suivante :

Eau.	1000 cent. cubes.
Bromure d'ammonium . .	100 grammes.

(Cette solution de bromure se conserve indéfiniment).

Plus on ajoute de bromure d'ammonium à la solution de fer, plus l'image prendra de temps pour se révéler; plus on aura l'opposition entre les noirs et les blancs du cliché, plus il faudra de temps de pose à la chambre noire, mais moins on aura de voile.

Si les glaces ont été préparées convenablement, c'est à peine s'il faut ajouter à un demi-litre de bain de fer, préparé récemment, 2 cent. cubes de la solution de bromure, et alors l'image sera très-douce. Désire-t-on plus d'intensité on portera la dose de bromure à 5 cent. cubes, et l'on augmentera un peu le temps de pose à la chambre noire. Pour les reproductions et le développement des clichés de gravures, on peut ajouter le double de bromure.

§ **498. Bain de fer au sulfate.** — Le Dr Eder, de Vienne, prescrit la formule suivante, qui nous donne des résultats aussi bons que le lactate, mais bien plus économiques.

Dans un litre d'eau de pluie filtrée ou distillée, dissolvez à froid 300 grammes de sulfate de fer pur, et après dissolution ajoutez-y 3 gouttes (et pas davantage) d'acide sulfurique. Puis filtrez. Ce bain, que nous désignerons par A, se conserve bien 8 à 10 jours, mais pas davantage. Il doit avoir une couleur vert-pâle (émeraude); dès qu'il prend une couleur rouille, il ne donne plus d'aussi bons résultats. Il faut employer pour cette formule du sulfate de fer pur en petits cristaux d'une couleur vert-émeraude.

Dans un autre litre d'eau de pluie (ou distillée) dissolvez à froid 300 grammes d'oxolate *neutre* de potasse (pas l'oxalate acide de potasse ou sel d'oseille que l'on trouve chez tous les pharmaciens, mais de l'oxalate *neutre* de potasse). Ce liquide est filtré. Nous le désignons par B. Il se conserve indéfiniment et l'on peut en préparer plusieurs litres à l'avance.

Enfin, dans 100 grammes d'eau de pluie (ou distillée) dissolvez 10 grammes de bromure d'ammonium. Ce liquide se conserve indéfiniment : nous le désignons par C.

Pour préparer le bain développateur, versez dans un bocal 300 centimètres cubes du liquide B (oxalate), puis introduisez-y une spatule de verre avec laquelle on tient le liquide en mouvement. L'on y verse alors par portions successives 100 cent. cubes de fer A (inutile de chauffer). Le liquide se colore en rouge, ne se trouble pas, et peut être employé de suite. Ou bien on peut l'employer le lendemain. Bref, il se conserve très-bien deux jours, à moins qu'il ne serve un très-grand nombre de fois, auquel cas on s'aperçoit, au développement qui dure de plus en plus longtemps, qu'il a perdu de ses propriétés réductrices.

Il faut verser le fer dans l'oxalate, et non l'oxalate dans le fer, sinon le liquide peut se troubler. Il faut 3 parties en volume d'oxalate, contre 1 de fer. Pour préparer un litre de bain de fer, il faut donc 750 cent. cubes d'oxalate B, 250 de fer A.

La quantité de bromure que l'on doit ajouter, varie suivant l'émulsion que l'on emploie et les effets que l'on veut obtenir. Sans bromure, les clichés sont très-doux, mais se voilent facilement. Veut-on de l'intensité, ou désire-t-on se mettre à l'abri du voile, on ajoutera aux 400 cent. cubes de développateur 2, 4, 6, ou 8 cent. cubes de la solution de bromure C.

Quand on s'est servi du bain, il faut le verser dans le flacon d'où on l'a versé et tenir celui-ci bien rempli et bien bouché.

En somme, ce bain peut être considéré comme un mélange d'oxalate ferreux, de sulfate de potasse.

§ 499. **Altération du bain de fer.** — L'oxalate de fer se suroxyde facilement à l'air; aussi, quand on s'en est servi pour développer une glace, faut-il le reverser dans le premier flacon. Dès que le travail du jour est fini, il faut agiter ce flacon et le tenir bien rempli.

Le révélateur à l'oxalate de fer se conserve environ 2 jours. Dès qu'il s'y est formé un dépôt il développe les images plus lentement et avec moins d'intensité. Mais cela dépend évidemment du nombre d'épreuves qu'il a développées. Plus on en fait, et plus souvent il faut préparer de nouveau bain. Dès que le bain perd de ses qualités développatrices par un usage trop répété, il faut en préparer de nouveau.

§ **500. Procédé opératoire.** — Voici maintenant comment on précède au développement.

La glace est placée dans une cuvette horizontale, la couche en dessus, et l'on y verse du fer filtré de manière à la recouvrir d'une couche liquide de 4 millimètres de hauteur. Puis on recouvre immédiatement la cuvette d'un carton, pour préserver la glace de l'action de la lumière rouge. Un des côtes de la cuvette est constamment élevé et abaissé afin de tenir le liquide en mouvement.

Si l'on négligeait cette précaution, l'on pourrait observer à la surface de l'image une foule de taches grasses, car la gélatine repousse l'eau, et ces taches forment autant de taches rondes et transparentes dans l'image.

Quand la glace a séjourné environ une demi-minute dans le bain, les grands noirs de l'image se dessinent. Au bout d'une minute à une minute et demie les détails dans les ombres apparaissent, et en deux minutes, au plus tard en trois minutes, l'image est développée à fond, *ce que l'on reconnaît en regardant la glace par derrière : les grands noirs ont traversé la couche,* à moins que cette couche ne soit trop épaisse. A ce moment l'on reverse la solution de fer dans le flacon et l'on verse dans la cuvette à peu-près le même volume d'eau de pluie filtrée ou eau distillée. Cette eau est immédiatement décantée, et remplacée par de nouvelle eau (toujours de pluie ou distillée), mais cette fois plus abondante. On l'y laisse une demi-minute, *et l'on passe à la surface de la glace une touffe de coton cardé qui enlève un dépôt jaunâtre de fer.* De là la glace est passée à l'hyposulfite comme nous le dirons plus loin.

§ **501. Précautions spéciales.** — Voici certaines précautions spéciales que l'on observera avec soin.

Il est essentiel, après le fer, de faire usage d'eau de pluie. Les eaux calcaires forment dans la couche un voile blanc d'oxalate de chaux qu'il est fort difficile d'enlever ultérieurement. L'usage de l'eau de pluie est donc indispensable (1).

Le bain de fer ne peut pas être très-froid, sinon le développement se ferait très-lentement. Il faut le tenir à une température de 15 degrés centigrades.

Le temps de pose doit être aussi correct que possible, et alors l'image viendra parfaitement à telle intensité exigée par le tirage des positifs.

---

(1) Le procédé au gélatino-bromure est nouveau pour les photographes qui sont habitués avec le collodion à faire toutes les opérations très-vite, les unes après les autres. Mais la couche de collodion est très-poreuse, très-facile à laver par conséquent. Il n'en est point ainsi des couches de gélatine qui retiennent fortement les solutions. Si l'on n'opère point exactement comme nous le prescrivons, les différents liquides réagiront les uns sur les autres dans la couche même, et les images seront remplies de taches multicolores qui s'accuseront surtout dans les plus grandes épaisseurs de la couche.

Il faudra s'habituer à opérer comme on faisait autrefois avec les négatifs sur papier, et alors les insuccès deviendront de plus en plus rares.

Il est clair que si la couche de gélatino-bromure d'argent est trop mince, l'image manquera d'intensité. Mais, le plus souvent, le commençant est effrayé de l'intensité du noir opaque qui dessine toute l'image ; il arrête le développement beaucoup trop tôt. Alors après l'hyposulfite l'image est trop faible. Donc, n'*arrêtez le développement* que lorsque l'image est visible à travers le dos de la glace.

Si le fer est faible, qu'il a perdu de sa force en oxalate ferreux, les images manquent de vigueur et d'intensité.

Souvent aussi les images se voilent au développement. Ce défaut vient, neuf fois sur dix, de la lumière étrangère qui est venu frapper la glace, soit en la préparant, soit en mettant dans le châssis, et surtout dans la chambre noire même, le jour y pénétrant par une ouverture quelconque. Ce voile peut encore se produire par un simple excès de pose de la chambre noire. Alors l'image apparaît tout d'un coup, aussi bien dans les grands clairs que dans les ombres.

§ **502. Clichés pour agrandissements.** — Le développement des clichés pour les *agrandissements* doit être modifié.

On surexpose dans la chambre noire, puis l'on développe au fer, et l'on suit bien la venue de l'image. Dès que le tout a paru, et surtout avant que les ombres ne se salissent, il faut laver et fixer.

L'on aura ainsi un cliché clair et limpide, sans voile, sans intensité, mais parfaitement fouillé, qui donnera de superbes épreuves agrandies.

Les clichés au gélatino-bromure supportent parfaitement bien l'action de la chaleur solaire dans les appareils d'agrandissements.

§ **503. Clichés retournés.** — Si l'on veut obtenir des clichés retournés, soit pour l'impression au charbon, soit pour l'impression héliotypique, il faut exposer les glaces (1) retournées (dans un châssis spécial) à la chambre noire, de telle manière que l'objectif regarde le dos de la glace au lieu de la couche.

Il est étonnant combien de cette façon et contre toute attente, on obtient des clichés nets.

Le développement a d'ailleurs lieu, comme à l'ordinaire, et on l'arrête seulement dès que les grands noirs du cliché percent la couche.

Pour suivre le développement, il faut évidemment de temps à autre examiner le cliché par derrière en l'enlevant du liquide.

§ **504. Développement alcalin à l'acide pyrogallique.** — Quelques amateurs préfèrent l'emploi de l'acide pyrogallique à celui du fer, sous le prétexte que, à l'aide du fer il faut donner un temps de pose exact, tandis que au développement alcalin on est plus maître du développement.

La vérité est que si une glace est sous-exposée, ni l'un ni l'autre révélateur n'en fera un bon négatif. Mais si la glace est sur exposée, en

---

(1) Du verre ordinaire peut être employé pour les dimensions de 18c sur 24c et au-dessous.

ralentissant le développement par le bromure, on fera un bon cliché par le développement alcalin qu'on ne le fera pas avec le fer.

En revanche, ainsi que nous l'avons déjà dit, la couleur du cliché terminé est si peu « habituelle », si difficile à juger pour ce qui concerne la retouche, que l'auteur de cet ouvrage est persuadé que le développement au fer entrera mieux dans la pratique que le développement à l'acide pyrogallique.

De 1853 à 1856, quand le collodion s'est introduit dans l'usage de la photographie, on préconisait pour les mêmes motifs l'usage de l'acide pyrogallique. Tout le monde sait que cependant le fer a été universellement adopté.

Ceci dit, voici une bonne méthode pour développer les images à l'acide pyrogallique. Nous l'empruntons à notre ami Obernetter, de Munich.

Les liqueurs suivantes sont préparées à l'avance :

1° Bromure de potassium	1	partie
Eau	10	»
2° Acide pyrogallique	1	»
Alcool	10	»

Ces deux liqueurs sont conservées dans des flacons munis de pipettes de 10 centimètres cubes, divisées en centimètres cubes. De plus, l'on doit avoir un flacon compte-gouttes contenant de l'ammoniaque pure et concentrée.

Pour développer la plaque (sans la plonger au préable dans l'eau) on la met à plat dans une cuvette en porcelaine contenant :

2 centimètres cubes de bromure
4 — — de l'acide pyrogallique
250 — — d'eau
10 gouttes ammoniaque.

Ce mélange doit se faire au moment du développement et dans l'ordre indiqué ci-dessus. Après une demi-minute les grands noirs doivent se dessiner; se dessinent-ils avant, on ajoute 5 à 10 cent. cubes de bromure. S'ils n'apparaissent pas en une demi-minute, on ajoute 5 à 10 gouttes d'ammoniaque, non point sur l'image, mais un angle de la cuvette où l'on réunit tout le liquide.

On corrige ainsi une plaque sur-exposée ou sous-exposée.

On laisse agir le révélateur jusqu'à ce que l'on ait atteint l'intensité désirée, ce que l'on juge, en enlevant la plaque hors du liquide et la regardant par transparence.

On doit tenir compte que le fixage diminue l'intensité.

Puis le cliché est bien lavé à l'eau, et fixé comme il sera dit à l'alinéa suivant.

SECTION VI. — OPÉRATIONS FINALES.

§ **505. Fixage de l'image.** — Le fixage de l'image doit se faire dans l'obscurité, au moyen de l'hyposulfite de soude (1) à 20 pour cent. Il est d'autant plus lent que la couche est plus verte et plus grenue.

Le fixage à l'hyposulfite n'est pas aussi simple que dans le procédé au collodion humide. Le liquide fixateur se colore facilement en jaune sale, par des traces d'oxalate de fer qui restent dans la couche, et *il communique cette couleur à la couche de gélatine*. Il faut donc en avoir une certaine quantité préparée à l'avance et renouveler celui qui sert au fixage dès qu'on le voit se colorer.

Il faut, si l'on veut réussir à coup sûr, ne jamais employer deux fois de suite la même solution d'hyposulfite, ou tout au moins la renouveler fréquemment. Le meilleur moyen consiste à mettre la glace à fixer dans une cuvette horizontale, puis à y verser de l'hyposulfite neuf à 20 pour cent, juste la quantité nécessaire pour bien recouvrir la glace. On place cette cuvette dans une boîte de bois qui ferme hermétiquement, et on l'y laisse le double du temps nécessaire pour la fixer (2).

Il est très-important d'opérer ainsi. Si la glace voit le jour, même quand elle séjourne dans l'hyposulfite, l'image ne sera pas claire. Si elle séjourne trop peu de temps dans l'hyposulfite, elle jaunira sous l'influence de la lumière, soit avant, soit après le renforçage (3).

Il ne faut point, pour fixer vite, se servir d'un hyposulfite concentré. Des ampoules dans la couche de gélatine en seraient très-souvent la conséquence immédiate.

Non-seulement, après le développement au fer, la couche doit être bien lavée, mais elle doit l'être davantage encore après le fixage : nous lavons d'abord la glace sous le robinet d'une fontaine pendant une demi-minute, puis nous la plaçons dans une cuvette d'eau

---

(1) Le cyanure de potassium attaque l'image, à moins de se servir du cyanure pur et cristallisé, à 2 pour cent au minimum.

(2) L'hyposulfite n'attaque en aucune façon l'image, et la glace peut rester dans le bain pendant plusieurs heures, sans rien perdre de sa vigueur ni de ses détails dans les ombres.

(3) Avec un peu de réflexion, cela s'explique. L'hyposulfite pénètre lentement à travers l'épaisseur de la couche et ne sature de bromure d'argent au fur et à mesure qu'il avance vers la glace. Si un excès de fixateur ne vient point en contact avec la glace elle-même, il reste là de l'hyposulfite d'argent que l'eau enlève à peine. Plus tard alors, sous l'action de la lumière, le cliché jaunit, et cet effet est dû aux composés d'argent qui n'ont pas été enlevés par les lavages.

pendant une heure au moins, et mieux encore un de ces côtés étant appuyés sur une cale de plomb, et la couche en dessous.

Le renforçage, s'il est nécessaire, peut maintenant se faire de suite, soit sur la couche mouillée, soit qu'on le fasse après que la couche est sèche.

§ **506. Soulèvement de la couche.** — Si la couche se dilate et se détache, soit pendant le développement, soit après le lavage ou le fixage, voici, pour éviter cet accident, un moyen excellent dû à M. Madshaw.

Avant le développement, plongez la glace pendant une demi-minute dans une dissolution d'alun de chrôme à raison de dix grammes par litre d'eau, puis lavez-la à l'eau pendant quelques secondes, et plongez-la alors dans le bain de fer.

Mais faisons bien remarquer ceci : si l'on se sert d'hyposulfite neuf et pas trop concentré, il arrivera rarement que la couche présentera le défaut de se ratatiner, de se détacher lors des lavages, ou de présenter cet aspect que les Anglais ont nommé « *taches de petite-vérole.* » Ce sont des ampoules locales analogues à celles qui se produisent très-souvent sur le papier albuminé après le fixage des images.

§ **507. Renforçage du cliché.** — Si le cliché a été exposé dans la chambre noire pendant un temps exact, son intensité sera celle exigée pour l'obtention d'épreuves positives vigoureuses ; le procédé au gélatino-bromure offre, sous ce rapport, un avantage immense sur le collodion humide. Cet avantage consiste, dans la possibilité que possède le photographe d'obtenir à volonté des clichés plus ou moins intenses, en variant soit la dose de bromure d'ammonium dans le fer, soit en variant le degré de concentration du bain de fer.

Ainsi, veut-on un cliché plus intense, on augmentera un peu la dose de bromure, de 1/4 à 1/2 gramme par litre, par exemple.

Veut-on au contraire, des clichés plus doux, moins intenses, on diminuera la dose du bromure, ou l'on ajoutera au fer le tiers de son volume d'eau.

Ainsi que nous l'avons déjà dit, un bon opérateur fera toujours ses clichés de telle manière à obtenir des clichés un peu trop faibles.

Mais il ne faut pas qu'ils soient beaucoup trop faibles, parce que le renforçateur, quel qu'il soit, augmentera trop la valeur des grands noirs du cliché sans renforcer en même proportion les demi-teintes. Alors le cliché sera heurté, dur, et de qualité inférieure.

Plutôt donc que de chercher à renforcer un cliché beaucoup trop faible (ce qui le rendra dur), il vaut mieux le recommencer.

Le renforçage peut se faire, soit sur le cliché sec, et dans ce cas on le trempera préalablement pendant une minute dans l'eau, soit immédiatement après le dernier lavage qui suit l'hyposulfite de soude, et c'est ce procédé qui est le meilleur.

Le renforçage se fera en pleine lumière, afin que l'on puisse juger bien exactement de la valeur à donner aux noirs du cliché.

Voici la formule des bains du renforçage. (1).

N° 1.	Bichlorure de mercure en poudre .	20 gr.
	Eau	200 »

Bien agiter afin d'obtenir un liquide saturé.

N° 2.	Ammoniaque	100 cent. cubes.
	Eau	400 »

Plongez le cliché dans le premier liquide où il blanchira. Puis retirez-le, lavez-le, et plongez-le dans le second liquide. Là, le cliché noircira. Lavez-le à nouveau et laissez-le sécher.

Ce renforçage est permanent à la lumière.

On obtiendra d'autant moins d'intensité que le cliché aura séjourné moins de temps dans le bichlorure de mercure.

§ **508. Alunage du cliché.** — Quel que soit le mode de renforçage usité, il est bon de terminer la série des opérations en trempant le cliché pendant 5 minutes dans :

Eau	1 litre
Alun	25 grammes.

puis, de le laver sous la pissette pendant une demi-minute.

Cette opération rend la couche de gélatine partiellement insoluble et imputrescible. Elle préserve donc le cliché des moisissures, des chances de s'altérer dans de l'eau chaude, etc.

§ **509. Vernissage et retouche du cliché.** — Quelques photographes retouchent les clichés avant le vernissage, parce que les couches mates du gélatino-bromure se laissent très-facilement retoucher au crayon et même à l'estompe. D'autres les retouchent après l'application du vernis.

Quant au vernissage, il se fait comme pour le collodion, en ayant seulement soin de n'appliquer le vernis que lorsque, par l'application

(1) L'auteur de cet ouvrage, après des essais répétés, rejette absolument l'usage de tous les mélanges de bichlorure de mercure et d'un iodure alcalin, parce que les clichés ne tardent pas à jaunir au bout de quelques semaines, et même de quelques mois.

d'une chaleur modérée, toute l'humidité continue dans la gélatine est bien exclue.

Le cliché doit absolument être verni pour en tirer des épreuves positives, soit sur papier albuminé, soit sur papier au charbon, sinon il se couvrira de taches.

Il ne faut pas oublier, en effet, que la gélatine même alunée reste toujours une substance éminemment hygroscopique, et que le contact de la moindre quantité de nitrate d'argent provenant du papier positif, ou la moindre quantité de bichromate de potasse provenant du papier au charbon, tache d'une façon irrémédiable.

Le cliché au gélatino-bromure d'argent doit donc être fort bien séché avant de le vernir, puis être verni avec plus de soin encore qu'un cliché au collodion humide.

SECTION VII. — EMPLOI DU GÉLATINO-BROMURE D'ARGENT A L'ÉTAT HUMIDE.

§ **510. Avantages de ce procédé.** — Certainement c'est un grand avantage de pouvoir se servir de plaques sèches, mais il peut arriver, et cela surtout chez les photographes de profession, il peut arriver, disons-nous, que l'on n'a pas toujours de plaques sèches à sa disposition, surtout *dans les grandes dimensions*.

Il faut ajouter que, non-seulement le transport des grandes glaces est chanceux, à cause de la nature cassante du verre, mais de plus les glaces de grande dimension sont d'un prix extrêmement élevé.

Il est certain que l'on peut aisément préparer les glaces soi-même, surtout si l'on a une provision prête d'émulsion sèche. Mais beaucoup de photographes de profession, surtout dans les grandes villes, reculeront devant les difficultés de préparer eux-mêmes leurs glaces. Non-seulement la préparation des glaces exige un certain espace, une certaine organisation, mais il est difficile de sécher convenablement les glaces, surtout de les sécher à l'abri de la lumière, et d'autant plus difficile que les glaces ont une plus grande dimension.

Il est certain que nous aurons bientôt du papier en rouleaux recouvert d'une couche de gélatino-bromure d'argent, et l'auteur de cet ouvrage fait en ce moment une étude tout-à-fait spéciale de ce papier ; mais nous ne l'avons pas en ce moment, et les arguments invoqués conservent toute leur valeur.

Or, il y a un moyen simple et facile pour avoir des glaces au gélatino-bromure d'argent de dimensions quelconques et en peu de temps : c'est de les préparer, soit au moment même où l'on en a besoin, ou de les préparer quelques heures à l'avance, et pour les empêcher de sécher sur les bords, de les mettre dans une boîte en fer blanc, à rainures, contenant une éponge mouillée.

Les glaces au gélatino-bromure d'argent humide sont tout aussi sensibles que les glaces sèches, elle se développent tout aussi facilement, mais le fixage en est plus lent.

§ **511. Procédé opératoire.** — Pesez exactement 50 grammes d'émulsion sèche coupée en petites bandes que vous mettrez dans un flacon de 1 litre contenant 500 cent. cubes d'eau distillée. Après une demi-heure, mettez le flacon dans de l'eau à 50 degrés centigrades (ou même davantage), secouez-le de temps à autre, jusqu'à dissolution complète de l'émulsion sèche. Filtrez celle-ci à travers une flanelle, et couvrez en une ou deux glaces, à la façon du collodion, et comme il a été dit page 400.

On peut laisser refroidir l'émulsion qui reste, et la laisser se prendre en gelée, pour la chauffer à nouveau plus tard et s'en servir encore; mais, si l'on fait cette opération trop souvent, la gélatine qu'elle contient perd la faculté de faire prise à la surface des glaces.

Veut-on conserver les glaces, on les renfermera dans une boîte en fer blanc comme nous l'avons expliqué plus haut.

Mais, dès que la couche a fait prise à la surface de la glace, ce qui a lieu quelques secondes après qu'on l'a versée, on peut faire usage de la glace, l'exposer à la chambre noire (elle a la même rapidité que sèche) et la plonger dans le fer.

Seulement ici, il est bon de prendre une précaution. Celle de tenir la cuvette constamment en mouvement, et même de favoriser l'imbition de la couche (par le fer), d'éviter ainsi les taches grasses qui repoussent le liquide, en promenant un pinceau à la surface de la couche de gélatino-bromure.

L'image se développe tout aussi vîte qu'au collodion humide, si l'on a de bonne émulsion sèche qui n'exige pas de bromure dans le bain de fer.

Quand le développement est achevé, on lave un instant le cliché avec de l'eau de pluie pour enlever la majeure partie du fer en excès qui imbibe la couche. On rend le cabinet obscur un peu plus clair en enlevant un des deux verres rouges que l'on place dans les fenêtres blindées et l'on examine bien, l'image par réflexion, pour voir si le modèle n'a pas bougé, si les ombres sont bien venues, etc., tout cela peut se faire aisément, si l'on en a quelque pratique.

Le cliché est maintenant immergé, *la couche en dessous,* dans une cuvette horizontale en zinc, d'environ 10 centimètres d'élévation, munie d'un couvercle, et un des côtés du cliché est placé sur une cale en plomb. La cuvette contient de l'eau jusqu'à moitié de sa hauteur. Il faut une demi-heure de lavage pour bien enlever le fer.

Le fixage se fait de la même manière et dans la même cuvette, dont on aura évidemment laissé écouler l'eau. Ce fixage est très-lent, parce que la couche contient beaucoup plus d'eau, et est ainsi bien plus épaisse, que dans le cas où l'on emploie des glaces sèches. Mais, ce fixage se fait en tous cas, d'une façon certaine. On lave alors, toujours dans la même cuvette, et ont laisse sécher la glace.

Le procédé est d'une grande simplicité, mais présente, en pratique, une seule difficulté, la lenteur des lavages et du fixage.

Cette difficulté est bien compensée par l'avantage considérable de pouvoir se procurer facilement des glaces de gélatino-bromure d'argent de grande dimension, à un prix économique et au moment opportun.

FIN.

SOMMAIRE.

HISTORIQUE.

LIVRE I. — GÉNÉRALITÉS.

CHAPITRE I.

ACTION CHIMIQUE ET ACTION PHYSIQUE DE LA LUMIÈRE.

SECTION I. — **Action chimique de la lumière.**

SECTION II. — **Action physique de la lumière.**

Section III. — Théorie des procédés photographiques aux sels d'argent.

Section IV. — Théorie des procédés photographiques sans sels d'argent.

CHAPITRE II.

CHIMIE PHOTOGRAPHIQUE.

Section I. — Le laboratoire et les opérations qui s'y exécutent.

Section II. — Les sels d'argent.

Section III. — Substances diverses employées en photographie.

CHAPITRE IV.

MATÉRIEL.

Section I. — **Les chambres noires.**

Section II. — **Appareils divers.**

CHAPITRE V.

LE CABINET OBSCUR ET L'ATELIER VITRÉ.

Section I. — **Du cabinet obscur destiné aux opérations photographiques.**

Section II. — **Atelier vitré.**

Section III. — **De l'usage de l'atelier vitré**

CHAPITRE VI.

OPTIQUE PHOTOGRAPHIQUE.

LIVRE II. — PROCÉDÉS NÉGATIFS.

PROCÉDÉ AU COLLODION.

CHAPITRE I.

PROCÉDÉ NÉGATIF AU COLLODION.

SECTION I. — **Composition du collodion.**

SECTION II. — **Fabrication industrielle de la pyroxyline et du collodion.**

SECTION III. — **Le bain d'argent négatif.**

SECTION IV. — **Développateurs et fixateurs.**

CHAPITRE II.

ÉPREUVES POSITIVES SUR COLLODION.

SECTION I — **Épreuves positives sur collodion (par réflexion).**

SECTION II. — **Images positives par transparence sur collodion.**

CHAPITRE III.

PROCÉDÉS OPÉRATOIRES.

Section I. — **Préparation de la couche de collodion sensibilisée.**

Section II. — **Développement et fixage de l'image.**

Section III. — **Achèvement du cliché.**

CHAPITRE IV.

COLLODION SEC.

Section I. — **Procédés divers.**

Section II. — **Procédé au tannin.**

Section III. — **Collodion émulsionné au bromure d'argent.**

CHAPITRE V.

ARTIFICES ET PROCÉDÉS DIVERS.

Section I. — **Reproductions.**

Section II. — **Monuments et payages.**

Section III. — **Emploi en campagne du collodion humide.**

Section IV. — **Procédés et artifices divers.**

CHAPITRE VI.

AUTRES PROCÉDÉS NÉGATIFS.

Section I. — **Daguerréotype.**

Section II. — **Photographie sur papier.**

Section III. — **Photographie sur albumine.**

LIVRE III. — ÉPREUVES POSITIVES SUR PAPIER.

CHAPITRE I.

DU PAPIER ALBUMINÉ.

Section I. — **Albuminage du papier.**

Section II. — **Sensibilisation et insolation du papier albuminé.**

Section III. — **Insolation du papier positif.**

Section IV. — **Virage et fixage.**

Section V. — **Fixage et lavage des épreuves.**

CHAPITRE II.

PAPIER SALÉ PAR NOIRCISSEMENT DIRECT ET DÉVELOPPEMENT.

Section I. — **Papier salé ordinaire.**

Section II. — **Papier nitro-glucose.**

CHAPITRE IV.

PROCÉDÉS PAR IMPRESSION MÉCANIQUE ET VITRIFICATION.

CHAPITRE V.

ÉPREUVES VITRIFIÉES SUR VERRE, ÉMAIL ET PORCELAINE.

CHAPITRE VI.

ÉPREUVES POSITIVES SANS SELS D'ARGENT.

LIVRE IV. — DES AGRANDISSEMENTS.

CHAPITRE I.

AGRANDISSEMENTS PAR LA CHAMBRE NOIRE.

CHAPITRE II.

AGRANDISSEMENTS PAR LA CHAMBRE SOLAIRE.

CHAPITRE III.

AGRANDISSEMENTS A LA LUMIÈRE ARTIFICIELLE.

LIVRE V. — DU GÉLATINO-BROMURE D'ARGENT.

CHAPITRE I.

EXPOSÉ THÉORIQUE DU PROCÉDÉ AU GÉLATINO-BROMURE D'ARGENT.

SECTION I. — Historique du procédé.

SECTION II. — Considérations théorique sur le procédé au gélatino-bromure d'argent.

SECTION III. — Des variétés moléculaires du bromure d'argent.

SECTION IV. — Des divers faveurs qui concourent à modifier les émulsions au gélatino-bromure d'argent.

CHAPITRE II.

EXPOSÉ PRATIQUE DU PROCÉDÉ AU GÉLATINO-BROMURE D'ARGENT.

SECTION I. — Du cabinet obscur.

Section II. — **Préparation de l'émulsion liquide et sèche.**

Section III. — **Préparation des plaques.**

Section IV. — **Exposition à la lumière.**

Section V. — **Développement de l'image.**

Section VI. — **Observations finales.**

Section VII. — **Emploi du gélatino-bromure d'argent à l'état humide.**

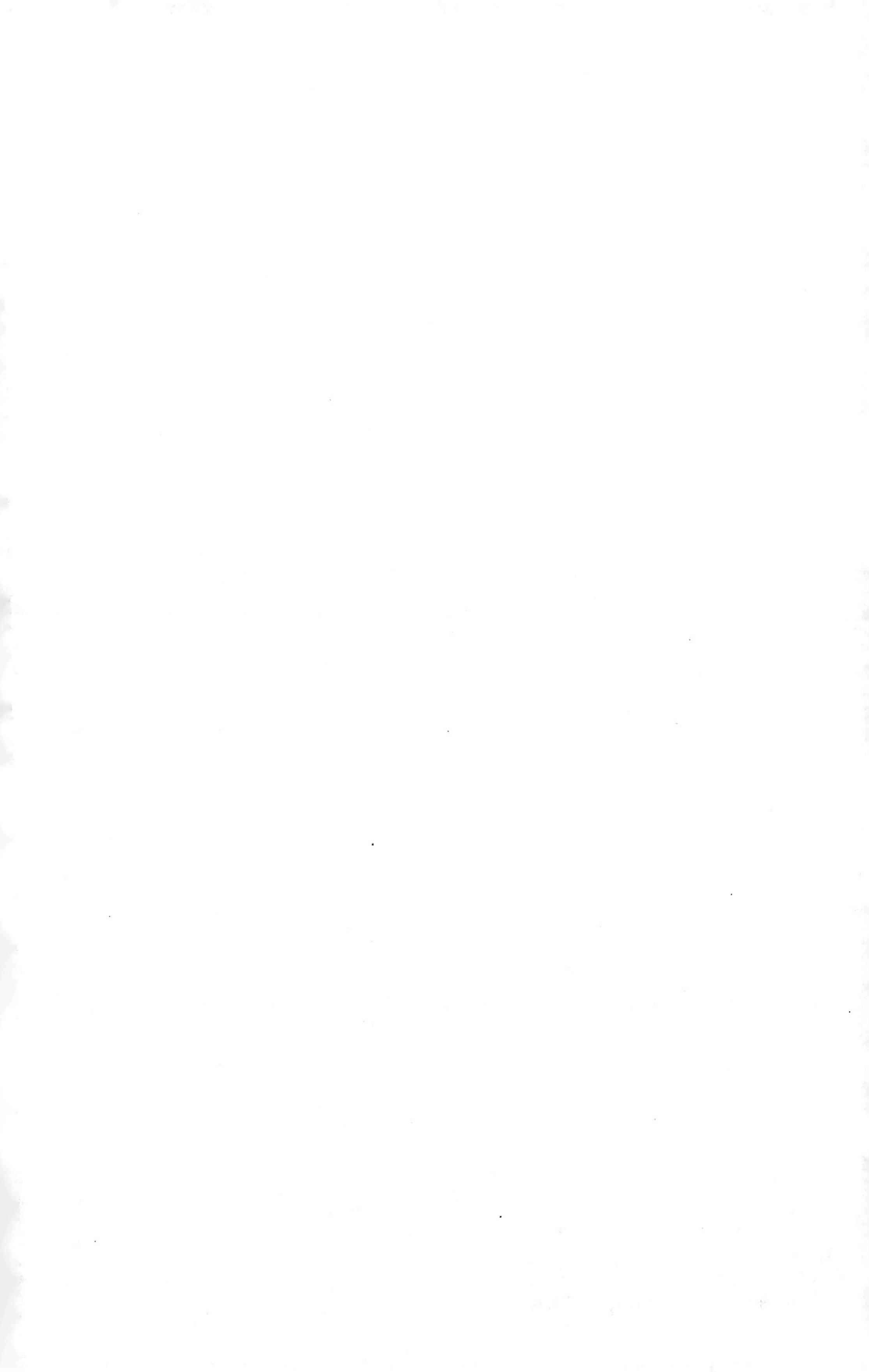

www.ingramcontent.com/pod-product-compliance
Lightning Source LLC
LaVergne TN
LVHW020554110826
845149LV00002B/269